SDNCS

荷兰新加尔文主义丛书
Studies in Dutch Neo-Calvinism Series
陈佐人 曾劭恺 徐西面 ◎主编
蒋亨利 李鹏翔 朱隽皞 ◎编委

荷兰新加尔文主义丛书

2019

《赫尔曼·巴文克论荷兰新加尔文主义》

徐西面编　邵大卫译

2020

《三位一体和有机体：赫尔曼·巴文克的有机主旨新释》

恩雅各（James Eglinton）著　徐西面译

《拉斯维加斯机场内的加尔文主义》

毛瑞祺（Richard J. Mouw）著　刘伦飞译

《政治、宗教和领域主权》

戈登·格兰姆（Gordon Graham）编　路得、曼黎译

2021

《改革宗伦理学（卷一）：被造、堕落和归信的人性》

赫尔曼·巴文克著　徐西面编 / 荷译　刘兵、温津、董晓华、赵柳英译

《赫尔曼·巴文克的教牧神学》

赫尔曼·巴文克著　徐西面编　魏峰、牛泓、罗珍译

2022

《基督教与世界观》

赫尔曼·巴文克著　徐西面编 / 荷译　朱隽皞英译

《磐石取蜜》

亚伯拉罕·凯波尔著　邵大卫、利百加译

《宗教、科学和社会文集》

赫尔曼·巴文克著　刘伦飞译

《我们的敬拜》

亚伯拉罕·凯波尔著　李咏祈、肖庆、许未克、徐一方、徐西面译

我们的敬拜

Onze Eeredienst

作者 亚伯拉罕·凯波尔 (Abraham Kuyper)
英译 李咏祈、肖庆、许未克、徐一方
荷译 徐西面
编审 徐西面

贤理·璀雅
LATREIA PRESS

作者／亚伯拉罕·凯波尔（Abraham Kuyper）
英译／李咏祈、肖庆、许未克、徐一方
荷译／徐西面
编审／徐西面
中文校对／甘雨、摩西、若凡

中文书名／我们的敬拜
荷文书名／Onze Eeredienst
所属丛书／荷兰新加尔文主义丛书
丛书主编／陈佐人、曾劭恺、徐西面
丛书编委／蒋亨利、李鹏翔、朱隽皞

策划／李咏祈、徐西面
内页设计／冬青
封面设计／冬青
出版／贤理·璀雅出版社
地址／英国苏格兰爱丁堡
网址／https://latreiapress.org
电邮／contact@latreiapress.org
中文初版／2022年

ISBN： 978-1-913282-17-2

目 录

荷兰新加尔文主义丛书序言...................................001

中译本编序...................................005

英系列序...................................007

导 读...................................013

凯波尔提倡的敬拜秩序...................................037

作者序...................................039

第一章 礼拜仪式意识的复兴...................................041

第二章 信徒的聚集...................................047

第三章 作为已复和的会众与上帝会面...................................055

第四章 祭坛...................................065

第五章 错误的灵修...................................071

第六章 礼拜仪式的祷文...................................077

第七章 会众的圣诗...................................089

第八章 我们的诗歌化《诗篇选本》...................................099

附录:第十五章 管风琴演奏...................................107

第九章 美的规范...................................111

第十章 圣职服装...................................129

第十一章 教会建筑...................................139

附录:第三十三章 副堂...................................175

第十二章 座位安排...................................179

附录:第三十五章 堂务圣职者...................................185

第十三章 敬拜前的集合...................................191

第十四章 宣读《圣经》...................................201

第十五章 宣召...................................207

第十六章 问安 219

第十七章 上帝的同在 231

第十八章 认罪文 235

第十九章 十诫的律法 239

第二十章 忏悔：唱或说？ 247

第二十一章 屈膝祷告 257

第二十二章 赦罪 269

第二十三章 认信 283

第二十四章 读经 289

第二十五章 讲道 297

第二十六章 向讲道过渡 305

第二十七章 讲道预备 313

第二十八章 选择经文 319

第二十九章 传道人和会众 333

第三十章 圣言敬拜的完结 363

第三十一章 奉献 371

第三十二章 教会礼仪 375

第三十三章 圣洗礼的施行 385

第三十四章 从圣洗礼到圣餐礼的过渡 441

第三十五章 圣餐的施行 465

第三十六章 革除圣餐权与重新接纳 521

第三十七章 按立教会圣职 539

第三十八章 婚礼 559

第三十九章 结语 569

生命皆敬拜？亚伯拉罕·凯波尔与新凯波尔主义者 571

亚伯拉罕·凯波尔论洗礼的理论与实践 581

亚伯拉罕·凯波尔：开拓型礼拜仪式学家、改革宗教理学家、荷兰美学家 ... 591

读凯波尔《我们的敬拜》有感 607

荷兰新加尔文主义丛书序言

　　荷兰新加尔文主义是在现代荷兰王国的历史中发展出来的重要基督教神学传统，在普世基督教神学中独树一帜。若要认识欧洲低地国历史与现代西方神学的发展，荷兰新加尔文主义是极之重要的文化源流与神学思想传统。

　　16 世纪的欧洲出现了风起云涌的宗教改革运动，当时在鹿特丹的伊拉斯谟提倡温和改革的路线，与德国马丁路德的改教运动分庭抗礼。17 世纪被称为宗教战争的时代，当时的低地地区与西班牙爆发 80 年的战争，史称低地荷兰大反抗（1568-1648）。低地国联合起来成立了荷兰共和国，长期的经济繁荣促成了重商主义的兴起。1648 年的明斯特和约结束了对西班牙的战争，成为了低地迈向国家化的重要里程碑。这时期产生了著名的多特会议（1618-1619）。内忧外患的时局成为这场神学论争的背景，好像在英国内战时召开的西敏大会（1643-1649）。历史家统称荷兰共和国为荷兰的黄金时代，一百五十万人口的低地国竟然创立了东印度与西印度公司，成功地建立了庞大殖民版图的帝国。这时期是笛卡尔、斯宾诺莎、伦勃朗的黄金时代。

　　1789 年的法国大革命将荷兰再次卷进战火，1795 年拿破仑挥兵席卷低地，结束了二百多年的荷兰盛世。1813 年尼德兰（即低地）联合王国成立，包括荷兰、比利时与卢森堡，但这个短暂寿命的王国随着比利时与卢森堡的独立而瓦解。1839 年《伦敦条约》承认比利时独立，现代的荷兰王国正式成立。本系列的思想家之一亚伯拉罕·凯波尔出生于 1837 年，即《伦敦条约》之前两年。

　　本系列的两位神学思想家都出生于现代的荷兰，逝世于二战爆发之前：亚伯拉罕·凯波尔（1837-1920），赫尔曼·巴文克（1854-1921），他们两位的人生旅途与思想轨迹都满布着荷兰历史的足印。另一位较年轻的是霍志恒（1862-1949），因从小就移民美国，他成为荷兰新加尔文主义在美国的主要代表人物之一。

　　为什么我们需要认识与了解荷兰新加尔文主义？首先荷兰新加尔文主义者均是著作等身的思想家，他们的著作被后世公认为神学的经典。单从神学思想史来看，阅读这些荷兰神学家的原典文本，可以丰富中国学界神学视野。今天许多英美神学的重要问题都可以追源至荷兰的改革宗神学，如果英美改革宗神学像 1620 年的五月花号客船，那整个荷兰加尔文主义的大传统就像是那艘先从鹿特丹出发的史佩德威尔号。

　　第二，荷兰新加尔文主义与荷兰历史之间错综复杂的关系提供了许多重要的参考，使我们可以反思宗教与文化及社会的关系。荷兰没有产生自己的路德或加尔文，他们在漫长国家化的历史中接受了加尔文主义的神学思想，并且进行了全面荷兰化的改造，这在世界历史中是独特的。因着历史与地理的差异，荷兰与其他主要的新教国家不同。他们的目的似乎不是单纯地将阿姆斯特丹变成日内瓦，而是自觉地要建立一个低地的王国或共和国。这个国家化过程的对手不是君主制，所以他们不需要像英国清教徒一般地去处死查尔斯一世。这些荷兰神学家的著作为我们提供了饶富启发性的历史蓝本，使我们可以进一步透视宗教与现世处境的关系。

　　神学与世局有千丝万缕的关系，自古已然。从奥古斯丁的《上帝之城》到路德与加尔文的著作，无不具有独特的历史与政治背景，同时他们的文本也成为神学的经典。同样地，笛卡尔、康德与黑格尔的哲学名著也具有特定的历史处境，但他们的作品却是自成一个意义的世界，作为纯粹思想探寻的文本。荷兰新加尔文主义者的著作是神学思想史上的杰作，但同时是与他们的荷兰世界密不可分。这种可区分但不可分离的关系正是我们阅读文化经典的原因：从思想来反思处境，从处境来透视思想。

第三，荷兰新加尔文主义为我们提供了对基督教教会本质的反省。这是耐人寻味的问题。作为大陆中小岛的荷兰每时每刻都在与大洋搏斗，这种存在的危机根本不容许荷兰有内战，荷兰国家化过程的敌人全是周围虎视眈眈的帝国：西班牙、拿破仑与纳粹德国。但这种同仇敌忾的国族危机并没有产生教会的合一；相反地，荷兰教会的分裂是著名的。许多教会历史课本常调侃荷兰特色的基督教：一个荷兰人是神学家，两个荷兰人组成教会，三个荷兰人便会教会分裂。从 17 世纪的多特会议到亚伯拉罕·凯波尔在 1880 年代的教会出走运动，荷兰教会一直在极度激化的纷争中。正如霍志恒在普林斯顿神学院的同僚沃菲尔德定义改教运动说："从内部而言，改教运动是奥古斯丁的恩典论至终胜过了他自己的教会论。"从表面来看，荷兰新加尔文主义者似乎也秉承了此种宁为玉碎、不为瓦全的分离主义。但新加尔文主义的健将凯波尔却定义加尔文主义为整体的世界观与生活体系，并且提倡普遍恩典的概念来整合一套具兼容性的神学与治国理念。研究荷兰新加尔文主义可以帮助我们去思想基督教的教会理论中的两大张力：大公精神与分离主义，就是大一统世界观的传统教会与倾向完美主义观的小教派。如何两者兼并而非各走极端，这是阅读新加尔文主义对我们的启迪。

第四，荷兰文化与中国文化都曾经拥有黄金时代的光辉历史，并且二国至今仍然是世界舞台上欣欣向荣的文化国家。荷兰人缅怀他们的黄金时代，就是法国的笛卡尔、犹太教的斯宾诺莎、加尔文主义艺术家伦勃朗、天主教画家弗美尔、阿民念主义的法学家格劳秀斯，还有一群毅然投奔怒海的史佩德威尔号的漂游客，这群人组成了一幅五彩缤纷的马赛克。中国的黄金时代亦是如一幅连绵不断数千年的光辉灿烂的精致帛画，是如此美不胜收，教人目不暇接。阅读荷兰新加尔文主义的著作可以为广大的中国学者与读者提供一个具有文化亲近性的西方蓝本，借此来激发我们在中国文化的处境中去寻求创新与隽永的信仰与传承。

　　本系列的出版可以为广大读者提供高水平而流畅的翻译，使大家可以更深入地了解荷兰文化与神学思想的精妙。这是一套承先启后，继往开来的出版企划，希望广大的读者从中获益。

陈佐人

美国西雅图大学神学与宗教研究副教授

2019 年 10 月 29 日

中译本编序

　　在汉语学界中，亚伯拉罕·凯波尔通常是因其公共神学而被人所熟知。他所倡导的"领域主权"、"普遍恩典"等观念，也惯常被连于公共神学和政治神学的议题。不可否认的是，虽然凯波尔并未使用"公共神学"一词，但是他的神学体系确实着重于阐述基督教信仰如何在公共领域中得以表达。尽管如此，我们需追问：难道凯波尔的思想体系只着重于基督教信仰在公共领域中的展现吗？

　　本书《我们的敬拜》是这个问题很好的答案。读者会发现，凯波尔的思想极富教牧情怀。他对教会敬拜的阐述细致入微，并在各个方面进行逐条梳理。读者在本书会发现一幅全然不同的牧者凯波尔肖像，有别于众多著作中呈现的公共神学家凯波尔的素描。有关本书的特点以及简介，读者可见下文的英译本导读。这篇导读可以让读者了解凯波尔的历史处境，为阅读全书作了铺垫。

　　笔者在此要提醒读者的一件事是：这本中译本并非简单地译自英译本。下文的导读已有提到，英译本是缩减版，大约删减了荷文版 30% 左右的文字。不仅如此，在有些地方，英译本会对上下文的内容进行调整。英译本此举是因为凯波尔这本书是由发表在《先锋报》上的系列文章编辑而成。这些文章在撰写时，凯波尔也无多余时间进行修改，使行文和结构更加精炼。英译本的缩减版让行文更加通俗易懂，实乃为读者考虑。

中译本不同于英译本，乃是完全遵照荷文版。中译本先由李咏祈、肖庆、许未克、徐一方四位译者将英译本译成中文，再由笔者根据荷文版校对，补充被省略的内容，并纠正英译本中的错译和漏译，以求尽量贴近荷文版。中译本此举的原因是笔者在审校的过程中发现，英译本在很多地方省略的内容，并非是因为行文的原因。比如，英译本省略了凯波尔对赫尔曼·巴文克《心理学原理》的引用。这类问题极大地影响了本书的学术价值。故此，笔者便将省略的内容尽数翻译完成。

笔者相信本书会让我们进一步地了解凯波尔的思想和荷兰新加尔文主义，从而跨越传统上只在公共神学议题上诉诸凯波尔的局限。凯波尔不只是公共神学家。他首先是教会的牧者。

徐西面
神学与人工智能伦理博士后研究员
爱丁堡大学
2021 年 11 月 15 日

英系列序

　　真是格外感恩，看到亚伯拉罕凯波尔的著作《我们的敬拜》（英译本）面世。[1] 无论是在这个时代还是任何一个时代，对付文化侵蚀最有效的解毒剂之一，就是研究那些在艰难的时期和处境中挣扎的基督徒，并思索从他们身上可以学到哪些智慧，以应用到我们自己的挣扎中。不仅要细读教科书中的总结，也要直接聆听原著中的教诲。因为，这些教诲是那些思维活跃、思想深邃的基督徒发出的肺腑之言。

　　也许，这正是阅读本书的最佳途径。因为，该书所记载的，正是上个世纪一位思维活跃、思想深邃的基督徒领袖，在反思公共敬拜的惯常做法时，大声疾呼、直抒胸臆。这并不是一本关于敬拜礼仪的学术著作。严格意义上，此书也不是完全成形的系统神学或圣经神学专著，而是为大众期刊撰写的一个专题系列，借此传达作者

---

[1]　中注：英译本被收录于《加尔文基督教敬拜研究所礼拜仪式研究丛书》（Calvin Institute of Christian Worship Liturgical Studies Series）。此篇序是整个系列的序言。

的反思、迷惑、惊叹、辩论与洞见。这位作者是一位生动有趣的牧者、神学家、公共知识分子；在有段时间，他也是一位政治家。他在理性上充满好奇，又深入探讨基督教文化。因此，本书旨在探讨以下四方面的问题。

新教历史

首先，本书与其他众多作品一道，在新教历史、尤其是改教传统方面，填补了一个重要的空白。在已经面世的有关新教历史的著作中，敬拜实践常常被边缘化。因为智性的历史学家觉得这个课题太过细碎繁杂，社会历史学家又嫌其"教会味"太浓。因为缺乏有关敬拜实践的正式文献和一手资料（尤其是在某些宗派，已将敬拜的礼仪层面尽可能缩减），许多研究生觉得难以入手钻研。因此，对新教历史感兴趣的广大读者，透过这本英译本著作，可以一览荷文原著中对敬拜实践的论述。同时，他们也可以在许多段落得到启发，看到专业知识、社会背景和文化现象如何交织在一起，一同建造了凯波尔的牧养和神学殿堂。

本书也为研究敬拜历史或改革宗历史的学者填补一些重要的空白，因为没有什么著作专门研究荷兰改革宗传统中的敬拜实践。实际上，有关改革宗敬拜历史的著作，都是论述当时极具影响力的苏格兰长老会传统。除此之外，几乎别无他选。在有关长老会和改革宗传统的主流历史记载中，也极少提到那些分离出来的宗派。因此，在这样的叙事典范中，今天的学生难以想象如凯波尔这样的人物的看法——一个主流的人物，处在一个分离出来的宗派中，生活在荷兰这样一个面积不大却神学思想活跃的国家；一位思想深邃的学者，却为着福音的缘故，关注正统的神学、充满生机的敬虔生活并全面介入社会文化。

教牧性的礼拜仪式神学或敬拜神学

其次，当今越来越多的学者乐于探讨神学和敬拜的关系，这在新教群体中尤为明显。本书对此也有重大贡献。正如礼拜仪式学者称之为"礼拜仪式神学"（liturgical theology）的著作，本书大部分篇幅也以敬拜实践开首，探讨其历史起源和神学含义。同时，与礼拜仪式学者称之为"敬拜神学"（theology of worship）的著作一样，凯波尔明确坚持，神学性宣告必须来源于《圣经》，并以此作为指导礼拜仪式改革的根基与原则。在一本书中能同时兼备"礼拜仪式神学"和"敬拜神学"的特征，可见凯波尔对敬拜实践的持续关注。他不仅对"敬拜中的圣经与神学原则"饶有兴趣，更探究《圣经》、神学主题和认信如何相互作用，如何影响信徒群体的习惯、模式与做法。以及，这些习惯和模式又如何进一步塑造对那些主题和认信的解读。

凯波尔的这种关注不仅要达到某一学术或美学的高度，更是如同20世纪复兴者所说的，要进一步加强信徒对教会敬拜生活"全面、有意识的积极参与"。凯波尔深切关注普通信徒的敬拜经历，关注他们如何跟随并专注于牧者的祷告，又如何学习辨识上帝的作为。甚至，他也关注日常生活中那些干扰人们敬拜的因素。例如，冬日的严寒或牧师的声调。看到这种对会众深入参与敬拜的持久关注，我们就可以明白，为何凯波尔在普通信徒中影响甚大。以他为镜，我们也可以看到当今有关敬拜实践的学术讨论有何欠缺。

亚伯拉罕·凯波尔与新加尔文主义的身份特性

第三，关于凯波尔的属灵生命和后续的影响，本书也纠正了一些流传已久的错误认识。

亚伯拉罕·凯波尔深切介入基督教文化，这是他最为人知之处。这一令人备受启发的呼召，在他著名的斯通讲座（Stone Lectures）中尤为明显。在荷兰、美国以及加拿大的荷兰移民群体中，这呼召引爆了一系列令人瞩目的文化革新，并建立了诸多组织和机构。其中，最为著名的就是为数众多的基督教高等教育院校。

凯波尔也因其灵修作品闻名于世，其中最著名的就是《与主亲近》。这本书成为凯波尔深切关注个人敬虔的佐证，也为众多读者提供了丰富的教牧指导与建议。

然而，本书要从另一个角度展现凯波尔的思想与生命，即他对体制机构性教会中属灵生命与活力的深切关注。单从本书的篇幅就可看出，教会的礼拜仪式生活绝非他一时的兴趣。实际上，他有数年之久都花很长时间思考这个议题。对凯波尔而言，教会绝非只是神施行救赎的场地，而更是一个至关重要、值得长久关爱与反思的场所。

文化上的介入、个人的敬虔和正式的教会生活，这三方面的平衡大有裨益。那些以凯波尔作为灵感之源的人，有时也会忽略这一点。单单强调任何一方面，必令人视野狭窄。而逐一强调、充分整合这三方面，就能活泼、有力地传达基督教信仰，同时也免于陷入各种危机：敬虔主义、反智主义、智性主义、激进主义、圣礼主义和教权主义（clericalism）。

敬拜的更新

最后，若有人热切想为当今的教会敬拜带来更新，本书均可提供帮助，不管他们是牧师、教师、音乐家、艺术家，还是教会领袖。读者若能选取某一议题，将书中的章节与当今期刊上的文章进行对比，将会收益良多。

在某些情况下，你会先注意到有些话题鲜有改变。尽管，在宗教改革之后，敬拜实践有了天翻地覆的变化，今天我们面对的核心问题还是和以往任何一个时代一样：何为真实集体敬拜的本质？何为平衡的祷告生活？如何思想神在每日生活中的同在与作为？牧者在带领敬拜时，如何避免将太多注意力吸引到自己身上？关于我们自己、神和敬拜应有的样式，我们借着教会的建筑物传达怎样的信息？在敬拜生活中，什么应居于中心？什么又应处于边缘？尽管凯波尔的反思显得非常陈旧且有点古怪，但他对这些核心问题的处理常能启发我们更好地面对今天的挣扎。

另一方面，你也会注意到，无论是论述的语调还是面对的场景，凯波尔的著作和今天的事工类文章非常不同。对于沟通策略、社会调查、教会规划模式、同工管理或有效的宣传等方面，凯波尔并不感兴趣。他感兴趣的是持久的神学反思，就是不断追问："我们应当如何做，才能符合那位《圣经》中的上帝的心意？"追根溯源，这种思维模式是一种反偶像的抗争；因为文化倾向会塑造出某种上帝的形象和敬拜模式，我们需不懈抗争，才能尽力避免受其辖制。尽管我们在其他领域受益良多，但这些领域的知识有时会限制一个人的能力，使之不能追问那些对教牧工作影响深远的神学问题。

最后，我向埃尔曼斯出版社（Eerdmans Publishing Company）的约翰·波特（Jon Pott）、汤姆·拉伯（Tom Raabe）致以诚挚的谢意，感谢他们的努力，使本书得以出版。同时，感谢本书的译者：亨利·布恩斯特拉（Harry Boonstra）、亨利·巴洛（Henry Baron）、赫里特·希尔斯（Gerrit Sheeres）、里昂那多·斯威特曼（Leonard Sweetman）。也感谢亨利·布恩斯特拉（Harry Boonstra）耐心地协调翻译的进度，并为本书撰写导读。感谢约翰·博尔特（John Bolt）、布莱恩·斯平克斯（Bryan Spinks）、杰弗里·温赖特（Geoffrey Wainwright）、尼古拉斯·沃尔特斯特洛夫（Nicholas Wolterstorff）。他们发表的回应文章就像为凯波尔的《我们的敬拜》开了一个迷你研讨会。这些文章均已纳入本书。同时，我也深知，已有三代神学家、牧师、学者和基督教领袖，以欣赏和批判的态度致力于传播凯波尔的思想。深愿本书能够挑战新一代领袖，致力于推动正统的神学、充满活力的敬虔生活和不断介入基督教文化。

约翰·维夫利特（John D. Witvliet）
加尔文基督教敬拜研究所
加尔文大学及加尔文神学院
大激流城
密歇根州

导读

亨利·布恩斯特拉（Harry Boonstra）

亚伯拉罕·凯波尔以其在神学、政治、基督教文化等方面的著作闻名于世，他对敬拜的著述却鲜为人知。这实乃重大缺憾。因为，他对敬拜的论述影响深远，也是他的著作中不可或缺的重要组成部分。因此，看到凯波尔所著的 *Onze Eeredienst*（《我们的敬拜》）的英译本面世，真是备感欣慰。

然而，这毕竟是一部关于荷兰教会生活和敬拜的作品，有几百处有关历史背景和教会景况的引述，又成书于一个世纪以前。因此，当代的读者需要一些阅读指引。这篇导读和其中的脚注，旨在为本书提供相关背景和创作语境。

该导读包括以下内容：凯波尔的生平大事纪要、荷兰历史鸟瞰（尤其是与教会相关的内容）、荷兰改革宗教会历史概要（从创立至1900年）、改革宗礼拜仪式发展简述，以及一份 *Onze Eeredienst*（缩减版）的翻译说明。

凯波尔生平概览

1837　生于 10 月 29 日。

1855　就读莱顿大学（University of Leiden），学习"现代主义"神学。

1860　撰写一篇论文而获奖（并被颁授金勋章）。该论文对比了约翰·加尔文与波兰改教家约翰内斯·拉斯科（Johannes à Lasco）。

1862　在莱顿大学获得神学博士学位。

1863　在贝斯德（Beesd）开始牧会，这是乌德勒支（Utrecht）附近的一个偏僻小镇。此时受到几位保守的敬虔派信徒影响。同时，对欧洲日益兴起的自然主义思潮深感困扰，也因现代主义神学无法与之抗衡而忧心忡忡。

1867　接受乌德勒支改革宗教会聘任。开始以口头和书面的形式，坦言荷兰改革宗教会（Dutch Reformed Church）需要革新，并批评国家公立学校中的教育多元主义。加入抗革命俱乐部 / 党（Antirevolutionary Club/Party），之后成为这个加尔文主义政党的推动力量。

1870　接受阿姆斯特丹改革宗教会的聘任。围绕荷兰现代派神学与松懈的教会纪律，不断与阿姆斯特丹的教会领袖们抗争。

1871　在保守的宗教周刊《先锋报》（De Heraut）任主编。

1872　创办了一份具有加尔文主义政治观点的日报《旌旗报》（De Standaard），并任主编。

1874　当选荷兰议会议员。理应是荣休神职人员，不过仍以阿姆斯特丹教会长老的身份积极参与教会事物，并与教会领袖们继续抗争。

1876-1877　辞去议员职务。因耗尽心力，在意大利和瑞士休养一年三个月。

1878　在一场声势浩大的请愿中成为中坚力量，旨在劝阻国王签署一项法令，因该法令将使基督教学校承受不可担负的经济压力。

1879　主持召开抗革命党第一届正式会议。

1880　自由大学（Free University）建校。这是一所秉持改革宗思想与加尔文主义的高等教育院校。凯波尔被任命为神学教授与校长（行政主管）。

1886　改革宗教会长执会以不服权柄为由，将阿姆斯特丹教会五名牧者和八十名教会委员会成员停职，凯波尔也是其中一员。

1887　在"哀恸者"运动（De Doleantie）中，两百多间教会作为"哀恸教会"从荷兰改革宗教会分离出来。因此，一个临时的教会总议会大会（Synodical Convention）将这些分离出来的教会组织起来。1892年，哀恸运动的众教会与1834年参与分离运动的教会，共同组建了荷兰归正众教会（Gereformeerde Kerken in Nederland）。凯波尔在这个教会总议会任主席。

1888　倡导与基督公教政党展开有限程度的政治合作，特别是为着推行非公立学校。

1894　再次当选议员，从此开始了他自己在传统的保守派和他自己平民化政党之间移动的挣扎。

1897　开始为《先锋报》撰写有关敬拜方面的文章，直到1901年当选荷兰首相为止。

1898　远赴北美，在多地举行讲座，包括普林斯顿大学（斯通讲座）、费城、芝加哥和美国中西部几处荷兰移民的聚居地。普林斯顿大学授予他名誉法学博士。

1901　抗革命党和基督公教政党联合占据大多数议席。凯波尔受邀组建内阁，并被任命为首相。

1905　通过《高等教育法》（*Higher Education Law*），赋予非公立大学同等权利，自由大学也从中受益。抗革命党和基督公教政党的同盟遭遇挫败，凯波尔内阁解散。

1911　将有关敬拜的文章以 *Onze Eeredienst*（《我们的敬拜》）之名结集出版。

1912　《旌旗报》创刊四十周年，该报是凯波尔参与新闻工作的主要途径。

1920　辞去抗革命党主席和国会议员职务。11 月 8 日离世。

以上这份生平大事概览只能略微展现凯波尔的影响力及其伟大之处。实际上，他胜任了许多角色：牧师、神学家、新闻工作者、政治家、政府首脑等。尤其是他引领了改革宗思潮的复兴，使其重获影响力。他是新加尔文主义运动的核心人物，该运动寻求在社会、政治、教育、经济等各个领域带来符合《圣经》和改革宗思想的生命变革。正如凯波尔的名言所道：“基督是统管万有者。因此，在人类生命的领域中，没有一寸之地[1] 祂不宣告自己的主权。”

在某些方面，凯波尔影响了许多人，尤其是比较保守的荷兰改革宗人士。他的直接影响力在 20 世纪 50 年代最为明显。在 1960 年后，荷兰的教会和社会都经历了巨大改变。之后，世俗主义大行其道。因此，对于凯波尔是否在荷兰社会仍具有（直接的）影响力，历史学家们莫衷一是。当然，在今天的阿姆斯特丹街头，他的名字罕为人知。

然而，在英语世界，凯波尔备受关注。一直以来，他都影响着改革宗教会。如今，他又进一步影响了一些神学家、哲学家，以及基督教机构。对凯波尔的关注使得他的许多著作得以翻译成英文，也有为数众多的英文专著和文章面世。[2]

---

[1]　字面意思是“一个拇指的宽度”（een duimbreed）。这是一个常见的荷兰俚语，表示非常短的距离。参 James D. Bratt 编辑的 *Abraham Kuyper: A Centennial Reader* 一书（Grand Rapids: Eerdmans, 1998）中的“Sphere Sovereignty”章节，488 页。

[2]　近年来，有两篇文章列出了英文书目，对我们很有帮助：James E. McGoldrick, "Annotated Bibliography of Materials in English," in *God's Renaissance Man: The Life and Work of Abraham Kuyper* (Auburn, Mass.: Evangelical Press, USA, 2000), 265-312; Sean Michael Lucas, "Southern-Fried Kuyper?" *Westminster Theological Journal* 66, 1 (Spring 2004): 179-201。这两篇文章中列举的几乎全是英文著作。参，Bratt 所著的 *Abraham Kuyper* 一书的参考书目。另外，在 Clifford Anderson 和 Tjitse Kuipers 的指导下，普林斯顿神学院的凯波尔研究院（Kuyper Institute）也正在编著一份权威书目。

荷兰历史纵览 [3]

荷兰改革宗教会的诞生与这个国家的独立战争以及随之而来的"教会与国家"的关系息息相关。若探究这些加尔文主义教会为何出现，则需简要回顾当时欧洲的政治局势。到 1500 年为止，欧洲的大部分地区已成为神圣罗马帝国（Holy Roman Empire）的疆域。帝国借着密谋策反、建立联盟、政治联姻和武力入侵，占据了广阔无边的领地，将现今的德国、西班牙、比利时和荷兰所在的大部分领土尽收囊中。1519 年，生于格恩特（Ghent）的查尔斯五世（Charles V）继承了这个政治大拼盘。他在位的大多数年日都在竭力保全这个疆域宽广的帝国，免得它分崩离析。这一任务又因新教的诞生而愈发艰巨。

他的儿子菲利普二世（Philip II）是个骄傲的西班牙人，也是个狂热的基督公教信徒。与他父王一样，自 1555 年继位后，菲利普二世就努力保全神圣罗马帝国。他很快就发现最大的威胁来自尼德兰王国（the Netherlands）（那时共包括荷兰和比利时的十七个省），尤其是北方的省份不太安定。这些省份早已成为重要的经济支柱。只是，菲利普发动的战争耗资巨大，他们大部分收益都因沉重的赋税而被压榨一空。另外，新教的思潮已经向北部传播，首先是路德宗和重洗派的思想，接着是加尔文主义。在有些市镇，对西班牙和基督公教备感愤怒的人们，砸毁了基督公教的教堂和圣像。这种毁坏圣像的行为令菲利普忍无可忍，决心彻底征服荷兰人。他派出了十万久经沙场的士兵，由将军阿尔瓦公爵（duke of Alva）率领。基督公教臭名昭著的宗教裁判团（Inquisition）也一同出征。随后的六年，阿尔瓦实行了恐怖统治。西班牙军队血洗了这些省份，摧毁了无数城市和乡村，监禁、绞刑、火刑，无所不施。

---

[3] 毋庸置疑，保守的新教历史学家大多认同这段历史。在本节和下一节，我将参照主流的著作，并以荷兰文作品为主。对于事件的陈述，我并未列举不同的描述与视角。

起初，民众屈服于战争的淫威，不过逐渐就有了反抗，尤其是在奥兰治王子威廉（William, prince of Orange）的带领下。战争持续了数十年之久。在1568至1648年间，著名的"八年战争"时打时停。[4] 在最终的政治解决方案中，西班牙不得不放弃对北方省份的一切控制权。1588年，七个北方省份形成一个半独立的联盟，成为荷兰共和国（De Republiek der Zeven Verenigde Nederlanden）。在16世纪，很少有这样的国家，没有皇帝、国王或王后。"中央政府"由各省在国会（Staten-Generaal）中的代表及奥兰治议会任命的政府首长（stadhouder）组成。

尽管经历战乱，荷兰依然开始成为主要的经济实体，并在整个17世纪保持此优势。同时，文化生活日益昌盛，尤其是一批著名画家都有作品问世。实际上，这是荷兰的黄金时期。独立战争、宗教逼迫和随之而来的繁荣昌盛——正是在这样一个时期，改革宗教会崭露头角。

1700年之后的荷兰历史大可一笔带过。经济发达、文化昌盛的时代不复存在。相反，在社会的诸多层面，18世纪的荷兰都经历了一场衰退。国家声誉和国际影响力日渐消退，社会底层的普通民众受苦尤甚。有人倾向加强各省之间的联盟，也有人鼓吹各省相对独立。而政局的不稳，大多时候都源于两派之间的争斗。

不仅如此，荷兰还要在英法这两大强国的夹缝中求生，时常要被迫与其中一方结盟。18世纪末的法国大革命及其余波，给荷兰带来了无尽灾难。法国打着解放被压迫者的旗号入侵荷兰。有些措施确有解放的效果，譬如赋予所有男性选举权、赐予所有政治团体平等权利等。然而，解放民众的说法最终不过是天方夜谭。1795年，法国占领军迫使政府首长威廉五世（William V）及其家人流亡英国。

---

[4]　"八年战争"成为塑造荷兰历史的决定性因素之一。许多年来，奥兰治的威廉被认为是一个虚构的人物。有关对此战争和威廉的解读，请参近期著作 K. W. Swart, *William of Orange and the Revolt of the Netherlands*, 1572-84 (Burlington, Vt.: Ashgate, 2003)。

1804 年，拿破仑自封为帝，并于 1806 年将其兄弟封为荷兰国王。1810 年，荷兰被法兰西帝国吞并。在此期间，改革宗教会历经艰难。一个不小的难处就是牧者的薪酬断付。在历史上大多数时间，神职人员的薪资都由政府负担。然而，在法国占领期间，牧者的工资时常被消减，甚至完全没有。

拿破仑战败之后，法国的统治也宣告终结。1813 年，威廉六世（William VI）被从英国召回。然而，他并未被任命为政府首长，而是于 1815 年加冕为荷兰的第一位国王，成为威廉国王一世（King William I）。绝大多数国民，包括神学上较为保守的基督徒群体，都欢迎奥兰治皇室（House of Orange）的归回，并热切盼望教会和国家都能焕然一新。然而，改革宗教会很快就大失所望。国王确实签署了宪法，从国库中拨款以恢复牧者的工资供应。不过，他紧接着就插手教会事务，常常带来灾难性的后果。在 1816 年签署的宪法（Reglement）中，国王无视传统的教会治理模式，成立了一个教会管理部门，并作为政府职能部门之一。与此同时，国王还设立了永久性的教会总议会书记，并亲自任命每一届教会总议会的主席。此外，他还允许神学教授和神职人员可以忽视信经和改革宗传统的认信，教导、传讲更加自由主义的神学。在下一节我们会看到，在很大程度上，这些政策造成的后果就是改革宗教会发生了多次分裂。

改革宗教会 [5]

借着路德宗和重洗派的教导传入荷兰，新教改教运动逐渐发挥影响。[生于菲里斯兰省的门诺·西蒙斯（Menno Simons），于

---

[5] 对此议题的介绍，参见近期著作：Karel Blei, *The Netherlands Reformed Church*, 1571-2005 (Grand Rapids: Eerdmans, 2006).

1530 年代在荷兰传讲重洗派信仰。此后，于 1540 年代在德国传扬此信仰。] 大约在 1560 年之前，加尔文主义的改革宗信仰在很大程度上都是一个地下运动。这些被称为"十字架下的教会"（Churches under the Cross）[6]，主要活跃于南部（如今属于比利时的）省份。通常，他们的教会聚会形式是 hagepreken（"在树篱中布道"，即在田野或草地上聚会）。不过，这些教会逐渐变得更加公开、组织化。在此过程中，圭多·布雷斯牧师（Guido de Brès）于 1561 年撰写的改革宗认信起了关键作用。随着其他人不断补充，在 1566 年的安特卫普总议会（Synod of Antwerp）上，该认信被众多教会认可，成为正式的改革宗认信——《比利时信条》。同时，该大会还认定了《海德堡要理问答》。在此时期，也出现了不少荷文圣经译本（许多都是从路德的德文译本翻译而来）。

早期这些改革宗思想的涌入，总是受到基督公教和西班牙国王的粗暴干涉和血腥逼迫。迫害的结果之一，就是许多改革宗人士流亡德国和英国。例如，在伦敦就有一个几千名会众的教会，与荷兰的改革宗教会保持着密切联系。来自波兰的贵族约翰内斯·拉斯科（Johannes à Lasco），就是伦敦最著名的牧者之一。他为改革宗教会编写了早期的礼拜仪文。后来，该仪文成为荷兰归正众教会使用的模板之一。

还有一个重要的事件，就是 beeldenstorm，即攻击或毁坏圣像。作为改教运动的后果之一，这种毁坏圣像的事件在别处已经发生过：一群暴民冲进基督公教教堂，推倒雕像、破坏绘画、砸毁窗户和其他圣像。此类毁坏圣像的事件也在荷兰发生过几次。不过，最为骇人听闻的当属 1566 年事件。此事件也成为菲利普王派遣军队侵入荷兰省份的原因之一。

随着更加有组织地反抗西班牙的统治，改革宗教会也开始以更

---

[6]　中注："十字架下的教会"是指 16 世纪 70 年代位于荷兰北部的一些基督新教教会。当时荷兰北部尚未独立，这些教会备受西班牙宗教裁判所的迫害。

加公开的形式建立。若一个城市宣布对抗西班牙，改革宗信众就建立教会，并占领基督公教的教堂。1578 年，这些教会人数众多、势力强大，因而被称为民族教会总议会。随后十年，教会变得愈发强大。大多数南部（如今的比利时地区）的民众继续跟随基督公教，也继续处于西班牙人的掌控之下。这种情况促成了北方省份和基督公教的决裂。尽管改革宗教会还不是"民族教会"，却在众宗派中居首。只要父母提出希望他们的孩子受洗，都会蒙应允。因此，改革宗教会就朝着国家民族教会（volkskerk[7]）迈进。随着改革宗教会占据了主导地位，路德宗和重洗派只好屈居于后。基督公教只要不公开聚会，依然被允许存在。犹太人被赋予较大的自由度。与此同时，还有很大比例的民众并未加入任何教会。

1603 年，雅各布·阿米念（Jacob Arminius）被任命为莱顿大学的神学教授，一系列重大事件由此开始。次年，阿米念举行一个系列讲座，否认改革宗神学中较为严格的预定论教义。他立刻受到了大学同事弗兰西斯·戈马鲁（Franciscus Gomarus）的挑战。随后十四年，不断有辩论、会议、争论、挑战，以及尝试和好（虽然阿米念已于 1609 年离世）。不止教会，省政府与国会也卷入这场论战中。论战的双方，一派被称为抗辩派（Remonstrants；亚米念的追随者曾向国会呈交"抗辩书"，强烈反对预定论教义，由此得名）。另一派是反抗辩派（Contra-Remonstrants），坚决捍卫传统的（加尔文主义）预定论。

截至 1617 年，众教会都希望通过一个全国性的会议解决这一神学冲突。这一提议获得了国会的批准，并于 1618 至 1619 年召开了著名的多特会议（Synod of Dordrecht）。荷兰参会代表中有众多政府专员，以确保政府的意见受到足够的重视。另外，还有二十九

---

[7] 凯波尔时常批判"volkskerk"的概念。因为，它指的是一个全国性的教会。所有的公民，不管他们的基督教信仰或生命如何，自从出生（和接受婴儿洗）就隶属于这个教会。因此，我们会依据上下文，将"volkskerk"翻译成"国家"教会、"民族"教会，或"国立"教会。

个国家派代表团参加，使此次会议变成了一个国际盛会。大会共举行了 150 次会议，全部都以拉丁文为官方语言。最后，反抗辩派大获全胜，会议的决议编入《多特信条》，跟《比利时信条》与《海德堡要理问答》一样，成为正式的认信。两百名牧者拒绝在此文件上签字，被解除职务。其中，有八十人不服此处罚，被驱逐出境。

在多特会议上获得神学上的胜利后，改革宗教会日渐成为更加统一的教会，在全国范围内都更加有影响力。历经多年，她终于成为国立教会。无论在大城市还是小乡村，会友的人数都不断增加；处处都严格教导《要理问答》；各所学校都以改革宗神学要义为治校之本；四所大学都有蓬勃发展的神学院系；整个国家也成为加尔文思想的大本营。1637 年出版的荷兰文新旧约《圣经》（1619 年由国会下令开始翻译，因此命名为 Statenbijbel），更增添了几许信众合一的味道。

然而，到了 17 世纪末，神学领域开始出现一些分歧。例如，一位雷内·笛卡尔（René Descartes，笛卡尔曾在荷兰寻求政治避难）的追随者，针对基督教基本教义提出了一些"理性的"问题。与这些新观点有关的论战主要在大学中进行，不过仍给教会带来了冲击。

17 世纪还有一个具有深远影响的运动，就是 De Nadere Reformatie。学者们苦于找不到合适的英文词来翻译 De Nadere。因此，通常将其译为"第二次"、"进深的"或"后期的"宗教改革。[8] 德国的敬虔主义影响了此运动。不过，苏格兰和英国的敬虔主义对其影响最大。从"敬虔主义"一词就可看出，De Nadere Reformatie 主要关注的是个人的敬虔。人们虔诚地进行诸多灵命操练：阅读《圣经》和灵修作品、进行私下和公开的祷告、小心谨慎地省察自己的灵性和内心、以及认罪与悔改。可是，许多牧者和教会并不能满足这些属灵的需求。因此，敬虔的会友就在家中进行小组聚

---

[8]　参 Joel Beeke, "The Dutch Second Reformation (Nadere Reformatie)," *Calvin Theological Journal* 28, no. 2 (November 1993): 298-327. Beeke 用七页的篇幅讨论何为精确的翻译，并对此运动做了极为精彩的总结。

会，借此可以谈论属灵话题、彼此勉励关怀、聆听（平信徒）讲解《圣经》，并重拾改革宗的属灵遗产。尽管大多数敬虔主义者继续在改革宗教会参加聚会，这种私下的聚会（非国教的秘密聚会）却成为许多人的属灵命脉。这种秘密聚会的后果之一，就是很多会友在自我省察时过于谨小慎微，以至于总是觉得不配，缺乏得救的确据，甚至不敢领圣餐。有些人直到六十、七十多岁，依然没有领过圣餐。

除了在属灵生命上小心谨慎，敬虔主义者在其他方面也较为保守。保守的着装（因此被称为"黑色长袜"基督徒）、严守安息日、恪守《多特信条》、使用最古老的诗歌本、不允许敬拜程序有任何改变。所有这些，都使他们和改革宗的主流教会格格不入。

最初，Nadere Reformatie 是对形式主义和理性主义的回应。后来也成了一股持久的力量。有些敬虔主义者隐身于改革宗教会，有些则另立门户，建立了独立的宗派。敬虔主义持续影响了 18 世纪，甚至一直延续到 21 世纪。

如上所述，诸多因素令忠于真道的信徒惴惴不安：1816 年颁布的宪法、自由主义神学的侵袭、自以为是的会友对灵命操练的漠视，以及改革宗教会的萎靡不振。这种不安生根发芽，成长为 1834 年的 Afscheiding（脱离或分离）运动。几代学者已经研究、分析、描述了该运动，只是以英文发表的资料有限。[9] 我在此只是略提几处要点。

学者们通常认为，亨德里克·德科克（Hendrik De Cock）是此次分离运动"之父"。德科克在格罗宁根大学（University of Groningen）以自由主义神学受训，并不吝传讲此道。然而，当他牧养第三个教会时 [于尔勒姆（Ulrum），位于格罗宁根省]，受几位平信徒的影响，开始研究约翰·加尔文和其他改教家，并研习教会的

---

9   有一套荷文丛书，每一卷研究一个省份。此外，最浅显易懂的英文专著是：Gerrit J. Ten Zijthof, *Sources of Secession: The Netherlands Hervormde Kerk on the Eve of the Dutch Immigration to the Midwest* (Grand Rapids: Eerdmans, 1987)。

信经。丰富多彩的《圣经》与神学传统深深吸引了德科克。很快，他的教导和讲道都发生了极大变化，还进一步影响到别的教会的会友。人们不惜步行几英里来他的教会参加聚会。教堂人满为患时，有人就在窗外搭起梯子，隔着窗户聆听他的讲道（有时会不慎打破窗玻璃）。可想而知，德科克的巨大吸引力令附近的同道颇为不满。但是他毫不在乎，甚至为其他教会的儿童施洗。这是一种公开挑战，也令他身处危险之中。不仅如此，他还批评国立教会及其教导，因而很快就被教会召去斥责。德科克拒不改变他的观点和做法，即刻被解除职务。他的会友们却坚决支持他的立场，并于 1834 年 10 月 13 日从荷兰改革宗教会（Nederlandse Hervormde Kerk）分离出去。通常，这被看作分离运动（Afscheiding）"正式的"开始日期，也重新确立了真正的归正（Gereformeerde）传统。[10]

对荷兰及荷兰改革宗教会来说，由此开启了历史上黑暗的一页。数世纪以来，荷兰都为受迫害的少数派提供避难所。清教徒、莫拉维亚弟兄会的会友、犹太人，以及自由思想家都在此寻得栖身之所。然而，如今教会和政府开始迫害自己人了。当牧者及其会友从荷兰改革宗教会中分离出来时，教会报以藐视、中伤，甚至随意停职、解职。政府也增加赋税、禁止聚会，在分离者家中派驻士兵、监禁一些牧者。甚至，还故意造势，煽动暴民攻击分离分子。尽管如此，忠心的信徒坚立不惧。不断有教会分离出来，也不断有会友建立新的教会。分离出来的教会逐渐获得了宗教自由。他们组成了地区长

---

[10]　Gereformeerd 和 Hervormd 常常混淆不清。这两个词的意思都是"改革宗的"。在历史上大多时候，荷兰的加尔文主义教会被称为 De Gereformeerde Kerk (in Nederland)，译作"改革宗教会（在荷兰）"。然而，有时也用 Hervormd 一词，尤其是在 18 世纪。在 1816 宪法中，教会的官方名称是 De Nederlands Hervormde Kerk（荷兰改革宗教会），尽管在非正式场合继续使用 Gereformeerd 一词。1892 年，分离运动（Afscheiding）和哀恸（De Doleantie）教会联合时，采用了 De Gereformeerde Kerken in Nederland（荷兰归正众教会）的名称（注意："教会"一词用了复数）。

老监督会（classis）和教会总议会（synod），[11] 并形成了新的宗派。[12]

与此相比，半个世纪之后的第二次分离运动——De Doleantie（哀恸或忧伤）运动就不太为人所知。该运动反对政府对教会的干涉，以及神职阶层对教会的掌控。不过，最主要还是针对自由主义、现代主义神学对教会的腐蚀。此次运动的领导者并非是出自偏远乡村教会、毫无名气的牧者，而是一位远近闻名的教会领袖——亚伯拉罕·凯波尔，以及阿姆斯特丹的教会委员会。教会委员会的大多数成员都坚持，教会（未预期的）牧者和信徒都应该接受教会认信和传统的改革宗神学。然而，一群年轻人公开拒绝接受教会所教导的传统改革宗认信。因此，教会委员会不准他们领圣餐，论战的分界线就此划定。阿姆斯特丹的教会委员会除了坚守改革宗的正统教义，还公开挑战教会的上层管理者，将教会财产分配给了地方教会中坚守正统教义的多数派。1886 年，地区长老监督会将教会委员会成员停职，省级教会长执会也支持这一决定。

亚伯拉罕·凯波尔是这次论战的主角。他曾在两间教会事奉，后来又成为阿姆斯特丹教会的牧师。1874 年，凯波尔放下教会事奉，转战政界，但他依然任阿姆斯特丹教会堂会议会（consistory）长老。因此，他也被停职了。

哀恸（Doleantie）运动吸引了许多教会及其牧者加入，成为一个新的教会联盟。至 1889 年，该联盟已经超过了两百间教会。1892 年，哀恸运动的众教会与分离运动的教会联合起来，组建了荷兰归正众教会（Gereformeerde Kerken in Nederland）。在这个具

11　一如既往，改革宗教会采用如下组织形式：本地会友组成教会（congregation），不同教会派遣代表参与地区长老监督会（classis）（类似于长老会中的长老联会），探讨与各教会有关的事项。所有的教会又派代表参与全国性的教会总议会（synod）。

12　有两个重要的事项，在此不作赘述。一是新建立的教会中存在诸多神学争论；二是许多会友移民至北美。最著名的，是 1847 年在艾伯塔斯·拉尔特牧师（Rev. Albertus Van Raalte）带领下，移民至密西根州西部；以及，在亨德里克·斯科尔特牧师（Rev. Hendrik P. Scholte）带领下，移民至爱荷华州的培拉市。

有历史意义的教会联盟中，亚伯拉罕·凯波尔任主席。长久以来，这个联盟都以一个宗派的形式存在，直到 2004 年才重新与荷兰改革宗教会（Nederlands Hervormde Kerk）和路德宗教会联合，成为荷兰新教教会。

由于大批坚守正统教义的信徒分别于 1834 和 1886 年离开，荷兰改革宗教会损失巨大。不过，也有（为数众多的）保守的、坚守正统教义的信徒拒绝离开国家民族教会。因此，荷兰改革宗教会变成一个在神学取向上广纳百川的宗派。形形色色的群体，都被半官方地认可为不同"流派"。在这些流派中，有来自荷兰改革宗的保守信徒，也有完全否认基本圣经真理的现代派人士。荷兰改革宗教会的巨大帐篷足以容纳这些不同的（完全相反的）流派。

当然，在 20 世纪（和 21 世纪），所有基督教群体和宗派都经历了惊人的巨变，也有更多的教会分裂（有时也带来混乱）。不过，既然凯波尔是在世纪之交写成《我们的敬拜》，此段论述也就止于1900 年前后吧！

荷兰改革宗教会礼拜仪式的发展 [13]

凯波尔在《我们的敬拜》（Onze Eeredienst）中的典型方法是，选择一个议题，在论述的过程中再回到教会历史追本溯源。他通常会追溯到宗教改革时期。不过，他并没有系统地回顾改革宗敬拜或礼拜仪式的历史。因此，对此历史做一总结会对当代读者有所助益。

---

[13] 对此历史的回顾，近期文献可参：Harry Klaasens, "The Reformed Tradition in the Netherlands," in *The Oxford History of Christian Worship*, ed. Geoffrey Wainwright and Karen Westerfield Tucker (Oxford and New York: Oxford University Press, 2006), 463-83. 尽管在 20 世纪早期的礼拜仪式更新之前，荷兰敬拜传统都值得赞赏，Klaasens 并未过多关注此传统。

　　不难预见，改革宗教会定会从加尔文和其他改教家的著作中寻找有关敬拜的指引。然而，宗教迫害和西班牙战争的旋涡，让早期的荷兰改革宗教会难以慎思明辨敬拜模式，也无法咨询别的教会。逃往英国和德国避难的荷兰籍会众处在较为稳定的生活环境中，反倒推动教会形成了规范的敬拜生活。例如，在伦敦的荷兰流亡者教会，其牧者约翰内斯·拉斯科就有非常清晰的敬拜理念。他来自波兰一个贵族家庭，并被按立为神父。但他对德国和欧洲其他地区的宗教改革非常感兴趣。因此，他逃离波兰，先后在数间德国改革宗教会服事。后来，他又逃到伦敦，带领一间由荷兰、法国流亡者组成的教会。1550 年，拉斯科编写了一本有关教会秩序和礼拜仪式的指南（*Forma ac Ratio*）。这本指南经过他人的修改和完善，又与别的荷兰流亡教会的礼拜仪文合编在一起，于 1566 年被安特卫普总议会采用。（因此，荷兰的礼拜仪式，有一部分是由一位波兰的改教者在伦敦完成的，这真是上帝的奇妙供应。）

　　该礼拜仪文又经过了进一步修订。1618 年的多特会议最终确定了数个修改之处，并正式将此文本推广至荷兰所有改革宗教会。[14] 尽管此举将礼拜仪式编撰成典，许多教会却并不遵从。这种情况在 19 世纪尤为明显。这也是凯波尔撰写《我们的敬拜》的主要原因。关于多特会议所采纳的敬拜秩序，凯波尔在书中已多次探讨，在此不再赘述。但是，我会强调荷兰教会中仍使用的敬拜礼仪几个特征。

　　一个有趣的特征就是恪守教会年历或礼拜仪式日历。众所周知，改教家们以十分激烈的方式废除了礼拜仪式日历，尤其是取消了所有圣徒纪念日。但是，新教教会对礼拜仪式日历的态度各不相同。英国和苏格兰的清教徒最为偏激，只允许在主日（或按他们的说法，"安息日"）举行崇拜；既不庆祝圣诞节和复活节，也不接受任何"圣

---

[14]　值得注意的是，这套礼拜仪式沿用了很多年。例如，直到 1950 年前后，北美的改革宗教会还原封不动地使用绝大部分敬拜礼仪、洗礼仪文和其他仪文。新教改革宗教会（Protestant Reformed Churches）与荷兰改革宗教会至今依然使用这些敬拜仪文。

日"。圣公会和路德宗教会通常庆祝所有的圣日和节期，从将临期直到圣灵降临期的最后一个主日。对教会年历一事，荷兰改革宗教会并未达成一致意见，尤其是在早期阶段。多特会议如此规定："除了主日，教会也应在圣诞节、复活节和圣灵降临节的当天以及次日（例如，圣灵降临主日后的周一）举行崇拜。鉴于在荷兰的大多数省份和城市，教会已经庆祝基督割礼节和基督升天节。凡未如此行的教会，牧者与地方政府要采取措施，确保与其他教会步调一致。" [15]

多特会议将这些圣日列入教会年历，其中一个原因就是国会代表们的不懈坚持。平民百姓看重这些圣日不见得是出于宗教意义的考量，而是为了多几个休息日——不用工作，还可以尽情欢庆，也能饮酒。国会担心，若是克扣这些为数不多的休息日，农民和工人会造反，也会因此而怪罪改革宗教会。显然，教会界的代表认可这一说法（或者是出于政府的压力），一致同意将这些圣日列入教会年历。后来举行的几次教会总议会修改了年历，废除了割礼日，加入了受难节、岁末节（Old Year's Day）、新年节、（祈求庄稼丰收的）祷告日和秋季的感恩节。

多特会议也对圣礼做了相关规定。婴儿应"在合适的情况下尽快"受洗。"牧者应竭尽全力、不辞辛劳地邀请婴儿的父亲出席洗礼仪式。"见证人也应在场，只要他们"认同纯正真理，并已真正悔改信主"。[16] 圣餐礼拜应每两个月举行一次。同时，教会也应尽力在复活节、圣灵降临节和圣诞节举行圣餐礼拜。关于如何举行圣餐礼拜，并未规定某一种特定的形式。因为，每个教会"都应判断何种形式最有利于建造信徒"。只是，教会应当诵读圣餐礼拜的仪文，也应讲一篇道。[17] 在接下来的几个世纪，举行圣餐礼拜的频率常被减至一年四次。通常在领饼、分杯时，会友轮流在圣餐桌旁就坐。举行圣礼时，应当全文诵读洗礼或圣餐的正式仪文（仪文包括

---

[15]　"Church Order: Drawn Up in the National Synod of Dordrecht," art. 67.
[16]　"Church Order," art. 56, 58.
[17]　"Church Order," art. 62, 63.

对圣礼的详尽教导，以及祷文）。只是，人们常常省略了这个环节，尤以 19 世纪为甚。

起初，荷兰改革宗教会在音乐方面恪守加尔文的理念——**会众齐唱诗篇、无需乐器伴奏**。让我简要分析一下这理念的每个要点。[18] 在大多数教会，会众齐声唱诗是标准操作，全然不知诗班为何物。既然没有诗班，就有一个 voorzanger（合唱指挥或领唱者）引领会众唱诗。这种会众齐唱诗歌的形式常常被理想化，或被赋予浪漫主义的想象（例如，凯波尔在本书第七章的描述）。实际上，多数时候会众缺乏音乐素养，领唱也五音不全，远远不能达到理想状态。

几位诗人（以及准诗人）依据《圣经》的诗篇为圣诗作曲。其中，独领风骚两个世纪的，当属生于 1566 年的彼得·达斯恩（Peter Datheen）。他写的歌词深受民众喜爱，却惨遭神学家和诗人们批评。因为这些歌词用词不当，且有诸多不符合《圣经》原意之处。最终，出于政府的命令，另一个版本的歌词于 1773 年出版。可是，许多教会拒绝使用。（有些过激的教会直到今天还用达斯恩的歌词！）这本诗歌的曲调取自"日内瓦圣诗集"。只是，对原来的韵律和节奏常有更改，使得会众合唱的不是歌曲，而是齐声蜂鸣。[19]

加尔文强调，只应歌唱大卫的诗篇。众人通常都遵守这一要求。只是，加尔文允许加入马利亚之歌、其他几首颂歌与圣诗。同样，荷兰改革宗人士也加入了类似的"圣诗"和其他诗歌。在家庭崇拜和地下聚会中，人们唱的圣诗就更多了。在这种情况下，急需一本包罗万象的赞美诗集。因此，在 1807 年，改革宗教会出版了第一本圣诗集《福音圣诗》（*Evangelische Gezangen*）。这本诗歌集本来广受欢迎，但不幸的是，教会的上层人士**强制性地**要求每个教会

---

[18] 关于荷兰改革宗教会的唱诗情况，已有数位作者详尽讨论过。英文文献中，最好的总结在 Bertus Polman, "Church Music and Liturgy in the Christian Reformed Church of North America," (Ph.D. diss., University of Minnesota, 1980), 15-46。他既探讨了加尔文的理念，也描述了不容直视的现实操作。

[19] Polman, "Church Music and Liturgy," 37.

在每次敬拜时，都至少唱一首该诗歌集中的圣诗。有些人向来质疑总议会做的任何决定。此规定一出，更让他们有充分的理由拒绝使用这本诗歌集。另外，诗歌集中的一些诗歌，或是掺杂了现代派神学思想，或是偏离了改革宗的神学教义。因此，那些在 1834 年和 1886 年离开荷兰改革宗教会的众多教会，也拒绝使用这本圣诗集。

早期的荷兰改革宗教会也常讨论是否可以使用管风琴。加尔文反对使用管风琴为会众合唱伴奏，荷兰的改教者们也持相同观点。（在毁坏圣像运动中，荷兰老教堂的管风琴多数未遭破坏。原因之一，就是这些管风琴都是市政府的财产，有时会受到政府宪兵队的保护）。可是，时不时的，总有人提议弹奏管风琴。起初，管风琴被允许在非教会崇拜时段演奏。有些城市的市政领导还热衷于举行管风琴音乐会。在 1630 和 1640 年代，关于管风琴的使用进行了旷日持久的激烈论战，结果是可以在崇拜开始前和结束后弹奏管风琴。但是，人们也越来越接受用管风琴为会众合唱伴奏。到了 1900 年，管风琴伴奏已广为流行。

最后，尽管证道通常不在"圣礼"的范畴之内，凯波尔还是进行了长篇累牍的探讨。这一点值得我们注意。他明确指出，证道只是教会崇拜的一个组成部分，不应作为唯一重要的元素。不过他也同意，宣讲和证道确实是崇拜的主要部分。也许，大多数改革宗教会的信徒认为，证道是**唯一重要的部分**。实际上，教会聚会通常被称作宣讲的敬拜（preek 或 preekdienst），而非敬拜聚会（erediest）。由此来看，教会崇拜的价值就会完全取决于讲员的证道水平。

虽然证道经文的选取各有不同，但是最常见的做法是按着段落或章节"传讲整本《圣经》"。下午或晚上的证道内容选自《海德堡要理问答》，因为 1618 至 1619 的多特会议如此规定："鉴于荷兰众教会已经认可《要理问答》，牧者应在主日简要解释其中蕴含的神学教义"（第 68 条）。19 世纪时，神学氛围变得较为开放，这一要求常被忽略。

凯波尔的贡献

凯波尔在《我们的敬拜》中对敬拜的探讨有着非常重大的意义。在他的时代，也有其他关于圣礼的（荷文）著作，但凯波尔所涉及的范畴无人能及。对于他的贡献，读者自会做出判断，我无需对此总结或批判。只是，我想提醒读者留意这本著作的三个方面。

首先，纵观全书，凯波尔都在努力平衡两个方面。他一方面欣赏与坚守改革宗传统，另一方面批评或不认同该传统的某些方面。他常会在 19 世纪（包括他自己的时代）的敬拜实践中发现瑕疵与错谬之处。于是，凯波尔就回到改教时期，甚至早期教会历史，从中寻找更纯正真确的敬拜理论或实践。有时，他也会完全不认同整个改革宗传统。例如，对约翰·加尔文关于诵读十诫的安排，他就提出了批评意见。

其次，凯波尔比较了英国和美国的敬拜实践。这对我们大有裨益。当然，有时他对这两种敬拜实践非常了解（他曾分别去过英美两国），有时又因缺乏第一手资料而只是简单概括。不过，通过这种对比，凯波尔在两种极端的做法中寻求一条中庸之道。他认为，圣公会和主教制的礼仪通常太注重仪式的细节而失落了敬拜的实质，而美国的敬拜受清教徒和复兴主义的影响，又太过随意而缺乏尊崇与威严感。改革宗的传统应走一条中间路线，避免两个极端：礼仪主义或草率随意。[20]

第三个方面与清教徒和长老会的"限定性原则"有关（保守的

---

[20] 在他事奉的早期，凯波尔似乎更加重视圣公会的传统。尤其是在阅读了一本名为 The Heir of Redcliffe 的小说后，从感性到属灵层面，作者夏洛特·扬（Charlotte Yonge）都给凯波尔留下了深刻印象。或许，这促成了他的重生归信。此处，我们只谈他对敬拜礼仪的观感。读到书中的一个主要角色在弥留之际时，凯波尔也能寻得极大安慰。其根源在于圣公会礼仪，以及"圣礼的伟大意义、家庭和公开崇拜使用的传统仪文、感人至深的敬拜礼仪，以及充满恩膏的公祷书。从此，我对传统的仪文深爱不已，对圣礼高度赞赏，又对礼拜仪式充满敬意"。见 Confidentie (Amsterdam: Hoveker, 1873), 43。

长老会至今仍坚守此原则）。此原则规定，基督徒在敬拜时，不可掺杂任何《圣经》中没有明确命令或施行的做法。例如，不可庆祝圣诞节，在主日崇拜时也不可陈列鲜花。因为，在《圣经》中都找不到这些做法。（可以推断，这应该是加尔文的立场。因为，路德的观点是，凡是在《圣经》中没有禁止的事，在崇拜时都可以做。）凯波尔的处理和清教徒大不相同。尽管他在一些特定的论述中会引用经文，但是他总是追问一个根本性的问题：如本书二至四章所论述的，既然是"一群被赦免的上帝的子民"在举行公开敬拜，那么一些特定的实践是否和这种敬拜的本质相符？

尽管这篇导读以 1900 年为时间界限，我们也需简略了解与凯波尔有关的敬拜礼仪在 20 世纪有何发展。讽刺的是，就在《我们的敬拜》发表之后，礼拜仪式的更新热潮就由欧洲众教会传至荷兰，而这与凯波尔的写作几乎无关。1911 年，几个改革宗教会受圣公会启发，开始试验"礼仪化的"敬拜。1923 年，出现了所谓的"礼仪群体"，以著名的利厄夫（G. van der Leeuw）为领军人物。[21]多年之后这种礼拜仪式的更新才影响到众多教会。不过，这也仅局限于荷兰改革宗教会。直到 20 世纪 60 年代，凯波尔的教会——荷兰归正众教会——才受到影响。直到此时，凯波尔的著作也才结出硕果。[22]另外，礼拜仪式群体主要从圣公会和基督公教中寻找灵感，而凯波尔与之不同，他更倾向于从早期改革宗教会中觅得礼拜仪式的原则与实践。

在这一著作中，除了探讨有关敬拜的议题，关于新教改教历史、荷兰改革宗教会史和荷兰历史，凯波尔也提供了大量的信息。因此，尽管此书以非正式的文笔写成，却在诸多方面令我们耳目一新。

---

[21] 有一部简短却很有帮助的英文著作，是 Peter Staples 所著的 *The Liturgical Movement in the Netherlands Reformed Church, 1911-1955* (Utrecht: Interuniversitair Instituut voor Missiologie en Oecumenica, 1983).

[22] G. C. van de Kamp, "Liturgische Bewustwording in de Gereformeerde Kerken," in 100 *Jaar Theologie*, ed. M. E. Brinkman (Kampen: Kok, 1992), 161-210. Van de Kamp 认为，凯波尔的著作意义非凡，虽然许久才被认可。

为何是缩减版？

钟爱亚伯拉罕·凯波尔的人认为，他写的每个字都应被翻译。对于他的许多作品，诚如斯言。不过，对《我们的敬拜》并非如此。请容我解释。

为《先锋报》杂志撰写这些文章，对凯波尔来说是个艰巨的任务。那时他非常繁忙（他一生中大多时候都是如此），不得不挤出几个小时，在这段"空闲"时间完成一篇 1200 字至 1500 字的文章。可想而知，他根本没有机会认真修改每篇文章，也没有使之更加精练。因此，很多篇章都显得冗长，或内容重复。按照今天的出版标准，细心的编辑必定会删减大量的冗余词句——这正是我在英文译本中所做的。凯波尔曾如此评论某一种古旧的敬拜"仪文"："若能省略一些冗长繁琐的句子"，会节省很多时间。在此译本中，也是如此。通常，我们删掉的是：纯属重复的句子，并非必需的例子；或者，除非加上很长的脚注，否则英文读者就难以明白引述的荷文内容。

很多时候，需要删掉整整一段或一节。仅举几例，有些小节是关于教会着火时如何快速撤离，或是讨论教会会堂的尺寸和陈设，或是引用了荷文的诗，还有大段的文字批判基督公教所执迷的错误敬拜理论和实践。实际上，从原著中总共删减了大约百分之三十的文字。毫无疑问，不同的编者会删减不同的内容。不过，我确信这个缩减版比荷文原版更加易读——也许，对那些通晓荷文的读者也是如此！

本译稿绝大多数章节都保留了凯波尔的标题。不过，有时也会选用更加恰当的标题。在极少数情况下，某一章的部分内容会挪到另一章。另外，所有的小标题和脚注都由编者所增。

与翻译有关的事项

所有译文都面临语言学的挑战，翻译凯波尔的作品尤然。做翻译的人常会引用一句法语（大男子沙文主义的）谚语："就像女人一样，译文要么漂亮，要么忠诚，但无法二者兼备。"我和本书译者一道，努力忠于凯波尔的词句和原意，并且也试图做出一个虽不算漂亮，但至少悦目的译本。至于成功与否，全待读者评价。

翻译任何一部古老作品都会遇到富有当初文化氛围的元素。译者必须决定存留或摒弃这些元素。例如，凯波尔（和他那个时代几乎所有的欧洲作家）都会用到"穆罕默德教徒"（Mohammedans）。而今天，几乎所有人都用"穆斯林"（Muslims）一词。我们决定保留凯波尔的用词，因为这个词语反映了他的文化视角。与此类似，还保留了"异教徒"（heathen）——而非"非基督徒"（non-Christian）——等许多词汇。

在翻译过程中，我们还对凯波尔的写作习惯进行了调整。其中一个调整是针对他习惯大量使用的大写和斜体。更多的时候，我们调整了凯波尔的句子长度。依从那时纯正的德文或荷文的写作风格，凯波尔的句子经常长达十五行，其中插入了大量的修饰从句，而主要的动词则藏在句末。我们毫不犹豫地将其改为当代英文句型。对原文中的段落也是如此处理，个别段落需要加长，但更多的段落长达一页，需要分成三四段。

凯波尔的写作风格也是一大挑战，这也许与他经常表现出的浪漫主义情怀有关。凯波尔通常都善于写那种辞藻华丽、气势磅礴的"骈文"。可是，他又会突然转向使用更加口语化的词句。也许，他是因为想起大多数读者学历并不高。在此译本中，偶尔会保留华丽、磅礴的风格。不过，多数时候都会降格为更加简练、清楚的语句。

在1900年代，不管是荷文还是英文的作者，都不在乎所谓的"包容性语言"。这两国的文化和语法规则都默认"他"（hij 或 he）可以指代男性和女性。在荷文中，确实有中性指代词 mens(en)，在英文中是 man/men，意为"人（人们）"。因此，这也算是更具包容性的词汇。然而，阳性的非包容性指示词应用非常广泛。在译本中，已经尽力调整了阳性指示词的应用范围。可是，除非完全枉顾当时的历史背景，否则无法使该文本符合现今包容性语言的要求。而且，原著中的大多数篇章都与牧者和教会事奉人员有关，在当时也只涉及男性。[23]

凯波尔所引用的经文，通常出自荷文《圣经》（*Statenbijbel*）。他也会用自己的话复述经文（我很确定他是凭记忆复述）。通常，我们会使用英王钦定版或其修订版（修订版更接近 *Statenbijbel*）。但是，当荷文比英文更能清楚表达他的意思时，有时也会从他的词句直接翻译。

结语

正如我数次提到，对荷兰改革宗教会以及凯波尔和他的贡献，本文所做的介绍是何等微不足道。不过，希望借本文能够提供足够的背景知识，使读者更加深入、完全地理解《我们的敬拜》一书，并享受阅读的过程。

最后，我提供了一份凯波尔"理想的"敬拜秩序。他从未描述过此秩序。只是，在讨论到每一项礼仪时，他常会建议如何更新和提升。不过探讨到最后，他几乎总是哀叹，教会还没有预备好迎接这样的更新。若把他所有的建议列在一起，就有了以下理想的敬拜秩序。

---

[23] 毫无疑问，凯波尔所用的非包容性语言多数都是当时的习惯用法。然而，他的神学立场是男性、丈夫应在家庭、教会和社会中占据主导地位。这一立场也会加强他使用非包容性语言的习惯。有一篇文章深入分析了凯波尔对女性的观点，参 Mary Stewart Van Leeuwen, "Abraham Kuyper and the Cult of True Womanhood," *Calvin Theological Journal* 31, no. 1 (April 1996): 97-124 页。凯波尔在探讨母亲在子女洗礼时的位置和作用时，毫不掩饰地表达了他对女性的偏见。

凯波尔提倡的敬拜秩序

鸣钟

颂唱诗篇

长执会进入会堂，与牧者握手

宣召（"我们的帮助……"）

问安（"愿慈爱归你……"）

颂唱诗篇

认罪劝诫

集体认罪礼（祷告仪文——众跪）

赦罪礼（"……的罪已被完全除去，神不再纪念"。）

《使徒信经》（众诵或众唱）

颂唱诗篇

读经

证道前祷告（以主祷文结束）

证道

奉献并颂唱诗篇

为神国中有需要者代祷（以主祷文为基础）

颂唱诗篇

诵读十诫

祝福祷告

作者序

　　1901年7月，我受邀进入政府部门工作时，不得不终止为《先锋报》杂志撰写的系列文章，实为一大憾事。那时，此系列约有七十多篇文章，以《我们的敬拜》为题集结成册。从首相一职卸任后，收到各方邀请，均希望我能继续完成这个系列。只是，赫尔曼·凯波尔（Herman H. Kuyper）教授早已接手了我的工作，每周都在为《先锋报》撰写文章。因此，我也就不便再和杂志社合作，以免打断他的写作。今年早春时节，因喉咙严重发炎，我就利用这段被迫休息的时间，在与《先锋报》杂志无关的情况下，完成了这个敬拜专题的写作。先前的系列欠缺了一些圣礼专题：洗礼、接纳某人领圣餐、圣餐礼的实际操作、停某人圣餐及恢复其圣餐、按立圣职，以及结婚典礼。如今，有关这六个专题的五十篇文章，都已加入到以前的系列中。借着这本合集的出版发行，从未读过《先锋报》杂志的人也可从中受益。同时，在中断了十年之后，终于大功告成，也让《先锋报》杂志的读者一窥此系列的全貌。

凯波尔

1911 年 8 月 1 日

海牙

第一章 礼拜仪式意识的复兴

礼拜仪式的混乱

对我们的敬拜加倍留心地检视，当然不是一件多余的事。多年来，教会在敬拜的话题上一直存在无休止的困惑。没有规则的礼仪已成常态，境况严重。由于我们的教会生活犹如刚离开旷野[1]，所以已经有更多的注意力集中在礼仪的问题上，并且对可靠的指导原则的强烈需求已浮出水面。对于那些认为混乱状态已经过去的人，他们要么不了解教会处境的实际情况，要么就是愚守妨碍礼仪真实本质的理念。故此，请容许我们就这个非常重要的问题提出新的思路。

在实践上，关于教会礼仪的问题都是零碎和独立的，因此最迫切需要的是一个对统一思想的清晰洞见，以此统筹这些零碎的细节内容。

---

[1] 英注：这里是指 1834 年的分裂运动（Secession）和归正教会（Gereformeerde Kerken）的成立。

洗礼的改变

礼拜仪式的真实观念已经完全丧失，所以只能逐渐恢复，洗礼的仪文（Formulier）尤然。[2] 在不久前，有主礼的牧者省略了洗礼仪文的某些部分，甚至全部，或者解体、缩短、增加、修改和篡改此仪文，以致内容变得拙劣，并使牧者自行探索改进之法。对于如此处理礼仪、甚至洗礼仪文的教会，许可自己如此行的牧者和容忍这一做法的会众，都缺乏了对礼仪的敏感性。

后来，这种情况出现了一个转折点。虽然许多父母对洗礼礼仪可能缺乏理解，但是他们却不愿意自己孩子的洗礼仪文缺乏上帝的真理。牧者在主礼时删减礼文，或以自己的感恩祷告代替，其实并未使父母感到不安。可是，如果这些更改是出于对圣洗礼本身的疑问，或者是触及洗礼本质的诠释，他们就会感到震惊。这些更改触犯了上帝的真理，破坏了圣礼，同时也剥夺孩子或孩子父母应有之权利。

【尤其是贺曼·寇布吕格（Hermann Friedrich Kohlbrügge, 1803–1875）博士提议，在让自己的孩子接受洗礼前，父母应事先咨询牧者是否会照常诵读仪文，或至少会诵读整篇仪文。他有力地引用了挪亚洪水和以色列过红海等不可忽略的洗礼的预表。毋庸置疑，寇布吕格博士的提议源自他对礼拜仪式的迫切比孩子的父母更甚。长久以来，人们所面对的情况是，对洗礼仪文的处理方式有两类反对观点。有些人追随寇布吕格博士，整个仪文都要保持不变地在讲坛上诵读出来。另一方面，有些人跟随布雷克（Wilhelmus à Brakel, 1635-1711）的方式，省略一些小的说明，就是感恩的部分被移除，一些描述重生过于严厉的词汇也被省略。但是他们断言，这些解释说明或提问并不会影响对真理的认信。】[3]

---

[2]　英注：荷文 formulier 可译作"礼拜仪文"或"礼拜仪式"。然而，美国的荷兰教会通常将复数形式荷文 formulieren 译作"形式"（forms）。

[3]　中注：见荷文版第 8 页。

　　这种对洗礼中礼仪专断的及时双重反抗，产生了良好的效果。牧者们渐渐放弃他们个人对洗礼仪文的拙劣更改，开始配合信徒父母对圣洗礼仪式的明确愿望。原有的礼仪在很短的时间内回归古道，信徒们也以牧者有否充分善用洗礼仪文为标准，判断牧者的信仰正统性。

　　本书作者也经历过这些改变。在 1863 年开始就任牧职时，他并不晓得要效法前辈同工的榜样。在准备第一次主礼洗礼时，他用蓝色铅笔删掉了所有关于洗礼仪文的段落，然后在各处按己意更改。在那个年代，每个牧者都如此行，而他也随波逐流。

　　但是他的想法很快就改变了。由于当时要为莫尔（Willem Moll, 1812-1879）的《教会历史》撰写数篇关于礼仪的文章，他要对此领域进行一些研究。[4] 这任务使他正视自己任意对待礼仪的错误，并且自那时起，【且在与寇布吕格博士接触后，推动他去理解整套洗礼仪文。借着寇布吕格博士坚定了自己的信念】，他开始在各个圈子中推动对洗礼仪文的全面解读。他首先是通过早前的《先锋报》，然后是周日的《旌旗报》（Standaard）[5]，呼吁教会沿用未被更改的洗礼仪文，【从而将礼拜仪式的要求与教会的核心相连】。在进入新世纪后，令人感恩的是，早前任意删改的行为至少已在新的归正教会中消失，而在洗礼中沿用整套【未修改的】仪文也已成为一个【普遍适用的】准则。[6]

　　根据以上简要历史，我们首先要关注洗礼仪文的问题，因为在众教会中礼仪意识的复苏，是借着对洗礼仪文的使用开始的。尽管有许许多多的人仍对敬拜的任一部分都缺乏礼仪的敏感性，但是他们认为，在洗礼中，教会之为教会，有特定的权柄，牧者也不得僭越。虽然这一次的礼仪改革似乎毫无胜算，可是它成为重建礼仪体系的一个起点。

---

[4]　中注：Willem Moll, *Kerkgeschiedenis van Nederland vóór de hervorming*, 2 delen (Arnhem: Is. An. Nijhoff en Zoon, 1864-1871).

[5]　英注：凯波尔参与成立了《先锋报》和《旌旗报》，并担任主编。多年以来，他都是报刊的首席作者。

[6]　中注：见荷文版第 9 页。

历史上教会决定礼拜仪式

制定所有礼仪的唯一正当原则，正是基于这种根深蒂固却尚未完全形成的家长的意识。这种意识从他们孩子洗礼的例子中可以看到，即：牧者在圣礼中并不能随意而行，而必须要尊重父母和孩子的权利。关于我们在信徒聚集中所实践的神圣敬拜的方式，教会应支配牧者，而不是牧者支配教会。这是所有礼拜仪式的根本概念。

一位演讲者、演说家或会议召集人可以租用场地，以他自己认为适合的方式，并他期望自己的听众可以接受的形式，发表演说、致辞或主领会议。毕竟，如果听众不满意，他们可以离开。【一位听诊的医生可以自行决定行事的方式、检查身体、治疗、开药方。他的房子是他自己的，任何不愿意敲门的人，可以另觅他处。律师、公证人、校长、货店老板、办公室经理等都如此，因为他们都负责协调自己的工作、公司、办公室，没有人被逼去敲开他们的门。】[7]

可是在改革宗教会，甚至在大部分属基督的教会，情况大不一样。只有在美国和荷兰本土的小型独立教会，才有这种自由支配的精神。在美国，尤其是在较大的城市，通常是由一位牧者创立教会，吸引人来聚会，并倚靠奉献维持教会的运作。事实上，这样的教会是一个由牧者运营的个体户，没有任何认信形式，也与其他教会毫无关联，她仅仅是以一位有才干的讲员为中心的聚会圈子。在荷兰本土，到处都有规模较小的类似现象，就是一位普通信徒领袖或处于困境中的牧者，单独租下一个大厅或购买一套房子，然后把它打造成一个聚会场地，用作主日敬拜。【当然，在这些"教会"中，牧者就是一切。教会是他的事业，他的公司；一切都取决于他，他自行安排一切事务。在这样的教会中，没有人与教会有关系，所有不想去教会的人都可以离开。】[8]

---

[7]　中注：见荷文版第 10 页。
[8]　中注：见荷文版第 10 页。

可是在真正的教会，就是可以追溯至耶路撒冷五旬节、历史悠久的信徒聚会，情况则完全不同。这样的一个教会植根于 18 个世纪之前。在那时，每一位牧者只在短暂的几年里完成他的圣职，随后继任者承接这一圣职。如此说来，创立教会的不是这位牧者，因为教会早在他就任之前就存在了。牧者生于教会，并在教会中服侍，因此他必须尊重数世纪以来在教会中发展而成的传统。教会是信徒的聚集，敬拜必须要在那里进行，圣言的传讲和圣礼的执行也必须在那里完成。【在原则上，这跟海盗和正规军队的军官之间的差异相仿。无论在陆地还是海上，海盗行事都要自行承担风险，去想要去的地方，任意纵火，随处扎营。他无需向任何人负责，他自己就是自己的法律。相比之下，正规军队的军官进入了已有的架构。他在军队中，依照军令而行；这军令比他的名字更重要。正因如此，一个绝对的要求就是，他的行动必须要遵守军队中的纪律。】[9]

虽然那些单纯的信徒对敬拜的其他部分显得迟钝，但是对洗礼这个圣礼很敏锐。在成人洗礼时，他们可能不会有如此强烈的感受；但是在孩童洗礼时，他们被深深地触动。受洗的孩童还不晓得洗礼的意义，在他们里面也不可能有任何改变。因此，主礼婴儿洗礼的牧者，应该在每次执行圣礼时，都沿用整套为婴儿洗礼而制定的仪文，绝不简化或篡改。因为洗礼不是父母的孩子与牧者之间的事情，而是孩子本身与他们的上帝之间的事情。

---

[9]　中注：见荷文版 11 页。

第二章 信徒的聚集

　　如我们所见，礼拜仪式上的约束具有合法性，其原则来自于"聚集"的特征，这种特征在每一次信徒聚会中都能看到。【当以撒·达寇斯塔（Isaac Da Costa）每日早上在家中举行宗教敬拜的时候，任何感兴趣的听众都可参加。达寇斯塔可以根据自己所想的，自由地组织这样的聚会。然而，他是作为主人举行这些聚会。作为这个家庭的主人，他可以接纳或拒绝那些认同他或与他意见不一的人。他可以自由地用希伯来文或荷文来诵读《圣经》，可以高声或温柔地诵读，可以在读经前或后祷告。他可以唱歌，也可以选择不唱。如果他唱歌，可以选择诗篇或圣诗，可以选择英语的圣诗或马兰（Cesar Malan）所写的法文圣诗。他可以选择是否要求给穷人乐捐。他可以选择聚会开始的时间和时长。他可以选择穿睡衣或优雅的长袍，或站或坐，来举行这场聚会。简而言之，作为房东和主人，他完全自由地统筹安排一切事宜，至少是可以自行裁决所行之事。】

　　【达寇斯塔可以处于这样的位置，因为在他的房子里没有"聚集"（vergadering），而只是聚会（bijeenkomst），或者说是属灵派对。许多人忽略了这二者的差异，但是其不同之处显而易见。聚集就是同一个团体、学校、组织、协会的成员出现在一个大厅或会议室中，但是这在事先总是先确定谁属于这个团体，谁可以参与。这并不是因为其他人许可他们参加，而是他们有权利如此行，也是他们的义务。演讲有时也被称为讲座，因为你是坐在那里，其他人出现在你面前。法庭特别被称为听讯，而非聚集。这种听讯的概念也从法庭传递到了议会、市议会、教会长执会等，即便仍旧使用"聚集"一词。虽然"聚集"更普遍用于长执会，但是教会的聚集、长执会的会议、市议会的聚集或会议都被称为"聚集"。】

　　【除了聚集和会议这方面的差异，这种群体性的讨论和行动都具有事先确定和规范的特征。"聚集"和"讲座"都预设了学校或团体的存在，与会人员的重要性，并事先确定谁有权利提议或投票，谁是正式的成员，并成立主席团召集并领导会议。这与单独的会议、聚会或讲座不同；这些都不是从主席团开始，而是由一个人带领，会有广告，并四处邀请。这些会议，想参加的人就可参加；当会议结束，一切也都结束了。因此，在这类会议中，人员或自行组建的委员会有绝对的权利自行安排一切事宜。正因召集会议之人不能强制任何人，所以无人有义务回应这种召集，而召集者可以按意愿来安排事务。】

　　【此处稍做补充，当几个人以委员会的名义去行时，言语措辞就不会十分恶劣。因此，我们会听到为悼念执政者或君王而组建的委员会、提供意见的委员会、帮助不幸之人的委员会，诸如此类。对于这样一个群体，南非德兰士瓦的人会称其为"战时禁运品委员会"。然而，"委员会"一词表示，你不能抬高自己，或自顾而行，而是要如同被一个人或团体授命和委任，带着权柄去行事。即便是一位市长邀请他人共同组建一个委员会，也与委员会的性质和工作不同，因为市长在此事上没有权柄，不能强加要求，而只是请求。因此，无人可以说那些抬高自己的人是被委任的，因为我们清楚知道一个人只能被其他人委任，或只被一些有权柄的人委任。国王可以任命委员会，一所

学校可以任命委员会，一个团体或组织可以任命委员会；一个自行组成的委员会并不了解"委员会"一词的真正含义。】

【**委任**来自**委员会**。委员会的拉丁文 committere 由 con 和 mittere 组成，最早出现是教皇教令中的 commissio 一词，与德文 Ausschuss 意义相仿。但是 mittere 有差派的意思，暗示了命令的概念。然而除了委任这个狭隘的意思，聚集或会议定然不同。关于聚集，我们总是想到学校或组织，他们的成员参与其中，所以他们由委员会召集；这个委员会共同行动，深思熟虑，一同决策。根据这个观点，整个礼拜仪式的问题就取决于这个重大问题：我们所说的"教会聚会"（kerkhouden）是作为单独的会议，还是一个固定团体的聚集？】

【在宗教领域中，前一个答案是可想到的。在我们国家，特别是来自英格兰的人，会在报纸上宣布他们要在某个时刻、某个地方举行宗教会议。或者他们在一个房东家，那里有很大的客厅可以任他们使用。于是，这位房东四处邀请人来参加。那时，他们会读经、唱诗、祈祷、讲道，甚至有时会收取奉献。简而言之，这在一切事上很像"教会聚会"，但事实却不是；这无非是偶尔的聚集。我们公开的敬拜活动并非如此。】[1]

星期日在教堂中进行的活动，并不是把教堂建筑租给这位或那位牧师，他觉得怎样合适就怎样做，而是一个必须合乎法则的会众聚集。只因大城市的会众数量多，这一聚会需要在多所建筑物中同时进行。在村庄或小城市则不必如此，所有会众可以在同一所建筑物中集合，组成一个聚会。

无论聚集在一所或多所建筑物中，都不会改变聚会的性质，因为这些标志仍然存在：（1）有一个称为会众或当地教会的团体；（2）有确认谁属于该团体的会员名单；（3）该团体由一个合法的长执会带领；（4）该团体及其长执会受既定规则或教会秩序管辖；（5）该会众聚集由长执会召集；（6）非会员可以作为观众出席该

---

[1]　中注：见荷文版 12-14 页。

团体的公开聚会，但只有会员才能参与会员专属的礼仪，例如圣洗礼和圣餐礼。

【因此，我们希望读者谨记我们归正教会中公共聚会的这种性质。只有我们聚会中那些清楚了解此种性质的人才能参与其中。无视此种性质之人则不明问题所在。正因如此，就此方面还需进一步论述。或许有人会说，教会和普通的联合聚集大相径庭。聚会中没有与会列表，不会宣读会议纪要，没有提出提案，没有授命，亦无投票。一切都与正常情况不同。人们会问：这种聚集到底是什么？】

【为了解此点，我们必须区分团体可采用的两种聚集形式。首先，议会或学校会举行普通的议员会议或学校理事会议。这种会议会仔细讨论，且不对外开放。然而，它们也有三种公开性的聚集：（1）议会主席或校长的变更；（2）新教授的设立；（3）授予那些已完成博士课程的人博士学位。即便在这些公开性的聚集中，我们很少发现会议聚集的常见活动，情况却截然不同，甚至只有一个人在那里发表讲话。然而，每个人都同意，这些都是名副其实的会议聚集，不过是公开性的，没有商讨，只有行动。其他团体的会议聚集亦然。音乐或歌唱公司会举行普通的和公开的会议聚集；那些公开性的聚集就有表演的性质。击剑协会、文学协会以及所有协会团体都如此；它们私下会商讨，但协会性质也要求它们有公开性的行动。因此，教会或信徒会众亦然。】[2]

会众可举行两种聚集：（1）**非公开聚集**，主要是处理会众内部事务，如提名会员担任职务、处理财务事宜、作出关于逐出教会或重新入会的决定等；（2）**公开聚集**，即敬拜。大型教会很少举行**非公开聚集**（因导致各种邪恶），而**公开聚集**则在每周日举行数次，此外周间也会举行。【非公开聚会和公开聚会之间的差异在此得以更好体现。】[3]

---

[2]　中注：见荷文版 15-16 页。
[3]　中注：见荷文版 16 页。

我们通常所说的敬拜就是**会众团体所举行的公开聚集**，参与者是会员。会员们在教会长执会的召集和牧者的带领下聚集，不是为思考，而是为**行动**，即完成**他们被召唤而进行的敬拜**。这敬拜也向公众开放，因为敬拜仪式同时也是一种**宣传手段**。

聚会的基本原则 [4]

我们已经把"聚会"这个概念放在最显著的位置，因为这是个熟悉的概念。特别是在我们那个年代，几乎每个家庭中，父亲至少是四五个社团的成员，母亲是缝纫组的成员，年幼的女孩子们是宣教队或主日学的成员，十几岁的男孩子们也有他们所属的青少年团体。所有这些加在一起是很可贵的，因为它或多或少反对个人主义，因此也反对自我中心；相反，它使我们表现出团体性，并鼓励我们彼此相交。

我们要指出与此相关的一点是，参加教会也就是去参加聚会，即进入这个聚会并作为一个成员参与其中。显然，参加教会并非指各人按自己的时间，进入一座庄严的建筑，聚集在牧者的周围，服从他的领导。我们必须振兴"**聚集**"的概念。事实上，我们不反对读者在阅读这些文章时，把教堂里的聚会想象成一个普通的会员会议，长老们就是董事会，主领牧者就是主席。

当然，有人可能察觉到，这个概念可能会将教会聚会分解成不同的部分，因为在教会聚会还不等于敬拜的侍奉（godsdienstoefening）[5]。我们完全同意这种看法，并且将在下文加以详述。可是，只因"信

---

[4]　中注：以下内容在荷文版中为第三章，标题为"Het karakter van verga-dering"，译作"聚集的特性"。

[5]　中注：godsdienstoefening 可以译作"敬拜的侍奉"，也可以译作"敬虔的操练"。中译本选择"敬虔的操练"为译名，以示区分。

徒的聚会"多了一个非常独特的元素，以致拥有了某种特殊性，我们就不能忘记"聚会"的基本含义。【传统上，"信徒的聚集"这一称呼用于敬拜的侍奉。后来"聚集"不再普遍使用，"会众的集合"（samenkomst der gemeente）这一表述就取而代之，例如在《希伯来书》十 25 中，使徒提到"（我们的）聚会"。】[6]

"我们的聚会"并不是参加一场讲座或者文学讲读，而是大家"在一起"的聚会。它之所以称为**我们**的聚会，是因为参加的人都是为着彼此而存在。在《海德堡要理问答》中，关于守安息日的诫命，其答案没有说出席上帝之家的聚会是为了听讲道或敬拜，而是说为了"殷勤地来到会众当中"[7]。聚会的是会众，而在会众的聚会中，参加者是以成员的身份参与其中。

这也是改革宗信徒对教堂建筑本身并不依恋的原因。如果会众——也就是信徒们——能在一个经过特别设计、庄严而舒适的建筑物中聚会，那诚然较好。但聚会并不依赖于建筑物。如果没有建筑物可用，会众可以在露天聚会，就像我们的祖先在田野或草地上聚集敬拜一样。如果户外太冷，就租一个大厅来聚会。如果租不到大厅，就找一个谷仓、仓库或骑术学校来聚会。建筑物本身的用途或位置都无关紧要。

我们从经文中读到，使徒时期，会众已经在私人住所中聚会。在宗教改革开始时，情况也是如此。1834 年荷兰归正教会的复兴同样是以这种聚会模式开始的，并在 1886 年再次盛行[8]。正是这种独立于建筑物之外的特征，使信徒的聚集成为聚会，这种聚会不是由墙壁、长凳、管风琴或讲台所组成和决定，而是由会众成员的存

---

[6]　中注：见荷文版 17 页。

[7]　中注：作者采用的英译本为"coming diligently to the congregation"。该要理问答其他中文版或译为"殷勤守礼拜"、"勤于上教会"等。

[8]　中注：荷兰改革宗教会（Dutch Reformed Church）在 1834 年发生分裂，产生了荷兰基督教归正教会（Christian Reformed Church in the Netherlands）。在 1886 年，凯波尔领导的"哀恸者"（Doleantie）群体离开荷兰改革宗教会。

在所组成和决定的。为了表明这种敬拜的本质，人们通常**不用**会幕或圣殿中的敬拜为蓝本，而是用以色列每一位成年人都能参与的**人民大会**（qāhāl）为蓝本。

虽然我们完全同意"信徒的聚会"总是具有某种特殊性，因而不能与其他普通聚会相提并论。但是，我们的敬拜也必须体现每个合法而有序的聚会所应有的基本性质和特征。因此，主领的人不能任意按照自己变化无常的想法来带领聚会。相反，他与**全体会众**都要服从教会定下的一般规则，这些规则是管理会众的，也是会众想要表达的。

这对于整个礼拜仪式和目前讨论的敬拜来说，就是最终决定性的问题。事实上，当牧者可以随心所欲时，就没有礼拜仪式可言。另一方面，当牧者在这件事上的自由受到限制时，礼拜仪式就产生了，也就产生了敬拜的某种标准形式，牧者也受其约束。【然而，前一个问题现在已经解决。聚集的基本概念如今已经确立，礼拜仪式的本质已然得以维护。】[9]

聚会的条例

如果会众的聚会是"**我们的聚集**"，亦即会众成员的聚集，那么成员就都享有一定的权利，而非牧者一人有权威和决策权。每个人都在既定的规则与秩序下聚集，聚会也必须按此方式进行。无论牧者的权利何等有限、几乎没有自由，或者几乎没有限制、实际上完全自由，这项原则都不会因此增多或减少。

【在我们普通的会议聚集中，也会有严格的内部规章制度。借此，主席被规定每个步骤该如何行。也有一些会议聚集的规章制度比较薄弱，于是主席就有很大的自由。还有一些则完全没有规章制

---

[9]　中注：见荷文版 19 页。

度，这就让主席可以自由决策。但在这几个情况下，原则仍保持不变。若一个没有内部规章制度的会议聚集想要制定一个规章制度，那么所要制定的规章制度就对主席产生约束力。若一个会议的聚集根据内部的规章制度赋予主席极大的自由，而如今想要限制此自由，那么就没有可以阻止此种举措。因此，一个完全自由的主席可以自由决策，但这不是基于他自己的缘故，也不是因着他绝对的权力，而是来自会议明示或默认的支持。在何种程度上他可以保持原来的自由行动，又在何种程度上这种自由要被逐步削减，这取决于会众而非他自己。】[10]

就敬拜来说，这意味着有三种教会：对牧者主领敬拜的方式没有任何限制的教会，给牧者部分限制和部分自由的教会，以及对每一个敬拜细节做出规定的教会。然而，这三种教会都有一个共同的原则，那就是有关敬拜的安排都必须由会众认可，并且会众保有对安排做出改变的权利。当严格规定礼仪的教会希望给牧者更多自由时，需要得到会众的认可。当部分限制牧者自由的教会希望调整限制规定时，也需要会众认可。同样，当一直给予牧者完全自由的教会希望开始施加某些限制时，也需要会众认可。

当然，牧者可以在教会长执会的支持下抵制会众的决定权，可是这样做，他和长执会就一同违反了信徒皆祭司的原则。在这种情况下，会众必须重组长执会。假若长执会强行阻挠重组决定，会众当然可以被阻挠，但这种做法绝非正当，并且必然破坏教会作为会众团体的本质。此后会众能否保持基督赋予的权利和特权来与牧师和长执会的反对力量抗衡，就难以预见了。

仅仅思想聚会本身的特质，我们已经开始发现敬拜之礼仪性的出发点。如果敬拜是"我们的聚集"，即一个由会众成员组成的聚会，那么可以肯定的是，只要会众愿意，就必须尽快制定明确的规则来进行这种神圣的敬拜。但到目前为止，我们只是建立了起点。敬拜中还有许多其他因素，使这种会众聚集具有非常特殊的性质。

---

[10]　中注：见荷文版 19 页。

第三章 作为已复和的会众与上帝会面

与上帝的团契

首先，教会聚会不仅是会众自己的相聚，而且是寻求**与他们的上帝会面**。在旧约中，会幕即是"会面的帐篷"（'ōhel mô'ēd）。经文不是说所有以色列人都聚集在那个帐篷里，显然帐篷太小了，容不下那么多人。它的真正意思是，在这个帐篷里，**上帝与祂的子民会面**。上帝既是象征性地、也是真实地居住在至圣所里的施恩座上。会幕所在的地方，就是祂安息之处，大祭司在百姓面前，代表他们进入圣所觐见上帝，与耶和华会面。

这个庄严而神圣的思想不只是旧约时代的观念。所有敬拜和所有真正的宗教，都是寻求与至高上帝的团契。对每个人来说是如此，对全体会众来说也是如此。当你内心体验到主同在的幸福时，当你里面实际感受到"与上帝亲近"时，更深刻的宗教感受就会被唤醒。一位遥远的上帝不能激发人的敬虔之心，因此诗人称那些"被上帝拣选去亲近祂的人"是有福的【诗六十五 4】。

　　这情况同样适用于会众。当会众**作为一个集体**经历到上帝的靠近和圣洁的临在时，亦即当他们彼此聚在一起也同时**与上帝会遇**时，他们的灵性也会得到激励。因此，我们对敬拜最高的看法，就是将它视为"会众与上帝的会面"。

　　所有罪恶和有罪的人、罪恶世界中的所有活动、先祖犯罪的一切后果，以及这个拒绝上帝的邪恶世界对人心产生的所有冲击——这一切都把我们与上帝分开，使上帝与我们的灵魂之间出现一个空白的空间。因此，我们个人需要在独处和独自祈祷中一次又一次地突破这个空间，重新感受上帝与我们的心亲近。我们也需要与他人一同寻求上帝的亲近，这种亲近在我们与家人一起祷告时、在婚礼和葬礼上与全体亲属一起祷告时，以及在机构和社团中与同侪一起祷告时，都能经历到。假若人们能一起亲近上帝，透过真诚的祷告感受上帝与他们的团契，而不只是在喃喃自语的话，那么我们与家人的相处，并在机构或社会中与同侪的相处，都会被大大祝福。同样地，当属基督的会众恒常来到上帝面前，不断寻求祂的面，在祂圣洁的临在中相聚，并确实明白聚集的目的时，聚会的地方就真正成为**会面的帐篷、主的会幕、上帝的圣殿**。

　　需要进一步强调的是：就像对家庭、家族、机构或社团一样，对永生上帝的教会来说，与上帝会面不仅是明智的、可取的和神圣的，而且是绝对必要和根本的。属基督的会众是分别为圣的会众。他们活在世界中，但不属于世界，他们在地上是一群朝圣者。他们的口号是寄居，他们的家不是在地上，而是在上帝那里。他们寻求天上的家乡，凭着信心的眼光，遥望天上的耶路撒冷。

会众一起与上帝会面

　　故此，关于会众一起与上帝会面，有两件事情是必须的。首先，教会的成员必须聚集在一起。因为平时在城市或乡村里，他们不会作为一个属基督的群体出现，只有在他们聚集时，才会被识别为一个整体、一个教会。第二，这群聚集的会众要松懈他们与世界的联结，而加强他们与上帝的联结。

你肯定有过这样的经验：比如你正在教会参与聚会，感到自己只是坐在那里，却与其他会众没有什么联系。你魂游在自己的思绪中，各种世俗事务在脑海里流转，所以你完全体会不到与上帝的团契。聚会结束时，你感到不满，觉得浪费时间，毫无意义，然后厌倦而烦躁地回家。你是去了教堂，但那只是出于习惯，你不过是一个习俗的奴仆、盲目的形式主义者。你没有真正参与聚会，灵魂没有获得享受，心里没有得着力量。

但你的经验也可以完全不同。有时候，在祷告的殿中，你对弟兄姐妹的爱激动你的心，你能够把自己从世俗事物中分离出来，感受到自己的灵被属天的事物吸引。然后在祈祷、唱赞美诗、聆听训勉和讲道时，你感觉自己得到释放，被带进与上帝的团契中与祂会面，以致你的心畅饮于涌流不绝的溪水，你的灵陶醉于属灵之爱。当这一切发生的时候，你真切地体验到丰盛的喜乐；聚会让你感到无比欣喜、深受造就、充满力量，然后一整天你的心都在爱与赞美中度过。

以上的经验说明，只有如此才实现了信徒聚会的目的，也说明敬拜应该是"**属基督的会众一同聚集，一起与那永恒之上帝会面**"。当牧者们懂得以这种方式带领崇拜时，其结果是他们不仅让会众得到丰富的喂养，而且自己也感到被祝福。相反，当牧者们忽视这个崇高而美丽的目标，敷衍了事地履行他们的职责时，他们就使会众陷入属灵穷乏之中。

真正的宗教，是与永活的上帝团契相交——这一点我们怎么重申都不为过。这样的团契相交是"与众圣徒"一起享受的。所有敬拜必须以让全体会众品尝与上帝的团契相交为目标。否则，敬拜过程即使表现出丰富的知识、深刻的见解或真诚的情感，也仍然不具有真正的信仰内涵，因此也不是神圣的敬拜。敬拜的侍奉（Godsdienstoefening）不是宗教活动，而是活出信仰。如果会众没有被带领进入与上帝的团契相交，那么这个目标就不可能达到。

当一个牧者不断追求"带领会众与上帝团契"，并成功达到目标时，他就好像亚伦，有贵重的油浇在他头上，直流到他的衣襟。当一个牧者丢失此目标时，他就会使自己陷于贫瘠，也不能使会众结出果子。

【让我们对这两个条件予以总结：（1）会众必须是团契地聚集；（2）聚集的会众必须要与他们的上帝会面，这便已经暗示了双重礼拜仪式的主张。首先，一切规范聚会的准则在此都可适用。其次，所有制定的准则必须是为了让会众能与上帝会面。这两个条件就限制了牧者可能有的武断。牧者不能任意而行，而要按如下所述而行：首先要有以团契方式聚集的会众的观念，其次要承认会众与他们的上帝会面的观念。因此，这就开启了涌流礼拜仪式之能力的双重源泉。现在，让我们补充第三个条件作为总结：作为与上帝复和的会众。】[1]

与上帝复和的会众

来教会祷告的人都是受各种属灵缺陷折磨的人——经常信心不坚定、爱心不足够、知觉不敏锐。他们带着被罪恶之源搅动的心，从世界来到祷告之殿，深知自己的各种缺陷。他们越是属灵，自责感就越重。他们被称为"圣徒"，却本能地自问，自己如何配得这样的称呼。

然而，聚会是"圣徒的相通"。你看使徒如何称呼那些教会，在写给哥林多、以弗所、歌罗西和帖撒罗尼迦教会的信中，使徒称他们为"蒙召的圣徒"。如果他们不是圣徒，他们如何从世上被分别出来？他们又为何要组成教会？如果他们和世人一样，与世界合而为一，那么他们自称为"圣洁的教会"将是怎样的一种自高自大和蔑视他人？

---

[1] 中注：见荷文版 24 页。

这里有一个明显的矛盾——会众因着属灵价值而聚集，却悲哀地发现自己没有这种属灵价值。他们控告自己，上帝却宣称他们无罪。尽管世界毁谤他们，撒但与他们作对，他们仍然要作为属上帝的会众和圣徒的团契来聚会。这种矛盾和阻力，只能靠着**基督的名**来胜过。在基督以外，没有圣徒，没有教会，会众聚集也就不可能存在。同样，在基督以外，没有敬拜，也不存在与上帝会面交通。

当我们忘记基督的名，忘记祂的道成肉身，忘记祂已进入天上的圣所，忘记祂与得赎之民的团契时，我们就不能想像一个教会的存在，也不能想像会众的聚会，以及在聚会中与上帝的相遇。可是，当基督的名介入时，当教会成员被接纳进入基督、以祂为首联合在一起时，当会众在基督里被称义、和好与成圣时，当他们借着上帝羔羊献上的挽回祭能再次亲近上帝时，就会有圣徒组成的会众，就会有他们的聚会，也就会有他们与上帝的亲近会面。

因此，教会敬拜的关键要素就是**基督**。会众唯有在基督里才能合而为一，聚集在祂赎罪宝血之下。他们不是自己去亲近上帝，而是被独一的大祭司引领到父上帝面前。基督所做的这个工作不是肉眼所能见的，而是一个透过信心之眼才能看见的奥秘。

【于是，神圣的敬拜若是在基督之外，若我们认信的大祭司在行动中无影响，若教会没有感到自己与基督联合，那么就永不会带来与会众的上帝真实、完全和丰富的会面。正因如此，第三个条件就补充了前两个条件。会众敬拜的操练（godsdienstuitoefening）不仅要（1）团契地聚集，并是（2）聚集的会众和他们的上帝之间的会面，而且还要（3）是在基督所洒的血下的聚集和与这位永恒的存有的会面。这便是我们所说的参加教会的三个条件；正是这些条件限制了牧者的自由。他不能按照自己的意愿来安排在上帝祭坛前的敬拜，而是要按照这三个条件而行。整个礼拜仪式必须扎根于这三个条件。】[2]

---

[2]　中注：见荷文版 25-26 页。

敬拜的操练 [3]

敬拜的操练（Godsdienstoefening）不是要让哪一个人在敬拜中获得操练，而是要让全体会众一起参与**敬拜的操练**。这个重要的论题值得我们认真思考，因为它已经被许多人忽略了。许多人仍然认为，教会的真正目的就是向前来聚会的人讲解《圣经》，然后给聆听者一些劝告或安慰。人们完全不了解《圣经》课程、《圣经》讨论与敬拜之间的分别。他们以为，当牧者讲解一两节经文时，就是敬拜的操练，而当牧者讲解一整章经文时，就是《圣经》课程。

这样一来，连要理问答课与讲道之间的分别也失去了，人们以为二者之间的唯一不同在于要理问答课有提问与回答两方，而讲道只有牧者一方说话。但这一点区别甚至也不存在了。因为在成人要理问答课上，往往也只有带领者在说话。此外，在成人要理问答课上也有祷告、唱诗、解经和劝勉等环节，与敬拜相比只不过人数少一点，说话方式不那么正式，以及聚集地点通常不在教堂建筑内。

至于小组聚会，它原本大大不同于教会讲道，但最终也往往变成了许多人听道的场合。小组的设立，原意是要透过信仰讨论和见证分享，使灵命已有些根基的基督徒彼此建立。但有时候，可能因某位成员特别有恩赐，常说出一些造就人的话，令人印象深刻、心受触动。于是，他渐渐变成小组里唯一一个滔滔不绝的人，然后越来越多的人加入聆听者的行列。最终，没有人能分辨出教会讲坛上的牧者与小组讲台后的平信徒讲员之间的差别。

【最后，这位平信徒讲员得以登上讲坛，然后众人祷告、唱诗、聆听。这在所有层面都类似普通的敬拜的操练，并无差异。于是，所有的边界都消失了。要理问答课、解经、讲道全都混合在一起。这就是为什么那些有极强号召力的人会对信徒说："让我们另立教

---

[3]　中注：以下内容在荷文版中为第五章，标题为"Uitoefening van Godsdienst"，译作"敬拜的操练"。

会，我做牧师；我们成立一个独立的教会。"面对这种完全有失公允的观点，我们不加置评。若我们在敬拜的操练中只看到人员相聚一处，带领者讨论《圣经》的一部分内容，然后众人起立一同唱诗祷告，难道这位带领者不就是牧者吗？为什么他有时候所做的不能超过所期待的？难道不是有很多例子，就是牧者的讲道沉闷乏味，而某些平信徒的讲话有内在属灵运动的感召和触动吗？】[4]

这正是为什么我们要如此强调敬拜的操练不是敬拜中的操练（oefening in godsdienst），而是敬拜的操练（uitoefening van godsdienst）。诚然，敬拜的操练不仅仅是"去教堂"而已。相反，它必须是我们整个人生的所有思想、言语和行为中唯一重大而高贵的行动。我们永远是上帝的祭司，奉召为祂神圣的旨意效力。在家庭生活中，你从清晨到夜晚都要服侍上帝，不间断地侍奉祂，让你和家人团聚在上帝的圣言周围，一起赞美和敬拜祂。同样，教会的所有会员都必须各按自己的呼召去侍奉上帝。然而，对教会来说，只有当会众聚集敬拜，特为向上帝献上尊荣、赞美和祷告时，侍奉上帝才得到**完全**的表达。敬拜的操练可以分为**间接**和**直接**两种形式。间接的敬拜的操练是通过你日常的行事为人、生活方式、说话用语和属灵性情来表达。直接的敬拜的操练则是要暂时停下日常事务，有意识地让你自己转向全能的上帝，直接向祂献上你的爱和赞美。当会众一起聚集，迎见他们的上帝并尊荣祂的时候，就正是在实践这种**直接**的侍奉、**直接**的敬拜。也正是在这样的时候，上帝得着了我们的献祭，亦即先知所说的"嘴唇之祭"【何十四2】。

这就是为什么以前在会众的公开敬拜中，**祭坛**的地位极其重要的原因。事实上，敬拜仪式都是围绕祭坛发展出来的。即使在今天，除改革宗教会外，所有的基督教会仍然在教堂建筑中设置祭坛，并将祭坛视为整个敬拜的中心。【基督公教和基督正教皆然，美国的教会和科普特人的教会亦然；甚至是路德宗和圣公会的教会也都保

---

[4]　中注：见荷文版 27 页。

留了某种祭坛。并且在本世纪，祭坛的意义在路德宗和圣公会里实际上是增加，而非减少。即便是在海外一些严谨的改革宗教会中，有时圣餐桌设立在那里，教会成员共同跪在周围，而非坐在那里。这种突兀的做法并非否定以下事实：改革宗教会中真实的祭坛从一开始就被移除了，并在原则上反对保留真实的祭坛，却留下了现在这种祭坛。既然如此，我们在何种程度上认为我们的礼拜仪式完全被这种废除祭坛的思想所主导，我们是否认识到我们面对其他基督教会时必须捍卫我们自身合理正当权利的理由。】[5]

　　当然，这些教会是从旧约圣经中找到他们保留祭坛的理由。我们在旧约中可以看到，早在族长时代、会幕时代和圣殿时代之前，人就开始筑立祭坛，并且在祭坛上向上帝献祭。虽然有的祭坛是为特别事件而立，有的是为长期使用而设，但我们总会发现，每当《圣经》提到公众向上帝献上尊荣时，祭坛都是神圣敬拜的中心。

　　【同样，你总会在大大小小的宗教场所、寺院宝塔或外邦人的庙宇中发现祭坛；这些祭坛或有或无偶像，人们在其上献祭。这些祭坛在外邦人的敬拜中就是全部。有时在一些小的庙宇中，祭坛占据了全部空间，从而人们不必进入庙宇，只需站在庙宇外面的祭坛前。这些外邦人的习惯做法本质上并非偶像，而是源自宗教的本质，正如上帝命定人要在会幕和圣殿中来敬拜祂所显明的一样。我们在此处所讨论的并非人伪造偶像，而是上帝的谕令。正是上帝自己命令摩西如此装饰祂的圣所，也是上帝自己命令在会幕中设立祭坛。】

　　【如今，仍在外邦人中流传的源自乐园的传统，一切旧约族长的故事，以及上帝为会幕和圣殿命定的敬拜，不仅有祭坛，而且一切敬拜的核心都在这个祭坛上被命定。因此，我们完全可以理解在祭坛一事上与我们不同的基督教会会极力地反对我们，因为他们可以借着上帝的圣言来反驳我们，为自己辩护。当他们听到我们缺少祭坛时，他们至少不仅在良知上担忧，而且十分同情我们，并叹息

---

[5]　中注：见荷文版 28-29 页。

我们偏离了神圣之事；这使得我们失去了所有来自祭坛奥秘的安慰。因此，我们改革宗人士以笑脸对待其他教会坚持使用祭坛的做法是不够的。在我们这边，我们还需思考清楚问题所在，解释我们的行动，并借着上帝的圣言捍卫我们的行动方针。】

【我们在这方面的立场十分孤立。世界上 15 亿人以各种形式实践宗教或偶像崇拜，面对我们的可能是外邦人、基督公教信徒、基督正教信徒、路德宗信徒、圣公会信徒。我们改革宗群体是十分弱小的，最多只有八千万。因此在下一章中，我们会更进一步思考这个问题，因而确立一个改革宗礼拜仪式的主要观点的出发点。】[6]

---

[6]　中注：见荷文版 29-30 页。

第四章 祭坛

祭坛就像上帝从地上伸出的手，为要接纳祂子民的礼物，即祭物。准确地说，祭坛不应是**被建造而成**，而是应在它所出现之处被人接受。当初以色列人被指示说：第一，不可用凿成的石头建造祭坛；第二，他们不可在自己称为祭坛的地方献祭，只能在上帝亲自指定的石头或祭坛上献祭。

【只在一个地方献祭，从而一神论的思想可以在敬拜中被推到极致。历史说明，这种崇高的完美典范在经历很长一段时间的挣扎后，才进入众人的意识中。任何自命清高之人都会偏离以色列中这一崇高的准则，即便如撒母耳也一样，也有证据显明他违背了这一准则。[1] 在原则上，我们必须要遵从绝对的思想合一，即上帝只有一位，祂的祭坛也只有一座；此祭坛代表着祂俯身伸出手接受人类的祭物。】[2]

祭坛的形状并不重要。希腊人的祭坛通常是圆形的，以色列人

---

[1]　中注：凯波尔在此处可能是指《撒母耳记上》九 14。
[2]　中注：见荷文版 30 页。

的祭坛通常是方形的，但基本上它只是一个高出地面的台子，来指示人把祭物放在上面。因此，祭坛的本质是由**献祭**的本质决定的。

献祭的本质

献祭是给予上帝祂所**应得的**。如果人们对他们亏欠上帝的东西只有狭隘的认识，他们就会用世俗的考虑来衡量祭物的大小或质量，就像他们送礼物给某人以示尊敬或讨好一样。如此，他们就随自己的心意向上帝献上祭物，可能是畜群中的一只牲口，或是庄稼中的一捆麦子。

若一个人对献祭的理解停留于此，他的宗教觉知（besef）就仍然相当肤浅。他还不明白这个涵盖全方位的真理：**我们自己**与**我们所有的一切**都是要献给上帝的。很多时候，上帝被视为一个强大的统治者，比一个普通的王更有能力一些，所以给祂的礼物应该比给一个王的礼物更贵重一些。这种想法基于一个错误的前提：当我们向上帝进贡了之后，剩下的生活和财产都是属于我们自己的，而不属于上帝。上帝应该满足于我们供给祂的那一份，这样我们在祂的监管下也能拥有剩下的部分。

这想法自然会导致一种另类的献祭，一种旨在避免上帝的不悦和平息祂愤怒的献祭。人们觉知到自己是个罪人，所以每当遇上逆境和苦难时就认为是犯了罪，于是献上平安祭、赎愆祭或其他某种祭物，来遮盖罪恶和平息上帝的愤怒。

在以色列人的献祭律法中，你会发现一些元素与前文所提的相同，但其目的是要不着痕迹地达至献祭的理想概念。献祭中的所有实物都成为一种**象征**。初熟的果子象征收成的全部；燔祭坛上的动物象征献祭者自己。

　　因此，以色列人的献祭变得完全不同了。其意图不再是以一只羔羊或公羊、一块薄饼或面包来买得上帝的恩惠，或平息祂的不悦。相反，这种献祭是表达一种信念，体现所有宗教的最高理想，就是将自己和自己所有的都奉献给上帝，并为众罪人的缘故献上完全的认罪，承认他们的罪令他们配得永死。

　　【由此可见，天堂中不再有祭坛，在荣耀的国度中不再有祭坛。天堂和荣耀的国度中不再有需要和解的罪责，所以平安祭和赎罪祭也就消失了。同样，人的成圣在天堂中也已经完全了，在荣耀的国度中人永远完全。因此，奉献自己的象征也就消失了，它的实质已然找到。献祭中的消极顺服（obedienfia passiva）都已消逝，而积极顺服（obedientia activa）已然真实和完全。】[3]

　　所以人自己就是献给上帝的祭物。乐园曾经是祭坛，而如同乐园一样，将来的"新地"也将成为祭坛，人将在那里把自己完全献给上帝。人类堕落之后，罪掌了权，平安祭和祭坛就变得必不可少了。同样，在人们对上帝的献祭还不完全的情况下，带着象征意味的献祭就是要表达完全奉献的理想。

基督教敬拜中的祭坛和献祭

　　【因此，在挪亚七律传统和普遍恩典的影响下，外邦人延续了祭坛和献祭。以色列人中的献祭和祭坛由上帝命定，并被神圣化。同样，在基督教会中，只要世代还未终结，献祭和祭坛就不可消失。然而，这丝毫不意味着我们要在基督教会中放置一个石制或木制的祭坛，然后在其上献祭。相反，圣灵教导我们，尤其是在《希伯来书》教导我们，以色列中的每日献祭只有预表的含义，是从亚

---

[3]　中注：见荷文版 32 页。

伦等次的祭司职分指向麦基洗德等次的祭司职分；领受此祭司职分的基督**不会多次献祭，而是一次献上就完全献上**（μιᾷ προσφορᾷ τετελείωκεν）。这句话在《希伯来书》第十章的经文段落如下：

因为公牛和山羊的血断不能除罪。所以，基督到世上来的时候，就说："上帝啊，祭物和礼物是祢不愿意的；祢曾给我预备了身体。燔祭和赎罪祭是祢不喜欢的。那时我说：'上帝啊！我来了，为要照祢的旨意行；我的事在经卷上已经记载了。'"以上说："祭物和礼物，燔祭和赎罪祭，是祢不愿意的，也是祢不喜欢的"（这都是按着律法献的）。后又说："我来了为要照祢的旨意行。"可见他是除去在先的，为要立定在后的。我们凭这旨意，靠耶稣基督只一次献上他的身体，就得以成圣。凡祭司天天站着侍奉上帝，屡次献上一样的祭物，这祭物永不能除罪。但基督献了一次永远的赎罪祭，就在上帝的右边坐下了。（十4-12）】

【我们还读到《希伯来书》九22-28这样类似的经文：

按着律法，凡物差不多都是用血洁净的，若不流血，罪就不得赦免了。照着天上样式做的对象，必须用这些祭物去洁净；但那天上的本物自然当用更美的祭物去洁净。因为基督并不是进了人手所造的圣所（这不过是真圣所的影像），乃是进了天堂，如今为我们显在上帝面前；也不是多次将自己献上，像那大祭司每年带着牛羊的血进入圣所。如果这样，他从创世以来，就必多次受苦了。但如今在这末世显现一次，把自己献为祭，好除掉罪。按着定命，人人都有一死，死后且有审判。像这样，基督既然一次被献，担当了

多人的罪，将来要向那等候他的人第二次显现，并与
罪无关，乃是为拯救他们。】[4]

故此，圣所不再在地上，圣地、祭坛和祭物也不在地上。这一
切都从地上影儿的耶路撒冷转移到了天上的耶路撒冷，达到上帝的
圣所，就是基督如今在那里永远活着，为我们代求。

我们不必再献任何其他的祭品，因为基督一次献上了**完全的祭**。
基督的献祭不仅使罪完全得赎，而且也成就了完全的公义和圣洁。
我们现在唯一要献上的是用**完全的信心**降伏于基督，至死不渝。因
此，如果说今天不再有祭司或献祭，这并不正确。这两者依然存在，
只是我们的祭司是在天上的圣所，而不是在地上；上帝也不是在等
待我们献上祭牲，因为"上帝的羔羊"已一次而尽全功地为所有相
信的人献上为祭，那"除去世人罪孽的"常站立在圣洁的上帝面前。

这就是改革宗教会里没有留出一块地方设立祭坛的原因，因为
有祭坛就必须有献祭。在这方面，基督公教[5]的礼仪比路德宗和圣
公会的礼仪更具有逻辑上的一致性。后两者保留了祭坛，但没有献
祭，因为他们不能在基督一次而尽全功的献祭之后再进行第二次献
祭。【我们改革宗人士也承认基督的献祭是唯一完全充分的献祭，
不仅是为了赎我们的罪，也是为了赎全世界的罪（约壹二 2），所
以一个更新的或额外的献祭对于我们是不可想象的。我们宣告祭坛
对于我们已然无效，在我们的教堂中毫无意义。】[6]

与上述关于祭坛的改革宗的看法相关联的是，我们未视教堂建
筑为圣所，我们也未称牧者为"祭司"。这绝不是说我们的生活中
不需要有祭司、祭坛或祭物。我们承认：只要我们还没有进入上帝
荣耀的国度，毫无瑕疵地在新天新地服侍上帝，我们就确实需要圣

4　中注：见荷文版 32-33 页。
5　英注：基督公教在荷兰最常见的称呼是 Rooms/Roomsch（房间），与
非正式的英语称呼"Catholic"不一样。正式的英语称呼通常是"Roman
Catholic"。
6　中注：见荷文版 34 页。

所、祭司、祭坛和祭物。我们都是深深意识到自己之罪过的罪人，并且悲伤地承认，我们的圣洁只是达至完全顺服的微小开端。

唯独基于《圣经》的教导，我们才认为亚伦的祭司职分已被取消，融入了按麦基洗德的等次所立的祭司职分中。事实上，那些曾经在以色列人的生活中具象征意义的事物都已经过时而被废弃了。因此，我们的圣所不再存在于地上，而是存在于天上。我们的祭司不再是一个有罪的人，而是天上的基督。我们所献的祭不再是我们献给上帝的，而是上帝赐予我们的，就是那为我们被杀、为我们而死、也为我们征服了死亡的上帝的羔羊。

【当然，基督公教并未否认这些；相反，她完全同意这一切。然而，她认为必须将其中丰富完备的恩典的实现与地上人的行为结合在一起。她致力于以下两个观念的联系：来自基督永远献祭的救赎，和在地上祭坛上献祭的祭司的服侍。这最初是源于圣餐。圣餐时会使用桌子；在这桌子上，饼被擘开，杯会被四周传递。在圣餐桌前，有一位主领，其他人员都是被动地旁观。时至今日，从"新约的桌子"衍生出高高的祭坛仍旧可见，例如在哈尔贝施塔特大教堂的祭坛和梅尔克修道院的基督公教祭坛，因为这两个祭坛仍有坛脚。但是，因为圣餐桌布悬挂至地，从而让桌脚变得不可见。于是，圣餐桌逐渐被椭圆的石头或方形的木头所取代，所以最初的餐桌完全变成了石制或木制的祭坛。其结果就是，在圣餐桌四周就坐就取消了，由祭坛前的屈膝下跪所取代。这甚至在今日的路德宗和圣公会教会中仍时有发生。】[7]

改革宗拒绝在敬拜中设立祭坛的结果明显体现在圣餐礼中。改革宗教会不仅撤掉祭坛，而且用圣餐桌取而代之 —— 在举行圣餐礼时，信徒围坐桌旁。令人遗憾的是，在法国和瑞士的一些改革宗教会里，圣桌的使用并不明显。他们举行圣餐礼时没有坐在桌旁，而是长老将饼与酒送到坐在台下长椅上的人们手中，或者放在小桌子上分给每位信徒。这种做法与改革宗的理念不一致，我们认为是错误的。

---

[7]　中注：见荷文版 35 页。

第五章 错误的灵修

在上一章结束时，我们不赞成某些改革宗教会沿用的圣餐习俗，就是把饼和杯递给教堂长椅上的每个人。在本章，我们要继续探讨这一点。实际上，从圣餐桌或长椅那里领受饼与杯来庆祝圣餐的对比中，我们看到改革宗教会为之挣扎的双重原则——正确与错误的灵修——在发挥作用。

"灵修"（spirituality）是指属灵不可见与可见物质两者之间的关系；重点总是放在属灵方面，因为属灵方面是首要的，正常来说这是一个基本假设。这种灵修可能是正确的，也可能是错误的。如果它成功地让属灵层面**支配**，并让物质或感官方面**服侍**，这属灵观就是正确的。可是，一旦属灵层面借着破坏一切感官层面来表现其控制权，或让感官变得不受控制时，这种灵修就是错误的。

祷告中的灵修

这种对比经常在**祷告**中显明出来。公祷通常由两个部分组成：（1）属灵层面的内容；（2）由字词构成的祷文。正确的灵修总是主张祷告的属灵内容是首要的，并且祷告的本质永远不会在呢喃的祷告声中找到。正确的灵修是要让属灵层面支配字词，而这些字词又能服侍灵；所有空洞的言词、复杂堆砌的句子、呢喃的声音、泛滥的情感和毫无意义的声响都无立足之地。然而，字词绝非无关重要。没有适当的字词来传递祷告的思想，祷告的灵也就在表述中被阻碍了。

当灵开始破坏祷告中的字词或使其退化时，灵修就变为错误。当在教堂里各人宁愿**默祷**而不一起大声祷告，又或者吞吐其词、思路迷糊时，灵就破坏了祷告的字词。或是当人们认为字词无关重要，或者不应该对祷告的字词有任何要求时，祷告的人就可以随意说出心中所想时，这使祷告的字词退化，所用的字词也没有受到灵的正确引导。

至今为止，我们对祷告的论述在原则上可以应用于所有礼拜仪式。在形式（form）主导灵的地方，灵修必须要对此予以反对，并坚持以灵主导形式。当灵可以主导形式时，灵修就能走在正确的道路上，从而使形式忠实于灵，顺着灵的意思，成为服侍灵的工具。但当形式被视为无关重要时，灵修就会走偏，从而要么破坏形式，要么使其退化。

历史的角度

在历史上，改革宗的教会诚然扮演了正确灵修的保卫者，反对基督的教会在宗教改革之前陷入形式的崇拜（service of form）。【在这方面，改革宗教会有资格如此行。然而，我们如今仍旧在这种属灵与形式的对立下挣扎；这种美好神圣的灵修趋势借着两个方式尝试在改革宗教会被确立。】[1] 一方面，改革宗教会一直试图让灵主

---

[1] 中注：见荷文版 37 页。

导形式，并为灵配以适当的形式为工具。但同时也有一种剥夺形式一切意义的倾向，或把它们搁置一旁，或等个人兴之所至之时才采用。

这种对比在英国的清教徒与圣公会之间的斗争中最为明显。在认信上仍是改革宗的英格兰圣公会，强调形式到一个程度，以致灵失去了控制力。结果就是，该教会如今显然在以形式为主导的路上全速推进，与基督公教相似。早在 16 世纪上半叶，在与克兰默（Cranmer）的斗争中，约翰内斯·拉斯科（Johannes à Lasco）就试图用**温和的**改革宗礼拜仪式取代这正式的圣公会礼拜仪式。可是，尤其是在约翰·诺克斯（John Knox）的鼓动下，清教徒和后来的独立教会采取近乎消除所有形式的极端做法。非常不幸，他们把礼拜仪式的原则删减到近乎**归零**。

再者，由于已被翻译的清教徒著作在我们国家深受读者欢迎，因此对尊崇任何形式的抗议声不绝于耳，对个人的灵在任何时候都得享自由的迫切也持续增加；清教徒成功地在这方面留下了他们的记号。荷兰人本性上并不是高贵形式的爱好者。他们随和，不喜欢受任何形式的束缚。尤其是重洗派的偏见所带来的后续效应，已蔓延到我们改革宗教会，因而错误的灵修能在我们中间滋长就可想而知了。其结果就是，不久之后，所有礼拜仪式就不再被尊重。

在上帝的教会中，渐渐地没有人对敬拜礼仪中的**灵**与**形式**之间的关系感兴趣，牧者亦然。没有规则需要遵守，牧者便可以完全自由地安排他认为合适的敬拜模式，无需注意秩序、规律或相似性，各人随己意而行，行喜好之事。会众不知潜在的危险，因此他们热烈鼓掌，毫不反对。他们认为：有什么相干呢？多样化使敬拜生动活泼。再者，如果牧者是"属灵的人"，那么人们就视这些随己意而用的字词、形式和秩序近乎为默示（inspiration）。这表明未被完全消灭的罪恶在过去几年如何在教会中产生负面影响，并且正在变本加厉。

在宗教改革时期，这种思想已经在慈运理和重洗派圈子中浮现。他们认为在信徒群体中，唯一需要的就是一位讲道与带领祷告的人。

换句话说，这就好像是一场有多人参与的讲座，某种以祈祷开始和结束的聚会，又或者一场包含不同类型听众的神圣真理讲座，仅此而已。这并不是要聚集成为一体，没有迹象表明这种集合是信徒的聚集（assembly of believers），没有指向彼此团契中所经历的合一，也没有表明这是群体性的敬拜，甚至连唱圣诗也减至最少。主的晚餐固然进行，但频率很低；而且在进行时，饼和杯是于礼堂中传递给聚集的听众。

加尔文和拉斯科从一开始就反对这种做法，并且都制定了详细周密的礼拜仪式。他们恢复了礼仪祷文，在教会里宣讲神圣并经深思熟虑的圣言，编排崇拜中各个部分的次序。他们并没有把讲道作为主要元素，而是将其穿插在表达敬拜行动的程序中。即使在我们早期的教会会议中，这种更佳的洞见已占上风。【然而，这些法国教会居高临下，并且在我们国家获取礼拜仪式主导地位的努力是果敢的，但并不完全成功。】可是，重洗派的错误灵修在我们国家带来了极大的破坏，并且之后苏格兰清教徒带来的影响对我们的教会也造成了干扰。基督公教教会的礼仪形式被夸大。我们至今仍遭受由此引起的强烈反响。

复原的盼望

《诗篇选本》中的形式和祷文是我们教会得拯救的原因之一。这个选本自 1619 年获得批准及增订后，它公开并果断地反对无形式性的重洗派敬拜观的片面性。尽管我们的礼拜仪式的形式似乎逐渐被遗忘，但圣餐、洗礼、婚礼以及按立礼的礼仪仍在继续。可惜的是，因为每位牧者都宁愿随个人喜好而行，所以这些礼拜仪式的形式被任意肢解。实际上，简化和支离破碎的程度如此之大，以致许多牧者在现代主义的影响下干脆弃用**所有**礼拜仪式。

然而在一些教会中，人们对礼仪的兴趣依然存在，至少他们乐于在洗礼和圣餐时聆听先贤的受膏圣言。因此，在复兴教会礼拜仪式的道路上，我们根本不用转向德国教会礼拜仪式的议程，更不用遵循《公祷书》（*Book of Common Prayer*）。让那些想再次建立教会的人，包括教会的外在部分，以使用我们教会已有的礼拜仪式开始。与过去连结，再顺着自然的方式打开会众的眼界，使他们看见更有价值的礼拜仪式的形式。随后，透过设定及执行明确的原则，甚至进一步地复原我们的礼拜仪式，使它更丰富、更正确和更美丽。

我们已经在正确的方向上取得了一些进展。未经删减的圣礼形式再次被统一沿用，某些礼拜仪式的祷文也以教诲的方式重新得以使用。愿这进程能默默地延续，同时我们也要非常警惕，以防我们的礼拜仪式受国外和教会以外人士侵扰。

第六章 礼拜仪式的祷文

由于**礼拜仪式的祷文**的问题深触我们的敬虔，所以需要另开篇章讨论。在这个问题上，有两个极端相互碰撞。其一是想要去除所有自由祷告，并推崇公祷和私祷都用祷文的运动。其二是一场片面的运动，几乎无条件地拒绝一**切**祷文；除非祷告是祈祷者在灵里受感而说的话，否则他们一概拒绝聆听。这现象在这场运动定调的非国家教会中发展到一个极端，连主祷文也不再使用。

自由祷告的理想

不言而喻，第二种观点是理想型的想法，我们当然予以推荐。例如天使们的祷告，没有人会想象这些天上的受造物要先学习祷文，然后才能吟诵。也应该没有人想象过去的圣贤会这样做。耶稣在地上生活时的祷告毫无疑问是自由、自发的祷告。同样，亚伯拉罕、大卫、所罗门、以斯拉、尼希米等人在《圣经》中的祷告，也没有人认为是预先写成的。即使在我们个人生活中也可以确信，每个上帝的儿女在最焦虑——却同时是最有福的时刻——都是借着圣灵的感动，在基督里向上帝呼求。

　　所以，以崇高的言辞推荐自由祷告是没有必要的。我们完全相信这种祷告因着它的优越，并更能教诲和安慰祷告者，所以是优先选择的。自由是祷告的基本要素。任何人在思考祷告的属性时，都应该从自由的祷告开始。【任何想要与自由祷告并驾齐驱或抗衡的事物，总需要一个不太源于祷告本性、更多源于祷告处境的解释或建议。】[1]

自由公祷的问题

　　因此，问题不应是否以自由祷告为**优先**，而是它是否恒常**可行**。我们既不是天使，也不是先贤。我们只是心里重生但仍在肉身中的人，并总是在内心携带罪恶的泉源。所以，我们极少能处在一种崇高而神圣的心境中，嘴唇涌溢出完全出于神圣感动的言词。

　　这是反对自由祷告的第一个理由。第二个理由也同样严正：你只在私下祷告，还是会与别人一起放声祷告？换言之，你是否承认**群体性祷告**的权利和义务？若承认，你会立刻碰到诸多阻碍，使自由祷告困难重重。我们在此不会深究这一点，只概括地说：在群体祷告的时候，我们不宜同时讲话，而是需要一位带领祷告的人去引领其余人静默祷告。

　　【圣公会引入了让全体会众大声祷告的做法，如今这种祷告逐渐失效，成为毫无教诲作用的喃喃自语。每次祷告时，祈祷者只用礼拜仪式的祷文，因而这类祷告甚至都未用于祈祷者自身的群体性

---

[1]　中注：见荷文版 41 页。

祷告中。】[2] 群体性祷告确实呈现出一些严峻的难题，任何曾经带领或参与这类祷告的人都知晓这点。祷告从心而出，以口表述。可是，当你在自由的群体性祷告中保持沉默会怎样呢？你在向上帝献上自己时，却是在聆听。在这种祷告的心情中，你的思想和感情从心里涌出，却无法言表。因此，当你或多或少地否定内心的想法时，你的耳朵会捕捉到某些声音和句子，它们往往不甚清楚，且冗长复杂。然而，它们的目的是要使你的心产生并激发一种与上帝相交的渴望。

尽管这些祷告饶有意义，但它所需要的精神付出超过多数人的能力。这过程进行得太快了。祷告的人根本来不及理解和思考前一句话的意思，就要把新的句子听进去并在脑里消化，然后才能把它化为自己真诚的祈祷。

这过程对大多数的聆听者来说也是太困难了。如果这类频繁出现的祷告洋洋洒洒长达 15 分钟，结果往往是令人在五分钟后放弃聆听。在这种情况下，他们只是听见声音，而无心投入。久而久之，这样的祷告讨人厌烦，聆听者会渴望祷告快点结束，并视领祷者最后说的"阿们"为一种解放。即使这个祷告甚有意义，并由真正有恩赐的领祷者所做，这种情况也依然发生。

领祷者面对的问题[3]

我没有意思要冒犯任何人，但可以肯定地说，只有少数人拥有带领有意义的公祷的艺术。大部分被呼召做这事的人都会发现自己没有相应的能力。其原因有三。

---

[2]　中注：见荷文版 42 页。
[3]　中注：凯波尔此处所用的荷文 voorbidder 既可译作"为他人祷告的人"（即代祷者），也可译作"带领他人祷告的人"（领祷者）。此处语境是指教会敬拜中带领会众祷告之人，其第二层意思也包括为会众祷告。鉴于敬拜的语境，中译本译作领祷者。

　　第一，缺乏一种将被带领祷告之会众的需要放在心上，并撇弃自己个人喜好的恩赐。有些人做不到这一点是因为他们不晓得如何体会别人的需要，而另一些人是因为他们太专注于自我。可是，无论在哪种情况下，结果都是不变的。这些人都缺乏真正的祭司心肠和一颗能够忘却自我、为他人而活的心。阻碍自由的群体性祷告的第二个原因，是人们很难瞬间进入祷告的心境。有些人确实有这种恩赐，能自然地转换到崇拜和祈求的情绪；可是这类人很少。大部分人的思路都是偏向发散。他们的思想被别的事情占据，忽然被呼召要诚恳祷告，并为别人祷告。这样的结果往往是人们只能结结巴巴地祷告，而自己的心并未准备好在真实的祷告中迎见上帝。第三个原因是，即使内心已经准备祷告，却缺少语言的恩赐。许多人都没有能力在瞬间使用令人振奋和激动的语言来做出庄严有力的祷告。

　　当然，对于简短的祷告，例如聚会的开始祷告或谢饭祷告，以上的原因所带来的影响并不大。因为每个人都明白这些祷告的目的，而祷告中所使用的，是广为人知和常见的词汇，所以少有人会为此感到困难。此外，参与此种祷告的人比较少，因此带领祷告的人不会很紧张。可是，当在聚会中带领全会众祷告时，紧张感会更强烈，因为站立在上帝面前的祷告比作简短祷告要困难得多，所用的言词也颇具差异。事实上，在会众面前祷告往往意味着祷告者要向会众做祷告**示范**，而不是真正地在带领祷告。一个真正的领祷者是在祷告时隐藏，让会众继续以他祷告的内容来祈祷。

　　这样的结果往往令祷告变得更像是一种陈述、讲论，或是一种对讲道的祷告式回顾，以致人们几乎无法作出恳求和代求。假如有人在这类祷告快要结束时停下来问"你到底在为何事祷告？"，很多时候都几乎无人能答。诚然，在会众中带领祷告是非常困难的，我们也不应对领祷者太苛刻，但这又确实反映许多会众公祷中的弊端。

　　除此之外，还有一个鲜少提及但不可忽略的观点。在这种自由的会众祷告中，领祷者经常会面对罪的试探。所谓"漂亮的祷告"，意思是领祷者有善用言辞表达情感的恩赐，使参与祷告的人被深深触动，以致他们觉得自己在恳切祷告。会众觉得这样的祷告非常美妙，能有这样的集体祷告经历有时候是一种安慰。

但我们也不应忘记，"漂亮的祷告"往往会引发领祷者的虚荣心。他发现自己有祷告的恩赐；于是这种祷告的才干就会与其他才干一样，很可能会成为他寻求个人荣耀的绊脚石。虽然他的祷词能激动人心，但在上帝的眼中，祷告者已失去上帝给他的奖赏，因为他向上帝的祷告已经污秽了。对于那些认为礼拜仪式的祷文不配献予上帝，并认为圣灵在祷告中必须特别作工的人来说，他们也必须考虑在教会中自由祷告的阴暗面。诚然，喃喃地吟诵礼拜仪式的祷文不会带来很大的造就；但如果教会认为我们所有的"祷告"皆是向至高者的倾心吐意，便是在自欺欺人。

何谓礼拜仪式的祷文？

【上文已经说明，对自由祷告含糊不明的称赞，实则比一些人所认为的更存争议。另一方面，礼拜仪式的祷文不只是如同他人所说的那么肤浅。】[4] 因此，一般来说，真正从"施恩叫人恳求的灵"发出的自由祷告才是理想。所有依附在祷告上的邪恶都可归因于那"施恩叫人恳求的灵"在那一刻还未充分进入到领祷者的心里。我们从自身的经验中知道，这祷告的灵并不是常常临在，也很少完全地临在。因此，当一个人没有充分体验到圣灵的临在时，他要么就不应该祷告，要么寻找一种帮助他祷告的方法。

【重洗派群体提倡自由祷告。当他们坐在餐桌旁却无人纯熟地感到祷告的圣灵时，他们首先静坐片刻，好像有事会发生。若无事

---

[4]　中注：见荷文版 45 页。本段及以下内容在荷文版中为第九章，标题为"De Formuliergebeden (Vervolg)"，译作"礼拜仪式的祷文（续）"。

发生，他们不祷告就开始吃饭。甚至在信徒的公开聚集中，这种体系也会沿用。若无人祷告，那就没有祷告。上帝在祂的祭坛上没有听见祈祷声，会众也一无所得地就回家了。在改革宗圈子里，无人提倡此种方式。即便在重洗派圈子里，这种做法也很快就被抛弃了。如是，我们提倡，无论是在家里还是聚会中，或在信徒的聚集中，领祷总是需要的。但是我们也承认，这绝非是说领祷者在那一刻就能纯熟地感知"祷告的圣灵"。只有结合这两方面，一个人才可以去寻求帮助他祷告的方法。】[5]

既然如此，什么才是最有帮助的方法？或许小孩可以提供答案。当一个还未懂得祷告的四、五岁的孩子被要求祷告时，会发生什么呢？孩子的父母会先给孩子诵念一遍祷告，随后孩子跟着父母重述；在很久之后，这个孩子才真正明白祷文的内容，并以真诚的心献上祷告。这种自然而自发的祷告与表达生命关怀的**礼拜仪式的祷文**同出一辙。尽管这位小孩的祷告很简短，但总的来说，这祷告正是所有真正礼拜仪式祷文的原型。

【这种礼拜仪式的祷文可以是个人性或群体性的。个人性礼拜仪式的祷文可以理解为，为自己预备或自己适应的、在餐桌旁或聚会开始时的祷告。另一方面，群体性礼拜仪式的祷告是由教会的聚集、市议会或任何其他群体确立在敬拜或聚会开始时的祷告。】[6]在我们的礼拜仪式中，所有祷告目前都是群体性祷告，而且并非由一人决定，乃是通过教会决定。这种集体祷文，可以归类为**散文**或**诗歌**。如今其实以诗歌居多，散文为少数。当打开《诗篇选本》时，你会找到许多属于祷告的诗歌。这些从前为歌唱形式的祷告，现在由会众以祷告的心来唱诵。这些**前人**写下来的祷告，如今以印刷形式存留。因此，严格来说，这些也是礼拜仪式的祷文。基督教会一直沿用这些被歌唱的祷告，就如旧约时代的会众使用上帝所赐的诗

---

[5]　中注：见荷文版 45 页。
[6]　中注：见荷文版 46 页。

篇一般；每个人都知道这些被歌唱的祷告能给他们带来深厚的安慰。

散文式的礼仪祷文，也有同样的作用。它们有别于其他祷告。首先，它们并非出自《圣经》（有一个例外）；其次，它们是说出来而非唱出来的；第三，它们由一个人述说，而其余的人安静聆听。【此处不应有对述说或歌唱的反对。若有人反驳，认为人无权确立这类祷文，那么可以如此回答：首先，在儿童的例子中，每个人都如此行；其次，自由的祷告也由人表述，只能部分取自《圣经》。】[7]

在这里，我们应该思考一下主祷文。主祷文是一个被历世历代教会沿用的礼拜仪式的祷文，如今仍然连结着所有基督徒。祷告中的对称结构使它更稳妥并易于被保留。其中所用的复数表明它不是为个人祷告，而是为群体中的众人而设计。改革宗教会的礼拜仪式表明，主祷文是主赐给我们使用的。事实上，其内容之深广，以致不可能只使用一次。以主祷文作为一辈子的祷告，即便一个人在耄耋之年，也是倍感丰盛。

【我们总括如下：（1）任何人的祷告都始于礼拜仪式的祷告；（2）我们所歌唱的《诗篇选本》所用的正是礼拜仪式的祷告；（3）教会在历世历代都使用礼拜仪式的祷告；（4）在原则上，主祷文留下了我们的救主认可礼拜仪式的祷文的印记；于是，提倡再用其他事物来补充礼拜仪式祷文就成了多余。】[8]

我们礼拜仪式祷文的短处

然而我们要明白，这不代表所有现存的礼拜仪式祷文都值得推荐。相反，我们认为现存的礼拜仪式祷文在许多方面仍有待改善。

---

[7]　中注：见荷文版 46 页。
[8]　中注：见荷文版 47 页。

在形式上，它们不符合救主在主祷文中给我们的样本。它们既不简短，也不对称，祈求的事项亦非环环相扣。很多祷文的篇幅都太长，如同把所有问题都加插进去的演讲稿，真正祷告的内容反而被埋没，所使用的句子也过于冗长复杂。因此，这些祷告无法充分触及祷告的灵魂，也不能充分地进入会众的心。比如瓦隆（Walloon）教会的《认罪文》（*Confession de Péchés*）就跟圣公会《公祷书》中的入祭文（Introits）截然不同。在促进祷告生活上，圣公会比我们教会之所以更成功，主要是因为他们沿用专注于一个问题的简短祷告的祷词（Collects）。

因此，我们不会为我们的礼拜仪式祷文辩护，反而是希望它们在许多方面能变得不一样。这些祷告已经有三个世纪的历史，所用的是我们先辈们的措辞和句子结构。我们毫无保留地承认，这些语句不再令我们的会众产生共鸣。如果那些字词能被修改，那将是一种祝福。诚然，当意识到我们之前的几代人都在做同样的祷告时，礼拜仪式的祷文才变得真正有吸引力。当然，我们的父辈也曾有同样的想法，所以有时候改变是必要的。就连主祷文都曾一度有新的形式。【即便我们必须认识到所有礼拜仪式的祷文必须是神圣的，稍古老的语言让祷文变得神圣，但是这不应得出观点，认为我们因而可以舍弃形式。事实显而易见，普通会众不再可以理解许多礼拜仪式祷文中冗长复杂的词汇。】[9]

所以，如果我们的改革宗教会能有这种祥和与属灵上的平静，使他们能够接受一套新的祷文集，那将会非常美好。内中有些祷文需要重新编排，有些需要修改，还有一些需要被完全取代。可是，我们现在未能在此讨论这个问题。在此要清楚说明的是，我们不希望对礼拜仪式的祷文的请求被理解为对《诗篇选本》尾端那些礼拜仪式祷文的请求。一般来说，我们并不认为这些祷文有一定程度的庄严性。

【我们之后会对合理的礼拜仪式祷文的要求做出最好的判断。此时，我们只提及两件事。首先，罪有时会出现在礼拜仪式的祷文

---

[9]　中注：见荷文版 48 页。

中。特别是对于聚会开始时的祷告，各个观点针锋相对；我们在此必须有所断定。反复出现的现象是，聚会主席的祷告明显按着自己的意思，并与会众的意思相反。在此事上有所判断并非不可能。任何人若确信我们必须有所断定，以讨上帝喜悦，并上帝可以按照祂所喜悦的以其他方式做工，就完全有权利去祈求上帝在此事上引导一切。他只能、可以并必须为他自己祷告，而不是为心存其他想法的弟兄姊妹祷告。作为领祷者，他不能只为自己祷告，而是为所有人祷告。否则，他就是弃绝了他职分的呼召和爱。于是，这种祷告就成了罪。正因如此，在所有正式性或在某种程度上为正式的聚会中，自由祷告要永远废除，总要使用礼拜仪式祷文。应当如此！在家中缺乏有带领敬虔之事恩赐的人，若他习于采用精心准备的固定祷文，就会做得很好。这总是远胜那些无效的、不能带人进入祷告的侃侃而谈的言辞。】[10]

改革宗教会中所推崇使用的祷告，显然没有提高人们对礼仪祷告的兴趣。【我们圣餐的礼拜仪式展现了美。优美的部分也出现在洗礼的礼拜仪式中。但是剩余部分，无论是实际的礼拜仪式还是我们礼拜仪式的祷文，都没有因内在的卓越而显得特别。圣餐与洗礼的礼拜仪式的语言，如同我们要理问答和认信的语言，是受膏的、圣化的，并且在形式上是少有地美。《多特信条》的绝大部分内容都具有教诲、令人感动并如玻璃般清晰的特征。但是，尤其就祷告而言，并未达到这等程度；在祷告中，对神圣荣耀的主张仍旧起伏不定。】[11]

这些祷告有一个非常严重的错误，就是句子太冗长了。许多祷告，例如堂会长执会议（consistory meeting）之前的祷告，由一**句**很长的句子构成。结果在当中要加插许多的子句；唯有完全熟悉这种语言的人，才能毫无困难地跟随祷告的思路。另一个相关的缺点

---

[10]　中注：见荷文版 48-49 页。
[11]　中注：见荷文版 49 页。本段及以下内容在荷文版中为第十章，标题为"De Formuliergebeden (Slot)"，译作"礼拜仪式的祷文（结论）"。

是，祷告里面包含太多论述，却太少有祈求。虽说这情况或许不是每次都发生，但大多数的祷告都充斥过多的论述、长篇的演讲和对过去的回忆。

或者说洗礼前的祷告。有些牧者开始在这类祷告中忽略关于挪亚和法老的事迹。我们完全同意教会对这些牧者们的抗议。他们忽略这些参照，使人们不禁怀疑这些牧者是否否定洪水和红海的真实性，或这些事迹在洗礼中的象征意义。【此外，只要这种礼拜仪式的祷告有效，领祷者就不应有任何改动，否则它就会被破坏。】然而，当单单思考洗礼这件事时，我们应说以洗礼的**方式**，而**非在祷告中**，回顾上帝的伟大作为本身是非常恰当的。【对此，我们完全理解。我们赞美的是在洗礼祷告中所求告的主，就是这位全能的上帝，袖在洪水和红海中都显示了袖杀戮和拯救的神迹性的奇妙大能；但是这些只是祷告的内容，而非历史的细节。如果它们此时已被纳入洗礼的仪式中，那么被纳入祷告中当然就不必要了。任何一位不辞辛劳将其他礼拜仪式与我们的礼拜仪式在这一点上进行比较的人都会讶异于一个事实，重点并非总是明显，或至少没有足够被强调。】[12]

理想的礼拜仪式的祷告

认罪悔改、赞美上帝的属性、感谢上帝所赐的祝福与恩典，和祈求上帝在一切危难中施行拯救、帮助及供应——这些一直都是祷告的四个要素。而祷告的形式应该经常是爱的献呈、和平的祝福和简单易懂的句子。这几乎是所有旧约祷告的形式（没有太多的连接词和子句），也是主祷文的形式。这可能是一个很难实现的理想，但它必须经常成为我们祷告的神圣范型。

---

[12]　中注：见荷文版 50 页。

与此同时，我们也在此提醒，不应把所有事情都挤在一个祷告中，而要使会众意识到每次祷告的**原因**。例如讲道前的祷告、为普世基督徒需要的祷告、求过犯得赦免的祷告及感恩的祷告，这些都不应雷同。它们不应是四个完全相同的祷告，而是每个祷告都要有特定目的，从而祷告自身才能真实作为祷告的主要事情和真正目标。

【在祷告时，内心一定会有渴望，而这种渴望一定是严肃的；我们必须要从上帝那里去渴望。若随之而来的是阿们，那么我们知道此时是在向上帝祈求，并相信必蒙垂听。这并非是在创作一篇祷文，而应是为这篇祷文来祈祷、恳求并求告上帝。这正是礼拜仪式的祷文所应给予的。自由祷告试探牧者容易陷入祷告形式的小型讲道，而礼拜仪式的祷文正好让他恢复到祷告的正确姿态。】[13]

所以，这样的礼拜仪式祷文并非一朝一夕就能写成。事实上，它是从历世历代教会的怀中孕育而出。这些千百年来从心灵至深至圣处所发出的呼声，其模式和情感的流露必须代代相传，并能与灵魂对话。【只要教会认为牧者在自由祷告中比使用礼拜仪式的祷文有更多的教诲和感动，那么这就是不好的。】[14]祷文中的语调、用词和内容都应该超越任何自由祷告，使我们沉浸在圣徒相通的溪流中。无需赘言，这也应该是情词恳切的动人祷告。如果一位牧者认为自发的祷告更美，那么他很快就会把礼拜仪式的祷告当作例行公事，因而亵渎了它。

礼拜仪式的祷告必须庄严、缓慢地进行。所用的语气应能使在场的人感受到祷文已经与领祷者融为一体，在他献呈祷告的同时，能与会众的心相连。会众不应只是在场聆听牧者祷告；相反，牧者与会众应该在祷告中合而为一。

最重要的一点是，祷告理应是**真诚**的。【这就是我所表述的意思。若有一口井，那么任何口渴的人都会来到这口井，直到喝足才

---

[13]　中注：见荷文版 51 页。
[14]　中注：见荷文版 51 页。

回来。如果你看见别人去到井那里，他们站在那里片刻，听周遭的响声却不喝一口水就回来，你会问他们是否是愚拙的。然而不幸的是，祷告常常如此。与我们同在的主是生命的源头，而我们是向这个生命的源头祷告。他们站在上帝面前几分钟，众人低喃几声，然后再做其他事；这是不许可的。】[15] 他们应该要有祈求生命活水的祷告，并且要喝到那活水。只有在那时所说出的"阿们"，才是真诚祷告中的"阿们"。

---

[15]　中注：见荷文版 52 页。

第七章 会众的圣诗

在讨论**礼拜仪式的祷文**之后，我们现在应该转向谈**礼拜仪式的圣诗**。在这个话题上，我们遇到了与祷告相反的想法。提到礼拜仪式的圣诗时，每个人都想唱已经谱好曲的诗歌。除此以外，并无别的。当提到祷告的时候，许多人仍然坚持即兴祷告，但没有人喜欢即兴唱诗。

【当声调与音律响起，诗歌和圣诗出现在教会的信徒聚集中时，每个人都会感到理所当然。于是，这些圣诗应事先谱好曲、印刷，然后分发给每个人。无论一个人用心歌唱还是看着圣诗集歌唱，在教会里歌唱非礼拜仪式圣诗的诗歌，这是难以想象的。这就是为什么我们已经指出，礼拜仪式的圣诗常常包含了礼拜仪式的祷告。许多《诗篇》的经文用于祷告，比如祈求、赞美、感谢 —— 无论何种，都是歌唱的 —— 教会借此与上帝交谈，并向上帝说话。因此，只要它是诗歌形式的，没有人会就礼拜仪式的祷告提出异议。礼拜仪式的祷告不是以散文形式出现，而诗歌或诗集无异于礼拜仪式的祷告。每个人都能感觉到其中的差异。】[1]

---

[1]　中注：见荷文版 52 页。

诗篇与圣诗

【此时，我们暂且搁置这个次要的要点，先决定与礼拜仪式圣诗有关的事宜。我们立即面临这样一个问题，即】会众能否自己创作歌曲。在这里，我们先进一步解释诗篇与圣诗的问题。【多年以来，这个困惑在教会生活中延续。但是所讨论的并不是从**原则**，而是从适用的**法律**出发。】我们的先贤规定，除了少数特例，信徒在聚会中只能唱诗篇。当圣诗于 1807 年透过非法的教会势力引入时，就遭受众人反对，即使牧者在讲坛上宣布唱赞美诗，会众也拒绝跟从。当分离派（Secession）和哀恸者（Doleantie）修复教会时，他们重申只唱诗篇的立场。

【斯赫顿（L. Schouten Hzn, 1828-1905）牧师等人反对这种立场。[2] 这种差异仍旧持续。反对只唱诗篇的群体继续唱圣诗，而坚持唱诗篇的群体则持守认信和教会纪律，只唱诗篇。令人困惑的是，彼时的斗争有时根据适用的法律发生，有时由原则引导，因而无法得以解决。我们可以进一步阐述，将外来的圣诗强加于教会的非法权力在属灵上的专横，对许多教会已终止。这种依赖牧者决定所唱歌曲的主导角色也已终结。任意专断已经出现；正因如此，对根本问题的讨论就有一个自由的空间。】

【我们是否因此采取以下立场，即教会本身没有权利谱写歌曲，向上帝歌唱？请注意，我们以散文或诗歌的形式向上帝祷告。】[3]这是否代表会众没有权利以散文或诗歌的形式，向至高之上帝献上歌唱和祷告？我们没有发现这样的禁令。毕竟，我们总是可以在教堂里自由祷告。从来没有人说只有在《圣经》或诗篇出现的祷文，

---

[2]　中注：斯赫顿被凯波尔称为荷兰伟大的圣诗提倡者。斯赫顿公开反对凯波尔对圣诗的看法，见 *Hebben de gezangen regt van bestaan in onze Kerk?* (Utrecht: Kemink & Zoon, 1885)。

[3]　中注：以上内容见荷文本 53 页。

才能成为我们在教堂里的祷告。然而，严格来说，如果会众不允许唱新的祷告式歌曲，那么祷告也需要一致性地受同样的限制。

【每当教会向至高者说话时，**不应该**采用不同于《圣经》中赐给我们的语言和言辞的方式。当如此表述时，教会并没有区分用散文或诗歌来祷告、赞美、感谢，与永在者交谈。当自由表述时，无论是牧者，还是使用礼拜仪式祷告或礼拜仪式圣诗的会众，教会对上帝的说话就被打断了。于是，我们必须在教会中只用**出自《圣经》**的祷文来祷告，在教会中唱的诗歌也同样要**出自《圣经》**。】[4]

再者，如果会众不能使用他们创作的歌曲，我们就应该仔细看看我们的《诗篇选本》。我不是说我们应该顺着一些人的建议，用希伯来语唱诗篇。这诚然是无理的。翻译的作用在于使人能用他们的语言来了解《诗篇》，就像犹太人了解希伯来文文本一样。可是，**翻译**与符合**押韵**和搭配**音律**是完全不同的事情。在英国圣公会教会里，诗篇是以散文的形式唱出，不同于我们朗读的韵律。以**吟咏**的方法唱出诗篇是可行的。这不是说我们更喜欢这方法，但它是有效和可行的。任何人想要否定会众创作诗歌的权利，肯定都需要采用这种方法。

要找出《圣经》中的诗篇和《诗篇选本》的差异，你只需要拿我们诗篇的**翻译**版和**诗歌**版进行比对。我们没有贬低现存韵律版本的意思。然而不容否认的是，不仅是诗篇中的思想以诗歌的形式呈现，就是连其他思想也常被掺入；事实上，原本的意思有时更被完全倒转了。

我们不会继续深究下去，因为我们已提供足够的证据，来证明我们今天所唱的诗篇，已经加入许多人为创作的成分。【这并不影响我们与雷德波尔群体（Ledeboerianen）的辩论。[5] 这个群体支持达汀（Pieter Datheen, 1531-1588）的诗篇，这关乎一个教会性的争议。

---

[4]　中注：见荷文版 54 页。
[5]　中注：雷德波尔群体是指一群在雷德波尔牧师（L.G.C. Ledeboer, 1808-1863）带领下于 1841 年离开巴文克所在的分离教会的信徒。

达汀的诗篇也是他自己所著。到目前为止，双方不相上下。就诗歌的价值而言，达汀的韵文诗篇稍逊，现在在使用的《诗篇选本》更胜一筹。另一方面，达汀诗篇中蕴含深层的信心的音调（geloofs-toon），听起来更动人心弦。此处我们所争议的只关于这种韵律的引入是否合法。我们必须承认，在当时这并不合法，而此时已然合法。若无教会总会会议（General Synod）首肯，引入韵律就是非法的。但是现在是合法的，因为这韵律的使用如今得到了荷兰归正众教会（Gereformeerde kerken in Nederland）总会会议的合法支持。然而，这可以并最多应强调，总会至少从达汀的韵文诗篇中移除了一些令人惊讶的表述。事实上，我们的荷兰归正众教会保留了为诗篇谱曲，以此呈现诗篇的权利。】有些教会更在此之外增添了几首圣诗。诚然，这是一种例外。但如果认为为教会谱写歌曲是干犯了上帝的旨意，那么这事也就不能完成了。[6]

所以，我们的结论是：从历史的角度并根据教会的秩序，教会无疑有权编制自己的祷文，并在原则上有权编制吟唱的祷告。这并没有违背《圣经》的教导。在《圣经》中，我们没有看到使徒们规定会众必须使用旧约的原版祷文或诗歌，并以此作为唯一可以接受和允许的形式。

【思考一下《哥林多前书》十四 26-33："弟兄们，这却怎么样呢？你们聚会的时候，**各人或有诗歌**，或有教训，或有启示，或有方言，或有翻出来的话，凡事都当造就人。若有说方言的，只好两个人，至多三个人，且要轮流着说，也要一个人翻出来。若没有人翻，就当在会中闭口，只对自己和上帝说就是了。至于作先知讲道的，只好两个人，或是三个人，其余的就当慎思明辨。若旁边坐着的得了启示，那先说话的就当闭口不言。因为你们都可以一个一个地作先知讲道，叫众人学道理，叫众人得劝勉。先知的灵原是顺服先知的，因为上帝不是叫人混乱，乃是叫人安静。"】从上下文可以理解，

---

[6]　中注：见荷文版 54-55 页。

经文当然不是指"如果当中有谁想起一首诗篇，请说出它的编号"；这是不可能的。因为保罗在这里所谈论的是属灵恩赐（charismata），他要指示信徒，当有一个人在说话的时候，其他人就要闭口不言。这段经文要处理的是信徒该如何在会众中运用先知的恩赐，就是在圣灵的感动下，从会众中站起来，以方言、启示或诗歌来赞美和感谢上帝。同样，《以弗所书》五 19 中的"诗篇、赞美诗和灵歌"[7] 也不是指诗篇的标题，而是指圣灵不受限制的表达。（当然，我们应该留意《哥林多前书》十四章和《以弗所书》五 19 中所提到超凡的属灵恩赐，是针对使徒时期的会众所说的，并不能为当代的教会定下结论。）所以，我们一方面支持使用圣诗，但另一方面也须记住以下几点：

1. 在《圣经》中，我们找不到独立的**祷告**合辑，但我们有独立的**诗篇**合辑。

2. 《诗篇》的属灵深度远超任何后世创作的圣诗，纵然有时候圣诗会被认为更属灵。

3. 当圣诗被引进教会后，结果似乎总是诗篇先让位，然后被取而代之。

4. 诗篇是以呼应一颗经久不衰的虔诚之心为基调，而圣诗的性质通常短暂的，并以当下流行的事物为题材。

5. 在大多数情况下，圣诗是由诗班演唱，会众则是听众。

6. 在圣诗和诗篇的角力中，所有挂名的会众都偏爱圣诗，而真正虔诚的信徒更倾向于使用诗篇。

当然，我们并不是指那些喜欢圣诗的人不应被称为虔诚。毕竟，谁会想把路德排除在虔诚人之外？然而，以上六点确实表达了我们的经验所得。[8]

---

[7]　中注：这里直译了经文内容。

[8]　英注：敬虔主义者往往对唱圣诗感到矛盾。在修道院里，他们对圣诗珍而重之，例如源自德国敬虔主义运动的圣诗。然而，他们仍持守着早期改革宗的传统，驱使他们只能唱颂诗篇。

改革宗《诗篇选本》

在宗教改革期间，由于引进圣诗时出现许多弊端，我们的归正教会几乎完全倾向于唱颂诗篇。然而不可否认的是，圣诗在早期教会也深受欢迎。有些圣诗很早就被所有教会使用。[9]

但在中世纪，那些弊端越发严重。起初几乎所有的会众都一同唱颂诗篇，随后几乎所有的会众唱诗都消失了，并由诗班取代。只要有美妙歌喉，不论男女老少都会被诱导加入诗班，即便他们的德行、声誉与理想相距甚远，他们的选曲往往有可商榷之处。歌曲的内容变为次要，音响、声调和艺术元素成为首要。歌唱成了一项艺术表演，而非信徒向上帝感恩和崇拜的呈现。

宗教改革时对此采取了措施，为要遏止这种罪恶。艺术性的献祭必须再次被"嘴唇上的献祭"所取代，这就是我们只能唱颂诗篇的原因。而且在这行动后，我们才于理论层面为这种做法辩护，以规定我们**只能**唱颂在《圣经》中已记载的歌词。

【这个想法十分吸引人。即便是对地上的君王也会有此规定，就是在宴席或任何其他场合，除了已经被预先批准，否则没有国民可以允许与君王说话。我们微小的受造物更应当如此，就是在与上帝亲近的时候用上帝放在我们口中的话语来说话。】[10] 与此同时，这原则的发展并不一致。根据唯独圣经论，只有《诗篇》才被认为适合在教堂里使用，而《圣经》其他书卷中的歌曲都不被接受。其实，《圣经》中有许多从未被采用为会众圣诗的诗歌，例如底波拉之歌一类的短歌。在这首《圣经》歌曲被拒绝，那首被接纳的情况下，个人的选择最终招致旧有的专横悄悄地蹑回教会中。在教堂里不许唱《圣经》里的其他诗歌，委实是没有道理的。

---

[9]　中注：本段及以下内容在荷文版中为第十二章，标题为"Het Gezang (Vervolg)"，译作"会众圣诗（续）"。

[10]　中注：见荷文版 57-58 页。

除此以外，尽管有严格的诗歌限制，马利亚颂、撒迦利亚颂、西面颂并其他歌曲，还是被编入诗歌本中，这条严格的界限已被跨越。当十诫和主祷文以诗歌化的形式被收纳时，跨越又再次发生，而且它们在《圣经》中并非用于唱颂。当《使徒信经》和圣诗《噢，伟大的基督，永恒之光》被添加到诗歌本时，严格的规则已被彻底打破。这些圣诗实实在在是出于自由创作。【虽然我们承认在这方面有一定程度的妥协，但是这确实并非被认为是被上帝禁止的。教会总会会议怎能许可它所认为不符合上帝道路的事物呢？】[11]

总括而言，人们的内在力量源于他们认为自己只唱颂上帝所指定的歌曲。尽管如此，他们也使用了《圣经》其他书卷里的各种歌曲。人们也容让一些《圣经》中没有的歌曲，被历世历代的教会使用。因此，他们的立场不是要寻找一个具体的神圣**命令**或**禁令**，而是要寻找一个最合乎他们的虔诚态度，和在他们的经验中最保险的说法。他们试图寻找一个既权宜又安全的规则，可是总会允许有一些特例。

以圣诗取代诗篇

自宗教改革以来，我们的经验岂没有清楚证明，这种思维模式有一定的智慧？非改革宗教会容许信徒在教会里唱圣诗，但结果如何？毫无疑问，许多优美虔诚的圣诗被谱写，以致我们能在德国和英国的圣诗中发现一些属灵诗歌的瑰宝，就连改革宗信徒的灵魂也受感动，并从中得到更新、造就和安慰。

可是，非常可惜，这也导致了一个可悲的后果，就是个人的专横悄悄地蹑回教会之中。圣诗几乎取代了所有的诗篇，而在诗歌本里仅余的数篇诗篇也很少被人歌唱；这现象几乎随处可见。【许多

---

[11] 中注：见荷文版 58 页。

歌曲混进了教会，并由教会歌唱；教会就偏离了敬虔的根基，要么尊崇危险的神秘主义，要么变得如同异端。诗班和对唱的形式也被引入教会。这些诗班很快在许多教会开始盛行，以至于最后会众变得越发沉默；他们甚至不会跟着唱，而是如同欣赏享受夜莺的歌唱。】[12] 此外，诗班的出现使歌唱变得更表面化，管风琴更多地用来带动歌唱，其宗教性质已转变为一种艺术表达。

已不止一次，一些虔诚的外国旅客到荷兰旅游并参加我们的崇拜后，对我们在教堂里庄严地唱诗篇的印象非常深刻。他们很确定地跟我说，再也找不到有什么能与此相比。然而，在我们的教会里，圣诗的历史跟上文所描述的相似。《福音圣诗集》（*Evangelische Gezangen*）不仅在 1807 年被非法引进，而且是在一个诗意贫乏、宗教兴趣淡薄的时代写成的。当你比较这本《圣诗集》与《诗篇选本》的诗意和宗教性时，前者显然如同儿戏。镀金锡与真黄金，诚然不能相比。【此外，这本《圣诗集》是在一个时代内编成的，裹挟着虚弱无力、衰弱而情感漂浮的信仰，这为当时的荷兰设定了基调。的确，当时也有优美的歌曲，如同混杂在玻璃珊瑚中的珍珠。但是作为一本《圣诗集》，它极度缺乏必要的高度，从而会众要对此予以补充；而此补充的行动又让人重回宗教改革时代的诗歌。】[13]

然而，这本低劣的《圣诗集》很快就得到教会领袖的重视，以致有一段很长的时间，大多数牧者都选择一首《诗篇》对应六首或七首圣诗。而且，所选用的诗篇通常是一些广为人知的，就在不超过二十几首的范围中反复挑选使用。圣诗抢占全场，而诗篇几乎被遗忘。假若你如今问会众，有谁更喜欢圣诗，有谁更喜欢诗篇，历史告诉我们，大多数坚守父辈之言的信徒会选择诗篇，而那些偏离真理的人则偶像化了圣诗。这始于柯塞友主义者（Coccejanen）和拉姆佩主义者（Lampianen），并在格罗宁根（Groningen）运动中延续。[14]

---

[12] 中注：见荷文版 59 页。
[13] 中注：见荷文版 59 页。
[14] 中注：见荷文版 60 页。

改革宗《圣诗集》?

基于这样的历史，人们可能会希望有一本诗歌本，里面包含由怀着感恩和挚诚之心的罪人所写，充满诗情的圣诗。但即便如此，问题仍然在于其**可能性**，以及能否达至**成功**。【在上个世纪，我们并不缺乏一流的诗歌。如果你读了比尔德戴克（Bilderdijk）、达寇斯塔（Da Costa）、比特（Beet）、滕卡特（Ten Kate）和海瑟布鲁克（Hasebroek）的所有诗词，若只能唱一首圣诗，即便滕卡特的《诗篇集》（*De Psalmen*）也不会令人有太多收获。[15] 当你打开《诗篇选本》时，你会立即感到它的基本调性是如此深切，语调与措辞也更加超越，思念天家的呐喊更是无处不在，并且对恐惧忧虑中的挣扎的意识更加深刻。借着这些诗篇，你会感到羞愧，因为你内心的挣扎跟这些人与上帝的摔跤相比，太过肤浅。对于其他歌曲，你会说："它们没有反映出我自身生命的深处。"】[16]

诚然，作为一个热爱写诗的民族，却很少有人拥有写诗的天赋；而只有一位与上帝亲近，并在上帝的恩典下成为改革宗的信徒，才能为改革宗的教会写歌。当然，只有上帝才能赐我们这样的人，可是祂还没有如此做的时候，委托别人创作诗歌是不可能的。然而，为了纪念节期、献呈敬拜、管理圣事、接纳成员、按立圣职，和使婚礼庄严，我们迫切需要属于我们的圣诗，而且我们相信上帝一定会按照祂的时间来供应。此外，我们也建议可从早期教会和宗教改革的宝库中选取一些圣诗，加入我们的诗歌本。然而可以肯定的是，我们仍然恒常以《诗篇》作为我们大部分礼拜仪式诗歌的来源。然而，这样会衍生另一个需要慎思的问题：如今是否已到修改《诗篇选本》的时候?

---

[15]　中注：凯波尔此处指的是 Jan Jakob Lodewijk ten Kate, *De Psalmen* (Amsterdam: Centen, 1879)。

[16]　中注：见荷文版 60 页。

第八章 我们的诗歌化《诗篇选本》

【关于诗歌化（berijmde）诗篇的使用，以下几点需要注意。】[1]
首先，诗篇的原本用法是整篇全唱，所以一些长篇诗篇会被分成数个
段落。在每段落的尾端，编者都会放置一个**停顿**。这停顿对于现今的
我们来说没什么意义，因为我们已习惯抽选其中的一两段来唱颂。我
们会直接把它忽略，因为只有在整篇全唱的时候，此停顿才有意义。

我们现今只需要会众唱诗篇的其中一段，这做法根本不是最初
的原意。把诗篇划分成节的方法，其实是由那些把诗篇诗歌化的人首
先提出的。诗篇的原本划分方法与 1637 年荷文版《圣经》更为相似。[2]
【无论如何，可以确定的是，我们四处选择单独一段的习惯并不符合
《诗篇选本》的性质。在古时，这种划分并不为人所知。】如果一首
诗篇在开首时有"交与伶长"的标题，它的意思是要指示人整篇全唱。
【关于较长的教导性诗篇或历史描述性诗篇，并不确定有以上描述；

---

[1]　中注：见荷文版 61 页。
[2]　英注：这版圣经的影响在许多方面与英语世界的英王钦定本相似。这
是国家将军授权的译本，因此被称 Statenvertaling。

但是关于颂赞、感谢和祈求的诗篇，无疑是如此描述的。】[3]

我们不是就此断定，所有的诗篇到如今也必须整篇全唱。假若我们把一首诗篇完整唱出的话，所需时间是在耶路撒冷的三倍。犹太人甚至连诵读也比我们快得多，唱歌更是如此。[4] 我们也须记住，这种包含诗班的独特音乐礼拜模式是在圣殿里建立的，而我们的歌唱完全由全会众来完成。而且我们重复唱颂，有时候甚至会唱四遍。如果每次都要把整篇全唱，礼拜中的歌唱时长就会与其他部分的比例不相称。

无论我们有多认同以上说法，并允许会众只选唱诗篇中的分节，但我们能断定的是，前人就处理每首诗篇中所贯穿的基本思想，比我们现在做得更好。除《诗篇》第一百篇和其他几首短篇诗篇以外，这种整体性在如今并没有得到充分体现。只有在准备和结束圣餐时，我们才不时听到一首长篇诗篇被完整地唱出来。我们很少，或从来没有听到会众就同一首诗篇连唱三遍，每次唱不同的段落，从而把整首诗篇连在一起。即便会众在礼拜中唱九段分节，这九段通常都是从三、四首诗篇中挑选出来的。

实际上，我们当中没有人注意诗篇的原始分段，也没有人考虑到分节的顺序。所有诗篇的所有分节彷佛都是被放在一个储备仓或供应所里，人们可以从中挑选最朗朗上口的，以及那些最切合讲道主题的分节来唱颂。

可是，这样的做法使诗篇失去了它的应有地位。而且，诗篇与讲题的关联往往只在于韵律诗歌性诗篇中的一个词或一句表达，但在原文中并不存在。如此看来，你会注意到这是一个以人意来作决断的过程。这种问题在一些包含两三个关联思想的诗篇中尤其棘手。例如，许多诗篇都先表达对罪恶和苦难的深深抱怨，紧随在后的是对上帝救赎的感恩。如果只选取其中一个分节而忽略其余部分，诗

---

[3] 中注：见荷文版 61-62 页。

[4] 有关详细论述，见 Bertus Polman, "Church Music and Liturgy in the Christian Reformed Church of North America" (Ph.D. diss., University of Minnesota, 1980), 37.

篇的整体性就消失了。此外，最好缩短礼拜中间或结束时的歌唱时间，并让会众唱颂较大篇幅的长篇诗篇或整首短篇诗篇，以使他们再次感受到诗歌的整体性。

另一个问题，是在于各个分节的开首。在韵律诗篇中，有许多分节原本是夹在整首诗篇的中段，因此以"但"、"可是"、"因为"等连接词开首。【如今，这并不适合我们只唱一些段落的做法。其结果就是，若有前文的诗句，或因其他方面极为卓越、语言意义精美的优美诗句，则允许使用能令人理解的连接词。当前一句被歌唱后，以下诗句紧跟其后就会十分优美："**但是，我必凭祢丰盛的慈爱**"（诗五 7），"**因为**祢护庇他们"（诗五 11），"**因此**我的心欢喜"（诗十六 9），"**但是我心满意足了**"（诗十七 15），"**况且**祢的仆人因此受警戒"（诗十九 11），"**但是耶和华的律法**"（诗十九 7）。然而，如果一个人以这些经文开首而在此之前无任何经文，那么这就显得突兀。一个**连接词**添加后应起连接作用；若这种连接性破裂了，连接词也就没有意义了。因此，诗歌作者的意图是，这些以连接词开首的诗句，只在前一句诗先唱颂后才可以歌唱。同时，他们的做法失败了。他们需要思考为教会使用而作曲是否总是可行，因为频繁出现的一个情况是，不是前一句经文，而是更前面的经文更适合教会使用。于是，这就出现了两种滥用：(1) 这些经文在没有任何前文经文情况下被歌唱，因此连接词毫无意义；(2) 这些经文被歌唱时，前文紧邻的并非是《诗篇》中用连接词联系的前一节经文，因此产生了**错误的**合并。这就带来了更大的遗憾，因为经文原文并未予以支持。】

【1637 年荷文版《圣经》并无我们《诗篇选本》中的"**但是耶和华的律法**"这样的连接词，而只是简单地为"耶和华的律法全备"。若有人对比《诗篇选本》与 1637 年荷文版《圣经》就会发现，所有这些"但是"和"因为"的翻译都不恰当，一些与希伯来文有关内容的翻译则避免了这类连接词的推理。如今，这产生了一个问题，即修改我们《诗篇选本》时能否去除这些连接词。借着对文本的小修改，通常情况下这是可以的。有些人也可以采用不同

的方法，给这些经文配上双重开首语。一个开首语用于开唱这节经文，另一开首语用于前一节经文唱毕。但是，这些也会引起某种混乱。任何了解自己作品的诗人会更注重意思，而不是寻求联系他思想的连接词。东方的诗歌尤其尽量避免连接词。这意味着那些与前文经文分离而单独颂唱的经文自身就毫无目的了。比如，《诗篇》一百一十六16说道："耶和华啊，我真是祢的仆人；我是祢的仆人。"然后在第17节说道："我要以感谢为祭献给祢，又要求告耶和华的名。"[5] 但是如果你去除了第17节，那么第16节就不能成立，因为耶和华的名在第17节才予以表述。于是，第16节就成为对至高存有（Hoogste Wezen）说话，而未提及祂的名。有些细节也值得考虑。】[6]

类似的问题，也会在一段以代词为开首的分节出现。代词所指涉的，是前一个行动的主语或宾语。所以，如果只选唱以代词开首的分节而忽略前一节内容，那么这就会引起混淆。【即便主语可以在脑海中予以补充，这仍旧会造成困惑。"**他们**纪念祢的大恩"（诗一百四十五7）】、"**他们**要敬畏祢"（诗七十二5）、"**他们**行走，力上加力"（诗八十四7）一类的表达，预设了在此句之前已对"他们"有所陈述。但如果有人只唱出这些以代词开首的分节而忽略其语境，那么这就会造成混淆。[7]

【所有这些缺陷只能借着对《诗篇选本》进行小修得以解决。因为已有牧者在诵读经文的时候自己进行了轻微的调整，但是这既武断又无益。领唱者通常只读"我心满意足了"，而不是"**但是**我心满意足了"（诗十七15），会众则唱"但是"。这完全可以理解，因为会众已经习惯了这个"但是"，就自认为印刷本上是有"但是"的。当然，这种修改绝不能与原来的经文相悖，这也完全是非必要的。一般说来，

---

[5] 中注：在荷文版圣经中，这两节分别为第9和10节。

[6] 中注：见荷文版64页。

[7] 中注：见荷文版64页。经文章节号乃根据中文圣经所加，与荷文版《诗篇》章节号相异。

借着修改，我们可以比起借着如今诗歌化的文本更贴近原文。】

【然而，这些都需要满足两个条件。第一，教会要安静下来，因为恐怕这不安的灵会抓住无意义的事物，从而用考虑不周的事物对抗他们的教会。第二个条件就是，在我们归正教会中，要有多位具有掌握诗歌内容和语言的诗人兴起。他们对《诗篇选本》进行修改，以至于全体教会都说"阿们"。我们接下去讨论对《诗篇选本》的其他评论。】[8]

【我们第三个评论关于一个不可否认的事实，我们《诗篇选本》的大部分内容并未在信徒的聚集中使用。毫无疑问，我们正在沿这方向迈进。我们现在所唱的分节数量，至少是从前的三倍。在家中熟读《诗篇》的牧者们，渐渐发现在其中隐藏着许多不仅有用，而且美丽的章节，它们都在曾经被怀疑是毫不亮眼的地方被发现。最重要的是，在应对特殊处境和属灵状况时，一些从未被选用的韵律诗篇之中，有许多分节如今已被认为具备相当的思想深度。】[9]

【我们已有所改进。但是，一百五十首诗篇并不多。若这一百五十首中有一部分从未使用，一部分只用于一些崇拜结束时的歌唱，那么仍有不足之处。这再次归因于将《诗篇》按段落和诗节划分，有些时候则归因于所选诗篇歌唱的方式。歌唱的方式与诗节的安排紧密相关。每个歌唱的方法都由按照特定次序编排的一些音符组成。如此划分的音符必须按比例地符合划分的音节（syllable）。多重音符可能出现于同一个音节上，正如《诗篇》一百三十八篇一样。但是，如果三个音符出现于同一个音节（正如《诗篇》六篇），并且两个半音符（semitones）仍完整唱出，那么这就会造成一个最终令人厌恶的延长音。因此，音符和音节一般来说要按比例相符。】

【这常常导致诗人不得不遵照作曲者而行，或作曲者不得不遵

---

[8]　中注：见荷文版64-65页。随后内容在荷文版第十四章，标题为"Onze Psalmberijming. (Vervolg)"，直译为"我们的诗歌选本（续）"。

[9]　中注："毫无疑问……具备相当的思想深度"这三句内容在英译本中被移至上文"此外，最好缩短礼拜中间或结束时的歌唱时间，并让会众唱颂较大篇幅的长篇诗篇或整首短篇诗篇，以使他们再次感受到诗歌的整体性。"这句话之后。中译本遵循荷文版的段落顺序，此处予以修正。

照诗人而行。一旦歌曲第一次被歌唱，那么就定调了；其他时候就会按照已经选定的模式歌唱。如今，我们《诗篇选本》的歌曲并非古时的希伯来文。假设我们听见大卫弹竖琴或他在我们教堂里听我们唱诗，那么情感共鸣就会少之又少。在大卫以后的多个不同世纪中，灵魂对每首歌的感触的设定十分不同，由音乐家用最奇妙的语言谱写而成。研究我们古时音乐的专家也表达了以下冲突：我们的诗篇音乐丰富且有深度，而后世之人为各类属灵歌曲发明的歌唱法在音乐的饱满性和严肃性上并不符合我们古时的歌唱法。】

【因此，在上个世纪，我们诗篇的作曲者常常迁就现存的歌唱法。】旋律和诗歌化是自然地相互联系的，但诗人们常常把诗歌化的诗篇配合到现有的旋律中。有时候，当作曲者能借助传统曲调来呈现诗篇的内容时，这样的配合效果就会特别好。[10]【于是，歌曲与歌唱法之间的和谐自然也就从他灵魂的内在和谐中流露出来。这并不会困扰真正的诗人，而是水到渠成的事情。我们可以说，这就是他诗歌和音乐直觉（instinct）的成果。】[11]

然而，歌词与曲调之间的和谐，却是常常有所缺失。诗人对旋律缺乏了解，使文字与旋律相互冲突，并一段接一段地继续发生。【灵魂的情感中途被掐断，然后在下一个诗节重续。】这样甚至会引起一个问题："《诗篇选本》中一段又一段重复的旋律是否有助于灵里的情感和谐？"大家已经晓得，在同一首诗篇中，常常会接连出现截然不同的情感。这可能先是恐惧中的哀求，然后是赞美之歌，接着是感恩之歌；而在另一首诗篇中，则有三个阶段：暴风、

---

[10] 英注：令人感到意外的是凯波尔没有提起《日内瓦诗篇集》（Genevan Psalter）的创作和加尔文在其中的角色。

[11] 中注：见荷文版 65-66 页。"直觉"这个概念在凯波尔的思想中十分重要。他将加尔文的"有关上帝的意识"（sensus divinitatis）定义为一种宗教直觉。就凯波尔对"直觉"的论述，见荷文版 Abraham Kuyper, *Ons Instinctieve Leven*, (Amsterdam: W. Kirchner, 1908); 英译本 "Our Instinctive Life," trans. John Vriend, in *Abraham Kuyper: A Centennial Reader*, ed. James D. Bratt (Grand Rapids: Eerdmans, 1998), 255-277.

火焰和柔风中的微声。当然，若全首诗篇都用上相同的旋律，它终究会与歌词发生冲突。【因为在相同的旋律中，这些截然不同的灵魂情感仓促形成，但是歌词未很好搭配旋律。】

【另一个引人注意的争议透过诗歌化出现在另一方面，就是原来的诗人已作出了诗节划分。例如在《诗篇》一百零七篇中，"但愿人因耶和华的慈爱和祂向人所行的奇事都称赞祂"分别出现在第8、15、21、31 节。但是，假如作曲者未发现这点或未按照古时已有的诗节划分作曲，这也会造成烦扰的不和谐，甚至停顿划分也总是无益。在《诗篇》一百零七篇，第 1-2 节就有两个诗节，而第 3-5 节只有一个诗节。】

【由于未完全意识到这方面，所带来的影响多少令人困扰，并且效果不佳。因此，绝大多数的歌唱者完全放弃了一首诗篇的整体性，而局限于一些钟爱的诗节。对这些经文的喜爱完全脱离了语境联系，而只针对文字内容或声音。为了弥补这个缺陷而自由歌唱原始诗篇的尝试并未成功。只用举两个模仿的例子就足以说明：无论是冯德尔（Joost van den Vondel，1587-1679 年）的《大卫王的竖琴诗歌》（*Koning Davids Harpzangen*），还是滕卡特（Ten Kate）的《诗篇集》（*De Psalmen*），都未融入我们的人民中。基督公教教会不唱冯德尔的作品，而基督新教教会则不唱滕卡特的作品。为了此种努力能成功，比起冯德尔和滕卡特所能提供的，需要对灵魂有更深的触动并与大卫灵里的挣扎有更严格的一致性。达寇斯塔（Da Costa）或许为我们提供了这些，但是他的沉思令我们无法获取。】[12]

【因此，我们唯一的盼望就是】等待教会环境比较安静详和时，我们当中可能会有一位或多位有崇高属灵品格，并精通语言和音乐的诗人。他们可以检视现有的韵律诗篇版本，以清除那些为我们的唱颂带来不良影响之成分。【我们最后的评论就是，】在检视的过程中，同时也删去韵律《诗篇选本》中不合乎真理、非来自《圣经》

---

[12]　中注：见荷文版 67 页。

的内容；【这些内容不是来自人为杜撰，而是因着误解。】[13]

【正如《诗篇》一1描述了殷勤遵守上帝律法的蒙福之人是"昼夜思想"的。我们不禁纳闷，我们是否在今生不只有些许这种顺服原则，是否真有人可以说自己日夜欢呼雀跃并殷勤不倦地实践上帝全备的律法。一个人存着这个疑问往下读，于是就不会读到任何与这种"殷勤的实践"有关的内容，而只发现"但是惟喜爱耶和华的律法，昼夜思想"（诗一2）。】

【同样的情况也发生在阅读《诗篇》一4的时候："然而，主知道人的道路，无论在何地都以恩典眷顾那些在道德上正直和清洁、以禁食走在美德之路上的人。"[14] 于是，难以回答的问题是，上帝是否只对那些"以禁食走在美德之路上"的人满有恩惠，是否这些人不是上帝所称为义的恶人。如果我们是指未诗歌化的经文翻译，会在这里发现经文没有"美德之路"和"禁食"的内容，而只有"因为耶和华知道义人的道路"。"知道"并不是说上帝感知到他们，而是意味着在上帝的预知中，祂已经为他们预备了生命的道路；因此这是已经确定的事物，从与对比的经文内容——"恶人的道路却必灭亡"——中可清楚知道。】

【许多诗篇都显明诗歌作者并未抓住经文原来字句的意义，因而带出了与《圣经》不一致的思想和观念，所以这些诗篇并不属于信徒的聚集。无论我们多么希望移除这些误用，但是正如我们已经指出的，为了避免教会中出现混乱，我在这里做出最重要的提醒，并且尽量做小的修改。】

【诗篇是一种礼拜仪文。任何礼拜仪文事物的最大的力量在于历史的印记和形式的固定化。但是，真理不应丧失于这些因素中。一位专家应在面前放置原文文本，细细考察所有诗篇歌曲，不要匆匆一瞥，而是指出诗歌作者在哪一行实则不仅偏离了原文，还把与原本意思相左的思想置入韵律诗篇中。若这样做，那么就是一个好的研究。】

---

[13]　中注：见荷文版67-68页。

[14]　中注：凯波尔在这里引用的是《诗篇选本》中的一4。

附录：第十五章 管风琴演奏[1]

歌唱诗篇自然而然就会带出管风琴演奏。我们当中甚少有人反对使用管风琴，但是在荷兰并尤其在苏格兰，对管风琴的反对由来已久。甚至许多苏格兰教会不会使用管风琴。什么引发了这种反对呢？在何种程度上此反对是正当的呢？这个问题从何种角度也应在我们当中予以考虑呢？

我们从管风琴回看乐曲或一般性音乐，并从一般性音乐回看艺术本身。基本上，我们需要问一下类似的问题：我们对主的敬拜的属灵特性是否杜绝对一切艺术的使用？还是在我们的聚会中仍有使用艺术的余地？比如建筑学。我们如今是否需要在建造我们聚会场所时好好使用建筑学？或者归正教会的建筑只能由四面白色墙壁构成，外墙的正面平整，只用留有几个洞用作门窗？比如雕塑艺术。这种艺术能用于装饰我们的教堂艺术吗？还是一切代表被造物的图像需要谨慎地从我们聚会场所中移除？比如绘画艺术。教堂墙壁上

---

[1]　中注：本章附录为荷文版第十五章，英译本省略了整章内容，中译本予以补充。见荷文版 69-73 页。

的壁画或挂上油画是许可的吗？还是任何透露出画家画笔气息的都要明令禁止？比如音乐。如今是否允许这种艺术进入我们的教会，增加心理效果？还是在我们的教堂中只有清唱的歌声？最后，比如诗歌。我们聚会场所中可以有这种音调高昂的格律诗歌（maat-gezang）吗？所有没有诗歌艺术特性之散文的艺术，都要从我们聚会中去除吗？

最后这一项显明了困难的决定。在艺术领域中，诗歌无疑与建筑学、绘画艺术、雕塑艺术和音乐同等。在许多人看来，诗歌甚至站在自由艺术的顶端。难道所有的艺术，包括音乐，不都与物质、与器具有关，而诗歌艺术只赖于人的精神和声音吗？但是，诗歌在我们当中总是受到欢迎，甚少有人要求在上帝的家中只能听见散文。我们仍旧在各处歌唱，我们歌唱领唱者向我们所唱的。

不仅如此，歌唱本身也是音乐，因为歌唱不仅背诵一首歌，而且在旋律的能力下带来共鸣，并从音律的世界中抓住与这首歌所表达的同样的灵魂触动。在此旋律的控制下，这首歌以艺术的方式，根据为歌唱所设的规则而唱出。每首被歌唱的诗篇就已隐藏了诗歌和音乐的艺术，即便你未想到管风琴伴奏也是如此。实际上，音乐艺术已经蕴含在诗篇中："要用角声赞美祂，鼓瑟、弹琴赞美祂。击鼓、跳舞赞美祂，用丝弦的乐器和箫的声音赞美祂。用大响的钹赞美祂，用高声的钹赞美祂。"（诗一百五十 3-5）我们无需从《诗篇》中引用太多。这一段出自《诗篇》一百五十篇的经文就足够了。每个行家都知道《诗篇》富有这种欢呼雀跃，用丝弦的乐器、琴瑟、钹来赞美上帝。历史也告诉我们，在会幕和圣殿中，尤其是在锡安的圣殿中，宏伟的音乐侍奉被建立，并不只有琴作为单一的合法乐器，而是拥有由各类吹奏乐器和弦乐器组成的管弦乐队。因此，对圣所中音乐本身的谴责是不能成立的。

我们甚少会想到雕塑艺术，但是无论哪个人进入阿姆斯特丹新教堂（Nieuwe kerk in Amsterdam），都会立即发现我们的先辈正当地呼召了雕塑家。你会看见雕刻优美的讲坛，以及管风琴所在的地方和它上方所雕刻的天使和歌唱者。最弱的环节应是绘画艺术，尽管我们会记得一些大教堂中保留了玻璃彩画，许多画也都保留在管风琴室的门上。当提及建筑学时，我们无需过多说明。例如，建筑师的才干在阿姆斯特丹西教堂（Westerkerk van Amsterdam）已完全得到验证，没有人会认为艺术成分应该要从建筑中移除。资源缺乏可能会迫使我们尽量从简建造教堂，但是建筑学对所有教堂都有用，即便对哀恸者（Doleantie）的最新教堂也是如此，用于建筑建造的资金最不可能被忽略。

虽然在表面上我们的教会生活已经去除了一切艺术，但是各类非原则方面的艺术痕迹展露无遗。我们在根本上不会反对任何艺术，也不会视一切与艺术有关的事物暗示或倾向对聚会场所的亵渎。绝不会如此。在这方面，艺术原则在很大程度上是普遍原则，支配我们整个生活，无孔不入，在各方面提出要求。一旦你以一种神圣的方式让自己超越原料物质，那么你自然就触碰到艺术生活和艺术要求。艺术统治美的领域，而美是事物的特性；美与丑对立，并在四处发声，不会沉默不语。甚至晚餐用的桌布、放置的杯子都有它们的形状，并且这些形状要么是美的，要么是丑的。这两个等级在日常中似乎常常未予以区分，但是那些视觉、听觉和感官敏锐的人会思考这种区分。

你不能禁止圣言的牧者的说话、展示和行动。在这种说话和行动中，美与丑的冲突重复出现。他能以温和与恩典而行，也能以不当和难堪的方式而行。他可以用优雅手势或手舞足蹈的不雅行动与你交流。他的面部表情可能是粗心和令人生厌，也可能是感人并打开人的内心。他说话的声音可能优美悦耳，也可能刺耳嘶哑。他说话的方式可能是平和优雅，也可能急促粗鲁。甚至他说话的结构有序有效，以至于不经意间你全人都被吸引；他说话的结构也可能松散，以至于你无法看到美好思想的花朵，只见落叶与凋谢的花。诚然，甚至坐在敬拜场所的会众、听众的关注、受到启发的姿态和面部表情、警醒的态度、完全集中的注意力，对你都是十分有益的；

或者会出现一个令人难受的场面，不耐烦的听众左顾右盼，并有各种奇怪的表情，以至于聚会场面的整体性完全丧失了。简而言之，你可以缩放这些情况，从而在教会中脱离美学的定律。

在教会中，不仅有隐藏的灵，而且也会出现看得见和听得见的灵。任何出现的事物都有一种形式，并且在形式可被觉察之处，形式总有美丑，悦人眼目或有碍观瞻。如今，教会中的至高之事就是无坚不摧、鼓舞一切、主导一切的敬虔。无论在何处，只要敬虔真的将传道人、领唱者、长老、执事、会友、堂务圣职者（kerkelijke bedienden）[2]、管风琴演奏者上升至敬拜和崇高生命的高度，那么那里无疑就有美好的合一。凭借令一切事物黯然失色的所有行动和话语的属灵力量，这个合一朴实自然地传播了伟大的美。

然而，这种果效是自己实现的，还是刻意地透过练习和习惯来获取，是美的还是不美的，仍旧是一个你无法回避的问题。这也适用于祷告。一个祷告的会众会呈现有能力且优美的外表，但这也会因祷告与祈祷者之间缺乏和谐而成为阻碍。我们改革宗人士中有谁在原则上会持以下荒谬的说法，即丑是荣耀上帝的，上帝荣耀的美在丑之后才会出现？

---

[2]　中注：在荷兰教会中，堂务圣职者负责教会建筑的看护，以及确保教会崇拜能顺利进行。

第九章 美的规范

美的规范无时不在

【在所有事物中，你一定不会将丑与美相提并论。若丑或美是相同的，并只有你习于说你会进行区分，那么你所说的"品位是无法判断的"本身就是荒谬的。再也没有比这更错谬的箴言了。即便是对于舌头味觉，这句话也无法成立。或者说当一位水手咀嚼烟草（联想到在我们教堂的走廊，我们不幸地常被人提醒有人在咀嚼烟草），并认为味道极美，却把泽兰的生蚝从口中吐出，那么你会认为，我们不会断定这水手是对的。我们在味觉上忽略美的差异有两个原因。第一，味觉官能发育不足；第二，强烈的个人主观因素，这在跟品位有关的事物中都很重要。】[1]

在我们进入关于美的讨论之前，首先陈明无论教会内外，无人能够规避审美的存在。在教会里，我们不仅会发现一个隐藏的灵，亦有一个可视和可听的灵。凡我们所遇之事物，都有一种**形式**；凡

---

[1]　中注：见荷文版 73 页。

一种形式于我们可见，它非美即丑，要么你心被扰，要么你眼受益。因此，美与丑的分类在凡事上如何使用，在信徒的聚会中亦然。

美丑之别体现在最细微之处。例如阿姆斯特丹的一些教会把火炉放在教堂里。其中的一间教会把长达十米的烟囱横放在炉子上，横穿整个大楼，直达阳台。因此你可以看到，美的法则如何在一个神圣的地方被打破。即便是购物街的一个店员也深谙其道，会把不悦目的东西移出视线之外。

这事微不足道，却仍使人不安，因为它割裂了视觉的和谐。此外，它也表明教会只关心实际益处 —— 长烟囱能供热，这样放置也更经济。在反对这些做法的同时，我们必须从理想的角度为我们的教会规定美的规范。正如一个人在家里，他（她）不仅会问什么最便宜、最省事，也会问什么会让心情愉悦、提升品位。只要和自己有关，每个人都会遵从这一法则。一个人在店里买一件衣服，会多么不厌其烦地左右掂量挑取最称心的？一个人会花多少时间站在镜子前决定自己如何看起来状态最佳？同样的选择过程也体现在买一件礼物或一个小的饰品上。【人们也会关注书的封面，自己房间墙纸的风格和类型，毛毯和地毯的图案和颜色。你不会时常移动各类家具，因为当下是装扮房间的最好方式。这些都有发生，因为这与我们自己和我们的房子有关，虚荣心有时会困扰我们。我们敢于假设，无一例外，我们所有的读者都打扮得体，房间装扮舒适，绝非漠不关心、表现俗气、喜爱糟乱房间的懒汉。】[2]

敬拜中的美

但我们必须意识到，当考虑教会建筑时，我们关心的不是我们自己，而是上帝的会众。我们不是在**自己家**里，而是在祈祷之家。

如果会众、圣职人员（ambtsdrager）、堂会长执们考虑的只是"只要我们能坐下，这里看起来如何一点也不重要！"，那么你会感觉到这违背了更崇高的目标。

当然，在有需要的情况下，人凡事都可凑合。在一场船难或火灾面前，任何形式的礼节都退去，人们穿着睡衣跳下床，上救生船或冲到街道上。有时候，信徒也在最不尽如人意的场所聚会：在牛棚里、打谷场上、在音乐厅、在旅馆、在剧院。地点不重要，人必须尽可能聚会。然而这种情形是因需要而发生的例外。正因为这是特例，我们绝不能把它当作一种标准而立。

当这种需要和不便的时刻结束，常规的教会生活建立后，所有关于秩序井然、品位高雅、行事周全的要求要回归本位。【赫尔曼·巴文克教授在他的《心理学原理》正确地论道，真理与错谬、良善与邪恶、美与丑是主导所有人生命的三个类别。】不是人们炮制【这三个分类】的概念，而是上帝自己为【这三个类别】的规范赋予了意义。除非人们是在聚集敬拜赞美他们的上帝，否则在所有地方无差别地都尊荣【这三个类别】是不恭的。[3]

《诗篇》五十2宣告："从全美的锡安中，上帝已经发光了。"在帐幕和圣殿的整个敬拜中，上帝以各种各样的方式命美就位。祂为自己的圣所授予荣光，作为我们的提醒和榜样。当然，我们清楚这种具有**预表意义的敬拜**已经结束了，一切在基督里得以**完全**的时代已经临到了我们。然而，这一区别并不影响美的类别，仅是影响既定形式的**意义**，以及传达这一意义之形式的**选择**。【预表意义的敬拜所用的以弗得有两个特性：（1）它是美的；（2）它有象征的性质。象征的意义如今已经不在。我们的大祭司在天上的圣所，祂将我们放在神圣的心上，将我们的命运握在手中。这个象征的预表

---

[3]　中注：凯波尔在这里将巴文克的著作 *Beginselen der Psychologie* 错误地写作 *Beginselen van zielkunde*。有关巴文克所提到的这三个类别，见 Herman Bavinck, *Beginselen der Psychologie* (Kampen: J. H. Bos, 1897), 65, 148。英译本省去了前两个类别，中译本现予以补充，见荷文版75页。

以及它独特的意义已经消失，但美的标准不会因此有丝毫下降。如果你在思想中将这二者稍有片刻分离，你就会立即证明此点。敬拜中的象征意义不仅存在于以色列民中，也存在于甚少开化的黑人中。但是这些黑人部落的象征意义通常令人感到粗糙、乏味、丑陋、不雅、震惊。于是，你看到了好的象征，却缺少美。另一方面，你会发现上帝给以色列命定的象征除了象征的意义，还具有形式之美。令人惊讶的是，这两个特性之间该如何区分？若象征消失后，美又如何继续存在？】[4]

美感在以色列如此被高举。所罗门奉命建造殿宇的时候，以色列中没有一个建筑师能把殿建造得这么美，但所罗门并没有说，"那么，这事必须以粗陋的方式进行；无论如何，犹太人须做成此事。"【不！他乃是差人到外邦人的国家，在希兰那里找到人，根据美和艺术的要求来建造圣殿。于是，他就让外邦人来建造主的圣殿（王上第五章）。】[5] 在这一决断上，所罗门并没有错。他忠于上帝的命令，这一点我们可以从帐幕的布置和装饰看出来。一定是上帝的灵亲自赐予了比撒列和亚何利亚伯艺术鉴赏与审美，确保了帐幕和其装饰，即便最微小之处，也是按艺术和美的规范被建造的。

我们可以总结如下：第一，美感和我们爱美弃丑是上帝亲自烙在我们人性里的。第二，上帝亲自命令美的规范要被尊重。敬拜的规矩在以色列被建立不是作为一种暂时的象征，而是永远立定；上帝也确实为这一更高的目的赐下才干。

因此，当我们布置和装饰我们的敬拜场所，以及在其中开展活动时，我们没有正当的理由使自己免除落在我们所有人身上的义务，那就是不仅去追问什么是**真**，什么是**善**，还要问什么是**美**。当然，在这个领域也常有过犯。求美的，不先求真、善，就为美牺牲了真、善，那么美就被断章取义，脱离了其本质，被视作可独立存在的。这在任何时候都是错的。

---

[4] 中注：见荷文版 75 页。
[5] 中注：见荷文版 76 页。

【当美只在外表却无内在时，这也不亚于罪。这也被认为是完全错谬的。一个思想、词语、行为、特征、倾向、习惯，任何事物都是美或丑，即便是眼不能见、耳不能听、舌不能品的事物，也是如此。《箴言》作者所说的"美是虚浮"（箴三十一30）完全适用于这种感官上的片面性。一位有美丽灵魂的年轻女士，即便没有美丽的容颜，也比任何内在污秽扭曲、外表漂亮的女人更超越。】[6]

生活的普遍法则支配着美的类别，我们可能不会把它仅限于眼之所见。实则，我们首先应该关注无形中的美，其次才是有形中的美。即便教堂建筑华丽、装饰精美，人们的行为举止也毫无瑕疵，当会众和执事缺乏灵性的、内在、和无形的真挚与虔诚时，就毫无美可言了，恰恰因其美而彻底丑陋。这是为什么偶像的庙绝不会给人美的印象，因为真理缺失了。【由于清心的人才得见上帝，所以心不清洁的人就不能获得上帝的美。但是谁能从中得出结论说，上帝的儿女穿着破碎不堪的衣服比清洁、整齐、美好的服饰更有价值呢？】[7]

建造教堂[8]

由此我们可以看出，教会对艺术一点也不敌视，而是提出了两个要求。第一，艺术不应成为教会中的控制力量；第二，外在美不应压倒内在美。这些要求无可反驳。当然，有这样一个领域，其中的控制力量是艺术而非教会；艺术理所当然地不允许由教会统治。

---

[6]　中注：见荷文版 76 页。
[7]　中注：见荷文版 77 页。
[8]　中注：以下内容在荷文版中为第十七章，标题为"Schoonheidseisch. (Vervolg)"，译作"美的规范（续）"。以下第一段内容在英译本中为上一部分的结尾段落，中译本的段落根据荷文版来安排。

同样，教会完全有权保留对自己领域的控制权，不将控制权让与任何人或任何事物，无论是政府、科学、时尚或艺术。在祈祷之家，艺术必须为教会服务，教会必须使用艺术。

【教会在此方面设定条件：在不要贬低艺术尊严的情况下，若艺术无法符合这些要求，那么教会就拒绝合作而撤离。这是教会的权利。教会可以使用艺术，亦可弃绝，但是艺术也可针对教会自由地提出要求。若教会并未对艺术设定条件，她就保持原样，在没有艺术的情况下运行，或使用金钱购买二手或三手的艺术品。因此，我们并非想要在教会权利面前打败艺术。艺术也有自己的要求、生命之律、惯例。在这范围内，只有符合艺术的准则而行时，艺术才会提供服务。然而，教会总是有权利和义务独立评估自己是否以某种方式使用艺术。】[9]

建造一座美丽的教堂是艺术上的事。面对建造祈祷之家这一任务的教会长执会，应号召那些在建筑方面有专长的人来确保建筑物的内部和外部的美观。但是，如果艺术迫使基督新教教会采用某种基督公教主题的风格，那么基督新教教会应该抗议。如果建筑师退出，教会应该选择一个单纯的木匠，而不是让艺术施压强迫自己违背信念。

反之亦然。当教会执事雇佣建筑师并讨论建筑计划时，如果这些提交的计划在建筑风格上是合宜的，但执事想强迫建筑师去改变那些计划，如此一来会违反艺术，那么有诚信的建筑师必须拒绝服从，执事也必须放弃他们的不当要求。如果他们执意照自己的计划来，必须去找那些没有自己想法，只服从指示的木匠或监工。

【这与教堂的内外设计都有关。若教会缺少资金将教堂内外装饰至符合美与艺术的要求，那么建筑师或许会想，若教堂外部足够美观，教堂内部就相对次要了。教堂驻守者也有责任主要关注教堂内部的布置，不是为了铺张奢华，而是着重内在简约之美，好使信徒的聚集可以在一个合适的聚会场所进行。若建筑师仍旧重视奢华、

---

[9] 中注：见荷文版 77-78。凯波尔在这里是主要论述教会的艺术原创性和原创活动。

外观、墙壁、教堂尖顶，教堂驻守者必须要予以反驳，并确保内部设计优先。一群会众或一位教堂驻守者若让教会外表装饰华丽，从而在众人面前炫耀，那么他们就并未履行义务。】[10]

让我们厘清这段关系。决定采用哪种艺术形式由教会决定。这只因为教会需要建筑设计，不意味着她有义务考虑绘画和雕塑。如果教会认为有必要利用绘画和雕塑，它们也必须符合艺术要求；不合情理地使用绘画是对教会的亵渎。但这两种艺术形式是否纳入敬拜范畴，还需要教会自己决定。

【改革宗教会认为这些人造图像带来了危险，使人在属灵上偏离。她认为，敬拜应在属灵上向上延伸，而不是在人造的绘画和雕塑上如此强调，所以要予以阻止；于是，教堂驻守者必须弃用这两种艺术。这并不是说所有雕塑的装饰品都要弃如敝履，或不应加入色彩和线条。这乃是说明这两类雕像和图画中最高的艺术表现形式不适合我们的教堂建筑，无法包容。】这既非诋毁雕塑艺术，亦非诋毁绘画艺术。他们在教会外保留了全部价值，教会只宣布他们不属于教会建筑，这个决定在于教会，而不是艺术。[11]

音乐

音乐艺术也必须起到同样作用。教会必须根据属灵动机作出判断，决定音乐应该独立地服务于敬拜，还是仅作为一种辅助。音乐艺术，也可以荣耀上帝。音乐是上帝的创造，音乐由祂而出，祂也在其中寻找祂的荣耀。【你可以在鸟的欢叫中发现上帝的荣耀。鸟声中没有隐藏，亦未添加属灵的内容。这个音乐完全是独立的。你

---

[10]　中注：见荷文版 78-79 页。
[11]　中注：见荷文版 79 页。

不会解释夜莺的歌声，也不会予以诠释。你会在这个声音中听出令你感动的优美。这个优美中有令人振奋的内容。】[12]

可能有些音乐表演无需解释，只供享受；在这种享受中，它们也可以荣耀上帝。音乐可以没有文字，它自身的和谐之声就可以向你说话。这不是通过你的思想或理解，也不是通过你的情感，而是通过与声音世界奇妙连接的灵魂深处的感觉。因此，如果教会希望音乐能作为艺术来独立地荣耀上帝，音乐应该是最好最精致的，你所能想象最完美的。感动我们心灵的是云雀啁啾而非麻雀叽喳，是画眉夜莺唎唎而非乌鸦八哥哑哑。当音乐本身作为敬拜的一个部分需要时，它必须很出色。【另一方面，若教会出于属灵动机的考量，认为这种作为荣耀上帝的一个元素的独立艺术表现形式并不属于教会，并祛除一切音乐艺术的表现形式，那么音乐家就不应试图坚持违反这种秩序。音乐只是作为辅佐的作用，不应试图违反这个规定。】

【这对于唱歌部分亦然。唱歌有两个目的：（1）酝酿情绪；（2）透过听觉影响他人的情绪。这两个目的彼此相符，但是在动机上不同。在一场纪念个人荣誉的聚会中的献唱，被聘请的歌手并不是为了自己的情绪，而是要唱出与会人员对这个人的思念。但是在唱歌时，你不能不关注歌词，不明白意思，而只注意清脆优美的歌声。】[13]

如果教会决定需要唱诗班，就应该努力召集嗓音最好之人，让他们在圣所最佳位置唱歌，并要求观众安静聆听，以免注入不和谐的声音，破坏了歌曲的美感。我们不是听会众唱歌，而是诗班唱，全会众听。唱歌的目的不是为了表达会众自己的感情，而是让自己的心被他人的歌声所感。【另一方面，若教会认为宗教情感的表达是唱歌中首要之事，那么这就完全不同了。】这无需要求一个优美的声音，但对会众需要提出要求，因为他们的歌唱无可替代。事实上，即使是来自会众的诗班也不被允许，因为诗班合唱扰乱了正常的秩

序,使会众变成了**听者**,而不是**歌者**。在这种情况下,效果相去甚远,甚至截然相反。【因此,每间教会都要知道自己需要的是什么。】[14]

【当然,这并不是说理想的情况下,教会的歌唱要越来越虚假,歌声越来越不动听。相反,如果教会在歌唱时不注意歌声是否动听,就不会分心,那么教会就会唱得越来越优美动听。一些世上的群体可以优美动听地歌唱诗篇,他们的心却与这些诗篇无关。相较之下,一个唱歌有瑕疵的会众,若更关注她所唱的内容,就会给听者留下更深刻优美的印象。同样,只有宗教的外表却无宗教情感,这会带来破坏,而非益处。即便是改革宗群体外有能力的思想家和艺术家,也完全认同此点。例如著名的哲学家爱德华·凡·哈特曼(Eduard von Hartmann)与我们有同样的思想,认为敬拜中只有源自虔诚情感的表达才有价值。他在《美的哲学》(*Philosophie des Schönen*)第二卷中论道:"敬拜和艺术实践分隔的结果必定是,敬拜完全不会尝试创造美学上宗教的虚幻情感(Scheingefühle),而是全力专注于虔诚的真正内在感动。"】[15]

我们的改革宗先贤所据理力争的正是这个观点,这不是出于美学原则,而是出于对其本质真理的本能认识。正是在这个基础上,他们建立了一种礼拜仪式;当心不在圣灵里受感时,敬拜就是空洞的。但是,当圣灵感动信徒的心时,至美得以彰显。

敬拜中艺术的适当角色 [16]

如果艺术不是为**服务**敬拜而坚持要占一席之地,那么它无疑会占有控制权,并因此把自己放在与敬拜的目的和特性相对立的位置

---

[14] 中注:所增内容见荷文版 80-81 页。

[15] 中注:见荷文版 81 页。Eduard von Hartmann, *Philosophie des Schönen*, Aesthetik, vol. II. (Leipzig: Wilhelm Friedrich, 1886), 460.

[16] 中注:以下内容在荷文版中为第十八章 "Schoonheidseisch (Vervolg.)",译作"美的规范(续)"。

上。在基督公教的等级制度下，教会一次又一次地经历了此类情形所带来的负面影响。我们已经指出在前几个世纪，这种误用是如何潜入教会的。【我们从以下引文可见一位庄重严肃之人在等级制度下叹息，并仍在传播的此种误用。】

【米亚·范思得雷斯（Mia Vanstreels）近期就《基督公教手册》（*Katholieke Gids*）有如下论述：

> 难道不是圣洁、被光照的人因上帝而有权柄在不公义昌盛之处，再三有力地宣讲公义吗？难道不是杰出、极有恩赐的艺术家准备好要胜过、不理会这世界的判断，无惧辛劳和冲突，让教会纯洁无瑕的艺术散发光芒，向拥有世俗之爱的众人的灵魂展现它的美与威严的荣耀、非凡的魅力、神圣的能力吗？
>
> 然而，许多人不能领会属天旋律的君尊之美、令人敬重的简约、灵魂之歌无穷尽的丰富。于是，他们转离神圣的敬拜，去行非神圣的敬拜；后者无需撇弃骄傲与自负、自爱与感官享受。激励人心的"举起你的心"（sursum corda）的宣告对他们是无益的。
>
> 不幸的是，我们教会中负责带领诗班之人中的许多人，不都是有这样目光短浅的行为吗？难道他们不是时刻努力尽量以恩典的方式容忍世俗的音乐、炫耀做作的妇女，并将这些带入教会，不愿为了神圣的音乐，就是教会自己所生的高贵的女儿，而有任何至小的牺牲吗？
>
> 司铎在祭坛上勉励人，说"让我们祷告"（Oremus），而唱诗者似乎在呐喊："让我们炫耀、彰显我们自身的美，让我们将屈膝祷告人群的虔诚的注意力，带离与上帝甜美的相交，从而他们可以听见我们，敬佩我们所诠释的艺术。"

在此种歌唱者的艺术品位的领导之下还有什么？他们
会有对上帝的家的神圣性的敬畏吗？他们在上帝的同
在中会有谦卑温和吗？他们会顺服上帝吗？他们会顺
服教会的规章制度，顺服教会权柄的训诫吗？他们对
教会歌唱者的呼召的概念又如何呢？】

【比普遍所认为更正确的是，严肃的基督公教信徒已经认识到
此种渗透的误用。若此种误用由反对者指出，并针对基督公教等级
制度下教会得出嘲讽的结论，那么基督公教信徒就要做好准备予以
应对。严肃的基督公教信徒已清晰看见类似的缺陷，并为此感到震
怒，正如在以上引文中所见，极力地抵挡。他们会告诉你，只是"误
用并不能废除使用"。他们认为，这并不能影响继续持守以下立场：
教会被呼召在自己的圣所中圣化艺术，在教会中献上艺术。这里的
确道出了一个事实，即我们不能因着误用就根除一个流行的信念，
或瓦解一个现存的习惯。】

【教会和艺术的彼此关系由我们所珍视的特殊恩典和普遍恩典
之关系的一般信念来规范。若这种关系在教会的高度合一中得以释
放，从而艺术领域也归在神圣的庭院中，那么结果定然是，只有教
会的灵被高举并奉献艺术时，艺术才能达到理想的地步。相反，如
同其他生命的力量，艺术被呼召要在上帝的圣所中奉献，去荣耀上
帝。基督新教中那些热衷于民族教会（Volkskerk）之观念的人，若
他们想要透过世俗化来兴盛艺术，那么他们就因这整体的不一致性
而有过失。正如我在普遍恩典的文章中所指出的，根据他们的观点，
他们必须表现出基督公教对艺术的观点。这显然就是圣公会在礼拜
仪式主义的影响下，此种基督公教的观点越来越得到发展。】

【另一方面，艺术在普遍恩典中找到它的生存领域（levenss-
feer），而教会的疆界由特殊恩典来决定。那些与我们共同承认此
点的人只能断定，艺术应自由独立地发展，脱离任何不属于它本性
的影响，这是它兴盛的条件。不可否认，这会诱使艺术过分发展。

罪影响了万物；最美事物的败坏总是带来恶的最高形式的发展。因此，这就带来了对艺术的堕落和败坏无止息的反抗。就我们而言，我们用同样的观点反驳这个论点："误用不会废除使用"。同样错误的是，不能因着这种解放，艺术就无法在神圣的庭院中继续发展。没有什么可以阻碍它。正是当艺术献上它自己，并在神圣的庭院中前行，并不是为了教会的缘故，而是出于它更高的动力，它才能抓住理型（ideal）。】[17]

有鉴于此，我们在教会里保留这个权利来守护宗教元素的纯洁性。宗教是并仍是教会围墙内的首要考虑因素。祷告之家是敬拜、赞美、安慰灵魂、满足神圣渴望的地方，教会所有规定都必须承认这一敬拜的基本点。由此可见，教会当然可以且必须使用艺术。低估艺术或认为艺术低劣，或有更甚者，禁止艺术，这乃是否定上帝所赐的这一宝贵礼物。但艺术的使用绝不能超出敬拜的目的。一旦艺术的过度使用胁迫敬拜屈从于艺术的控制，【由于不太神圣的元素参杂其中并基于敬拜所回应的对象】，教会就有责任让艺术回归本位。

艺术也必须荣耀上帝的名，家庭、社会、商业、科学和艺术等生活的每一部分皆然。所有以无罪的方式影响人类生活的事物都是上帝的恩赐，源于那位一切美善恩赐的源头。但这并不意味着在信徒的聚会中，每一个恩赐必须作为祭物献给上帝。当艺术达到使我们超越日常现实的目的时，当它体现了我们早期的理想时，当它滋养了我们内在的乐观心态时，当它抚慰、鼓舞并使我们心生敬畏时，当它用圣灵的洗礼洒在可见之物上时，艺术就向上帝献上了它的祭物。【但是，艺术所行的这一切必须归功于它的内在力量，而非因为如同祭司一样在圣所中行事。艺术有它自己的圣殿；它必须在此圣殿中行它的神迹。若它忘记了如何用最精妙的设计指明它发展的最高动机，那它就应感到羞愧。】[18]

---

[17] 中注：见荷文版 82-84 页。
[18] 中注：见荷文版 84 页。

　　然而，这一恩赐不应导致我们得出此结论：艺术必须在圣所中找到它的位置才能繁荣。相反，只要它在圣殿中寻求自己的统治和荣耀，我们就限制它的角色。因为在祈祷之家，统治和尊荣只属于上帝。【在我们看来令人讽刺的是，传道人在圣言的敬拜和讲道之后，并未好奇他是否在上帝面前提升、安慰、祝福众人的灵魂，而是以各种方式询问他的讲道是否公允，是否吸引人，是否有提升他作为传道人的知名度。习于如此行的传道人必须要被撤职。至少当严重警告后仍不放弃这个职分服侍之罪的，应予以辞退。任何不寻求上帝的荣耀，而寻求他自己荣耀的传道人，在讲坛上都是不圣洁的。】[19]

　　【在神圣的教会中并未担任职分的艺术】想在上帝的家里行使控制权，并把灵魂从上帝那里吸引到自身时，我们必须抗议。有时，它会毫不犹豫地邀一些不讨喜之人，他们渴望在基督教会里表演自己的艺术（这通常是一种世俗艺术），以换取金钱和赞美，以便借着歌剧和教会传播自己的名声。因此，必须严格执行这一规则，即宗教必须决定在多大程度上允许艺术进入信徒的聚会，教会必须根据**属灵**生命的本质来决定这一点。属灵生命告诉我们，艺术只能唤醒我们内心的情感，而这些情感又分为**真情**和**假意**两种。

　　【舞台演员可以向你很好展示这两种情感的差异。在真实的生活中，你会看到一个人压抑的心在愤怒中爆发，有喜怒哀乐。这种情绪的实在和内在的真实总是十分吸引人。另一方面，演员会向你展示相同的情绪宣泄，会模仿情绪表达的姿态、手势、外表和语调，但是这种情绪失调并不真实。这些并非源自他的内心，而是暂时的表演。谁在表演中将这些延续得越久，那他就越优秀。有些人的片刻表演是如此成功，以至于他要克制自己去攻击那些他表现为憎恨、厌恶的人。然而，这一切都是、并依然是虚假的情绪失调。当帷幕落下，换上日常的服装，你会看到同样的人，他们一个小时前还彼此憎恨，现在十分友好地欢聚一堂。因此，一切艺术都有能力唤起、

---

[19]　中注：见荷文版 85 页。

引导或强化我们内心一定的情感，音乐尤然。】[20]

同样地，当我们进入一座宏伟的大教堂，透过柔和的光束听到神圣的音乐，我们不由自主地感到一种神圣的情感拥抱着我们。即使是属世之人也不止一次地证明，在这样的时刻他们感到了失去已久的内心激荡。因此，我们一点也不否认艺术唤醒神圣情感的力量。然而，我们持有这样的保留意见，被唤醒的情感是虚假的，它是带有圣洁标记的虚假情感**诱发**的敬拜。但它们仍然是虚假的情感，不是由心而发，而是通过音乐、闪光和薰香在内心召唤出来的。这和宗教的本质有冲突。"当以心灵和诚实敬拜"。正是这种虔诚的虚假情感与心灵和诚实直接对立。因此，艺术在崇拜中是危险的。

【此种虚假的情感给心灵一个甜蜜的感觉。它们可以被想成有敬拜的形式，却未在内心敬拜。因此，这加宽了我们内外生命的裂口，最后以未能激励、坚固我们神圣的品格，却以破坏、削弱此品格而告终。正是因着这个原因，总是依据真理渗入情感的加尔文主义，宁愿禁止信徒的聚集中有以某种方式强制的、刻意的艺术，也决不允许虚假情感的魅惑效果进入神圣领域中。靠着圣灵，真实敬虔的微声也会进入人的内心。这比使用铜管乐器震撼人心，比只停留在嘴唇上的高声敬拜更超越。】[21]

同时，我们不否认艺术可以增强和促进真正敬虔的灵。只要艺术愿意提供这种谦卑的帮助，加尔文主义者也会欢迎艺术进入神圣的领域。【但是结果清楚显明，艺术如何借着演奏家的口，让自己在神圣领域中的辅助功能被人高看。因此，它就仓促逃离。这甚少归因于加尔文主义非审美的意义，而是因着艺术的傲慢支配，所以艺术从我们的敬拜中抽离。】[22]

教会可以利用艺术，她不会忽视艺术，因为艺术是上帝的恩赐之一。教会也不会对艺术所提出的崇高理想置之不理。但同样，艺

---

[20] 中注：见荷文版 85-86 页。
[21] 中注：见荷文版 86 页。
[22] 中注：见荷文版 87 页。

术在教会中的合适角色是**服侍**，只有宗教才可能在那里**发号施令**。[23]

16 世纪的反圣像膜拜者（iconoclasts）主要因违反这一法则而导致应受谴责的过分行为。驱使他们采取如此行动的不是贪婪，因为他们没有为自己盗用教会的财宝。他们既没有被恣意毁坏的灵所占据——因为私人住宅或民间机构毫发无损——也没有在原则上反对艺术——因为他们尊重在教堂外蓬勃发展的艺术。刺激他们的是艺术在圣所中的支配地位，以及随之而来的宗教元素的减少，你也可以这样说，是从创造者到被造物的转移。他们的错误只是：第一，他们任命自己为法官和刽子手，执行自己的判决；第二，他们不满足于从教堂里移走东西，而制造了太多的破坏。然而，我们不能否认，这种过分行为激发了另一过分行为，以及绝对数量的艺术品和表演支配了教堂建筑，并在一些人中引起了对所有艺术的反感厌恶。

【有一段时间曾出现一股潮流，将救主画成一个具丑陋的外表和衰老的面孔的人。另一股潮流是另一种形式，救主在丑陋的服饰和外表下有神圣的特征。】有一段时间，一些地区甚至出现了这样一种趋势：教堂的建筑、内容和事件都尽可能地不引人注意。有人立起了一座粗糙简陋的建筑，油漆吓人，设备简陋，没有品位或吸引力，冰冷且令人厌恶。在这类建筑中，信徒经历到缺乏优雅的讲道，没有恩典的感动，歌唱有时如同清喉。【这并非个例，而是一股潮流。这好比修士故意放弃一切优美雅致的事物，并迫使自己不要迷恋而要抵制天生的外表。这种教会的本质直接将他缠裹在修士袍之中。我们会被想象为强烈的反教皇主义者，但我们只是意识到了基督公教教会和敬拜中，以及基督公教修道院和修道主义中盛行的思想；除此之外，我们并未做任何事情。】这种反应并没有比让敬拜被艺术充斥更属改革宗。对艺术价值的高估和低估都违背了加尔文主义的原则。[24]

---

[23]　中注: 本段及以下内容在荷文版中为第十九章, 标题为"Schoonheidseisch (Slot)", 译作"美的规范（结论）"。

[24]　中注: 见荷文版 88 页。

敬拜中的多样艺术

【我们可以简述一下图像在教会中的使用。假如耶稣还在世上，假如祂的使徒在我们当中，每个人都会自动加入想一睹他们容颜的人群中。这么行并非罪。若对他们的行动无动于衷，这才是罪。若我们亲爱的父亲或母亲离我们而去，如果我们有他们的照片，这照片显然会被珍视，并且时不时地去看照片；就照片的性质而言，它们会得到重视。如果我们有他们的全身照，并能看清他们的形态，我们每个人都会依恋这张照片。然而，我们并没有圣徒的这类照片。艺术透过这些作品所传递的并非事实，而是理想化的描绘。如果我们的本性不会导致误用这一切肖像和图画，这个理由并不足以构成反对意见。】[25] 在基督教会中，从来没有牧师规定或建议崇拜某种肖像或图像。基督公教也在教导中强调这是禁止的，尽管实际的做法相反。那些意欲引导我们**到达**属灵和属天高度的东西时常会将自己置于我们和属天**之间**，非但没有强化属灵之光，反而使其黯淡了。

正是这种信念说服了改革宗教会禁止教堂建筑中出现圣人的肖像和图像，正如前几个世纪的东方教会一样。她们并没有因此谴责每一件雕塑或雕刻，因为在我们最好的年代，人物雕塑常常装饰我们的讲坛和管风琴，同时教会也使用各样的雕刻和雕塑来装饰。但是敬拜仪式绝不允许雕塑，敬拜必须保持属灵。雕塑可以在敬拜之外，用之有度，但不能用于敬拜之中。

我们的先贤对**绘画**（paintings）也有类似的判断。在敬拜仪式中使用绘画就一定会使人联想到圣徒的肖像（image）。如果绘画是引人入胜的，也会导致同样的误用。这一原则并不排除使用彩绘玻璃、壁画和风琴板，也不排除使用绘画进行装饰，但它禁止绘画占据敬拜的中心。改革宗人士并不是出于对艺术的厌恶（他们喜欢

---

[25]   中注：见荷文版 88-89 页。

《圣经》中的雕刻和圣经历史的绘画），而是因为想让礼拜仪式保持严格的属灵性，不受任何干扰。

建筑得到了应有的尊重，尽管我们承认加尔文主义并没有达到发展自己风格的地步，但带有圆顶的教堂和以阿姆斯特丹西教堂这一类为代表的教堂证明，加尔文主义者在建筑中也丝毫没有轻视或忽视艺术。如果早期加尔文主义者没有利用现存的教堂建筑而被迫建造自己的教堂；毫无疑问，教堂建筑本该更上一层楼。【如今，建造教堂只是个例。】[26]

然而，在歌唱和管风琴曲中，**音乐**发挥了更大的作用。无论有无音乐伴奏，会众必须歌唱。他们歌唱需要曲调，只有艺术和艺术家才能创造这些曲调。这就是他们所做之事，并由于如此杰出之处，第一首诗篇的作曲家给我们留下越来越深刻的印象。他们属于一流的天才作曲家，给了作曲艺术一个新的方向，其巧妙的触动和创作仍然在音乐中盛行。[27]【杜昂（M. Douen）在这问题上的研究无疑说明了一切。】[28]

这些曲子的作曲是一回事，确保它们的正确演奏又是另一回事。会众必须歌唱，但在加尔文主义特别强烈的欧洲北部，人们通常唱得既不协调也不准确，他们也不擅长发出悦耳之音。他们试图用两种方法来纠正这一缺点：一种是引进管风琴，另一种是使用诗班或领唱者（precentor）。[29] 当然，如果他们没有管风琴的话，这是最理想的。人声的纯粹歌唱远胜于风琴音乐；只有当歌声微弱，风琴才进来引领。唱诗班或声音嘹亮的领唱者也可以带领会众诗歌颂唱。

---

[26]　中注：见荷文版 90 页。

[27]　英注：凯波尔在此处显然是指"日内瓦圣诗作者"。

[28]　中注：凯波尔在这里是指 Orientin Douen, *Clément Marot et le psautier huguenot* (Paris, Imprimerie Nationale, 1878-1879). 凯波尔对此两卷著作的讨论，见 Abraham Kuyper, *Calvinism: Six Lectures Delivered in the Theological Seminary at Princeton* (New York: Fleming H. Revell Company, 1899), 226-228.

[29]　英注：这里的领唱荷文为 voorzanger。此处 voorzanger 类似于长老制教会中的领唱者，要么为颂唱圣诗定调，要么歌唱每一节，之后会众跟唱，因此英文会有"lining-out" the psalm。

但这样的领唱者少之又少。一旦被发现，他们经常太过于彰显个性，成为敬拜中的分心之物。诗班很容易组织起来，但诗班通常专注于艺术，很少关注灵性和内容。很快，在唱诗班美妙声音的诱惑下，会众保持沉默，以便更好地聆听诗班的歌声。因此，教会倾向于管风琴音乐，这在今天几乎所有地方都是如此。

这种管风琴音乐没有什么不妥之处，只要教会长执会确保管风琴手不喧兵夺主，他们的任务是带领、支持、管理和改善歌唱。管风琴手绝不应该寻求让自己被听到的权利。他们必须为会众的歌唱服务，并全心致力于改善、提升、激励会众的歌唱，并进入这歌唱的精义中。风琴声不能盖过这首歌，但由于风琴的支持，这首歌一定变得越发荣美。当风琴手试图为自己而不是为会众服务时，并且总是试图吸引人的注意时，会众会被冒犯。我们伟大的风琴手总是能够避免这种邪恶。只有那些不成熟的风琴手，既不了解艺术的要求，也不了解敬拜仪式的神圣性，才会不断地为高举自己殚精竭虑。

第十章 圣职服装

我们现在要讨论的问题是，美的规范是否要求那些在信徒聚会中的服侍人员穿上正式的服装。此点有很多误解。

圣职服装的历史

如果以弗所、歌罗西、雅典、罗马等教会的牧者突然穿上牧师袍出现在我们面前，我们无疑会觉得他们更像祭司而非牧者。事实上，许多上帝的仆人在我们今天所说的"白色汗衫"中完成了他们的职责。我们不可能遇到一个戴着三角帽、腰间束带、披着斗篷的人，也不可能遇到一个穿着人们所说的礼服外套、敞口背心和白色领带的人。关键在于，在使徒时代，希腊和罗马中产阶级的基本服饰看起来更像今天基督公教圣职人员的服装，而不是我们如今的时尚风格。基督公教教会规定的神职人员服装并不是一项全新发明，而是基本上部分取自罗马时代的一种服饰，并根据其特殊用途进行了进一步的发展和调整。

牧师袍的情况亦然。在 16 世纪初，长袍是受教育者的正常着装。那种长袍也起源于罗马。公元 1500 年左右，一些学者是圣职人员，一些学者是文艺复兴时期的律师；当他们穿着那种半教会式、半古典式的服装出现在教室和大街上时，毫无不谐。

【在中世纪尾声，每个不同身份都有自己的服饰。骑士身着绸缎和丝绒，或者是发出响声的盔甲。每个协会都有自己的制服，反映了这个协会的性质。在不同的省份和城市，甚至在不同的区域和每个乡村，农民都有自己的服饰。每个敬佩国家博物馆中英雄的人，都知道那个时代的商人和士兵的服饰。在那个年代，教会或学校只能有自己的服饰。人们不能穿着普通服饰，只因当时没有普通服饰。这如同夏日的花园，有各样的绿植和五彩缤纷的鲜花；我们还未进入秋季，那时这一切都会凋零成枯萎的枝叶。】[1]

宗教改革发生，牧师们自然不能再穿基督公教的服装。那时，不出所料，他们选择了学术服装；这并非是要装出一副博学的样子，仅因这是最便利的选择。因此，我们看到所有改教家和第一批牧师的肖像，他们都是身着那样的服装。我们很难想象路德和加尔文不穿那种长袍的样子。但它不是圣职人员的服装，也不是教会服装，而是每个受过教育的人当时都穿的一件非常简单的长袍。受教育阶层的传统服装变成了牧师长袍。当这种服饰不再常用了，它也逐渐从改革宗教会消失了。只要学者们在公共场合，都会穿着它，但当它从街上消失时，他们也会放弃此种着装。这表明，我们改革宗教会的长袍从来不是圣职袍。

第二种时尚以礼服、三角帽、腰带、斗篷、短裤、鞋带扣的方式浮出水面，这正是今日长者印象中早期牧师的样子。但第二种服装也非原创，【不异于法庭中采用的制服。沉重的长袍披上肩，背部有细

---

[1] 中注：见荷文版 92 页。

丝带绑在一起悬挂而下。于是，这种法庭制服进入了我们城市，成为上层阶级的服饰。】[2] 圣职人员利用了这种时尚，不是为了穿圣职人员的长袍，而是为了穿着时髦，即使这种风格最终会从大众社会中消失。

16 世纪的长袍和三角帽在我们中间都不是圣职服装。这两种服装都源于日常生活，在教会里存留了一段时间，因为旧服装被认为比新时尚装更**体面**。在某个偏僻的村庄里，无论何人仍然认为"牧师的帽子"是他尊严的真实、真挚和神圣的标志，这和那些把长袍当作圣职服装来看待的人一样，都是错误的。【作为圣职人员的制服，这个制服大概是在海牙教会全国会议中被引入，但只不过还是与从前的长袍一样作为显眼的服饰，或象征意义的服饰。】[3]

阶层或职务的服装必须有所**表达**。一个人的职务定会透过服饰传递出来，他应该能够认识到内中所透漏的工作性质或社会地位。这事关衣服的**诚实性**。【从前的铁匠、屠夫、酿酒师、木匠等人，透过他们的穿着就看出职业。没有一位绅士会戴着高帽，穿着沉重的长袍。他们穿着显眼标致的长袍，符合群体的要求，并表达此群体的性质。】[4] 它永远不会是从某处借来的虚假服装。帽子和长袍都不代表圣职人员的职分。服装既非历史性的，也非表现性的，也不是职分的象征性表现。【制服对于车夫和马夫，以及各种服务性仆人，如售票员、邮递员、警察等，也有同样的目的。这个目的就是，在火车上、电车上，或乘坐公共汽车时，如果我们需要询问，就可以马上找到询问的对象。否则，我们需要挨个询问："是问您吗？"现在，多亏有制服，每个人都可以立即看到售票员。在教会中亦然。圣职服装对于教堂司事和圣职人员也有同样的作用，让人马上知道该向谁询问。】[5] 帽子或长袍曾经是那种服装吗？在一个村子里，有没有必要给牧师打上这样一个明显的标记，好像没有这

---

[2]　中注：见荷文版 93 页。
[3]　中注：见荷文版 93 页。
[4]　中注：见荷文版 94 页。
[5]　中注：见荷文版 94 页。

个标记谁也不会知道"那是牧师！"？ 而在一个大城市里，谁真正在乎成千上万的行人中会有一位牧师经过？这将使人们无休止地脱下帽子，这一举动在潮湿的天气里只会危害到脆弱之人的健康。

【虽然有些地方的个别牧者痴迷于圣职的地位，让这种长袍和帽子成为炫耀，但是牧者的地位会因此被腐蚀，这成了普通的嗜好。】[6] 我们认为公平而论，在我们改革宗教会，圣职服装除了给人以尊严的外表之外，没有任何职分性的目的。它们源于日常生活，在日常用途消失后仍然保留下来。

改革宗对圣职服装的反对 [7]

在瑞士和法国，牧师们大多穿着他们称为"**加尔文长袍**"（robe de Calvin）的衣服。这是加尔文最常穿衣服的仿制品，只不过是当时日内瓦的普通学术服装。因此，从**加尔文长袍**的名称中，我们很难断定加尔文是否引入了一种圣职服装。他和慈运理都没做过此事。尽管如此，他们和其他人在讲道时比我们今天许多人穿着大衣和燕尾服的身材更好看的原因是，在他们的时代，品位处于更高的水平；而今天，我们的时尚反映了品位的严重退化。

这里的重点主要是宗教改革反对圣职服装；其中慈运理是最强烈的反对者，而马丁路德很快接纳。【马丁路德写信给他的一个朋友："假若国王允许传道人完全地讲道和执行圣礼，那么若有需要，就可以穿上三种圣职服装。"慈运理说道："所有这类袍子既不能被视为善，也不能被视为恶，因此显得无关紧要，但是会稍令人感

---

[6] 中注：见荷文版 95 页。

[7] 中注：以下内容在荷文版中为第二十一章，标题为"Ambtsgewaad (Vervolg)"，译作"圣职服装（续）"。

到愤怒。"】[8] 今天，在改革宗圈子里，人们仍然能找到同样的反差。一方面，英国圣公会教会里的仪式主义者使用一种接近基督公教弥撒服的服装。另一方面，美国偶有一个自由教会，所谓的牧师在一个温暖的夏日午后脱下外套，穿着衬衫主持圣餐仪式；有时两张桌子中间有一张沙发，他可以舒服地坐在上面。

如此强烈的反差只能解释为两个问题在这里混为一谈：一些人希望看到牧师穿着体面的服装去行使职分，不受任何时尚的影响，而另一些人希望看到圣职人员通过一种象征性的服装被确定为更高阶层的代表。慈运理并不反对那种正统、庄重的服装，而是反对一个圣职人员透过象征性的服装，把自己提升到高于平信徒的地位而处于更高的阶层，并为此目的延续了旧约中具有预表意义的敬拜形式。慈运理和其他每一位改革宗人士在这里看到了两个问题：第一，对信徒皆有祭司身份的否认；第二，对旧约礼仪透过基督得以完美成全的错误判断。

在中世纪教会里，弥撒服不仅是指定的，还是必不可少的；不穿这种服装主持弥撒会受惩罚，有时甚至被认为是致死的罪。但这代表了一种与《圣经》对我们的教导截然不同的观念。的确，在上帝的圣言中，人们发现旧约中对上帝象征性和先知性的敬拜指向即将来临的基督。在那样的敬拜中，每一种服装以及服装的每一部分都有规定，并都被赋予了属灵隐意。然而，你在新约中会发现，所象征的事物在基督里已经变成了现实，仪式性的敬拜因此失效。实际上，若未否认它在基督里的成全，这些敬拜就无法继续维系。在旧约中，你也会发现属亚伦家族和整个利未支派这个特殊的一代祭司，但在新约中没有提到此类族群。

中世纪的弥撒服和其他圣职服装在中世纪教会内外的使用是旧约形式在新约时代的明显延续。这种做法有否认福音核心的危险，并导致许多人强烈反对使用这些圣职服装。正是由于这种强烈的反对，关于选择得体恰当之服装的问题在所有基督新教教会中都不予

---

[8]　中注：见荷文版 95 页。

考虑。在圣公会教会中，等级制度得以维持，而圣职服装的作用是强调等级制度的特权。在路德宗教会，他们有时用唱诗班的长袍，有时用罩衣；这些并非作为合适的衣服，而是一种识别受过教育的圣职人员的方式。可以说只有**加尔文长袍**才是作为端庄得体的服装而流行起来，它无意暗示任何关于等级的东西。

敬拜服装之由

【个人长袍的需要出现在宗教改革后期，因为这类服装在彼时相当常见。我们现在所说新服装的潮流在当时是没有先例的。当时的人一件衣服可以穿 20 年，甚至更久，然后作为传家宝留给长子，或在遗嘱中予以规定。那时的衣服不仅穿得很久，而且也成了分隔一代人与下一代人的形式。不断变更潮流的恶习也体现在教会对服装的不断改变之中；这种恶习在彼时并不存在。然而，可能会带来等级划分倾向之危险的象征地位的长袍，如今在我们教会已经完全消失。于是，有一个问题便出现了：我们如何智慧地使这种无休止的潮流支配远离祷告之家。】[9]

现在，我们把这些历史问题抛在脑后，来谈谈关于牧师着装的基本问题。我们必须首先敞开心扉，清楚地看到，除了为权力、骄傲和预言象征意义所用之外，没有什么能阻止我们穿着特别合适的衣服出现在信徒的聚会中，并在这个话题上达成某种一致。这样的衣服不仅适于牧师，也可以适用于所有的长老、执事、奉献收集者等人 —— 或有甚之，全体会众、男人、女人、孩子、和年长者。

所有特殊圣职服装的邪恶之处在于**显著的差异**。当一个人穿这样或那样的衣服，而另一个人不穿，这件衣服就意味着一种优越。一个

---

[9] 中注：见荷文版 97 页。

军官在潜意识里觉得自己比普通公民高一等。同样，在众人中，唯一一个穿牧师服装的人，也会不自觉认为自己的服装给人一种有别于他人的更高威望。只要他在其他人中穿着那件服装，他就显得最重要。

为了避免这一罪恶，首先该要求长老和执事与牧师穿同样的衣服。在阿姆斯特丹曾有一段时间，不仅牧师，而且长老和执事，甚至是读经员，腰间束带或是披着短披风出现在教堂里。如此着装不会造成牧师、长老和执事之间有任何不同，而是人人一样。否则立即会出现等级划分——牧师完全华丽，长老次之，执事更次之。但是，即使是这种教会职分的独家服装，最终也会导致否定"信徒的共同祭司身份"。然而，如果引入独立于当前时尚的适当服装，那么这种服装人人皆需穿，且对人人一样，也许只根据性别和年龄来区分。

【我们必须承认，潮流的危险不仅出现在牧者这边，也出现在会众这边，尤其是姊妹群体中。潮流会激动姊妹，带来争强好胜，诱致虚荣与浮华。人们通常"穿着最好的服饰"寻求外表。最好的衣服是周日穿的衣服，这类周日服饰也就进入了教会中。虽然如今或许得承认改革宗教会在这方面的确仍有主导性的朴素与质朴，但不可否认的是，炫服靓妆和锦罗玉衣越来越不符合聚会的神圣性，众人常常定睛在姊妹的身上。】

【你可以看到犹太人去会堂的时候，衣服卷起或折叠好，夹在腋下。这是指一种所有人的会堂服装。在会堂中，众人打开衣服，穿上，从而全体犹太人都身着同样的衣服坐在那里。阿拉伯人部分也遵循这个习俗。在清真寺中，他们都裹在统一的带头巾的长外衣之中。可以想象，我们当中那些厌烦潮流主导教会的人，最终会同意教会中采用这类清一色或相似的服饰，因而没有特定的衣服、帽子、饰品来装饰信徒的聚集，或徒劳地要抓住人心。】[10]

我们不是说我们会建议这样做，更不是说这样会降低人类的虚荣心。但是，我们提出这种对于我们相当陌生的观点，只是为了开

---

[10]　中注：见荷文版 **98-99** 页。

放我们的思想，强调在信徒聚会中，必须首先**不区分**圣职持有者和会众。这样做只是为了避免所有不适当的着装，并采用合适的服装作为教会着装，而不受当下流行时尚的影响。

由此可知，（1）牧师所穿的仪式性服装在基督教会是无法接受的；（2）欲意用某种制服识别牧师是多此一举；（3）象征性的服装可能是有意义和被允许的，只要它不是在基督教会中分门别类，而是供所有人使用；（4）一件正派、得体、合身的衣服，避免了时尚的专横，这在许多方面都值得推荐。[11]【但这并不在每个方面都如此。众所周知，这种得体的服装因着一些重洗派团体而变得时髦，并且在英格兰有许多贵格会年轻女士仍穿这样的长袍。救世军穿着的制服也属于这类制服，尽管只是为了夺人眼球。浸信会的群体也穿着优雅，甚至姊妹会戴一顶帽子为装饰，从而有别于"改革宗特色的帽子"。当然，这并非圣职服装，因为浸信会信徒并不知道圣职；这种服装是给所有信徒的。】

【然而正因如此，这种服装也成了区分性的服饰，不是区分信徒与圣职人员，而是将教会与世界予以区分。华丽奢侈的服装是世界的，圣徒的会众要穿着庄严、甚至阴郁的长袍。弟兄和姊妹的穿着都是清一色的黑，或者是灰色或暗灰色。我们并不否认，对于年长的弟兄姊妹这是优雅大方的，但是这与早期基督徒象征性表达的思想完全相反。】早期基督徒如果真要穿"教会服装"，就会选择白色来表达《圣经》所说的"圣徒的白色长袍"。每当《圣经》中提到圣衣时，它总是白色的。【天使显现的时候身穿白色光滑的长袍；耶稣在他泊山上变象时也是如此；使徒约翰在拔摩海岛上所见的救主亦然。】因此，毫无疑问，如果一个人为信徒使用象征性的服装，它不是黑色，而是白色。【黑色阴暗的色调对应的是认罪，这适合忧伤痛悔和阴郁悲观之人。然而已获得救赎的信徒，既非郁郁寡欢，亦非悲伤。他们深信已经获得了基督十字架的功效，即刻

---

[11] 中注：本段及以下内容在荷文版中为第二十二章，标题为"Ambtsgewaad (Slot)"，译作"圣职服装（结论）"。

从"我是卑微可怜之人"进入"借着我主耶稣基督感谢上帝"。】[12]

【因此，若有人想要身着长袍认罪，那么这件长袍应是白色的，表示已获得的救赎。但是，信徒也会有一种极大的信心的确据，不敢再穿此袍。最不敏感之人会是第一个披上此袍的人。我们的内心时常会咒诅所穿的袍。这种长袍只能被视为教会服饰，即只在教会中穿着。若在街上或其他场合穿着此袍，那么这就违背现实，且带来虚假的表现。相反，浸信会的长袍服装是表示厌恶的黑色；带着这种厌恶，他们在世生活。他们不希望被视为属于这个世界。世界对于他们而言就是地牢，因此他们当中一些人要在这世上建立他们自己属天的国度。】

【无论感到多么奇异，阿姆斯特丹的赤身行走运动也始于同样的观念。在阿姆斯特丹，人们赤身行走，因为他们认为自己已经从罪中得救赎，因此不再需要外衣来遮蔽羞耻。这种遮蔽羞耻的袍子适合仍在罪中的羞耻世人，而不适于那些已脱离这个世界、进入天堂的人。在天堂，袍子自然会加身，就是上帝在创造时给人所穿上的。除此之外，并无他袍。然而，人们也可以用黑袍来表达同样的思想。毕竟，他们都表达了与罪恶世界分离。他们为自己的罪哀恸，反对光彩艳丽的袍子。】

【这种基本思想绝不属于改革宗。改革宗人士不会想要与这世界分离，或规避这个世界。改革宗人士不会逃避世界，而是利用这个世界，却不被这个世界利用。既然服装不归于属灵的世界，而属于日常生活，那么特殊恩典的准则就不适用，而应采用普遍恩典的准则；此普遍恩典是世人和信徒共有的。对于改革宗人士，服装有关正确区分使用和误用。因此，改革宗信徒中的准则就是，信徒与他人有一样的穿着，但不能陷入浮夸和虚荣。既要有高贵，又要对他人的痛苦有怜悯，我们不能将自己与他人分离。在这方面，黑色并无优先性。所有的颜色都是属于上帝的，没有一种颜色是代表罪。但是正如一位有极高品

---

[12] 中注：见荷文版 99-100 页。

位的高贵女士仍很容易从外表虚浮的低级趣味中被人识透，我们改革宗先辈们得以在服装方面认识到一种他们群体外不可见的更高尚、更优良的品位。高尚的妇女与傲慢自负的妇女在看到的第一眼就可辨认，这只因为前者有纯洁的品位，后者则是虚假的品位。由于加尔文主义并不反对，而是选择艺术，加尔文主义者就在他们衣着的高尚中体现更优良的品位。这不是将美埋葬在哀恸的长袍下，而是在更高尚的色彩中显明本质的美。所以，我们改革宗人士清楚明白，若要延续这种高尚的朴素，那么尤其是去上帝的家时，他们要避免穿长袍、戴帽子，因为这与朴素地享受美的标准相悖。如果我们家庭中的母亲们[13]在她们的儿女和牧者中推动这种高尚品位的发展，那么她们各个方面都会显得出众。任何俗艳、色彩斑斓和复杂混合的事物都要避免。人不应成为一个挂满衣服和饰品的衣架，而是有衣着的人。】[14]

让我们来总结一下此次讨论。在信徒聚会中行使圣职之人应该遵守温和庄重的原则。几位多年来习惯于穿着长袍布道的牧师会保留这种习惯，这是可以理解的。如果他们凭良知确信，没有隐藏的牧师议程的问题，那么不应有人反对他们的穿着。但那些不习惯长袍之人不应试图采纳它，更不应戴那顶过时的三角帽。一位牧师应该穿着简单朴素，白色领带的封闭式礼服外套比低背心的开放式礼服外套更显朴素。后者格调庸俗，那些垂下来的后摆就像燕尾毫无用处，既没传达什么，也没遮盖什么；它们一无是处。而从剪裁好的背心上显出鼓起的白色衬衫，使这件衣服在其他穿着正常的人中格外显眼。

不过，需要明白的是，所有这些都涉及无关紧要的问题。普通的礼服外套和开放式礼服外套，以及延续过去的长袍（如果完好的话），这些都是可用的。同理，邪恶绝不在于衣裳，而在于人心。人心出于虚荣和傲慢，想通过着装把自己提升到他人之上。

---

[13]　中注：凯波尔在此处暗指了居普良（Cyprian）和约翰·加尔文（John Calvin）的名言——可见的教会是信徒的母亲。
[14]　中注：见荷文版 100-102 页。

第十一章 教会建筑

我们现在来讨论"聚会地点"。我们之所以强调这一名称，是因为它准确表明了教会建筑必须展示的特征。它们是"聚会场所"，而不是"圣所"，两者有天壤之别。

在锡安，我们不是发现了聚会场所，而是一个"圣所"，一个"圣殿"。在锡安有一位圣者，因为那里有约柜，约柜之上基路伯之间有万主之主的同在。圣殿里放置了所提供的圣物。在大祭司的带领下，有许多祭司管理圣殿的献祭。人们远远地站在前院，在圣殿遵守献祭的规定，并认同这场仪式所带来的体验和感受。

对我们来说，也有一个"圣所"，但那圣所已不在地上。基督升到高天，从殿的幔子进入一个更好的、非人手所造的帐幕。在那个圣所，基督在祭坛前服侍，地上所有的信徒都站在下面的前院，观察上面发生的事，并在他们的经历和感受中认同天上的神圣仪式。

因此，旧约和新约在这件事上同归于一。他们都描绘了一个圣所，都描绘了一位祭司在圣所服侍，都描绘了献祭，都描绘了在场的信徒遵守、相信献祭，并借此被分别为圣。只有一点不同：在旧约圣经中，圣所坐落在锡安，但锡安现已升入高天，因此我们在地上只有一个前院。我们作为信徒聚集在前院敬拜，虔诚地遵守，并从中享受灵性的喜悦和安慰。

如果我们想给我们的教会建筑起一个与献祭有关的名字，那么我们应该给我们的教会命名为**前院**。"我们上帝的前院"的形象甚被忽视，这并非一个无关紧要的错误。我们不可忘记，我们的圣所、祭坛、祭物和大祭司都在天上。这是两条线分道扬镳的地方。如果地上有圣所、祭坛、祭品和新约特许下的祭司，那么我们应该遵循基督公教的教义和实践。然而，如果我们宣称，根据新约，圣所、祭坛、祭品和祭司的职分只在天上，那么我们必须跟随加尔文。

我们在这里提到加尔文的名字是因为只有他把这条线画得笔直而连贯。英国圣公会是一个对基督公教前后矛盾、半心半意的模仿。她也要在地上有圣所、祭坛和祭司的职分，但不要祭物，这是不可能的。路德宗教会透过她的祭坛和教导性的圣职人员，也持同样想法；尽管她有所保留，但亦半心半意，前后矛盾。

但是我们要清楚认识到，改革宗教会内也有许多人不理解改革宗在这件事上的认信，也因此拒绝它们。他们觉得不需要圣所、祭坛、祭物或大祭司，因此也未意识到在信徒的聚会中，他们总是在天上圣所的**前院**，只有以这种认识他们才可能聚集。这种错误的改革宗人士的观点是反信仰的，与宗教的所有原则冲突，不符合旧约和新约的教导，非但没有**超越**基督公教的观点，反而**逊色**于它。

基督公教认为圣所、祭坛、祭物、祭司**在天也在地**。改革宗人士宣称圣所、祭坛、祭物、祭司**在天不在地**。错误的改革人士否认圣所、祭坛、祭物、祭司，它们**非在天也非在地**。他们举行会议、聚会、读书会、座谈会或任何他们称之为"会"的聚集。一些人聚在一起，一个人说，其他人来听。因此，他把受众完全称为"我的听众"。有些人甚至在讲道开始前才来到教会，有时讲道结束后就起身离开。他们来只是为了听道。祷告和唱诗也会发生，但它们是次要的。重要的事乃是且仍是传讲或演说，其余的就像布上的流苏，若许可，就弃而不用。

在这种情况下，人们很难谈论与天上圣所的关系。他们不考虑前院，看不见基督在天上圣所所做之工。一切都断开了。他们开会、听演讲，所谓的**敬拜的操练**（godsdienstoefening）借此就完成了。

历史上用于敬拜的建筑 [1]

建筑物的尺寸、位置和形状，尽管不是完全地，但也在很大程度上由其用途决定。特别是在和平与繁荣时期，艺术也寻求以有意义的方式参与到建筑的过程中。并且，功能使用的要求在教会建筑中也起到了一定的作用。

【在一定程度上，此处的艺术十分不自由。毕竟，所谓的自由艺术之自由的明确特征主要是漫无目的、无益于人，并只服从于美的理型。高尚的艺术作品并无次序，乃是出于自由。然而，如此高尚的源头只有借着小空间、少材料并因而耗费少的艺术才能得以想象。相应地，这些艺术的整体要求无需庞大的支出。一个人要进入演奏领域并站稳脚跟，这肯定已经预设了他会演奏乐器，而非只拥有演奏的乐谱。一幅画需要一定的空间、画布、画笔和颜料。一座雕塑需要许多可以切割的石头，并进行必要的雕刻。当这一切都准备好后，艺术家一定已经十分贫穷，甚至无力再购买材料或乐器。】

【然而，建筑师截然不同。他要实现这些石头、木头和金属所蕴含的理型，还需数以千万的财富 —— 想一想科隆（Cologne）大教堂。即便是很小尺寸的建筑，要呈现伟大的艺术思想总是需要极大的财富。这表示建筑艺术家在他的艺术动机上仍旧自由，但在艺术使用上并非自由。他的艺术材料总是井然有序。为此付出最多的

---

[1]　中注：此段内容在荷文版中为第二十四章，标题为"Het Kerkgebouw (Vervolg)"，中译为"教会建筑（续）"。

人就是他自己。其他人有为此付出的，也是为了建筑能所要达到的目的。宫殿就是宫殿，博物馆就是博物馆，因此教堂就是教堂。】

【此点还需补充。宫殿和博物馆并非都是一样的标准。美术博物馆一定不同于自然历史博物馆，法院与皇室家庭所住的庭院定然不同。因此，根据教会是用于祭坛的服侍，还是用于信徒的聚集，亦或用作天上圣所的前院，教会的建造也会不同。】[2]

在历史进程中，对敬拜的普遍理解常常改变了教会建筑的概念。在耶稣降世之前，有两种基本类型的神圣建筑，即锡安圣殿和犹太会堂。在锡安以及之前的会幕里，筑了一座坛，一切都以坛上的侍奉为准。相反，犹太会堂**没有**祭坛，它只是以色列子民的一个聚会。因此，锡安的圣殿和许多地方的犹太教堂的设计都符合他们的特定目的。信徒们来到圣殿，但他们只是旁观者，并因此站在院宇。但在会堂里，一切都以信徒为中心，所以他们的存在决定了所站之地的性质[3]。

【严格来说，两种基本类型都在锡安。一个是圣殿，另一个是锡安的院宇。正如我们所知，圣殿被一群大大小小的院宇围绕，这些院宇用于各类聚会。周围也有供给侍奉人员的住所，此点暂不讨论。但是，锡安的院宇值得我们注意，因为耶稣常常来到这些院宇，耶路撒冷的基督教会最初也正是在这些院宇中聚会。】

【然而，这并非消除圣殿与会堂之间的差异。毕竟圣殿中的大院宇在会堂中被复制，也有距离圣所很远的圣殿院宇。正如信徒的聚集预设了天上锡安的圣所并聚焦于此，会堂也预设了地上锡安的圣所并聚焦于此，无论该会堂被造得离圣所有多远。正如以色列的子民端坐在会堂中，思想耶路撒冷的圣殿，基督徒此时也要端坐在聚会之处，思想天上的圣所。】[4]

---

[2]　中注：英译本省略了这三段内容；荷文版中该三段内容在 106-107 页。

[3]　中注：英文此处为 the design of the building；中文版译自荷文 den aard van het lokaal。

[4]　中注：见荷文版 107 页。

最初，早期的基督徒似乎并不需要建立自己的聚会场所。只要有足够的空间，谁想要聚集都可以在现有的建筑里聚集。起初，在耶路撒冷圣殿的众多房间里选一间是很自然的事。没有固定的房间，而是今天这个房间，明天那个房间。在保罗所建立的教会里，会众大多聚集在某个信徒的家里，如果这个房间不够大，他们就会在多个房间聚会。因此，我们读到会众在"某某家"，这不是指甲会众或乙会众，而是指他们通常见面的地方。他们组成了一个地区或教区，但在一**个**监督之下，因为我们总是读到"长老在某某家"。随着时间的推移，会众开始增加到一定数量，需要公共聚会场所和空间。这些场所和空间部分是在墓穴，部分是在大教堂。后者是公共集会的建筑，在今天已经没有了。

后来他们开始造自己的建筑，一开始他们抄袭了大教堂，这说明当时"信徒聚会"的思想仍然很突出。【在往后，直到这最初的根本思想让位于带有祭坛侍奉之建筑的概念后，现存的异教庙宇被改建成了教堂，或者新建一些截然不同样式的教堂。甚至在之后的几个世纪中，当用于祭坛侍奉之建筑的观念普遍盛行时，信徒聚会的基本思想从未如异教庙宇般被完全摒弃。异教庙宇被装饰只用于祭坛崇拜。正如在南方一些庙宇仍可见到的，民众站在外面的街上。这些庙宇偶尔举行崇拜，民众站在街上，或跪在街上。这是异教庙宇的观念。】[5]

在基督教会里，即便当祭坛再次变得重要，也总会为信徒预留空间，这也是众目所盼。事实上，这是基督教会最终变得如此巨大的唯一原因。举行祭坛仪式的部分通常是最小的，而建筑物的最大部分是用来容纳群众，有时是数千人。

我们可以说，**院宇**包含在建筑本身之内，占了**最大的**面积，**即便不是最重要的**。这一名称是为诗班区[6]保留的；诗班区通常比其

---

[5]　中注：见荷文版 108 页。

[6]　英注：荷文 koor 与英文 choir 有同样的双重意义。它们都指一群歌唱者，也指"传统"基督教会中的一个区域；这个区域限于圣职人员 [有时被称

他区域高出一到两个台阶。真正的敬拜发生在那个重要的地方，而会众却很被动。他们观看、跪下、默祷，但最终甚至没有参与歌唱。相反，诗班会在风琴伴奏下歌唱。【只有借着时而同时进行的讲道，这种情形才会有所改变。在这之前，一个讲坛会置于院宇之中。听众聚集在讲坛四周，然后聆听讲道。教堂建筑逐渐根据此种崇拜和用途而被建造，并在哥特式教堂建筑达到顶峰。】[7] 但当宗教改革到来时，"信徒聚集"的新观念和祭坛崇拜之间的冲突不可避免。这祭坛崇拜与院宇中观看的信徒被融入到了教会建筑中。

两种情况应运而生。在所有人或者大多数人都被宗教改革所影响的整个城镇和村庄，必须改变现存教会建筑的内部，以适应新的敬拜方式。然而，在那些不受此影响的城镇和村庄，所谓"有宗教信仰的人"必须寻找一个聚会的地方，或者建造自己的教堂。

16世纪，阿姆斯特丹改革宗人士首先聚集在一个工作坊里。后来，他们接管了老教堂和新教堂以及小礼拜堂，之后他们自己造了西教堂，东教堂，南教堂和北教堂。当时的教堂建筑完全是为了祭坛崇拜，现在予以接管。这些教堂现在必须为"信徒的集会"做好准备。这造成了巨大不便，人们已忍受了三个世纪之久。诗班区被封闭，人们坐在教堂主堂，围绕于一个更大的讲坛；讲坛周围被一个封闭的洗礼区环绕，长老和执事坐在那里。然而，当改革宗人士建造自己的教堂时，诗班区和侧翼区域都被省略了，教堂不是圆形就是菱形。

大多数时候，建筑师对教堂理念的改变如何体现在石头上缺乏清晰的理解，唯一的特例可能是穹顶教堂。但是，即使是阿姆斯特丹西教堂，一座最具艺术魅力的建筑，也没有真正融入建造目的的崇高理念。仅提一件事，当信徒聚集时，首要的要求之一是他们能听到讲员的声音，然而这座教堂的音效是最差的，没有考虑到讲员和听众之间的距离。

为圣坛（chancel）]，并借着栏杆与教堂主堂分隔。当凯波尔就建筑而言使用 koor 时，我们将其译为"诗班区"。
[7]　中注：见荷文版 109 页。

如果当时需要造更多的教堂，这种普遍的缺陷肯定不会发生，然后更多的建筑师会考虑将他们的艺术和生命奉献给教堂的建设。但事实上，建筑人才显然没有充分关注教堂建筑的用途，因为教堂鲜有被建成，也未有充足的资金。这就是为什么只有在特殊情况下，教堂才是既实用又有意义的。

教会建筑的要求 [8]

会址的建造和设计，既然作为信徒聚会的地方，须受聚会活动的性质约束。【商品交易所必须被建造和装修成完全不同于国会的会议室。国会的会议室必须不同于可供四五千人聚集的国民议会（Volksvergaderingen）的会议室。同样，后者也必须按照完全不同于学术评议会会堂或教会总会会议室的风格装修。会议室、会议中心、建筑都依赖于会议的种类；本书则指向教会。】[9]

如果有必要，信徒可以聚集在任何可以想象的空间 —— 会议厅、音乐厅、酒店餐厅、马厩、谷仓、大船上、学校、军营、学生休息室，必要情况下甚至可以没有建筑物，在帐篷里或露天，正如所谓的篱笆圈内的敬拜。然后，会众适应那场地，适应有限的空间，适应风吹日晒。

然而，如果会众决定去建造，以便始终能够自由和定期地进入他们自己的聚会场所，那么教堂结构必须符合聚会的性质。建筑师必须牢记两个要求：第一，如何设计建筑，使其符合在那里聚会的需要；第二，如何从美学角度将聚会的本质和目的融入建筑风格。

通常而言，人们可以说信徒们聚在一起祈祷、唱歌、传道、主

---

[8]　中注：荷文版中此段内容为第二十五章，标题为"Het Kerkgebout (Vervolg)"，中译为"教堂建筑（续）"。

[9]　中注：见荷文版 110 页。

持两件圣礼、奉献。此外，这里也举行婚礼，按立圣职人员，听取公开忏悔，并发布公告，并且偶尔也会举行一些内部性质的会议，讨论会众的相关事物，但仅此而已。

【毕竟将聚会场所用作其他目的是偶然的情形，不能主导建筑。因此当信徒未聚集、聚会场所闲置的时候，将其另做其他不同用途，比如暂时供给学校、各类不同宗教协会、歌唱协会、青年协会等使用，这并无错谬。教会完全自由收取其用途产生的收益。但是这些只能对建筑有以下影响，在持守两个主要目的时，建筑可以选择最适合次要目标的形式。】[10]

当然，第一个要求是信徒有足够的聚会空间。这取决于他们的人数。有些地方的设计可容纳一百人，还有空余的地方。在其他情况下，为两千人设计的建筑可能没有足够的空间。由于大型建筑往往比小型建筑能更好地满足聚会的需要，因此大型教堂的建筑成为原型，然后由小型教堂以较小的规模复制。

但在这里，教区成为一难题。如果建筑是为两千人设计的，仍然有可能作为一个会众而聚会。但如果超过这个数字，所有人就不可能在同一时间聚会。的确，在伦敦有可以容纳一万人或更多人的聚会场所，但是你再也不能说它是会众聚集了。后来它就成了一个群众大会，大家只是来听。甚至在司布真的会幕堂（Spurgeon's Tabernacle）里，"会众聚集"的想法也完全没有了，它更像是一个大型剧院。

会众聚集和群众大会完全是两码事。聚会意味着所有的成员聚集在一起表达他们的合一，并确认他们同为一体。这种确认与人类的局限性产生了不可调和的冲突。例如，根据对合一性的肯定，阿姆斯特丹的所有信徒都应该作为一个会众聚集一处，但人类的局限性使这变得不可能。一来建筑规模要足够大，二来没有人的声音能够大到让所有人都能听到。因此，教会被迫分成几个小组，而同一个会众必须被划分到不同的建筑。

---

[10]　中注：见荷文版 111 页。

如果必须重来一遍，就可以想出一个计划，使所有建筑物的大小相等，从而使会众的人数均等。但由于会众逐渐增多，不时新建的建筑物必须与可用的建筑空间相适应。这就是我们现在拥有各种大小建筑的原因。例如在阿姆斯特丹，堡伦赫克的老教堂可以容纳五百到六百人，而国王运河教堂可以容纳近两千人。

然而，这并不是问题的真正原因，从出勤率的差异便可知晓。人们不是被分成了总是在同一建筑里敬拜的特定小组，而是来自城市各个角落的人们倾向于今天去一个教会，明天去另一个教会。这就是说，通常情况下，建筑和出勤率是不相称的。一个星期天，一座能容纳两千人的建筑只有一百人出勤，而一座小楼却人满为患。因此，如果在新建教堂时能避免这种差异，那是可取的。然而，没有一个建筑师会魔法，使同一座建筑能容纳如此不同的人群。因此，唯一合理的选择是建造一种能容纳更多人的教堂，在我们看来，不应超过一千五百人。

此外，应遵循适用于所有会议场所的一般准则，即使是非教会的会议场所也适用。第一，要提供秩序良好的入口和出口规定。一栋能同时容纳几百人的建筑，在恐慌或危险的情况下，要能在几分钟内就可以疏散人群，而不会过度推挤。在使用楼梯时，应特别注意楼梯的状况，因为楼梯经常是造成灾难的原因。第二，应要有充足的新鲜空气。计算出一个约一千五百人的聚会需要多少立方米的空气，以及有多少污浊的空气需要被新鲜的空气取代，这是可以做到的。第三，应提供充足的光线，同时确保它不过于明亮，以免造成烦恼。建议使用彩色玻璃，不宜粉刷墙壁，因为这可能会引起太多的光线反射。还应考虑到不断变化的天气。当外面很阴暗，尽量让所有可利用的光线进入。当天空晴朗，强烈的光线应得以缓和。会议也会在晚上举行，这就需要人造光，不会伤到眼睛。灯应安装得足够高，以便最大范围地提供照明。最后，温度要适宜，避免夏天太热，冬天太冷。像阿姆斯特丹新教堂这样的建筑，已经造成了不少死亡。不止一个人身体抱恙，并死于冬季偶而寒冷的气温，这违反了所有的健康规定。夏季防晒和空气流通，并且冬季适当的供暖对于我们现在来说是绝对的要求。加热系统不应该是过去便携式暖脚器，也不是穿过礼堂的又长又难看的烟囱，它应该是一个统一为建筑供热的东西。

即使不一定能满足所有这些要求，也有必要把它们都考虑清楚，然后看看能在多大程度上实现。心中有理想是好的；但时，在实际操作上，我们当然必须考虑现有的资源。

音效 [11]

暂且不谈圣礼的执行，现在让我们把注意力集中在讲道、祷告和赞美的服侍上。信徒聚会的地方显然应该这样安排：让信徒能看见彼此，他们也能毫不费力地**看见**和**听见**牧师。一个教堂的音效差，很难听清楚，这一点是无法接受的。应当理解的是，音效不仅和听有关，**听**和**说**是一体的。听若不佳，说亦然。很难想象在教堂里仅是糟糕的音效所带给许多会众的可怕后果。

除非你自己是一个习惯于长达一小时或更久的公众演讲者，否则你无法想象在一个符合要求和不合要求的建筑里讲话的区别。一座不利于演说的建筑会使演讲者感到疲惫，不仅浪费了他的精力，而且还损害了他的声音，使他第二天不适合工作。再者，当说变得困难，会扰乱演讲者的思路，妨碍话语的流畅。这样的演说试图与听众进行有意义的互动，但常常失败。声音掠过他们的头，无法抓住他们，也不能强迫他们去听。这导致许多有效传道的流失，造成的灵性损害是难以估计的；这一切都是因为教会委员在设计教堂时规划不佳。

---

[11]　中注：荷文版中此段内容为第二十六章，标题为 "Het Kerkgebout(Ver-volg)"，译作 "教堂建筑（续）"。

有幸在音效良好的建筑中经常发表讲话的演讲者知道这很难得。他经历了说话是多么容易、多么自然的事，以及对自己声音的音域掌控自如。这样就有可能吸引观众，抓住他们的注意力并引导他们。事后不感到筋疲力尽，并得知观众无需紧张地聆听，这是多么令人欣慰！

【因此，有良好音效的建筑是信徒聚会的首要要求。良好的音效几乎是每间教会为了崇拜都要符合的首要要求。在这方面失败的教堂必须长期关注此事，直至一切正常。不然，若有必要，教堂需要拆毁重建。这并非只是说说而已，乃是字面的意思。毕竟，教堂建筑会存在几个世纪。一代又一代因着教堂建筑的错误设计而牺牲上帝圣言的仆人和教会，这是不允许的。】

【鲜有建筑师了解在他们建造的会堂或建筑中保证良好音效的艺术。但是在公共礼堂中，有些在此方面表现突出，比如乌特勒支的蒂沃利（Tivoli）的大厅。但是，也有其他一些公共礼堂事实上根本不适用于公共演讲。】[12]

因为很少有建筑师了解声学，所以最好咨询一下专家，即使在建造一个小教堂时也要如此。因为即便很小的教堂也设计得如此不得力，在便于倾听上，远远落后于其他一些更大的教堂。对这件事关注甚少，这当然大错特错。

会众就坐[13]

自不用说，当我们谈论声学时，还需要考虑另一个因素。一旦聚集的信徒超过一定数量，就会出现以下问题：安排座位以确保尽可能多的人能有好的位置并听得清楚。

---

[12]　中注：见荷文版 115-116 页。
[13]　中注：该段内容在荷文版中仍属第二十六章。

通常情况下，在一个长 20 米、宽 15 米的空间里，一个人用正常的音量说话毫无问题，不费吹灰之力，声音也可以到达最远的角落。但这样的空间至多容纳五百人。如果人数达到一千、一千五甚至两千人，那么问题就产生了：如何为所有人提供空间，哪怕是在一个更长更宽的房间里？

即使测量范围扩大到 25 乘 20 米，问题也无法解决。在这种情况下，圆形拱顶的形状会更有利一些，因为圆周上所有点的半径都是一样的。或者可以采纳三角形设计，讲员面对一部分会众，而另一部分在他左边，第三部分在他右边。然而，这导致讲员必须不断地从一边转向另一边。当他转向一边时，另一边的观众会错过部分演讲。向左或向右加宽一点也行，但不能超过 8 米。

然而，人们发现圆形剧场的形状更为有利。也就是说，人们坐成一个半圆形，座位逐渐上升。前排为地面高度，靠后的位置稍高一点，最后一排与讲员持平。这种倾斜的座位安排无疑要好得多，这意味着即使坐在后排的人也能清楚地看到讲员，更容易听闻其声。讲员不再只看到前排的面孔和后排的帽子，而是看到整个听众。此外，坡面总是比平面稍长一些，这样就可以容纳更多的人。可容纳五千人的司布真会幕堂就是根据这一原则所建。

然而，从长远来看，楼座是在使用有限空间的同时，将大量人带到讲员能触及范围内的唯一途径。当这些楼座与坡面连接，并且被建成圆形而非矩形，就可以达到最高和最有效的利用率。因此，我们毫不犹豫地坚持认为，在土地富足之处且（简言之）必须在"容纳众多人"的情况下，最好放弃十字形或长矩形教堂的想法，而按照半圆的基本思想，以直径为横档，建造一个聚会场所。另外，如果你建造地面，使其稍微向上倾斜，并且在半圆上造一至两个楼座，将加倍有效。如此一来，讲员的声音不会消失，因为讲员到后排的距离始终保持不变。另外，你可以在此之上再建两三个楼座。

请记住，特别是在古代，人们习惯设计能容纳一万或更多人的露天聚会场所，而且这些场所大部分都如出一辙。毫无疑问，这种设计经受了时间的考验。由于我们的会议场所需要容纳至多 2000 人，所以我们没有理由不效法他们，建造覆盖良好、布局紧凑、音效甚佳的会议场所，为所有听众提供交通和舒适之所。

建筑物的直径可以面对街道，后面是半圆。在直径的正后方建造必要的会议室、要理问答室、门卫宿舍等，就没有问题了。当然，洗礼区必须改变。它将不再是一个封锁区，仿佛坐在那里的人必须小心地避开其他听众。相反，在任何正常会议上，长执会成员（如果我们能以此称呼）会坐在既可监督会议又可被在场之人看见的地方。在半圆形的前面，可以建造一个低平台，会众的长老可以坐在那里，会众可以清晰看见。不是坐在旁边的长椅上，叫会众和长老不能彼此看见，乃是在前面，叫长老能看见会众，会众也能看见长老。稍微朝着这个平台的前面，可以为牧师建造一个更高的地方，从这个有利的位置，他就可以向会众讲话，并常被他的执事围绕。

真正的讲坛在基督公教教堂和一些路德宗教堂都有一席之地。这些教会不承认长老，他们的祭司要从高处，好像从天上，登上这讲坛，向会众讲道。但这个狭窄的、高高的、空洞的、阴暗的圣杯——一个人会从那里半道而出 —— 违反了基本的改革宗观念，就是信徒聚集，长老坐在前面，其中一人向会众讲话。

【在讲坛和读经员之间，以及两张长老长凳之间，众多妇女的座位同时要移除。为了留有一席之地，洗礼栏杆以内的妇女座位如同填充进去，这完全违背了长老应出现在会众中的正确思想。根据条例规定，在这个特定的区域，教会长老有机会出现在会众面前，**并只出现在他们面前**。妇女在这个区域毫无功用。】[14]

---

[14] 中注：见荷文版 118 页。

圣礼的空间

在我们讨论如何最有效地安排信徒聚会的场所时，我们特意声明会搁置对**圣礼执行**的思考。之所以如此，不是因为我们认为它不那么重要，而是因为从根本上讲，一座建筑不应该以圣礼执行为中心，而是以聚会的本质为核心。此后，有关圣礼的基本方案的调整才应该被考虑。

我们不得不遗憾地承认，大多数建筑师在为改革宗教会建造教堂时，几乎不考虑圣礼。一般来说，他们所关心的只是一个讲坛，讲坛的前面和周围都有座位，但我们不应过分责怪建筑师的这一缺点，因为教会本身在聚会中为圣礼预备极小的空间，甚至不留空间。

洗礼池几乎从我们所有的教会中消失了。当开始洗礼的时候，堂务委员手拿小盆进来，要么举着它，要么把它放在一个固位圈上，这是固定在讲坛栏杆上专门供洗礼用的。礼拜结束后，洗礼盆又消失了。它看起来几乎不属于教会，像是堂务委员的私人财产，他在这种场合借给教会使用。与之形成鲜明对比的是，教堂里总是挂满了奉献收取袋，但洗礼用的盆必须尽快搬走。

圣餐的执行也是如此。当然，你不能像洗礼盆一样，把桌子和凳子抬进去，但会众只有在圣餐时才能看见桌子和长凳。宣布圣餐后，几排椅子或长椅被移走，换成桌子和长凳。它们只在那场崇拜中留下，但是到了下午，一切又都消失了。有人走进教堂，永远不会知道那天早上是圣餐纪念。即使在圣餐结束，感恩祈祷之后，一切与圣餐有关的都被小心地收起来。

实际上，建筑物里唯一得到圣礼式认可的就是**洗礼栏杆**。[15] 但

---

[15] 英注：荷文 doophek 字意为洗礼栏杆。洗礼栏杆最初在通向讲坛的台阶附近。为了给父母和见证者预留席位，会在这个区域设置栏杆。教会长执会成员的位置常常也在这个区域。荷文 doophek 有时同时指向栏杆以及栏杆所包含的区域，有时指花园（dooptuin）或房子（doophuis）。

是我们在这里遇到了非常不当的术语，甚至"洗礼"和"栏杆"的这一组合听起来也不对。人们联想到"洗礼栏杆"的唯一含义，是父母和他们的见证人坐在栏杆后面，洗礼是在栏杆后面进行的。这似乎是在传达，洗礼是一件特殊的事，与信徒的聚会无关，我们借着这个栏杆把信徒们圈在洗礼之外。在栏杆后，牧师和堂务委员将在会众缺席的情况下主持这件事。实际上，在某些情况，牧师甚至背对着会众站在讲坛的台阶上，转过脸来主持神圣的洗礼。

【在显目的洗礼栏杆处的堂务委员可能是读经员或领唱者。他（她）站在中间，正好在讲坛下方，在栏杆内以自身的高度俯视会众，正如传道人在读经员的上方低头看《圣经》一般。在这方面，常常在教堂里的长执会成员和会众禁止了他们对圣礼的一切回忆。令人惊讶的是，建筑师也没有自问教堂建筑如何聚焦于圣礼。毕竟，难道洗礼和圣餐不是自己出现的吗？洗礼盆如同助产士，圣餐桌只在需要的时候才放置。】[16]

因此，在我们的教堂建筑中，洗礼和圣餐都没有得到令人满意的处理。经过深思熟虑而造的优良建筑，应该证明它们是为何而造。例如，当人们看到一座教堂时，他们应该能够看到它是为聚会、讲道、祷告、歌唱、奉献和圣礼而建造的。这正是今天教会所缺少的。

与此同时，我们不应该对事态发展太过严厉谴责，因为当你稍稍思考就会立即发现我们在考虑这件事时所面临的困难。**圣言**和**圣礼**需要两个完全不同的侧重点，无论更强调哪一个都会导致建筑的外观将大大不同。如果你认为重点应在圣礼，讲道是次要的，那么你就为圣礼设计一个独立的诗班区，成为崇拜的中心，而在中堂的讲道是附属的。但是若反过来，认为讲道应该是最重要的，我们必须在别处进行圣礼，然后关闭诗班区，把讲坛作为中心，圣礼就必须自行调整。

【因此，值得注意的是，"移除座位"会使你看到，基督公教

---

[16]　中注：见荷文版 120 页。

大教堂和我们的敬拜场所完全不同。在基督公教教堂中，会众坐在讲坛前，为要保证通向诗班区的通道畅通开放。之于我们，会众坐在讲坛前，是为了将圣餐桌放在那里。我们的座椅从圣餐桌那里被移走。基督公教教堂并不这样，当讲道或崇拜开始的时候，座椅仍在那里。】

【在圣公会教会中，人们几乎完全保留了基督公教的形式，即将诗班与祭坛视为首要，并完全在这神圣区域之外的侧道，靠近会众之处，为传道人放置了讲坛。然而，讲台必须要尽可能地低，尽可能地小。必须要明白，讲坛是次要的，祭坛是首要的。】

【最后，在路德宗教会里（我们此处并不只说德国，而是德国与斯康的纳维亚地区），会众同样有一座祭坛，但并非如此突显。虽然没有讲坛，但是在祭坛上方，最好是在至少 5 米高的地方，墙上有一个洞穴，洞穴内有一扇门；这扇门四周凿出木室。牧者会从堂务委员的房间（kosterswoning）出来，如同从天而来的使者向会众说话，十分具有崇高的地位。这与路德宗教导的教会（Ecclesia docens）观完全一致。此观念就是，圣职人员就是教会本身，他们教导广义上的教会。】

【然而，仍有许多未言之事。有人会要说服你，基督公教和圣公会都没有在诗班区之外的教堂中殿传讲上帝的圣言。事实显然不是如此。实际上，两个教会都高度重视诗班，人们会在诗班区举行圣礼，传讲圣言。但是，圣言的敬拜只出现在先前的读经中，即大声诵读先行决定从福音书、《使徒行传》等圣经经卷中摘取的内容。的确，圣公会教会中都用本地语言诵读，但是负责此事之人显然以无人能理解的方式来阅读。他们用非自然的音调，以近乎歌唱的方式诵读。目的终究不是为了能被理解，而是让司铎以教会的名义来诵读。我们可以从中觉察到一种**神秘的行为**，多少是关于神秘地宣讲神圣的圣言，而理解和跟随并不重要。这被称为真确的**圣言的敬拜**，而牧者之后的讲道并非**圣言的敬拜**，而是对教会的**劝勉**。】

【这一些都源于其出发点。圣礼是至关重要的；圣礼崇拜的性质是神秘性的，这性质也转移到圣言的敬拜中。圣言自身成了神秘的事物，如同圣礼一般。这一切都基于一个主要观念，就是会众没有注目基督所在的天上圣所内的祭坛，而是关注影射此祭坛的地上圣所。我们认为，若无圣言的传讲，就没有崇拜，但是这类教会却截然不同。讲道被附加在真确的崇拜上，即便**没有**讲道，崇拜自身也是丰满完全的。在基督公教中，**没有**讲道的崇拜也是一个习惯，**有**讲道反而是特例。尽管圣公会在这方面没有走得太远，但是可以说英格兰圣公会的讲道甚少超过 20 分钟，而在其他崇拜项目上花了一小时。建筑设计也必须遵循此观点。因此，这类教会的建筑师可以说主要是建造一个地方用于执行圣礼，让其他一切事物都受制于圣礼，并从中吸取它们的动机。然而，之于我们，一切截然相反。建筑师正是用讲道装修建筑，让其他一切服务于讲道。】[17]

洗礼 [18]

【众所周知，许多浸信会教会为神圣洗礼的仪式确定了一个特殊的时机。这部分归因于他们当中一些教会转而采用浸入水中。成人浸入水中的洗礼显然需要又深、又长、又宽的水池。用于洗礼的水池或浴缸不可能突然被搬进教堂，必须要包含在布局与建筑中。同样施行浸水礼的希腊教会，教堂中也有固定的圣洗池。自第 4 世纪之后，古代基督教会在一段时间内有分开的洗礼礼堂，是用来单独放置一个洗礼池的地方。】

【这些洗礼礼堂或受洗室最初是很大的圆顶大厅，洗礼池置于正中。这样的外置大厅是有必要的，因为起初只有主要的教会有洗

---

[17]　中注：见荷文版 121-122 页。这五段是荷文版第二十七章的结尾。
[18]　中注：该段内容在荷文版中属第二十八章，标题为 "Het Kerkgebout (Vervolg)"，译作"教堂建筑（续）"。

礼，洗礼偏向在逾越节或五旬节前的夜晚举行。第 4 世纪成人洗礼的人流量极大，外邦人当时大量被接纳进入基督教会。为了找到合适的地方给这些人以及他们的家人洗礼，地点就显得非常重要。在彼时，洗礼并不在教会中，而是在用来洗礼和教义学习（catechism）的单独建筑中举行。】

【与此同时，当婴儿洗礼在以后更加普及时，洗礼的积聚也就减少了。所有教会逐渐渴望施洗，同时点水礼取代了浸水礼，于是这些大的洗礼礼堂就失去了意义，洗礼大多数都在教堂中举行。教堂的北区是洗礼池。最初，洗礼池由砌成的石头所造，按槽型或杯型凿成。甚至在后来，石头的洗礼池被金属洗礼盆取代，置于盆座上。装饰豪华的盖子盖在洗礼盆上，保护水免受污染。洗礼盆旁有一个水壶，用来将水倒入池中。】[19]

从改革宗角度来看，对洗礼仪式必须抱以开放的心态。洗礼可以在开阔的水域进行，在湖泊或河流中。此外，浸礼仍然是最初的做法，不应有丝毫反对，比如对东方国家的成年归信者来说，那里气候温暖，人们每天都沐浴在这样的水中。然而，需要会众在场，也应该有机会进行公共敬拜。

另一方面，按着我们的气候，洗礼几乎只对小婴儿进行，于是坚持浸礼是愚蠢的，点水礼就足矣。点水礼更为明智，因为不论夏季和冬季它都可在室内进行，从而消除了露天礼拜的需要。这种做法也使洗礼池亟待永久性地放置在教堂中，并放在一个位置，让整个会众都可以观看洗礼仪式。光一个盆座和洗礼盆是不合适的，只有石头筑成的洗礼池才具有令人满意的稳定性和坚固性。【这样的洗礼池不应只有一个很小的水壶用来将水倒入洗礼池中。】[20]

如果根据前面的布局，我们设想在会众前面有一个三级台阶高的地方，教堂长执会在此就位，然后这个洗礼池的明显位置就在高

---

[19] 中注：见荷文版 123 页。
[20] 中注：见荷文版 124 页。

台的中心。进入教会的人会立刻看到这个洗礼台有它自己的用途。整个会众都会看到他们受洗的地方，因此会不断地想起他们的洗礼。仪式本身既不会造成拥挤，也不会造成混乱，同时所有人都能看到。

【神圣洗礼的圣礼所揭示就是，将洗礼的器具完全造成建筑内的固定部分，并且这并非难事。若人们从洗礼盆回到洗礼池，放置洗礼池的地方要显而易见，并不会给空间造成任何难题。】[21]

圣餐[22]

在教会中，要获得一个永久安置圣餐桌的位置要困难得多。在小教堂中，这个问题非常严重，以致在教堂本身的建造中表明第二圣礼是不会轻易成功的。

我们必须记住，起初当会众还很少的时候，无论圣餐是否供应，会众都会像一家人一样围着桌子聚在一起敬拜。他们的做法和我们举行小型聚会的做法完全一样。三四十个人可以很容易地在一张长桌子周围找到一个地方。因此在那时没有添置圣餐桌，它就已经在那里了，饼和杯也摆在那张普通的桌子上，就像我们在家聚会时预备点心一样。

但当会众人数增加时，它面临着一个几乎无法克服的困难。起初他们还可以围着桌子聚在一起，但现在成了两排，互相传递饼和杯。但只要有一百多人，这也就变得困难了。他们只能让长老和其他几个成员坐在桌子后面，这样桌子前面空无一人，而会众坐在桌子对面的几排椅子或长凳上。

这样，圣餐桌也保留了一个位置。现在只有一个问题：怎样把

---

[21]　中注：见荷文版 124 页。
[22]　中注：以下内容在荷文版中仍属第二十八章。

这众多的人带到圣餐桌前，分派饼和杯。会众想了两个办法。会友可以依次从座位上站起来，走近桌前，分享饼和杯。他们也可以坐着，由执事或长老把饼和杯端到他们座前。再后来，在中世纪，人数变得太多，这种方法也不合适。有时聚会人数一千或有余，一张桌子也不再具有家庭聚会时所有的功能，牧师也不能再站在桌子后面说话。他必须被升高，才能被所有人看到和听到。于是，圣餐桌就成了一个祭坛，与仪式分离了。当饼和杯在会众上前后被奉上时，圣餐仪式就与圣坛完全分开了。后来，他们免去了向会友提供杯的做法。饼和杯花了太多的时间，如果没有桌子，很容易导致酒洒出来。此外，当教会开始教导基督的身体和血都存在于圣饼中时，提供杯就变得多余了。

作为一个原则问题，宗教改革对这一观点持异议，因此在良知上不能赞同此举，就又回到了以前的做法。在不同国家，圣餐桌得以复位，饼和杯的共同领受重新被引入。分授圣餐有两种形式，一种是会众离开座位走近桌前，跪在那里，从圣职人员手中接过饼和杯，另一种是执事和长老将饼和杯端到会众的座位上。

第一种方法仍然在路德宗和圣公会教会中使用，在会众面前的高台上放了一张小桌子，上面摆放着饼和杯。桌前至少设立两位圣职人员。会众随后走近，六至十人一组跪在桌前，从圣职人员手中先接过饼，再接过杯，每每如此，设立圣餐的话语会被重复。另一方面，在法国改革宗教会和一些瑞士人中，他们仍然采用另一种方法，让会友留在自己的座位上，而长执会成员四处为他们分派饼和杯。

人们不应立即对这种做法投以批判的目光，尽管它与我们自己的习惯大相径庭。相较于我们的传统，它确实更好地维护了行动合一。依照我们的传统，圣餐被分配给小组，他们分桌领受。法国的做法既保留了更多的合一，也更有效率。对于我们教会的小群会众来说，很容易引入这种方法，而且比起我们的做法更好地尊荣了"信徒的聚集"。

但在这里，会众的规模带来了问题。一旦同一间教会有七八百人想要领受圣餐，饼和杯端来端去会给人留下不那么庄重的印象。椅子之间的空间太窄了，很难通过，长者们不得不扭动和推挤。在这种情况下，一位会众必须匆忙吃下饼和杯。如此会带来焦虑，也不益于灵里的自省。相反，如果他们让会众向前走，跪在桌前，那么在许多人眼里，圣餐桌就不由自主地又变成了一座祭坛；这样，整个圣餐的概念就丢失了。

最好还是像他们在一些从未用过诗班区的教堂里尝试去做的那样，也就是说，在诗班区内放置一个马蹄形的非常大的长桌，几乎所有人都可以坐在那里。一次性让所有人就坐仍然是理想的选择，那样才是真正的聚会。当所有人都在一起，合一就得以彰显。我们不用急于为他人腾出空间。即便如此，所有的事情也可以在大约二十分钟内完成。这样一来，没有什么能阻止我们更经常、甚至在每一次常规礼拜之后举行主的晚餐。

然而，许多教会并没有这么大的诗班区。[23]【毫无疑问，对于我们这样守圣餐的方式有很多反对。首先，成员们按顺序分组来到桌前领圣餐，打破了**合一**。这样男人和女人就分开了，即使已婚夫妇和孩子也不能坐在一起。通常从教堂后面很难看到正在发生的事情，而且往往更难听到人们在说什么。】[24] 这样很明显感觉到会众的合一被打破了，给人的印象像是在进行一连串的小聚会，有一些人参加，但长椅上的其他人与此无关。如果会众合一是必要的，特别是在领受圣餐时，那很明显这里存在严重的不足；事实上，真正的合一，同为一体，并没有表现出来。

第二个反对是关于圣餐在开始之际突如其来的**骚乱不安**和人潮涌动。若真有什么，也本应该是一片安谧平和，庄重冷静。但在我

---

[23]　中注：本段内容在荷文版 127 页。原文中并无此句。以下内容在荷文版中位第二十九章，标题为"Het Kerkgebout (Vervolg)"，译作"教堂建筑（续）"。

[24]　中注：这部分内容中译本采取了荷文版的句法，英译本对句子顺序前后做了调整。

们的大教会里，事实恰恰相反。一个人站在长椅上只为看得更清楚，另一个往前走却中途停下，第三个人推搡着向前窜，第四个人认为位置刚刚好，却又必须撤退，第五个人从圣餐桌前回到座位上，第六个人在桌旁等待轮到他。总而言之，桌上任何的安宁都被周围的骚乱打破了。

第三个反对意见是**坐在桌子旁的时间很短**，大约有四十至七十人挤在一起，他们互相直视。刚坐下，饼和杯就递过去了，而且往往在它们传完一圈之前，牧师就开始诵读或说些什么。一结束，他们就得再站起来。这过程有些仓促，也阻碍专注，因此没有时间安静反思和将人的心提升至天上。

第四个反对意见是关于**同一段经文的不断重复**。当人们第一次听到设立圣餐的话语时，他们很感动，但当同样的话语不断重复时，会使人感觉麻木。【此外，虽然救主即刻性的受苦和受死实际上要排除在圣餐之外，但祂身体的破碎和鲜血流淌必须充满我们的心和脑。为了避免单调乏味，牧者游离于其他各类事物。即使这类事物本身极好，但仍将人的灵魂和意识带离了要点。因此，对耶稣之死的纪念在对各类属灵劝勉的思考中消逝了。并且我们经常看到，错误地思考十字架的灵魂，因牧者所诵读和宣讲的内容，偏离了十字架。】[25]

很明显，反对意见是很强烈的，而且会众人数和领受圣餐人数越多，反对就越强烈。在一个小乡村教堂里，最多有两到三个小组来到桌前，这是可行的。但当七个或以上的小组相继而来，所提的反对意见就变得非常严重。当圣餐还在继续时，不止一个人离开教堂。他们这样做并不是由于漠不关心，而是因为长时间坐在一个较远的位置会威胁到属灵情绪，就近新盟约桌前能引发这种属灵情绪，这是他们不愿意立即失去的。

然而，尽管有人反对，我们相信，原则上我们守圣餐的方式还是比较可取的。带着饼和杯到处走这一方式不适合数量庞大的会众。

---

[25]   中注：荷文版中本段内容在 128 页。

而一个接一个地走到桌子前跪在那里，又太过指向祭坛的形象，因此无疑会暗示教权主义。与此同时，这也增添了匆忙感，【因为参与之人只能跪在那里很短的时间。如果他们停留更长的时间，比如三分钟，同时有六人领受圣餐，那么 1200 位信徒就需要 10 个小时领受圣餐。】[26]

圣餐在设立时的生动形象仍然在我们守圣餐的方式中得到了最好的体现。耶稣与门徒如何围坐在桌旁，我们亦然（撇开达芬奇的绘画是否真实地描绘了他们以何种方式坐在耶路撒冷这个问题）。同样，富人和穷人，重要的和无关紧要的人，坐在同一张桌子上自有它的吸引力，这是我们不愿丢弃的。此外，这种让信徒们把盛着饼的盘子和盛着酒的杯子递给彼此的方式，最能体现出信徒们共同的祭司身份。

在更大的教会里几乎没有人监督领圣餐者。这是否可取？我们暂且跳过这个问题。无论如何，领受圣餐者绝不应有一种优越感。每一个领圣餐者都必须和保罗一起认罪，**"我是罪人中的罪魁"**，也要一同欢喜道，**"我是恩典的接受者"**。因此，保留圣餐桌和围着桌子聚会似乎是正确的。即使是到我们教会来的陌生人也常常见证，如此守圣餐的场景既美丽又令人振奋。甚至孩子们也喜欢到我们的教堂来遵守圣礼，这种孩子气的本能也有它的意义。

【若圣餐桌过长，也是无益的。因为即便是 50 或 60 人的桌子，所讲的话几乎不可能同时被左边和右边的人听见。若牧者直面宣讲，那么圣餐桌左端和右端的人都无法听见牧者的话；若牧者来回转动，那么会众每次都只能听到半句话。唯一可行的就是，我们不要把圣餐桌放在地面这一层，而是稍微更高的一层，从而前面的全体会众不用站起来就可以清楚看见所发生的事。带领聚会的长老不再被会众的人墙隔断。正如在每一个大聚会中，教会长执会成员坐在稍高的台上；此台十分宽大，横向平铺在聚集的会众面前。台上留有许

---

[26] 中注：英译本省略解释导致匆忙感的原因；荷文版中本段内容在 129 页。

多必要的位置：长老的座位、洗礼池、圣餐桌、牧者讲道的地方。正如我们从这类聚会的基本原则中所见，这就成为了一个"信徒的聚集"。这里的长执会由长老组成，并且应该要出现在聚会中，从而让整个长执会都被看见，长执会的每个成员也都被看见。这样，长执会成员的行动都从这个中心发出，并被全体会众看见。】

【不止一次，我们在教会之外举办这类性质的聚会，并且聚会事实上也照此进行。会众坐在长执会面前，主持聚会的长执会则坐在三、四级台阶高的台上；若有需要，此台可再高一些。在英格兰，这类聚会有一万人参加，有又宽又长的台，有时有十个台阶的高度，从而每个人都可以看见所发生的事。这自然导致高的讲坛就被抛弃了，因为前面的台已经有几级台阶高。只要台上讲坛稍微再高一些，比如再高三级台阶，就已经足够了。】[27]

如果这个平台的后面是圆形敞开、两边封闭，那么非服侍的长老可以在这个圈里找到他们的固定位置，服侍的长老（包括牧师）可以来到前面，然后这个半月形结构中的剩余空间应该能够完美地容纳洗礼池和圣餐桌，让它们保持原地不动。

圣餐桌的构造应使其在不需要时可以收回，以获得更多空间，需要时能够伸展开，用布遮盖，周围摆上椅子或凳子。对于每一场敬拜，圣餐的装饰可以放在桌子中间作为象征性的提醒。【然后，将标有圣餐桌上序列号的顺序卡片分发给参加圣餐仪式之人。若有必要，可以将序列号标记到五十。这样，每个人都知道何时轮到他们；并且，每个家庭、父亲、母亲和孩子都可以待在一处。于是，一切站立、行走、等待、推搡、奔走，自然就消失了。牧者也可以事先知道需要准备多少份饼和杯，并依此安排。诗歌板（Psalm Board）上的一个数字用来说明有多少份，从而会众中每个成员事先都可以知道将会有几份饼和杯。这样就带来了和平与次序。】[28]

---

[27]　中注：英译本选择性地翻译了这两段内容，省略了一些句子；中译本完全根据荷文版翻译。见荷文版 129-131 页。
[28]　中注：见荷文版 131 页。

有了这样的安排，谁也不用站起来观看。台上发生的一切对全会众都清晰可见。不必把座位挪开，也不必把桌子抬进去，牧师只需往后退几步宣读或说话，桌子两头就能明白。既然他站在高台上说话，他的声音就可以毫无困难地达到会众。

同时，我们会在这一讨论的中心实现这个目标，即教堂建筑总要给人这样的印象：它不是一个聆听的地方，而是一个**聚集**（assembling）的地方；不仅是一个讲道的地方，也是一个执行圣礼的地方。我们是以改革宗原则为出发点。我们的敬拜是在长老的领导下，由信徒组成的一个聚会，它虽现在不是，但必再次成为一个**聚集**（assembly）。在教会的建造过程中，只有当问题不再围绕我如何将一千人的聚会和讲坛纳入其中，而更重要的是，我该如何布置圣所为聚会服务，尤其是为了**圣言的敬拜**和圣礼的聚会。如此，这样的崇拜才能实现。尽管这个理想不可能在每个乡村和城市实现，关于如何建造的基本设计仍然必须牢固地建立起来，即便是在更为不利的情况下。

读经在敬拜中的位置 [29]

【对于教堂内部建造，还有两件事需要讨论，即读经员的位置和奉献箱的位置。我们先讨论前者。】许多教堂的读经员都成了一个额外的官方助理，位列会众之上，但远低于牧师。他诵读经文、领唱，有时如果牧师意外不在或晚到，他会进行教会家事报告。而且，当有风琴演奏时，他会给风琴手一个开始的手势，要么按电铃，要么用拉钢丝绳这种古老的方式。

---

[29]　中注：以下内容在荷文版中为第三十章，标题为"Het Kerkgebouw (Vervolg)"，中译为"教堂建筑（序）"。

向会众诵读《圣经》通常不是在敬拜**之中**，而是在敬拜**之前**或敬拜**之外**。按照惯例，开始诵读时不必用宣誓或祈祷。大多数人认为这只是一种打发时间的方式，因为有许多人已经在他们的座位上等待牧师的到来。这种等待很容易导致各种各样的交谈，如果不加控制，声音会越来越大。这既失庄重，也有损无益。这是为什么要在这时诵读《圣经》。然后会众才会安静地坐着，即便真正听的人屈指可数。还必须记住，在大多数教会中，读经员是学校教师。他是那个教村民如何读书的人，因此被认为其本身就是个好读经员。另外，在很多人眼里，教师经常证明他可以维持秩序。这种做法自然会引发读经员席位安置等严肃问题。

如前所述，在过去，《圣经》诵读具有完全不同的特征，例如在英格兰圣公会仍是如此。教会认为诵读旧约和新约的节选经文在信徒的集会中必不可缺。经文有特定的长度，构成一个全面的整体。经文的选择不在于牧师，而是有一个固定的列表列出一年每个主日要诵读的经文，让会众聆听《圣经》的主要内容。这种做法在当时还没有印刷《圣经》的时候尤其重要。当一个有钱的绅士拥有自己的手写《圣经》时，会被认为是一个黑天鹅事件，因为这样的《圣经》非常昂贵。在那个时代，在会众面前读《圣经》是促进《圣经》知识的主要方式。

【因此，读经总是在崇拜中举行，作为崇拜的一部分，如今在圣公会中由圣职人员负责。家中缺少个人的《圣经》成为这种读经的独特动机。当印刷的《圣经》分发给众人后，这种读经无疑也就无存的理由了。然而，事实并非如此。今日，基督徒仍有好的习惯，在信徒聚会的时候诵读一段上帝的圣言。这并非是为了增长《圣经》的知识，而是让他们对上帝的圣言更有印象，共同尊崇上帝的圣言。读经的习惯会被夸大，常常变成机械式的，并被认为如同教会会议、学校董事会或其他会议一样。若要进展顺利，需要首先阅读章程（hoofdstuk）。纵然如此，不可否认的是，聚会意味着敬拜上帝，实践团契和教导。此时诵读上帝的圣言完全是合宜的，甚至构成了聚会必不可少的一部分。因为我们可以这么认为，上帝圣言的能力也在讲道中。但是每个人仍觉得，当自由传讲一段经文时，有时就讲解一节半经文，讲道就变得含糊。《圣经》之所以为《圣经》的庄严就无法足够体现。】[30]

在这种情况下，必须承认，除了讲道，《圣经》诵读也该有正当的地位。【当然这并非因着错误的概念，好像是说全体信徒就是为了听道，而其他一切事物都是摆设。这乃是因着改革宗的观点，看教会崇拜为聚会，信徒的集合和聚集。】显然读经不该在崇拜之前草草了事，而应发生在崇拜**之内**，是崇拜不可分割的一部分，所以没有读经的崇拜似乎是不完整的。【同样，读经不应在祷告之前，而是要在聚会开始**之后**。读经不应仓促简短地完成，好像读经员的声音静止、牧者出现后，崇拜才开始。相反，聚会开始之际就读经，这样就会有最好、最丰富的效果。】任何人都不应该有这样的印象：读经次之，讲道更重要。《圣经》作为上帝最真挚和直接的礼物，总是比讲道的地位更高。讲道总是由易犯错误的人来进行的。[31]

【由此可见，读经不能因好像益处更少，于是就从圣职人员转移到无圣职之人；这应由长老来做。这不同于从前一人讲道，另一人读经的传统；正如在今日的英格兰圣公会中，读经总是由圣言的牧者来完成，正如讲道一样。这里不应机械式地理解，好像这个规定丝毫不可偏离。如果一间乡村教会的长老中无人有声量、意识、老练地公开诵读，长老完全可以邀请信徒中一人来读经。但是读经之人并非有学校教师的角色，也非受雇的员工的角色，而是完全以会众肢体的性质来诵读。】[32]

【由于同时需要一位诗歌领唱者，这里会悄然出现一个错误的观念。】[33] 良好的公众诵读是一门既定的艺术，尽管不被所有人理

---

[30]　中注：见荷文版 133-134 页。
[31]　中注：见荷文版 134 页。
[32]　中注：见荷文版 134 页。
[33]　中注：英译本此处错误地将荷文（De verkeerde opvatting is hier alleen

解，但领唱是更具有挑战性的，尤其是当你不仅要准确**起调**，还要**引唱**；当跑调时，要让歌唱回到正轨。

【领唱者过去常常被当做多余的，在其他国家由于诗班而显得多余。会众中最好的歌唱者事先受邀去练习，然后带领会众歌唱。这一点稍后会进一步论述，因此会众唱诗需要更广泛的讨论。但此时可以指出，几乎所有地方的会众唱诗实际上最后都趋于沉默。这类诗班的歌唱令人印象深刻，以致会众感到不必参与。歌曲优美动听入耳；会众开始聆听，而非歌唱。最后，正如基督公教一样，会众唱诗就被取消了。这就是我们摒弃这类诗班的原因，然后引入了领唱者取而代之。这里同样悄然出现了滥用。笔者曾去过日内瓦加尔文当时讲道的教会，见证了他们拥有一位极为有名的歌唱艺术家。当他开始唱歌时，会众站立，围绕在他周围，在静默崇敬中倾听他优美的歌唱；但这在过去是个例，现在仍是。至少，**这样的**罪恶并未混入我们当中。】[34]

【然而，这里出现了其他不良情况。】许多会众为了省钱，把领唱者和读经员合二为一。而且由于领唱者本质上只是一个"辅助"，所以不幸地导致了读经也是次要的这样一种观点。要纠正此问题，必须区分带领唱诗和诵读《圣经》。读经最好由一位长老来完成。有合适恩赐的弟兄应被邀请担任领唱。若在长老或执事中有这等人，这就很好；若没有，就让另一个弟兄在长执会的监督和指示下履行职责。领唱的职责和管风琴的职责之间的联系稍后会谈到。现在唯一指出的是，读经和领唱是完全分开的，从而重建读经作为崇拜仪式一个独立部分的整全意义。从这一点看来，读经员不是象征性地放置在高高的讲坛下面。牧师和读经员的位置应对称排列。

【读经必须并理应持续是在会众中诵读上帝的圣言。如今，教会努力达到古时的目标，把读经员上升至聚会时长执会所坐之处，

---

ingeslopen door de gelijktijdige behoefte aan een Voorzanger) 译作 The role of the reader is also related to that of the precentor.

[34]　中注：见荷文版 135 页。

就是在会众的正前方，另一边的位置留给讲道所用。只有当人们建造极大的教堂，以致他们无法从如此远的距离听见所宣讲的内容时，他们才将讲坛放在高台之外的会众之中。但是对于拥有楼座、建造良好的教堂（内径不超过20-25米，设计用于不超过2000人的聚会），这个反驳就不适用了。在这样的距离，特别是当教堂后排可以以弧形方式行走并有楼座在末端时，一个人在台上的声音可以很好地被听见。鉴于此，我们可以提议对称排列读经员与传道人的位置。然后，有两人会参与服侍：圣言的牧者和长老。首先当献上祷告，然后读经，二者之间用唱诗交替，最后是讲道。若在乡村中没有两位圣职人员可以照此而行，那么圣言的牧者单独进行崇拜是完全合宜的；他可以既献上祷告，又读经，也讲道。然而，无论如何都需要摈弃的观点就是，读经好像是从属和次要的。这个观点几乎随处可见，教堂的建筑和布局就已使人有此印象。】[35]

特殊的座位

关于**座位**也要稍做论述。我们不讨论租不租长椅，【按年租或按次租，随机或按荷兰式竞价拍卖的方式租用】的问题，因为那和教堂真的没有关系。但是，如果教堂打算为各种显贵提供带篷的长椅和荣誉座椅，那么座位确实与设计有关。目前改革宗（**分离主义**归正派）圈子里很少有人获得显贵的地位，这一事实暂时无关紧要。它并不能免除我们大体处理这一问题的义务，并就此提出一个问题：在为改革宗信徒提供聚会的教堂里，是否必须为**市政和其他官员**保留有篷的**长椅**和某些荣誉座位。我们现在谈的不是长老的座位，他们坐在会众前面，好像他们是一个长执会。我们专指市政当局，即上下级官员。

---

[35] 中注：见荷文版 136 页。

我们知道，在过去的几个世纪里，我们的教堂里确实建造了这种有篷的长椅，在一些教堂，这种长椅仍然存在。首都水坝广场上的新教堂是人们最熟悉的一个，也是外国人和外省人参观其讲坛和陵墓最频繁的地方。人们在新教堂发现，那个高高的讲坛的正对面，有许多带篷的长椅环绕着一根柱子。在过去的几个世纪里，市长和市议会成员坐在那些高高的、封闭的荣誉之处。他们密切注意讲道是否隐射反政府，并专心聆听祷告，记录为市政府的祷告是否被列在合理的地方。如此崇高的荣誉长椅不仅向市长和议员开放，而且还为德高望重的教会管理者指定了类似的长椅。这样，他们的荣誉和重要性便可以在会众中得到承认和展示。

简单的事实就是，曾经有这样的地方。但根据改革宗原则，这一切至少对于我们的先贤而言显然是正确的吗？答案一定是远非如此。当时谁负责引进这样的位置？是教会议会吗？是长老吗？或者至少是会众吗？历史告诉我们不是这样的。引入这样的长椅的责任在于市政当局自己。**他们**任命了教会的管理者。教会管理者是**他们的**创造，任凭**他们**使唤。我们现在称之为"市政委员会"的机构负责教会建筑，直到本世纪初，而在阿姆斯特丹一直如此。事实上，是基督公教国王路易·拿破仑在法国占领荷兰期间结束了这些不寻常的情况。

因此，这些装饰性的荣誉长椅不是由教会议会或会众提供给当局的，而是**他们自己**建立了荣誉席位。当时改革宗成为国教，政府对宗教事务有一定的权威。教会不是自由或独立的，他们没有选择权或自由意志。他们依赖于政府的薪水或是权威的安排。因此，他们也缺乏维修建筑资金，但依靠政府的贷款获得了教堂建筑。因此，政府任命了教会的管理者。政府官员通过他们为自己和这些教会管理者（他们的"仆人"）建造了荣誉座位。所以，政府也象征性地占据了教会中心的权力地位，附属教会必须认真对待。

【在教会议会看来，由此带来最大的后果就是，长老在设立这些长凳中看到了一种需要容忍之事。一些事物最好要被移除，不应出现在那里，但是如此出于需要，则要容忍。他们不能做什么予以反驳。在本质上，毋庸赘言，如此为市政当局在教堂中设立荣誉席位与"信徒的聚集"的基本思想相冲突。在一场聚会中，只有两个区分可以想象得到。第一个就是聚会和长执会（此处就是长老）的区分；第二个就是会众成员与其他旁听者，他们不是会众成员但参与聚会。最多可以有第三个区分，就是正式成员与未正式成员的区分，但是只能在圣餐崇拜或教会事务投票时才有此区分。在其他方面，受洗之人诚然是教会成员，属于聚会，尽管他们尚未在众人面前有公开审慎的认信。另一方面，其他区分没有理由和权利存在于信徒的聚集中。市长是作为信徒，而非以民事职能参加教会。路德宗系统在教会存有上（in het kerkelijk wezen）将高级当权者视为一类主教，因而总是被我们的先辈拒绝和质疑。教会中的当权者就是基督，唯独基督；没有任何权利配得在信徒聚集中。因此，高级荣誉席位是当权者无法在其他事物中寻得满足的自负；改革宗的教会原则当彻底杜绝此种现象。】

【即便是教堂司事（kerkmeester）[36]，如果你将他们想象为与当权者脱节，那么他们在信徒聚集中就无多少发言权，如同军队的行政长官在军事法庭上一般。当教会开始聚会时，教会议会而非教堂司事领导聚会；教会议会成员也是拥有教会圣职之人。在敬拜期间，聚会不是由教堂司事带领，而是在长老的监管之下。请设想，如果发生了一些对恢复聚会次序必要的事，那么必须是长老去行，而非教堂司事。教堂司事确保教堂在聚会前准备就绪。但是在聚会开始后，他们把教堂以及一切附属物都转移至长老的护理和监管之下。只有在长老的指导和要求下，教堂司事或堂务委员才能有所行动。】因此，我们毫不犹豫地宣布，提供这种有篷的长椅和荣誉座位，例如阿姆斯特丹的新教堂【将这些长椅放在讲坛的正对面】，完全背离了改革宗敬拜的本质。[37]

---

[36]　中注：荷文 kerkmeester 指负责教会日常财务管理、教堂日常护理及相关事务之人。
[37]　中注：见荷文版 138-139 页。

　　然而，也不是说市长和其他官员应该坐在其他成员中间。即使在普通的会议上，每个人都有这样的感觉，他们乐意避开有些人，为要找到更合适的位置。因此，在我们所描述的教堂中，如果楼座下面的讲坛周围都有长凳，那么就没有充分的理由不允许官员自己选择其中的一些座位。

　　加尔文主义绝不是沙文主义。它抵制一切自命不凡的优越感，但本能地乐于尊重杰出事物。严格地说，一个国王作为我们教会的一员，应该就坐于普通信徒中，但没有人愿意看到这一点。每个人都会寻找一个国王觉得最方便、最理想的地方，并把这个地方永久地赐给他。适用于高级官员的，也适用于低级官员。【他们并无要求，不会在教会中发号施令。但是，教会十分乐意确保他们找到一个合适的位置；不是一种区分，而是事先的尊重。人们乐于在教会中见到他们的市政当权者。他们的榜样有积极作用。同时，他们在忙碌的岗位上应看到有机会得到一个保障的位置。】[38]

　　【然而，总是必要且必须杜绝的事就是，这些市政当权者在教会中为他们自己建立"宝座"；他们在信徒的聚集中不具备这种性质。相反，我们由此可见，这些长椅以后不再作为当权者的长椅放在前排。】在上帝的教会中，穷人并非最不值得尊敬，而是最"自然"的成员。当耶稣在世的时候，跟随祂的穷人比富人多。现在，基督的名对教会中的穷人来说仍然具有最丰富和最伟大的意义，无论贫富，在教会中并无差异。穷人必须学会不急躁和礼貌，富人必须尽最大努力消除穷人的一切自卑感，至少在祈祷之家是这样。

　　只有关系到感官障碍的情况，才可能在教会里明显解决。聋哑人和听力障碍的人不可委屈坐在后面，使其听不见任何内容。因此，无论谁遭受此情形，都应通知长老。长老应该为他在前面安排一个位置。但对其他人来说，应一视同仁，前无尊座，后无低位。在上帝的会众中，我们合而为一。

---

[38]　中注：见荷文版 140 页。

教堂建筑的基本概念

谈到建筑这一话题，我们不该不谈建筑物本身。我们并未一开始就提到这一点，但我们以此来结束。这座建筑物的用途和它的服务目的是最重要的。那些计划建造的人应该首先问一个问题 我要造什么？一座房子、一座宫殿、一座修道院、一座仓库、一座市政厅等等，还是一座敬拜的建筑？如果是最后一个，那么进一步相关的问题是：它是一座犹太会堂、一座寺庙、一座小礼拜堂还是一座大教堂？如果是一座教堂，那它是服务于基督公教、基督正教、路德宗、圣公会还是改革宗的敬拜？建筑计划将根据这些问题的答案进行调整。

这就是为什么我们一再强调，改革宗只承认一个"信徒的聚集"；因此，在我们的教堂建筑中，对**聚会主堂**性质的考虑应该放在最前面。所有模仿基督公教、路德宗和圣公会教堂的做法，在其效果上可能悦人眼目，但它不具意义，也非深思熟虑的或独创的。

如果你想要一个这样的教堂，那么你应该欣赏科隆大教堂、莱顿的圣彼得教堂或者丹博思（Den Bosch）的圣约翰教堂，并且承认我们所有小型模仿都只是一些业余的工艺。最好还是以古老的犹太会堂为模型。会堂预先假定真正的圣所在别的地方，也就是锡安。正如我们知道除了天上的锡安，再无别的圣所。同时，会堂只想成为一座信徒可以聚集读经和祷告的建筑。"会堂"的字面意思就是**聚会**。因此，我们的建造者必须首先密切关注教堂建筑服务的目的。忽略了这个目的，那他可能就是个木匠，而不是建筑师。即便清晰地看见目标，一座有用的建筑以各种方式满足每一种实际需要时，也非十全十美。

【以下两种情况是完全不同的。一种情况是，有人根据你所需要的实际帮助你，但是缺少思想，毫无表情。另一种情况是，对你有相同的帮助和服务，这人却有吸引人的人格。他的服侍技巧来自他的态度，他眼中的善意照亮你，他整个做事方式表达了爱。同样，以下两种情况迥异。一种情况是，你住的房子有你需要的所有房间，就是你真是需要的，但是不友善，又无吸引力。另一种情况是，一个房子有同样适用的房间，同时装修舒适，友善地打开门欢迎你，外部也很吸引你。】

【若普通的房子已然如此，上帝的教会将要聚集的建筑物更应如此思考。你主要是在周日来到这里，因此你会想要一座在那天不会扰乱自己高昂心情、宁静情绪的建筑。】[39] 因为你也希望这座建筑里的某些东西能对你有感触，与你的内在体验相协调。它必须传达一些信息，在它整个里面一定存在有生气的东西。它不应该是沉默的，而应该与乐意领受的灵**说话**，乐意领受的灵也能理解石头和木头的语言。当然，我们不能对此大做文章，教堂建筑不应分散和取代自我意识。当你坐在教堂里时，整个环境应该与你心中此刻的感受相协调。

你渴望从这样一座建筑里听到这种崇高的语言，不仅是当你站在它里面，而是当你从远处靠近它时。整个建筑从远处向你显现，对你发出邀请，正因为这个原因，入口不应该是某种你偷偷穿过的小门，而是真正呈现出向你敞开、邀你入内的样子。把灵魂交付木头和石头，这是一门很高的建筑艺术。一个真正的建筑师的卓越之处不仅在于使建筑适合其实际用途，更在于通过对材料、形式和线条的把握来掌控全局，并将一种受启发的表现力巧置木石之中，这一木一石也能与人交流。

人们只能感叹，缺乏所需的资金通常会阻碍这些艺术人才的到来。为美而造非常昂贵，教会很少有必要的资金和途径让建筑师自由支配。【因此，所有大的主教座堂和圆顶教堂不是由会众所建，乃是靠着从国王和政府资金建造而成。甚至这类宏伟建筑的维系需要难以置信的大量资金，以致若无政府资助，一座座教堂就会相继损坏坍塌，失去和谐之美与肃穆。】

【在大城市中，没有会众可以为这样的建筑支付土地购置费用，

---

[39]　中注：见荷文版 142 页。

从而让建筑师自由设计。任何说得出名字的优质教堂，必须自由建立在四周未耕种的土地上；或者至少从围墙算起，方圆二十米内有空旷的土地。与此同时，通常难以想到却在购置建造所用之地几乎都会面对的事，就是当建筑正面逐渐呈现时，才发现与邻近的房屋会越来越靠近，这种情况时有发生。在这类情况下，建造一座教堂对一位有天赋的建筑师是一个折磨。他感觉自己如同**艺术**中的雄鹰。他想要展开双翼，却无法实施。他被指定了可怜的狭小空间，必须依此而行。此外，整个建筑建造完成的费用最多只能是一座真正美丽建筑价格的三分之一。】[40]

但即使资金有限，一个好的建筑师也不会因此气馁，而是会给那些能够识别的人留下他想象中许多创造性想法的大量印记。【诚然，艺术雄鹰不能伸展双翼，但是你能立即看见它的双翼伸出牢笼，躯体上的双翼往后伸展；这只鹰是一只皇家之鹰。你能识别出它的种类。同样，此时关于一位拥有艺术性的建筑师，透过他为乡村教会建造的简易建筑，你会看见反映宏大思想的事物，会从中发现一个高尚理念的特征；可以想象得到，许多双眼睛逐渐为此被打开。】因为它不是关于可爱、学究或炫耀，而是关于一个包含**主题**的想法，因此没有实验或猜测，而是一个稳定、安静、忠实的艺术主题的创作。【即便为小乡村的一座建筑而耗费大量精力来思考这样的主题可能有所不值，但是值得如此行是在于，我们的建筑师不断被呼召去建造，他深入一个主导思想，竭尽所能去表达这个主导思想，在小规模建筑上亦然。】[41]

在这一点上，我们不能再继续追求了。一旦艺术概念和执行进入画面，那么不是神学家，而是艺术家自己必须寻求并找到正确的表达方式。神学家要清楚地描述建筑必须服务的用途，我们自认在这篇论述中做到了，但是建筑师的工作是藉由艺术让石头和木头表

---

[40] 中注：见荷文版 143-144 页。
[41] 中注：见荷文版 144 页。

达建筑的意图和用途。没有人能向他解释这一点，这必须源于他自己创造性的想象。

我们确实想让大家警惕这样一个误解，很容易就会有这样的想法古老**长方形大教堂**（basilica）风格最切合我们的建筑，因为罗马教堂曾是**聚会主堂**。这的确是事实。基督徒在开始时选择这种建筑风格，这无疑表明他们意识到"信徒的聚集"的重要，但其适用性就此而止。罗马人民的集会与我们的聚集有着非常不同的特点，而且当地气候促成了一种与我们完全不同的建筑结构。此外，基督公教长方形大教堂很快就完全按照祭司祭祀仪式的精神发展起来；人们只需进入罗马著名的大教堂就可以注意到他们完全不适合我们的聚集。

祈祷之家的概念也不应该对教堂建筑产生太大的影响。当然，人们去那里祈祷，**整个**会众的祈祷有一个特殊的意义。但是，我们还是不能因此照搬旧约的概念。也就是说，在锡安的祈祷比在家里或田野的祈祷有更高的层次（因为上帝同在坐在基路伯中间）。在基督公教，这种想法仍然可见，这就是为什么他们的祈祷室大多是开放的，你可以不断看到一些人走进去。他们在家里也可以祈祷，但他们认为在教堂里所作的祈祷具有更高的地位。我们不提倡这样的想法。教堂本身并不圣洁，它所立之地也没有分别为圣。我们的救赎主说"进入你的内室"；通过这一句话，我们的家和内室的祈祷已经成圣。

【此外，虽然我们也在教会中祷告，但是祷告并非崇拜的全部，因此不应主导教堂建筑的整体特性。更不用说，建筑本身必须体现崇拜。这不是必须祷告的建筑，而是必须聚在一处的建筑。】[42] 因此，过去优秀的建筑师们放弃哥特式设计，转而深受**文艺复兴**风格的吸引，这也合情合理。因为正是这种风格最纯粹地提供了健康、未受破坏的古典艺术形式，最能兼顾目的和用途，并允许最自由的执行。

由于小教会的资源有限，我们几乎不敢提及尖塔。但既然我们现在是讨论这样的教堂建筑，我们不得不说，每个教堂从其本质上需要一个尖塔 —— 手指指向天上，并不断提醒我们天国公民的身份。

---

[42]　中注：荷文版中此段内容在 145 页。

附录：第三十三章 副堂

【在结束对教会建筑的讨论前，我们要稍加论述副堂。尤其是因着我们的气候，副堂是不可或缺的。在不被寒冷天气困扰的地方，教堂中的其他东西几乎都可以移除。所有要理课程都可以在教堂里举行，无需单独一间要理班的教室；所需求的主日学也能在教堂里进行。甚至教会的长执会也可以在教堂里举行，不会有丝毫反对，正如我们偏好在教堂中举行教会总会会议。】

【然而，寒冷如同苦主，让一切都变得不可能。我们不能在周日为了一小群教会长执或要理班信徒的聚集而用暖炉、加热器供暖整个教堂以消除寒冷，这实在太浪费钱财了。当雪花还在玻璃上时，信徒勇敢地胜过寒冷而聚集在没有供暖的教堂中乃英雄之举，却也是不当之举。健康会因此受损，人们也不会在这样的聚集中有所收获。温暖让人联合，寒冷使人分开，而所有这些聚集所需要的就是彼此的联系。于是，我们很快就感到必须在我们所称为教堂的大堂之外建立一个或多个小会议室。教会的规模就说明了副堂的数量。一小群会众中只需一个副堂。大规模的会众需要一间教堂司事的房

间，一间长执室，一间执事室，一间点算奉献款的房间，一间洗礼室，几间要理课程教室等。】

【如今，这些副堂越发引人关注。从前，人们对待这些副堂粗心了事。若有一间黑暗、霉臭、令人不舒服和寒冷的房间，他们就心满意足了。在这样的房间中，教会举办要理课程，召开长执会；但是当踏入这个房间时，人们的第一印象就是赶快出来。因此，教会长执会会议越短越好。人们的就坐十分随意，当中摆放一张普通的小桌子和椅子，所以他们感觉越早出去越好。现在，这么做已经不可能了。这些不雅的房间令人不悦，经常成为错误决策和严厉话语的起因。一次会议应愉快地让人投票，与会人员能彼此吸引，全体人员都是被邀请参加聚会，并且会让你不舍离开会议室。】

【这个目标如今可以借着为会议室选择形式来达成。这个形式包括引入灯光，确保有铺上绿色桌布的舒适、宽敞的桌子，有扶手的椅子，安装通风设备，细心选择色调和装饰物，并给人有实际坐在教会会议室的印象。当然，费用应予以考虑。然而，有品位的工作和无品位的工作在费用上并不会有太大差异，而且有些费用是值得的，这会让主堂和聚会更加和谐。教会长执会需要七张还是八张椅子并无不同，采购价值 2.5 弗罗林的有座垫的普通椅子，还是价值 6 弗罗林的扶手椅，甚至价值 25 弗罗林的椅子，都无分别。最后一种椅子至少可以使用 25 年；这些几倍的价差平均折算每年才 1 弗罗林。费用在此无关紧要。人们更多的时候不会想到这方面，也不会看见恰当、合理并愉快地组织会议的重要性。我们甚至知道在一些长执会会议室中，长执就所在石头地上开会。】

【同样重要的是确保要有好的要理班教室。时至今日，这方面给教会带来了许多伤害，有许多欠缺。在过去，这方面并未造成许多困扰，因为早些世纪的人们习惯了不太舒适的环境，无论是学校中的还是教堂里的教室，更像一个马厩而不是一间用于教育的房间。但是，年代改变了。学校建筑如今已经是许多漂亮的建筑。孩子在学校通常比在家里更加整洁、更好并更优雅。学校里的一切都整齐

有序、爱护有加、装饰整洁、刷漆得当，并有可以舒适就坐的长椅。】

【如今，当我们的孩子习惯了学校中的干净清新时，他们却常常坐在毫无品位、有时甚至有霉臭和闷热的房间中参加要理课程，并且房间里的椅子和长椅完全摆放无序。学校里的教育设备极好，无可挑剔，但是要理课程教室中的设备极为简陋。通常情况下，教室里也没有风琴伴奏合唱，并时常发生照明不充分的情况。要理课程教室这个立方体空间与要理班学员人数之间的比例经常十分糟糕，以至于教室空气浑浊，缺乏清新的空气。我们此时还不相信这些是有损的吗？难道这不会让孩子产生印象，学校里的教育更加重要，而要理班课程只是次要的事情吗？请记住，人们通常每周只有一个小时的要理课，这已经十分少了。如果这一个小时因着教室令人不满和落后而给人留下致命的印象，难道我们真的相信这对教育本身没有影响吗？我们甚至敢说牧者在一个清新并布置整齐的房间里，比在一个如鸽子窝的房间里，会有更好的要理教学。通常情况下，无论对教会长执会的聚集还是要理课程而言，对优良建筑和恰当设计的更多关注是极为重要的。有些方面十分迫切并更为迫切，因为建造相对再高一米的房间费用并不会太大，并且用好的事物装饰，每个教会都会有一个美好舒适的副堂。】

【即便这对我们十分重要，但我们不能急切地给那些迄今仍用不舒适的副堂的教会提出改善的建议。不仅是那些只有建筑的教会需要觉察到这一点，那些有地方教产的教会也必须要自问是否能做到这点。切勿忘记，许多牧者正因这些副堂条件如此糟糕，就在家中开展要理课程。这种做法无论有哪些可取之处，却打散了教会，并促发了错误的想法 —— 好像牧者是一些个体，一群人围绕在他们左右。任何源自教会的事物和活动必须要与教堂相关联。一个人必须再三地去教会。每个人必须要知道，要理课程不是传道人的私事，而是教会的事情，教会借此将受洗的肢体带入圣餐。】

【我们并未讨论其他副堂。教堂司事的房间、洗礼室、奉献点算室、等待室等更多副堂并不直接有关教会的性质。此外，这些副堂只在一些大城市中，并根据所需而设。然而，我们仍需思考的问题是，这些副堂要设置在哪里。任何人看到在阿姆斯特丹水坝广场的阿姆斯特丹新教会教堂前的长执会会议室，都会同意这种设计缺乏品位。因此，我们确定归正教会情愿重建或移除长执会会议室。许多教堂外的副堂不会增强印象，因而难以协调。另一方面，在我们所说的教堂建筑平面图中，这些辅助性房间的必要空间可位于拱形平台走道的两侧，并且那些小房间可以置于经过双扇门和楼梯后，与主堂有一定距离的地方。】

　　【在英格兰，人们采取了完全不同的策略。教堂主堂位于地面几米的上方，并向下深入 1 米；这样，主堂在整个教堂建筑中就占据了重大位置，为一切需求提供了足够大的空间。教堂的正前方有一个宽大高耸的 2 米阶梯。这使得整个建筑坚固，并令人印象深刻，并且可利用的空间也多了一倍。然而，若建筑不够大，那么这种设计就不太实用了。若建筑不够宽，也不够高，那么就无法有高达 2 米的阶梯。即便我们承认这种建筑方式对副堂的设计而言是最为可取的，我们仍怀疑这是否普遍有效或可以实施。但是，只要我们这么去行，就表示对教会长执会会议室和要理课程教室之意义和重要性的关注已超过了现在。具体可行的做法只能取决于具体的地点，以及眼前的细节方案。】

第十二章 座位安排

座位的指定

当我们现在转向敬拜仪式时，就出现了如何让人们就坐这一问题。这是在任何聚会、任何宴会或任何会议上都会提出的第一个问题。即使所有的座位都一样，也会有人问这一问题；如若不然，这个问题就变得更加重要了。我们从各国和各民族的历史，甚至从《圣经》中知道，对"重要席位"的渴望及其相关的态度对人心有何影响，而这一点很容易被忽视。即使我们能把讲坛放在中间，把会众围成一个圈，这个麻烦的问题仍会出现；因为即使这样，也会有两方面的区别——离讲坛近或远的座位，在牧师前面、后面或旁边的座位。如果人们纯粹是带着基督徒的谦卑来到这样的教会，那么后排的座位将是最受追捧的。但人们通常把"自我"带进教会，因为其他人也这样做，这常常导致了愤怒和烦恼。

如果说"与其为此自寻烦恼，不如让那些先来的人自己找座位，坐在他们选择的座位", 那么这就会引发一场"早到比赛"。然后, 你会给一个能够提前离开家的青少年一个特权, 而一个忙碌的家庭主妇则无法享有此权, 因她在出门前有很多事情要做。另一方面, 这让人们自行分配座位, 不会造成不必要的推搡, 但带来的问题是, 迟到者打扰了那些已经就坐的人。除此之外, 这还带来一个开放空间的问题, 就是那些迟到的人想要从你旁边经过到达空位。这问题实在很困难, 而且还没有人找到一个能满足所有人, 并能在原则上合乎情理的解决方案。

原则上, 只有一种区别是允许的, 那就是会员资格。会员优先于陌生人, 认信的会员优先于受洗的会员。聚会的性质要求这样做。因此, 那些允许领受圣餐的人可以坐在前面, 而在他们后面的是那些还未能领圣餐的会员, 再其后是访客。

这种区别在早期基督教会中被遵守, 有时甚至非常严格, 正如聚会场所的划分方式所显示的那样。然而, 宗教改革的教会并没有恢复这种做法, 这可能是为了避免太多的孩子聚集在一起, 引起太多噪音。他们更喜欢让孩子们和父母坐在一起, 这是一种值得称赞的做法。不过, 我们不妨考虑设定一个上限年龄, 比如二十岁。二十岁的青年男女不再依赖父母。事实上, 对于那些没有寻求领受圣餐的人来说, 让他们坐在后面可能是一种激励, 促使他们公开信仰。坐在那里会不断地提醒他们: "你不能再属于后面了, 你要预备领受圣餐。"

与早期教会不同, 我们的教会过去强调男女成员的分离, 甚至在圣餐中也是如此。教堂的正中是为妇女保留的, 男人们分坐在他们两侧; 他们也有男女分开的圣餐桌。然而, 从原则上讲, 这种分离是站不住脚的。在基督里没有男女之分。因此, 推动这一做法的原因即为了防止不适当的行为, 鉴于国家教会中那些逾矩之徒, 这样做也有一定的合理性, 但它肯定不适用于一个好的归正(Gere-formeerde)教会。

最好按家庭分开，父、母、子、仆同坐，这样的合一甚至是盟约的一种表述，体现了自然生命与恩典生命的联系。如果能够实现，那么上述反对意见就不再成立，男女坐在一起没有任何异议。当然，这也适用于圣餐。其余的人不应该分门别类。一个人是富是穷，是上流社会的人还是平民百姓，在会众中不重要，也不应该有什么影响；这就是说所有的座位都应该是一样的。我们不应该提供精致的和普通的座位，而应该为每个人提供一个座位，所有人的座位都是一样的。在这里没有优惠待遇。

【若教会有一座教堂，剩下的事就简单了。她可以按每个家庭所需求的，为这个家庭指定多个紧邻的位置，从而没有人会被亏待或遭受不公平对待。家庭座位的安排可以根据字母表顺序，或按照抽签顺序，或按着受欢迎的程度，按年更迭，从而信徒可以每年依次改变位置。在大城市中，若教区引进这种方法，同样适用。也就是说，如果整个教会按照教堂的数量分开，那么每个家庭在其中一间教会都可得到一排位置。另一方面，整个教会每周日都要数点人数，跟牧者确认，覆盖多间教会。于是，有次序的分类就不可能发生了。若安静有序的位置安排明显不可能时，这并非归因于原则，而是因着做事的方式。有些人有权利给自己和家庭安排一定数量的紧邻座位，从而其他人在聚会开始前不能占据这些座位。这种做法持续引发了安静的无序与骚乱。然而在这一点上，仍无补救的办法。在无体系中，无序无法变成有序。】

【关于失聪者，继上文所论，此处没有补充说明。我们接下去仍要指出在美国已实践的好习惯。靠近讲坛的长椅会向后弯曲，从而听众不用辛苦地扬起头看讲员。尤其是那些坐得靠近高高的讲坛的人，都经历过这样的不快与辛苦。于是，在过于靠近讲坛的范围内，听众就不再看向讲坛，而是东张西望。】[1]

---

[1]　中注：荷文版在 152-153 页。

出租座位

我们还要补充几句关于出租座位的话，因为许多人对此表示有兴趣。出租座位在我国已经有几百年的传统了，这种古老的习俗在国外也有，只要不变成一种商业安排，这种做法也没有什么不好。在信徒聚会中经商是不对的，这违背了它的本性和存在。"不要把我父的家变成买卖的地方！"

一旦承租人看上了某个座位，并许可其决定支付多少或根据供求关系定价，座位租赁就成了一项商业安排。当这种情况在教会发生时，我们就复制市场上标准做法，即最富有的人会得到最好的座位，价格由竞争决定。

如果甲先生能负担得起，他将为自己在教堂中占据最好的座位，如果因为乙先生为那个座位支付 9 弗罗林，那么他今年必须支付 10 弗罗林的座位费。但是，因为他最大的竞争对手乙先生已经去世，那么甲先生明年将支付 8 弗罗林的座位费。如果教会根据供求情况定价，那它仍然是一门生意，因为它不得不将座位分为几类，如最佳座、好座、普通座和后座，这分别是 10 弗罗林、5 弗罗林、2.5 弗罗林和 1 弗罗林。[2]

一个人的社会阶层就成了标准，最富有的人得到了最佳座，富裕的人得到了好座，普通的市民得到了普通座，工人得到了后座，而穷人就被分到了穷人专属座。而且，如果教会定价过高，最好的座位就会无人问津，就像一个商人要价太高，然后明年它不得不降低价格。可悲的是，这样的做法仍然在我们的一些教会中践行。[3]

【按比例而言，事实上富有的人支付得更少。我们可以想象一位一家之主带着妻子和三位参加教会的孩子，租用五个 10 弗罗林

---

[2] 英注：弗罗林是古代荷兰货币。在荷兰使用荷兰盾（guilder）为货币后的很长时间内，弗罗林在写作中仍延续使用。
[3] 中注：荷文版并无最后一句话，乃英译本所加。

的座位，一年就是 50 弗罗林。与此同时，一个工人家庭租用 1 弗罗林的位置，只用支付 5 弗罗林。然而，如果前者年收入 1000 荷兰盾，后者甚至很难满足家庭的需要，那么显然后者支付的更多。】[4]

但是，如果说租座位是指在不考虑户主社会阶层的情况下按抽签方式分配座位，而且他们按收入每年向教会支付尽可能多的费用，那就没有任何异议。这样一来，我们就有相反的做法。在这种情况下产品就是座位，对每个人来说都一样，虽然每个人付费不一，但各自量力而行，这应该按照一周的工资来评估。当然，每个人都必须参与这一安排；这样，收入就可以算作每个家庭的年度奉献。如果每个家庭都自愿献上他们亏欠上帝的，那就更好了。

然而，大多数教会还没有达到这一水平，尽管在英国的一些教会已经达到了。每周都会有一个通知，说明需要多少钱，收到多少钱，不足的部分必须在下一周补足，这确实发生了。然而，在我国，我们仍在教会奉献的问题上捉襟见肘，吝啬的人把这丢给慷慨的人。当然，教会在这件事上应该有坚定的立场。毕竟，开支要平衡。钱用之于众，也该取之于众。我们不是在说施舍或牺牲，而是在说支付账单。归根结底，要做**一个正直的人**。

有人可能对奢侈持批评态度，或者抗议不必要的支出，但缺乏需要被填补，而且必须由每个奉献者根据自己的能力来填补。出于甘心诚实的奉献是何等美好，上帝也必审判那不肯奉献的人。有人在这世上，因抢夺圣物，就受了严厉的审判。当人们把依其能力所欠教会的钱藏在口袋里时，就会如此。

但是，如果所花的钱和教会所欠的钱不是自愿奉献的，并且随后的训诫或请求无用时，那么除了评估会众之外，没有其他办法了。在这种情况下，教会必须决定每个人需要付多少。如果这个数额被视为家庭座位的租金，那么你唯一能说的就是，普通成员觉得教会通过提供这些座位给了他一些实实在在的东西作为交换。

---

[4]　中注：荷文版在 154 页。

　　不管怎样，钱都得筹集。任何形式的短缺都是教会的控诉。如果几个世纪以来，我们的改革宗父辈因其在财务问题上的可靠性和诚实而受到赞扬，那么有人会怀疑，一个不还债的改革宗教会是否仍有权享有改革宗这个名字。我们还应该提到，也是我们一直强调的，在这些问题上，也要考虑历史情况。消极的事物最好通过逐渐的变化转为积极的事物。

附录：第三十五章 堂务圣职者

【**堂务圣职者**（kerkelijke bedienden）的问题自然与**座位安排**的问题相关。但是，我们要先简要阐述恐慌所造成的危害。一个教堂也可能会有火灾。伦敦的司布真会幕堂的惨事在今日可能再次发生。[1] 这可能是由于骇人的闪电，或煤气泄漏，或炉灶倒翻等。恐慌局面也可能有其他原因。总而言之，我们不应忘记，火灾的恐慌常常杀死 20、30 人，甚至更多的人，即便火灾可以立即扑灭也会如此。我们不可忽视这个事实：恐慌局面中的受害者绝对不只是那些被踩踏而死的人，还有许多被惊吓和受伤的人；这些人在之后才表现出所受到的重大影响。】

【今时今日，此种恐慌局面在剧场中比在教会中更常见；原因很简单，舞台上有许多极其易燃的物体和遍布各种灯光。相比之下，教堂十分空旷。笔者在斯海弗宁恩（Scheveningen）归正教会曾经历过这种人群恐慌的拥挤。当时，讲坛上方烟囱风帽处的灯由于开

---

[1] 中注：1856 年 10 月 19 日，当司布真在讲道时，因听众中有人喊叫"着火了！"，整个会众惊慌失措，导致踩踏，以致多人死亡。

得太亮，突然闪了一段时间。在这短短的时间里，即便是一点火光散落在讲台上，也足以快速起火，然后蔓过长椅和凳子，在两分钟内就会吞噬整个教堂。在洗礼区的人还未反应过来发生什么前，整个教堂就被清空了。当时会众人数众多，可能会造成伤亡，但是事实上并未推搡，人群中的男性也习于攀爬。这就是为什么动作可以那么快，教堂彻底清空，人们可以四面八方地散开。如果同样的恐慌局面在一个有拱廊和楼梯的教堂中发生，并只有一个出口，我们无疑会问道，不善攀爬的普通人群会否罹难。我们因此已指出，在建造楼梯和出口时，关注这方面是十分重要的；这也是警察必定会关注的。】

【但是，在座位方面也会有恐慌导致的危险。因为拥挤的时候，走道和入口处，并且整个教会从这边墙到那边墙都坐满了人。若此时出现恐慌局面，走道不仅坐满了人，更糟糕的是还有椅子和凳子。人们起身离开椅子和凳子，而椅子和凳子就被留在那里。一个人绊倒，后面的就相继绊倒，于是就出现了"群体车祸"，死伤的危险立刻就出现了。在男女分开的教会中特别明显，并且强壮的人群只做自我保护，而柔弱群体，特别是柔弱群体中的老人，被撞得东倒西歪。因此，随时让走道保持畅通，不要让椅子、凳子、小凳子占据走道的空间，这似乎是明智的。若不能如此，那么就有责任在长凳上安装一个阀门，当人起身时，座椅自动收好，让走道畅通。同时，这些阀门只能装在长凳上，从而在被凳子塞满的教堂中，我们可以始终保持走道不被占用。】

【然而，我们建议不要在教堂中央、讲台的正前方设置走道。教堂的中央是最好的位置。将走道设置在教堂中央特别令讲员不悦，而且讲员只看到前方地面的石头，这对宣讲甚至是一个阻碍。我们建议在中央区域的两侧设置走道，宽度要足以让两个人并肩而行。】

【特别是作为归正教会，我们必须展现我们在这些外在事物上更加实际和娴熟，不要在属灵上过度自信而试探上帝。上帝的律法命令以色列在房顶阳台要制作栏杆，以防发生他人跌落的意外。忽略这一点就是违背了第六条诫命。同样，若教会长执会忽略提防对

人生命的潜在危险，也违背了第六条诫命。若上帝所禁止导致恐慌的事发生了，那么就必须期待我们对此有强烈的反思。】

【假若众人保持镇定，没有推搡，那么这种恐慌并非危险，正因愚蠢导致了死亡。因此，凡是在上帝里面、头脑清晰和思维实际的人都会明白，当这些恐慌发生时，每个人必须按部就班而行。如果众人镇定自若，那么在最后一个人离开时，火势也远未波及。当然，所有在走道上的人要尽可能地迅速离开。若有必要，人们要将儿童或老年妇女举起来带出去。若不能如此，那么他们就要在各种恐慌局面中静等离开，有效地阻止各种意外。】

【以上是有关恐慌的危险，接下去我们简述"堂务圣职者"。我们在这方面感到羞愧。总的来说，基督的教会对此并非恰当地接纳。至少，没有人知道堂务圣职者是聘用的工作人员，他们带薪参与各类侍奉。在教会中，一切事工必须是志愿的，除非他们必须靠此为生，因此必须放弃自己的工作和岗位。这是教会中唯一允许薪水的特例。一位牧者以牧养为生，因此需要教会供养。在大城市中，教会似乎很有必要有一至二位长老整天投入探访。他们没有维持生计的渠道，因而需要教会来维持他们生活的需要。如果一间教会决定任命一位男性执事和他的妻子为孤儿院等机构的负责人，这胜过聘请一些"父亲"和"母亲"，那么这位执事就要靠教会供养。若教会需要一位整个礼拜在街上负责接待的人，或一个整个礼拜只为了教会益处的人，那么这些人就完全需要教会来供养。但是与教堂内部或周边有关的工作只发生在周日，不会打扰任何人的工作；因此这些工作人员无一例外必须喜爱事工。如果一个大的教堂有教堂司事，那么教会可以提供一个免费的住宿，但是再多的供给就没必要了。甚至管风琴演奏者也是志愿地在教会服侍；不管如何，教会只在周日需要他们来服侍。教会必须为他们提供一架优质的管风琴和好的音乐，并不应将他们视为次要的人，而是对待他们如同弟兄。然而，管风琴演奏者必须为教会演奏，他们本人也应该为着能被允许在这方面服侍教会而喜乐。】

【在信徒聚集中的其他一切服侍必须借着长执会成员，或教会委员会委员，或其他弟兄出于爱而行，即便是负责敲响教堂塔钟的人也是如此。我们稍后讨论敬拜服侍的时候再探讨奉献。我们现在来界定在从前体制下被称为**堂务圣职者**的人。我们持守已确立的原则：对于在周日的服侍而言，若没有限制或阻碍一个人正常的工作，教会不用予以补贴。当然，这并不是说目前已有其他原则适用的教会要突然收回补贴的金钱。这乃是说在新的体制或职位任命中，教会必须意识到，要从错误的系统转变到一个好的系统。】

【从今以后，若有人想要彻底改变现状，这是不明智的。许多人现在意识到，他们耐心而行，比他们迫切要骤然进行彻底变革，要更加明智；这在许多方面已然成为一个原则。只有在错谬成为一项**原则**时，才需要我们予以坚决抵制。至于其余的事，我们总有义务恪守暂时的承诺，让改变缓慢发生，而非如急风骤雨。会众也必须要被教导这些事，并且志愿服侍的更高荣耀必须要与他们的心相连。他们欣然自由地服侍，不是出于强迫，而是甘心乐意。】

【总而言之，我们要恰当且明智地统筹安排。教会长执会不应随意安排，而是精确说明这些长老在服侍中必须要做的事，特别是那些带着权柄和依据管理条例而行的人。讲坛上的牧者不能触及这些，必须要有其他人来排除障碍、防治问题。同样，为了让这些志愿的服侍能顺利进行，我们不应只让少数弟兄参与。若只有少数人做所有的事，那么他们就总是在忙碌，自身就无法接受教导。在主日，一个人只能在一次敬拜中侍奉。在第二场敬拜中，必须要有一个人来代替他，从而这个人作为正常的礼拜者不会被其他事分心，而安静坐在人群中。另外可取的是，一些拥有职位的人也参与周日的服侍中，从而不至于令人认为这些服侍是次等的，只适于下层阶级弟兄。这一切想法都源于罪恶和世俗的聚会。】

【就每周的敬拜侍奉而言，按照已确立的原则，侍奉人员可能需要经济补助，至少在大城市中是如此，因为那里的人晚上也要上班。但是很多每周的敬拜侍奉并不如此。在乡村中，每周最多有一次敬拜侍奉，而且时间较晚，是在所有人下班之后，所以没有经济补助并无异议。但是在大城市中，每周的敬拜侍奉和婚礼十分频繁，不总是可以找到能服侍教会却又不会影响工作的弟兄。因此，只要是空闲的人，都可以先参与每周的敬拜服侍。那些暂无工作、退休和任何自觉可做合适之工的人，可以志愿来服侍教会。若没有这样的服侍人员，那么教会必须依赖那些必须先搁置自己事业并因而**损失**利益的人，所以他们得到补助也是理所应当；比如教会的管风琴演奏者，他们必须因此放弃私人教学。然而，这样的服侍人员只能占非常小的比例，主要侍奉人员保持不变，以致当会众聚集时，彼此并不陌生，也不会因没有报酬而拒绝做事，而是都仁爱乐意地服侍。**在主日赚钱乃违背第四条诫命。】**

第十三章 敬拜前的集合

我们现在来探讨"信徒的聚集"本身。在这一章中，我们将讨论**真正聚会开始前**的集合的性质。一般来说，这样的预备集合是无法避免的。敬拜前十五分钟或半小时，信徒开始聚集。出勤情况良好的聚会，人们一小时前就开始聚集。在阿姆斯特丹也有这样的情况：人们在教会开门前半小时或更早就开始在教堂外聚集。在每个人都有自己座位的小乡村教会则不会发生这种情况。但即使是在那里，有时敬拜前就坐无虚席。天气晴朗时，人们在外面聚集大约半个小时是司空见惯的事；当钟声响起，他们都安静有序地进入教会。

敬拜前的行为规范

因此，无论时间长短，在崇拜开始前，总有一些时间，所有人或至少许多人，都在教堂里面或附近。这就引出了一个问题：这个预备集合的性质究竟是什么？这个问题的答案将决定人们在这段时间应该做什么。关于这个问题，我们坚信今天的主流观点与我们所承认的并不一致。

这种观点认为，一旦你进入教堂，并在祈求祝福之后，应该像老鼠一样安静，不要与邻座交谈，要读《圣经》或诗篇，翘首以待，直到读经员进来打破沉默。这样做的目的是不让任何事物分散你的"宗教注意力"，你会全神贯注于神圣之事，从而预备自己、聆听讲道。其理念是，这样的沉默会增加该场合的庄重、从容和严肃，会增强灵魂的接受能力，也会创造一种明确的"氛围"。当邻座相互开始一段简短的对话时，有人竟然感到被严重冒犯。而且由于听力差，他们有时不会压低声音。他们想获得在自然界中经常经历的暴风雨来临之前的安静，这样他们很快就能以神圣的崇敬和深深的敬畏之心聆听上帝圣言的雷鸣，或者如《圣经》有时所说的"上帝的声音"。

我们相信这是一个路德宗而非改革宗的见解。路德宗教会的原则假定一个教导性的教会（ecclesia docens）；也就是说，有代表教会的圣职人员，他们被赋予了很高的权力，给地上的信徒带来一个来自以色列圣者的信息。正因此观点，真正的路德教会的讲坛总是摆得很高。牧师就像一个来自天堂的吹号天使，从西奈或锡安山顶对会众讲话。会众由前来聆听的"听众"组成。这是他们唯一的呼召，一个好的倾听者必须保持安静。

但**我们的**认信教导我们一些不同的东西。我们**聚集**，是一个由弟兄姐妹和当地信徒组成的聚会。在这"信徒的聚集"中，有一位弟兄被授予了这一职分来带领会众，使聚会有规有矩，并实现其目的。这也意味着，对于来到教会的弟兄姐妹来说，焦点不仅是将要发言的牧师，也是将他们联系在一起的团契纽带。从这一点看，聚在一起的信徒一开始就安静，像完全陌生的人一样坐在一起，这是很不自然的。当然，一旦聚会正式开始，每个人都应该保持安静，正如所有会议一样，但没有规定人们在此之前不能彼此交谈。禁止交谈，聚会就变得相当僵硬，且被剥夺了其应有的愉快社交属性，然后人们就只变成了**听众**。

【诚然，在大城市的循环讲道，每间教堂中坐的都是不同的听众。这有损这种聚集的亲密欢快的性质。这些听众彼此不熟，坐在陌生人旁边。对于旁边的弟兄姐妹，听众不晓得弟兄之情或姐妹之情，因此对他们毫无所感；这只是促进了教区的发展。】[1]

我们在这里所说的是理想意义上的信徒聚会，"弟兄姐妹操练圣徒团契、彼此认识、彼此相爱"。分开整整一个星期，不许彼此说任何话，甚至互相点头或握手，这对他们来说是很别扭的。【在长执会成员的长凳上，情形通常有所不同。人们彼此相熟，当他们进来的时候总是彼此握手，望向彼此，并且互相问安。】[2] 你经常会坐在一个你不认识的人旁边，你们不握手，你几乎不看他，一句话也不说。当离开的时候，就好像你离开了一辆电车，你甚至不能说出刚刚和你一起敬拜的那个弟兄的样子。[3] 这种行为违反了团契，无视了所有的归属感，破坏了聚会的性质。你可以肯定，在户外"树篱敬拜"的日子里，或是在殉道者时代，都不会发生这种事。在那时，有一种温暖、炽热的爱把人们系在一起，不同于今天冷冰冰的对待。你和我甚至坐在主的桌前，就好像和陌生人坐在一起一样。

因此，每个教会都应该有一个团契室，一种人们可以在敬拜前会面的前厅。当敬拜开始时，他们就进到敬拜所。如此一来，人们每个主日都可以在团契室见面，维系情谊。这样，在之后的聚会敬拜，他们就可以真像弟兄姐妹一样。如果没有这样的团契室，在无雨或不冷的日子，乡下的人们通常在教会外有一个露天场所来聚集。然而，在我们的城市，这很难做到。除了立即进入教会大楼并找到一个座位，几乎别无他选。但在这种情况下，人们应该真正努力去

---

[1] 中注：荷文版在 162-163 页。
[2] 中注：荷文版在 163 页。
[3] 英注：这种没有人情味的敬拜今日仍在荷兰的许多教会中践行，尽管其他教会开始有所转变。

相互了解，而不是把对方当作陌生人对待。人们至少应该与周围的人握手，打招呼，并关心他们的近况。当然，只要遵守礼节，不大呼小叫，制造一片嘈杂喧扰，就完全有理由进行一场交谈。即使是你从座位上起来，因为你想对一个生病或离开了一段时间的弟兄说些什么，或是和他握手，这也完全符合聚会的性质。

这种僵硬、过于正式、如墓地般死寂的氛围扼杀了所有的亲密感。这是人为的、不自然的，我们并不推荐。事实上，我们从原则上拒绝。这对我们的孩子来说也是完全错误的。他们在敬拜期间应该保持安静，这是可以理解的。但只要敬拜还没有开始，我们就不该太过苛求他们。使徒时代的会众，人们甚至用"圣洁的吻"互相问候。那是我们所没有的希腊习俗。我们的习惯是握手问安。若任何人不这样做，都是在基督徒的礼貌和对其他信徒的关心上失职了。因此，不推荐以大声诵读经文和唱诗来填补等待的时间。事实上，这是对其圣洁的冒犯。读经和唱诗是**敬拜的一部分**，不应先于敬拜。

管风琴音乐是从会前聚集到真正的敬拜聚会最自然、最不言而喻的过渡方式。【正如费芬先生在《荷兰教会杂志》（*Hollands Kerkblad*）发表的美妙歌曲，音乐也有如此神圣和上帝所命定的呼召。因此诚如加尔文所言，"音乐拨动并柔化人的心灵"。费芬如此歌唱：】

【涌流，清晰的溪水之声，带着悦耳的律动；
你是宇宙创造主的礼物，祂是一切美善的源头
欢乐的天使在诸天齐声以"圣哉、圣哉、圣哉"赞美祂；
地的根基震动，赞美之声响彻寰宇；
上帝的儿女加入喜乐的盛筵，加入晨星的欢乐洪亮的齐
声赞美。

美妙旋律的悦耳赞歌因上帝的荣耀和荣耀的天堂而激动；
当一片平和之际，祂按着本性和方式发出声音：

清醒的夜莺以悠扬的歌声鸣唱，

万物受此激发，一同歌唱，用无休止的低吟，向祂献上冠冕；

回荡之声与禧年的欢呼共鸣。

微风轻拂，轻吟低语；吹打欢快的水流，溅出水滴，发出潺潺之声；

时而怒吼，时而嗡鸣，都汇入一首美丽的众歌之歌。

人类始祖的双耳能捕获此声；

那时，他们的美妙达到高潮，他们的感官和心灵交相呼应；

在这样的状态中，将他们在第一场婚礼中结合的上帝，

因纯粹的爱歌得荣耀。

今日，许多无趣的哀歌从自然而出，在鲜血淋漓的战场上吹响号角；

审判之歌常常取代了喜乐的合唱；

当一切让人丧胆，心灵精疲力竭时，

这些却常常在欢喜甜美的情绪中消化。

当祷告在柔声中升起，或伴随着雷声进入灵里狂喜时，

他向创造者，上帝，我们的主，歌颂。

凡有气息的都要赞美，高声赞美宇宙的君王；

鼓瑟弹琴，用角声、丝弦乐器和钹赞美祂。

人哪，将一切的荣耀都归给祂，高声呼喊祂的荣耀！

听哪，神圣的音乐！你们蹚过银色的溪流：

你们的存在是为了永恒：

张开赞美的口，众水之声歌唱那位昔在、今在、永在者的荣耀！】[4]

---

[4]　中注：见荷文版 164-165 页。

在敬拜中，会众唱歌，音乐表达他们的灵魂。风琴只能伴奏、引导和辅助歌唱，但风琴乐不能成为表演。然而，在敬拜之前，为其做预备的短暂风琴演奏是令人愉快的，只要音乐合适。如果这风琴乐缓缓升起，不至于成为一个突然和令人不安的因素，如果它安静地吸引和提升灵魂，为其与上帝相遇做准备，那么它就以一种无法复制的方式完成了它真正的呼召。

我们知道我们对预备聚会的立场与今天的主流观点很不同，但我们并不认为应该在此事上隐藏自己的立场。因此，我请有不同想法的信徒们，按照原则来评价这件事，并扪心自问，目前的主流观点是否符合改革宗"信徒的**聚集**"的原则，是否符合圣徒团契，以及使徒所说的"圣洁的吻"，是否符合自然和生命本身的准则。

敬拜之始 [5]

既然我们已经进入到了真正的敬拜，我们必确定敬拜始于何时，我们相信是始于教堂钟鸣声停止的那一刻。【因着 1853 年四月运动中教会的彼此嫉妒，导致在很多地方我们的教堂塔楼寂静无声。但是此时，这不应阻碍我们脱离它的原则去思考教堂的钟。尤其是乡村地区的人，在安息日早上，宏亮庄严的钟声响起，他的灵魂中有庄严肃穆的印象。当他去到国外时，不仅抱憾教堂钟鸣在那座城市和许多村庄都被禁止。】[6]

这个"金属声音"的钟鸣其实很优美，特别是如果你有幸拥有一个真正的、沉重的铃铛，能从远处听到其清脆、坚实之音，而不是一个很小的、咔嚓作响的铃铛，其声音范围有限。如果一个真正

---

[5]　中注：以下内容在荷文版中为第三十七章，标题为"Het binnenkomen der Ambtsdragers"，译作"圣职人员的入场"。

[6]　中注：见荷文版 166 页。

的铃铛以庄严的方式缓慢地鸣响，它轰轰之声停止时会产生一个声音真空，过一会儿就是牧师以安静的声音开启敬拜的绝佳时机。

【然而正因为管风琴声和钟鸣声在特定的时刻安静下来，在十分短暂的完全静默后，必须有话语补上。此时出现了另一个问题，圣职人员是单独进入，每个人就坐于自己的座位，还是他们在崇拜真正开始前整体一同进入。他们当中一人要很快用话语取代管风琴声和钟鸣声。无论如何，一切都必须流畅、毫无停顿，尤其是在这敏感的时刻，不应让任何慌张削弱诚挚的情感或破坏氛围。】[7]

【一位法国诗人如此说：L'ordre est parfait, on reconnait l'Eglise。这对我们而言仍是荣耀的称谓。根据意译，这句话意思是：你从平静有序中认出了教会的生命。凡与属天威严有关的，都要在教会崇拜中体现出来。】[8]

圣职人员仓促走进，匆匆入座，或者牧师迅速站上讲坛 —— 事实上，任何的行事匆忙 —— 都有违规定。这一点确实应该强调，因为在敬拜开始前，许多传道人脉率加快、神经紧绷。人们不必对此感到惊讶。一位牧者会意识到等待他的任务，或许直到周六深夜才预备好讲章，然后惴惴不安地入睡，且比平时早起。这样的牧者在敬拜伊始很难完全控制自己。【如此不平静的心情很可能会传递到他的肌肉；不安的肌肉会让他难以平静、来回踱步，甚至他的头和手臂也会摆动。这绝不允许。在神圣的崇拜中，这是一个缺陷。每个牧者有责任逐渐透过练习来战胜身体，从而控制身体。至少，一位多年主领崇拜的牧者理当能做到这样，从而聚集的信徒不再发现他的不安，也不会注意到任何粗心、无序的事，有时甚至因此带来的狂热行动，因为一条神经的焦虑总会导致其他神经的焦虑。】[9]

因此，拥有圣职的牧者应该一起进去。那么牧师就不必在全会

---

[7]　中注：英译本选择性地翻译了这段内容，中译本此处根据荷文版167页内容所译。

[8]　中注：见荷文版167页。

[9]　中注：见荷文版167-168页。

众面前无所事事地站着或坐着了。反之，圣职人员要作为一个小组在会议室里短暂聚集，这有助于平息紧张情绪。作为圣职人员，如果他们在进入教会之前，祷告求上帝祝福，那么对自身的职任和合一的认识，会平静他们的内心。之后不止一位牧师作证说，其中一位长老安静、简单的祷告，给他注入了一种奇妙的属灵镇定。

建议圣职人员一起入场还有另一个原因。它向会众展示了圣职人员的合一，表明敬拜即将开始。【在崇拜开始之际，伴随着管风琴演奏，这也预备好了会众。】这使会众知道，有几位弟兄，上帝赋予了他们【带领聚会】和敬拜的职责。【这也是避免以下不便的一个方式：有些时候，圣言的牧者常常没有足够的长老和执事来领导崇拜，这尤其常常发生在城市中。若众人先行聚集，那么每个人都各就其职，最少数量的长老和执事可以确定，让他们负责主领崇拜。】

【长老和执事的自行入场会破坏印象，而不会给人一个整体领导的形象。除此之外，有时一位长老或执事在崇拜开始之后再就坐，这显得极不合适。圣言的牧者、长老和执事在崇拜即将开始时共同进入，这对于我们而言更为重要，必须要确定为推动良好次序和制度的准则。遗憾的是，教会会议室常常如此设置，就是圣职人员进入会议室的门尽可能地与讲坛相邻。这显然是一个误用。当圣言的牧者已经登上讲坛，而最后一位执事还尚未穿过这扇门时，会众并不能看见整体，同时也没有按一列队伍前进。会众看见相继有人从会议室的门出来，他们不再在会议室内，而是自行其道。传道人绕道到达讲坛的台阶，长老经过侧道来到长老的长椅，执事在相反的方向走到执事的长椅那里。无须多言，这样并不美观，看起来就混乱分裂。另一方面，完全不同的是，当教会会议室造在教堂入口的侧道时，那么圣职人员的队伍就从入口处直行至主席台，然后在台上首次分开。在许多其他国家，这种做法很久前就引入了。如此入场的印象完全令人满意，并且全体会众都认同。】

【这并非说如此行违背了聚会的性质和特征，因为事实上就有两类聚会，第一个是小型的，另一个是大型的。正是借着这个重大的聚会，在教会生活之外亦然，一个几乎可以确定的习惯做法就是，长执会或主席会（moderamen）共同入场，站在最前面的空桌前，然后宣布活动开始。小型或微型聚会并非如此。然而，它更多地可以由聚会的内在性质来解释。现在，如果信徒的聚集要同时看见主的仆人，并总是被视为重大、真挚和庄严的聚会，那么结果自然是，要符合的并非我们家庭聚会的准则，而是适用更高级类型聚会的准则。从这一面来看，我们得出同样的结论。毕竟，此准则基于一个原则。】

【当举行聚会的时候，问题就会出现。与会人员应该等待长执会吗？或者说，长执会必须等待会友吗？双方之一肯定需要等待，因为会友和长执会同时就坐是无法想象的。这常常被忽视，即便只需十分钟。需要判断的是，在这段时间，长执会坐在空位上等待会友，还是这些聚集在一起的人，就是聚集的会友，等待圣职人员？当然，答案可以是后者，基于三个理由。】

【第一，长执会的等待会更长。毕竟，会众只有全都聚集后才可以说是开始等待。一些人提早到达的事实并不否定此点。只有所有人就坐，会众的等待才算开始。因为圣职人员几乎只能在此之后入场，开始崇拜，这最多不超过三分钟。另一方面，如果圣职人员等待会众，他们在教堂大门打开之时就必须在自己的座位上，然后在崇拜开始前必须等待十五分钟。】

【第二，圣职人员人数较少，因此他们可以立即就坐，但是会众人数众多，在无次序的情况下不能入场。因此，等待时间的中断可以指配给圣职人员，而非教会。】

【与此同时，第三个理由就是，圣职人员是弟兄中的一位，但是在职分中承接了更高的位置。在履行职责之时，长执会永远在长执会成员之上。圣职人员在教会中亦然。在教会中，他们在崇拜中的行动高于会众。任何与他们高坐在上面或台上有关的意义，都要予以表达。既然如此，那么就不是位分高的等待位分低的，而是相反，即会友等待圣职人员。因此，这就透露了一个独立的特征，身

为会众的一员，圣职人员在更高位分上行使职分性的服侍，他的位分需要以限定性的方式来认识。】

【无论从哪个角度看待这个问题，我们都可以得出结论，会友首先聚集，然后组成长执会的圣职人员，带着主领崇拜之责入场，只要他们同时以一个队伍入场。我们会进一步讨论传道人立即登上讲坛是否为明智之举。因此，在入场之后，他只用简短几句祷告。】

【在这里，同样要尽可能地让次序支配一切。牧者不是在长老就坐前就结束祷告；同样不可行的是，一位长老在坚定地祷告时，而其他人尚未入座。这种尴尬和支离破碎的现象给旁观者一种混乱的印象。当圣职人员到场后，在会员入座之前，同时祈祷，这才给人留下美好的印象。】[10]

---

[10] 中注：见荷文版 168-171 页。

第十四章 宣读《圣经》[1]

最好不要一个人主持整个敬拜。多年来，经常是由两个或更多人来带领敬拜。尽管这种领导分工已寥寥无几，但多少有之。牧师实际上是唯一主持整个敬拜的人，但他确实会把一些活动留给其他人。例如，收奉献留给执事，而诵读经文往往留给了领唱。【然而，无论他们多么珍视在更多层面实践这些小传统，这却不能说明全部。奉献收取不是从讲坛而下，纯粹是物质性的工作；这与墙上的盒子或教堂入口处的石制奉献栏所做的工作一样，取决于信徒奉献的意愿，并在过去十分有用。】[2]

至于读经，我们不可忽视的是，各地教会多年来都习惯把读经放在敬拜之外。这通常是由一个完全不在教会供职的聘用读经员来完成。这一传统没有太多可取之处。渐渐地，让一位长老读《圣经》，甚至在实际敬拜中读《圣经》，已经成为一种传统。对此我们满怀感激。我们正在寻求一条更好的出路，但我们还未找到。我们必须

---

[1]　中注: 荷文版本章为第三十八章, 标题为"De Voorlezer", 译作"读经员"。
[2]　中注: 见荷文版 171 页。

朝着这个方向更进一步，因为让一人独挑大梁是相当高压的，而且它总有可能导致**聚会**这一理念消失的危险。

如果几百人聚集在一起都等着一个人，且他一手包办整个敬拜 —— 他一人独占话语权，当他说完，每个人都转身回家。人们似乎是因为这个人而来到教会，他们只是来听他讲。敬拜中无论加入何种装饰，如有必要，都可以省略。因此，教会助长了一种错误的观念，即礼堂演说观，从而聚会观就瓦解了。

长老们不应该有这样的印象：他们中只有一位（牧师）可以站起来发挥积极作用，而其他人只是坐在那里，无足轻重。牧师自己也不应包揽一切。如果他必须在一天内讲道两次，甚至更多，他就会经常感到疲劳。如果他不总是那个万物转动的唯一轴心，他就会保持一种更加谦卑和弟兄般的自我意识（zelfbesef）。[3]

当然，在一些小教会里，情况只能如此。可能一个教会小到要千辛万苦才能找到一位长老和一位执事。即使在人数更多的教会，也极有可能所有长老对带领敬拜的任一部分都感到负担沉重。【在这种情况下，圣言的牧者必须**包揽一切工作**，并**独自**承担。有些教会，特别是在亚洲和非洲，在形式上仍旧不甚完美，以致一位圣言的牧者在一个地方祷告、读经和讲道，管风琴则自顾演奏，读经自顾进行；当敬拜结束时，教堂司事也自顾关闭教堂，把钥匙放入口袋；但是，这并无害。尽管如此，所有人都感到这并非应有的方式。于是，当有不同选择时，信徒不再效仿这种糟糕的榜样；一旦有其他可行的帮助，信徒就准备求助。然而，整个敬拜逐渐由一人主领；甚至人数最多、资金最充裕的教会也形成这种习惯，信徒不再看到这里的不足，从而形成了常规。其他不同的源头都被切断了，如同河流的支流被切断了。】[4]

我们并不是要求，某天突然间，在任何地方，甚至在最小的教

---

[3] 中注：英译本将荷文 zelfbesef 译作 spirit，这有失偏颇。Self-awareness 更好地翻译了 zelfbesef，中译"自我意识"。
[4] 中注：见荷文版 172-173 页。

会，敬拜带领分派给好几个人。我们只要求：首先，要反省此事，让人们意识到过去在我们的教会里，每一个地方的情况都大不相同，而且在几乎所有的国外教会中仍是如此；第二，要寻找原因，为什么在我们教会一切都变得如此单调；第三，要寻找方法说服他人，然后共同商议，创造一个更纯洁和更可取的局面。

荷兰归正众教会现已恢复了稳固的根基。现在他们的教会生活有了动静，教会完全享有自由来根据他们的特性管理自己，并从他们的原则之根上开花。这样，在 1619 年中断的进程就可以继续下去了。1619 年之后，政府的干涉阻止了总议会的召开。1816 年以错误的形式召开了总议会。现在我们只受《圣经》和先祖历史的约束，所以愿意接受在各个方面追求教会生活的发展，并以不断净化的形式，以真正的改革宗风格建立我们的教会。

【诚然，到目前为止，先前总议会的会议聚焦于根据需要来组织教会联会的行动，就是围绕牧者培训的问题，也包括福音使命的大问题。请保持耐心！并非一切事情要同时进行。我们并非要用十年计划，而是要用百年规划来决定我们的原则。然而，一旦我们的教会成功地根据牧者培训和使命来组织教会联合，一个令人满意的情形，一个带有先前原则的情形将会出现；随后，执事的问题，甚至财政的问题，礼拜仪式的问题，立即变得清晰可见。】

【第三十次总议会仍需做一些改变。只要思考一下《圣经》翻译，为诗篇编曲，教会圣诗，崇拜仪文编撰等。在第一阶段可行的，无非是在教会中移植古时的情形，将现有的仪文恢复到纯粹的、历史上的、在我们之前年代可读性的文本。然而，我们终究不能停滞；之后会有一段时间，我们从传统的时期进入自我编撰的时期。】

【因此，我们喜闻乐见赫尔曼·凯波尔（Herman H. Kuyper）博士通过广泛研究多特会议的决议，极大地丰富了我们的文献资料。[5]

---

[5] 中注：赫尔曼·凯波尔（1864-1945）为亚伯拉罕·凯波尔的长子。他于 1899 年成为阿姆斯特丹自由大学神学教授，主授荷兰教会历史和神学百科。他对多特会议决议的研究是：*Post-Acta of Nahandelingen van de Natio-*

我们必须要回到多特会议，得以与过去相连。教会在此之前如此粗心大意地对待此决议以及一切与此相关之事，这诚然是不可饶恕的疏忽。】[6]

请理解我们，在我们的敬拜研究中，我们并非想即刻且随处推行改变。我们只打算根据原则提出批评，并根据这些原则建立教会。愿教会看到在此情况下，我们试图让不止一位长老（牧师）带领敬拜。当然，圣言的牧者不能被长老取代。对圣言敬拜的要求是大多数长老无法做到的。这是一项独特的任务，需要特别的准备、特别的安排和特别的保障。这项任务只能由那些已经通过教会行动宣布合格的人来完成。那些不尊重圣言牧者之职能的人，是破坏了圣言的敬拜制度。

但这丝毫不意味着另一位长老不能诵读《圣经》，作礼拜祷告或开场宣召，宣布唱诗篇或收取奉献。然而，圣礼如印记一样是属于圣言的敬拜。会众的祷告也是如此，它让我们把心献给上帝。因此，这些敬拜行为必须交给牧师。另一方面，诵读《圣经》、公祷、家事报告、宣布收取奉献或唱诗篇则不属于这一范畴，因为一个人的个性完全被排除在外。另一位长老在经过适当的实践和准备后，没有理由不让他在这些事上服侍会众。

请让我强调这一准备和练习。但凡想做好一件事，都需要准备和练习。一位长老，凭借其职务，认为自己在这方面比别人优越，这是绝对错误的。好的诵读最重要的是朗读得好，尤其是当众诵读《圣经》，是一门真正的艺术，无人天生拥有，要避免一切口音，吐字清晰，重音和语调到位。诵读必须冷静庄严，但不能矫揉造作或展现戏剧才华。读经员举止应该安静严肃。诵读的方式应该让每个人都能跟上且深受吸引。这只有通过系统练习且经常沉浸于为敬拜而诵读之人，才可能实现。【这绝非是补充说，一位长老专门从

---

nale Synode van Dordrecht in 1618 *en* 1619 *Gehouden* (Amsterdam: Hövekr and Wormser, 1899).

[6] 中注：见荷文版 173-174 页。

事这项练习；圣言的牧者也必须要从事许多不同的练习。】[7]

我们并不是说每一位长老都必须被呼召去做这项工作。即使一个人发音不太正确，公开诵读也不太完美，他也可以成为一个好长老。教会长执会必须调查此事，挑选那些拥有这些天赋并通过练习使之完善的人。这个流程的另一个好处是，会众会特别注意长老的位置。这将增加他们在会众中的影响力，会众将打破一种习惯，即每次探访家庭、病人，以及进行其他各种活动，都必须落到劳累过度的牧师身上。这些额外好处确实很重要，但它们并不能决定问题。真正的关键和问题的解决之法是摆脱那种想法，即认为敬拜是为了听众在**礼堂**进行；相反，敬拜是一个信徒的**聚会**。

---

[7]　中注：见荷文版 175 页。

第十五章 宣召[1]

何时宣召？

我们现在谈论所谓的**宣召**，它开启了信徒的聚会。[2] 这是第一个庄严的话语，是为了给聚会盖上它的圣章。正是宣召的这一特点，显示了当敬拜预备盛行时，所有的礼拜仪式原则都是如何被违背的。敬拜预备正是宣读《圣经》中十诫和《使徒信经》的时候，会众甚至在正式敬拜开始前，用歌声赞美和祈求上帝，而只有在这**之后**才有宣召，牧师才从讲坛开始敬拜。

我们相信【根据其目的】，**宣召**【**不能**】在后而应在前。起始部分不能尾随其他事项之后。然而，已然发生的是，未有宣召之先，便直接**宣读**上帝清洁的圣言。而且这一庄严祝圣的话语被视作不必

---

[1]　中注：本章在荷文版中由 39-41 章构成，这三章标题都为 "Het Votum"。

[2]　英注：凯波尔称崇拜开场语为 "所谓的宣召"。这或许是认识到 "宣召" 一词并非普遍适用或最为恰当。事实上，该词的词源和用法引发了诸多学术争议。然而，我们在此简单地采用凯波尔的用法。

要的，直到牧师开始敬拜，他独自解释、宣告和应用上帝的圣言。

当然，这并非故意为之。人们根本未曾想到他们会采取如此不敬的不幸行为。这事发生也非牧师之过，而是一种武断的行事方式。目的是在牧师到来之前，使会众保持一种受教的状态。人们发现此举颇有益处，尤其是在早期，当时鲜有人拥有《圣经》，多数人对《圣经》经文还很陌生，遂产生诵读《圣经》、律法书，然后宣布"现在让我们唱一首歌"的传统。

【本书丝毫没有要去责备；或者说，这首先是对笔者的责备。毕竟在笔者牧会期间，从未直接抗议此种陋习。我们也不应忘记，从踏步进入教堂并走到尽头的牧者，对藏匿在这类不当实践中的非正规之事只有很少的印象。可庆的是，我们同时可以说，这里只是指向众多问题中的一个。借此，我们只需指出，可以立刻肯定的是，几乎所有人都会同意要改变现状。】[3]

谁来宣召，以及牧师是否应该出席敬拜预备诵读，我们将在稍后讨论。我们在这里强调的是，宣召应该先于任何与敬拜有关的事项。读经员若在读之前宣召，他就已经达到了这个要求。世界上没有任何理由禁止除牧师之外的其他人宣召，只要我们有一个既定程序，能用一句简短的话抓住宣召的精髓。【当然，牧者不应稍后再次宣召。只有一个起始，第二次宣召没有意义。】[4] 现在我们不是说宣召**必须**由其他人宣布。我们只建议它**可以**由其他人宣布，因此千万不要反对在读经**之前**宣召。我们坚信且最诚挚地相信这一点，这种改变至少可以立即在所有教会中推行，即使任何其他相关问题还悬而未决。

【这并不是说将读经排除在敬拜之外，亦非意味着不用宣召就开始敬拜。由牧者首先宣召，然后由读经员读经，这种引入的做法同时是不合理的。这会予人一表象：在教会中，宣召相比读《圣经》

---

[3]　中注：见荷文版 177 页。
[4]　中注：见荷文版 177 页。

是更严肃的行为。所以，只能由牧者宣召，而读《圣经》因着权重较低且是次要的，就留给了读经员。这就出现了一些突兀的事，在非圣职人员大声诵读经文时尤然。教会长老读经则更正确，从而任何反对皆可驳斥。长老可自行**宣召**和读经，在读经开始前宣召。】[5]

何种宣召？

现在的问题是该选择哪一个宣召。我们的先辈使用，以及我们先前一个教会会议甚至规定，以《诗篇》一百二十四 8 的经文——"我们的帮助是（或仍然是）在乎依靠创造天地之耶和华的名"——为宣召。此外，长久以来，人们习惯说"我们奉圣父、圣子、圣灵的名开始"，而其他人使用这一思想更详尽的形式，例如摘取《启示录》一 4 及随后的经文。

需要注意的是，我们十分期待在这件事上达成一致看法。会众不必只在听到这些话时或已说完这些话时才确定所说为何。它应该是很容易让人想到的一个短句，这样他们就可以自己默默地说出来。这是领袖向众人所说，也是替众人所说。因此，多特会议（1574）规定《诗篇》一百二十四 8 的经文作为宣召是非常正确的。

这次会议的决定未被处处采纳，这并非因荷兰的处境，而是因为英国的处境。**行动会引起反应**。为反对拉斯科（à Lasco）的坚定建议，克兰麦（Thomas Cranmer）在英国国教引进了一个繁琐复杂、颇具争议的礼拜仪式，随之而来的是把教会带回各种基督公教仪式（拉斯科曾警告过）的危险。不幸的是，结果证实了这一点。于是英国长老会自然而然地转向另一个极端，强烈反对每一个程序化和每一个正式的祈祷。拉斯科没有这样做。他提出的、如今仍存的礼

---

[5] 中注：见荷文版 177-178 页。

拜仪式本身就十分详尽复杂。他在我们祖国的难民会众中多年使用这一仪式。爱德华六世在位期间，这一仪式在伦敦和其他地方得以确定。

然而，英国长老会的影响最终比我们在伦敦的难民会众改革者的权威更大。正是从这些英国长老会的著作中，我们的教会对敬拜中的一切形式主义产生了片面的属灵主义的厌恶。然而，谁也不要说规定这一固定的宣召违背了改革宗原则。无论是谁如此断言，都是在宣告我们所有聚集在多特以及我们难民会众英雄拉斯科的教会都是非归正的（on-Gereformeerd）。

不过，我们还是要谨慎行事。不要给多年来习惯于使用另一种宣召的牧师们带来任何麻烦。【有此倾向之人会采用自己的方式，但他们也尊重**他们的传统**。因此，他们完全有权利做出自己的选择；每个人都根据他最佳的理解来选择。正因如此，他们没有权利与他们的传统决裂，除非他们完全自愿并根据他们自己更佳的信念而行。】[6] 草率的改革者总是毁掉未来，只有谨慎行事之人才有希望建造未来。所以，如果今天的教会需要做出一个选择，可以给出很多理由去保留旧有的宣召。不是因为它出现在旧约中，而是因为它出现在《圣经》中；频繁使用的宣召并非如此。

用直接取自《圣经》的话来做这样一个庄严的宣告是很有吸引力的。对于一个宣召来说，很难找到更神圣的荣誉。同样，来自《启示录》第一章中更详细的宣召也取自《圣经》，但缺点是它太长了。有三个整节经文的宣召太过复杂，因此它不符合宣召本质上应该**简短**的特点。毕竟，我们必须记住**宣召**不是祷告，而是庄严的声明。在一个普通会议上，主席也作类似的声明，他说："现在宣布会议开始。"

在一个普通会议上，这样的声明不仅仅是一句空话，而是一种必要的行为；此行为将一个随意的聚集转变为一个有序的聚会。在作出这种声明之前，在场无人可以对他人主张任何权力，秩序规则

---

[6]　中注：见荷文版 179 页。

也不适用。但是，一旦声明发出，就会使这场聚集具有会议的性质，所有出席的人现在都必须服从主席的权威，因为秩序规则适用于所有人。任何人未经允许不得发言。事先讨论之事都无关紧要，但一旦"宣布会议开始"的申明发出，所说的每一个字都成为官方活动的一部分，可以作出决定和制定决议。当然，我们如此说并非好像宣召与"宣布会议开始"的说法可相提并论，而是让不了解宣召的人感受到它的高度重要性。【只有借着第三项对比，我们才能将宣召与这种说法相比较。但是，如果主席所做**宣告**之重要性的通常意思清楚明了，那么在"信徒的聚集"开始时相应之**宣告**的更高重要性就更加不言而喻了。因此，我们可以发现，此**宣召**绝非是一个祷告，更非一句松散无意义的话，而是一个庄严的宣告，"信徒的**聚集**"首度成为了信徒的**聚会**。】[7] 宣召之前，信徒可能坐在一起，但没有正式的聚会。只有当宣召被宣告时，聚会才真正开始。

上帝的同在

宣召作为一个开场白，把一个随意的个人聚集变成了一个联合的聚会，意在确认"上帝的同在"在祂子民中间。上帝选择锡安作为祂的安息之地，以色列的上帝住在那里。关于锡安的记载也应该在新约的会众中得以体现。然而，二者有一个显著差异。在旧约中，上帝选择在一个特定的地方，在一个特定的圣所安息。那是祂居住的地方，祂在那里等候祂的子民，各支派前往锡安敬拜。但是在新约中，这一**地方性**的特征消失了，上帝无所不在地介入；石头所造的殿渐渐衰微，让位于会众，永生上帝的居所。耶和华上帝不等候祂的百姓，乃是祂的百姓聚集等候祂。"凡两三个人奉我的名聚会，

---

[7]　中注：见荷文版 180 页。

我就在他们中间。"因此，旧约和新约的主要思想仍然一样——
上帝和祂子民相遇。

　　然而，这一主要思想有两种形式。在旧约中，复和（reconcili-ation）尚未完成，隔绝仍然存在，因此上帝和祂的子民之间的距离被凸显。有一个国家，在这个国家里有一座"圣城"；在城墙内，锡安被分别为圣山，在锡安有四个区域：先是外院，后是门廊；你从这里进入圣地，然后才来到至圣所。上帝住在其中，但祂藏在幔子后面。全国上下只有一人可以进去，就是大祭司。

　　但在新约中，复和已经完成，距离不复存在，也无让人远离之意。新约有实现最亲密团契的追求。现在，会众在哪里聚集，上帝就在祂的锡安中显现，在人灵魂的眼中被看为荣耀。如果上帝向一位信徒显现，他独自跪在上帝面前，并在片刻之后进入到祷告之中，为要在他的心意里恢复与上帝的交通，那么宣召就不需要了。他寻求上帝的面并无特定程式。当然，若上帝要同时向百人、有时千人显现，就不可一概而论了。因为这时需要一个信号，使所有人在同一时刻统一思想，仰望永生上帝。这个信号可以由小号或其他乐器发出，但**语言**取代了弦或铜管之声，因此宣召起着**口头信号**的作用。

　　此时是谈论进入教堂后**默祷**的好时机。我们仍然有这样一个习俗：进入教堂之人，到达长椅后，低声祈祷；男人站着，女人坐着。我们不认为这种默祷有多大价值。当然，这种习俗的目的和意义是全心全意专注于"神圣"之事，并祈求上帝祝福将临之事。当然，对此我们无可置否。尽管我们更希望在家进行这样的默祷，以便尽可能避免表面功夫。女人在这方面是幸运的，她坐着祈祷，没人注意。但男人仍然站着，常常以帽遮脸，好像在寻求隐私。正因为如此，他会引人注意。他所做之事，祷告之久，人人皆知。他的灵魂可能忙碌不堪，以至于更关注的是人们在看他，而不是他祷告的上帝。再者，此祷告也有违良好秩序。毕竟，当有人祷告时，他的同伴应该尊重这一点，要保持安静。【这个习俗也流行于一些餐桌上。若一个人姗姗来迟，坐下祷告，而另一个人自顾自用膳，发出咀嚼声，却嘲笑迟到者，我们会认为这十分讨厌。因此，每个人都需要保持安静，让祷告顺利进行。】[8] 但在教会，这是不可能的，因为如此一来没有人能到达他的座位。人们等不及那些弟兄祷告完毕。因此，走动、拖沓、推搡都在继续，可能刚到之人撞上正在祷告之人。即使人们会等你，当你注意到有人想进入你的长椅时，你的祷告会受到干扰，所以你缩短祷告，因此在这种情况下，你的祷告并非真正的祷告。因此，去教会之前在家祷告更为可取，也更有价值。

【我们不敢说"杜绝敬拜前的默祷"，因为恐怕我们当中不止一人不能在家里祷告。由于诸多软弱和不属灵的欲望，默祷仍应保留。但值得指出的是，这一习俗并非更高的虔诚，而是缺乏虔诚，并且在家祷告更好。因此请注意，不要责备那些没有默祷的人。这可能是他们认为在家祷告更好；这让人灵里自由，无惧他人。】[9] 然而，无论你在家祷告，还是在教会入座时祷告，这种默祷永远无法取代宣召。默祷是个人行为，宣召是集体性的。正是宣召使人们意识到上帝在会中显现。让我来解释一下。

上帝无所不在，从这个意义上说，你永远不能说"祂来到一个地方"。祂**无处不在**。但请注意，尽管如此，《圣经》仍说上帝**居住在锡安**，因此不是无处不在。这是因为在空气及穹苍中、在动物及植物中、在我们的灵魂及身体中，上帝存在于祂的力量和大能；这有别于上帝以另一种形式存在，即圣灵。后者有强烈程度之分，其最有力的表现是圣灵住在被救赎者的心里。但同样，上帝最强烈的同在又有一定的层次之分。当我们比较约翰和多马时，每个人都有这种感觉。所有上帝的儿女都是从他们自己的属灵经验中得知这一点。起初可能会少一些，但感谢上帝，随着时间的推移，上帝的同在会越来越充满他们。

不仅如此，上帝的同在也取决于我们的意识（bewustzijn）。

---

[8]　中注：见荷文版 182 页。
[9]　中注：见荷文版 183 页。

有一次彼得的意识偏离甚远，以致否认他的救主，而另一次他被圣灵充满，以致在讲道中欢呼，直到今天，仍使读者焕发活力。我们从自身经历中深知，有时我们心思集中，感觉与上帝很亲近。而其他时候，我们心烦意乱，即便我们双膝跪下也难以找到上帝。但是，若非上帝的恩典，甚至连我们的心思和情感也没法专注于祂。我们向上帝祷告说："夺回我的心，**使它完整**。"这种"上帝在聚会中显现"，正是发生在上帝直接或间接地聚集信徒的灵魂，引导他们看见祂的神圣存有（Holy Being），而宣召正是这一切发生的直接途径。当上帝允许宣召发挥其作用，透过圣灵影响人心时，整个会众就会灵里被感，并越来越感知上帝的同在。

我们不认为在宣召之前没有上帝的同在，那是无稽之谈。但有了上帝的祝福和圣灵使之完全生效的宣召，这无疑是一种绝佳方式来引导会众意识到祂的神圣存在。在宣召的过程中，祂出现在整个会众的心中。从宣召的那一刻起，全会众定会感到他们不再只是坐在那里，而是现在他们得见上帝的面，因为上帝显于他们的灵魂觉知（zielsbesef）。[10]

宣召的话语

最后，我们来讨论宣召的内容。这样一个宣召应该说些什么？它有关系吗？或者，其性质和特殊意义决定了它宣布的目的，也决定了所选的话语吗？在关于宣召的讨论伊始，我们已经注意到必须在历史和实践这两个仪文之间做出选择。一方面，我们有一个神圣的仪文："我们的帮助是（或仍然是）在乎依靠创造天地之耶和华

---

[10] 中注：英译本将荷文 zielsbesef 简单地译作 inner soul，忽略了凯波尔此处浪漫主义思想的特色。Zielsbesef 的英文直译为 the awareness of soul，有别于荷文 zielsbewustzijn，英译 the consciousness of soul，中译"灵魂意识"。

的名。"还有一个历史性的仪文，"我们奉圣父、圣子、圣灵的名开始。"【另一取自《启示录》第一章的仪文无非是对后一个仪文的扩充。我们必须认识到，这仪文逐字取自《圣经》，过长并无碍。我们已经注意到，我们对此仪文的讨论并不是要求从明天开始，无论谁宣召时，都要更改仪文。笔者并非如此认为。笔者的方式是从原则（beginselen）的角度来讨论敬拜，并在这些原则下批判实践。因此，此处首先强调以上两个仪文的差异。】[11]

第一个公式直接取自《诗篇》一百二十四8。然而，这句话并不是作为一个仪文来呈现。严格来讲，唯一出现在《圣经》中的仪文是《民数记》六23及随后经文中美好的**祝祷仪文**。那里明文说："你晓谕亚伦和他儿子说，你们要这样为以色列人祝福，说……"然后照那金句说："愿耶和华赐福给你，保护你。愿耶和华使祂的脸光照你，赐恩给你。愿耶和华向你仰脸，赐你平安。"【请注意：这是一个祭司使用的特定仪文；随后在第27节说道："他们要如此奉我的名为以色列人祝福，我也要赐福给他们。"】[12]

这个例子可能不直接适用于宣召，因为这个仪文是一个**祝祷**，由牧师祝祷。但它对宣召确实有意义，因为它着重指出祝祷是"**将耶和华的名**"加在以色列人身上。由于宣召中出现了"耶和华的名"，这使我们能够更具体地确定，为什么两个宣召都提到"耶和华的名"。

《诗篇》一百二十四8——"我们的帮助是在乎依靠造天地之耶和华的名"——作为结语。会众面临死亡的危险。他们原以为自己是被活活吞灭的，如今却得救了，全都是藉着万主之主的大能得救。所以他们以感谢为颂歌的开头，如是说："以色列人要说，若不是耶和华帮助我们。"最后，他们以"我们得帮助是……"结束。

无论这里是写"我们得帮助是"、"我们得帮助仍然是"、"我们现在得帮助是"或"我们得帮助曾是"，在希伯来文中都没有区

---

[11]　中注：见荷文版185页。
[12]　中注：见荷文版186页。

别。它字面上只说，"我们是奉主的名得帮助"。有人可能据理力
争地认为应该翻译成"曾是"，因为前面所有经文提到的都是以前
的拯救，皆用过去式写成。但把它翻译成"是"也不无道理。这就
意味着："我们被释放了。我们奇妙的经历是主救了我们，帮助了
我们。这就是我们赞美的理由，我们承认从现在起，我们的救恩只
来自我们上帝拯救的大能。"

　　如果你明白了这一点，并从这样的语境中去解读，宣召绝不是
指"为着这次敬拜或是这篇讲道，我们是奉主的名得帮助"。确切
而言，"我们这些迷失的罪人，几乎被罪和撒但吞灭，已经蒙上帝
保守得平安。现在我们作为被释放被救赎的一帮人聚集在这里，我
们心里的第一句话是：上帝，且唯独是上帝，救了我们脱离死亡。
祂就是那独一的上帝，在祂圣言的呼啸中，召聚我们这群已蒙拯救
的百姓。"

　　【请注意前一节经文："我们好象雀鸟，从捕鸟人的网罗里逃
脱；网罗破裂，我们逃脱了。"（诗一百二十四 7）在这个意义上，
我们首先发现了这个宣召的整全意义。因此，我们想到整个《诗篇》
一百二十四篇正是如此结尾：我们是或曾是奉主的名得帮助。该诗
篇整章内容如下：以色列人要说，若不是耶和华帮助我们，若不是
耶和华帮助我们，当人起来攻击我们、向我们发怒的时候，就把我
们活活地吞了。那时，波涛必漫过我们，河水必淹没我们，狂傲的
水必淹没我们。耶和华是应当称颂的，他没有把我们当野食交给他
们吞吃。我们好像雀鸟，从捕鸟人的网罗里逃脱；网罗破裂，我们
逃脱了。我们得帮助，是在乎倚靠造天地之耶和华的名。】[13]

　　这真是信徒聚会的一个动人美丽的开端。诗篇一百二十四篇的
最后一句话表明，上帝拯救我们脱离困苦和灵魂的死亡，对于上帝
真实恩典的经历是今天和将来宣召的基础。

　　很明显，这与第二个公式完全不同："我们奉圣父、圣子、

---

[13]　中注：见荷文版 187 页。

圣灵的名开始。"后者是认信三一上帝，也就是会众与世界相遇时的认信。对于感受到且明白万物背后真理的根源都在于承认圣三位一体之人，这个认信是美妙的；这些人在认信的话语中"亲自经历了上帝的大能"。然而，这与第一个仪文截然不同，其意义远不及它丰富。

【第一个仪文讲述了大能的作为，我们罪人借此成为主的教会。他们来自信仰的世界，将自己与这个世界分别，成为基督徒的聚集。他们拥有这世界所没有的事物。教会的诞生在于我们的上帝大能的救赎工作。若无他们的上帝的救赎，他们在世上也会失丧。感谢这救赎，他们如今已成为信徒、上帝的百姓、主的教会。这似乎是基督教会的诞生行动借此在此仪文中得以表达。但是第二个仪文，无论它自身如何美妙丰富，都预设了教会的存在，然后产生了对上帝三一性的认信。因此，第二个仪文更具要理性和认信性，而第一个仪文更具历史性，生机勃勃，充满丰富的回忆。《诗篇》一百二十四篇所唱的以色列从她外在仇敌手中得救赎，教会在此予以接收，作为表达她属灵的拯救以及她作为主的属灵百姓的起源和表现。于是，我们声明：上文"我们得帮助**是**"比"我们得帮助**曾是**"更可取，因为教会不仅以**回顾的方式**说话，而且表达了她信靠的根基，不单是对当下，也是面向未来；这也说明了教会**所站**的属灵立场。有人会说"**是**"（is）或"**成为**"（staat）当然无差别；不可否认的，在我们的语言中，"**成为**"同时涵盖了坚定不移的概念。无论"**成为**"一词是否有用，仍不推荐使用，因为它过分忽略了传统。于是危险悄然出现，即我们只看到此特定的教会敬拜需要帮助。所以，我们最古老的教会会议选择此经文仍可得到支持。第一个仪文**更加可取**。】[14]

在《诗篇》一百二十四篇中，"耶和华的名"指向了上帝威严和恩典的全备启示。其威严和恩典在过去透过言语和行为被建立。这就是说，这一启示不仅要理解为一个认信或预表，而要理解为上

---

[14]　中注：见荷文版 187-188 页。

帝亲自启示祂自己的**真正能力和威严**。我们的帮助曾是、现在是、将来依然是奉**耶和华的名**，就是上帝子民所知的祂的能力、全能和威严。作为一个教会，他们的救恩、救赎和本源来自于耶和华的名。除祂以外，别无帮助。这也是我们生命之旅和进入永恒福乐的保证。当信徒们聚会始于承认主耶和华的救赎大能，这是何其庄严，何其温暖，何其贯穿古今未来。

【它的结束语为："造天地之耶和华"。这里说明：（1）与我们在今世的普通生活相关；这个生活也属上帝；正是这位上帝，不仅引导教会，也造天地；（2）地上的教会与天上的教会以及上帝的天使有属灵的纽带；由于"天"是属灵的，而非属世的，这指向了天上丰富的属灵生命，就是在完全的义人和千万天使中的生命；（3）对上帝无所不能的宣告；祂创造天地，超越一切源于被造物而想要反对祂的权能；（4）借着回到被造物本身，和深植《圣经》和真正改革宗的救赎之工与创造之工的联系，因此拒绝一切二元论与唯灵论（spiritualisme）。】[15]

---

[15] 中注：英译本只翻译了第四点结论，省略了前三点凯波尔的总结，见荷文版 189 页。

第十六章 问安[1]

问安作为上帝恩典的确据

问安或**祝福**是宣召的补充或完成，是上帝对我们宣召的回应。【因此，二者不可分割地相连。】会众首先要见证他们是奉主的名得帮助。上帝救他们脱离困苦和死亡，得享永生。上帝亲自回应祂的百姓，使之确信祂的恩惠和平安。牧师在这里有双重功能。【首先，他代表会众**宣召**；之后，他代表上帝对会众**问安**。】作为会众的牧师，他说："我们的帮助是在乎依靠创造天地之耶和华的名。"随后，他以上帝仆人的身份向会众说："愿恩惠平安，从上帝我们的父，藉着我们的主耶稣基督，在圣灵的交通中，归与你们。"[2]

这种问安常以称呼会众为"亲爱的弟兄姊妹"开始。这句话不

---

[1] 中注：本章在荷文版中为四十二章，标题为"De Benedictie"，英译本译作 benediction。鉴于这是在宣召之后发生，中译本译作"问安"而非"祝福祷告"，因为后者是牧者在敬拜结束时所要做的。

[2] 中注：中译本在这段补充了英译本省略的内容，见荷文版 189 页。

可扩展为"我们主耶稣基督里亲爱的弟兄姊妹"。尽管它无可反驳，但在这里插入这一扩充毫无果效，因为很快，问安会肯定同样的真理。

【"亲爱的弟兄姊妹"就足矣，无需特定扩充。不应有人厌恶对一群人如此说话，就因这群人中坐着一些属灵上瞎眼的优秀人士。毕竟在此仪文中绝无对某人属灵状态的个人性论断，此处只有"信徒的聚集"。因此，鉴于这样的性质或身份，他们基于信徒的性质理应受到"亲爱的弟兄姊妹"的问候。使徒的书信就指出了这点。保罗时常称整个教会为"圣徒和蒙拣选的"，尽管他知道如哥林多教会一样，教会中有许多不信和罪。有时，他将罪人交付撒旦。】[3]

甚至"亲爱的弟兄姊妹"也可省略，牧师可以单单问安。但这并不令人满意。有时牧师会认为自己是圣职人员而自视过高。他站在会众面前，作为上帝的代言人宣布祝福。在低其一等的会众面前，他是圣人。为了防止这种心态，他最好抑制他的自负，肯定自己如弟兄一样住在弟兄之中，并且爱会众。愿所有上帝的仆人都有这样的心志。对会众和**弟兄姊妹**的爱是圣事管理的最强大动力，我们期待从中结出硕果。

在会众中，上帝藉著**正式的问安**使祂的子民再次确信耶和华的救恩。这种问安必须与敬拜结束时的祝福明显区分开来。最后的祝福是信徒们带着上帝恩典和信实的应许回到世界之中。这一祝福是个人的（"与你们众人同在"），它临到每一个人。然而，开始的问安并不是针对个人，而是对作为一个整体的会众而言。它不是一个帮助的应许，而是上帝慈父心肠的见证，是上帝与祂子民同住的宣告。上帝不因他们的罪发怒，而在基督里与他们复和，祂的平安临到祂子民的心里。[4]

当然，只有当一个人真正属于永生上帝的会众，且在一定程度

---

[3] 中注：见荷文版 190 页。
[4] 英注：凯波尔通常使用荷文 benedictie 指开场语，用荷文 zegen 指敬拜结束语；但是，他有时用 zegen 指向二者。若他如其他作者般用 groet（问安）指向开场语，那么就会减少模棱两可。

上凭着信，在那个时候与会众共同团契，他才会分享这一问安。【正如我们所见，此问安对于恩典之外未被救赎之人毫无意义；并且在特定的时刻，此问安对于在本质上为上帝儿女之人是死的，因为他的信心在那个时刻仍旧沉睡，他尚未尝到一切救赎的喜乐。】[5]对那些不属基督之人来说，问安不过是一个死气沉沉的仪文。对那些已蒙拯救却在那一刻对上帝所赐在基督里的平安无动于衷之人而言，它如鸣的锣一般。这并不是说，宣召和问安取决于这些不同的宗教条件。若然，牧师可能首先要点名，以确定敬拜者的属灵状态。如果当时无一人信仰坚定，那就省略宣召和问安。不，牧师仍要宣召和问安，而信徒，即使是信仰沉睡的信徒，对其如何回应负有责任。牧师既不评判，也不遮掩。他按会众的本相予以接纳，即"**信徒**的聚集"，并相应地宣召和问安。

问安并非一个魔法仪文

还需要理解的是，问安绝非一个魔法仪文。牧师没有获得一种特殊能力，说几句话就可使事情突然发生或出现。这些话本身也无神奇之处，一发声就自带魔力。任何这样的想法都会导致迷信，必须予以拒绝。【那些不认识上帝的异教者教导这一切巫术。迷信的历史充满了此类魔法仪文，以及奇怪并令人不解之声音的故事。当这些出现时，就可以联想到邪灵飞舞、大门炸裂，锁链解除、驱逐疾病。除了话语，人们也用古怪的符号，或佩戴护身符和辟邪之物。他们认为这些物件有能力使人在战争中英勇，或在大海上避免遇难。在这些当中，定然有对邪灵的敬拜；人们微小的顺从都会驱动邪灵

的敌意。】[6] 基督教会不相信像符咒、护身符、秘语或魔法仪文之类的事物。特别是我们改革宗教会，对任何可能有此暗示的事物一概予以谴责。

在这方面，我们也可以考虑其他基督教会的习俗。[7] 把自己钉在十字架上原不该受到指责。毕竟，一再向自己和他人提醒我们主的死，特别是祂死在十字架上，有何可反对的地方呢？我们的祖先反对这一习俗的唯一原因是，人们开始将其视为一种神奇的东西，能抵御撒旦及其权势范围内的邪恶影响。这从我们的传说和实践中便可得知。也不会有人反对使用圣水，只要它依然是一个纯粹的象征性行为，提醒我们这个世界的污秽和上帝国度的圣洁。但圣水的使用也越来越被认为具有魔力，并被视为一种可以操控属灵能力的人工手段。【整个赶鬼事工不再有属灵的意义，而是魔法的意义。于是，人被认为赋予了能力，借着洒水、制作特殊符号或宣读特定的仪文，能在灵界产生此种果效。人们认为撒旦惧怕十字架，因此一旦十字架符号出现，就会逃之夭夭。这一切都与古罗马异教占卜的划域（templum）一致，因此决不容忍。[8] 诉诸帐幕的敬拜或锡安的圣殿也无济于事。然而，那里有指向基督祭坛的象征性和预言性行动；这些预表象征会在祂里面应验，而基督在此却被忽略了。】[9]

【此外，问安超越天使歌声的回音。此乃上帝借着祂的仆人向你宣告并使你确信，祂的恩典和平安属于教会。】[10] 在这种情况下，恩典并不意味着"拯救的恩典"，而是上帝对祂子民慈父般的良善，没有任何东西可以阻挡或淡化。

---

[6]　中注：见荷文版 192 页。

[7]　中注：荷文版中并无此句；英译本增加此句想必是为了让承上启下更加自然。

[8]　中注：Templum 是指古罗马占卜师在占卜时，用一种神圣的仪文从一块地上划出一小块空地，用于占卜。

[9]　中注：见荷文版 192-193 页。

[10]　中注：此句根据荷文版所译。英译本在此增添了荷文版所没有的 Thus the benediction is not a magical formula（因此，问安并非一个魔法仪文），同时将荷文 meer dan 错译为 more like，实则应译作 more than（超过）。

　　"恩典与平安"是一个概念。这恩典与平安，并不是藉著这一宣告所赐。但见证和宣告激励和复兴了会众的信心。这些话语的目的就在此，它降下如同从高天临到信徒心里，如同慈父般的良善从上头临到我们罪人身上。这恩典与平安只属那些归入基督名下的人。因此，藉着主耶稣基督在十字架上的生与死，主使他们确信他们与主相连，与祂有生命的团契。

　　最后，我们唯独"藉着圣灵的交通"分享这恩典与平安。因此，问安使我们深信，上帝的居所是在祂的会众中，即祂的殿。问安也从上帝的儿女那里引证，**"阿爸，父。"**这里没有神奇之处，这一切都是非常属灵的。问安之人并非高人一等，他只是众弟兄中的一位，作为上帝的仆人。而问安的效果取决于它在多大程度上复兴和启发了会众的信心。

聚会敬拜与宗教集会的对比 [11]

　　实际上，这个问安带给我们另一个更普遍的问题：在敬拜聚会中，是否只有信徒敬拜上帝的行为，还是也有上帝对祂子民的行为？请不要误解这个问题。上帝的圣言被宣读和传讲，百姓奉耶和华的名被劝诫和安慰，对此无人提出质疑。

　　然而，信徒也可以在小组中自己进行这些活动。当他们作为一个宗教集会聚在一起时，他们可以读上帝的圣言，可以鼓励彼此遵守上帝的圣言。但上帝没有临在其中向他们说话，【祂的声音也未被他们的灵魂听见。当父母去世后，在世的儿女很可能会每年聚一次，阅读他们父母留下来的信件或遗嘱中的劝诫。但是，这是儿女

11　中注：以下内容在荷文版中为四十三章，标题为"De Benedictie (Ver-volg)"，译作"问安（续）"。

自己做的，是他们同意去做的，因而尊重父母的精神遗产。然而，若父亲在世而母亲离世，儿女会纪念她已经去世。基于儿女的忠实与依恋，已离世父母的话语再次被他们听见；这不是基于或源自当下，而是源于过往。我们也可以在这个意义上理解《圣经》。我们带着《圣经》坐在一起，归纳一段经文，一同默想所读的《圣经》内容。】[12] 甚至可能由一位有更深属灵看见和口才的兄弟姊妹带领。在这样的聚会中这是常有之事，其本身值得称赞。但它只存在于我们之间，这是我们作为朋友一起做的事情；我们一起查考《圣经》，领会其意。

然而，这样的聚会不同于经历主的同在，以及主以神圣的权柄对他们训诫和说话。称这样的聚会为敬拜或教会礼拜之人一定是重洗派，因为这正是他们所信的。他们坚持只以宗教集会形式聚集，也就是只在他们中间。即使真正的重洗派和他们的过激行为已经逐渐消失，这一原则在那些热爱这些宗教集会的人当中仍然非常活跃，比如达秘派或普利茅斯兄弟会。

为互相教化而进行的宗教集会是一个很好的主意，只要它们是在敬拜**之外**。一旦他们**取代**了敬拜，代替**信徒的聚集**，问题就来了。但这正是重洗派昔日的想法，就像今天的达秘派和其他派别——没有教会，而是相互劝诫和教化的宗教集会。众所周知，重洗派一开始没有圣言的牧者，只是以小组形式会面，其中任何人都可以进行劝诫。但最终，在早期的热情开始消退之后，他们也发现有必要任命圣言的牧者。

即使是门诺·西蒙斯（Menno Simons）的继承人也正式放弃了他们原来的立场。今天的门诺派训练学生，并呼召牧师，付其薪水。但令人遗憾的是，这种重洗派的思想已经入侵了我们的教会。在几乎所有改革宗和长老会教会中，属灵生活的衰退和对职分意义之理解的逐渐缺乏，导致牧师成为一个告诫人们相互教化的人。【人们

---

[12] 中注：见荷文版 194 页。

恰恰跟随作为传道人的牧者。跟随者认识到这一点，并在其中成长，分享传递牧者的思想、观念和洞见。牧者在众弟兄姊妹中得尊崇，但是聚会的性质仍旧是相互教化，借此人们聚集同做神圣之事。】[13]

　　一个伟大、壮观、扣人心弦的画面几乎被遗忘殆尽，那就是有一个会幕（'ōhel mô'ēd），一方面上帝靠近祂的子民，另一方面，上帝的子民来到祂面前。唯一所剩的是一个敬虔的宗教集会的想法，为彼此教诲而聚集，或是一个福音会，其目的是叫非信徒悔改。当然，这样一个概念在核心层面侵犯和腐蚀了改革宗的和合乎《圣经》的敬拜原则。改革宗原则要求我们来到三一圣者面前，接受祂的祝福，把荣耀归给祂。只有当人们在每一次敬拜中都感受和体会他们面对的是向我们宣讲祂的圣言、向我们说话和祝福我们的永生上帝时，这一原则才能被公正对待。因此，问安不是来自讲坛上的人的友好愿望，他祝你一切顺利，也为你祈求"恩典与平安"。问安乃是三一上帝向你宣告祂的恩典与平安，为此使用祂所指定的仆人。

通过歌曲布道？

　　近来，由于引入了**音乐**布道，使得宗教集会和上帝子民在祂面前聚集之对比显得相当尖锐。我们都知道福音歌唱家艾拉·桑基（Ira Sankey）是如何提出这一想法的。但不太为人熟知的，是这一理念如何导致了英语世界敬拜**形式**的全面改变，其程度如此之深以至于它容易脱离整个敬拜。为了对宗教集会作出回应，人们努力让上帝透过歌曲和音乐说话，这最终导致邀请独唱者参加敬拜。作为以色列圣者的代言人，圣言的牧者在属灵上变得无能。他们呼吁**剧场**里

---

[13]　中注：见荷文版 196 页。

的独唱者来帮助，好叫上帝藉着他们的歌声说话。[14]

桑基音乐的出现对于教会敬拜的意义值得考虑。促使他这么做的原因，是他坚信有太多的人依然对口头话语麻木不仁，但当有人用歌曲向他们说话时，这些人会被感动 —— 只要内容和旋律始终保持平衡。他确保当他唱歌时，听众也能听懂他所唱。桑基首要关心的不是旋律，而是歌词。无人会否认桑基演唱《回家！》时那美妙而清晰的旋律非常有效地打动和抓住了人们的心。它是用歌曲布道，直击人心，只因它是以歌曲的形式。

布道中重要的绝非只是语言，语调也非常关键。"当向一群人说话时，什么是最重要的？"在回答这一问题时，最能言善辩的希腊演说家三次说："你的**演讲风格**，你的**演讲风格**，你的**演讲风格**。"这么多传道人在讲道时不在乎他们的**演讲风格**，忽视他们的语调、停顿和手势；不敢想象，这导致了多么宝贵的属灵能力的丢失。整个讲道有大量的话语，当以一种沉闷而单调的方式呈现时，它永远无法触及一个人的心灵。然而，同样的话语，如果带有感情、抑扬顿挫、声音高低起伏、节奏变化、虔诚严肃，以富有感染力的热情来呈现，整个听众就会受到鼓舞。

这是桑基事工的基础。他明白用清晰、感性的声音唱几句有意义的经文，可能会非常动人。正如加尔文曾说："没有什么比优美的声乐和器乐更能唤醒人的冷漠和感动他们的灵魂。"这种考量让独唱者重回美国教会中的敬拜。人们明白，敬拜不仅是信徒对上帝说话，还是上帝对信徒说话。如果信徒能用歌声与上帝说话，为什么上帝不能用人类的歌声与会众说话呢？

当在敬拜的一片宁静中，一个优美的声音向会众唱出《圣经》经文，仿佛是奉上帝的名，人们会对此印象非常深刻。布道之中，上帝藉着人的言语对会众说话。为什么同一位上帝不能通过人的歌

---

[14] 中注：这段之后的内容在荷文版中为第四十四章，标题为"De Solozanger"，译作"独唱者"。

声对会众说话呢？会众岂不是用人的话语祷告上帝，也用人的歌声赞美上帝吗？上帝的圣言为什么不能用两种方式表达呢？一种是在讲道中**说**，一种是在赞美中**唱**。

【亚萨牧师在 1898 年 11 月的《哈特福特神学院档案记录》中如此说道：

> 我们将"为敬拜者就近上帝的方式提供帮助"放在首位，但并不偏离将上帝的信息传递给人。去年夏天有一位女士说道，在听了一个复和主题的表演后，"我听到耶稣的声音：'来，将你的劳苦重担卸给我。'这如同一篇道一样美好。这理应如此。这只意味着重复并铭记我们救主的恩典呼召，并阐述一个灵魂如何聆听并回应。这可能被很动人地唱出，或理应被动人地唱出，但是无人停止去思考音域或音质。这是一个宗教的果效，被设计的，有保证的。】

【泽西城的一位传道人在传讲浪子比喻的过程中骤然停止，请求他的诗班歌唱《家，温馨的家》。为什么不能如此呢？不寻常吗？或许如此。然而，这触动了一位迷茫者的心。在祝祷之后，这位迷茫者过来跟他说，他已经开始活出新的生命。】

【这是在一年的最后一天。这篇道面向年轻人和老年人。敬拜领唱者利用了这个时机，选择了《传道书》中被人熟悉的描述老年人的经文为赞美诗。一个独唱之音宣告了主题："当趁着年轻，纪念造你的主。"然后，诗班接着论述，描述性讲述了罪恶日子的和谐，年迈之时的脆弱和无能，直至故事讲述完毕，副歌重唱："当趁着年轻，纪念造你的主。"对这一论述最恰当的介绍是庄严地劝勉众人善用当下。诚然，可以想象的是，句子需要动人地唱出，以便延迟随后

论述。主已说话，全地都当静默。若我们有一日可以
如此欣赏圣诗，以其为指教人并使人活泼的渠道；若
我们有一日有此技巧演奏音乐，比如有时在赞美诗之
后说"我们的灵魂已得满足，我们今日无需讲道"；
这难道不令人惊奇吗？】[15]

【众人皆会同意的是，以上论述中有许多地方理应得到支持，
尽管此引文透露出极大的危险。"我们的灵魂已得满足，我们今日
无需讲道"这句话就足以说明一切。】[16]

【然而，这并非最糟糕的；真正的危险在其他方面。】[17] 如果
在每一个教会长执会中都能找到桑基，一个被喻为以色列民中的父，
有着优美、动人、清澈的歌喉，那么通过一首优美的圣歌（这在英
语教会中大量存在）把《圣经》中上帝的圣言带给祂的子民，有什
么可反对的呢？毫无疑问，这比读《圣经》更能给人留下深刻的印象。

【但是，事实如何呢？】[18] 一间教会采取了这种新的做法，并
开始使用长执会中最好的歌者。但是，除了极少数情况外，他不会
达到人们对独唱者的期待。会众中也许有更好的歌者，因此，这样
一位极具天赋的成员可能会被邀请去独唱。这与使用一个声音更优
美的姊妹仅一步之遥。

要是就此止步就好了。然而，假设一个相邻的、互为竞争关系
的教会里来了一位教会外有着非凡天赋的男歌手或女歌手，他（她）
歌声动人。现在，你们教会的人离开去听那家竞争教会里出色的独
唱。这使得歌技平平的独唱者的影响归于无有。观众知道你的独唱

---

[15] 中注: Rev. Asaph, "Letter to a Pastor on Church Music," *Hartford Seminary Record*, Volume IX (November 1898-August 1899), 37-38. 凯波尔直接引用了亚萨牧师的英文原文，在荷文版 199 页的注释 1 将其译为荷文。
[16] 中注: 见荷文版 198-199 页。
[17] 中注: 英译本简化了此句，去掉了转折和强调之意，见荷文版 199 页。
[18] 中注: 英译本此处改成了陈述句，而荷文版是用疑问句，见荷文版 200 页。

者技不如人，便不再感动，尤其是当每次都由同一个人演唱时。因此，为了应对竞争，你很快不得不另谋出路。当然，之后你开始考虑歌剧演员。他们的音质无人能及。他们广为人知、训练有素、从容不惧。当他们在圣所一开口，人人皆知这超越了他们迄今所听到的一切。当然，那些歌唱家是犹太人、异教徒、基督公教信徒，还是基督新教信徒，这一问题就不再重要了。唯一重要的是他们的声音和歌唱超越了其他人，而且你有足够的钱支付他们。

事实上，这在美国的许多教会已有发生。歌剧演唱家，无论男女，被大量雇用。有人通过提供更多的钱来哄骗歌手，而对他们的信仰和教会立场都不予重视。而这些声乐艺术家在社会上通常处于这样一个地位，他们听不进任何人的话。通常他们唱歌的方式使人不能理解歌曲的**歌词**。他们声音的共鸣和起伏令人钦佩，但人们不再思想上帝和祂的圣言。

起初，这样的歌手坐在长椅上。很快，他们被风琴取代，在帘子后面唱歌。但不久之后，帘子被掀开。尤其是女士们想要露面。着装就变得很重要。因此，你就可以发现，今天的教会牧师在一个相当低的平台上讲话，但在他之上的荣誉席位是给一位衣着漂亮的歌手。她美妙的声音是对眼耳的唯一贡献。有些人只是来听她唱歌，讲道一开始就离开了。【许多基督公教教会中就是如此，这带来了沉痛的后果。在此情况下，不仅是基督公教的聚会，而且认真负责的神职人员，已经对此提出抗议，尽管无人听从（vox clamantis in deserto）。】[19]

因此，原则上对独唱无需反对。事实上，如果在每个地方基督教会的执事中都能找到那些有天赋、有才华的独唱家，他们能够唱出上帝圣言的全部，像桑基一样动人，那简直太好了。但现实中，这是不可能的。在信徒中间，尤其是在执事中间，我们几乎没有出色的歌者。

---

[19]　中注：英译本省略此处内容，见荷文版 201 页。

如果上帝想要这样的歌唱，祂应该把杰出的歌唱恩赐更慷慨地分配给信徒。但既然上帝没有这样做，只有很少的人能够真正动情、优美地歌唱；我们由此便知，这并非上帝把祂圣言带给会众的方式。因此，要求上帝不仅要借着口头表达，而且要借着歌唱向会众说话，这是错误的。

即使我们毫不犹豫地得出这样一个清晰明确的结论，但事实仍然是，不可容忍的独唱者以一种毫不显眼的方式，相当有效地令会众再次意识到，在敬拜中我们不仅**向上帝**说话，上帝也**向我们说话**。我们借此得以再次正确理解诵读《圣经》和问安的作用。

第十七章 上帝的同在[1]

桑基的出现本身并没有任何教会分量。但在今天的艺术趋势中，复兴了这样一个想法：在我们的敬拜中，不仅牧师**替上帝**说话，会众在祷告和歌声中对上帝说话，但首先是**上帝对祂的子民说话**。

有了这样一个认识，我们可以更好地理解一开始的**问安**。它不是对敬拜礼拜仪式性的开启，也不是一个对上帝恩典的提醒，亦不是一个求上帝祝福的祷告。它是**上帝的一个宣告**，宣告祂带着祂的平安与恩典来到祂子民中间。这是全能上帝向聚集的会众所说的神圣问候。牧师问安的时候，他只不过是上帝的口，上帝的译者和工具。他是奉耶和华的名把祂的祝福带给祂的子民。

如果这一点常为人所理解和认同，那么在敬拜伊始、紧随宣召之后的祝福问安就发挥了作用，而绝不会像一句空话从人们头上掠过。牧师宣告祝福时如此庄严、如此强调，所用口吻使人人皆感受到它的重大意义。其结果会是，在场的人真知道上帝是如何在祂的

---

[1]　中注：本章在荷文版中为四十五章，标题为"Gods Tegenwoordigheid"，译作"上帝的同在"。

威严中向会众显现，且对祂的百姓说："**愿你们平安。**"

问安的这一意义被侵蚀，且常常沦为一个咕哝着的仪文，为要赶紧进入真正重要的议程，即讲道。这对会众的属灵生命造成了不可估量的损害。它使人们属灵生命的神秘之火冷却，使敬拜流于表面，使牧师成为一切的中心，使上帝的神圣同在被严重忽略。

我们必须清楚明白这一点，上帝在祂永恒的存有中真实地活着，我们在和这位永生上帝交通。正如母亲对她的小孩是唯一的真实，上帝的本质存在（wezenlijk bestaan）和生命也是在我们面前唯一的真实。如果我们想凡事顺利，想在上帝面前如同婴儿般生活，那么我们的灵魂应该充分意识到永生上帝的真实存在，我们的思想必须投靠祂，我们的灵必须常常归向祂，我们的心思意念必须常与祂相交。我们完全不可能忽视祂。

【因此，我们必须要实践与上帝之间的团契，不仅在我们的祷告中，也在我们的生存和生活中。亚伯拉罕与上帝同行，也就是说他的人生道路步步与上帝同行。亚伯拉罕看见了这位不可见的朋友，并与祂同行，与祂周游四处并紧密相联，与祂说话并觉察到祂的引导。】[2]

"耶和华是我的牧者，祂的杖，祂的竿，都安慰我。"这句话的意思是，羊群中的每一只羔羊都仰望牧者，甚至即便没有看见，光听见他的杖在地上敲击的声音也受安慰。同样，我们也知道好牧人带领我们前进的每一步。没有上帝和我们之间的沟通，我们一刻也不能生存。

但是谁都知道，通常情况下，信徒的生活并非如此。世界把它自己强加于我们。我们被工作所扰，各样的对话和印刷媒体使我们分心。凡所见之事都抓住我们，我们便汲汲营营。这就造成了我们的灵魂与上帝严重分离，甚至当我们祷告（即便睁眼祷告）时，我们的灵魂一刻也没有真正与上帝同在，也没有体验到上帝的神圣同在。

许多常去教会的人回家后都诚实坦白，他们一刻也没有感受到

---

[2] 中注：见荷文版 203 页。

上帝的同在。一个信徒晚上跪下祷告，有时一连几天或几周过去了，他会问自己："今天我有多少时间回想起我的上帝？"他老实承认："一刻也没有。"而且请注意，我们说的不是非信徒，而是在狭义上被上帝救赎的祂的子民。【我们不要因此猜忌他人。相反，我们每个人都审视自己的生命和生活，正如上帝审视并究查我们一样，那么自我谴责就会油然而生。】因此，至少在"信徒的聚集"中，情况要有所不同，这至关重要。[3]

正因为我们轻易地被这世界牵引，我们的工作在许多方面使我们分心且远离上帝，所以提供一个平衡点非常有必要。我们的敬拜必须始终提供这一平衡。如果信徒，即使在他们的聚会中，没有意识到他们所面对的是那一位上帝，或意识到这位圣者的同在，那他们与圣者的交通还剩下什么？

然后，人们出于习惯去教会，与会众一起听牧者讲道，评判讲道，或赞成或反对，诸如此类。但是，如果我们可以这样说，就是未意识到自己是在**与万王之王会面**。这就解释了一切不符合敬虔标准之事，比如迟到、在"阿们"前离开、衣着邋遢或浮夸、坐姿懒散、在教会打盹或睡觉；也解释了看门人有必要竖起标志，防止弄脏地面和随地吐痰。这一切不符合敬虔标准之事，都是彻头彻尾地非改革宗，因为它与以下基本思想完全不可调和：他们面对的是那一位上帝，或如我们先前所说，他们与万王之王会面。

毫无疑问，部分责任要归咎于常常太过冗长、拖沓的讲道。它几乎占据了敬拜的其他方面，或者至少把其余部分都变成了讲道这块布上的流苏。然而，这种罪恶的根源基本在于他们不再看见、不再认识、不再抓住这一事实，即在信徒的聚会中，**上帝亲自出现**来祝福祂的子民。而正是此涵盖一切的事实通过问安予以表达。

---

[3]　中注：本段补充了英译本省略的内容，见荷文版 204 页。

第十八章 认罪文[1]

人们逐渐开始忽略这一事实：参加信徒聚会意味着朝见永生上帝。结果，人们不再经历着问安中如上帝所说的**"愿你们平安！"**此外，**认罪**在敬拜中消失得无影无踪。诚然，认罪通常是"长祷告"的一部分。在讲道中，人们常常被催促着要认罪。然而，会众在上帝面前认罪这一敬拜的独特之处被废弃了，而后完全消失。更糟糕的是，出版商篡改我们的礼拜仪文。

所幸，在新版的礼拜祈祷中 [这要归功于鲁特赫教授（Prof. Dr. Rutgers）的深思熟虑和赫尔曼·凯波尔博士的精耕细作]，我们可以像以前一样，再次阅读"公开认罪文"和简短的礼拜祈祷。然而，在后来的版本中，这被改成"周间讲道前的简短祷告"，而一个主要元素"认罪文"则完全从标题中删除。这篇较长的文章亦然。它最初的标题是"一般性认罪，及主日讲道前的祷告"。在流行的祈祷版本中，它已变成"主日讲道前的祷告"。这样，整个会众都

---

[1]　中注：本章在荷文版中为四十六章，标题为"Belijdenis van zoned"，译作"认罪"。

要有意并公开**认罪**这一理念就被侵蚀了。

　　然而，这并不仅是出版商的错。牧师及会众，甚至那些在我国如此有影响力的英格兰及苏格兰敬虔派也应受到谴责。敬虔派坚决反对英国圣公会教堂夸张的礼节，这一偏见使得他们反对每一个礼拜仪式的祈祷，并对非"自发"祈祷的牧师不屑一顾。

　　这一趋势也侵入了我们的教会。很快，一个礼拜仪式的祈祷被认为是"死的祈祷"。只有自发的祈祷才是真正的祈祷。【人们转而认为只有圣灵在这一时刻会使牧者祷告，从而否定圣灵的能力透过先辈的工作和从前的创造性想象在祈祷者身上做工。牧者只用站在那里祷告，只有这样才是真确的。因此，人们忽略了存在两种才干：一类可以被称为智性的（intellectueelen），另一类可以被称为**艺术的**。现在，你可以将艺术的才干描述为自发涌流的**源泉**，将智性的才干描述为**水泵**或**井**，只能借用泵或抽水机才能打出水。你可以有一位远离上帝却有艺术才干的牧者；他站在那里做流畅的长篇祷告。另一方面，有可以有一位极为敬虔却偏向智性的牧者；若他如此祷告，就会说出干涩、无生气的话语。所以，这并非都是圣灵的工作，乃是因为十分不同的才干。然而，教会并不知道这些，而错认为艺术性的祷告语言是圣灵的工作，并责备其他祈祷者智性的努力为无力的杂音。】[2]

　　这就是为什么牧师们越来越多地放弃了礼拜仪式的祈祷。带领礼拜祈祷的人甚至没有得到充分尊重。他们被认为是因为无能而走捷径。而且一般来说，闭眼说话比睁眼说话更容易，于是就产生了所谓的"长祈祷"。今天已经越来越习惯于听到这种祷告了，它常常是不造就人的。所以，人们会在周间做一个简短的祷告，而在主日做一个长长的祷告。如果这次祈祷没有给人留下**长篇祷告**的**印象**，那就被认为毫无价值。

　　如果牧师们仔细研读礼拜仪式的祈祷，看看它们说了什么，事

---

[2]　中注：见荷文版 206 页。

态可能不会如此严峻。他们可能因此就学会了祷告，而且很快明白，在这样的祷告中，首先要强调的是**公开认罪**。但许多人从未如此做过。事实上，我们认识有牧师多年来自己做"长祈祷"，却从未花心思去仔细研究在礼拜仪式祈祷开始时的那个丰富的祷告。

"公开认罪"在周日礼拜中正是这样被抛弃的。出版商效仿敬虔派，允许自己悄悄省略"公开认罪"这一标题。在我们的敬拜中，这种"认罪"并非独立存在，而是与"启道"（Opening of the Word）的祷告结合。这一错误做法恶化了此种情形。这在法国和瓦隆（Walloon）教会、英国或国外其他教会中绝不会发生。在那些地方，"认罪"是分开的。认罪祷告后就是简短的"启道"祷告。

在拉斯科的《伦敦的荷兰难民会众的礼拜仪式》中，"启道祷告"和"认罪祷告"是两个分开的、独立的祷告。不幸的是，我们敬拜中的融合也导致放弃了第一部分**"认罪文"**，因为在讲道之后出现的"为基督国度的需要祷告"常常与之结合。

"认罪"在我们早期的礼拜仪式中是多么丰富、触动人心，即便是以这种形式亦然；我们只需读其内容便知。让我引用几句话：

【永在的上帝，慈悲的父啊！我们在祢的威严面前，从内心深处俯伏谦卑。我们屡次重重地得罪了祢；我们承认，祢若审判我们，我们定然承受永远的死。因为我们因着原罪是不洁的，是忿怒之子，在不义中出生，从而一切抵挡祢和邻舍的邪恶欲望就存在于我们的心中。除此之外，我们也屡次并持续违背祢的诫命；我们不愿做祢命令我们去做的，却行祢所禁止我们去行的。我们都如羊走迷，犯极大的罪得罪了祢；我们向祢认罪，在祢面前内心忧伤。是的，在我们的卑微和祢赐给我们怜悯的代价中，我们承认我们的罪超过了我们的头发；我们承认我们有诸般我们不配有的恩赐，也不配称为祢的儿女，甚至不配抬头望天，不配在祢面前祷告。然而，主耶和华慈悲的父啊，我们知道祢不愿罪人死亡，乃愿他归向祢而活；祢的怜悯无尽，向回转归向祢的人显露。借着信靠我们的中保耶稣基督，就是除去世人罪孽的上帝的羔羊，我们诚心求告祢，因着基督之故，怜悯我们的软弱，赦免我们的罪。用耶稣宝血的纯净之泉洗净我们，使我们洁白如雪；为了祢名的荣耀，用祂的无罪和公义遮盖我们的赤身露体；洁净我们的意念，远避无知；洁净我们的心思，远离任性和固执。噢，满有恩慈的父，我们奉耶稣基督的名恳切祈求这一切。祂如此教导我们祷告：我们在天上的父：愿人都尊祢的名为圣。愿祢的国降临。愿祢的旨意行在地上，如同行在天上。我们日用的饮食，今日赐给我们。免我们的债，如同我们免了人的债。不叫我们遇见试探。救我们脱离凶恶。因为国度、权柄、荣耀，全是祢的，直到永远。阿们！】[3]

这岂不是一个美丽动人的祷告吗？当我们的牧师迫不得已用即兴创作、毫无条理的认罪祷告取代如此触动人心的语言时，我们岂不是让会众变得贫乏吗？因此，是否不宜在会众中重新引入最好有固定形式的公开"认罪文"，这一问题应该被认真考虑。我们甚至敢问，如果在我们所有教会中，我们每个周日能在圣者面前认罪，用人人从小就习惯听到的语言，我们是否就能避免许多的罪，并产生更多的谦卑？

---

[3]　中注：英译本此处节选了几句翻译，中译本予以补充完整，见荷文版207-208 页。

第十九章 十诫的律法[1]

诵读十诫的律法在敬拜仪式中的位置是一个很难回答的问题。它属于敬拜仪式，对此无人提出异议。在我们的一些教会中，有时省略了诵读律法的环节，这只表明我们对圣事的粗心大意和漠不关心。

这并不是说在每一个礼拜仪式上都应该诵读。当周日有两次聚会时，每次聚会都应视为一个协调的整体。但在每周日，来自西奈的上帝的声音都必须在信徒的聚集中回响。毕竟，只有这样，十诫的律法才能深刻在信徒的心思意念中，使之深入他们的意识，成为他们道德觉知不可分割的一部分。【滴水穿石！根据此黄金规则，只有借着持之以恒的阅读，十诫的律法才能深入道德意识，以致成为所有行动的道德的确定性。】[2]

---

[1] 中注：本章在荷文版中为四十七章，标题为"De wet der X geboden"，译作"十诫的律法"。

[2] 中注：见荷文版 209 页。

何时诵读十诫？

尽管所有的礼拜仪式学者都认同十诫的必要性，但就何时、何地及以何方式诵读，并未达成一致。有些人希望由信徒读经员在敬拜前进行诵读；也有人希望在敬拜期间，但在认罪祷告之前，或至少与之相连。还有人希望在敬拜期间，但与认罪祷告分开，以便从感恩的角度来看待它。因此他们把它放在最后，敬拜即将结束时。简而言之，有三个主要选项：敬拜前、敬拜期间的讲道前、敬拜期间的讲道后。

诚然，还有第四种意见，尽管其价值不大。此意见认为何时诵读十诫不重要，只要它确实读了。有时十诫的内容甚至被挂在教会墙上的两块大木板上。在这种情况下，它不必公开诵读，因为人们可以自己阅读。但这一观念不具有礼拜仪式价值。因为对礼拜仪式的研究不仅要问应该做什么，还要问当以怎样的顺序和在怎样的背景下进行活动。

【稍作思想，对这个问题的讨论几乎出现在每个领域，甚至包括我们的午餐。无论是谁，在喝汤、吃肉和蔬菜以及米饭时，不会说这三样的先后次序不重要，而是认为汤必须先享用，然后是米饭。这绝不只是为了习惯，而是因为当喝汤的时候，发现这样让胃易于吸收食物。更高级的厨师会在这方面细究，斟酌每一道菜，思考哪种食物可以更好地紧随上一道菜。穿衣亦然。在冬天，你必须穿一件厚厚的大衣、普通的衣服、马甲、内衣等。谁会认为这些不同衣服的先后顺序无关紧要呢？每个人都知道，柔软舒适的衣服穿在里面，相对粗糙的衣服穿在外面。】

【一切皆然。对于外在的物质，我们总是考虑身体的条件；同样，对于属灵事物，我们要考虑灵魂的情绪。我们从所听到的和所经历的事物会接收一定的情感波动。在唱诗和祷告中，在讲道和圣礼中，在信仰宣告和诵读十诫律法中，在聆听《创世记》第一章和《罗马书》第八章中，这些情感波动有所不同。正因如此，礼拜仪式学者需要考虑这些情感波动的性质。现在我们要问的是，这些情感波动该以何种次序和联系发生，从而带来正确的情绪。若非如此，我们会被之后的情感波动打断，而这情感波动本应在先，从而我们无法达到目标。当一个人注意这种关联以及正确的次序时，他就成为了礼拜仪式学者。在一家商店，各式各样的家具摆成一排，但是在你的房间会被摆列有致。若有人将桌子、椅子和橱柜都摆在客厅的角落，这表明他不懂如何布置房间。】

【然而，正是许多通常不问次序和关联的人在行此事，在没有思想或主导思想下，前后倒置。因此，我们拒绝这些导致无次序的凌乱和解决方式。他们不思考这些，那么我们也不考虑他们。你必须不仅解释属于敬拜和与敬拜有关的内容，还要思考这些该由谁以何种方式、何种语调、何种语气、何种次序和顺序、在何种处境中去做。只有当你对这一切都有所定论，并对你自己和他人有科学性（wetenschappelijk）的解释后，你才是礼拜仪式学者；反之不然。因此，这里与两个因素有关。一方面，上帝那一方决定了哪一部分应出现在敬拜中；另一方面，人这一方需要根据所产生的情感波动来决定先后顺序，以求制定正确的联系。正是基于此，那些认为应在敬拜前诵读十诫律法的人，所持的看法是薄弱的。】[3]

如前所述，敬拜预备带来了诸多问题，在此间诵读十诫便属其一。[4] 毕竟，这样的诵读除了让就坐之人有事可做，别无他用。这样就把十诫诵读置于正式的信徒聚会之外，它并非针对所有人，而只是在场之人。例如，牧师和与他一同入场的长老被排除在外，因为他们从未出席敬拜前的预备。

许多只在最后一刻才来教会的人也不在场，因为在正式敬拜开始之前，无人有义务到场。【于是，聚会先开始。你不要迟到，但也无须早到，毕竟没有规定提前多少时间到场。可能是五分钟，可

---

[3]　中注：见荷文版 210-211 页。
[4]　中注：此句乃英译本所加，用于概括以上省略的内容。

能是十分钟，也可能是十五分钟；这取决于牧者给予唱诗和读经的时间的长短。】因此，在敬拜之前诵读十诫是站不住脚的。这样做缺乏尊重，因为用来自西奈山的上帝的声音来填充时间有失体统。【这毫无目的，因为这个目的必须与所有人相关。此外，这也毫无关联，因为当敬拜开始时的情感波动很快就会取代诵读十诫律法的印象。】我们必须承认，制定我们礼拜仪式的学者在这方面留下了败笔。这是很难原谅的，特别是因为他们在其他教会有如此好的榜样，【正如赫尔曼·凯波尔在《旌旗报》十二月刊中所指出的】，加尔文提供了如此完全不同的范式。[5]

这些权威根本不对诵读十诫做出规定，而是让主领自行决定。另外，牧师们对即将到来的讲道往往感到有些紧张，他们自然希望尽快开始。因此，他们不介意敬拜的所有其他部分，如诵读《圣经》、诵读十诫、诵读《使徒信经》，以及前序唱诗，能在他们进入之前都完毕，以便在宣召、问安和祷告之后，他们可以立即开始讲道。

因此，只有在敬拜期间诵读十诫 —— 要么在讲道前与认罪和赦罪的祷告相连，要么在讲道后作为一种生活准则，在信徒离开祈祷之家时赠予他们。

作为感恩的律法[6]

【正如赫尔曼·凯波尔博士于 1902 年向我们精确指出的】，[7]自加尔文时代以来，十诫的诵读并不是按照《海德堡要理问答》的

---

[5]　中注：见荷文版 122 页。

[6]　中注：以下内容在荷文版中为第四十八章，标题为 "De Wet der X Geb-oden. (Slot.)"，译作"十诫的律法（续）"。

[7]　中注：英译本在这里简略为 It has been pointed out...中译本根据荷文版212-213 页所译。

第三问答进行，而是与要理问答的第三部分有关，即**感恩**。

【让我们接下去概括他这篇如此重要的文章。改革宗礼拜仪式在这一点上是否真的需要根据改革宗原则进行修正，将会在稍后的礼拜仪式文章中予以解释。此处，我们只想论证并督促注意以下三点：（1）应遵守我们改革宗教会的惯例之人；（2）此惯例为何成为改革宗礼拜仪式的特征；（3）在改革宗敬拜中，哪一个重要位置最初划分给诵读十诫律法。】[8]

我们的归正教会每周日诵读十诫的传统是自归正教会形成以来就被人遵守的，与归正教会一同诞生。【这是十分明显的，因为在诵读十诫律法时，我们并非涉及基督公教的传统（此传统一味无思想地持守或忍耐地坚持），而是涉及一个制度惯例；所有人一致认为，加尔文是此制度惯例的创立者。】[9]

敬拜程序如下：在敬拜的"预备"部分之后，有一个简短的祷告，祈求上帝赐福圣言的传讲，这个祷告以主祷文结束。讲道之后还有一个感恩的祷告；与此同时，基督国度的需要被带到上帝面前。然后会众唱诗篇，接受祝福再回家。加尔文的礼拜仪式并没有提到《使徒信经》，但如果瓦莱兰德斯·波拉努斯（Valerandus Pollanus）关于斯特拉斯堡所用敬拜仪式的报告是正确的，那么《使徒信经》就是在讲道**之后**被诵读。我们在巴拉汀（Palatinate）礼拜仪式中也发现了同样的情况。彼得鲁斯·达斯努斯（Petrus Dathenus）在讲道**前**把它作为祷告的结束语，后来在荷兰教会下午或晚上的敬拜中宣读《使徒信经》成为惯例。即使是著名的 1574 年多特会议的决议也没有带来任何改变。它规定早晨诵读《使徒信经》，下午诵读十诫；这个习俗延用至今。

如果我们想追随加尔文，应当清楚，会众聚集的首要条件是在上帝面前谦卑。我们作为罪人来到祂的圣容面前。因此，认罪和祈

---

[8]　中注：见荷文版 213 页。
[9]　中注：见荷文版 213 页。

求怜悯应放在首位。但会众不是寻求救恩的会众，教会不是救恩机构，而是救恩团体；它是信徒的聚会。这就是为什么要奉主的名向信徒宣告罪得赦免。很明显，呼召感恩必须在此接续，因为恩典的接受者应该过圣洁的生活。因此，诵读十诫是在赦免的确据之后。即使在怜悯颂（Kyrie Eleison），即"主啊，可怜我们吧"，对罪的记忆仍然在回荡。但重点是"把祢的律法写在我们的心上，好让我们像祢的儿女一样生活"；这是一个成圣的祈祷。随后就是圣言的敬拜。讲道前和讲道后都有一个祷告，主祷文被包含在内，作为会众自身的祷告。它在讲道前的祷告中逐字说出，并在讲道后的祷告中予以详细阐述。《使徒信经》是最后的和弦，会众承认其坚定的基督信仰。这是对讲道的回应 —— 是会众听到上帝的福音时，由心而起、由嘴而出的"阿们，我们信"。因为信是从听道来的，听道是从上帝的圣言来的。但末了的话不是会众的"阿们"，乃是大祭司的祝福，使会众平安散去。

【当约翰内斯·亨利斯·奥古斯特·埃布拉德（Johannes Heinrich August Ebrard，1818-1888）称赞加尔文的礼拜仪式为"华丽宏伟的朴素"（grossartige Einfachheit），难道不足以说明一切了吗？】[10]这一顺序也表明，十诫放在讲道**之前**或**之后**这一选择确实有一定的回旋余地，甚至可以更明确地定义为在十诫作为认罪的激励和十诫作为感恩准则之间进行选择。加尔文果断认为十诫是**感恩**准则，但他在讲道**之前**诵读。我们建议十诫可以在讲道前或讲道后出现，因为在我们看来，《使徒信经》和十诫应该遵循不同于加尔文所实践的顺序。为什么我们认为加尔文的方法在这种情况下可以改进？大体上，加尔文毋庸置疑是正确的。如果教会里的民众不仅仅是一群听众，而是"信徒的聚会"，那么十诫就不能作为**归入基督的训诫的师父**。【可以肯定的是，十诫的呼召发生在传福音或宣教之中，

---

[10]   中注：见荷文版 214 页。

而非发生在承认已归入基督之人的聚会中。】[11] 我们既不否认信徒在十诫的镜子中看到自己时，他们的罪疚感会加深，也不否认会有许多未信主的人来到教会之中。但这并不能改变聚会的性质，也不应该在聚会上留下**印记**。

【在礼拜仪式中，聚集的**特性**设定了基调。不完美之处出现在讲道中。若聚集的特性是并总是带着**信徒**聚集的印记，那么此聚集就不能再度被呼召就近基督。因此，埃布拉德的评论——讲道之**后**是《使徒信经》，而非十诫律法，因为信心来自聆听——就有失公允。保罗在《罗马书》第十章不是说在信徒中的讲道，而是**福音宣讲**（kerygma）临到外邦人和犹太人。】[12]

在信徒的聚会中，十诫与上帝的感恩法则，即对日常生活的感恩法则相呼应。信徒在讲道**前**不会变成十诫所言的生活，但在离开教会**后**会如此改变。所以当他们离开教会进入日常生活时，让他们听到感恩的法则，即十诫，是如此合乎逻辑和自然。整个十诫是否在一次聚会上宣读，然后在下一次聚会上总结，其实并不重要。最主要的是，当会众即将进入日常生活时，宣布祝福之前会众会想起感恩的法则。每个人都同意这是正常的秩序。

【相反，若我们要遵循加尔文的方法，那么我们首先要**认罪**，接着**赦罪**，然后诵读**十诫**；这不是对信徒宣告，乃是他们**颂唱**，每一节与怜悯颂交替进行，最后以祈求**成圣**结束。在这之后才是讲道，由一个简短的祷告引入。之后才是诵读《使徒信经》，并在领受祝福后离开。这是极好的，只要我们将这礼拜仪式的敬拜作为独立的部分，与作为第二部分的讲道分开。那么在此礼拜仪式部分，不仅要有认罪和赦罪，而且还要有感恩的法则；但是，它也要包括宣告《使徒信经》。只有如此，礼拜仪式的敬拜才是完整的。然而，若不是如此行，若《使徒信经》被置于讲道之后，那么礼拜仪式就没有终

---

[11]　中注：此句根据荷文版所译，见 215 页。
[12]　中注：见荷文版 215 页。

结，也没有形成一个独立部分。于是，整个敬拜就会被纳入单个礼拜仪式的框架中，以宣召开始，以祝祷结束。这也无法解释为什么规定感恩要紧跟赦罪，然后被有关讲道的记忆所驱散，之后就回到日常生活中。此外，加尔文自己也无法根据这种方式坚持十诫作为感恩法则的真实特性。然而，因着与"主啊，怜悯我们！"十次交替，十诫就成了激励认罪。因此，正当的界线被抹除了，认罪和感恩彼此贯通，一个人被激发的情绪也十分混淆。除了这两项，赦罪的意义也变得模糊。若有意义，它就回指之前的认罪；那时，信徒不可再次进入怜悯颂的情绪中。赦罪必须是自由的，免于罪咎的压迫感。若此目标真已达成，那么教会直接十次祈求赦免终归是不稳妥的。那时，这意味着教会并不接受赦罪，不相信赦罪，因此一次又一次地继续呼求赦免，从第一次赦罪直到十次重复祈求赦罪才被接受。因为有人会说，怜悯颂并不意味着赦罪，也表示帮助成全律法，正如英语礼拜仪式所表现的，然而这与字意相悖。怜悯（Eleeison）与复和的恩典有关。因此，赫尔曼·凯波尔博士非常正确地说道，认罪的话语可能再次在此处响起，这确实与本质上对赦罪的接受不兼容。在使徒书信的讲道中，对感恩法则的传讲也是紧随福音的传讲。】[13]

几乎每个牧师都觉得有必要用训诫的话来结束布道，继之以感恩。十诫作为讲道后鼓舞人心的收尾，再合适不过了。【我们特别认为"颂唱"十诫是错的。我们不是彼此颂唱十诫，而是牧者奉主耶和华的名将十诫赐给我们。】[14] 基于这些原因，我们认为（与加尔文相反）诵读作为感恩法则的十诫应该在讲道之后，而不是之前。

---

[13]　中注：见荷文版 216-217 页。
[14]　中注：见荷文版 216 页。

第二十章 忏悔：唱或说？

如果诵读律法是在讲道之后而非之前，我们须问，在宣召和讲道之间的礼拜仪式中会发生什么。宣召之后，紧接着应该是问安，而后是忏悔；再之后，依据良好的礼拜仪式，宣布上帝的赦免。

忏悔的方式

忏悔有两种方式，一种是牧师代替会众说，另一种是会众自己说。在后一种情况下，会众可以唱出来或朗诵出来。

朗诵是由英国圣公会通过《**公祷书**》引入的。尽管大多数人对祷文都熟记于心，但是他们的祈祷书上都有印好的忏悔祷文；这已使用很长一段时间了。其中一位牧师带领他们祷告，会众跟着他重复每一句话。这是一种理想的方式，但不幸的是，事实上很快失去了光彩。在一些规模较小、会众训练有素且对祷文熟记于心的教会，这行得通。然而，在更大的聚会中，尤其是当大多数成员仍需照着祈祷书念，很快声音的统一就被打破了。有人说一个词，但他的邻座只说一个音节，然后一个完整的词。一会儿，他就领先于他人两三个词。因此祷告到一半就产生了混乱，这很难有教诲的作用。

【这使许多人不敢大声诵读，另一些人则小声低语，还有一些人就完全沉默。那些坐在诗班区中和正前方的会众会祷告很长时间，而其他人只是聆听。于是，群体的祷告很快就限于一小群人；其余人只听见嘈杂的声音而无法一同祷告。即便他们试着为自己祷告时，也被这些嘈杂声干扰。然而，即便人们放弃此种不幸的做法，小教会中这样共同大声祷告也缺乏教诲的作用。这只有对那些有很好乐感和协调感的人才有可能；他们自然保持完全相同的说法方式，并相同的音调。于是，只有一个和谐却多样的声音被人听见，所有人都会让自己的声音融入这一个声音。然而，无论是在圣公会还是我们的教会，都无如此有乐感和和谐的声音。人们在听见此种大声祷告的同时，也会听见各类不同的声音；这些声音交织在一起，许多不同的声音以不同的语调出现：尖叫声和沉闷的声音，雄厚的声音和柔软的声音，哀叹的声音和高昂的声音，极富情感的声音和疲惫的声音。这一切不同的话语最终构成了令人不愉快的声音，使得人们不得在自己的话语中听见灵魂的回声。】[1] 不久，它变成了一个机械的背诵，毫不走心。

当涉及到忏悔时，尤其令人恼火和不安。【在那一刻，所有站着或坐着的人自身并未带着谦卑的心境。不少人首先要借着祷告才能有这样的心境。于是，如果祷告的方式是要唤起这种心境，那么这祷告就要持续下去。】[2] 忏悔需要庄严的祷告，但这种齐声祷告有碍其庄严。当你将这样的忏悔与背诵主祷文和"荣耀归父"以及"阿们"相比较时，这一点在圣公会中便可立即听出。当会众在宣

---

[1]　中注：见荷文版 218-219 页。
[2]　中注：见荷文版 219 页。

读《使徒信经》后大声说出"阿们"时，这是一个真正庄严的声音。你只听到一个声音，它听起来既和谐又响亮。"荣耀归父，荣耀归子，荣耀归圣灵，直到永远"这句话从小就为大家熟知，而且如此根深蒂固，即使只念不唱，听起来也庄严悦耳。主祷文亦然，人人皆晓。它句子短凑，一次一个祈愿。所以一般来说，当人们齐声祷告时，不会出现混乱，整个朗诵过程都有一种启发性的声音。但是其他祷告却非如此。它们太长，包含无节奏的整句，也不为人们熟悉。结果，本该造就人的却在属灵上使人亏损。

因此，要么牧师祷告，会众安静；要么唱出忏悔；别无他选。我们现在的礼拜仪式倾向第一个选择，并且提供了两个祷告，一个较长，另一个较短。但无论如何，它都是礼拜祷告，这一点应该强调。

任何牧师自发的认罪祷告都是不合宜的。如果牧师做出这样的祷告，听者只会按照他所听和所明白的参与其中。到那时，牧师已经在他前面了。如果牧师的祈祷是短句，无插入语，且他在每两句话之后稍作停顿，那么自发性祈祷是可以接受的。但是很少有牧师能够做到这一点。特别是当我们即兴发挥时，我们倾向于使用较长的句子，交错着插入语，这完全不适合人们加入认罪祷告的行列中。

不可使人们绞尽脑汁才能理解认罪祷告中所说的。我们的精神必须完全放松。只有当我们使用一个我们从小就记住的标准认罪公式时，这才有可能。这样的祷告是精心创作的，句子简短有节奏、表达清晰、思想连贯，引导灵魂从一个明确的起点出发，沿着一个有序的思维过程达成一个明确的结论。

因此，礼拜仪式的祈祷是绝对必要的。它可以联合牧师和会众，并创造一种联系感、合一感，引向同一个目标。正是这用于认罪的礼拜仪式的祈祷，传达了牧师作为发言人，代表所有人，并为所有人祷告的这一理念。他可能是发言者，但他的思想、审慎和态度也活跃在会众的心思意念中。他们代表会众的话语，他替会众发声。【与此同时，产生了另一个关于牧者举行礼拜仪式祈祷长短的问题。下文予以详述。】

我们礼拜仪式的忏悔祷告 [3]

　　尽管我们喜欢礼拜仪式的祷告，但必须承认，我们礼拜仪式的祷告创作不佳。事实上，我们甚至可以说，作为礼拜仪式的祷告，它们不符合《圣经》的规范。难道基督的教会不应该一直尊重主祷文，把它作为祷告形式的规范吗？主祷文从头到尾都展示了所谓的**精辟措辞**。也就是说，它由一系列简短的祈愿组成，一个接着一个，没有插入语，甚至常常没有连词。

　　我们并不是说它**仅仅**由祈愿组成。相反，它由一个祈求开始，并在这个祈求中加入一个忏悔。赦罪祈愿中增加了一个关于我们的声明，并以荣耀颂收尾，即便也有一个版本省略了荣耀颂。但是，求助、忏悔、声明以及荣耀颂都是简短的。【它们的措辞简练，中间无插入语。】每个人一听就明白。它们很容易被人记住，独立存在、不用推理，而是心灵的表达和宣告。此外，主祷文的特点是顺序准确、对仗工整、表述恰当，祈愿也不是随机出现。前三个祈愿和随后的祈愿对称排列，每个祈愿短小简练，连成一个比例优美的单元。

　　所有《圣经》中的祷文，从某种程度上而言，都有主祷文的**精辟措辞**。你会在经文的划分中发现此点，你能感觉到这种划分不是人为的，而是祷告的一个重要部分。所罗门献殿的祷告、以斯拉的祷告，以及尼希米的祷告要长得多。它们没有优美的和谐感，如那种最完美的祷告。但即使是这些祷告，也有一定的节奏。它们少有插入语，且一次又一次地专注于一个特别的祈愿。它是，且依然是祷告，很容易理解的祷告，以明确的顺序平稳进行的祷告。

　　即便如此，新约教会的祷告不应回到所罗门和以斯拉的模式，而应选择基督在主祷文中向我们展示的更高理想为指引。然而，我们的礼拜祷告并未达到我们所希望的程度。我们批评的不是这些祷

---

[3]　中注：以下内容为荷文版中五十至五十一章，标题为 "Formulieren voor sclJuldbelijdenis"，译作"礼拜仪式的忏悔祷告"。

告的**内容**，而是它们的**形式**。不可否认，它们往往以长句为特点，牧师很难一口气完成诵读和祷告，而只有极少数的祈祷者能够毫不费力地遵循思路。

我们希望范例的选择最小化。提到祷告中**不适当**的部分总是很痛苦的。【我们从在教会长执会前的祷告中选择两个完整的长句祷告，以及】婴儿洗礼的开场祷告为例。[4]

【教会长执会前的祷告中的第三句如下：

> 因此，我们此时奉祢的圣名聚集，遵照使徒教会的榜样，依照我们的圣职去行一切关于祢教会的体制机构和福乐的事。为此，我们承认我们自己的无用和无能。我们按着本性就不能思想善的事，更不用说行善了。因此，我们向祢祈祷，信实的父上帝，请按照祢的应许，借着圣灵临在我们此时的聚会中；圣灵会引导我们进入一切的真理。

以下连续句子是我们所有人在洗礼前的共同祷告：】

> 全能永恒的上帝啊，祢曾照祢严厉的审判，用洪水责罚那不信且不悔改的世人，又照祢的大怜悯，拯救和保护了信道的挪亚和他全家；祢曾将顽梗的法老和他的众军淹没在红海中，又领祢的民以色列从红海走干地；【这预表了洗礼。因着祢无条件的怜悯，我们向祢祈求，怜悯这个婴儿，祢的儿子耶稣基督藉着圣灵内住在孩子中；愿这孩子在耶稣基督的死中与祂同埋葬，得以与祂同复活、得新生命；愿这孩子每日背起十字架喜乐地跟随耶稣基督，借着真实的信心、坚定的盼望和炽热的爱

---

[4]　中注：英译本此段之后省略了大篇幅的内容，包括荷文版第五十一章整章内容，见 222-228 页。中译本现予以补充完整。

委身于祂；愿这孩子在此生（此生无非是必然的死亡）为了祢的缘故得安慰、被人弃绝，并在末日坦然无惧地来到祢儿子基督的审判座前，并透过与祢同在的祢的儿子，我们救主耶稣基督，并圣灵，与这位独一的上帝统治到永远。阿们！】

在我们的礼拜仪式祷告中还有很多这样【使用很长句子】的例子。【我们选择这两个，尽管对牧师和长老而言还有其他更耳熟能详的例子。正如你们所见的这两个完整句子的祷告，第一个有14行，第二个有25行。】5

当然，可以说因为我们反复地听，这些长句已经慢慢变得相当熟悉。这样，只要稍加努力，人们就可以跟上。然而，较之于主祷文中规范的格式之美，这些句子在本质上是迥异的。祷告不需要费很大的心力，也不应不够清晰，或语言顺序模糊。相反，它要使人很轻松地跟上思路。这样，我们的灵魂才能体验，并放下自我进入神圣的兴奋之中。

我们的礼拜仪式中的认罪，无论是短是长，并非如此。我们的祷告内容太多了，一句话包含了太多信息。它阻止灵魂进入栖息地，从那里它可以在简短的祈愿中靠近上帝。当然，这是对我们在洗礼前所引用的祷告的改进。在我们礼拜仪式的祷告中，忏悔祷告是较好的祷告之一，因为它的句子不太长。然而，当成百上千的信徒想要通过同一祷告向上帝认罪时，它尚不达标。

【忏悔祷告在其更长的形式中有九个句子构成，在新出版的祷文中分别有8行，11行，14行，14行，3行，3行和4行。】

【我们先读到：永在的上帝，慈悲的父啊！我们在祢的威严面前，从内心深处俯伏谦卑。我们屡次重重地得罪了祢；我们承认，祢若审判我们，我们定然承受永远的死。】

5　中注：这里的行数是根据荷文版的排版所计。

【然后读到: 因为除了我们因原罪都是不洁的, 都是忿怒之子这一事实, 我们还在罪中被孕育, 在邪恶中出生, 因而各样抵挡祢和我们邻舍的邪恶欲望就存在我们的心中。】

【接着读到: 我们都如羊走迷, 极大地得罪了祢。我们为此认罪, 内心破碎。是的, 借着我们的谦卑和祢为我们所付的怜悯的代价, 我们承认我们的罪超过了我们头发的数量, 承认我们因百般的恩赐而有罪, 我们无法借着做任何事得称为祢的儿女, 也无法举目望天, 在祢面前祷告。】

【在这之后读到: 然而, 主神, 慈悲的父, 我们知道祢不愿罪人死亡, 乃愿他悔改得生; 我们知道祢的怜悯无限, 祢将此怜悯向罪人显明, 以致他们回转归向祢。我们诚心, 并借着信靠我们的中保耶稣基督呼求祢; 祂是上帝的羔羊, 背负世人的罪孽。我们祈求祢能怜悯我们的软弱, 因着基督之故, 赦免我们一切的罪。】

【然后以下三句话先后出现:

将我们在祂纯洁的血的源泉中洗净, 比雪更白。

为了祢名的荣耀, 用祂的圣洁和公义来遮盖我们的赤身露体。

洁净我们的意念, 免去一切盲目, 洁净我们的心, 免去一切任性和固执。】

【然后在讲道前用主祷文结束祷告。】

【任何人只要努力再次察看以上我们对大众认罪文的分析, 那么很快就会同意, 最后三个短句极为精彩, 且符合要求; 若它们在之后的版本中分为独立的短句, 这会更佳。但是上述的前四个祷告并非如此。它们过于冗长, 理应分成两部分, 从而插入语自然可以变成主句。不合时宜的括号可以消除, 灵魂就在每一句表达中找到安息。如是, 祷告的语气自然就会缓和。说话者的气息保持平稳, 足以有条不紊地说出每一个完整的句子。每一句话后都应有短暂的停顿；完整地跟着祷告或一起祷告，不应感到有丝毫费力。所有因果性的、转折性的和连接性的连词，以及关系性的代词，都应移除。整体的联系纽带不应是这些词汇，而是逐步增强的思想与陈述。】

【如同它们的形式，前四个祷告的内容也十分不合时宜。此处并无认罪，因而就无与他人和好。上帝儿女的罪与世上儿女的罪完全有不同的特性。后者更恶劣，更严重，更加抵挡圣洁和上帝恩典的丰富。即便如此，在今日许多教会中，仍有许多未悔改之人。此处并非以他们的祷告定下基调；教会，并且总是教会，一直祈祷；正是信徒的聚集在求告她的上帝。上帝的子民以忧伤的心流泪，承认他们从上帝那里蒙了何等大的恩典，然而总是得罪了赐各样恩典的上帝。】

【我们并不否认我们现今礼拜仪式的祷告也是如此，但是它并不足以清晰表明，在认罪文中亦非主旋律。认罪文并不是立于这个基础之上。在主祷文中，正是在此种基调上引发了对赦罪的祈愿：如同我们免了人的债。这是只有蒙怜悯之灵魂才能明白的事；这样的灵魂极为谦卑。】

【领唱者在祷告中为所有人并以每个人的名义来读认罪文的时候，祷告必须简短，措辞精辟，有韵律，对仗工整。然后，祷告的内容必须表达被救赎之灵魂所经历的，就是在三一上帝的殿（教会）中与祂相会之时所经历的。不信者会为此感到胆战心惊，而这又是对信靠上帝所立之约的人的回应。这样的祷告不属于伏在工作之约下面的人，乃属于那些在恩典之约中承认自己缺少信心的人。】

【以上所列的认罪文并非如此。认罪文紧跟"讲道前的祷告"之后，一口气完成，这并不可取。认罪和祈求祝福的话语完全是两个不同的概念；二者之间不应彼此交叉，否则会引发混乱，消除新营造的印象。正因这些情节，认罪祷告就没有过渡到一个完全不同的主题上，缺乏自然的结果和意义。这也是为什么讲道前的祈愿完全是背诵，做得并不公允。】

【然而，认罪文本身也值得考虑。这一章以罪人的悔改结束：

"然而，主耶和华慈悲的父啊，我们知道祢不愿罪人死亡，乃愿他归向祢而活；祢的怜悯无尽，向回转归向祢的人显露。借着信靠我们的中保耶稣基督，就是除去世人罪孽的上帝的羔羊，我们诚心求告祢，因着基督之故，怜悯我们的软弱，赦免我们的罪。"这对聚会中尚未悔改之人极佳，但对于"信徒的聚集"不然。这句话之前是："我们无法借着做任何事得称为祢的儿女。"这句话与随后的内容不相称，也并未进一步解释。当大卫在跌倒后祷告"不要从我收回祢的圣灵"时，这是说他已经领受了圣灵，同时也伴随着灵魂中的恐惧。因此，他接着说："求祢使我仍得救恩之乐。"然而，你才听到一位祈祷之人的认罪；他知道并享受救恩之乐，且罪已除去。这个祷告所透露的思想就是站立在恩典中，已经领受了恩典；正是犯罪违背了这个恩典，说明了忘恩负义和不忠。】

【我们认罪祷告的整个语调，是灵魂在表述一个堕落之人第一次寻求平安、祈求怜悯。盟约并未出现在此祷告中。这个祷告乃是在律法之前，寻求从律法的咒诅下得救赎，并未表现有信心的上帝儿女的灵魂；他们深深地自责。正因如此，对他们而言，至小的罪都是不宜的。因为对他们而言，至小的罪也具有以下特性：以罪回报上帝的恩典，损害对天父的信靠。这样祷告的结果就是，大多数人并未在祷告中谦卑自己，因为就从律法之下得拯救而言，他们并未感到自己的罪有"多恶劣地"违背律法，除非在他们严重失脚的情况下才会如此。因此，我们并不是说在这种认罪文中无需寻找持续悔改，我们也不否认未归信者要得生命。然而，若这一切都要出现在祷告中，那么认罪祷告不能，也不会烙上这个印记。】

【在归信之后，这种信仰倒退的罪咎感在我们的内心会更深入，我们的忘恩负义和不信，会比对罪的认识更令人痛苦；此对罪的认识让我们归信。无论是谁，只要感受到犯罪违背了恩典，违背了怜悯，违背了爱，违背了上帝的信实，他的内心就会深深地塌陷。然而，另一方面，上帝在这个人灵魂上的工作和确凿的恩典从不会消失，而是被作为祈求的根据，并注目在此之上。】

【这样的认罪文也并非面向我们的孩子，甚至与洗礼和盟约相冲突。我们必须与我们的孩子一同站立在上帝面前，不仅是为了我们自己，好像我们对年轻的孩子并无任何影响，好像他们的罪不会令上帝忿怒。】

【简而言之，我们面前的确有一个认罪文。无论在讲要突破归信的挣扎时有多么令人感动，此认罪文并不是蒙恩的儿女向天父的认罪。它应有更深的语调，不是失丧的，而是得着的。它应符合永生上帝的教会与她的天父之间的实质性的关系（尽管并非真的总是如此）。】

第二十一章 屈膝祷告[1]

　　关于屈膝祷告，尤其是涉及"认罪祷告"，稍作论述是合宜的。我们必须意识到，在这个问题上，传统也不能成为礼拜仪式的法则。我们教会目前的习俗是，祷告时男人站立，女人坐着。只有在成人洗礼、牧师按立和婚礼仪式上才屈膝。可能并非所有的教会都是这样。在偏远的社区，其他场合可能也要屈膝，但在我们大多数教会，上述传统是要遵守的。可能有一个小小的变化，就是有些男士甚至在其他人起来祷告时仍然坐着。

屈膝是合宜的

　　然而，应该指出，在我们改革宗教会，情况并非总是如此。1618 年，当多特会议召开时，与会代表们发现在那个教会，所有

---

[1]　中注：本章在荷文版中为五十二至五十五章。

人无论男女，屈膝祷告是惯例。而且众所周知，在我们的户外敬拜和最早的教会敬拜中，人们总是屈膝祷告。即便现在，我们唱诗说"来吧，我们要在我们的创造主和救赎主面前下拜"时，却没有下拜。诚然，我们仍在家里屈膝祷告。在睡觉之前，也有许多人在家人中间早晚祈祷时仍然如此。圣经旧约和新约都提到要一直屈膝跪下。

简而言之，"不要在教堂屈膝下跪，因为这是基督公教的行为"，这一普遍想法只能被认为是非常肤浅的。正是在殉道者时代，当与罗马的战争最为激烈的时候，我们的先辈总是跪在教堂里祈祷。这样屈膝下跪只不过是让你的身体呈现出一种姿势，象征着灵魂俯伏在上帝的威严面前。这并不是要让身体一开始就传达我们灵里的状况，而是要通过身体与灵魂融洽的协作来深化和加强灵魂的行动。

屈膝晚祷仍然是上帝每一个孩子最真诚的祷告。它真实地代表了他的祷告生活。他跪着不是为被他人看见（因为通常他独自一人）；跪着祷告是因为这种姿势最能反映一个人的内心态度。身体如此，灵魂亦然。

站着祷告总是有些麻烦。对于许多去教会的人来说，特别是一些牧师仍然坚持漫长而持久的祷告时，安静地站着尤为困难。站着的人会试图把手或胳膊倚在长椅上支撑自己的身体。他不停挪动双脚，反复采取不同的姿势。许多在冗长的祷告中站着的人一心专注于站立的困难，消耗的心力并没有帮助到他们，反而分散了他们对真正祈祷的注意。

然而，如果我们跪在床上或椅子旁做晚祷，就不会有这一障碍了。我们的身体不需要靠这种姿势支撑。事实上，它是放松的。我们不再关注自己的身体，而能够一心专注属灵之事。每天至少有一次俯伏在上帝的威严面前，这对"勇士"也是好的。我们跪下的时候，好像故意谦卑自己，好叫上帝在我们心里被高举。

【屈膝祷告带有其他祷告姿态所不具备的亲密和柔和，这并不自相矛盾。当海难或突发事故带来死亡威胁时，大多数人会屈膝跪下。屈膝对我们而言多数意味着恳求的态度，甚至有时是一个人跪在另一人面前，就是当他迫切想要获得所不能得的事物时。甚至有一个恶劣的陋习，就是一位年轻男士在求婚时跪在女人面前。这实际上是异教的思想，好像任何以类似敬拜女性为开始的婚姻都可以蒙福。无论如何，改革宗信仰的女性要拒绝这样的年轻男士，要说"我不会和你在一起"。作为一位真正的加尔文主义者，我们从不跪在人面前；但是为了唯一恰当的原因，我们真诚地跪在上帝面前。】

【众所周知，祷告时不同的人会有截然不同的姿势。阿拉伯人往前平扑在地，脸朝地，双手张开。此外，在祷告时，我们闭上双眼和双手紧握，这在一定程度上也是传统。其他国家的人祷告时双眼睁开，双手举向天。由于《圣经》并未给我们有关祷告时身体姿态的特定命令，所以我们不能因他人未采用我们的习惯而论断他们。我们的判断必须保持开放，会再三面对何种姿态最为可取的问题。】[2]

清教徒的影响

问题在于：为什么我们教会抛弃了屈膝祷告的做法呢？事实上，在宗教改革之初，无论是祷告还是在接受主餐的圣礼时，屈膝下跪都是基督公教内认可的做法。历史也证实，这种做法在改革后的一个世纪内仍然保留。

这一变化源于隔海相对的清教徒与英国圣公会之间的斗争。英国圣公会有意高举清教徒所反对的诸多仪式。清教徒认为，尽管圣公会打破了教皇的至高无上地位，但她仍然泥古守旧，强调屈膝的做法以及其他一些仪式。屈膝被提升为某种敬虔，就好像屈膝是一种"善行"，一种虔诚的行为，而清教徒对此表示反对。他们意识到其中的危险，这在今天的英国非常明显，即这种对仪式的执念可能再次导致错误的

---

[2]　中注：见荷文版 229-230 页。

原则，认为仪式具有内在价值。他们害怕仪式主义的力量。

然而，我们不得不承认，清教徒在这方面过于极端。他们热衷于避免仪式主义的危险，却没有意识到敬拜必须要有一定的仪式，尽管我们总要确保这些仪式与圣洁之事一致，而非相冲突。如果他们没有如此夸大这个问题，无疑会保留一大部分逐渐回归圣公会的人。但是他们英国人的性格不允许这样，他们要做就要做得彻底。这也解释了为什么他们在对仪式的强烈反对中，也针对屈膝，并坚持认为所有在教会屈膝的行为，都应被视作基督公教的仪式而予以废除。

英国的基督新教信徒从一开始就对我们的荷兰教会，特别是对严格的改革宗教会有相当大的影响。这主要是因为在英格兰和苏格兰，人们对生活实际方面的研究比这里更多，而且他们的作者使用更受欢迎的写作风格。[3]

从屈膝祷告到站立的转变发生在伟大的神学家吉贝尔图斯·沃修斯 (Gijsbert Voetius, 1589-1676) 的时代。他告诉我们一个特别的冲突：在他那个时代的有些地方，人们开始反对屈膝是出于超属灵的动机，而在基督公教信徒仍占多数的其他地方，牧师敦促人们跪在长椅上，以此避免我们在教会里看起来不如基督公教信徒那样恭敬。

沃修斯讲述了多特会议（1618）期间，屈膝祷告在所有教会中仍十分普遍。他在乌得勒支市也看到了同样的情况。因此，他反对超属灵的人，并为屈膝辩护。他认为这不应作为法律而强制执行，而应视作一个良好的实践。这是因为：（1）这是在旧约和新约中敬虔之人所为的；（2）自古以来，牧师们就推荐这一实践；（3）它从一开始就在教会中被践行，并一直延续到各个时代；（4）在他那个时代，这一实践在大多数国外的改革宗教会里仍受推崇；（5）在我国，这也是殉道者时代的传统；（6）一般来说，在亲近上帝时，没有人反对采取温顺谦卑的态度。沃修斯唯一反对的是人们赋予屈

---

[3] 中注：以下内容为荷文版第五十三章，标题为 "Knielend bidden. (Vervolg)"，译作"屈膝祷告（后续）"。

膝以宗教的价值，而且还有人可能会助长这样的错觉：不屈膝祷告
则不是真正的祷告。

历史的视角

　　要理解这一切，最好从历史的角度来看。在我们古老、大型的
教堂建筑中，把人葬在教会里是基督公教圣统制早期以及随后的多
个世纪里的惯例。这就需要在敬拜之后清空整个中殿礼拜堂。在那
些日子，没有政府官员、教会议会、重要会众成员的专门长椅。只
在诗班区有长椅。教堂的中堂里只有单个椅子，这些椅子必须在敬
拜后收起来，堆在一旁。下一次敬拜，人们会从一堆椅子中拿起一
把，把它放在任何他们喜欢的地方，能实现其双重目的，即可在上
屈膝祷告，又可当作座椅。这种情况在许多基督公教教会仍然存在。
　　在弥撒和讲道期间，会友选择的不同地点也促进了这种流动性。
弥撒期间，人们向唱诗班区前进，挪动椅子以便能看到祭坛。但在
讲道时，他们聚集在讲坛周围的中堂，椅子面向牧师。这些椅子过
去和现在都是这样构造的，椅背高于普通椅子，椅座低于普通椅子。
椅背上贴着一块平板，当屈膝祷告时用来支撑肘部。
　　当这些教会建筑被移交给改革宗教会长执会时，唱诗班区被封
锁，因为弥撒被废除了。但在其他方面，人们继续遵循旧传统。他
们使用空余的祈祷椅，这些椅子在敬拜结束时堆在一起，为在中堂
内举行的葬礼腾出空间。下一次敬拜的时候，进入教会的人们会从
一堆椅子中拿起一把，放在讲坛前任何他们喜欢的地方。椅子不是
紧密相连，而是中间有足够的空间，可以用来跪着。人们会站起来，
把椅子转过来，椅背对着讲坛，跪在上面祈祷。有时，尊贵的女士
甚至会让她们的女仆在前面把椅子放好。然后当女士出现时，女仆
会站起来把椅子给她。（教会议会试图废除这种习俗。）宗教改革

后大约一个世纪的习俗就是这样，但渐渐地，情况开始发生变化。

　　尊敬的地方长官希望在教会里被正式承认为认信政府的代表，并希望有单独的长椅。这些长椅通常被放在柱子之间的讲坛对面，它们高于椅子的位置，以显示与座者位高权重。以他们为例，教会长执希望拥有类似"地位性的"长凳，因此在讲坛周围修建了所谓的洗礼栏杆，为牧师、长老和执事创造了一个长凳区。而教会监管者大多由市政府任命，他们经常坐在政府长椅的左边或右边。【普遍被人所知的阿姆斯特丹新教堂为我们提供了另一番情景。唯一的差别在于，从前满座的政府官员的长椅如今空荡。因此，当敬拜进行的时候，就由贫穷的人来就坐。】[4]

　　但教会议会和政府官员的这些固定长椅使屈膝不再可能，没有空间这样做。**站立**祈祷这一习惯正是这样形成的。当然，这一新传统影响了人们对椅子的使用，因此他们逐渐放弃了屈膝下跪的传统，并效法站着祷告。除此之外，人口的增加和随后教会空间的缺乏使得椅子有必要靠得很近；因此把它们转过来祈祷变得越来越困难，对妇女而言尤然。据沃修斯说，许多妇女在他那个时代已经站起来祈祷了。于是，由于英国基督新教教徒的影响，再加上实际的困难，人们废弃了跪着祈祷的习俗。当旧椅子最终不得不更换时，堂会长执们又提供了一种适合坐而不适合跪的椅子。

　　沃修斯还说暖脚器的使用加速了屈膝祷告的终止。正如一些大教会仍面临的情况一样，即使在最冷的日子里，会众也要在完全没有暖气的建筑里坐上两个小时。很难想象这会导致多少疾病和死亡。这就形成了这样一种习俗：妇女们来教会时带着铜柄暖脚器，而尊贵的女士们则让女仆给她们带暖脚器。当然，这种暖脚器的使用增加了椅子转动的难度。

　　有相当长一段时间，大家都很困惑。一个人跪下，另一个人站着，而第三个人则坐着。一些牧师会敦促人们跪下，而另一些牧师

---

[4]　中注：见荷文版 233 页。

则鼓励人们站起来。渐渐地，一种传统占了上风。此外，当一个想法从英国传来，即屈膝下跪实际上是基督公教的残余，屈膝最终停止了。事实上，人们对此变得非常怀疑，以至于沃修斯不得不为屈膝的各种指控进行辩护。就**站立**或**坐下**而言，男人站立、女人坐下逐渐成为了一种传统。不过据沃修斯说，这并没有一个正当的理由。

祷告姿态再探[5]

【除了成人受洗和牧者按立，信徒聚集中的屈膝跪下在实践中被废除后，人们认为屈膝跪下并不会为我们增添主的救赎。因此，他们就丢弃了古代基督教会的实践。在前几个世纪，屈膝跪下很普遍；但是在教会最重要的节日，就是复活节，信众不会屈膝跪下，而是站着祷告。这种做法意义很丰富。屈膝是谦卑，在卑微中跪下；对于许多人而言，这绝对意味着在罪咎中谦卑。若一个人宣告基督为了我们称义已经复活，那么在复活节后一个人就公义地站在上帝的面前，在基督里是得救赎和蒙福的。一个人在祷告时不再需要跪下，而是站立在上帝的面前。】

【这让我们想起了另一件事。我们读到法利赛人喜爱"站着祷告"。耶稣在《马可福音》十一 25 说道："你们站着祷告的时候。"[6] 根据犹太人的传统，这里的站着表示"乐意去服侍"，正如所说的天使站在宝座前，也好比《希伯来书》中"祭司"也与"站立"的概念相关。[祭司的希伯来文 כֹּהֵן（kōhēn）源自希伯来文 כהן（khn），意思是"作为祭司去服侍"。] 这里的基本意思就是，一个君王在威严中端坐，他的仆人在四周站立，乐意服侍他。在这方面，犹太

---

[5]　中注：以下内容在荷文版中为第五十五章，标题为"Knielend bidden (Vervolg)"，译作"屈膝祷告（后续）"。

[6]　中注：荷文版在此处错误地写作《马太福音》十一 23。

人逐渐为自己的百姓寻求特权。外邦人要跪下，因为他们假冒为善
地顺服。以色列人站立，是被呼召和拣选的上帝的仆人。同样，法
利赛人再次将自己与那些不知道律法的人彼此区分。法利赛人是被
呼召和拣选的，因此"爱站在十字路口上祷告"。不是站在街道的
角落去祷告，而是站在公共区域，在众人注视下祷告。现在你站在
十字路口，人群从这一方和另一方而来，你就可以同时被两个方向
的人看见。这就是为什么他们喜欢这些十字路口。他们站在那里祷
告，而不是跪着（太六5）。】

【因此，"站着祷告"就融合了两个思想。任何一个被对上帝
大能的恐惧所征服的人都会匍伏在地。我们读到使徒约翰在拔摩海
岛上，被耶稣的显现所抓住，扑倒如同死了一般，直到耶稣将手放
在他身上，触摸他，拿走他的恐惧，使他再次站立起来。面对神圣
之时的恐惧主要来自罪咎感。当彼得发现耶稣的时候，就呼叫说："主
啊，离开我，我是个罪人。"（路五8）除了在上帝面前的罪咎感，
罪人还会扑倒在地。但是另一方面，蒙救赎之人，就是在耶稣里被
称义的人，得以复活。耶稣复活的果实就是我们属灵的复活；而属
灵复活就是象征我们站立祷告。这意味着，在普遍的意义上罪咎得
胜，因此按照原则，人要跪下。但是在复活节之后，救赎的大能变
得如此显著，借着对蒙救赎和被称义的认识，罪咎感就不再有了。
因此，一个人在复活节前要屈膝，在复活节后要站立一段时间。】

【当然，保持就坐的姊妹并非如此行。在基督里，我们不分男女。
姊妹也是蒙救赎和被称义的。在最初的时候，姊妹也是一同站立，
在古代教会和17世纪的荷兰都是如此。然而在后来，姊妹就不被
允许如此行。接着根据《哥林多前书》十一7-8推断出，在教会里，
弟兄相较于姊妹在上帝面前有不同的地位。即便如此，这种理论与
教会的礼拜仪式相左。若一个人站立，借此表示是一位蒙救赎和被
称义之人，如同天使一样，能在主面前作为主的仆人，那么在礼拜
仪式中就不应有认罪。但是，事实就是这样。礼拜仪式中有认罪祷告，
并说明在周日，敬拜开始前必须有祷告。即便在此之后，也没有宣

告说认罪在教会中不再进行。相反，信徒的聚集从未被认为可以不用认罪。因此，为了保持一致，我们应说："你必须要在认罪祷告中跪下，但是在其他祷告时站立。"于是，这就变得有意义了。】

【然而，现在的理论不符合实际。人们说他们站着祷告，因为他们免于罪咎；当他们谦卑承认他们不敢抬头仰望上帝时，却仍旧站着。如此不一致的事情，令人何等讶异，然而你竟没有察觉。此外，认为人们已经从罪中得救赎，因此在上帝面前称义，站立祷告却与双手合拢不太和谐。犹太人并不知道双手合拢，早期基督教会祷告时，也是举起双手。教会如今在唱歌时仍会唱道："举起你们的双手。"另一方面，双手合拢源起印度和德国，是深深的谦卑的记号。在马都拉（Madura）的庙宇中，我们仍可以发现一个印度人双手合拢祷告的雕塑。同样，我们会在狄奥多西大帝（Theodosius the Great）的凯旋柱寻见一双合拢的祷告之手。】

【举起双手表示双手伸至上帝那里领受祝福。双手合拢表示在不洁和无力中的自我唾弃。若一个人想要跟随以色列和古代教会的榜样，在象征的意义上以站立祷告取代屈膝祷告，并在理论上捍卫站立祷告，那么屈膝必须要在认罪祷告中予以保留，而且双手要合拢。但是，在进行其他赞美或祈愿性的祷告时，信徒站立，但同时也让他们双手向天举起。如是，一切就都合一，并且一致。如今的做法缺乏一切象征意义上的清晰明了和真理。】

敬拜中身体的角色 [7]

为取消"屈膝祷告"所做的辩护有时是基于神秘主义。有人认为，上帝对**形式**不感兴趣，而对**本质**感兴趣。屈膝只是形式，因为我们

---

[7]　中注：以下内容在荷文版中为第五十五章，标题为"Knielend bidden (Vervolg)"，译作"屈膝祷告（后续）"。

的膝盖与我们的祈祷没有关系。如果屈膝是为了表达谦卑和顺服的灵，那么真正的问题不是我们是否**外在**表现出谦卑的态度，而是我们的**心**是否在谦卑和顺服中与上帝合一。想象两个人在祷告。其中一个向上帝下拜，他的灵却狂傲；另一个人站着，却几乎不敢仰望上帝。于是，问题就产生了：以谦卑的心站立是否比以骄傲的心跪下更有属灵价值。通过这种推理，很容易得出结论，只有心的态度才是重要的，身体的姿势无关紧要。既然如此，坐着可能是最安全的，因为跪下和站着祈祷都不过是为了给人们留下深刻印象。但对于上帝，独有祂是鉴察人心的圣者，姿势是毫无意义和价值的。

我对这种片面的神秘主义的抗议主要是依据《圣经》。如果在万主之主的威严面前屈膝真的只会导致一场罪恶和令人分心的表演，为什么同样的《圣经》明确建议屈膝呢？《圣经》中有无数的宣告和上帝的圣徒下拜的例子，甚至有耶稣在客西马尼园脸伏于地的画面。

【这些宣告一目了然，但并不矛盾。上帝在《以赛亚书》四十五23不也说"我指着自己起誓，我口所出的话是凭公义，并不返回。万膝必向我跪拜，万口必凭我起誓"吗？同样，保罗也在《罗马书》十四11刻意重复了这些话。《腓立比书》二10不也说"叫一切在天上的、地上的和地底下的，因耶稣的名无不屈膝"吗？因为是一切万物，而不是一些被造物，所以"屈膝"就成为特定的、普世价值的准则。诚然，我们在《诗篇》九十五6读到："来啊，我们要屈身敬拜，在造我们的耶和华面前跪下。"这里对我们屈膝的呼召不是更强烈吗？这里不仅是先知性地宣告这一切都会实现，而且这是主的见证，呼召并勉励祂的信徒群体在上帝面前屈膝下拜。至于更典型的主的见证，则有但以理（但六11）、以斯拉（拉九5）、彼得（路五8）、保罗（弗三14）和司提反（徒七60）的屈膝祷告；我们也已提到我们的救主在客西马尼园里屈膝祷告。】

【因此，神秘主义不能否定《圣经》的广泛见证。为了避开这些见证的压力，他们只能承认"屈膝"应要从属灵的层面来理解。

他们主张有两类屈膝，正如有两种忧伤和欢笑。一种是止不住地流泪哀哭，穿上麻衣，但灵魂内在没有真正的哀恸。另一种是没有哭泣，也无起誓，但是在灵魂的隐秘处独自默默地忧伤。用活蹦乱跳的大笑所表达的喜乐，与在上帝面前喜乐灵魂的无声欢喜之差异也是如此。】

【现在，我们必须要区分外在的屈膝和灵魂内在属灵的屈膝。后者当然是需要的；它分别出现在《以赛亚书》四十五 23、《诗篇》九十五 6 和《腓立比书》二 10。我们不得不承认，在旧约时期和使徒的年日，有一些来自东方的附加物。在属灵的国度中，我们要丢弃这些。作为得自由的儿女，我们撕裂心肠而不是衣服，因此我们不是要弯下我们身体的膝盖，而是要弯下我们灵魂的膝盖。】

【这些言辞的确令人印象深刻。所有形式都会被滥用，没有一种形式总是富有内涵。一切空洞或不饱满的形式都会导致虚假。相对于每种形式都必然有这样缺陷，我们必然强调形式本身是无价值的，并基于主的话，一切属灵生命的表达不会源于我们的服侍和身体，而是来自我们的灵魂。拜父的，要在灵和真理中敬拜祂。但是，因你们断言，相比于吃有毒的食物，不如不吃。难道这就得出不能吃东西的准则吗？同样，因着机械式的忧伤、哭笑、屈膝，祷告就表现得没有价值吗？难道这就得出最好不要忧伤、不要哭泣、不要笑、不要祷告、不要屈膝等结论吗？】

【众所周知，这类滥用和使用的混杂，的确带来了这种不能证实的结论。甚至晚上上床睡觉时，屈膝也只是形式的行动，因此就认为最好在床上祷告。在床上，有人坐着祷告；但是坐着也是一种形式，于是他们就躺卧。但是我们发现，这种躺卧祷告在说"阿们"前就已让人入睡。于是，从这种祷告中得出结论，祷告本身就成了一种形式，不仅屈膝，而且祷告也被遗弃了。于是，真正敬虔之人就是那些长久以来确信不用祷告的人。因为上帝没有赐下恩典和祷告的圣灵，他们就不能恰当地祷告。想要强制以任何方式去祷告，都会徒劳无功，令人羞耻。最终，不祷告就成了圣徒和敬虔之人的

明证。他们会坐在餐桌旁，问道："有人从上帝那里领受祷告吗？"若没有人回应，他们就不祷告开始吃饭。】

【然而，这些始终如一的神秘主义者的做法听起来多么令人震惊。他们延续了这个准则：形式是无用的，本质才是一切；直到最后，他们终于被一些人的主张胜过，即祷告是灵魂的喜乐，因此是自私的。任何在上帝面前真正虚己的人，都要停止祷告。当然，在教会实践中，人们总是远离这些极端。在我们的教会中，人们继续祷告，继续闭着眼睛，继续双手合拢，在大多数祷告时站立。事实上，神秘主义式的抗议只针对屈膝。于是，这些抗议当然就缺乏力度。所有继续采用其他形式的人就无权抗议屈膝的形式；《圣经》也同样向我们推荐屈膝的形式。】[8]

我们唯得此结论：在我们改革宗教会不下跪要被视为一种礼拜仪式方面的错误。但是，我们决不能贸然纠正它，尽管对这种错误的反应极为必要。要以各样的方式对此予以解释，同样也要在讲道中通过解释《圣经》中形式和本质的关系 —— 为了姿势，但也为祷告。如果因此人们越来越坚信，在信徒的聚集中向上帝屈膝是合适的，那么这种信念会激发我们的热情，恢复我们在礼拜仪式中对上帝的尊荣。

---

[8]　中注：以上内容见荷文版 238-240 页。

第二十二章 赦罪

认罪之后就有**赦罪**，或是奉主的名向信徒的聚集宣布宽恕。在这个聚集中，非信徒应该被告知，他们的罪（包括原罪）仍是他们个人的责任；除非他们悔改，否则他们一定会永远受咒诅。如果他们真的悔改了，他们将从上帝那里得到罪蒙赦免的确据。

不是每个参加16世纪宗教改革运动的人都一致认可这一信念。在这方面，路德宗教会与基督公教更为接近。然而，这并非意味着改革宗教会走上了正确的道路。事实上，在我们的教会，赦免已经完全消失了。公开和私下认罪也毫无章程，任由牧师或信徒一时兴起而行。渐渐地，人们越来越相信认罪和赦罪纯粹是上帝和我们良知之间的事，任何人介入上帝和我们的心之间都不合适。

《圣经》教导向他人忏悔

然而，一个普遍接受的信念并不意味着事已成定局。更重要的问题是，这种信念是源于《圣经》，还是与《圣经》相冲突？基督公教过分强调人的干预，单方面将权柄几乎完全集中在神职人员身上，从而将告解和赦免之间的联系具体化，导致滥用。然而，我们绝不应该由此得出结论，我们改革宗人士应该拒绝一切类似基督公教的告解和赦免，仅仅是为了避免这种外表化和滥用。唯有《圣经》对此有辩护，甚至命令，我们才能如此拒绝。但是，请注意以下经文：

《雅各书》五 16 "所以你们要彼此认罪，互相代求，使你们可以得医治。义人祈祷所发的力量是大有功效的。"

《使徒行传》十九 18 "那已经信的，多有人来承认诉说自己所行的事。"

【《马太福音》三 5-6 "那时，耶路撒冷和犹太全地，并约旦河一带地方的人，都出去到约翰那里，承认他们的罪，在约旦河里受他的洗。"

《利未记》五 5 "他有了罪的时候，就要承认所犯的罪。"

《民数记》五 6-7 上 "你晓谕以色列人说：'无论男女，若犯了人所常犯的罪，以致干犯耶和华，那人就有了罪。他要承认所犯的罪，将所亏负人的，如数赔还。"】

《马太福音》十六 19 "我要把天国的钥匙给你，凡你在地上所捆绑的，在天上也要捆绑；凡你在地上所释放的，在天上也要释放。"

《约翰福音》二十 21-23 耶稣又对他们说："愿你们平安！父怎样差遣了我，我也照样差遣你们。"说了这话，就向他们吹一口气，说："你们受圣灵。你们赦免谁的罪，谁的罪就赦免了；你们留下谁的罪，谁的罪就留下了。"

我们几乎无需提醒，《圣经》其他经文及上帝子民的其他话语论到了直接向上帝认罪。然而，我们引用的经文表明，《圣经》也提到在**人面前**认罪，以及**人所宣布**的赦罪。

自不用说，在旧约时代，以色列民有义务忏悔他们所犯的罪，他们必须献祭，才能罪得赦免。约翰所洗礼之人必须先认他们的罪。门徒听到忏悔，鼓励人们悔罪。耶稣在该撒利亚腓立比以及祂升天前不久，赐给祂门徒"钥匙的权柄"；这个"权柄"也指宽恕和赦免，或留下一个人的罪。因此，若有人说人在认罪和赦免之事上的每一次介入都是不圣洁的，且该拒绝，那么就违背了《圣经》，与耶稣和祂的使徒相反。

改革宗教会实行赦免

在宗教改革时期，我们的先辈从不提倡这种反对。他们并没有**拦阻**人们互相认罪；相反，他们是在使徒见证的基础上**鼓励**人们承认自己的罪。我们的教会在《海德堡要理问答》（第八十四、八十五问答）中正式指出"天国钥匙的权柄"有两方面：第一，在信徒的公众聚会中通过宣布赦免来行使；第二，行使逐出和重新接纳进入天国，以及重新接纳那些悖逆之人的权力。

【第一，根据第八十四问的答案，就是："照着基督的命令，我们要向所有信徒宣讲并公开见证，只要他们借真实的信心领受福音的应许，他们一切的罪就因基督的功劳而真正地得到了赦免。反之，要向所有不信的和不从内心悔改的人宣告并见证，只要他们不悔改，上帝的忿怒和永远的定罪就降在他们身上；根据福音的见证，上帝在今生和来世都会审判。"】

【第二，根据第八十五问的答案，就是："照着基督的吩咐，若有称为基督徒却不实践基督教信仰或行为，经多次劝告仍不肯悔改他们的错误和羞耻之行为的，便要告诉教会或教会牧者。若他还是不听，牧者就要禁止他领圣餐，把他驱逐出教会，上帝同时也把他逐出教会，基督的国。但若他答应并表现真正的悔改，便可重新接纳他，作为基督和教会的肢体。】[1]

有鉴于此，我们的改革宗父辈在 16 世纪自愿流亡英国，在伦

---

[1]　中注：见荷文版 243-244 页。

敦、诺维奇、梅德斯通等地建立了改革宗教会，拉斯科（Johannes à Lasco）写了一个礼拜仪文。他写道：

> 在忏悔祷告之后，牧师向全会众宣告宽恕和赦罪，并说：【"因着上帝永恒不变的旨意，我们已经领受了确凿无疑的应许。只要诚心悔改，承认他的罪并自己责备自己的人，就可以奉我主基督的名祈求上帝的恩典，他们一切罪都赦免了；甚至他们的罪定然被消除，如同上帝从未纪念。另一方面，上帝作为审判者会施行可怕的审判。那些喜爱黑暗而非光明的人，轻视在基督里赐给他们的恩典的人，将会承受永远的咒诅。】[2] 凡在此聚集之人；凡承认了自己的罪，以谦卑和悔改的心来到上帝面前以求赦免之人，凡心无二意，相信因着基督在十字架上所成之工使他们一切的罪都完全得赦之人；凡从现在起，靠着上帝的恩典，诚心预备叫那旧人因一切私欲蒙羞，好叫你们照着你们心里的软弱，行走在生命新样式里的人——我凭著基督的应许，向一切怀此心意之人宣告，你一切的罪，因着我们的救主基督，在天上得到了父神的完全赦免。祂值得称颂，直到永永远远。阿们。然而，对那些乐意犯罪，不知悔改，却责备上帝的严厉，为自己的罪辩解之人，也对那些因自己的罪有些惊惶，却又藐视因基督之死所换来的赦罪恩赐之人——于这些人，我凭着上帝的圣言宣告，他们的罪存封于天，直到悔改归向上帝。"[3]

---

[2]　中注：见荷文版 244 页。
[3]　Johannes à Lasco, *Works*, vol. 2, 86.

不是告解 [4]

反对公开赦免的主要理由是它的条件性特点。这里的问题在于一个没有得到应许和被宣告的赦免，却只是有条件的赦免，并且每个人都必须自行决定此赦免是否适用。这赦免对会众而言有什么价值呢？在这种情况下，这似乎只是对一个普遍公认的真理毫无意义的重复，人们在家也可诵读并应用到自己身上。

这种反对并非毫无分量，因为认罪之人趋向寻求一种权威，能肯定地宣告"**你的**罪赦了"。事实上，耶稣不止一次通过宣告"你的罪赦了"来满足这一需要，这表明有此倾向本身并没有错。有幸成为这一宣告的接受者就不必自我深省，耶稣看透了他们的心。正是祂圣言的力量给了他们宽恕的确据。因此，毫无疑问，如果我们能像那些有幸之人那样在他们的时代与救主有同样的关系，或者如果今天我们救主可以说出赦罪的话语，那么听见之人就真正有福了。

因此，在基督教教会的早期历史中，牧者们在这方面努力接纳信徒，这当然不足为奇。人们认罪，有人认为只有被供认的罪才能得到赦免。**承认内心隐藏的罪**被视为真诚和破碎的确实证据，因此它成为赦免的前提。后来，这种认罪及随后的赦免得到了一定的规范，最终告解应运而生。它并没有完全被宗教改革所废除，特别被路德宗保留了下来，并在德国和英国经历了一次复兴。有人诉诸耶稣向祂使徒们的宣告："你们赦免谁的罪，谁的罪就赦免了。你们留下谁的罪，谁的罪就留下了。" 这些人解释道，这项使徒的权柄在教会中被延续，尽管形式有所改变。

4　中注：荷文版中以下内容为第五十七章，标题为"Geen biecht"，译作"不是告解"。

《圣经》中的私下认罪

然而，这一解释并没有说服改革宗人士，这也是理所当然的。毕竟，从福音书中可以清楚看到，有时耶稣主动宣布罪得赦免，通常是在医治病人**之前**。但福音书中没有提到门徒或众人在特定时间来到耶稣面前忏悔他们的罪，并得到赦免。即使是那些已得赦免之人，事先认罪也肯定不是规定。此外，《使徒行传》或使徒书信中也没有提到在使徒中定期进行忏悔和赦免。新约中长老被任命时也未提到这一点，提摩太和提多的教牧书信几乎没有任何证据证明，会众生活中要有这样一种不可或缺的实践。我们确实在《雅各书》五16中读到"你们要**彼此**认罪"，但这与向一个被指定的人认罪完全不同。如果有人要指出第14节，生病的要**请教会长老来**。应该注意，这里是指**病人**，而非康健之人。而且由于长老的祷告，产生的是**医治**，而非宽恕。此外，在第16节我们读到，"你们要彼此认罪"，但后半句不是"你们必蒙赦免"（这在第15节中有涉及。赦免是出于耶和华，而非长老），而是"你们要彼此认罪，互相代求，使你们可以得医治"。这些话甚至也不是指祭司的作为，乃是指上帝的作为，因为接下来我们读到："**义人祈祷所发的力量是大有功效的。**"不是牧师的祷告，而是义人的祷告大有功效。而且医治不是来自祭司的权柄，而是来自上帝对祷告的回应。

【除此之外，我们还需注意，赦罪不是魔法性的。赦罪取决于心灵的状态。若诚心认罪，并且该认罪是源于悔改、破碎的心和忧伤的灵，并内有真正的信心，那么就有赦免。因此，若一个人可以真正判断心灵的状态，那么那个时候，并只有在那个时候，他才可以对他人有个人性的宣告："你的罪已经得赦了。"耶稣有这样的知识，祂知道人内心是什么，所以祂可以进行个人性的赦罪。故此，若有人假设使徒可以如同耶稣一样赦罪，那么就是认为他们被赋予了能力，可以洞悉在场之人的内心。若有人认为这种使徒性的能力仍在今日的教会中，并可以由神父施行，那么这就有两种预设：要么每位神父都知道人的内心，要么神父除了这类知识，还有隐秘的引导，去赦免那些圣灵向他显明的人。于是，与耶稣一样，事先的认罪并非不可或缺。或通过神父自己对他人内心的洞悉，或借着隐秘的引导，他们就知道谁可以或不可以罪得赦免，然后他们就可以同意或拒绝赦罪。若有人不这么认为，而是说事先的忏悔认罪是必要条件，那么最终还是回到认罪是否真诚的问题。一个人在口头认罪之前是否有内心的破碎，之后再有行为上的悔过，就毫无益处了；这只因口头认罪和行为上的悔过都不是真正归信的真实记号。因此，赦罪最后总是**有条件性的**。如果那些领受赦罪之人知道真实的自己——"我欺骗了神父"，那么这种认知就马上消除了宽恕和平安，然后还需有第二次赦罪；可怕的罪又来了。试图将与主观思想相连的一面转换为纯粹的客观行动，这从未成功过，除非有人极为重视虚幻，而无人想要如此。】[5]

这正是我们的先辈不能接受告解的原因。因此，他们用信徒聚会时的个人忏悔代替了一般性的赦免，这丝毫不妨碍人们互相认罪或向牧师认罪。相反，实践神学的神学家总是鼓励这种私下向父母、兄弟姐妹以及会众长老的认罪。只是他们没有附加一个私下的赦免，因为他们深信这绝对是有条件的。罪人必须以真诚的心从上帝那里接受赦免，正如《诗篇》三十二篇教导我们的。

在我们改革宗圈子里，从私下到公开认罪的转变是慎思熟虑的结果。然而，我们应该承认，这种转变再次表明人们很难保持适当的平衡。如果在改革宗圈子里，按照我们礼拜仪式的规定和敬虔派的忠告双管齐下，如此一来，首先我们会有个人的、私下的忏悔，再有一般的、公开的赦免，那该多好啊！[6]

---

[5] 中注：见荷文版 247-248 页。

[6] 中注：本段及以下内容在荷文版中属于第五十八章，标题为 "Geen biecht. (Vervolg.)"，译作"不是告解（续）"。

　　但这并没有发生。诚然，向父亲或母亲、兄弟或姐妹、知己或牧师私下忏悔的情况仍然存在，但很快就成了例外。在更广泛的圈子里，这种忏悔完全被废弃了。即便仍有发生，它更具有私密交流的性质，而非在上帝面前的真正认罪。而且，它大多发生在非常特殊的情况下，例如当一个人良知非常不安，尤其是面对死亡时。然而，成千上万的人从生至死都没有做过这样私人的忏悔。许多人认罪需要的减少导致牧师们不够重视公开赦免。会众慢慢地也开始有了同样的感受。这就是为什么在几乎所有的教会，公开赦免都消失了，而各大会众却没有采取任何措施来挽救或维持它。

　　【有时候人们会有一个印象，相较于把会众中的赦罪变为一种属灵力量，站立公开赦罪好像更多是要帮助私下的赦罪。这指明了灵魂的普遍状态，就是在《圣经》的责备下并未得享自由。虽然基督教会在基督公教的领导下严重偏离，导致圣职性的、个人性的赦罪有许多错误的方面，以致错谬地为此设立圣礼，但是我们若无同等严厉的自我批评，就无权批判基督公教的做法。我们很难找到并保持平衡；每次都会打破中间线。】

　　【我们内在灵魂的生命显然有两个朝向：一方面朝向上帝，另一方面朝向我们四周的人。第一个是我们灵魂的应有表现；若二者的比例恰当，一切都会正常。同时，我们灵魂和谐的缺陷总是导致了片面性：我们想要让我们灵魂的生命在其最深处要么完全导向上帝而不顾他人，要么单方面地朝向人而不顾上帝。引入私下个人的赦罪后，你无法避免一个事实：认罪和赦罪断开了它们与上帝之间的必要联系，最后被许多人简化为人与人之间的互动；这种联系有时也在外表上完全失去了。也有另一种做法，就是废除私下个人性的赦罪，转为公开赦罪。但是个中危险并未减少。借着赦罪，人们几乎完全将宗教等同于"上帝与内心之间的事物"，完全排除了与他人的关系，并且每个显而易见的赦罪痕迹最终都被抹除，在公开的意义上亦然。】

　　【第一个危险出现在基督公教，第二个正是我们所站的峭壁悬崖。为了继续下文的讨论，基督公教中因此而出现的阴暗面超过了我们的范畴。但是，我们无法免除自我批评。一个人不能将自己的生命与他的上帝隔绝，与他个人的环境隔绝，否则双方都会遭受破坏。对上帝的爱必须在对上帝安排在我们四周的人的爱中散发光芒。毕竟，若离开了对上帝的爱，乐善好施也就失去了它神圣的特性。同样，如果对上帝的爱没有在众人中表现出来，那么对上帝的爱也会在自我的困惑中凋零。这是基于上帝的谕旨，就是祂造我们不是成为单独的个人，而是成为众人中的一位，是一个身体的肢体。整个教会观念就是源于这个谕旨。正是在基督的身体中，这个被罪恶所打破的观念再次得以复原。这就是为什么良序的敬虔要求在我们有形的生活中都应有机构体制性的表现；不管基督的教会有何等缺陷，都应如此。】

【然而，同样的谕旨也必须渗透并浇灌我们与永恒存有之间完全相交的生命。我们存有的核心，有并总是有一个内在的最深处，这里不再有与他人的关系，我们也不再察觉任何与他人相关的事物。因着信心破入，这在悔改那一刻尤为强烈。但是在那个令人感动的时刻之外，我们日常生活中除了与他人一同祷告，也需要寻求安静中的祷告，与我们的上帝独处。这并未有错，且必然如此。若你不注意甚至忽略了这点，那么你灵魂的生命就会遭受损害。但是你要明白，这并未单方面地吞没了你的全部敬虔（religie）。不然，你将首先跌入片面的自我中心的神秘主义，这只是被用于你个人享受与这位无限者的相交。于是，你变得习惯于废除神圣方面的一切团体生活，一切的祷告、赞美以及与他人交谈神圣之事都被废除了。你最终得出了一个错误结论，你称整个敬虔为上帝和你内心之间的事，但是在上帝和你内心之间的所有真实的敬虔都被打乱、凋零了。这个结局已经发生在千万人身上。敬虔变得太神圣，太柔和，以至于不能宣告被人听见。因而，他们不再有任何交谈。过去一切敬虔的表达方式和敬虔生活在人的内心枯萎，直至最后消亡殆尽。只有借着一些感人心肠的事件，敬虔才会艰难地再次出现一会儿。】

【若真实的敬虔普遍如此，那么敬虔生活的特殊一面，就是有罪咎的意识和与此有关的一切事物所表现的一面，也会如此。直到死亡那一刻，我们仍旧被罪捆绑，这意味着我们有罪咎的意识，要日复一日地检查人的一切敬虔。任何一个在归信之后不如此行之人，就活得很肤浅。任何一个更深入地与自己的灵魂共处的人，除非意识到自己的罪性，就不会面对上帝，也不会面对他人，因此除了在耶稣里就不得洁净，即在祂和好之工的果实中感同身受。然而，事实若是如此，我们以上陈述在这里就继续将此人有罪咎的意识与他的环境分离，而唯独聚焦于上帝，并最终得出一个事实：对于圣徒而言，对罪的觉察也变弱，逐渐消失。】[7]

公开认罪和赦免 [8]

【这向我们显明了一个结果，丢弃公开赦罪对属灵生活有负面的影响，这是何等地悲痛！人们在自我面前并对自己都是诚实的。《罗马书》第七章的争战是每个信徒为自己战斗。这里说的是一般性的有罪咎的意识；该意识彻底回到堕落的时刻，在归信的时候绝对全然地干扰了灵魂，有时只能在救主已成就之工中找到安息。】

【然而，这种对罪咎和赦免的一般性觉察在归信之后就逐渐失去了其渗透性。我们承认如此，也相信这是真的；可是这个承认和相信，更多地趋向于已解决之问题的特性。如今上帝的儿女只是坚定地相信，他曾失丧，今已被拯救。上帝已将他一切的罪都投入深海中。虽然我们乐意承认这种坚定的信念在任何时刻都能被圣灵复兴，并在对上帝恩典的特殊经验中以大有能力和激励人心的方式复苏，但是每一位虔诚的悔改者都会承认，日常生活中的这个事实和

---

[7]　中注：见荷文版 249-251。

[8]　中注：本段及以下内容在荷文版中属于第五十九章，标题为 "Geen biecht. (Vervolg.)"，译作"不是告解（续）"。

真理，更多是他已经抛弃的一种确信形式，而非来自以激励的方式
在他身上做工的至高者的声音。】

【上帝如今已如此定意，祂的孩子，就是坚定相信他的罪咎和
罪已被赦免和救赎的人，与撒旦仍有接触，持续曝光在各样的试探
诱惑前，并且每日仍旧陷入各样的罪中。他最好的行为总是因着他
内心错误的欲望、意念和思想而被玷污。这里有一个危险点。面对
如此痛苦的现实，被救赎者终究有两条路可行。他要么由以下思想
引导：那些随后的罪恶表现不会丝毫削减他的永恒救赎，因为作为
被上帝拣选之人，他已领受了对他罪的绝对赦免。他或者因持续经
历那些内心罪性之表现而被引诱去怀疑他的归信，怀疑他的恩典地
位，怀疑在基督里的本质性的复和。】

【我们在教会中发现信徒就是如此。一方面，信徒很少承认日
常生活中轻微的罪，并柔弱无力地予以抵抗。他们终究还是在他们
的基督里被拯救。另一方面，那些良知更加柔和、为重复犯罪而痛
苦的信徒，失去了信心的喜乐，焦虑至离世，从未知道上帝所拣选
之人因拥有圣灵凭据的欢乐。如今，这种情形对教会生活带来了极
具破坏性的影响。毫无疑问，第一种人对罪恶的生活粗心大意，还
是有一些真正的认罪。同样，那些不敢真正认信福音之人在上帝面
前的生活中可能常常更加勤勉认真。】

【福音不是说每一个罪都可能被赦免，而是一个喜乐的信息，
就是**你一切罪都已经被赦免**。因此，凡因自己的罪而担忧之人，都
未领受全备丰富的福音。从内心发出欢叫声，一切罪的重担已一次
就永久地从心里祛除，只在此时才是完备地领受了福音。"得赦免
其过，永不受审判之人是有福的！"所以，在基督耶稣里的人不再
有咒诅。福音就是我们的罪得赦和我们的人被救赎，这是一次就永
远成就之事。"凡从上帝生的，就不犯罪，因上帝的道存在他心里；
他也不能犯罪，因为他是由上帝生的。"（约壹三9）那些软弱的
基督徒用柔弱的方式承认此事，他们却仍有真实的认罪。相反，那
些仍被罪困扰、勤勉认真的基督徒缺乏真正的认罪，但是对道德生

活更加严肃。这导致真正的认罪被滥用，一些坚定的认罪者甚至转变为反律法主义。他们的罪就不再是他们自己的罪，而属于与他们无关的老亚当。如果教会中开始出现憎恨、嘲笑圣洁，如果信徒继续在焦虑中寻求成为真基督徒，那么道德生活当然会提高，但是随之而来的结果就是，真正的认罪的意义也被埋没了。全备的福音失去了安慰的果效，信徒开始回到靠行为成圣的道路上。】

　　【为了阻止这两种恶，教会中就出现了第三种倾向。它合并了上述两种倾向的优点：一方面承认并夸耀完备的福音，另一方面仍坚持圣洁的行为和良知的柔和。但是，这两方面没有有机地结合，亦无彼此影响。由于信徒仍会较多意识到二者之间实践的关联，他们就借着无声的祷告在上帝面前将它们编织在一起，正如他们先承认自己每日的罪，随后上升至对在基督里赦罪的有福承认。然而，最好的圣徒会证实一个事实，将二者都纳入无声的祷告中甚少带来有福的和谐。因为我们每日的罪在特定的时刻对我们的影响有多有少。有时候，认罪更多的是一个形式，少有实质；另一些时候，赦罪的确信正遭受勤勉认真所带来的煎熬。】[9]

　　正因如此，我们改革宗先辈们明智地提出要求，这件对灵魂如此重要的事情，至少每周要做一次。这不要交付主观感受，而应由我们自身之外的一种力量，即上帝自己来掌握。祂藉着祂仆人的话，向会众宣告上帝赦免的圣言。

　　【在敬拜中，我们必须要恰当地去做与众人相同的事，认罪和赦免亦然。换言之，忏悔和赦罪不应违背此一般准则。忏悔在实践上与救世军所谓的"罪人的板凳"有着明显关联。这也是忏悔，告解和认罪，但是就如基督公教一样，在内容上是私下的和个人的，但是有基督新教的形式，因为他们并不像在基督公教的告解室里私语，而是大声地说出，公开地让人听见。】[10]

---

[9]　中注：见荷文版 251-254 页。
[10]　中注：本段及以下内容在荷文版中属于第六十章，标题为"Geen biecht (Slot.)"，译作"不是告解（结论）"。

　　【笔者在许多国家也见到过这些所谓的"罪人的板凳"，也对此有所观察留意，从而找出这种行动的意义。其中最好的一面就是自我省察。不可否认，其中众人有公开的见证，有令人感动和激励人心之事。然而不尽如此。不止一次，这些行动带有靠行为成圣的印记。如果有人思维活跃，并且思维中带着神圣情感，那么就有一种力量短暂地令你不能自已。然而，外在的表现比忏悔更普遍。私下的忏悔不总是在个人层面上，一般常常受困于普通的措辞。只有把所知道的让人知道，并忏悔，比如先前的醉酒等。但是众人对此都很享受，不仅有圣诗歌唱者，还有歌唱家和音乐家。如此，一切都是按照规定和流程来进行。他们事先知道何时在众人面前忏悔，然后再做其他事项。这甚至对一些坚定的参与者有效。这些人虽然还未加入救世军，但是一只脚已经踏入了。然而，那些偶尔进来的听众也同时对这些忏悔的话语有一个印象，就是他们从未见过这些，更不用说那些面带笑意进去的人，他们明显不适应整个认罪观念。这乃是亲密地进入一个人的隐秘生活。或许自愿剖析灵魂会是如此。不受限制地进行如此严厉的认罪令人惊讶。这直接抵制了对自己所接触的范围和生活内所有罪的相关否认。这使人发现，人在这里寻求上帝和灵魂之间的某个事物；它可以紧紧被抓住，令人触动，有时令人感动。尤其是因为这并非是一出喜剧，而是一个真实情况。】

　　【然而这并不令人满意。这里所缺失的正是在《圣经》中对罪的羞耻感。人们所见的正是将为了要受人尊重而必须隐藏的事公开化。这是被强制的。一个人永远不会自己这么做；这对他而言再明显不过了。忏悔必须要在上帝面前，但这一而再再而三地变成对人说话。这些话语常常整齐划一、单调乏味，表示了这并非是自发的，而是刻板的。忏悔并不是所看到的这样，人们遗失了珍贵的内容。】

　　【这种在属灵上不纯且粗鲁的实践，幸好未在这个群体之外被采用。所有告解——当事人是单独的和个人的——仍旧是私下的，并在内室之中发生。由于认罪有公开的特性，所以它不能也不会是一般性的。因着公开认罪，没有人可以认为其他弟兄是有罪的，而是首先且主要关注自己是罪中的罪魁。否则，认罪就会将对罪的意识外表化，而注重一些细枝末节。只有这样，认罪才会被强化，直击内心罪的根源。】[11]

　　因此，我们的敬拜必须包括：（一）简短的劝诫，提醒人们注意自己的罪；（二）一个共同的认罪，最好有韵律地唱出来；（三）对所有真诚认罪之人一个公开的赦罪宣告，以及对执意不悔罪之人的审判宣告。因此，我们有一个公开的、三管齐下的行为。它不禁止私下每日在上帝面前的忏悔，也不拦阻一个良知受谴之人对心腹之交的私下忏悔。它以私下认罪为前提，没有废除它，而是让它与公共敬拜分开。

　　我们只想补充一点，公共敬拜的这一具体内容需要牧师的极力委身。机械地履行敬拜的这一部分只会适得其反。一个不真诚进行自我悔罪的牧师就无法带出他人的真正忏悔。这里需要的是冷静、清晰、柔和的语调，安静的动作和各部分之间的停顿。没有矫揉造作或戏剧表演。相反，你需要一种庄严、肃穆的态度。你要在自己内心深处受感。你会惊叹于这项任务的神圣性，因为作为一个罪人，你可以向其他罪人和被救赎之人说话。

　　这项仪式的神圣化开启了我们与上帝所居住的永恒世界，以及与我们的大祭司基督所住且为我们祈祷时所在的天上圣所之间的相交。一位牧师如果能正确理解所赋予他的属灵能力，他会自动受其严肃性的影响。而这正是使他成为会众领袖，并将这一仪式变为现实的条件。唉，我们离锡安的荣美还有多远！

---

[11]　中注：见荷文版 254-256 页。

第二十三章 认信

《信徒信经》作为对赦罪的回应

认信在公开赦罪之后，并用《使徒信经》的话来表达。认信要遵守且必须遵守这种普遍形式的原因是显而易见的。公开和共同的认信是**接受**赦罪的行为。那些不接受赦罪之人是不能亲自承认福音的。他们也许认识到救恩在基督里已经显现，但他们仍然缺乏有福的确据将这得救之恩用于己身。他们仍不明白这样的欢呼："我们既因信称义，就藉着我们的主耶稣基督得与上帝相和。"这种和好仍然与他们无份。或许，他们先前尝过这种和好的滋味，之后就失去了这样有福的意识。他们参与了公开赦免，但这并未使他们的心得自由。他们仍然承受着罪的重压，他们也无法认罪。他们甚至不能参与**共同**的认罪。在共同认罪中，被救赎和被释放之人表达他们的信仰。他们见证自己是被救赎的，但那些未曾经历赦免的人无法承认这一点，或无法继续承认这一点。

　　对于这类人来说，使用这种认信就更不可能，因为《使徒信经》是个人导向性的。认信不是"**我们**相信全能的上帝"，而是"**我**相信全能的上帝"。虽然他们能够跟随认信的一部分，但当读到关于"罪得赦免"时，他们就停止了。不接受公开赦免的人在那一刻不能在上帝和人面前见证罪得赦免，反之亦然。《使徒信经》的真实认信证明了个人接受公开赦罪的确信。因此，认信紧随公开赦罪之后，因为这是会众对赦罪发出的"阿们！"。如果会众中每一个人都知道，认信紧跟着赦罪，那么赦罪就驱使他们进行自我省察、自我了解，并向自己说明是否相信上帝这些确定的应许。

　　认信也以这种方式获得其内在和属灵的特性。正如现在经常发生的那样，《使徒信经》的宣读除了与敬拜的其他部分有关，只不过是一个提醒而已。它实际上只是为了防止人们忘记信经。它一次又一次地把信经印在我们的记忆中。这是教师的工作，但在这项任务中会众毫无属灵之感。

　　但如果我们视《使徒信经》如律法一样，直接将其与赦罪联系在一起，那么律法和信经就都活了。律法就是上帝要求对罪和困苦进行省察。在这之后是赦罪，宣告一个人无罪。赦罪之后，一个人从内心愉快地认信，感觉自己已蒙救赎。不是通过记忆去回想，而是透过灵魂的工作来启迪和建立自我。《使徒信经》强化了这种成圣的倾向。一个人站立，来到上帝的面前；上帝宣告祂的律法，他承认自己的罪，罪在赦罪中被宽恕。现在这个与上帝和好、心得自由之人，在认信中欢欣。

　　这就容易理解为什么《比利时信条》不符合这种情况。这里的《使徒信经》必须是认信的形式。这样的认信必须简明扼要。【这样认信的行动不会用许多措辞占据或浪费时间。属灵用语一旦冗长就会耗尽，然后就不再属灵了，变成了机械式的。取消宣读信经或阅读德布利（Guido de Bray）所编的冗长信条都不可取。】[1] 在所

---

[1]　中注：德布利为《比利时信条》的作者，因此这里的冗长信条是指《比利时信条》。

有的认信文件中，只有《使徒信经》满足了简洁这一要求。【此外，冗长的认信常常被用来反驳错谬和抵挡异端。然而，这里的认信是要将思想和灵魂的意念聚焦在对基督的信心上。这里所要表达的不是他人是否正确，而是一个人是否真诚地认信，并在认信中与这位中保相联。】[2] 它抓住成为肉身的道，就是父所应许的那一位，是审判活人死人的那一位。

《使徒信经》在这个词恰当的意义上也是大公性的。它不只属于基督公教，而是大公性的，同属于世上整个基督教会。几个世纪以来，即便有见解上的巨大差异和各种各样的错误，这一简短精炼的认信一直坚不可摧，【并且每周都会宣告。此时，在公开赦罪之后，心灵正需要知道并感受到与主奥秘身体的联合，因而与世上所有受洗教会的联合。】[3] 我们正是以这样一种形式承认我们的信仰；在一瞬间，所有的认信差异都消失了。在我们认信的实质中，我们感到被带入了圣徒的伟大团契，即那些已经先于我们去到一个更美的家园，以及那些仍与我们一起行走在朝圣之路上的人。

认信的方式 [4]

如果已经确定我们的认信应该在公开赦罪之后，并且《使徒信经》被指定为认信内容，那么这一认信将**以何种方式**宣告的问题仍待解决。【这个认信显然同公开认罪一样，不能在同一个周日被重复两三次；这样会很费力，也耗时。每一个敬虔的操练在周日都要有其自身的特点。我们至此所讨论的，都属于早晨敬虔操练中教会

---

[2]　中注：见荷文版 258-259 页。
[3]　中注：见荷文版 269 页。
[4]　中注：以下内容在荷文版中为第六十二章，标题为 "Geloofsbelijdenis (Slot)"，译作"认信（结论）"。

的第一场聚会，其中排除了所谓的早晨讲道。】我们是否应该按照迄今为止的规则行事？我们是否要让读经员为会众宣读信经？【不是在敬拜之前，而是要在敬拜之中吗？我们认为这是不可能的。这样的**宣读**纯碎只有教导或记忆的特征。它是来**到**教会，而非来**自**教会。因此，它就不是教会的认信，而是再一次回忆的认信。教会听见了熟悉的声音；她不反对它，但是置身事外。】我们认为这样的诵读与认信相冲突。认信应该是会众的行为。但问题仍然是，如何才能最好地做到这一点。答案有三：（1）你可以让会众中的一位成员诵读；（2）你可以让全体会众诵读；（3）你可以让全体会众唱诵。以下，每个答案都会稍作论述。[5]

通常当某件事要由一个团体宣布时，人们倾向于让一个人代替所有人发言，就像一个团体带来集体问候时一样。因此，认信的会众应在赦罪后站起来，其中一人以全会众的名义大声诵读《使徒信经》。【唯一的难题是：谁能以全体的名义做此事？在公祷中，牧者是教会的口。但是若牧者宣告赦罪，那么认信就是对此的回应，于是相同的人就不能宣告认信。另外，也不可能由教会会众委任一位肢体单独去做此事，因为教会长执会仍会一同认信；在长执会之外教会的第二个组织不能分享此事。此外，由一人进行认信的做法】将使故态复萌，认信的特点就会丧失。这太像读经员为我们做的事了。[6]

因此，认信的成员自己认信更好，然后就是在一起**说**和一起**唱**之间进行选择。对我们而言，齐声说话是很奇怪的。然而，在英国和美国，这是几个世纪以来盛行的做法。特别是在圣公会，这个做法如此普遍，以至于所有的祈祷、赞美、认信，都是齐声朗诵的。《公祷书》在这方面正合所用。

因此，像《使徒信经》这样一个简短的仪文由所有人大声说出来，这是上好之举。它颇有成效，因为认信内容被分成十二节，每

---

[5]   中注：所补充内容见荷文版 259-260 页。
[6]   中注：所补充内容见荷文版 260 页。

一节都有简短的摘要，保证不会有混乱，声音也不会杂乱无序。音高由风琴所定。短暂敲击，然后风琴停止。在每一小节之后，再给出一个音高，这样每个人的声音都会同一时间进入下一小节。我们的群众不习惯如此做法。这一反对意见是站不住脚的。在英格兰，起初他们也不习惯这样。然而不到一年，一切就顺利了。

【如果有人说圣公会中这种共同说话常常导致混乱，那么我们承认此事。但是请注意，这种混乱只在冗长的祷告和讲话中才出现；这些冗长的话语并未切分成短句。另一方面，若众人在教会中大声诵读主祷文或背诵《使徒信经》，那么就不会有片刻的混乱，一切都有条不紊。因此，在几次试验之后，如此卓越的《使徒信经》无疑是适合我们的，并具有教诲的特征。如今，我们当中也已有习惯，婴儿洗礼时父亲不仅低下头，也会大声说出"是的"。认信时也是如此。对自己的声音在教会中会被人听见的惧怕无非就是缺乏勇气和更强的感动。】[7]

然而，如果有人不想这样做，诵唱《使徒信经》总是可供选择的，只要我们不使用诗篇结束时的押韵版本；那太拖拉了。它如此之长，需要很长时间才能唱完。如果我们想诵唱信经，那么我们必须用一个无韵版本。我们应该制作一个《使徒信经》简短版与音乐合拍，也必须在字面上加以掌控，去掉各种插入，且要忠于信经内容。如果我们把教会音乐演奏得更好，那么诵唱风格就更为可取。

如此，诵唱认信是可能的，或许还会优先考虑这种方法。然而，我仍然倾向于齐声响亮地诵读认信。歌唱时，我们的灵往往更为放松，而对基督教信仰基本内容的认信必须带有一种平静清晰和安宁之意。

---

[7]　中注：见荷文版 261 页。

第二十四章 读经

敬拜中诵读《圣经》的角色因教会而异，甚至在同一所教会内也因时而异。这种差异与对读经目的的设想有关。其目的可能是让会众熟悉《圣经》内容；或者填补敬拜开始之前的时间，并让会众集中注意力；或者为讲道的经文提供语境；或者让上帝的圣言造就听众，类似于我们在家庭灵修中所为。

公众诵读以学习经文

【若目的是让会众熟悉《圣经》的内容，那么会众可以读完所有章节，或者从一个大段落中选择重要的章节，然后依次诵读。另一方面，若读经的目的是让上帝的圣言成为敬拜的一部分，那么最令人印象深刻的就是——假如没有过多重复的内容——从新旧约《圣经》摘选经文。这些经文更为有教导性，有激励和劝勉的特性。

相反，若读经是用来说明稍后要在相关上下文中讨论的经文，那么显然要读这段经文所在的章节；或者读《圣经》中其他一段经文，而这段经文有相同的启示。最后，若读经没有其他目的，而只是在敬虔的操练前装备教会，防止思想散漫，那么最好选择一段历史性的经文；这些经文首先很有吸引力，然后也容易跟读。由此足以可见，诵读《圣经》会有诸多不同的用途，但是在这些不同用途的背后也有不同的思想、目的和要旨。】[1]

在敬拜中诵读《圣经》的第一个潜在用途，就是使会众熟悉《圣经》。这实际上取决于会众是否了解《圣经》。当然，印刷机发明之前的信徒聚会和现在的信徒聚会有着显著不同。改革宗教会把《圣经》交在所有会友手中，甚至把阅读《圣经》作为日常习惯来培养，而基督公教认为读经不能委托给每位平信徒。这也表现了教会之间大有差异。【我们在此并不讨论赞成或反对在家里使用《圣经》，只关注教会之间的差异。】[2]

过去和现在的改革宗教会也有区别。尽管书籍印刷在宗教改革之前就已发明，但这并不意味着当时所有人都有自己的《圣经》，也不意味着每个人都掌握了阅读的艺术。这就是为什么当时人们认为有规律地诵读《圣经》很重要，把它作为教育会众各个群体的一种显然方式。而如今，改革宗教会的每个家庭不仅有自己的《圣经》，而且许多家境好的家庭每个人都有自己的《圣经》。如今，《圣经》有各种格式和版本，且价格非常低廉。如今，《圣经》一天要读好几遍，孩子们从小就受熏陶。因此，说会众不懂《圣经》，必须读给他们听而使之熟悉《圣经》内容，这是毫无意义的。很难想象我们中间任何人会因在教会里听《圣经》诵读而认识他以前从未读过的一些经文，特别是因为我们习惯于只读那些更熟悉的段落。

---

[1]　中注：见荷文版 262-263 页。
[2]　中注：所增内容见荷文版 263 页。

敬拜之前的诵读

第二个目的（在敬拜前诵读一部分经文以防止注意力分散）是不明智的。【我们会说《圣经》本身十分神圣，这样的读经会贬低《圣经》；此外，这也毫无益处。毕竟，有些人会提前一小时在长椅上就坐，这么长的时间不可能都在读经。事实上，读经只会在最后 15 分钟才开始。于是，我们可以说不超过 40% 的人会跟着读经。那些面前没有《圣经》的人，常常无法边听边跟读，因为大多数人读经的声音并不足够清晰。即便有人可以跟读一些经文，但是先知书和书信中各类词汇常常十分复杂，贯穿几节经文，以至于若手无《圣经》，一般的头脑根本无法明白。】[3] 虽然在敬拜前诵读《圣经》在我们中间是一个由来已久的传统。但是由于仿效 1834 年分离派[4] 弟兄的做法，这一传统现在终止了，而诵读《圣经》**在敬拜中**进行。我们为之欣喜。在信徒聚会中，《圣经》必须作为**上帝的圣言**继续回响，而且君王的话不可在他百姓的圣会中随意使用，这至关重要。

【这样，就只剩两种可能：要么诵读《圣经》用于解释经文，要么诵读《圣经》作为敬拜的单独组成部分。我们已经摒除了后一种做法，而前一种做法成了我们的准则。因此，读经与讲道之间仍保持联系。所选经文段落中启示的一系列思路可被铭记，因此会众保持思想专注。无论如何，对所要读之经文的任意选择也被断绝了；经文选择诚然有一个主导动机。】[5]

然而，也有人反对这种做法。如果会众事先知道经文，就有可能提前打开《圣经》，探索经文的背景。然而，事实并非如此。在圣诞节、复活节或类似场合，人们可以确信地预测将要讨论什么样

---

[3]　中注：见荷文版 264 页。英译本打乱了荷文版的语句顺序，将这段内容割裂出来另成一段。中译本与荷文版保持一致。

[4]　中注：分离派教会是赫尔曼·巴文克所在的宗派，因反对国立改革宗教会背离改革宗认信，于 1834 年分离而出。

[5]　中注：见荷文版 265 页。英译本删减了此段内容。

的主题。在受难周，既定经文有时会被宣布；根据要理问答的讲道也是如此。然而，除此之外，经文不会事先公布。事实上，你常常会看到一些传道人在讲道开始时才公开经文，令会众为之**惊讶**。这并非一个好的做法。对我们来说，它有失质朴和庄重。这种做法更适合**主题**讲道，而非**经文**讲道。

如果人们事先**不知道**经文或经句，就没法总在讲道前的章节诵读中理解上下文。假设给定的经文是"也替我们祈求"。与之相关，《罗马书》第八章被定为诵读章节。请告诉我们，有多少人在听了《罗马书》第八章后会注意到**祷告**和**定罪**是对立的？耶稣为我们祈祷，是我们的保障，这**不**也就意味着为我们祈祷的口**不能**同时定我们的罪吗？

此外，并非每一章都将经文置于某个架构中。在《箴言》、《耶利米哀歌》，甚至许多诗篇中，各种思想之间的关联如此隐晦，只有更深的属灵洞察力才能阐明它们之间的联系和意义。那么，把整章作为导言来读又有何益处呢？这同样适用于福音书的许多章节。《马太福音》二十22中"要受耶稣的洗"的例子，与先前葡萄园工人的比喻或医好两个瞎子有什么关系？

在大多数情况下，只有当人们刻意分析上下文内容、标注过渡词语、注意对比，上下文才能充分阐释经文。谁敢断言会众粗浅地听一下经文诵读就能做到这些？几乎无人可以。

如果讲道涉及一个宽泛的历史，但仍要提醒人们注意该历史中一个特定的主题，那么将整个章节读给会众听，提升他们对故事关联性的认识，肯定是有意义的。例如，若传道人不想发表主题讲道，而是想发表一篇真正的讲道，内容是《历代志下》十八33（"有一个人随便开弓，恰巧射入以色列王的甲缝里"）。如果整章都读给会众听了，他就加深了会众对讲道的理解，避免了不必要的重复。

但当然，仅在少数情况下有效及恰当的方式并不能成为信徒聚会中《圣经》使用的规则。【我们还可以这么说："让牧者从《圣经》选择一段经文，然后在敬拜中使用。"于是，你就有了想要的关联，但是并未有恰当的理由维护设立以下规则：稍后会宣讲的经文的那一章，必须要在聚会中诵读。若读经如我们所愿，总是在每一场敬拜中进行，那么必须要有目的和标准。这些目的和标准必须在每一次敬拜中都是有效的。我们不能提出一个连半数敬拜都不适用的规则。】因此，我们的结论只能是，《圣经》诵读与讲道不同，只有当它被指定为**敬拜的一个独立部分**，并以此被看待和规范时，《圣经》诵读才能在信徒的聚会中占据正当合理的地位。[6]

诵读以听见上帝的声音

【由此可知，在信徒聚集中的读经不应用于让无知的信徒熟悉《圣经》，不是只为了介绍经文，亦非为了充斥时间、打破沉默。读经在尊荣的敬拜中应有独立的特性；也就是说，读经只是为了读经。】

在教会里读《圣经》，与在家和在一些教导性聚会中读《圣经》，或在一个会议上读《圣经》，没什么不同。尽管如此，会众确实赋予了它特殊的性质。在信徒聚会中，正如我们先辈们所观察到的，上帝自己掌管一切。是祂把信徒召集在一起，向他们显明祂的恩典，宣讲祂的圣言，执行祂的圣礼，垂听他们的祈祷，最后将祂的祝福赐给他们。

【正如《诗篇》所说，"上帝在祂的会中"（诗八十二 1）；此处亦然。若一个人没有意识到上帝亲自来到信徒的聚集中，那么就不了解聚集的含义。在以色列民中，帐幕已经被称为"会幕"。这里的"会"意味着：会幕就是上帝与祂的百姓同在。】[7] 因此，

---

[6]　中注：英译本将荷文版中的四个段落缩简为一个段落，归入下一段。然而，荷文版中这段内容在第五十三章的结尾部分，下文内容属于第五十四章，标题为 "Praelectuur der H. Schrift (Slot)"，译作"读经（结论）"。

[7]　中注：见荷文版 267 页。

上帝在会中**说话**，但祂有两种方式：间接地透过牧师对上帝圣言的解释和运用，也直接地透过本为圣道的上帝对会众说话。诵读《圣经》时不能蒙头的传统就是源于此。一旦这一点被清楚地认识，那么所有人会立刻感受到诵读《圣经》有崇高的意义。因为是上帝亲自透过祂的圣言并在圣言中说话，没有人为的补充、解释或应用。它是圣道本身的散发。并不是说除此之外这道是陌生的，或不能在其他地方被诵读，而是说现在在聚集的会众中，上帝把这道当作**祂**的圣言来传达。

　　这就是教会一直以来的看法，只要礼拜仪式感仍存。因此，问题在于选择读经的内容。这不是一个仓促的选择，而是诵读一些精选的章节，从中可以感受上帝自己的声音。不是约伯的朋友所说的，也不是耶和华所要批评的，乃是上帝如何回应约伯的经文。不是一连串的家谱或士兵和部落的数目，而是那些直击人心的章节，对我们的良知说话，也让我们感受到这就是上帝的圣言。

　　此外，章节不宜过长，否则定会带来划分之不便。篇幅应适度，内容要完整，以便给听众留下明确的印象。在过去，教会也确保《圣经》的两部分——旧约和新约——都被遵守。习惯上甚至把他们描述成**先知**，**福音**，还有**使徒**。这样的划分当然有待改善，但它确实让人们觉察到，上帝通过祂的先知、福音使者和使徒对祂的教会说话。因此，有一种《圣经》诵读，一点也不会让家庭和个人的诵读变得多余。它是从全部内容中精心挑选的，特别适合达成这一崇高目的。

　　教会因此确保每年以最庄严的方式向会众宣读《圣经》中最动人的段落，作为最真实的上帝的圣言。这一切都不是随意进行，而是按照主日顺序在所有相关教会以同样的方式进行。所有人都会知道，他们在听一段经文的时候，同一段经文也在众教会被诵读。这样，上帝在每个主日早晨对众教会说同样的话。

　　有人能否认它的庄严和奇妙之处吗？不幸的是，这种做法导致了误用，它仍见于一部分路德宗教会，但尤其是高派圣公会。路德把某种神秘力量赋予经文本身。他把它比作圣礼，认为就像圣礼一样，圣言即便不是以神秘的方式运作，也是以一种奥秘的方式运作。在英国和美国圣公会信徒中，同样的观念导致了令人心烦的诵读《圣经》的方式。为了把读经与讲道区分开来，他们引入半唱式诵读《圣经》的做法，给人一种它是从天而降的印象。但不幸的是，没有听者能听懂或跟上；还不如用拉丁语或希伯来语诵读。

当然，所有这些荒谬之事都必须要予以反对。读经必须完全清楚，以便每个人都能理解和跟上。这就是为什么未经在家中仔细研读这段经文的情况下，读经员绝不能在信徒聚集中诵读。读经员需要知道每一节的意思，哪一个词应该重音，以及何时两节经文在处理相同的意思。他需要知道不要在一个小节结束之际停顿，他必须正确地念出名字。【任何在诵读过程中会打断句子的方面都会破坏读经在教会中的印象。好的诵读也要练习，因此那些没有练习在公众面前宣读之人，不应被委以这项服侍。好的诵读不是自动就发生，只有那些经过教导并理解这艺术的人才可以完成。】[8] 如果所有在公众面前进行宣读之人都要做如此准备，那么对于我们所能想到的地球上最神圣的诵读，岂不该有更多的要求吗？

当然，我们知道不可能一劳永逸地改善我们教会仍存在的缺陷。即使在这些文章出版后，大多数教会的读经仍将以旧有的方式进行。旧有的方式有其内在缺陷，但这也正是弟兄之间需要更严肃地关注这一误区的原因。只有这样，他们才会开始更多地考虑这个问题；也只有这样，才能在适当的时候作出一些改进。

还有一点不应该忽略。《圣经》诵读在有些教会有幸被融入到敬拜中，常见的习惯做法**不是**让牧师诵读。有两个原因可以理解这一做法。首先，在有多个圣职人员的大教会里，从一开始就有这样的习俗：不让传道人念经文。此外，在我们改革宗教会，许多年来都是在敬拜**之前**进行诵读经文，传道人**无法**诵读。当确立在敬拜中诵读《圣经》这一更好的传统时，有人提出这样的规定：牧师在讲坛上邀

---

[8] 中注：见荷文版 269 页。

请读经员开始诵读。如果诵读是由一位长老完成，这本身就无可反对。因此，只要长老对这项任务足够胜任且有信心，那么这一规定只要运用得当，就会以一种奇妙的方式增强长老职分的影响力。

勿要给会众留下这样的印象：如果诵读《圣经》**不是**由牧师进行，那么它就**没那么**重要了。人们可能认为讲道是最重要的，因为讲道是由牧师完成，而读经是次要的，因为它是由地位较低的人进行。故此，读经应当由牧师，或者由一位长老来完成。这位长老显然应该是教会长执会的一名代表。

第二十五章 讲道

讲道是礼拜仪式一部分

读经之后就是讲道，这也必须纳入整个礼拜仪式中。认为礼拜仪式只适用于讲道前和讲道后，而不关乎讲道本身的观点是错误的。人们最多只能承认，可从广义和狭义上谈及礼拜仪式。广义的礼拜仪式包括整个敬拜，狭义的礼拜仪式仅仅是指在讲道之前和之后的敬拜部分。

礼拜仪式本身只意味着敬拜中所进行之事，不是以某种随意或未经审查的方式，而是以良好的秩序和按照既定的准则进行。这些规则并不取决于某种自由选择，而是由敬拜的性质和要旨所决定，因此必须仔细考虑。

【我们要重述一件事，因为这件事再怎么强调也不为过，即是否由教会规范圣言敬拜的准则，还是教会将此准则交由牧者来定；这件事并不重要。这两个情况都假定会有一个好的准则，并且在这两个情况下，都是由教会来应用这些准则。唯一的差异就是，第一个情况是教会执行权力来制定这些准则，第二个情况是教会委任牧者来制定。】[1]

这时候，我们可以简单地总结出指导礼拜仪式的三种准则。有些准则教会本身有规定，牧师也有义务遵守。还有一些其他准则在教会的使用中久经考验。最后，牧师根据教会的权威为自己制定了一些准则。令最后一种做法变得复杂的是：有些**周到的**牧者只在经过认真、彻底地研究之后才为自己制定这些准则；但也有一些**粗心的**牧者凭一时兴起和印象，却从未认真检视手头之事。这否定了礼拜仪式的严肃性，如此行之人破坏了敬拜。

讲道需要自由

虽然圣言的敬拜也的确属于礼拜仪式的准则，但我们必须立即承认，切勿在讲道过程中强加给牧师不必要的限制。比起敬拜的其他环节，讲道时牧师更要创造出他自己思考和反省、努力和默想的成果，并把它呈现给会众。比起在敬拜其他任何环节，他的天赋、恩赐和才能，以及他的个性这些主观部分，在讲道过程中更能凸显出来。个人表达最重要的是要有**自由**。如果自由受限，圣灵的工作就会受到阻碍。牧师可能拥有的任何潜在能力都无法被唤醒，也不能表现出来。

我们的先辈确实认识到讲道应该被许以最大限度的自由。俗话说每只鸟都有自己的歌，这也适用于此。牧师可能会受到讲道前后之事的限制，而不压制他的灵。但是，如果一个接一个的准则和一个接一个的命令对他的讲道提出要求，他会发现自己被束缚了，他的灵也无法释放。

---

[1]　中注：见荷文版 271 页。

【因此经验证明，任何通过一套讲道准则来引导讲道的尝试，都不会带来持久的果效。即便是如范奥斯特泽（Van Oosterzee）这样的伟大讲员，也借着他超群的才干令自己的门生适应一种独特的讲道，然后逐渐地受制。这所带来的结果无非是人们极少在范奥斯特泽极为夸张的方式中受益，并且注意力很快就分散了。这种过度受压的圣言宣讲，导致我们止步于模仿个人的方法。像范奥斯特泽这样极有才干之人所做的，以及他令人羡艳的才干，对于他人就无用了。因为别人并非沉醉于他的才干，而是这些大师出版的讲章。】[2]

依据才干讲道

一个传道人首先必须做**自己**，而不是模仿别人，因为正是模仿扼杀了**自我**。一个试图模仿的人往往会选择一个卓尔不群的牧师作为模仿对象，但却发现自己的能力不足，以惨败告终。如果选择模仿一个比较普通但可接受的对象，失败就不那么惨重，模仿甚至还可能会成功。那就有理由模仿普通人，尽管每个人都有自己的方式。【另一方面，如果一个人选择一个远超他自己才干却无法效仿的模范，那么风格和效果之间的差异就无法把握，他本人的才干就会被闲置。于是，这最终成了荒诞的模仿。传道人必然会作出荒谬的模仿，就像一个普通新兵穿着将军的制服站岗一样。这会令你捧腹大笑，毫无严肃之感。】[3]

【诚然，讲台的恩赐不应浪费，尤其是在我们这个年代。当今更有才干的年轻人更倾向于找到一个终生职位，可以得到更多的利

---

[2]　中注：见荷文版 272-273 页。凯波尔此处并非是说出版的讲章毫无用处。他乃是在强调有才干的牧者在敬拜过程中讲道的重要性。

[3]　中注：英译本精简了这段内容并打乱了语序。中译本参照荷文版所译，见荷文版 273 页。

益和更高的荣誉。但是，人们并未对此有太多抱怨。在绝大多数的
工作岗位，只有资质平平的人很多，资质出众的人总是特例。这对
于传道人如此，对司法人员、医生、律师和圣职人员亦然。】关键
是，只有一千两银子的人也不应该埋没它，却要予以充分利用。此
外，他不应焦躁不安地追求一种无论如何也得不到的更大恩赐，而
应充分利用他所拥有的，并将这一恩赐用于上帝圣言的敬拜。【在
此只举一个示例：那些有三千两和五千两银子宣讲技巧的人，可能
在多次练习后没有讲稿就可以讲道。但是，当只有一千两银子的人
对自己说：】"因为我只有一千两银子，我要即兴发挥我的一切价
值。"然后，他就埋藏了他所拥有的，得罪了创造他的主，是他自
己的原因造成了他的持续倒退。[4]

相反，他应该尽可能深掘《圣经》的意义，通过周复一周持续
和忠实的努力来锻炼这一恩赐，作为对上帝真诚和充满爱的回应。
然后，他可以用他所掌握的最好的语言和形式来写出他的领会，并
出于一颗慈悲的心将其应用到他会众的信仰生活中。这样的努力也
许不能使他成为一个耀眼的传道人，但他一定会年复一年取得进步，
并将持续让他的会众受益。

在讲道中**作你自己**，但也要在讲道中**全然奉献自己** —— 这依
然是一切真正造就人之讲道的秘诀所在。这就是为什么讲道的礼拜
仪式准则应该完全交给牧师。【另一方面，若一个牧者想到讲道完
全取决于自己而忽略讲道，那么基督公教和路德宗教会中的做法就
更可取，就是给牧者准备好的优质讲章，他们可以逐字读给会众。
这些圣经旁注（postillen）——正如人们对这些讲道如此命名——
已由查理曼大帝（742-814）引入。[5] 1472 年，吕拉的尼古拉斯

---

[4]　中注：所增内容见荷文版 273-274 页。

[5]　中注：查理曼大帝为神圣罗马帝国第一任君王。早在公元 785 年，他颁
布法令所有人必须要在周日和特定的日子去教堂听道。这个法令在政治上
的一个目的是为了维持整个神圣罗马帝国的统一。因此，统一用圣经旁注
为讲稿，就使得整个帝国的教会在教义和信仰框架上一致。

(Nicholas of Lyra; 1270-1349) 五大卷圣经旁注出版。约翰盖勒冯凯瑟斯伯格 (Johann Geiler von Kaisersberg, 1445-1510) 的圣经旁注也同样有名。但对于我们而言，更为有名的就是马丁路德给教会和家庭所写的圣经旁注。圣经旁注这个名称来自 post illa，因为它们是在宣读福音书和使徒著作中一段经文后才使用。】

【相较之下，这些圣经旁注从未在我们改革宗教会流行。我们总是要求牧者从自己的学习、经验和属灵的灵感来宣讲。传道人必须要做他自己，将自己交托于上帝的圣言，从而将上帝的圣言交给教会。这就是为什么改革宗教会对牧者的要求如此之多。如果一位传道人自身淹没在他所不能到达的模范中，或自己的懒散中，从而用**人的话语**来代替**上帝的圣言**，那么这些要求一样都不会实现。】[6]

结论 [7]

狭义上讲，讲道只不过是"信徒聚集"的一**部分**。讲道在敬拜的不同环节中占据最多时间，这不言自明。然而，**主要**部分仍然只是一部分。牧师忽视这一点，并用讲道占据大部分的时间，然后把讲道前后的项目视为次要的，这是错误的。

【这一误用也是礼拜仪式被认为次要的原因，也未明白圣言的敬拜和其他项目都需要礼拜仪式的规范。正确的理解就是，礼拜仪式以宣召开始，以敬拜结尾的阿们结束。两端之间的一切项目都要服从礼拜仪式的次序。教会是否有责任在敬拜从头到尾的各个项目都确立礼拜仪式的次序，这本身就是一个问题，并且总是根据十分不同的意义来判断。即便教会让牧者安排大部分内容，然而礼拜仪

---

[6]　中注：见荷文版 274 页。
[7]　中注：以下内容在荷文版中为第六十六章。英译本除了翻译这章首段内容，近乎整章省略未译。中译本现予以补充完整。

式的次序仍要延续。自由只是意味着，牧者会在那些自由的环节上**自行决定礼拜仪式的次序。**】

【在这方面，人们并不一瞥而过。在我们教会中，各处都出现了旧有的争论，就是约束还是释放牧者在信徒聚集中的行动。一种方式是更多地由群体的会众决定，另一种方式则坚持由牧者自行判断为佳。若有人要加剧这个无结果的争论，那么至少不应达到让教会分裂的地步。】

【我们需要处理两个以不同的方式彼此相关的因素：牧者行使教会的功能，和圣灵必须感动他行使这项功能。当这项功能的教会特性与属灵效果完美契合时，最高的目标就达到了，反之亦然——教会功能无论何时缺少了圣灵的感动，就是教会不再有属灵影响之时，就无法达到最高目标。我们在第一个例子中会遇到空洞的敬拜形式和形式主义，在第二个例子中会遇到武断和个人主义的泛滥。】

【18 世纪的英格兰反驳了许多极富激情的形式主义。英格兰当时的批评者们片面地倾向自由属灵的立场，从而英格兰圣公会和苏格兰长老会的一切礼拜仪式的形式最后都被禁止了。然后，英格兰圣公会和苏格兰长老会的著作在 18 世纪在荷兰被翻译出版，成了人们最喜欢的读物。于是，我们完全可以理解人们在家中也就片面地失衡，从而荷兰最后也失去了对一切礼拜仪式的确信。】

【任何思考今日教会之人都会想要再思此时失控的形势。但是，他会以最谨慎的态度、平和而令人信服的证据和冷静的方式来评估。因为如果一个人的主张太强势，那么不可阻止地会立即产生抵触，于是就会节节败退。不可忘记的是，神圣行动的**教会特性**与**属灵**感动，远比会众的关系更紧密。教会实难真正明白，圣灵的神圣工作总是源于圣子，因此圣灵与基督身体之间的关系永远不能被弃绝。】

【稳步进展是反驳敬拜中失控的个人主义因素最有效的方式。此个人主义会令教会分离。在最初的几十年，我们缺乏有条不紊的礼拜仪式环节。从前的错误还会持续许多年。我们荷兰人民的本性会带来一个事实，属灵因素仍会继续减弱。这本研究敬拜的书也丝毫未提议对现状进行立即可见的改善。我们也要花时间去做。我们现在所想的就是让人逐渐发现此时岌岌可危的重要一面，然后慢慢说服愿意倾听的灵。】

【我们所强调的就是礼拜仪式要贯穿前后，甚至也要在圣言的敬拜中。这完全无关乎此次序由教会自身所定，还是由牧者自行决定。不要误会，我们并不是说牧者可以自行确立一套次序，可以约束其他教会中的人。只有长执会才能建立这种约束，并且对现有惯例的尊重具有道德的约束，甚至对长执会刻意回避的惯例也要有如此的尊重。任何人在其他地方无论带领几次敬拜，都不可自行决定；即便没有权力约束，他总要遵守已有的次序。这就是我们所说的，保留规范敬拜流程之自由的牧者，仍有义务赋予他的安排以礼拜仪式的特性。若这还不清楚，那我们可以这么说：即便传道人可以如他所愿来安排，他也要被上帝的道路约束和限制；他不是任意妄为，而是要意识到上帝的道路。这就是他行事方式的原因。他不可以依据当下的一时兴起去行，而是要根据所意识到的去行。若说"我已经思考了很久，我认为这更好，这就是为什么我要这么去做"，这毫无意义。科学性和属灵性的人至少要清楚说明，他们为何如此判断。】

【然而，这方面并未出现任何问题。或者说，这些问题并未被再三思考、讨论并得出结论。支持和反对的理由彼此攻击。借着经验，每一种方式都被检验。这一切问题都归结到原则；最后，学者就分道扬镳，教会也由不同的个人心思来判断。因此，如果牧者是一个严谨的人，有接受科学的教育并有属灵意识，他就永远不会说"我不会因过去的讨论而感到困扰"，或"我不会研究这些，而是遵守"，或"我不喜欢那些，因此我更喜欢这些"。相反，他会从历史的角度来检验那些支持和反对的观点，依据原则来检验，然后得出他的结论。】

【有些人也会感到，当教会赋予牧者自由时，他绝不容易。如果教会为他规定了礼拜仪式的准则，他就不用再进一步研究，也不用面对痛苦的决定。但是因为教会完全释放了他，也就是说委任他为自己探寻好的准则，并依此而行，所以一切的重担都在他肩上。如果牧者是一位严谨之人，他会进行深入研究。他需要处理许多微妙的问题，需要为每一次的决定负责。这就带来了更艰难的处境，因为初作牧者的人都年纪尚轻，不是经验老到之人，而此时就要处理许多难题。结果就是，他尴尬地要咨询教会长执会有关如今使用的惯例，然后未经充分思考就要做出许多艰难的决定。如果这种做法在教会中成了一种习惯，那么他很可能继续坚持未经思考的决定，因为很难正当地进行改变，这会打乱教会的平静。经常可能出现的情况是牧者提出自己设想的准则，并只有成为另一间教会的新牧者时才会改变立场。】

【因此，我们留待将来再引入定义更精确的教会礼拜仪式。此时，任何相关工作在实践上都是不可能的。只有各处的长执会才可以带头去做。但是我们已经讨论的内容是截然不同的要求，就是牧者自行设立准则和次序并予以履行遵守，并非散漫、武断或时而行之；而是在充足的科学性研究后，他们让自己在上帝面前肃静。这是原则的前提条件，是最好提升教会根基的方式，也是透过敬拜方式最值得推荐的。】

【无论是教会还是牧者来规范，敬拜必须总是按照礼拜仪式来思考。牧者必须总能解释他如此选择，而非其他选择的原因。这种要求不仅适用于圣礼的执行，而且也同样适合圣言的敬拜。这里也出现了各类问题，也有不同的解决方式，但是任何决定都不是随意而定，如同任凭它发生或实现一样。正因如此，本书对敬拜的研究中也讨论了圣言的敬拜，首先回答了敬拜中两个环节之间的关系，即诵读上帝的圣言和宣讲上帝的圣言之间的关系。现今，这两部分多数情况下完全分离，几乎无人认为它们是在一起的。因此，首要的事就是必须要重新意识到，虽然诵读上帝的圣言和宣讲上帝的圣言有它们自己的意义，但是它们彼此相联。】

第二十六章 向讲道过渡

敬拜的主观和客观部分

【按照礼拜仪式而言，讲道可以由唱诗和祷告开始。二者都要简短，此时的情况下尤然。若我们从敬拜更客观的层面进展至更主观的层面，那么会众唱诗作为一个过渡显然是合宜的。】[1]

敬拜通常由两个不同的部分组成。讲道之前的一切都是更为**客观**的部分，因为牧师并未主观性和个人性地参与其中。整个敬拜的第一部分可以逐字逐句地规定，正如许多教会那样。事实上，牧师最好不要加入个人想法。整个敬拜的客观部分真正地以最有力的方式强调主的同在。它带来了安息和平静，使人们感受到与众教会的合一，而牧师的个性完全留在幕后。

当我们进入讲道的那一刻，所有这一切都发生了变化。【除非牧者诵读**圣经旁注**】，不然牧师此时乃是呈现他自己的研究成果、

---

[1]　中注：见荷文版 279 页。

自己的属灵体验、自己与救主的交通、自己的思想。

我们是在处理从敬拜中一个清楚定义的部分过渡到另一部分，且两部分都自有特点。在敬拜的进程中，这些部分必须予以明确，人们应该注意到这两者的区别以及之间的过渡。自古以来就强调这一区分，不让牧师在讲坛上带领敬拜的第一部分。正如今天的洗礼和圣餐不是在讲坛上举行一样。所以从古至今，敬拜的第一部分是在牧师未进入讲坛的情况下进行的。今天的圣公会教会和一些路德宗教会仍是这样。

讲坛就在旁边，会众面前有一个高台，三四级台阶高，为读经员预备。牧师站在高台中央或读经台前，从那里开始进行敬拜的第一个部分，即客观部分。第一部分结束时，他会离开高台，到讲坛上讲道。如此，每个人都看到并意识到了这种区别。这就是长敬拜被划分为两部分的方式，因此它似乎不像我们现在举行圣餐时那样长。【人们只能集中一段时间的注意力。若敬拜时间过长，注意力就会分散。现在，没有什么比做出一些改变来缓解我们灵魂紧张的疲劳更有用。这样，我们就会有片刻宁静，因为敬拜的第一部分已经完结。人们有片刻的自由，然后灵魂带着全新的力量和以稍有不同的方式重新集中注意力。】[2]

而今天，牧师马上进入讲坛，并且整个敬拜一直在那里，除非有洗礼或圣餐，不然一切都是在讲坛上进行。这是同一个人，同一个声音，同样的专注要求下进行的长时间敬拜。读经、祈祷、讲道、感恩祈祷 —— 声音和语气一成不变。

除此之外，我们的讲坛通常安置较高，因为有楼座，而主层长椅上的人若想专心听，他们必须抬起头来。一些牧师将敬拜延长至两小时。这样，会众很难保持这种姿势，也很难密切注意牧师所说的话。对大多数人来说太困难了。他们会走神，试图转移目光，有些人甚至打盹儿。正是这种打盹儿，你在其他敬拜有序的教会里是

---

[2]　中注：见荷文版 280 页。

不会见到的，因为礼拜仪式也考虑了注意力的持续时间。因此牧师应该直到讲道时才进入讲坛。这对我们的教会来说将是一大进步，我们迟早会采用这种做法。【只有这样，长时间的敬拜才能真正被分为两部分，注意力也容易跟得上敬拜。同样只有在这个意义上，人们才真有开始新的环节的印象，就是敬拜更主观的部分开始了。】[3]

我们知道很难立即改变，尤其是因为大多数现存的教堂建筑不是为此而造。无论如何，牧师应该尽其所能将一场敬拜分成两部分，并使人们意识到从一部分到另一部分的过渡。为实现这一过渡，他可以清楚地结束敬拜的第一部分，之后是一个宁静、安详的时刻。许多人似乎相信，一位牧师暂时保持沉默是不合适的。他们认为应该持续听到他的声音。但这样确实会让人感到疲倦，而片刻的安静是令人期待的安慰。片刻宁静之后，人们感到些许放松。这时会众唱一首歌是合适的，只要它是以平静之声被宣告，认真吟唱。

人们可以说，在会众吟唱时，牧师退位了一会儿。当**他**安静，**会众**就"说话"。或者，他若同唱，就不是以牧师的身份，乃是作会众的一员。【在同唱诗歌时，牧者自己就融入了教会中。这并不是说唱诗不能纳入讲道。然而，在讲道的过程中唱诗不太适宜，也从未在有更好礼拜仪式规划的教会中发生。我们稍后再论述此点。不论怎样，会众唱诗作为将敬拜的客观层面过渡到主观层面的方式是合宜的。】[4] 这首歌可以作为一个过渡。如果选歌合适，它可以为讲道奠定正确的基调，【可以营造尊崇、谦卑、悔罪、哀叹和感恩等情绪。这样，会众唱诗就起到了过渡的作用。教会必须为自己说话；在**她**说完之前，牧者不能开始宣讲。】

【在这方面，若讲道的经文可以事先以十分简单直接的形式予以介绍，那么也是十分可取的。在敬拜的客观层面结束后，有短暂的停顿，然后有人以完全平和的方式说道："接下去是讲道，我们

---

[3] 中注：见荷文版 281 页。
[4] 中注：见荷文版 281-282 页。

可以诵读经文（比如，《路加福音》四 18）。"前后这些话会让人们知道新的环节已经开始，因为已介绍了这个即将进行的环节。任何高昂或意味深长的话语在此都是不合时宜的。不应有令人分心或产生悬念的好奇。所有的意图都要避免，好比有人想要在最后的时刻给人惊喜一样。整个过程应朴素简易。若会众能重视简单的讲道经文介绍，然后为适合所选经文的诗歌定下基调，那么你会有一个和谐的整体，这大有益处。还有一些方面会令这件事变得更需要，】因为即将讲道之人，在完全进入讲道之前，往往会有点紧张。这会让他有点不安，因为紧张之感会传染，所以很容易影响会众。出于这个原因，牧师也应该尽量保持安静，因为这样可以提升会众的平静感。[5]

讲道前的祷告 [6]

在以讲道为中心的敬拜的第二部分，祷告也总有一席之地。但是，这里也需要澄清。实际上，整个敬拜分为三个部分。敬拜开始于**上帝与会众之间的互动**，这一互动结束于认罪和赦免的确信，作为天国钥匙管理的一部分。这是敬拜的客观部分，牧师不必传达他自己的任何想法，事实上最好是克制自己，只是作为整个教会的媒介和声音。在这之后就是敬拜的第二部分或主观部分。**讲道**是该部分的中心，牧师自己的恩赐在这里得以表现。第三部分，即最后一部分，就是祈祷。在我们的礼拜仪式中，这一祈祷被命名为"在安息日第一场讲道后，为基督国度的需要祈祷。"（我们这里不讨论第四部分，即圣礼的执行，因为它不是每次信徒聚集的一部分。）

---

[5]　中注：见荷文版 282 页。
[6]　中注：以下内容在荷文版中为六十八章，标题为"Het gebed in verband met de predicatie"，直译为"与讲道相连的祷告"。

第三部分是实际的祈祷仪式。这也许是一**个**祷告，但在**这个**祷告中，表达了对生活一切挂虑的诸多祈求。它不同于一般的认罪祷告，也不同于讲道前的简短祈祷。

【因此，可以说在一定程度上，敬拜的三个部分都有各自的祷告。第一部分有认罪祷告；敬拜的第二部分有为讲道的祷告；最后的第三部分是为上帝国度的一切需要的一般性祷告。每次带到上帝面前的祷告的话语都是一般性的意义。认罪并非实际上的祷告，而是祈求赦免附在了祷告上。】[7]

在敬拜的第二部分，我们只处理"讲道前的祷告"。（不幸的是，在我们目前的礼拜仪式中，这个祷告与认罪结合在一起。这种忏悔潜入讲道**前**的祈祷。）【众所周知，我们的礼拜仪式在此提供了两种形式。一种是鲁特赫斯教授（Prof. Rutgers）最新出版的形式，长达 80 行；另一个版本只有 64 行。然而，这 16 行的差距不足以让增加这两种礼拜仪文变得合理化。值得注意的是，与这两个仪文的有关的讲道前的祷告都十分简略。长版仪文中的祷告如下：】

【愿祢开启祢仆人的口，用祢的智慧和知识来充满，从而他可以纯然且勇敢地宣讲祢的圣言。愿祢预备我们的心，让我们可以听见、理解并遵守祢的圣言。愿祢按照祢的应许，将祢的律法写在我们的心版上，给我们乐意的心和力量去遵守，去赞美尊崇祢的名，去建立祢的教会。

短版仪文中的祷告如下：

愿祢按照祢神圣的旨意，使我们理解祢的圣言，从而让我们学习不要信靠一切被造物，而唯独完全信靠祢。愿我们的旧人并他一切的欲望每日不断地被钉十

---

[7]　中注：见荷文版 283 页。

字架；愿我们将自己献上，作为感恩的活祭，荣耀祢
的圣名，帮助我们的邻舍。我们也诚心为一切偏离祢
真理的事悔改，以致我们可以在生命中的每一天都在
圣洁和公义中合一地来侍奉祢。

因此，讲道前的祷告在短版中反而更长。在长版中，该祷告有
11 行，在短版中却有 17 行。然而，在这两个仪文中，祷告都因一
件事而突出，就是聚焦于一个特定目标——**讲道。】**[8]

这个祷告它祈求上帝，让讲道能够实现其意义，从而在会众中
结出果子，仅此而已。没有长篇大论，没有为基督国度的所有需要
祈祷，没有为特定的人祈祷。所有这些都是留给讲道**后**的祷告。讲
道即将开始，人们开始意识到，没有上帝的祝福，讲道将一无所成，
也不可能有果效。因此，会众聚在一起祷告，祈求上帝赐下好的讲
道，正中要害，宣扬祂的道。祷告简短，不偏不倚，而是仍然集中
在这一目标上。

但在这方面，一种完全不同的传统已经逐渐在我们中间演变而
成。我们的先辈意欲为讲道所做的简短祝福祷告，随着时间的推移，
已经完全脱离讲道，成了一个自由的祈祷，而且常常是一个非常冗
长的祈祷。最初是一分半钟，今天它常常发展成十分钟，甚至更长
的祷告。

它现在已经成为与讲道有关之敬拜的一个独立部分，只要祷告
之人自己清楚他所要详述的内容。人们常常忽略了它与讲道的联系，
特别是当经文在长时间祈祷之后才介绍的情况下。因此，这样一个
本作为敬拜的**中心祷告**的长祈祷，如今是在讲道**前**，而不是在讲道
后进行。讲道后的祈祷常常很短。

我们正式的礼拜仪式是在讲道前有 10 至 15 行的祈祷，讲道后
的祈祷有 200 行，甚至超过 200 行。但时至今日，在讲道前的长祈

---

[8]　中注：见荷文版 284 页。

祷有时长达 300 或 400 行，而在讲道后的祈祷则缩减到大约 50 或 60 行。从比例上看，悬殊甚大。这表明两种祈祷被赋予完全不同的含义。令人吃惊的是，今天牧师的祷告恩赐不再是以结束祈祷（通常称为感恩祈祷）来评判的，而是根据他在讲道前的祷告来衡量。

之所以会这样，是因为我们在敬拜中忽略了**单独**的认罪和赦免。在我们的礼拜仪式中，认罪与讲道前的祈祷结合在一起。这一发展必然导致（曾经的自由祈祷取代了礼拜仪式祈祷，从而扩大了认罪和赦罪祷告）陷入各样的属灵困扰，真正的讲道祝福祷告则完全消失。这时有发生，在一些会众中则更为频繁：在长时间的祷告结束时，根本就没有为讲道祝福的祷告。

回到先前的做法，为讲道做一个简短的祝福祷告，在今天已不再可行。经验告诉我们，人们如今已经习惯于从这个祈祷期待更多。同时，我们也不能忽视这个祷告的主要目的。它必须仍然是一个**为讲道祝福的祷告**。如果认罪和赦免被重新列入敬拜的第一部分，即客观部分，那么这自然不应在讲道前的祈祷中重复。

祈祷是，且必须依然是，渴望从上帝那里得到什么。如果你在讲道前祷告，那么你希望在讲道中从上帝那里有所得，这是合理的。从牧师的角度来看，这个祷告祈求他的讲道是上帝圣言的开启，揭示及应用。对会众来说，这意味着他们将接受这道，并结出果子。这不必也不需要很长的祷告。

事先公布经文也有好处。会众就会知道牧师要讲的是上帝圣言的哪一部分，且有助于他们为听道做准备。这样，祷告就可以强调上帝圣言的严肃性和重要性。我们因此相信，我们可以在父辈的简短祈祷和现在所习惯的长祈祷之间找到中间地带。只是事先的祷告不应该成为一个简短的讲道，从而让无休止的继续削弱会众的兴趣。相反，它应该**唤起**人们对讲道的兴趣。

第二十七章 讲道预备

讲道前的祷告之后，会众最好不要唱歌。相反，讲道应该立即开始，不受任何干扰。这样，与先前祷告的联系仍然存在，传道人和他的听众都期待结出果实，一种需从上帝而来的祝福。

凭灵感讲道还是预备讲道？

但这正是传道人和听众感到困惑的地方。如有人所说，若讲道的祝福必须来自上帝，并且在讲道之前，通过祷告祈求而得，那么传道人也必须依靠他的上帝，而不是带着一篇**书面的或准备好**的讲章走上讲坛；在任何情况下，他都不能**读**他的讲道。牧师走上讲坛，面对会众，毫无准备，然后祈求上帝的帮助。他认真对待这一祷告，真正感到自己依赖上帝，并真正期待圣灵赋予他能力。另一方面，如果他带着一篇现成的讲章走上讲坛，随后照稿宣读，那么他的祷告就只是徒有其形。他依靠的不是上帝，而是他的讲章和眼睛。此外，另有争论，这样也就表示会众为牧师祷告也毫无意义，因为会众认为牧师会按照上帝赐他的圣言而说。但是，如果会众知道他带着一篇写好的讲章，尤其是当他们察觉到传道人悄悄地却又很明显地读讲章时，这样的祈祷永远不会是热情、真诚和受感而发的。我们如何看待这场争论呢？

想象一下，你和家人坐在餐桌旁共进晚餐。你作为一家之主和祭司，向上帝祷告："天父，赐给我们日用的饮食。"你是真这么想的吗，还是说说而已？如果真是这样，并且你祈求上帝的祝福和帮助，你是否会责备你的妻子在你祷告之前就已经把饭做好，并且把它端到了桌上？然后你是否会说如果这顿饭已经在等你了，你不可能为这顿饭祷告？一个真正的祷告，是否要求在你祷告之前，桌上没有任何东西，并且上帝会在你祷告之后奇迹般地供应你食物？当然不，你会说。你日复一日地为饮食祷告，如果你的妻子没有事先准备好饭菜，让你坐在一张空空如也的桌旁，你会指责她逃避责任。【然而，同样的一个事实就是：那些物质缺乏之人比物质丰富之人会更迫切地祷告。当面包的篮子空了，**"赐给我们日用的饮食"** 的祷告就更具深意，也更具严肃的特性。事实上，从不缺少食物供应并常享盛宴的富人，他们的祷告徒具形式而未有实质。相反也是如此。当我们双手空空，几乎没有食物可吃时，同样的祷告有时特别令人感动，上达上帝那里。因此，难道你现在还会说在进行合宜的诚心祷告时，餐桌在祷告前必须是空的吗？难道敬虔的人必须要坐在空的餐桌旁，以深深的依赖等候，如同上帝让乌鸦叼食物给以利亚吃吗？】[1] 当你谈到讲道的时候，认为若要在讲道前真诚而热烈地祈祷，那么牧师最好空手走上讲坛，等待上帝在那时赐下圣言，这说得通吗？你能感觉到这是多么荒谬吗？

从某种意义上说，这种想法是有道理的。我们承认，如果真的发生了，那就太好了。我们也承认上帝能够做到这一点。祂在旷野给以色列人吃了四十年吗哪。【耶稣也用五饼二鱼在加利利使五千

---

[1] 中注：见荷文版 288 页。

人吃饱】。耶稣又对门徒说："人们带你们到官府和有权柄的人面前，不要思虑怎么分诉，说什么话；因为正在那时候，圣灵要指教你们当说的话。"当然，上帝的能力没有削弱。事实上，上帝直接参与了这些事。但这并不意味着上帝历世历代替祂的子民如此行。相反，上帝命令亚当每天要汗流浃背，才得以糊口。【在挪亚之约中，上帝向我们起誓，耕种和结果收成自此以后永不停息（创九 3）。生命本身也证明，人类不会因饥荒而灭绝。】为家庭工作是男人的责任，为一家人准备食物是主妇的责任。这是上帝对日常生活的规定。[2]

同样的道理也适用于不直接从圣灵而来，而是从《圣经》而来的**灵粮**。《圣经》就像一块田地，必须精心耕种。如果有人想讲道，他得提前多年准备。每次讲道前，他都要重新学习《圣经》。他还必须考虑《圣经》和寻求救赎之人的心灵之间的关系。而且，就他的语言运用和在公共场合讲话的能力而言，他必须通过学习和练习来训练自己。

当严肃对待这样的学习和准备时，会众就得到了干粮，教会就兴旺。但是，当这样的学习被拒绝时，就像浸信会的情况一样，他们随意、毫无准备地讲道，会众很快就缩减了。在英国，一些浸信会教会幸存下来的唯一原因，是他们重新开始学习。如果我们不是按照我们所认为的上帝之作为来行事，而是按照祂的旨意行事，那么正如主妇提前为家人准备食物一样，牧师也必须事先准备好他要向上帝的圣会众所呈现的内容。

诵读讲章还是讲道？

【在教会中还有一种情形，若会众知道他们的牧者已经准备充分地登上讲坛，那么会众就**轻看**祷告，失去了祷告的动力。若会众

---

[2]　中注：所补充内容见荷文版 288-289 页。

在一开始就能很好地得到引导，那么他们就会迫切真诚地为传道人祷告，期待从上帝而来的一切，并在凡事上归荣耀给上帝。】[3] 与此同时，即使我们必须警惕那些过分的和不真实的属灵，我们也不想被理解为我们赞成**诵读**讲章。诵读讲章不应发生在讲坛上，这违反了讲道的艺术。不是因为这样读是错误的。当有人讲座时，他当然会读讲义，也本该如此。如果讲道人是虔诚的，他会事先恳切地呼求上帝的帮助和祝福。因此，读并不违背**祷告**，却违背了讲道的本质。

【在英格兰高派教会的圈子中，会众依循相反的准则。在那里，传道人必须诵读讲章。这种独特的方式就是所有人都看到他在诵读，没有自由的话语。讲员也不会抬头去看，而是总是盯着讲章，没有片刻看向会众。他的双手轻轻地放在讲章上，一动不动，看起来如同一幅生动的肖像。这样的传道人似乎不是用心去传讲，即便他的双眼看着讲章。不，他不是用心传讲！他只是想要**诵读**，但什么也没**读**。他拿在手中的不是一篇讲章，而是一篇讲稿。有时候，这是一场精雕细琢、十分有趣的讲座，却绝非讲道。这么做的目的是让诵读的传道人成为教会的解释者和发言者。他本人不能呈现。他不是靠他的语言去说，而是靠着教会说话。他必须隐藏在暗处，教会必须透过他说话。因此，他无需写下自己所要读的内容；他可以诵读他人出版的讲章。这样方式的讲述是冷漠的，讲道也毫无生气。这样会很庄严、高尚，但没有丝毫情绪，会众也不会被激励和感动。这样，讲道的本质特性也完全丧失了。】[4] 一位牧师必须与他的观众保持生动的联系。他必须展现出活泼的见证。他必须有一个目标，当他说"阿们"时，他的会众一定已经明白他的目标是什么。而这只能通过一个生动、扣人心弦、感人的演讲来实现。

但当有人只是**照读**，这便不可能发生。诚然，一个想象力丰富的人在写作时可以设想，如果他能与听众畅所欲言，他会如何向他

---

[3]　中注：见荷文版 289-290 页。
[4]　中注：见荷文版 290 页。

们讲话。如果他在写讲章时考虑到了这一点，他可能会把讲章放在自己面前，以免离题，并且不断提醒自己所写的东西。但即使在他说话的时候有讲章辅助，会众也一定会感受到传道人是由心而出向他们说话。他们必须时刻知道，自己并不是坐在那里听讲座，而是有人亲自向他们讲话，他们受到警告、安慰和鼓舞。仅仅读一篇讲章是不可能做到这一点的。

那么，邪恶之处不在于**准备**。准备可能做得太彻底了，牧师事先仔细斟酌了每个词。这种属灵的食物越是精心预备，就越丰富。但在讲道中，永远也不要忽视是在向会众讲话这一理念。如果传道人做出一个论述，或提出一个论点，正如在一个讲座中那样；如果他认为这就是在讲道，那么他就大错特错了，也永远不会在会众中收获**真正**讲道所产生的果实。

第二十八章 选择经文

一段经文及其释经是如何形成讲道的，不是这本书的主题。这应该在其他地方讨论，即在一本关于**讲道学**（讲道的艺术）的书中予以讨论。下文我们将讨论讲道内容的**选择**。

这个选择在礼拜仪式上重要吗？若然，应由教会选择还是由牧师选择？如果是后者，那么他是否有义务考虑到他事工的性质和环境？第一个问题很难成立。对于认真对待生活之人，没有什么是无关紧要的。在房间里摆放家具时，每件家具的摆放位置都很重要；写作亦然。很难说一个句子中任何一个词的位置都无关紧要。同样，在礼拜仪式中没有什么是无关紧要的，这意味着选择讲道内容对整个敬拜都有意义。

圣灵选择经文吗？

有些人似乎认为不需要决定经文的选择，因为任何一段经文一定都是好的。因此，除了一些节日之外，不应对章节或经文的选择加以规范。事实上，一些过于虔诚的人认为限制经文的自由选择会阻碍圣灵的工作。在他们的想象中，圣灵知道会众的需要，所以在牧师毫无察觉且不知其所以然的情况下，圣灵每周都会引导牧师去选择会众所需的经文。经文的选择被认为是很重要的——只是圣灵自己成为了礼拜的创作者，做出了最好的选择，且在不知不觉中驱使牧师做出恰合圣灵心意的选择。

应该被人理解的是，我们一点也不否认这个过程的可能性。我们一刻也不怀疑，上帝，即圣灵，鉴察全会众，知道他们的属灵需要，并且时刻清楚哪一个讲道最适合会众。我们也不怀疑圣灵完全有能力使牧师留意一篇讲道的经文，而牧师却不知道为何选择了这段经文。我们甚至说，在先知和使徒时代，圣灵必定如此直接地引导。我们也毫不犹豫地说，即便在今天，许多情况下，选择讲道经文更多是来自圣灵的引导，而不是牧师的智慧。【甚至我们先辈们所说的"上帝的特殊护理"也干涉经文的选择。不止一次，经文的选择让敬拜给人留下了深刻的印象，让人认为"这段经文就是指向我"。他不得不深信，上帝这般掌管牧者，让牧者用这段特殊的经文并如此传讲，从而以特殊的方式对他的灵魂说话，他的灵魂也以特殊的方式受感。】[1]

然而，尽管我们毫不犹豫走到这一步，但这当然不是意味着教会和牧师现在都要将这视为一项规定，即经文的选择应留给某种迅速或秘密的引导。只有当我们被如此指示，方能这样行。但由于情况并非如此，我们必须从普遍原则出发，即我们作为有思想的人，要对我们工作时所做出的选择负责，要理性且谨慎地确定这些选择。

【无论是谁在建造房屋，都不会随意安排盖屋顶、砌墙和打地基的次序。定然不是！无论是谁要去建造房屋，不得不自问，房屋的不同部分之间有怎样的合理联系，并以此来建造。他首先要打地基，然后砌墙，最后盖屋顶。上帝所行的也不无二样。上帝也首先赐下植物

---

[1] 中注：见荷文版 293 页。

的种子，然后是枝叶，最后是整体外观。这样的次序总是保持不变。】[2]
讲道必须建立和造就我们。被呼召担此重任之人必须考虑在这一建造
过程中要遵循的秩序。不是他自己，而是上帝会为他选择，只有当他
有这样一个承诺时，他才可以免除这份责任。既然没有这样的承诺或
保证，我们就必须认为要用我们的头脑做出选择，始终意识到我们所
做的选择永远不会被认为无足轻重。因此，如果我们必须作出选择。
此时，我们要问第二个问题：谁来选择？教会还是牧师？

应该由节日和节期决定经文吗？

　　这项工作目前在我们教会一分为二。牧师为早上的敬拜选择经
文，而教会则决定下午或晚上敬拜中有关要理问答的讲道。此外，
还为所谓的受难周和几个节日提供了一些经文选择的指导。在大城
市里，所有的受难周敬拜和节日礼拜都有一个明确的经文安排。尽
管祷告日、除夕夜等没有明确的经文规定，但在这种情况下，许多
教会更喜欢与那些日子有特殊关系的经文。

　　的确，在其他改革宗教会，特别是在苏格兰长老会，许多人消
极对待预先确定的经文。这种反对在荷兰也并非没有先例，这是由
阅读苏格兰作家的著作所导致的。但是，总的来说，我们这里的教
会确实期望传道人能考虑那些日子。当然，要理问答的讲道并不是
由牧师决定，而是由教会规定。

　　这一切都表明，教会原则上对此事有明确的发言权，任何牧师
都不能坚持无限度的自由。有些人甚至试图更进一步，引进所谓的
教会年历：即所有的讲道材料都按一年中的月份划分为若干主要标
题。在十一月和十二月上半旬，讲道主题与将临期有关。也就是说，

---

[2]　中注：见荷文版 293 页。

它们是关于弥赛亚降临的预言，因为这涉及罪人生命被拯救的需要。十二月下旬，讲道主题是关于圣诞节的故事。一月是关于施洗约翰、耶稣的洗礼、试探和祂的公开服侍。随后的讲道是有关受难周，直到复活节，再到五旬节关于基督的显现。在五旬节之后，首先是传讲《使徒行传》，然后是各种圣经经文和《启示录》，直到十一月将临期再次来到。

国外有些教会对此有明确的规章制度，但总的来说，我们没有这样一个正式的教会年历，尽管有相当多的牧师遵循这些理念。然而，我们如此**规定**是不明智的。对于《圣经》诵读，这样的安排尚可遵守，但是选择这些经文来进行常规的讲道，会过分地使我们转离**已获得**的救恩。它会让我们太多次回首过去，忘记已经属于我们的**财宝**。

我们应"透过《圣经》来讲道"吗？

教会也试图通过按经文排列的顺序规定经文和讲道，以此来安排讲道。这更多是由长执会提出的，尽管也有一些牧师会如此建议。人们不理解必须如此**选择**的真正原因。《圣经》中的每一章节不都具有同样的教导意义吗？为什么要跳过一部分？为了会众的益处，为什么不连续传讲所有圣经章节？

这一极端的方案只在少数情况下被遵循，而且只在短时间内。它一眼望不到尽头。从《创世记》第一章开始，要花上很多年的时间才讲到新约，甚至只是讲到了《诗篇》和先知书。这就像一个家庭连续几个月只吃面包，然后几年只吃蔬菜，最后又是几年只吃荤菜。意识到这一点后，人们就选择《圣经》中的一卷，并限定有关这卷经文的讲道为几次，最好是在一周内完成。这种讲道的目的不是为了在属灵上喂养会众，而是为了增加会众对《圣经》的认识。

但很快就会发现，会众的减少恰恰表明这样的讲道没能打动会众，【毫无促进教诲】。它迫使人们去思考《圣经》中不太深入人心的部分。传道人也陷入复杂的解经之中；这对神学家来说是有趣的，但对会众来说则不然。【正因如此，读经就开始流行。这也限于特定的书卷，按照既定的顺序进行。但是进度很快，信徒一次就可以读完一章。于是，这产生了一个观点，就是一章中次要的内容被搁置一旁，读经限于章节中更加重要的部分。然而，这样的读经也常常变得无用。它逐渐恶化为一种"肢解"的行为，纵使各类读经手册可以帮助教会中有兴趣的会友，在家中轻松平静地品尝同样的释经乐趣。】[3]

历史教训的结果就是，这种讲道方式可以说只有以特殊的方式实现讲道的目的。保罗书信就是例外，因为它们通常很短，很适合讲道。但是，《撒母耳记上下》《列王纪上下》《历代志上下》就无法与这种讲道目的兼容，《民数记》和《利未记》尤然。【因此，我们教会仍然会认为平常的敬拜依旧是自由的敬拜，即由牧者来选择经文。更值得建议的是，传道人的个性在讲道中不可被抹灭；若让他依据所规定的内容传讲，无疑会导致个性的抹灭。】[4]

牧师对经文的选择 [5]

选择经文极其困难。【在这件事上，没有人可以依靠灵感或巧合，而是需要深思熟虑。必须要进行选择。也就是说，教会不是要

---

[3]　中注：见荷文版 295-296 页。凯波尔在这里所反对的是一种汇编而成的读经手册。这些手册并未涵盖整本圣经，只是从不同章节中摘选内容，编辑而成。所以，凯波尔称这种方式为"肢解"的行为，就是解体了《圣经》的内容，以至于信徒无法阅读经文整全的内容。

[4]　中注：见荷文版 296 页。英译本将所增内容置于下一段，而荷文版则是作为第七十章的结尾。中译本与荷文版保持一致。

[5]　中注：以下内容在荷文版中为第七十一章，标题为"Tekstkeuze (Slot)"，译作"选择经文（结论）"。

按先后次序传讲整本《圣经》或整卷经文，也不是要制定教会年历的讲题，而是牧者在每次自己负责的敬拜中（除了要理问答的讲道）选择《圣经》中丰富的内容，然后他要说明为何有此选择。】不言而喻，选择首先取决于讲道的**目的**，其次取决于传道人为实现这一目的**所用的方式**。【因此，我们分开讨论这两部分。】讲道**目的**可以用**一般的**和**特殊的**术语来讨论。[6]

一般来说，讲道的目的是为了**教化会众**。这意味着人们几乎不会选择与会众属灵生命无关的经文。例如，迦南地在各部落之间的划分、各种家谱、地理描述等内容，只有在非常特殊的情况下才会被选择。

当我们区分一次讲道对会众的教化作用，和持续有规律的讲道所产生的逐渐教化作用时，情况就变得更加复杂了。然后，目标的范围明显扩大；不是每个讲道本身作为一个整体，现在是一系列连续讲道成为一个整体。会众的教化和建立随后成为一项持续数年的工作。【讲道持续是格言警句性的。】[7] 每一次的讲道必须与下一次的讲道联系起来，一年中所有讲道按着一定的顺序成为**一个整体**，**每一次讲道**都是其中的一部分。当然，我们并不否认，每一次讲道都应该自成一体。但是我们必须始终理解，每一次讲道也都是在教化和建立，要遵循一定的方法，一砖一瓦按部就班地铺设。

这是非常重要的一点，因为人们经常会抱怨他们的牧师一遍又一遍地重复内容。他在同一个教会多年，就没有什么可说的了。这样的牧师最终希望他能接到另一个教会的电话，而那个教会也不介意找一个新的牧师。这并不是因为他们关系不融洽，也不是因为遇到麻烦。相反，他们很有可能真的互相欣赏，但他们已经到了一个止步不前的地步。牧师累了，不知道应该再讲什么，于是就开始重复，在教会建造上也没有任何进展。【这在更多时候难以令人满意，并缺少真诚。那些想要寻求新颖的人切莫在讲道中如此做，因为讲

---

[6] 　中注：英译本简略翻译了这段内容，中译本根据荷文版由编者译，见荷文版 296-297 页。

[7] 　中注：见荷文版 297 页。

道不是为此目的。无论何人读了《诗篇》和书信，都可以说相同的内容重复出现。同样，救赎的福音永远不变；这福音的根本思想必须要在教会中，奉慈悲上帝之名，永不停息地宣讲。】

【然而，这种抱怨也并不令人意外。】不止一位牧师，在每一次讲道中内容太多，就变得泛泛而谈，直到他已经说尽了要说的一切。于是，留给他的只有一件事，就是重新开始。【过去常常出现的情况是，牧者重新讲一次旧的讲章，或者用不同的经文和开头宣讲同样的道。有关救赎真理核心的讲道本身就已十分吸引人。它的内容是最重要的，要最易于理解，充分准备；听众感到轻松自在；它的语言扣人心弦。想要排除这样的讲道定然是错谬的。教会总是需要这样的讲道，从而能再一次看见全貌，真理的不同部分可以再一次被联合成为一体。若是如此，无人可以否认，除了概述，我们就无法谈论救赎真理的核心；同样不可否认的是，除了在概念和对比方面，这些概述不允许有太多变化。牧者不能从此概述汲取过多的内容，否则他会失去论述的思路。】过多以此核心概述为内容的讲道仍然是不足的。会众没有被充满，没有被更新，没有被恢复。除非牧师才干出众，能够通过他的口才传递一件真正的艺术作品。但我们都知道，这样杰出的人才极其难寻。【这就好比一个人讲述繁星密布的天空壮景。当你分别谈论太阳、月亮、行星、彗星时，这主题显然就更宏伟。然而，任何如此行的人都会感到，单独论述太阳或月亮的内容比其他内容更加丰富。】[8]

讲道的长期规划

演讲者越是限制自己的主旨内容，他要说的就越多，能提到的细节也越多。讲述一个人比讲述一位女性容易；讲述一位普通女性

---

[8]　中注：见荷文版 298-299 页。

比讲述一个女孩更容易；讲述任何一个没有具体细节的女孩比讲述一个女仆又更容易。这就是所有主旨内容的方法。材料的丰富程度与主旨内容的广度成反比。这一法则也适用于讲道。

若问一位牧师，在他整个服侍期间，讲道的目的是什么，他只能给你一个宽泛的回答。但如果问他**今年，**对于这群特定的**会众，**讲道的目标是什么，这一目标就变得更加清晰了。然后，他会问自己什么样的讲道最能满足会众的需要，以及他将如何通过不断更新的劝勉，为会众提供他们最迫切的需要。

并非所有教会都一样。即使在同一间教会中，也可能有不同的小组，所有小组都需要不同的方法。老年人和年轻人的需要通常相去甚远。面对信仰坚定之人和还未接受基督为救主之人要有不同的侧重点。有人颇有知识，他们的心需要被温暖、被触动。有人在神秘主义中迷失了方向，他们的灵性需要被开启。另有些人则是敬虔主义。还有人担忧，一些人是基督教会里假冒为善之人，另有人继续生活在隐秘的罪中。简而言之，每间教会的组成就像天上的众星和田野的百花，每间教会都与另一间教会大不相同。当一位牧师逐渐了解他的会众，他们的基本委身之事，他们的属灵看法，以及信仰上各种潜在的情绪，他的诊断将帮助他确定何为最好的良药。

自不用说，他不可能通过一次讲道来补救每一种情况；相反，他必须为他的讲道能持续一年或更长的时间而规划，以便他可以逐步实现其目标。一直以来，他都必须提醒自己，仅仅在讲道中一两次提到某些事情不能达成目标。相反，他要明白，一个信念是慢慢产生的，在它进入会众的意识和心灵之前，他可能需要以许多不同的方式多次重复同一件事。

这种意识会在他的讲道中创造某种秩序。他不会今天讲这个，下周日讲那个，然后再下一次讲完全不同的内容。不！某种思想的进展会逐渐明朗，所以今天的讲道依赖于上周，而下周则依赖于今天的讲道。这样，他就能提前几周概述他的想法，并大致知道他一整年需要做什么。

他将专注于丰盛、知识的清晰、罪的纠正和预防。他必使人明白对神圣严肃的需要；他会喂养会众，培养他们与永生上帝的属灵交通。他的重点是安慰在痛苦和煎熬中的人们，培养对生活的正确态度；最重要的是，通过基督工作所带来的信心和恩典的增加，专注属灵生命的稳定丰富。【再进一步阐述，将这丰富的敬拜程式与他所在特定教会的特殊处境相连，与教会中的主导精神和各种生活关系相连，甚至与信徒和非信徒的不同立场相连，与有学识之人和目不识丁之人相连，与世上的幸事和苦难相连，与严肃之事和娱乐之事相连，诸如此类。在这过程中，牧者就恰当处理了律法和福音，也与普遍恩典和特殊恩典产生了关联。于是，每场讲道最后都是根据每个立场、处境和需要来进行，因此永远是不同的。牧者绝不会为所要说的内容感到尴尬，而是要全力解决蜂拥而至的威胁着要淹没我们的艰难。】[9]

当然，这种模式将极大地影响传道人如何选择讲道经文。现在他不再问哪段经文听起来最好，或者哪段经文最容易。相反，他会在许多个星期里都有一个明确的目标。因此他提前知道这些，并以最佳的顺序向会众展现上帝的圣言和神圣的典章。意识到这一目标，并精通《圣经》，他就轻而易举地从《圣经》中收集最适用的经文，并从众多章节中选择最适合于该特定会众和特定时间的经文。因此，某一周他会从神圣历史中的一部分把上帝的圣言带给会众，在另一周转向先知的教导，而在另一个时间聚焦在基督和祂的作为或圣言上，或是《圣经》中一些明确的宣告上。

这样，心血来潮的选择就成了过去。选择经文不再像串珠子一样，而是遵循一种发展性的方案。周复一周，人们根据深思熟虑的计划促进灵性成长。没有重复，演说总是新的，也有稳步进展。每个讲道都有一个明确的目标。牧师知道他要在会众中想实现什么，会众很快就意识到自己是被喂养和引导的，人们的兴趣也在增加。

---

[9]　中注：见荷文版 300 页。

为改变而讲道 [10]

【这样的讲道越**具体实现**，它对教会的影响就越大。】[11] 假设一位传道人发现他的会众在金钱上太过吝啬，他确信上帝国度的事业因此受到了影响，人们的灵魂也为之所困。如果他从讲坛上让会众知道他觉察到了这一邪恶；如果他在讲道中时不时地告诫会众，表明他们奉献不够，应该奉献更多；如果他偶尔这样做，而且没有具体化，你可以肯定这样的指责和告诫十有八九没有效果。【一个可能的情况是，一个人难得会有一次触动，但转而去追求更大的财富，而他的现状依旧。他一切所需的帮助仍未出现，依旧被金钱奴役。】[12] 牧师看到自己的话被忽略，可能会加倍努力，真正责备会众，但也无济于事。最后他陷入了被人议论并诟病的风险：他在这个相同的问题上喋喋不休的原因，是他对自己的薪水不满意。

为什么他的警告如此失败？【如果一个人攻击疾病的症状，而不是追踪和对抗病因会如何呢？】症状治疗是指当某人感到疼痛时，试图用止痛药治疗，但忽略了疼痛的根源。【因此，疼痛还会再次出现，需要再三面对，最后该止痛药对疼痛就无效了。另一方面，若你咨询有经验的外科医生有关这个疼痛的事，他会找到并消除疼痛的病因，于是你就摆脱了疼痛。同样如此，】每个人都必须按照上帝赋予他们的能力来尽基督徒慷慨的责任。这责任来自上帝对我们所有财产至高无上的主权，来自祂在人类中分配这一能力的自由，也源于团结人们之爱的纽带，以及来自上帝把一切属灵利益的成就与外在实现的手段联系在一起的方式。[13]

如果会众不理解这一点，甚至反对这些原则，那么整个会众的

---

[10] 　中注：以下内容在荷文版中为第七十二章，标题为"Eenheid in de predicatie"，译作"讲道中的合一"。

[11] 　中注：见荷文版 301 页。

[12] 　中注：见荷文版 302 页。

[13] 　中注：所增内容见荷文版 302 页。

态度就是错误的。除非树立完全不同的观点和态度，否则这一邪恶是无法补救的。但这需要时间、艰辛和努力。牧师可能要在会众中谨慎做工两到三年，才能看到进步的迹象。要做到这一点，牧师不应该是对抗型的，而应该像保罗在雅典时那样，赞扬雅典人的宗教热忱，试图用巧计抓住他们，正如他自己所说。要改变一个吝啬会众的思维模式需要付出艰苦的努力，让他们变得慷慨大方，乐于奉献自己的世俗财物。如果这样做超过一年或更久，同样的观念以此方式一次又一次地呈现，没有特别提到"给予"，而是通过谈论我们与世俗财物的关系，同时通过温柔的爱赢得会众，那么爱就生发爱，最终金钱会开始自行流动。

【这也适用于教会中的各样错谬。有些牧者一次就指出各样错谬，就是教会中此处或彼处在属灵和道德上的错谬，然后立即予以指责。教会中有些人会赞扬这种做法，会说牧者敢于指责他们。但也有另一些人需要严厉责备，才能急速将他们拉离根深蒂固的罪。但是在原则上，真正忏悔的号角不是空响、大声的，也不会因声音而增强，而是尖锐、细腻和深刻的。只有当你少渴求声音、多寻求良知，并最终明白罪的结局和生命的结局时，你才有那种深刻性；后一种人就是如此。】[14]

尤其是年轻的传道人，他们在自己的生活中很少经历过经济上的烦恼，他们很难想象让众多会众无法慷慨奉献的困境。他们可能认为，在任何时候，只要人们想慷慨，人们就可以慷慨，但生活并非如此。会众之所以如此紧紧抓住他们的钱财，很可能是因为他们所处的悲惨环境和对未来的担忧，甚至是因为他们对上帝根深蒂固的不信任；这种不信任往往导致他们对金钱和世俗财物的过度信任。[15] 而只有当牧师能够看到这一点，仔细观察他的会众如何处理这一切，不急不躁，并明白他可能需要花费多年的时间，最终将成

---

[14]　中注：见荷文版 303 页。
[15]　英注：在 19 世纪的最后几十年，农业和工业劳动者常常遭受极度的贫穷，这也导致了大量的移民，尤其是移民北美。

功地使会众从罪恶的网罗中释放出来，并使他的会众在上帝里富足。

我们所言奉献上的吝啬适用于**所有**灵性上的过错。如果牧师不先犁地，而后播种、耙地、除草、浇水、防止飞鸟，然后逐渐让种子丰硕成长，他就不会在工作中看到果实。通过圣言来建立和教化一群会众需要时间和努力，并且需要对人的性格有所认知，并有行之有效的方法。这意味着选择经文不能随意为之，而是需要基于坚定原则的判断。

【任何明白这些的牧者，当他过早地被呼召离开一间教会去另一间教会时，他就不会前往，因为他知道他的工作还未完成。他在建造他房屋的过程中，因此不能在工程进行到一半时就想着离开。至少在一段时间内完成特定的工作后，他才会决定离开。这就是为什么我们写道：只有一篇精雕细琢的讲道，或更好地形容为一篇精益求精的讲章，才能影响教会。概述性的讲章容易变成即兴表演，就不会带来效果。只有一切与思想和生活中的错谬相关的事物被颠覆纠正时，我们才能看见一个人的成长。】[16]

选择经文的资源

我们不想断言选择经文应该**始终**遵循我们案例中的方法。因为存在这样一种危险，就是抛弃了牧师的个性。在讲道中，牧师的个人性格也起着作用。他可能内心挣扎。他生活中的张力可能使他难以完全与会众产生共鸣。《圣经》中的某个词紧紧抓住他，十分强烈占据他的思想，催逼他【在会众面前】讲此道；这在周间也会频繁发生。【如果他压制他自己生活中的这个行动，那么在此情形下，他在教会中所继续的活动就彻底缺乏他的生命。这是不必要的；上

---

[16] 中注：见荷文版 304 页。

帝也在他生命中掌权。如果上帝在他的生命中用一些话语约束他的心，那么就让他在这个话语中抓住安慰，或透过这个话语让他的信心得以坚固。如果他不顾这一切，然后想象完全在他思想之外的话语，那么他就徒劳无力了。】[17] 因此，当他每天读上帝的圣言，有经文抓住他，萦绕不散，使他不能平静，激起他内心深处的情感，鼓励他，催逼他分享，那么他最好放弃那一周和周日的常规主题，然后传讲给他留下如此深刻印象的话语。或者，如果他的研究能让他更深入地理解某一章节的意思，为了会众得到丰富，他为什么不与之分享更好、更深刻的洞见呢？

圣灵以各种各样的方式引导人，那与上帝亲密、又首先寻求与圣灵相交的牧师必不只一次发现，上帝为他选择经文。只是，这不应该成为准则，因为这样一种被圣灵引导的体验并不经常发生。在它不存在之时，不应该让心血来潮或幻想占主导。但牧师必须谨慎地、深思熟虑地行事，并恢复他为会众制定的议程。

还有一个方面需要强调。不仅是他自己的生活，群体的日常生活也可以为他的讲道提供指导。这可能来自会众经历的惊天大事，或源于会众在那一周经历的特别的悲伤或欢乐。地方性事件、全国甚至国际性的活动也可以提供一些想法，甚至季节的变化也可以如此。【此时，如果假设一个人没有注意到这一切，一无所知，也未看重这些事，那么这就与我们人类生活的本性冲突。我们知道这种认同有时会被夸大。我们也知道有些传道人为了有趣，就把一切可用的信息都带到讲坛上。但是，这是与基督的教会不相称的。福音的宣讲不应为了追求新颖。但是，】如果会众聚集敬拜却依然为这些事忧心忡忡，而牧师表现得若无其事，好像他无法分担或理解会众的情感，这有违人的本性。[18]

因此我们得出结论：总之，绝不允许漫无目的以及依赖于一时

---

[17]　中注：见荷文版 304-305 页。
[18]　中注：所增内容见荷文版 305-306 页。

兴起或幻想来选择经文。相反，缜密的规划应该成为常态。牧师不应该像药剂师一样，在黑暗中从架子上胡乱搜寻一个罐子或瓶子来帮助病人；他应该扮演一位医生的角色，寻找病因，然后根据病情的需要定期、循序渐进地开处方。【但是在此之外，在经文选择上要有一定的自由空间，因为传道人在周间的个人生活中，对借着阅读或研究而得的经文，或因受教会生活或日常生活中的特殊事件有感而得的经文会有特别的感动。】

第二十九章 传道人和会众

选择经文之后，牧师的下一个问题涉及与会众的接触和关系。每个人立刻会明白，牧师在《海德堡要理问答》的主日讲道时，与在祈祷日讲道时接触会众的方式不同。这也是由礼拜仪式的准则而非讲道学决定的。【讲道学或所谓的讲道的艺术是艺术的理论陈述，为要实现或执行可以完成的事。但是，完成这项任务和实现这个活动的条件并非由讲道学自身来决定；讲道学显明了此条件。由此可见，礼拜仪式也应参与其中。】[1]

对于讲坛上的牧师来说，在那一刻，首先是他与他的差派者之间的关系——他是上帝的使者。第二，作为一名圣职人员，他和其他圣职人员有联系。第三是他与会众的关系。会众在一定程度上也是他的听众。他们作为宾客或出于好奇而出席信徒的聚会。【这三重关系决定了他在讲道时的立场。他接下去要做的，与他在带领祷告、带领认罪、宣告赦罪等事工中所做的，有所不同。此时，他将

---

[1]　中注: 见荷文版306页。以下内容在荷文版中为第七十三章，标题为"De prediker zelf geroerd"，译作"受感的传道人"。

要做的是截然不同的事情。他工作的方式至少部分取决于他如何看待自己面对会众时的立场。】[2]

如果牧师只把他的会众看作是来教堂听他侃侃而谈的观众，那么他的使命就是让他的听众开心。但如果他说："不，教会不是讲堂，我也不为听众表演，但我在信徒的聚会中是作为主的使者。"于是，他的立场就不同了，他的经文就不会成为他一些有趣想法的引子，但他必须从上帝那里，并奉上帝的名，向会众传递一些内容。如此，他的立场就完全不同，因此他对经文的解释会有所不同。但如何为之？

作为教导的讲道

教导会众是传道人的呼召吗？请注意，我们并不是问传道人透过面前的经文，教导会众一些他们当时不知道或没有想到的事情，是传道人呼召的一部分。真正的问题是，**教导**他们是否是传道人的呼召。传道人的角色是否与一位老师之于学生的角色相似？这个问题有很多答案。

当你比较要理问答的讲道和牧师自己所选经文的讲道时，这就显而易见了。要理问答就是教诲。要理问答讲道的目的是要让会众保持对教会认信的鲜活认知。许多会众不参加要理问答的讲道；这一事实表明，他们要么对认信漠不关心，要么缺乏要理问答所能提供的内容。在宗教改革后的第一个世纪里，要理问答的讲道是最受欢迎的。会众表现出他们需要在生活观和世界观中得到确认，并更强烈地确信他们的认信是真实和纯洁的。今天，这种需要则少得多。与基督公教、路德宗、阿米念主义、门诺派等的差异不再引起人们

---

[2]　中注：见荷文版 307 页。

的兴趣，教会的认信与我们今天的错误之间的反差也未在我们的要理中予以处理。【这些错误就在那里，也可以被指出来，但是并不明显。因此，若要理问答的讲道被界定为粗浅地解释我们的认信来反驳从前的异端，那么这很可能会令人认为是对所熟悉之内容和已经解决之问题的重复。这对于新来的听众有所帮助，但已无法满足教会中更加成熟的信徒的需要。】[3] 但事实上，在要理问答的讲道中，教导的特征仍然很突出。它可能不是一个讲座，但教导仍然是其主要目的。而忽略了这一点的要理问答的讲道，就变成了一个时不时提到要理问答的普通讲道。

然而，自由选择经文的情况并非如此。这时，目标可以非常多样化。的确，它**可能**是教导性的，有时也必须是。当牧师打算向会众解释说明《圣经》的大段或小段内容时，它仍然是教导或教育。因其所受的教育，牧师能够分析这段经文，并与会众分享他的发现。他可以专注于《圣经》经文中的一个词，也可以专注于半章或一整章经文。他还可以解释出现在《圣经》不同书卷中的某个故事，并对比不同版本。当然，他的解释也可能包括各种实际的建议和告诫；要理问答的讲道亦然。但是，如果他的主要目的是**解释**所选经文的内容，那么教导性的特征依然是重点。作为他所在领域的专家，牧者要与其他人分享自己的见解；《圣经》的教训没有其他的目的或意义。在牧师通过整本《圣经》来讲道的情况下，目的显然保持不变。

除此之外，我们应该提到，每当牧师讲道时，他需要**简要**地解释所选经文的背景；他绝不应忽略这一点。当然，这一切都取决于他希望解释只是为了介绍所选经文，还是成为讲道的主要部分。《圣经》的难易程度通常会决定背景介绍的长度。许多经文如此清晰、透彻、易懂，实则任何一种解释都显多余，长篇累牍只会适得其反。例如，每一位会众都会立刻明白"耶和华是我的牧者"这类的经文，

---

[3]　中注：见荷文版 308 页。

你为什么要赘述呢？另一方面像"祂的名参透万物"⁴这类乍一听很晦涩的经文，会众就需要一个更详尽的解释。即便这个解释的长度取决于经文，它真正的作用只是作为讲道的**导言**。这与以更详细、更复杂、更难的经文为中心的讲道有很大的不同；这类讲道主要目的是向会众解释。那么解释就不是介绍，而是牧师的预定目标。

这种释经讲道本质上是**分析性**的。它详细查看这段经文的各个组成部分，并在每一个部分停下来解释它的意思，但在这过程中也会适当加以告诫和安慰的话。这种讲道没有一个特别的思想为焦点。相反，所选经文的各个组成部分按其顺序在讲道中被讨论。各部分之间的唯一联系是经文展现的偶然关联。例如，"我们都如羊走迷"是一个独立部分，接下来我们读到"各人偏行己路"，随后讲到"我们的不义"，最后讲到救赎，因为耶和华使众人的罪孽都归在上帝的羔羊身上。这样，会众就依次被提醒，罪是偏离上帝的，罪导致顽固，我们在上帝面前因罪陷入困境，最后藉着基督带来和解。这个主题太宽泛和丰富，无法用任何精准或深刻的信念来探讨。在这里，我们有四个主要的真理要素，每一个要素都要求至少一次完整的讲道，但现在他们只涉其皮毛。这种释经讲道的好处是会众被一段《圣经》经文引导，但缺点是缺少整体性；这样的讲道并没关注人们的灵魂和思想，而是带他们四处游荡。而且更糟糕的是，牧师让自己只笼统地谈论这四个重要但众所周知的内容。这样的讲道害死人。

作为宣讲的讲道

因此，仔细考虑牧师在会众中的地位是很重要的。然后，人们立即就会明白，他的立场必然涉及教导，但这也只是委托给他的神

---

⁴ 英注：凯波尔在这里引用了荷文《圣经》Statenvertaling 的《弥迦书》六9。

圣任务的一个方面。他作为其差派者的大使与会众同住。但他又是弟兄中的弟兄，与他们有同样的需要，并因同一恩典得以存活。讲道之人首先要对自己讲道。他的讲道必须先抓住自己的灵魂，并且必须是上帝对自己灵魂的见证。讲道一定经受住了考验，他自己也因此而降卑、升高、被打动、受安慰、得建造。讲道不是弟兄般的训诫。这是一种**职分的**行动，故而在原则上不同于所谓的"信徒讲道"。如有必要，任何弟兄都可以在会众中说一句教诲性的话。但这是完全不同的，因为它与职分无关，不是出于所领受的命令或分配的任务。但是，另一方面，如果有人凭借职分接受了这样的任务和命令，那么他在会众中的地位就是**使者**。因此，他代表他的差派者向会众宣告、命令某些内容，并代表差派者将这些内容系在会众的心上。在那个位置上，**宣讲**或主题讲道比**分析性的**讲道更能实现目的。

这两者的不同之处在于，分析性的讲道会剖析某一经文并加以解释，但却没有代表上帝来宣告某**一个**特定的信息。另一方面，宣讲性的讲道则是努力收集这**一个**思想，并在这一思想中找到信息，奉上帝的名向会众宣讲。它从各个角度审视这**一个**信息，并将它系在会众的心上。这样，当他们回家时，他们就带着这一信息而归；这个信息充满他们的灵魂，并支配他们的生活。

【若一个传道人在讲道时清楚明了地知道，自己奉差派者的名在早上或晚上所带给会众的确切信息，那么他就感到自己是上帝的使者。他知道自己期望的是什么，并意识到自己要履行一项特定神圣的职责。他的思想和反思都汇聚在那一点上。他竭尽全力地从各个角度来观察这一点，并用各种方式予以解释，以此约束了年轻人和年老者、归信者和未归信者。他知道自己要说的内容；这种认知让他有很好的口才。这样他就进入听众的内心。会众就有神圣庄严的印象：牧者奉主的名向他们说话，这些话语是为了他们的缘故。他们也带着这个信息回家。】[5] 这样，会众不可能不知道与讲道相

---

[5]　中注：见荷文版 311 页。

关的一切，也不可能很快就忘记讲道的内容。因为他们没有被各种各样的事实裹挟，只有一**个**真理深深印在他们心里。这一**个**真理在其丰富而深远的意义上成为他们的中心。如此，上帝的圣言真实地进入会众当中。

【这就是牧者在教会中所需的立场。如果他只是解经，那么他就不是使者；解经也可以在书中找到。如果他是为了奉他差派者的名，将特殊的话语、特殊的信息、清晰的思想、深思熟虑的真理带给教会这一特定的目的，并确信如此行，上帝的圣言就被传讲，且约束人心，那么】这样的讲道对牧师来说是一种快乐，一种荣誉，一种殊荣。他享受其中，他感到一种力量和灵感，他的勇气成为英雄之勇，他确信他的讲道是引人入胜的，带来欢乐和属灵的滋养。【这样，讲道难度很大，**分析性的**讲道则简单许多。然而值得注意的是：当你汗流满面的时候，你会得享属灵的粮食，并为教会预备属灵的粮食。】[6]

从受感的心到令人感动的讲道 [7]

【我们发现有效讲道的奥秘，在很大程度上取决于传道人是否有特定明确的内容，特定明确的源于《圣经》的思想，特定明确的来自主的谕令，特定明确的一篇真理。无论如何，他不是将各种内容带给教会，而是奉差派者的名，将特定明确的内容带给教会。只有这样，他才会意识到自己有明确的任务要完成，是作为上帝的使者或大使来传递重大的信息。只有这样，他的思想和言语才能结合在一个特定明确的点上。也只有这样，信徒才有可能领受牧者的话

---

[6]　中注：此段所增内容见荷文版 311-312 页。
[7]　中注：以下内容在荷文版中为第七十四章，标题为"Geen sentimentaliteit"，译作"无需感伤"。

语，对他们而言就是上帝的圣言。这圣言临到他们，刺透他们，并使他们一周都充满活力。但是对于一篇散漫的讲道，最多到了周一早上，信徒就忘记了周日所讲的内容。我们不能只在复述中寻找讲道的成果。记忆是一个恩赐，有些人强，有些人则弱。一篇讲道可以因着令人印象深刻而有成果，引导人的心境，使人做出喜悦的决定，即便被激励的灵魂不能回想起所传讲的经文。然而，我们的敬虔（religie）仍旧不能在情感心境中持续。敬虔也存在于意识（be-wustzijn）中。若牧者奉主的名精心谨慎并透过圣职向教会呈现上帝的心思、上帝的谕令或上帝的工作，并且全体教会都能予以理解，那么讲道显然会有更丰富的成效。】

【其次，我们予以补充：传道人在特定的早上或晚上，奉主的名向教会传讲的这一篇内容，无论是一个思想或一个谕令，必须要触动传道人自己。若有必要，传道人可以用一段时间谈论所有可想得到的话题。有时候，传道人会借着所谓的深思熟虑的即兴讲演，突然切换到其他话题。只有此时，传道人才会有短暂的时间谈论一个稍后就会切换的话题。他最多有 2-3 分钟来思考，然后脱稿讲述10-15 分钟。这当然是一个技巧，是一个借着不断练习而成为一门艺术的技巧之一。尽管这可能会有用，但真正的口才绝非这个意思。为了敏捷熟练地把握讲道的计划，还是要准备好传讲的话；"pectus est quod disertum facit"对我们仍是适用的准则。】[8]

这句拉丁谚语的意思是："归根结底，口才在于心。"这句话经常被误解。它被解释为是你的体贴，你的温情使你口若悬河。有一段时间，这一点被过于强调，以至于一个没有让人掏出手帕擦拭眼泪的讲道被认为是失败的。只有当有人晕倒的时候，一个讲道才被认为是真正有说服力的。所幸，我们已经离开了那段感伤的时期，在我们教会也是如此。也许有人甚至会说，人心那温柔、情感之弦今日常常不够充分地被触动。

---

[8]　中注：见荷文版 312-313 页。

　　无论如何，这句拉丁谚语与哭泣和昏厥毫无共同之处。当它说口才在于**心**的时候，它意味着只有那些被感之人才能感染别人；但是**被感动**并不意味着唯独我们的神经和情绪翻腾。你要特别小心，因为神经就像电铃一样响个不停。一旦开始，神经就不再受你控制。它们就像寓言中的鬼魂，你可以召唤它们，但再也不能驱散它们。

　　不，我们在这里所说的**受感动**是指我们整个人被激动。每一位善于言辞之人最终都想要将这种激动和鼓励传递给他的听众。【那些不能做到此事却看别人如此行的人就谈论催眠或生物效应。不可否认，这些可以产生干扰，但是这绝不是靠着雄辩动人的语言来感动听众。】[9] 口才的目的是使人们因受鼓舞和感动离开本位，从而让他们的思想跟随演讲者；在他们的想象中看到演讲者所看到的自己；激活他们的意志；唤醒爱或厌恶、勇气和灵感，并以此来推动全人，使他达到演讲者所期待的样式。一个关于罪的训诫应该激起听众的渴望，使他回到自己家中开始与罪作斗争。深受感动的他们不能对罪缄默不语，不能对其视而不见，也因为他们被鼓舞和激动，自然而然地在生活中实践讲道的意义。

　　【一篇责备谎言的雄辩动人的讲道一定会有一个效果，就是当听众回到家里，他们会被对谎言的恨恶所充满。因一切谎言而恼怒，在责备、克制并胜过谎言前，他们不得安息。这篇道会如同火焰一样，越烧越旺。另一方面，若一个人在教会里所听的关于谎言的讲道十分枯干乏味，以至于他们对此无话可说，离开教会时跟来教会时是一样的，回到家中也跟从前一样，容忍自己周边的谎言，或自己也说谎话，那么这篇讲道的话语就没有果效，没有触动人，没有使教会有任何进步。这样，教会年复一年地宣讲，但是在敬虔上毫无进步。】[10]

　　【为了达到让教会成长的果效，】传道人自己必须【首先】受感。

他自己的心思必须有所改变才能让别人心里有所改变。【这里自然谈到"心思"（borst）这个字词。这个词有别于"心"。"心思"的特性是：我们内在的活动在其中表达，同时心思也会说话。如果一个人被用力掐住，他的胸脯（borst）会剧烈地上下波动。内在的性情意向也在肉身的意义上让心思上下波动。同样，气息、声音也从胸部（borst）发出，这就好比雄辩动人的语言来自心思（borst）。】[11] 因此，如果牧师要奉他的差派者的名向他的会众宣布某一命令，他就不能对该命令一无所知。相反，他必须接受上帝的命令，执行、感受并理解这个命令。上帝的作为、上帝的圣言、上帝的命令、上帝的应许，无论他要传讲的是什么，一定要抓住他、感动他、鼓舞他。他必须明白，上帝向他传讲了这命令，使他能向会众传讲。

　　我们并未有任何夸大之意，而是以合理的方式来讲。牧师可以读一章诗篇或一章经文。在所读的 30 节经文中，有 29 节从我们身边溜走，但有一节经文引起了我们的注意，吸引了我们，并在那些我们忽略的经文中尤为突出。如果最初的意识挥之不去，如果我们降服于它，如果那节经文开始在我们心里动工并激发我们思考，如果它对我们的灵魂说话，如果它让我们感受到我们之前从未感受到的东西，如果它成为我们的一部分，如果我们将它应用于自身，如果它使我们蒙羞、或安慰、或降卑、或升高或激励，那么这个特定的圣言和我们自己的灵命之间在那一刻产生了一种特殊的联系。这个特定的圣言唤醒了我们里面的一些东西。于是那圣言成为我们的泉源，从中涌出生命之水，与我们同在。当我们终于开始写作或谈论它时，没有思想的匮乏，没有胆怯，没有痛苦的虚空，只有自然的流畅。一团火在我们里面点燃，不断蔓延，直到我们内在的全部生命都被点燃。在我们的演讲中，那一团火会跳到听我们讲话之人身上；这说明了这个圣言所产生的启发和鼓舞人心的效果。

---

[11]　中注：见荷文版 315 页。荷文 borst 可以译作胸脯、胸腔或心思。凯波尔在此显然是把 borst 作为一个双关语。

当然，我们会想，为什么那句圣言会对我们产生如此大的影响；为什么那句话会给我们留下如此深刻的印象，并在我们内心产生如此多的想法。如果答案只能说这也是上帝的作为，那当然会给我们一种自信的认识，即上帝亲自把这句话系在我们的心上，并且祂现在通过我们将它作为祂的教导而让会众铭记。

【当然，这有时会更加强烈，程度也会有所不同，对不同的人也会不一样。安静温顺的人与热情澎湃的人会有完全不同的感触。但是这种与我们内在生命相关的印象、内在的感动不会消失，上帝圣言的真正工作不会朽坏。毕竟在缺少这种感动下，无论是谁在讲话，他只不过是尴尬地打开他学识的仓库进行解释说明，而不是讲道。或者如果他因缺乏而不能开启如此丰富的学识，那么他只能使用不断积累、词汇堆砌而起的陈词滥调。因为这些词汇被人熟知，并使用了较长时间，于是就不那么吸引人，更谈不上令人感动了。】

【还有一些让人难以判断的未说明之事。大多数人都不清楚一篇好的讲道在预备时有多费力。一周两次向听众宣讲，有时甚至更多。长达一小时左右的讲道要保持有条理、充实、新鲜和鼓舞人心，这是极其艰难的脑力工作。因此，许多传道人刚到讲坛就已经筋疲力尽，在随后的一天甚至无力工作。于是，有时候有些传道人脸上满是疲惫，在四五年辛勤劳苦之后，就放弃了战斗，令他们的供应变得暗淡无光。当然，他们个人层面的有些事也会让他们坠落。最终，死亡等待着传道人。】[12]

这就是为什么我们着重指出好的讲道的这两个条件：第一，每一次他要带给会众从上帝而来的一个特定明确教导，第二，他自己事先要受感。毕竟，这是一位牧师保持永远新颖、精力充沛和有能力的唯一真正方法。正是这些方面带领牧师预备讲章和讲道。也正因如此，他维持了会众的兴趣，并使他的讲道结出果子，这比其他任何事情都更能激励他，不断更新他的力量，并且让他永葆活力直到年迈。

---

[12] 中注：见荷文版 316 页。

与听众的联系 [13]

　　另一个与讲道礼拜仪式有关的层面，就是牧师必须与其讲道对象有联系，也就是在讲道**期间**的联系。【这并不是否定牧者在讲道之外与会众的接触会对讲道产生影响。此处只是暂且不论教牧关怀的事工，因为本书是要处理礼拜仪式方面的事宜。】

　　【这个礼拜仪式是给教会的。仪式被称为秩序的准则或是给非教会类聚会的私下准则。对于普通会议而言，这类准则决定谁可以参与，谁是正式会员，谁来主持聚会，议程如何被采纳，诸如此类。对于更正式的会议，说话的仪文以及为他人所写的讲稿，都会按照此方式被规定。举例来说，我们的宪法规定议会成员宣誓的方式，也规定了国会二院向国会一院传递信息的方式。在仪式的处境中，没有人会对"仪式"一词感到疑惑。"信徒的聚集"也必须要有特定的秩序。为了各项环节能有条不紊地进行，一些仪式必须要予以确定，牧者要受其约束。除了这些仪式，敬拜的秩序——传道人、读经员、长老所做之事——要被确定。因此，任何将仪式从"私下准则切换到公开敬拜"的人，已然完全明白礼拜仪式的意义。礼拜仪式丝毫不是晦涩难懂的事物，只是规定了敬拜的秩序和进展的准则。】

　　【然而，普通会议彼此间也有极大的差异。小型、不太重要的会议并无准则，诸般事宜全都由主席来决定。另一方面，大型、更重要的会议规定绝不可如此行。它要确保会议主席不会因生疏或任性而破坏会议流程。为了避免这些，它要起草内部的流程规定和准则。但是，这方面也有不同。毕竟，有些准则十分简短，不会细化；有时准则却十分详细，以至于一切细节都事先精确决定和安排妥当。因此，国会二院有整本的流程准则。阿姆斯特丹的市议会甚至规定了祷告的形式，就是每次会议都要以祷告开始。由于"信徒的聚集"

---

[13]　中注：以下内容在荷文版中为第七十五章，标题为"Contact met de hoorders"，译作"与听众的联系"。

被视为极为重要的聚会，我们教会就为此制定了整体的礼拜仪式，并由教会长执会的各项决定予以补充。假如从这个角度来看，事情就变得再简单不过了。】

【毋庸讳言，即便是十分详细的准则，也并非全面地安排妥当，大量细节必须由牧者来决定。因此，我们就可以区分出准则或礼拜仪式中未规定，却由习惯或传统确定的内容，以及不同人所采取的不同方式。因此，任何一位不在他本会的牧者，必须要事先询问礼拜仪式，通常要予以遵守。另一方面，若其余的事没有既定的习惯，那么牧者就可以独立进行，依照他自己的方式而行；这在与讲道有关的事工中尤然。然而，既然这方面在很大程度上取决于牧者的私人判断，那么他应依照合理的方式而行。何为最合理、最适当、最可取、最实践的，必须由所谓的礼拜仪式的科学来确定。与其他科学一样，此项科学也解释它的声明与判断。它并非将声明强加于牧者，而是向他们建议，让他们就自己所信服的去遵照而行。它也会迫使牧者要解释自己不一样的行事方式。】

【我们此处所谈论的讲道过程中讲员与听众之间的联系也要完全从这个角度来理解。这就带来了有关这个联系的问题：解释建立这项联系的最佳方式，因而尝试让你深思熟虑而行。这项联系可以很密切，也可以很稀薄。这种联系适合于所有公开讲话，比如讲座、主持会议、带领聚会。在英格兰，这种联系比我们这里更加强烈。在英格兰的聚会中，与会人员会借着各类感叹词来传递赞成或反对的信息。聚会表现出对讲员的认同；讲员透过与会人员的态度就会立即注意到，他离成功说服听众还有多远，在何种程度上他还需澄清反对的观点。然而之于我们，听众从始至终一脸肃穆、纹丝不动地听着讲员。掌声或嘘声只有在受欢迎的集会中逐渐出现。但是，就在英格兰或美国的聚会中所观察到的，这完全不重要。当然，"信徒的聚集"中不应有掌声或嘘声。在基督教会最初的几个世纪，希腊教会就如此行，但是随即就被全力反驳了。不管怎样，若这种有害的习惯再次出现，对于我们则无丝毫危险。通常情况下，我们的

欢呼只在于激励人心的传道人给我们带来了压力，我们反对是因为传道人既不吸引人，也未激励人心。】

【然而，除此之外，发现传道人在"信徒聚集"中是否与他的听众有生动的联系，或缺少这种联系，这是极好的。当与会人员变得不耐烦，并难以保持安静时；当他们四处张望或翻看公祷书时；或更糟糕的是，当他们难以抑制打哈欠，难以抵抗沉重的眼皮，最后蜷缩在那里沉沉入睡时，我们完全可以说缺少了这种联系。传道人的话语只是经过大脑，然后毫不经意地说出，不被人领受；当结束的时候，听众一脸轻松。另一方面，同样的听众，他们伸出脖子免得错过一个字。当会场十分安静，甚至可以听到针落地的声音，越来越多的人将目光定睛在传道人身上，聚精会神聆听时，他们充满活力的双眼和稍被感动的脸部表情传递了赞同、喜悦、愉快。于是，我们就感到讲员与听众之间的联系是完美的。这就是牧者的话语所取得的成果。】

【这种差异最明显体现在同一位传道人的同一篇讲道中。常常发生的一个情况就是，传道人首先抓住了听众，但是又松开了，然后就完全失去了。只要他很快抓住听众，他就讲得很好，讲话对于他而言是一个享受。他可以在沉默中用柔和的声音说话，是他的听众让他变得雄辩动人。但是，当他很快失去听众时，他就强行用响亮的声音说话，不再冷静。于是，听众就会感到他的思想混乱。最后，虽然传道人仍旧说话，但是不再是对他的听众说话。由此，我们立即就感到讲道中与听众联系这一问题的重要性。】[14]

讲员与听众的联系因讲员而异。有些人可以通过调动听众的理解、想象、属灵感知、记忆、心灵或情感来建立这种联系。那些擅长简洁论证、严肃演讲或逻辑思考的人，自然倾向于首先通过听众的理解力和思维建立联系。那些生性活泼、能用文字创造画面感的人，会试图通过想像力与听众建立联系。那些领人悔罪的牧师或道

---

[14] 中注：以上几个段落见荷文版 317-320 页。

德家会试图触动听众更深层次的负罪感和生活的严肃感。那些善解人意之人会通过听众属灵历程的记忆来寻求联系。那些感受到爱的力量和虔诚的良知之人会向心灵说话，而那些感情丰富之人会自然而然地关注听众的感受。

当然，传道人的个性在讲道中起着重要的作用。特别是在有许多传道人的会众中，长执会在呼召新牧师时会很好地考虑到这一点。在圣职人员中有这些不同性情的代表，这样的会众是最受祝福的。诚然，正如传道人可以根据知识、想象力、对人的洞察力、道德感知力、内心热情或心思细腻的恩赐来划分一样，会众也可以如此划分。这产生的结果是，在一个有五六位牧师的大型会众中，人以群分，通常有人会跟随这位牧师，其他人会跟随那位。这本身并没有错。西斯伯特斯·弗休斯（Gisbertus Voetius, 1589-1676）在他那个时代已经说过，人们应该有自由去一个属灵上能得到最好牧养的地方。

但在那些只有一位牧师的教会里，情况就不同了。他必须为所有人做所有事情。他必须满足一切需要，因此不允许过分放任天性。于是，我们有许多圣职人员在同一个会众中服侍的情况，以及一位牧师要为所有人发言的更常见的情况；【这个教会可能是3到100人。那么这个礼拜仪式的问题不能依据个例，而应根据准则来决定。】所以，我们要把重点放在传道人身上，他是**唯一**服侍会众的人。在这里，我们也需要查考《圣经》，并在恩赐的差异一事上运用我们的判断。

一般来说，很明显，《圣经》更多的是通过想象力，而非理解力来影响说者和听者之间的联系。不可否认，即使对我们的救主来说，祂圣言的能力也很少体现在简洁的论证上，而是通常情况下特意选择隐喻或寓言。当未使用想象力时，耶稣话语的力量就更加依赖简洁、明显矛盾、进而令人惊讶的说法，而不是依赖详细的论证。饥饿的、贫穷的、受逼迫的人都有福了——所有这些显然都是矛盾的，因而迫使人们反思。他不发表长而复杂的演讲，而是所谓的格言、警句、智慧箴言。

另一方面，如果转向保罗书信，我们会发现想象力很少被运用。在那里，我们会看到非常冗长、复杂、精确的论证，几乎只针对知识分子。这种差异之所以产生，是因为先知们、施洗约翰和耶稣本人在东方世界以东方的方式向东方的听众讲话；保罗则写信给希腊人和罗马人，他们更习惯于用一种智慧和演讲式的劝说。

然而，我们不应忘记，正如我们在《使徒行传》中所看到的，保罗在**讲道**的时候也比在写作的时候少用了很多长篇大论。写作之人是向读者说话，演讲之人是向听者说话；这在一个人与听众的联系中带来了差异。演讲之人面前有文字，当他的论证有失头绪时，可以重新读一次。但听者必须立刻明白所说的话，否则就会抓不住重点。当然，《圣经》也必须给我们指路，我们也注意到《圣经》是如何根据时间和环境的不同，以各种方式建立这种联系。

作为信徒的听众 [15]

【讲员在演讲时与听众必须建立的联系取决于他与听众之间的关系，进一步取决于地点、时间和场合。】我们的敬拜聚会自古以来就被称为**信徒的聚集**。【于是，问题在于：我们是否放弃这个旧有的名称，换一个新的，还是仍旧保留这个令人尊敬的称呼？用来取而代之的"敬虔的操练"这一名称过于尴尬，除非我们每个字都要有特定的理解。诚然，一个人可以说敬虔就是**服侍**上帝；这个"服侍上帝"只能是众人一同公开地在教会里，所以敬虔的操练就等于公开地**荣耀**上帝。但是，这里的措辞有矛盾。对于公开的荣耀上帝，我们可以用"敬拜"一词。"敬虔"指向一生来服侍上帝，而"操

---

[15]　中注：以下内容在荷文版中为七十六章，标题为"Hoorders als geloov-ige"，译作"作为信徒的听众"。

练"一词仍让人感到意义不确定，不知是指敬虔的操练，或敬虔中的操练。因此，在所有的公开形式中都用这个优美的词来取代"信徒聚集"或"会众聚集"，实为不妥。】

【信徒可以单独聚集，不让他人进入；或者他们可以公开聚集，任何人、想要进来的人都可加入。后者就是进入普遍理解的"公开的敬虔的操练"。国家法律所规定的正是与这些聚会有关。它不是处理私下聚集讨论家庭事务或财务管理等事。国家法律并不管这些。只要信徒的聚集是在公共场合进行，即敞开大门，国家的法律就会介入。一方面这是为了必要的政策的秩序，预示破坏者必受惩罚；另一方面是为了防止错误地将这类敬虔的操练的聚会用于反驳观念。曾经有一段时间，圣礼的执行也变成私下的。外在的公开部分仍有圣言的敬拜和祷告，但是一旦进入圣礼执行的环节，牧者就会用拉丁语说"Missa est conci"，意思是"公开聚会现在结束，私下聚会现在开始"。众所周知，这个拉丁语中的 Mis 源自另一拉丁语 missa。如今，公开聚会和私下聚会之间的差异已不存在。甚少有外在的公开部分，或者有人因好奇偶尔进入教堂观看。因听见福音并发现基督徒所教导的内容而好奇进入教会的人很少。这是自然。当基督教刚开始出现的时候是不被人所知，那时候也未有印刷出版。但是在今日，基督教广为人知。那些想要更多了解基督教的人无需进入教会，在书店中就可以找到相关信息。】

【如今有人要问的是，古时的信徒的聚集是否因这类听众的进入而改变了性质。这问题的答案必然是，为了有所防备，会给这些外来的听众分配独立的位置。外来的非基督徒陌生人不会与会众混在一起，而是分开就坐或站立，并找机会单独与他们谈话。最值得注意的是，这些陌生人被称为古时的旁听者，即听众。会众被称为"弟兄和姊妹"，只有陌生人被称为听众。因此，当牧者称会众为"听众"或"我的听众"的时候，这就表现得不合时宜了。根据古时的教会传统，他因此有效地将陌生人排除在教会之外。任何与听众说话的人，要将自己置于相应的位置，就是他有话要对他们说，他们要从他那里听取一些话。当陌生人有收获时，这是好的。但是圣言的牧者若只对作为他弟兄姊妹的会众说话，那这就毫无意义。】[16]

会众是由信徒组成的，包括他们的孩子，谁都不能保证他们当中没有假冒为善之人。牧师在讲道中说话的对象是"信徒"。他不是对世界说话，而是对那些与世界分别，并被纳入盟约之人说话。传道人当然可以对世界说话，但是这要在其他地方和其他时间，就像保罗在亚略巴古。会众仍然会把牧师送到外邦世界和回教徒当中。我们完全能够想象，时至今日，如果需要在街上进行的话，会众在我们自己的城市也会组织这样的传道活动。唯一不同的是，今天的普通民众大多不是异教徒，而是那些受洗之人，因此一不小心就占领了其他教会的地盘。无论如何，牧师和会众之间的关系在信徒聚会中依然是非常具体的。会众被认为是在盟约之中；教会承认他们是信徒，他们奉三一上帝的名受洗。就成年人而言，他们被准以领受圣餐。

同时，我们国教中的卫理公会一支反对这一概念。有人认为，国教是由一大群对信徒的属灵核心部分漠不关心之人组成的。因此，国教的牧师首先要向许多未归信者说话，试图通过他的讲道来改变他们的信仰。信徒也有所得，却是特别的内容。有时，这会导致只有个别信徒去听牧师如何应对非信徒，并把他们带到基督面前。不过，这种情况只持续了很短时间。很快，漠不关心之人再也没有来教会了；他们于是就离开了，然后来的大多是信徒。在阿姆斯特丹有超过 20 万会友的大型改革宗（Hervormde）教会，所有主日敬拜的平均出席人数不超过 2 万。我们也从一次又一次的公告中了解到，例如这个拥有 20 多万会友的教会为学校教育收取的乐捐少于拥有不足 3 万会友的阿姆斯特丹归正（Gereformeerde）教会。【这种假象就是，好像有大量的与会人员，然而许多人自己就消失了，只有虚假的关系仍保留。这类教会最多只有五分之一的人参加，另外

---

[16] 中注：以上三段内容见荷文版 322-324 页。

五分之四只是名义上的会友，实际上在教会生活之外。】[17]

国教的这种糟糕状况仍然影响着我们的归正教会。我们当中也有人不能接受信徒的聚集的真实性质，认为聚会大部分是由未得赦免之人组成，当中只有个别被赦之人。有了这个想法，他们认为讲道主要是呼召罪未得赦之人悔改的一种方式。但这种讲道的观念是完全站不住脚的。讲道的目的当然包括呼召那些未被允许分享圣餐之人接受基督信仰，但并非是在认为他们完全未被赦免的意义上。教会不能正式宣布她们准予某些人领受圣餐，即使他们被视为非信徒。主的晚餐强调说："基督只为信徒设立了这顿晚餐。"另一方面，还未做出信仰宣告的受洗孩童，一般认为仍然是未归信者，呼吁这些人接受信仰很重要。当然，这项工作也可以在慕道班中完成，但这一要素绝不能在讲道中被忽略。传道人也必须揭开假冒为善之人的面具，要么让他悔改，要么让他对上帝的敬畏达到一定程度，以致他不能继续假冒为善。最后，讲道必须呼召那些已经离开教会或陷入罪中的信徒回转。这也被称为归信，但它完全不同于第一次归信，即第一次来到他的救主面前悔罪。我们应该补充说，归信是一个持续的过程；一个从世界转向基督的人，必须继续远离各种罪，转向圣洁。但这也与人们通常认为的第一个根本的归信截然不同。

值得注意的是，圣使徒们总是在他们的信中称呼会众是归主者、信徒、圣洁的和重生的，是在基督里长大并从死里复生的。"归信"（convert/conversion）、"回转"和"悔改"这些词在他们写给这些教会的信中只出现了13次，但没有一次呼召他们从世界转向基督。例如，在《哥林多后书》三16中，我们读到的不是会众，而是不信的以色列："但他们的心几时归向主，帕子就几时除去了。"在《哥林多后书》十二21中，当它说"不肯悔改"时，意思是那些陷在罪里，必须归向基督的信徒。【《帖撒罗尼迦前书》一9的"你们是怎样……归向上帝"并不是在谈未做之事，而是在说已经完成

---

[17] 中注：见荷文版 325 页。

的事。《雅各书》五 19 的"我的弟兄们，你们中间若有失迷真道的，有人使他回转"并非指第一次的归信，而是指从背道中回转。《彼得前书》二 25 的"你们……如今却归到你们灵魂的牧人监督了"并非呼召悔改，而是已经发生的悔改的见证。】[18]

同样地，专有名词"悔改"在使徒书信中出现了七次，而动词"悔改"出现了六次。【保罗在《罗马书》二 4 说道："不晓得祂的恩慈是领你悔改呢？"保罗不是对教会说话，而是对未归信的犹太人说话。当保罗告诉提摩太他用温柔劝诫，"或者上帝给他们悔改的心"时，他随后说道："叫他们这已经被魔鬼任意掳去的，可以醒悟，脱离他的网罗。"（提后二 25-26）这两节经文同样也说了已经明白真理的背道的信徒。彼得见证说上帝长久忍耐，不愿一人沉沦，"乃愿人人都悔改"（彼后三 9）。这并非指已经归信基督的教会，而是指远离和拒绝基督的人。正如《希伯来书》六 1 所说的，使徒不是从"懊悔死行"进行教义陈述，也非呼召；正如在下文第 6 节所说的，"不能叫他们从新懊悔了"；所以，这里就排除了呼召悔改的概念。于是，只剩《哥林多后书》七 9-10："如今我欢喜，不是因你们忧愁，是因你们从忧愁中生出懊悔来。你们依着上帝的意思忧愁，凡事就不至于因我们受亏损了。因为依着上帝的意思忧愁，就生出没有后悔的懊悔来，以致得救；但世俗的忧愁是叫人死。"但是，这里无疑再次指向已经归信之人。他们陷入罪中，但要悔改他们的罪。这就是所有六处经文了。悔改的概念在使徒写给教会的书信中就只有这几处经文。】[19] 在《使徒行传》中，当使徒对犹太人和外邦人说话的时候，我们反复读到悔改的呼召，但他们对会众说话的时候却没有。此外，约翰写给小亚细亚七个教会的信，只提到堕入罪，起初的爱心冷淡，却从未提到会众中相当一部分人必须首次归向基督。

---

[18]　中注：见荷文版 326-327 页。
[19]　中注：见荷文版 327 页。

【因此，我们只能从以下两个方式中择其一。我们要么引进完全不同的教会的概念，完全不同的会众的概念，要么在《圣经》之外进行选择。换言之，如果我们想要继续借着会众理解《圣经》和我们的先辈所理解的内容，正如在我们的信仰宣告中所呈现的，那么会众不能因牧者而被另眼相待。会众乃是站立在盟约中，由信徒和他们的儿女组成，只是掺杂了假冒为善之人；但这些人在认信和行为上表现得如同信徒。若如此理解会众，那么悔改的呼召无非体现在以下四句话。第一，悔改的呼召是针对已受洗却未被许可领受圣餐之人。第二，悔改的呼召是针对假冒为善之人。第三，悔改的呼召是针对偏离道路之人。第四，悔改的呼召是针对已归信之人，让他们完全他们的归信。除了针对假冒为善之人，其他三个人群都要被认为是在盟约之中，因此不再被排除在恩典之外。】[20]

由此可见传道人和他传道的对象已有联系。他不是以演讲者的身份向观众发表演说，也非以一个普通人的身份说话。更确切地说，他来到他们面前是为了一个已经建立起来的某种职能，即作为弟兄出现在弟兄和姊妹之中，他们与他同属于基督的大家庭，分享同样的神圣信仰。他在会众面前不是寄居的，乃是上帝家中的一员。因此，属灵合一以及在此之上的互相信任是基础。传道人不是站在讲台后面讲课的教授，也非向军队发表演说的将军，更非是试图赢得群众的民粹主义演说家。但他是有份于好消息之人，也向其他有份者分享福音。

牧者当然是作为被按立承接圣职之人而说话，而非一个站起来说一句教诲话语的规劝者。他不是一个信徒传道人，带领信徒去做他们自己能做的事。他按着上帝的旨意，奉上帝的圣言，根据上帝的命令，来到会众面前，做天国钥匙的服侍。他说话有上帝所赐的权柄。但这一切丝毫没有改变他和会众之间的基本关系，就是那亲密、信任、如兄弟般的关系。甚至在他讲话之前，他就已经和会众有了联系。在血亲中，不可表现得像外人，否则会打破家庭感情。

---

[20]　中注：见荷文版 328 页。

同样，身处会众中的牧者也不可表现得好像他没有感受到在基督里的纽带的吸引力，否则他将违背爱的共同体，破坏信任。他在讲话中必须不断尊重这种纽带关系，而不仅仅为了熟络。他不可高谈阔论，让会众不知所云，而要向会众的心说话。

有分辨的讲道

从我们前面的讨论中可以很自然地得出结论，通常而言，讲道应该像对话一样，其主要特点不应该是演讲。演讲是面对听众，而谈话则属于一个亲密的圈子。这并非意味着在某些情况下，讲道不能更多地呈现演讲的特点。然而，一般来说，这应该是并仍是与会众且对会众交谈他们的认信，谈论一些对他们来说并非陌生，且已然是他们属灵经历的一部分。一个好的传道人的眼神和话语不会游移在会众之外，而是看着他们，吸引他们，与他们交谈。他不像一个在逝者房间里做示范的医生，而是像一个站在病床旁，仔细检查病人，给病人提供建议、忠告和信息的医生。

因此，冗长的事实或议题阐述，加之简短的应用，是与讲道本质相冲突的。应用不应是船后的小舢板。相反，讲道的目的就是应用。整个圣言的敬拜以教化和建造会众为中心。这项服侍不像一个砖厂，把砖块烤好，然后堆起来让潜在的买主来取；它更像是使用为建造而预备的砖块。上帝的会众不能原地不动，必须更进一步。会众要如此被建造，使得救恩和灵命的墙在他们中间筑得更高。凡在生命挣扎中破裂的，或是一切的罪，都必须改正，被重新建造。

会众的建造和发展必须触及各个领域。他们必须提高对真理的认识。他们必须正确理解这一真理。他们必须提防错误的灵潜入。他们必须武装起来，抵御威胁他们的时代精神。【他们必须在自己属灵生命上有更多受训，去查验他们的属灵生命是否与圣灵的旨意相符。他们必须从**表象**退回到**存有**，从机械的模式退回到上帝国度的实在。[21] 他们必须要被坚固，以抵挡人内心的罪和从外界欲要渗入内心的引诱人的罪。他们必须要在信心中不断被试验，他们的信心是否仍旧真诚和清洁。他们必须要被激励和受训去认信。他们必须要被提醒，他们是被呼召在生活的每个领域来认信。】[22] 简而言之，正如认信基督之人和世界处于某种关系，并要用他的全心全意全力来表达对上帝的爱一样，每周日的讲道也必须拥抱厌战的会众，重新装满他们的箭袋，让他们面对新一周在心中和家里、在生活和世上等待他们的战斗。

【若没有个人性地深入了解教会的特别需要，那么这一切就难以想象。教会中的疾病并不总是一样，在不同的教会之间也有所差异，在不同的时间也有所不同，在不同的社会地位也有所不同，在不同的年代也不一样。根据在敬虔中的成长，这些疾病也有所不同；它们也会因教会所处的环境而不同，同样会因整体人类发展的情形而不同。】[23]

就像在医院里你会发现病人患有各种疾病一样，在会众当中你也会发现各样病症。对于许多人来说，除了全身虚弱、属灵性贫血，与更需要预防和卫生保健而非药物治疗的属灵心理疾病，可能无法诊断出一种特定的疾病。当一个特定的宗教或道德疾病被诊断出来时，它要么攻击一部分会众，要么表现为一种更为个人化的特征。在任何情况下，灵丹妙药救不了医院里的所有病人。医院门口没有

---

[21]　中注：凯波尔在这里是谈论上帝的国度对信徒属灵生命的影响。他在《论教会》中写道："一个国度预设了一切可用的能力和力量都有机地联系在一切，互相协作。因此，上帝的国度只有在创造主内嵌于祂创造之工的所有能力和力量以互相协调并完全符合祂计划和设计的方式共同工作时，才能照射出完全的荣耀。"Abraham Kuyper, *On the Church*, ed. Jordan J. Ballor et al., trans. Harry Van Dyke et al., Abraham Kuyper Collected Works in Public Theology (Bellingham, WA: Lexham Press, 2016), 324.

[22]　中注：见荷文版 330 页。

[23]　中注：见荷文版 330-331 页。

一个医生会给所有人开同一张处方。

　　因此，一切都取决于**诊断**。牧师必须了解他的会众。他必须精通会众生命的病理学，必须研究过每一种属灵疾病，使其有能力辨别不同疾病的症状。只要他学会了辨别会众中不同疾病的症状，就可以使用适当的药物。**福音**必须要一直传下去。但传福音并不是一味重复同一件事，而是要让福音光束的丰富色彩像棱镜一样闪耀。

　　【任何来到教会却无所求的人，应在讲道中看到他在每个方面都不甚好。任何知道自己不适的人，会开始自己吃药；但他必须在讲道时发现自己用药是否正确，或者他应使用其他药物。坐在那里的无助之人必须借着讲道同时领受药物。生命的准则必须要根据不同需要的性质来制定。】[24] 病人必须感到牧师真正了解人心，真正了解属灵需要，真正了解灵魂的疾病，同时也知道能够使疾病痊愈的药物和赐生命的准则。同样地，改变对信徒和非信徒的说话方式是必要的，但这丝毫不会耗尽传道人的分辨力。分辨力远不止于此，而是更深刻、更微妙。当传道人不回应这些差异时，他可能一直在洗刷身体的外部，却无法穿透隐藏的生命器官，因此他不能对生命产生指导性和向导性的影响。

　　然而，许多传道人确实有分辨的恩赐。这样的传道人了解**你的**生活，了解**你的**属灵状况，了解**你的**挣扎，了解**你的**弱点，知道**你**屡屡碰壁的原因，并指出**你的**出路。这种体恤产生信任和亲密，使每一次讲道都令人信服和有趣，这使你想倾听，并实践你所学到的东西。

　　当然，讲道不该太过个人化；这最好留待家庭探访。牧师在会众中指责某个人实际上非但不能赢得他，反而会使他变得更顽梗，特别是当那个罪人的罪为众人所知。牧师不必仅仅因为会众中有人陷入那个罪就对任何罪行都吝于警告。然而，意图在讲坛上当着全会众的面惩罚这个或那个罪人总是有害的。传道人不应该谈论人，而应该谈论**类型**——人们从中能认出自己，且不为他人所觉察。这当然在一个

---

[24]　中注：见荷文版 331 页。

大群会众中比在一个小群会众中更容易做到；在一个非常小群的会众中，你必须特别小心。即便如此，对某些人的宽容之心也不应成为一种对上帝的诫命保持沉默或任凭伤口袒露的试探。

我们一直强调的是，讲道的语调必须始终是个人的、亲密的和发自内心的；只有很少例外的情况下，讲道才应该是正式的演讲。例如，讲道的一部分可以介绍真理的某一部分，或描绘时代的精神，或宣告会众的指望；在这种情况下，讲道可以而且必须以更正式的方式进行。但为了真正教化会众，传道人要直接对会众说话，使他们觉得讲道是针对他们的事情、他们的处境、他们的疾病和他们的需要。对于这种教化，一种正式的、高调的风格是不合适的。

【当会众中一位肢体感到传道人好像正在剖析他特定的灵魂状态，解释他灵魂的挣扎，为他灵魂的需要预备药物时，他会感到如此亲密，以至于浮夸的措辞会破坏这个印象。】[25] 另一方面，讲坛上的鄙俚浅陋总是令人反感的。神圣之事必须经圣洁之手，语言和风格必须始终保持纯洁和崇高。同时，它又必须降到会众的高度，从而提升会众。会众必须能够理解它，跟随它，并使用它。这就是为什么必须有一种神圣的亲密感，以确保所言之事能找到入口。面对大型建筑中约有两千人的讲道，这可能难以实现，需要更大的声音来减少转调的范围；但即使如此，通过降低声音并以更亲密的语调说话，传道人也能让会众绝对安静，而不是通过响亮空洞的声音和语调来征服大群会众。

讲道中的歌唱

【就讲道的礼拜仪式层面而言，其目的和范围已在上文予以论述。那么这里需要简单补充论述的是，**在讲道时中断而唱歌**是否符

---

[25]　中注：见荷文版 332-333 页。

合讲道的礼拜仪式。一般来说，我们不敢如此建议。如果讲道的第一部分以这样一种方式结束：它在会众中唤醒一种崇敬或认罪的冲动，使他们迫切想要安静内心情感，那么插入这样的歌是非常合适的。在这种情况下，歌曲不会打断，反而会支持讲道，其功能类似于一个过渡，期待其继续。】[26]

　　如果这首歌只不过是让会众和牧师从聆听和讲话过程中喘口气，然后继续仅完成了一半的任务，那么这对于传道人和会众是不值得的（除非传道人身体虚弱，需要休息）。这首半道而出的歌打断了讲道，分散了注意力，扰乱了秩序，必须重启会众的神圣注意力。这样缺乏情境地在中途插入一首歌，表明讲道的软弱和会众义务性的听道，而非在讲道中有活力的参与。当讲道连续不断却未吸引听众时，他们就会走神。唱一首歌或许会成为一种受欢迎的暂缓，但是讲道会因此受到严厉的评判。讲道不必那么长，拖长了没有任何用处，毕竟晚上还有下一场讲道，而且六天后还会开始另一个讲道。所以，传道人不应该试图一下子说完所有，也不应该在无人感兴趣的各样事上浪费时间。如果传道人的讲道可能要持续一个多小时，然后删掉对任何人来说并不新鲜的词句，那么他就会发现讲道可以缩短很多。讲道的每一部分和每一句必须**让会众有所收获**。不是面包和石头，而只是面包，所有的石头都除去。如果这样做，讲道被缩短到 45 分钟，这也足够长了，那么由一首歌把讲道分为两部分是没有必要的。【可以有其他更直接的推荐方式，因为中途插入的诗歌常常导致讲道的分化，这至少与讲道的安排和内容相冲突。】[27]

　　【另一方面，在讲道中插入这样的诗歌是十分好的，从而会众可以唱诗赞美所传讲的圣言。然而，诗歌和旋律自然要与讲道协调，

---

[26]　中注：见荷文版 333 页。本段增加的第二部分内容在英译本中被置于这部分的最后一个段落，中译本根据荷文版所译。
　　英注：荷兰改革宗教会多年来都会在讲道的中途唱一首诗篇或圣诗。这被称为 tussenzang（中途之歌）。这种做法在凯波尔提出抗议后仍存在多年。
[27]　中注：见荷文版 334 页。

而传讲的圣言要自然为唱诗预备，尤其是借着所唱的歌词与所传讲的圣言交织在一起。于是，唱歌就是自发的，不会割裂讲道，而是成为讲道自身歌唱的部分。我们只是阻止任何管风琴演奏中途插入的诗歌的序曲，避免带来干扰。这样的演奏或许极为美妙。然而，就中途插入的歌而言，这总是禁止的（这里插入的歌确如我们所说的是必要的）。对于插入歌曲是为了恢复会众的注意力的说法，那么序曲就如同号角一样，可能适合用来唤醒几乎沉沉欲睡的会众。但是，这并非属于会众从传道人口中所领受的歌曲。所以，会众必须**立即**介入唱歌；在会众歌唱后，传道人也是立即讲道，甚至无需尾曲演奏。】[28]

"阿们" [29]

不同于一般的演讲，讲道通常用肃穆的"阿们"结束。因此讲道与祈祷的结束相同。其他的演讲可能会以"感谢聆听"结束，或没有任何特定的结束语，但讲道不同。它具有不同于其他演讲的**神圣特征**，正是这种神圣特征在结尾的"阿们"中得以正式地表达。

然而，我们必须承认，无论是牧师还是会众，这种感受并不普遍。除了少数特例，这个"阿们"只不过是讲道结束的标志。【然而，对此有过多的反驳会显得不合常理。在我们祷告结束时的"阿们"，难道不也是这样毫无意义地从我们口中而出吗？或者说，难道这个"阿们"不也是这样无意义地被我们的耳朵听见吗？当然，这里的"阿们"本不该如此。无论是谁，只要想到《海德堡要理问答》中我们祷告时"阿们"的丰富含义，立即就会感到从高度的属

---

[28]　中注：见荷文版 334-335 页。

[29]　中注：以下内容为荷文版第七十八章，标题为"Het Amen"，译作"阿们"。

灵角度来看，"阿们"要说得缓慢，带着肃静的真诚，并是丰富思想的承载者。同样地，"阿们"应总是借着听见有生命的话语而有的信心的确信。在这信心的确信中，我们向我们的上帝祈求。】

【若"阿们"必须如此，即便在更激励人和真诚的祷告中常常如此，谁敢说他在每次祷告中都带着他灵魂热情的丰满？我们在这方面甚是浅薄，太不属灵了。对于我们，张开信心的翅膀太难了。这就是为什么我们的祷告十分机械式，并且这会持续到我们离世的那一刻。因此，我们在祷告的结尾没有去掉"阿们"，仍会宣告。甚至最优秀的上帝儿女也会努力克服他们灵魂最神圣表述的不足之处，并留心不会虚伪兴奋地说出僵死的"阿们"，而是要让自己处于那种灵魂的情绪中，就是在祷告和阿们中让更多的热情自然而然地出现。】

【讲道结尾时的"阿们"也应如此。唯独要补充的是，这里的"阿们"对人的鼓舞要小得多。将我们在祷告中带离属灵实在的，常常是我们繁多的祷告，常常是一天七次的祷告。此时，牧者不必反对讲道结束时的"阿们"。一周五十次轻松结束我们祷告的阿们，在讲道结尾时一周最多不超过三次。我们在此与人性软弱的斗争远远没有那么令人害怕，无非就是要求灵魂有正常的提升，将生命二、三次地置于结束语之中。机械式的危险更多地在于在同个敬拜中，每一次祷告之后，每一次感恩之后，每一次祝福祷告之后，都会重复出现"阿们"。然而，如果把一切都考虑在内，语调和真诚也会变得机械。尤其是考虑到牧者事先想好了整个事工，每次都在讲章结尾处写下"阿们"，那么他就有能力事先提防"阿们"变得形式化。】[30]

会众很难理解这个"阿们"的全部含义，尤其是当传道人宣布得太突然，太匆忙。他自己知道他什么时候要说"阿们"，但会众不知道。的确，经验丰富的听众可能从思路的进展中了解到讲道即将结束，但是你永远不知道，另一个最后的劝诫或最后的赞美可能

---

[30] 中注：见荷文版 335-336 页。

仍会随之而来。如果结束出其不意，来得太突然，如果"阿们"念得太唐突，那么会众就很难被"阿们"深深地打动，以至于用自己的"阿们"来吸引自己的灵魂。当传道人几乎不说"阿们"的时候，那么教堂里沙沙作响的噪音就会使人太过分心或松懈。

【就此点而言，我们并不是说这种对"阿们"使用的批评会立即带来很大改善。一条奔流不息的溪流不会因短暂的阻碍而改变。同样，我们批评的目的无非就是刺激思想，呼吁从纯粹的形式回到现实，因此反对正以各种方式侵入神圣之事的僵死的机械式。恶化我们属灵的惰性和荒芜的事物，必须要撒上如同防止腐烂的盐一样的批评。我们批评讲道结束后的"阿们"的事实并非吹毛求疵。"阿们"是且应是一个标尺，先前的讲道都要被其度量。】[31]

如果传道人能带着确信结束，那么他必须**敢于**说"阿们"。确信他真实地，忠诚地传讲了上帝的圣言，用尽了全力，且按照上帝所赐的亮光，并为满足会众属灵的需要而将上帝的圣言应用在会众身上。【他可以驻立于肃静的确信中。诚然，这是圣言的敬拜，是奉他的差派者之名而做的服侍。他说话并非东拉西扯，而是讲述主的见证和信息。于是，奉主的名用"阿们"结束这场讲话就十分有意义了。那时，"阿们"表达了这神圣的讲道使人的良知受制于知道人心的那一位。】[32] 这就是为什么我们说要**敢于**说"阿们"。当有人以最充分、最丰富的意义宣告"阿们"，却没有带着他是上帝的代言人这样的意识结束时，"阿们"在他嘴唇上就毫无生气，他不能、也不可能在他自己觉得不真实的东西上留下印记。【我们不想对此有所夸大。讲道也受制于人能力的限制，而每个人都有弱点。讲道事工中不应粉饰粗心大意。每位传道人在"阿们"前所需要的，至少是要意识到尽他所能给予最好内容的严肃认真。因此，我们也觉察到从讲道结尾更超越的"阿们"的概念所衍生的道德能力。无

---

[31]　中注：见荷文版 336-337 页。
[32]　中注：见荷文版 337 页。

论是否有意，当一个牧者即将以"阿们"结束时，我们会感到这个"阿们"要么是我们事工的标尺，要么是对我们事工的审判。于是，我们可以说"阿们"对所有讲道都有一个回溯的能力，或者对随后的讲道产生极重要的影响。】[33]

　　如果根据惯例，讲道本身是以结束语总结的，这个"阿们"则有一个加速讲道结束的效果。这意味着，在讲道结束时，在会众面前简短地总结，并以最令人振奋的形式重述所持有的主要观点。只有这样，讲道的统一才能被正确地遵守，它给会众的**真正**信息才能再一次以引人入胜和扣人心弦的语言印在他们的心上。

　　【于是，"阿们"自然悄无声息地与最后的结束语连在一起。这个结束语为"阿们"做了准备，也为"阿们"提供了素材。】当"阿们"以这种方式发出时，它自然会在会众的心中引起回响，仿佛他们在证明："是的，确实如此，我们的生与死都在于这一**真理**。**那条**道路必须成为我们的道路，在**那样**的安慰中，我们的灵魂才得安息。"尽管会众不再像从前的习俗那样大声重复这个"阿们"，而是轻轻发出 —— 传道人和会众在这神圣的和谐中相遇。这自然会使得传道人宣布"阿们"时，不是咕哝，而是强调，不是仓促，而是庄严。【如果传道人自身已有准备，那么教会就会感受到，其他僵死的方面也会复苏。】[34]

　　这就是讲道和"阿们"之间的关系；彼此影响。当对会众来说这个"阿们"呈现新的意义，以此结束的讲道因而受到鼓舞和提升时，会众的属灵高度自然也会提升。

---

[33]　中注：见荷文版 337-338 页。
[34]　中注：见荷文版 338 页。

第三十章 圣言敬拜的完结

结束祷告 [1]

在以"阿们"结束讲道与做结束祷告之间，应要有片刻的停顿。对传道人而言，这个停顿是必要的。因为讲道尾声的情感表达最为热忱澎湃，传道人需要一个安静的过渡时间来稳定自己的情绪，以更加反思性的语气来祷告。牧师切忌带着讲道结尾的激动情绪立即祷告，以致两者之间毫无语气与用词的变化。这样一来，结束祷告变成了讲道的延续，只是方式不同。这就好像首先是同会众说话，然后跟全能的上帝说话，两者之间仿佛并无太大差异。【有人会感到这并未有所增添；结束祷告不能按此方式，否则就不是一个独立的祷告。】[2]

---

[1]　中注：以下内容在荷文版中为第七十九章，标题为"Het Nagebed"，译作"结束祷告"。

[2]　中注：见荷文版 339 页。

因此，我们在讲道结束后需要有静默的时刻 —— 尽管只是片刻的停顿。会众不应变得不耐烦，或许只用一分半钟的停顿就行了。这会让传道人有充足的时间去修整，将自己高昂的语气降至深沉后再祷告。只有那时，他的心灵才能谦卑在上帝面前，默然敬畏地来到这位万王之王面前。

这片刻的停顿对会众而言也是必需的。一场精彩讲道扣人心弦的结尾尤其令会众陶醉；他们的思想全然沉醉于传道人的话语。这样持续听道会让他们变得被动。但在祷告时，会众恰恰不太可能处于这种状态。他们必须同心祷告，从而变得积极主动。如果他们完全跟随传道人的思路直到"阿们"，所有的思考和反思一定要从传道人转到上帝身上。这当中会有一个心理转变，而这转变则需要片刻的停顿。

【从祷告到生活和从生活到祷告的过渡可以说是极为关键，这在你们自己身上就可以发现。当一家之主大声祷告的时候，所有人闭上双眼、合拢双手，然后一声"阿们"结束了祷告。之后的第一个瞬间，当双眼睁开、双手再次张开时，大多数人会感到尴尬。这似乎是人们不知道如何从祷告的状态直接过渡到日常生活。于是，人们机械式地抓住叉子或勺子，或不自主地将左手缩回。这只是因为一个事实，人们忽略了片刻的停顿，使得从祷告到日常生活的过渡变得十分突兀，因此并未深思熟虑而行。】[3]

因此，如果结束祷告是为了再度还原起初礼拜仪式的意向（为所有基督徒的需要而祷告），那么不单单对传道人，对全体会众而言，这片刻的停顿都迫切必要。比如，我们或可察觉，在临近讲道结束时，几乎所有人都会或多或少地晃头或抖手，或在座位稍有挪动。这是一种身体本能的机械性的移动，但这有其心理上的缘由。这是人尝试从一种情绪转到另一种的表现。这对男人来说更容易，因为他们通常会站立祷告；但对于女人而言，这种情绪转移往往表现为

---

[3] 中注：见荷文版 339-340 页。

在自己座位上挪动位置，或与邻座窃窃私语，简短评论这次讲道。

【寻求自然过渡的倾向不应导致传道人快速地祷告。他必须允许会众有片刻的时间从一种心境和姿态过渡到另一种。传道人自然可以觉察到会众是否平静下来，以致适合祷告。于是，传道人要有自制的平静，与会众共同在上帝面前保持肃静和无言。在会众闭上双眼、合拢双手后，传道人再以柔和的声音来祷告。然后，他会期待自己进入祷告的心境，也带着会众进入祷告的心境。没有人会说这样的祷告不重要。在敬拜中，优秀的礼拜仪式的领导者必定精确地把握会众的心境，并使他们进入敬拜每个环节应有的心境。这就需要学习；这里尤其需要心理学的学习。带领会众祷告，并使会众真的在祷告中，这极其重要。正因为这涉及心思意念当时的心境，所以传道人有责任去思考，什么会阻碍祷告的心境，什么会推动祷告的心境。】[4]

至于结束祷告本身，即我们礼拜仪式中引用的祷告词，其古旧简短的形式与其随后的阐释，都说明这祷告词并非着意于简短地复述讲道。我们的先辈们建议教会在"首场讲道后的下午"使用既定的祷词，这便证明重复讲道并非其目的。与讲道有关的祷告必然次次不同，因为每次讲道皆不同。显然，我们的先辈们试图将这样的祷告变成一个独立的"祷告崇拜"的部分。

诚然，结束祷告也会给人属灵上的引导。这个祷告始于灵魂的全然倾泻，始于认罪，始于在圣洁上帝面前的虚己，亦始于在基督里对上帝恩典的呼求。尽管如此，这样的引导更多的是为人的祷告打下属灵基础，促使我们思考是什么赋予我们祷告的权利，以及我们该以什么为依据来祷告。在这种情况下，真正的结束祷告显然只在以下这种引导结束后才开始，就是当人说"因着祢喜悦我们为所有人祷告的缘故，我们向祢祷告，求祢赐下祢的恩典"的时候。

接下来便会有各式各样的代祷：为教会的服侍、为全体会众、

---

[4]　中注：见荷文版 340 页。

为世上掌权的、为为义受逼迫的、为生活所需。生活所需又包括两个方面。其一，为那些遭受患难麻烦、心生焦虑、或遭受精神折磨的人祷告。其二，为在上帝普遍恩典之下、在自然规律和人生百态下的普通人的生活祷告。这些代祷会以主祷文收尾，并且会众会在主祷文后，以《使徒信经》认信自己对上帝的信仰。

显而易见的是，这样的结束祷告基于会众是被呼召完成祭司职分的信念。每位会众都明白何谓祷告；每位会众都能到施恩宝座前；每位会众都明白，上帝因耶稣的缘故而垂听祷告。因此，会众坚信自己被委任了只有自己才能完成的任务。他们活在一个不懂祷告却急需祷告的世界中。世界所不能做的，基督的教会却能完成。因为基督徒都是有祭司职分的受膏者。他们可以来到上帝面前，不仅为他们自己群体的属灵生命祷告，更是世上所有生命气息向上帝祷告。

【诚然，每位上帝的儿女也可以独自或彼此为他们自己祷告。然而，这仍然不是教会的祷告。传统上的一个理解是正确的：当信徒聚集就近主时，代祷的祭司性的侍奉才能得以圆满实现。这种极高的意识如今的确偏离了。在今日，完成此种祭司性侍奉的呼召甚少被人感知。事实上，祷告的侍奉甚少被人理解。我们还需补充，不幸的是，许多教会中的代祷变成了静默，并且至少是在有序和禁食的意义上如此；这种做法规范了我们的结束祷告。】[5]

当那些生病的弟兄姐妹特别请求为其代祷，并从某种疾病中痊愈以后，这代祷的影响是经久不衰的。但当信徒最终也不知道那位弟兄姐妹是谁的时候，尤其是在大教会里，代祷就失去了它原本的意向和能力，很难感动他人关心这位病人并加入代祷的行列。比起先辈，我们在这件事上无疑在快速倒退。平安沉静地重读那长长的结束祷告向我们说明了，当全地的教会以此方式祷告时，教会必定站得更高。

---

[5]　中注：见荷文版 342 页。

结束诗歌[6]

【圣言的敬拜借着结束祷告得以完结。通常情况下，随后进行的无非就是结束诗歌和祝福。以下将对这两个环节稍加论述。】[7]在唱结束诗歌的时候，会众再次发声来加深崇拜留给他们的印象，再以凯旋之音结束。这可以正确地理解为，主日崇拜让会众进入与上帝的相交中。大家在上帝面前谦卑、认罪、得赦免。他们倾心吐意，并让上帝的圣言进入他们的生命。现在他们已准备就绪、得力量、被鼓励、受安慰而重新回到世界，见证他们的上帝，为上帝而活，在上帝的庇荫下安然居住。

如果会众以应有的方式经历这一切，那么透过这一切，他们面对生活时会由心发出感恩、喜乐、救赎，有勇气面对生活的情感，并渴求表露情感，而会众必能在结束诗歌中表达这种情感。他们不会觉得回家后就将上帝置于一旁，只有在殿中祷告时才与上帝相见。恰恰相反，崇拜必须激励会众有亲近上帝的感受，并且伴随他们在世上的生活。然而有一点不同，在殿中祷告和敬拜仪式的过程中，事事相互搭配，令此种与上帝的团契变为一种**会遇**；而这种特别的感受和特别的领悟，在大家离开教堂四散回家之时也会告一段落。

会众的确应该在唱结束诗歌之前和之时都一直站立，这表示他们已预备好回到世界中。当然，牧师应该深思熟虑地选择一首与这一目的相符的结束诗歌。这首歌不应超过一节，并且牧师需要留心的是，这首歌应该是为全体会众所熟知，并有助于大家高声颂唱的。

【当临近圣言敬拜的完结时，再次打开诗歌本、找到选定的诗歌、读出歌词的做法会让人感到不适。牧者不应只是读出歌词的意

---

[6]　中注：以下内容在荷文版中为第八十章，标题为"Slot van den Dienst"，译作"（话语的）敬拜的完结"。这里的荷文 dienst 可以译作侍奉或敬拜。凯波尔在这里显然不是指整个教会敬拜的结束，而是特指讲道作为整场敬拜关键部分的完结。因此，在以下段落中，中译本采用"圣言的敬拜"。

[7]　中注：见荷文版 342 页。

义，而是用嘴和喉咙唱出歌曲的内容。】此外，若是关于崇拜与赞美，感恩与奉献，抑或更多的是寻求帮助的祷告，那么应该选一首普遍性的诗歌。诗歌的曲调必须适合崇拜的结尾。有一些曲调深入会众的心，会自然契合他们的节奏和心灵。【但是，也有一些人是读诗歌本，因此就不会立即对会众的心说话。】

【尤其对于结束诗歌而言，后一种方式需要避免，前一个方式则是所需的。若重复歌唱同样的内容，这也无关紧要。即便牧者选择了一大段歌词，依次唱出，这也并无大碍。更可取的是，牧者要觉察到他初次听见这首歌时令他印象深刻的地方。这并非表现出贫乏，而是体现了牧者在会众的生命中的轻松舒适，因为会众越唱越好，越唱越嘹亮；因着越发温暖的感触，牧者在这首歌中也越发感到轻松舒适。】[8]

祝福祷告

当结束诗歌完毕，风琴师应该接着弹奏一段很短的终曲，这之后要有一段静默时刻。接着，牧师要严肃且从容地说一段曾经包含在正式礼拜仪式中的话，"向上帝高举你的心来领受祂的祝福"。这些话在我们现在的礼拜仪式中被略去了，但种种迹象都支持要重新加入这句话，否则在崇拜结尾的祝福很容易让人认为不过是仪式最后的结束语。

关于祝福祷告本身也有一些不同的意见。我们第一个依例祝福的仪式是《民数记》六24-26里大祭司的祝福：

【愿耶和华赐福给你，保护你。

---

[8]　中注：见荷文版 343-344 页。

愿耶和华使祂的脸光照你，赐恩给你。

愿耶和华向你仰脸，赐你平安。阿们！】

之后被《哥林多后书》的结尾取而代之：

【愿主耶稣基督的恩惠、上帝的慈爱、圣灵的感动，
常与你们众人同在！阿们！】

既然这套表述至少在一个世纪以来颇受大家喜爱，那么尽管在一些特殊的崇拜时回归旧时的表述是好的，但更换是不可取的。

【这里的祝福祷告与问安是不同的，这已在第十六章予以解释，无需在此重述。问安是敬拜中与上帝相交的开始，是上帝与祂会众相遇时所说的话。相较之下，最后的祝福祷告有截然不同的目的，就是会众要在他们归回的世界中祈求三一上帝的祝福。】9

祝福祷告以"阿们"结束，并且风琴师要同时开始弹奏，这样能让神圣之音萦绕于会众的耳中。正是为此，"阿们"不应说得太随意，似乎只是告诉大家所有仪式都结束了。应该在祝福祷告后有片刻停顿，然后慎重且从容地说出"阿们"。这样才能感染会众，让会众在心中重复"阿们"。

散去之时，大家也不应着急离开。对会众而言，最快的离开方式是让那些坐在出口附近的人立刻起身离开，坐在其后及后面座位的接着以同样方式离开。有些教会的习惯是在"阿们"后会稍坐片刻，直到他们那排离开的时候才起身，这是值得效仿的。着急离去并无益处。离开时越有序，人们越能更快地离去。

我们的礼拜仪式包括了一句教导，就是牧师会在邀请会众接受祝福祷告之后加上一句——"要关心贫穷之人"。这和以前大家在离开教会时为穷人收集募捐的习惯有关。但鉴于几乎没有人再这样做，这些话也被略去了。我们下一章内容会对此有详细讨论。

9　中注：见荷文版 344-345 页。

【只有在结束诗歌之后，牧者或许可以对会众有其他的公告。这些内容过去必须要在讲坛上一次性说完，因为没有其他公告的渠道。但是如今，所有大型教会都有自己的信息刊物，教会长执会可以在上面发布一切想让会众了解的信息。那么每个人都可以在家里阅读，这比潦草地听一次更容易记住。的确，乡村教会多数情况下并无这类信息刊物。然而即便如此，这些教会仍有可用的方式，就是把要对会众说的内容，用清晰可辨的方式写在教会的出口处。同时，如果后续仍有个别通知要公布，且此通知又极其重要，因此必要从在讲坛上公布，那么可取的方式就是在结束诗歌后公布，而不是像后来形成的习惯那样，在讲道前公布。然而，就目前来说，若可能，最好不要这么做。这总是打乱了思维的方式，转移并破坏了对圣言敬拜的印象。】[10]

---

[10]　中注：见荷文版 345-346 页。

第三十一章 奉献

关于何时、如何、应在崇拜仪式之间抑或之后收奉献的问题，大家的答案各异。在这一问题上，不单是宗派之间，国家之间，甚至不同省份和不同城市之间也有不同的习惯。

一方面大家常常强调不应在崇拜仪式进行之时收奉献，而应该将奉献箱置于出口处，或让执事在出口处收奉献。这样做的原因是不打断崇拜，不会耽误崇拜的时间，更是为了防止有人误解这种奉献施予是在献祭。而在另一些地方，大家习惯将奉献作为崇拜的一部分，最好在"唱歌中途"举行，从而尽可能地节约时间。这么做并非因着要将奉献带到上帝面前的想法，其主要原因是为了收到最多的金钱。

在一些有着高派礼拜仪式教会的国家，奉献原本是崇拜的一个环节。但是，这让其占据了自己的一席之地，进而演变为一个独立的部分。当然，奉献如何进行取决于礼拜仪式，我们如今仍可以在大部分圣公会教会欣赏到其庄严肃穆的风格。牧师宣布即将收取奉献。一些从会众中提前安排好的人便会出现在中间走道，沿着长凳，每人拿一个黑丝绒袋。这个袋子会交给长凳的第一个人，这人会将现金放进去，并传给凳上的其他人。袋子最后会交还给收奉献的人，这人再将袋子给下一排长凳的人。最多五分钟，这一切便能完成。在奉献过程中，牧师会读几句关于施予的经文。当奉献结束时，收奉献者会以单列走到讲台前，在会众面前将自己手中的袋子置于前方的桌上。所收到的一切会众奉献，并非呈给穷人，而是呈给上帝，而慈悲怜悯的上帝不久会将这些恩赐分发给穷人。此举的确美妙绝伦且意义非凡，也的确让人想效而行之。

　　然而，这么做也有其难以克服的弊端，主要是因为人数众多，以及教堂建筑的形状。如果在教堂中心设计一个宽敞的过道，两旁的长凳每边能坐十二个人，那么我们便可以照之前那样收奉献。但是，如果教堂结构不允许的话，这就行不通了。第二个弊端是，整个仪式其实真的只需收一次奉献即可，尤其是对那些贫穷的人而言。但很可惜，我们几乎每次都会有第二次用于教会一般用途的奉献，甚至时常还会有第三次，为教会或其他地方的某一特定事工的奉献。

　　奉献金的总量通常是由收奉献的次数决定的。在理想的聚会中并非一定如此。收一次奉献足矣，总量的划分会交由委员会决定，但这在现实生活中也行不通。为着三个不同原因的三种不同奉献，会得到比一次奉献更多的收益。在这里我们不应该太过论断。资产微薄的人的确不能想给多少就给多少；那些只奉献了一点的人，我们也不应该期望他们能给更多。但另有一些人自以为少量给予足矣。而在上帝看来，他们却应给予十倍，甚至更多；这些人是自招审判。但对一般人而言，情况迥异。一便士之于他们的意义远超一枚金币之于富人的意义。

　　为了维持收入越高越好的需求，接连地收两次或三次奉献显得不可或缺。但对人满为患的大教会而言，在仪式过程中花时间分次收奉献不太可能。用单独的袋子在人们中间传递也很花时间。因此，执事便借助系于小棍上的奉献袋收取奉献。

　　这也因着另一个原因。教会的大门敞开，任何想要进入的人都可随意进入，坐在会众中间，假装自己是会众的一员，小偷也可以悄悄潜入。当然，其意是周而复始地从奉献袋中行窃，因为奉献袋是在会众中间传递的。在小的教会，大家彼此相识，无需担心小偷的问题。但会众数量庞大的教会则需确保无人浑水摸鱼，从刚奉献的款项中捞一笔钱。

诸如此类的原因让教会开始使用系在小棍上的奉献袋。有一些袋子上甚至挂有一个小铃铛，如同许多基督公教教会一样，这样的方式让我们在收奉献时能一直听见声音。其目的是"加速流程"，并确保大家知道奉献袋即将传到。然而，这样的流程无益于教化，且与奉献的庄重本质背道而驰。唯有在圣餐仪式时不会使用这种不可取的用小棍收奉献的方法。在圣餐的时候，桌上有一个银制的奉献箱，所有走向台前的人都会在行进前放入他们的献物。这是一个庄严又意义非凡的惯例。

我们只能拭目以待，看是否有人能想出一个在教会中更吸引人、更有意义的方法，能真正发挥奉献的价值且符合奉献的基本理念。至少在小一点的教会中我们能达成目标，即在崇拜中为奉献预留部分时间。这段时间或可阅读一段与奉献相关的经文，或可唱一首相对合宜的诗歌。另外，装满钱款的奉献袋要从小棍上取下，执事要将其存放于讲台前的桌上。如果这很费时，教会增加几名执事，并非难事。然而，在会众数量大且出席人数众多的崇拜中，做这些就会很难了。不管大家反对意见为何，我们也势必会劝诫教会，不要重回那种在崇拜结束大家离开时才收取奉献的习惯。从实践的角度来说，不应该鼓励这种方式，因为一部分人可能什么也不奉献就离开教会了。与此同时，从一个更理想化的角度来看，将奉献献于上帝面前的意义也会消失。

操心奉献与行公义无关，但我们确有理由对此进行探讨。第一，奉献是对穷人有弟兄之爱的明证，也代表了感恩的奉献。第二，我们需持守的是，奉献永远是对上帝的奉献。我们不是将其给了穷人，而是献给上帝，穷人要为它们向上帝而非向我们感恩。

第三十二章 教会礼仪

我们已经讨论过信徒聚会中惯常举行的活动，接下来我们会思考一些额外的教会**礼仪**，【其中首先要讨论的就是圣礼】。[1]

敬拜中的圣言和礼仪

在改革宗敬拜里，圣言的敬拜无疑是重中之重。无论是以讲道、祷告还是诗歌的形式，说出的话语以及听到的话语，都是至关重要的。16 世纪的宗教改革正是为了反对那些用正式礼仪和仪式压制敬拜，从而导致人的**灵性**被忽视的现象。

【敬拜必须是为了宗教，而非宗教是为了敬拜；如今，这已成为一切敬拜的致命点。如今的敬拜太过形式化，缺少了个人性的宗

---

[1]　中注：见荷文版 349 页。

教敬虔。相较于虔诚敬畏上帝的人，如今这些神圣的行动举措可以表现得很好，甚至有时更超越。这类敬拜之人的错误会滋生一个附带的错谬，就是参与敬拜的人成为观光者。毕竟这类形式化的行动和礼仪的系统可以借着形式的优美、装饰的华丽、音乐歌唱艺术的极高呈现而富有吸引力，因为它的感官感受可以吸引人，即便宗教的需求完全缺失。】[2]

让我们留意历史上发生了什么。一个人由灵魂和身体组成。若是敬畏上帝，则需通过两种方式表达其宗教情感——言语和行为。第一个涉及他的心灵，第二个涉及他的感官。【言语表述与各个层面都有关系。它可以出现在默祷中；虽然嘴唇没有动，也没有声音发出，但是我们清楚知道自己是在上帝面前轻声祷告。此时的确有言语，不过是隐藏的。我们清楚知道，经过我们的意识并从我们意识中出现的言语，上达到上帝那里。但这仍跟外界没有联系，是私人的。】

【这是言语最柔弱一面的呈现。与此柔弱的表达相反的就是最有力的表述。最雄厚有力的言语表述就是通用的圣诗。每个字的声音都有一定长度，一个人的声音坚固了另一个人的声音。最后，即便没有管风琴的伴奏，所唱之词的声响也充满了整个教堂。若一个人想要呈现话语最丰富的内容和内涵，这要么是在感人的共同祷告中，要么是在如约翰·屈梭多模对一大群听众的讲道中。无论是在悦耳的声音中，还是在优美的歌声中，感受都很深切。然而在祷告、唱诗与讲道中，属灵表达更加突出，这三者中任一个都可能有教化的作用。此时，感官隐藏，而非受到抚慰。】

【有些牧者，他们的声音是多么刺耳和令人厌恶，他们的态度和行动的手势降低而非提升了品位。尽管如此，他们多年以来一直抓住听众，教导并安慰他们。同样无可争议的是，尤其是在一些乡村教会中，仍时有这样的唱诗，就是他们的声音和音量极为和谐，令人满意，但是歌声出来之时，心灵却偏离了。这并不是说感官与

---

[2]　中注：见荷文版 349-350 页。

讲道、祷告和唱诗无关；它乃是次要层面。一切感官层面的事物都是次要的，都服务于首要条件的心灵表达。如果一位牧者的讲道是空洞的，那么他即便用最优雅的形式、最甜美的声音，最后可能仍令人厌烦。一个形式优美的祷告若不是来自站在上帝面前的灵魂深处，便不会打动人心。若音符不是来自心灵的深处，那么一首优美纯粹的歌曲仍让宗教的心灵持续冰冷。】[3]

如果一个人生活的时代有很强的属灵氛围，属灵的话语能让他们得到满足。他们便不会要求更多，尤其当参加聚会的信徒人数仍然很少，还处于一个特别舒适的居家氛围之时。这就是使徒时代，以及很久之后的16世纪宗教改革最初几十年的情况。反复阅读使徒书信，加之《使徒行传》所告诉我们的关于新兴教会的生活，你会发现，除了对属灵问题的关注外，几乎找不到任何其他内容。当时还没有教堂，没有礼服，没有既定习俗，没有固定的礼拜仪式，你也读不到任何关于乐器的信息。一切都顺理成章地发生，并且崇拜参与者的全部精力都集中在讲道、祷告和诗歌上，都只关注这个简单的三部曲。即使会施行洗礼，会行圣餐擘饼之礼，会在执事就职时行按手之礼，但你并不会发现任何固定形式。以福音的宣讲为中心，其他一切都有条不紊、自然地开展。

改教时期亦盛行同样的情况。当人们在户外田野里崇拜时，仪文仪式无关紧要。真正重要的是有一位鼓舞人心的传道人。无论何时何地，只要他开口，人们便会成群结队地离开城市。他们聚精会神地听他讲道，他们祷告并唱诗，之后带着安慰、鼓励与力量回到自己家中。

然而，这当然没有延续下去。首先，因为持续维持如此高涨的灵性是很困难的。其次，从长远来看，随着信徒人数的增加，我们便不能再忽视某些形式了。属灵生命有蓬勃的时期，有稳定的时期，也有衰退的时期。或许我们并不希望如此，但这是显而易见的事实。

---

[3]　中注：见荷文版350-351页。

当使徒在世时，属灵生命在新形成和受逼迫的教会中空前高涨，使大家灵里富足。但当使徒去世、迫害停止的时候，这生命亦随之衰退，生活回归平常的节奏。在 19 世纪初的信仰复兴运动和荷兰复兴运动的日子里，甚至在分离派和哀恸派的日子，亦是如此。一开始，生命都在圣洁、充满属灵热情的时代被塑造，意气风发且满有益处，但随之而来的总是愈渐冷淡的日子，让世俗之情再次填满心绪。

　　这些差异一直影响着敬拜的方式。在宗教复兴时期，人们常常渴望真正的灵性，而这似乎可以满足大家在各方面的需要，因为他们能通过讲道、祷告和诗歌，从大量的圣灵的彰显中得到喜乐。但是，当人恢复寻常温和的心境之时，仪式也随之出现，为属灵生命提供帮助。在属灵低谷的悲哀时期，当**属灵生**命萎靡不振、失去原有的力量时，更多诉诸感官而非心灵的**仪式**便派上用场。参加崇拜的人数似乎也随之大大增加了。

　　【使徒时期的教会显然人员稀少。信徒在楼房上聚集。彼时没有教堂建筑，他们也不需要这些建筑。五旬节在耶路撒冷发生的事是个例。我们读到的那些三千、五千人是从四处过来聚集的人群，他们当中大多数人在节期之后就会离开耶路撒冷。我们在使徒著作中从未发现有记载一间教会的人数有上千或上万。】[4]

　　但这是日濡月染的改变。信徒的数量缓缓增加，教堂变得不可或缺。当成千上万的人开始在同一个教堂里聚会时，也需要采取不同的措施。这些措施包括维持秩序，通过讲道回应人们的需求，以及协助会众合唱。【这在当今仍可体会。乡村的一间 100 多人的教会，一切都有条不紊地进行。牧者在自己的行动上也不会感到有丝毫的压力。相反，若领导一场两千人的聚会却无一定的规章，那么就不可能保持秩序。牧者必然感到自己需要做更多的事，注意力要更集中，从而能以恰当的方式做事，能按要求来讲话。】[5]

---

[4]　中注：见荷文版 352 页。
[5]　中注：见荷文版 353 页。

尽管秩序和规则在祷告，唱诗和讲道时必不可少，它们在一些注重敬拜感官方面的庄严仪式中，更是不可或缺。制定防止场面混乱的明文规定也迫在眉睫。这样，在保障仪式的庄重之时，也得以维持和谐，预防混乱，及平息躁动。对于将亲历这些仪式所带来的祝福果效之人而言，他们必须明白，这些都是由一位更高的灵策划安排的。

【这些形式的消极一面就是，如此行之人的心灵被忽略，从而导致他进入僵硬无生气形式的危险中。除了让教会的生命保持在高的属灵层面，我们无法规避这种危险。然而正因如此，分开思考这些形式礼仪尤为重要。会众越敏锐地意识到这些，信徒就越能提防将这些神圣的礼仪形式变为呆板僵硬的礼节。】[6]

因此，我们一方面有一个以"讲道、祷告和唱诗"的类别，利用讲述或歌唱的话语（即我们正常的崇拜仪式）作为圣言服侍的三个要素。另一方面，另有单独一个类别，即教会礼仪。这类与第一类的主要区别在于，其突显的是所执行的行动，而非言语。[7]

当然，这种差异并非绝对。【讲道、祷告和唱诗中也有行动；反之，教会礼仪中也有言语。在讲道、祷告和唱诗中，一个人不可能将自己的肉身置于一旁，只用灵来表达。因此，存在各种不同的习惯，在祷告中或闭上眼、双手合拢，或站立，或保持就坐，或下跪。虽然身体参与灵魂的表达在讲道和唱诗中可能较不明显，但是无疑是有的。讲道时的手势就证明了这一点；唱诗亦然，是否如我们一样坐在那里，还是如苏格兰人一样站立，这是在唱诗时对潜在身体姿态之意义的问题。为了唱得优美，我们的胸腔必须要在一个状态，从而让声音能轻松自由地发出，让呼吸不会急促。在说话的情况下，就坐时的胸腔多少会被压缩；而站立时，胸腔会更加舒展；因此，我们国家会有人抱怨坐着唱诗并不舒服。在其他时刻，当人

---

[6] 　中注：见荷文版 352 页。
[7] 　中注：本段及以下内容在荷文版中为第八十三章，标题为"De kerkelijke plecbtigbeden (Slot)"，译作"教会礼仪（结论）"。

们想要投入重要的圣诗歌唱时，就会或自发或自然而然地起立，这在唱圣诗时是最常见的。】[8] 通过更仔细的观察，我们不难发现，在讲道、祷告和唱诗中亦会涉及一些身体行动。所有圣言的服侍，不单是属灵表达，亦会涉及一些肢体行动。

相反，我们的确想不出任何一个不借助文字进行的教会礼仪。我们现有的关于教会礼仪的书面文件即可证明。在我们改革宗教会，并没有全程静默的仪式。奉献的确是在静默中进行的，但即便如此，也会以通告和一段简短劝荐的方式予以介绍。在我们的敬拜礼仪中，尚无哑剧。【根据东方教会特征的建筑，这可能存在于东方教会，进入了她的教会领域。我们西方基督徒，尤其是改革宗人士，并不知道这些。然而，我们需要承认的是，在我们中间，行动中的言语有时会带有错误的成分，因而十分强调它真实意义无关乎态度和礼仪。众所周知，过去的四十年是多么特别，圣言的牧者，甚至在施洗的时候，都是长篇大论，以至于所洒的水如同话语这条溪流中的几滴，从而洗礼的洒水难以得到重视。即便这种过度不予考虑，事实仍然是，话语和说话在教会仪式和教会性的行动中有其自身的地位；这甚至在一般的关系中也是如此。即便在洗礼时不说任何话，只宣读规定的仪文，话语在这次行动中仍是不可或缺的。】[9]

但即使我们承认，话语文字不会在没有相应行为时单独出现，任何行为亦不会在没有相应话语文字时单独出现，这却并不会消除以**话语**相关和以**行为**相关的两个类别之间的根本差异。【在敬拜的任何一刻，我们的灵魂都是带着身体，我们的身体都是带着灵魂。然而，即便我们总是全人在行动，就是同时以身体和灵魂在行动，却不免会有时候是灵魂的表达，有时是富有意义的行动或印象来主导敬拜。前者是关于话语，就是主要**来自灵魂的表述**，后者是关于所**采取的**行动。】[10]

[8]　中注：见荷文版 354 页。
[9]　中注：见荷文版 355 页。
[10]　中注：见荷文版 355 页。

各种礼仪

　　教会各样的礼仪包括：圣洗礼、圣餐、执事就职礼、婚礼、忏悔礼。在某种程度上，这也包括奉献。我们甚至可以将教堂奉献礼、革除圣餐权、重新接纳教会成员和葬礼也算在其中；【在我们国家有些地方，最后一项仍与教会间接相关。】

　　这些教会礼仪在性质与重要性上的显著不同，都直观地体现出来了。我们需要特别分辨圣礼在执行上与其他仪式的差异。然而，无论圣礼与其他仪式有多大区别，从礼仪上来说都能归于同一类别。当要在教会中举行某个活动时，从礼仪上说，大家只需要遵循一个主要原则，即所有参与者要清楚该做什么，如何去做，并且当有更多的人参与时，要知道如何与之互动，要做什么动作，完成什么行动，由谁带领、谁来跟随，何时被动、何时主动。简单来说，你必须清楚怎样举止合宜，这样才不会中断仪式，并且令整个仪式会和谐有序地进行。【无论是举行圣餐还是婚礼，这个问题始终如此。我们并非是要远远地将他们同等对待，而是因为他们都有相同的问题，比如牧者在这些礼仪中该做什么，助手和信徒又该做什么。】[11]

　　比如，圣餐在各个宗派有不同的举行方式，即使采用改革宗圣餐礼仪的教会也各有不同。在我们教会，大家会聚到圣餐桌前。在圣公会和很多路德宗教会，大家会起身走向牧师，而牧师会站在栏后或一个小桌旁，给大家分派饼和杯。在很多法国教会，惯常的做法是让执事分发饼和杯，而会众仍然坐着。当然，如何完成都是预先决定的。大家应该提前了解制定的规则是什么，否则混乱喧宾夺主，礼仪的庄严肃穆便被破坏殆尽了。

　　婚礼仪式亦然。每个教会也会有不同的方式。不同国家的风俗也大相径庭，有时甚至同一个国家的不同省市都不尽相同。牧师需

---

[11]　中注：见荷文版 356 页。

要留意到这点。牧师必须清楚自己应如何行事，自己必须做什么，如何履行自己的职责。新郎新娘必须预先明白他们自己需要做什么；他们的家人朋友也一样。

【虽然圣礼在属灵的价值和意义上与其他教会仪式极不相同，但是它们在礼拜仪式上与其他仪式同属一类概念。它们都要处理的问题包括谁带领，参加的人都要了解他们行动的既定方式。值得注意的是，这种礼拜仪式的整齐划一让基督教大部分教会（基督公教、基督正教、科普特教会等）增加了圣礼的数量，并且其中有些教会仪式也被赋予了圣礼的特征。婚礼、圣职授任礼、忏悔礼、入会礼逐渐被赋予了**圣礼的概念**并非偶然。在这些仪式中突出的，是为临终之人进行傅油圣礼。】

【有人从教义和释经的角度，站在完全不同的立场为这些仪式的圣礼特征来辩护论证。这个事实不能否认。但从历史角度来看，这种【圣礼的】洞见绝非源自要理层面，而总是来自生活的事实。由此可见，这就很好地解释了真实的圣礼和其他教会仪式之间的巨大差异为什么总是不够清楚地被觉察；这也解释了为什么这些确定的圣礼，并非总是很好地突出这些教会仪式明显的礼仪特征。于是，为了强化这些礼仪的印象，本只属于教会仪式的两项圣礼的特征，逐渐并以不被人察觉的方式，归附了一些或众多的教会仪式。如果信徒的灵魂总是保持活力，并清楚意识到真实圣礼中因恩典而赋予的特征，这一切就不会发生。然而，教会在扩张的过程中并未保持这种状态；尤其是教会在东地中海沿岸地区首次扩张时，一切事物属灵特征的强烈表现只维持了短暂的时间。因着这样的教会处境，显而易见的是，这些以神圣方式施行的庄严礼仪，逐渐地就使人对它们产生与圣礼相同的印象。因此，圣礼与这些仪式的差异，例如洗礼和婚礼的差异，不再清晰地被人觉察。若圣言的敬拜能被用于一次次地回忆已丢失或被遗忘的差异，那么这种混乱就可以被避免。然而，这并未发生。这种概念的混淆，在没有遭到多少抵抗的情况下，就被广泛传播了。当教会中的实践几乎废除了一切的差异时，

圣礼的概念就被变更，以致囊括了其他教会仪式。】[12]

　　以上的讨论是必要的。这样，圣礼和单纯的礼节性活动虽归于同一类别，但不至于因着关于礼仪的讨论而不经意模糊了圣礼和其他礼仪的区别。为了让这个问题更清晰，我们将讨论分成了两个部分。我们会首先讨论两个圣礼，之后会讨论礼节仪式。【直至现在，我们并未要审判或谴责他人。我们只要求在我们这一方自由讨论这个教会问题。任何不认同我们接下去要指明的理由的人，可以自由地延续他们自己的行事方式。但是，我们所提出的主张不会无效，除非他们所追求的实践有更好、更合理的理由来反驳我们的做法。】[13]

---

[12]　中注：见荷文版 358 页。
[13]　中注：见荷文版 358 页。

第三十三章 圣洗礼的施行

洗礼的施行与教义

在我们想要讨论的两个圣礼中，应该先讨论**圣洗礼**的施行。我们要考虑的是洗礼的**施行**，而不是其**奥秘**。【礼拜仪式的关注点并非上帝如何在圣礼中并透过它的**行动**（handeling），而是被呼召的人在此庄严仪式中的**行动**。】正因为有人的参与，礼拜仪式必须在《圣经》、合理性和效率的基础上，设定一些准则让众教会依从，【而且这也是礼拜仪式的任务】。洗礼的敬拜和其教义的意义不应被混淆。【这并不是指这项庄严行动之准则可以在脱离洗礼奥秘之教义的情况下来设定。】在这些庄严而神圣的事情上，我们总要致力于表现其本质与形式之间最美的联系。可是关于洗礼教义的各种争议，至今仍未处理。礼拜仪式预设了此种教义理解已经坚固确立，【并从此坚定信念中衍生动机】。[1]

---

[1]　中注：见荷文版 359 页。

每个人都明白，如果一套礼拜仪式缺少一个有关圣礼的明确认信记号，这是难以想象的。要撰写一套同时基于基督正教、基督公教、路德宗、改革宗和浸信会对洗礼之理解的礼拜仪式，也是一件不可能的事；【试图为所有这些持不同认信的教会预备这项庄严的行动，是无法书写成文的。】各派对洗礼教义的不同见解应归属于要理层面，而非礼拜仪式。对我们而言，会从改革宗的角度来思考洗礼，并特意忽略在我们当中可能出现的不同观点。[2]

洗礼的象征意义

【现在，我们开始讨论圣洗礼，首先需要确定的是：】施行洗礼是一个**象征性的，而非真实的行动**。我们如此说并非否认上帝确实在洗礼中**直接**作工，或者至少说祂可以如此做。我们唯一想说明的是，人的行动（handeling）本身并非恩典的媒介。改革宗教义对此有清楚论述。【无论是洗礼所洒的水还是当时所说的话，对受洗者的身体和灵魂都没有任何真实的恩典果效。】在这一点上，我们有别于基督正教、基督公教、甚至一些路德宗教会。根据我们的认信，人们在施行洗礼中的行动纯粹是象征性的。水仍然是纯净的水，并不是属灵恩典的独立传送体。[3]

如果这就是圣洗礼礼拜仪式的固定出发点，那么施洗的行动必然是象征性的，借此描绘和表现一些事物。它所描绘的就是**罪的洗净**。【接受洗礼的受洗者是一个灵魂和存有皆受到彻底污染的人。】[4]灵魂本应是纯洁的，却被原罪所玷污。恩典将原罪连根移除，使不洁

---

[2]　中注：见荷文版 359 页。

[3]　中注：见荷文版 359-360 页。

[4]　中注：英译本时常将荷文 doopeling 译作 infant being baptized。按照字意，doopeling 应译作"受洗者"为佳，包括受洗的成人和婴儿。见荷文版 360 页。

净、受玷污、被污染的人变得纯洁，使人能以洁净、无玷污、已洗涤的状态与我们相见；"洗净我们的罪"就是此意。这种洗涤必须在洗礼的行动中象征性地描绘。这也是无法想象不用水的洗礼的原因。

浸水还是洒水？

既然古时的洗礼以浸水来完成，我们就难以否认这是最佳描绘象征意义的方法。灵魂的污点、因罪而来的污染和因遗传的堕落而有的不洁净，并不只影响受洗者的某部分，而是渗透其全人。他全人必须在基督的血中被洗净，而非其中一部分。对受洗者而言，把全身浸在水里，从头到脚都洗净，就是表达洗礼意义最完整的象征性描绘。

异教徒的洗礼是这样，施洗约翰那个年代也如此行，就连腓利对埃塞俄比亚的太监也是如此，及至多年以后仍保留同样的做法。我们需要非常谨慎，不要批评仍然施行浸礼的教派。假如浸礼在现今能以适当的方式进行，并且没有衍生其他问题，那么受洗的象征性表达无疑是更加完整的。洒水礼的几滴水永不会像完全浸入水中那般，给人留下洗净的深刻印象。与此同时，有三个因素导致浸礼不再被沿用：其一，气候的差异；其二，婴儿洗礼的兴起；其三，洗礼中的会众参与。【诚然，这三个因素在此起决定作用。】[5]

临到我们的整本《圣经》启示都来自气候温和的中东地区。在该地，在河里洗澡是正常的。因此，在施洗约翰的时代，无人讶异于受洗者在人群面前裸露上身，把自己浸没在河水中片刻，再离开河床回到河边。然而，在我们身处的地理区域，除了几天温暖的夏日，气候并不允许如此行。故此，我们有不同的习惯。在众人面前

---

[5]　中注：见荷文版 361 页。

举行的户外洗礼，从道德的角度来说是不受欢迎的，从健康的角度来说也是不允许的。诚然，我们可以用大浴缸代替河流来施行浸礼，但在这种情况下，自然环境被人工环境所取代。无论本来的河岸景色是何等美丽和吸引，只要唤起浴室的景象，就会变得拘谨和强迫。【如此行，施洗行动的庄严性荡然无存，不再符合神圣要求的严肃性。这给人的印象更多是引发好奇的表现，而非表达荣耀属灵真理的象征性行动。】[6]

我们必须要承认，这对于基督正教教会的惯例而言，并不同样为真确的。在基督正教教会中，接受洗礼的孩子浸在洗礼池中。对于小孩来说，他们的情感不会因脱去衣服而被冒犯，而且小孩的身躯细小，一个稍大的洗礼池就足够让一个小孩完全浸入。【此外，保持安置洗礼池的洗礼室的温暖和一定温度，不让孩子着凉，也是可能的。】[7] 然而，我们不是想提倡基督正教教会的方法来取代我们的洒水。我们须要记住，随着婴儿洗礼的引进，洗礼的外在行动已完全改变。

归信洗礼与婴儿洗礼

施洗约翰和使徒时代所施行的洗礼，都包含受洗者的主动参与。当婴儿洗礼被引进后，这种主动参与已被完全摒弃。当成年的归信者献身受洗，这洗礼是授予他个人的。受洗者主动浸在水中，随即又回到水面，所以整个行动（handeling）更丰富和具有意义。这位受洗者的行动就是归信者的行动，因而就更关注他个人的归信，而非他重生的神秘方式。【受洗者是被动的，而非主动，】而这正是重生与归信之差异的特点：所有出生，包括重生，恩典的接收者是

---

[6]　中注：见荷文版 361 页。
[7]　中注：见荷文版 362 页。

被动的，而在归信中似乎是主动的。[8]

当然，在婴儿洗礼中，这种差别并不明显。新生的婴儿不能自己能站起来献身受洗，【这与受割礼的情况一样】。他不能走路，只能被抱在怀中；他什么都不能做，只能被动地接受洗礼。【这里不会出现任何主动的层面。】从始至终，受洗的孩子总是被动的。这位婴儿才刚出生，【对此出生的回忆自然而然会浮现】。这位婴儿还没有犯下任何人意的罪，只有他的原罪需要被洗净。这种洗礼不可能涉及归信，只能象征属灵上的重生。【故此，自然而然会发生的是，从成人洗礼转变到婴儿洗礼必然完全改变圣洗礼的形式，从而逐渐需求一种完全不同的施行方式。】[9]

【只要成年男女来受洗，那么这种进入河水的行动就表达了一些美妙、超越和丰富的内容。但是，将婴儿带入河水中甚无意义。】初生婴儿需要非常温柔地对待，每个细节都须小心、安静和谨慎，因此要求婴儿浸在河里并不合适。至于住在暖和地区的成年异教徒，或穆罕默德的追随者是否应该采用施洗约翰施洗的方式受洗，仍然是一个悬而未决的疑问。然而，无论是在这里还是在中东，当谈到婴儿洗礼时，因着小孩的被动属性和缺乏实际个人的罪孽，浸礼的方式都必然被排除。[10]

此外，我们必须考虑与会众的联系。施洗约翰替每位男女个别施洗，尽管没有其他人在场。我们读到腓利独自在路上，邀请埃塞俄比亚的太监从马车上下来受洗。再看耶稣的洗礼，我们可以假设除了约翰，并没有其他人在场。【此外，在基督正教和基督公教，以及一些宗派中，这种个别性的概念仍然存在，以至于婴儿被带到会众聚集之外受洗。此种情形在路德宗的紧迫性洗礼中仍然流行。】在这些情况下，几乎所有对礼拜仪式的要求都不存在，施洗的人只需要确保洗礼被正确地施行。另一方面，对我们这些改革宗人士来

---

[8]　中注：见荷文版 362 页。
[9]　中注：见荷文版 362 页。
[10]　中注：见荷文版 362-363 页。

说，圣洗礼必然是在会众的聚集中施行。【这样的想法对象征性行动（zinbeeldige handeling）的选择有决定性的影响。这便排除了浸入式，并以洒水式取代。】[11]

因着对婴儿洗礼的接受，关于圣洗礼的想法必然以不被觉察的方式产生了巨变。这种改变甚至连许多优秀、极具慧眼的神学家也忽略了。所以，我们再次特别关注此关键变化并非多余。[12]

起初，凡献身受洗的人都被定为不洁净和污秽的。在洗礼中，不洁净和污秽得以除掉，从水里上来的人如今洁净无瑕。而且，这种洁净在过去正是由洗礼仪式所描绘。从来没有人说是河水把罪恶冲走。正如彼得所说，水是除去"身体上的污秽"，而洗礼是除去灵魂灵性的污秽。【这两方面是平行的，从未证明灵性上和肉体上的洁净之间有建立或设定任何实质联系。】灵性上与物质上的洁净是两个独立的行动，只有通过上帝的命令，才能把两方面【以象征的方式】相连。[13]

重要的是，那献身受洗的人本来是异教徒，借着洗礼的记号得以被带进天国的【团契（gemeenschap）】中。他也有可能是犹太人，但这在属灵层面上并没有区别。施洗约翰和法利赛人之间的争论就在于：法利赛人断定外邦人确实需要透过洗礼的水来洁净，但犹太人不需要。另一方面，约翰断定异教徒和犹太人都不洁净，所以洗礼对双方来说都是必要的。

【犹太人在施洗约翰很早之前就引入了为异教徒施洗的仪式。他们认为，为要成为犹太人，外邦人不仅要行割礼，还要受洗。外邦人生活在一个不洁净的世界中，已经被外邦人生活的污秽玷污。如今，他不能进来领受主的产业，而必须要洁净外邦人生活的污秽。相反，若说属于主袍自己之产业的犹太人是不洁净的，这是不可想

---

[11] 中注：见荷文版 363 页。
[12] 中注：本段在荷文版中为第八十五章，标题为 "Bediening van den heiligen Doop (Vervolg)"，译作"圣洗礼的施行（续）"。
[13] 中注：见荷文版 364 页。

象的。一个人若未看到属灵上的洁净和《利未记》所描述之洁净的差异，就不可能理解一个确实按照《利未记》方式得洁净的犹太人，在属灵上可能仍不洁净。对犹太人而言，任何一位亚伯拉罕的子孙都无需洗礼。】[14]

【与此相反，施洗约翰论道，这一切对于将人纳入以色列民族关系之中可能是真确的，但是此处的问题是将人带入一个更超越的关系，就是天国的属灵关系。无论是犹太人还是外邦人，在将他们纳入此属灵关系一事上并无差别。他们当中任何一个人最初都在此关系之外，因而在属灵上是不洁净的。故此，属灵上的洁净对于犹太人和外邦人而言都是必不可少的；此意象就体现于洗礼。】[15]

【此思路和必要观念所产生的结果就是，我们在洗礼初始看见了两个方面：受洗者在接受洗礼时的不洁净，和他在洗礼中接受的洁净。过去充满罪的心被洗净，除去了罪的污点。与此平行对应的是，充满灰尘和污垢的身体，藉着浸入河水而洗去了污秽。因此，此意象是完美的。这两个方面都先是不洁，在灵魂和身体上都是如此。这两个方面都得到洁净；灵魂靠着属灵的行为得洁净，而身体靠着河水得洁净。】[16]

属灵上的洁净【持续表明】外邦生活与天国生活的鲜明对比。当基督的教会【尤其透过保罗的服侍】在以色列外的异教徒中扩张时，这种对比变得越发鲜明。【此种反差是切实可见的。】异教徒的生活是属情欲和世俗的，也是拜偶像和被撒旦的力量所支配的生活。在上帝的国里却是相反。这是一种在属灵的敬虔与崇高的爱中为天国而活的生命，不服事偶像，乃服事天上的父。在这一切中，人实际上是被基督的灵和能力所掌管。从异教徒的圈子离开，继而

---

[14]　中注：见荷文版 364 页。此处编辑根据上下文的语境添加了"对犹太人而言"，这并不见于荷文版。若无此片语，最后一句与上文的联系就会产生歧义。

[15]　中注：见荷文版 364-365 页。

[16]　中注：见荷文版 365 页。

进入天国圈子，诚然就从黑暗的世界转入上帝所爱的儿子的国度。如此经验可以解释洗礼礼文中逐渐出现所谓弃绝魔鬼的原因。【外邦世界越发承受咒诅的苦果。它伏在罪恶权势之下，使徒们从来都是毫不犹豫地宣告，撒旦在这权势中庆祝牠的胜利。保罗称偶像庙宇中的祭坛为魔鬼的宴席；与此相反，他在晚餐中举行主的宴席。故此，从这种外邦生活迁移入天国，实际上就是放弃对撒旦的顺服，继而顺服基督。】一个曾经服在魔鬼的权势和能力之下的人，却被基督拯救了，所以如今是属基督的了。[17]

　　【因此，这里是一个个人救赎的概念，却藉着对撒旦权势之下的人救赎的概念被复杂化了。领受洗礼和实际的被洗礼，就是弃绝撒旦，宣誓忠于耶稣，与外邦生活割裂，迁入天国。在外邦人中，淫乱者、拜偶像者、贪爱钱财者、醉酒者、辱骂者定了基调；这些人不能承受上帝的国。对此，保罗说你们如今已是基督徒的人，也曾是那样的人，"但如今你们奉主耶稣基督的名，并借着我们上帝的灵，已经洗净、成圣、称义了"（林前六11）。每个人在当时都可以理解这点。这是一种冲突和迁移，在概念上对于每个人清晰明了。这是他们的过往和现在、外邦生活和基督徒生活、偶像和上帝的基督、撒旦和上帝的爱子之间的反差。】[18]

　　然而，当婴儿洗礼变得普遍时，这种观点产生了很大的变化。如今教会面临着一个将主导整个未来的问题：究竟我们所生的孩子，是像异教徒的孩子一般不圣洁，还是圣洁呢？作为主的使徒，保罗为这个问题提供了一个决定性的答案：即使父母中只有一位进天国，我们的孩子仍然是圣洁的。他非常清楚地说道："因为不信的丈夫会因着（相信的）妻子成了圣洁；不信的妻子也会因着（相信的）丈夫成了圣洁。不然，你们的儿女就不洁净了，**但现在他们是圣洁的。**"（林前七14）

---

[17]　中注：见荷文版365-366页。
[18]　中注：见荷文版366页。

　　这是一个崭新的思维，一个完全无人怀疑的真理，并改变了哥林多教会关于洗礼的整套观点。请注意：在当时，献身受洗的人在洗礼前是污秽和不圣洁的；如今，在婴儿洗礼中，孩童并非以不洁净之身受洗，而是以洁净之身而受洗。因此，在洗礼施行方面出现了彻底的扭转，并直接主导洗礼的象征意义。这种彻底的扭转包含两个层面。首先，在洗礼的过程中，受洗的婴儿并没有任何行动和认信，他们一直是完全被动的，是被带到洗礼池边，对所发生的一切一无所知。其次，受洗的婴儿在洗礼前并非被视为不洁，乃是洁净的；非不圣洁的，乃是圣洁的；不是属异教世界的，乃属上帝的国。

　　【婴儿洗礼给圣洗礼的意义和施行所带来的彻底改变，再怎么强调也不为过。但是，我们在有些方面仍需要仔细解释。现在，我们仅仅增加一项评述。】成人洗礼仍在我们中间进行，然而有两种截然不同的类型。一种是为那些生来是犹太人、穆罕默德的追随者或异教徒的成人洗礼。另有一种成人洗礼，是为那些父母都是基督徒，但因为忽略或其他原因而未受洗礼之人。这两种成人洗礼在原则上（principieel）不相同；实际上，同一套礼拜仪式不能同时满足这两种洗礼的需要。那些父母是基督徒，但因某种原因而延迟受洗的人，其情况与已受洗的孩子是一样的。我们的成人洗礼的礼拜仪式适用于这一类成人。受洗的人并非不洁净和不圣洁，乃是圣洁的。但如果是一位异教徒或穆罕默德追随者在爪哇岛或松巴岛[19]受洗，或者在我们中间有一位犹太人受洗，情况就很不一样了。此时，我们要重回初期教时代的洗礼原意，不圣洁的受洗者在洗礼过程中，并透过洗礼成为圣洁。

　　如此说来，圣洗礼的性质已然改变，至少已经从归信洗礼转变为婴儿洗礼。因为此变化后的性质，洗礼如今已成为敬拜的一部分，

---

[19]　英注：两个荷属东印度群岛殖民地的岛屿，是现在的印度尼西亚。

所以在讨论敬拜的要求时，我们有必要关注此事。[20]【施洗约翰并未在信徒的聚集中，而是在旷野施洗。埃塞俄比亚太监不是在教会中，而是在去往迦萨的路上由腓利洗礼。这并非意味着一个归信洗礼不能在信徒的聚集中施行，而是说这并非是固定的规定。当达寇斯塔（Da Costa）受洗的时候，礼仪在教会中举行。那时，众人在此归信洗礼中看见接纳从前在教会以外的人进入教会的记号。在此过程中，洗礼发挥作用，并十分适当；但是，这种作用并非来自洗礼自身的根本。】[21]

归信洗礼的基本前设是私人性和个人性的。一个会众之外的犹太人、穆罕默德的追随者或异教徒归信了，并承认耶稣是基督。在此，我们看到圣灵在一个特定的人身上个别动工。也正因洗礼不是吸收纳入的象征，乃是洗去我们罪的印记，腓利才得以为太监施洗。

然而，当论到婴儿洗礼的时候，情况就完全不同了。我们要面对的不是正在出现的**新**一代，而是正在成长的**第**二代。在婴儿身上，人并不能找到一个交流点。婴儿不会说话，不会表达，也不懂得做任何事情。一个躺在摇篮里的婴儿，在我们的眼中和一对不信主夫妇所生的孩子没有任何区别。【再者，我们没有任何方法考查婴儿的灵性层面。】所有的属灵觉知（besef）仍然是隐藏的。上帝看见并知道婴儿的内在，但我们是在完全未知中去行。在这种【无意识的】情况下，婴儿洗礼就谈不上是归信，因为只有上帝才知道，这颗重生的种子是否已经放在婴儿的心里。[22]【我们并不知道；我们缺乏任何观察、探究和控制的渠道。我们可以了解被拣选之人，了解那些后来咒诅耶稣之名的人；我们也可以了解忽冷忽热的人，如温水的人，和被耶稣从嘴中吐出的人。因此，就婴儿自身而言，没

---

[20] 中注：本段及以下内容在荷文版中为第八十六章，标题为"Bediening van den heiligen Doop (Vervolg)"，译作"圣洗礼的施行（续）"。
[21] 中注：见荷文版 368 页。
[22] 英注：凯波尔认为"假定重生"在历史上就有改革宗教理学予以教导。然而有许多改革宗神学家强烈反对凯波尔的观点，尤其是 20 世纪 40 年代的卡拉斯·斯赫尔德（Klaas Schilder）。

有任何缘由支持为婴儿洗礼。若你只关注婴儿本身，那么他们甚至无资格受洗。】[23]

【诚然，此处还混杂了另一种可见于路德宗、基督公教和基督正教教会的观点，就是人们开始从洗礼自身的观点出发，这并非是改革宗的观点。我们的认信在过去和现在都是：洗礼本身不会带来恩典，因而重生不会透过洗礼这个管道发生。在改革宗圈子之外，很多人却都如此认为。他们以各种方式有如下教导：洗礼不是一个已领受之恩典的记号和印记，而是一个恩典的管道；此恩典只有透过圣礼并在圣礼之中发生。此处不再详细阐述。并非所有人都如此认为。然而，此处所阐述并仍保留的观点是：我们无需询问孩童内在有什么，而是透过洗礼本身将救赎的要事带给孩童。于是，这就无需前提条件。将要受洗的孩童不会抵制他所不能做之事，并有人带他去洗礼，有人代表孩童寻求洗礼，这就足够了。】[24]

【若事实就是如此，又有什么会阻止每个被带来的孩童接受洗礼呢？若一个人可以饶恕一个活生生的生命体却不如此行，这就是没有爱。那么，最自然而然的事就是设立一个规定，为任何一位被带入洗礼室的人施洗，且立即要为每个孩童施洗。孩童可能会夭折，那么他们就会在恩典之外去世；这乃是我们的过错。因此，基督公教会立刻将新生婴儿带到洗礼室，他们和路德宗在举行紧迫性洗礼方面亦然。这一切都紧密联系并源自同一个根本概念。因此，所有此种洗礼自然在会众的聚集之外。他们不能也一定不要等待。无论会众是否聚集，洗礼必须进行，不可拖延。若没有时间前去洗礼室，那么孩童就在家里受洗。此外，若没有传道人、牧者或教宗在场，那么接生婆或其他人就可以施洗。如是，归信洗礼和孩童洗礼都在敬拜之外，至少按在信徒聚集中敬拜次序来理解是如此。】[25]

---

[23]　中注：见荷文版 368-369 页。
[24]　中注：见荷文版 369 页。
[25]　中注：见荷文版 369-370 页。

洗礼与割礼

　　【但对于我们改革宗人士而言，事情完全不同。若我们承认】**此恩典**就是重生的恩典，并非透过洗礼这个管道而来，而是假定恩典与洗礼一同作工，洗礼就是恩典的记号与印记，【那么我们就】需要一套规则来决定谁家孩子**可以**受洗，谁家孩子**不可以**受洗。由于婴儿本身没有明显的标记，此规则必须受完全不同的规定所约束。改革宗认信从割礼中导出此规则。因为洗礼代替了割礼，信徒的孩子们是作为上帝盟约的后嗣而受洗。[26]

　　可是，我们必须提防误解。以色列人所牵涉的，是一个国家民族之约，也是属于特定的民族。要么是犹太人，要么是非犹太人。再者，所有犹太人，即使是已离弃以色列信仰的犹太人，也都曾受割礼。这约的根基是在肉身上，是在亚伯拉罕的后裔之中。【在此意义上，】这约的概念自然没有延续到新约时代。只有以下思想被传递下去：上帝通常以代代相传之法，将自己与祂的儿女，以家谱的方式相联结。恩典并不常常依从自然的管道，属灵的恩典也不是遗产。然而，上帝喜悦透过信主的父母、祖父母，或更早的祖先，生出祂的选民。自然生育与恩典的进程不一定一致，但这两条线都由上帝牵引而相互触碰。教会由此引申出一条准则：信主之父母所生的孩子在出生时就被成圣。

　　在这一点上，我们无需继续深究。此准则仅源于世袭的过程，绝不可能是你从孩子身上发现或感知而得的。这也是一条无人能验证或证明的准则。主已经将这条准则赐给我们，所以我们只须遵行，不用深究。我们知道，这条准则不适用于所有儿童。经验显明，并非所有信主父母的孩子他日都会成为信徒。上帝要求我们在这件事上只管服从，因为这条准则的责任并不在我们身上，我们也不用承担责任。

---

[26]　中注：见荷文版 370 页。

家长与教会的责任

这条准则所产生的必然结果，就是婴儿洗礼必须在会众中间施行。【具体案例是怎样呢？假如信主父母的每个孩子都被认为是"成圣作基督的肢体"，因此有权利受洗，那么婴儿是否接受洗礼就应由父母来决定。于是，问题就不是孩童内在是否有信心，而是父母是否有信心。然而，这并非如同数学运算那样确定。父母中也会有假冒为善者。所以，父母是否有信心的问题，对于那些凭借父母的声明而施行婴儿洗礼的人而言并未解决。这个问题不能由施洗者判断，而应由与父母有关系之人来断定。若圣言的牧者被委派为信主父母的婴儿施洗，那么委任他的教会必须向牧者说明父母是"相信的"。这不是任由牧者判断。教会并连同她的全体长执会都要对此判断负责。】[27]

【若上帝有在真信徒身上放置外在的记号，那么无论这是以何种方式，教会长执会都无需做此判断。包括牧者在内的每个人都可以看见这个记号，也没有犹豫或不确定性。然而事实并非如此。在此并没有外在可辨认的记号，我们无法对人的内心一览无遗，亦不能洞察一个人内在的死或活。】[28]

除了言语、操守和行为，也就是在认信和生活中的流露以外，教会不能依赖任何事物来判断父母。他们的信仰必须在这些方面表现出来，【而判断也必须以此为依据】。对于教会长执会来说，这是一项非常严肃的任务。长执会不仅要向全体会众查明和确立此判断，并且要在全体会众中继续监督，因为判断公布以后就不会更改。教会长执会不可能在成千上万会众的灵魂中完成此工作，只有全会众同心协力，互相管理监督，教会长执会的判断才有道德价值和意义。通过这种相互管理和彼此监督，婴儿洗礼的施行和全教会之间

---

[27]　中注：这段内容未采用英译本，乃直接译自荷文版 371 页。
[28]　中注：见荷文版 371 页。

建立起一种联系。故此，无论是紧迫性洗礼，还是在会众以外的单独房间中施洗，都是不允许的。

【教会必须知道是为哪个婴儿施行圣洗礼。主张为自己的孩子洗礼之人必须要出现在会众中，站在众人面前认信主，并愿意成为众信徒中的一员。因此，一切责任都取决于一个问题：将自己的孩子带到会众面前的人，是否被会众认为是弟兄姊妹，被接纳为一位信徒。这里绝不应有属灵上的模棱两可。我们只应从外在的记号，而不能、也不应从其他方面来判断，且需谨记教会长执会的预先判断。但是单论标准而言，这方面没有商讨的余地。我们整个婴儿洗礼的系统都有以下准则主导：信主父母所生的婴儿有资格受洗；对父母信心的任何轻看都会削弱洗礼的施行，因而削弱会众的根基。上帝的盟约必须要保持神圣，】也正是在信主与不信主父母的分别之下，圣约的神圣才得以显明。[29]

洗礼的方式 [30]

既然已经确定婴儿洗礼必须在信徒的聚会中进行，那么以下的理由必须在洗礼的方式中呈现出来。【接纳一位来自其他地方的弟兄进入教会（地方教会之意）无需任何礼仪，也不会有特意的接待或欢迎。然而，根据改革宗的规定，总要在会众当中接纳一位婴儿。这件事最初并非因为洗礼是接纳进入教会，而是因为婴儿受洗的权利来自他的父母，只因他们是会众的一员。】[31] 洗礼是约的印记。所以，假如婴儿的父母是在这个圣约内，并属于此会众的话，这印记就理当被印在婴儿的额头上。

---

[29] 中注：见荷文版 372 页。
[30] 中注：以下内容在荷文版为第八十七章，标题为 "Bediening van den heiligen Doop (Vervolg)"，译作 "圣洗礼的施行（续）"。
[31] 中注：见荷文版 373 页。

　　这就是在婴儿受洗之前，会众的关注点必须放在献呈受洗婴儿之人身上的原因。只有在此之后，会众才能把注意力放到婴儿身上。【时至今日，在教会层面并无制定任何举措来防治婴儿被削除。】会众一般会认为，献呈受洗婴儿的男女就是婴儿的父母，可是在一个人数众多的会众中，很有可能存在欺骗。或许有一个动机，使其亲生母亲不愿亲身献呈自己所生的婴儿。当然，父母必须出示婴儿的出生证明，但有谁料到像阿姆斯特丹这样的城市，有多少的出生证明是来自出生不久后就夭折的婴儿。一个母亲生下私生子而感到羞耻，但又不愿意让孩子不受洗。于是，她就在隐藏真实姓名的情况下，通过获取一份夭折婴儿的出生证明来达成自己的目标。虽然婴儿的真正名字不会记在教会的名册上，但该母亲知道，至少她的婴儿已经受洗了。【然而，正如上文所说，教会从未关注婴儿的身份，信徒故而或许甚至不会想到有此类欺骗，因为他们认为只有"信徒"的孩子才有资格受洗。故此，教会唯一需要肯定的是，将婴儿献呈之人必须是被人所知的"信徒"，因而是教会的成员；无需其他公开的要求。】[32]

　　在洗礼这件事上，父亲必须负责且是主动之人；这是不言而喻的。在有需要时，母亲可以是负责人。又假如母亲不能胜任，监护人可以成为负责人。然而，根据规定，父亲必须担起此角色，除非他已经死亡、生病或出门在外，才能让另一人补替。此外，必须要有见证人，以证明这婴儿是此人与他妻子所生的。妻子不能只说："我从这男人怀上这婴儿。" 这男人也必须表明这婴儿是他与他的妻子所生。【女性未婚生育的情形是并仍是教会中的羞耻之事，甚至不应在信徒中提及。因此，除非我们要丢弃会众的尊荣，否则敬拜以及与敬拜有关的准则只能如下假定：这受洗的婴儿是在合法的婚姻中所生；此合法的婚姻指向了主的谕令；男人和女人不是彼此而立为二人，乃是达成更高的合一；由于此合一的存在，所以不

---

[32]　中注：见荷文版 373 页。

是女人，而是男人是家庭的头，也是女人的头。因此，在公民和教会的领域中，都是男人常常说明或宣布与家庭生活有关的事务。诚然，在分娩后前几天，母亲要在房间里休养，因此无法直接参加婴儿洗礼。但是，这并不是父亲缺席的理由。父亲行动的根本理由就是：他是妻子的头，是家庭的头。这里必须要为血缘做见证，并且此见证不应来自女性，而应来自家庭的头。】[33]

【于是，对父亲出席洗礼要制定准则。他必须出现在会众眼前，会众必须知道他是谁，必须知道这位父亲是他们当中的肢体。在会众中对这位父亲的孩子所施行的洗礼是基于他的见证，这个被献呈的婴儿就是他的孩子。当然，这里也有特例。比如，或许孩子的母亲，而非父亲，是教会的肢体。因此，这项准则会有些许变通。但是，这类变通绝非敬拜的准则。准则乃根据平常的情况所定。平常的情况乃是，父母双方都是教会的肢体，都同被人所知为信徒。】[34]

既然父亲必须以孩子生育者的身份出现，那么他就不能坐在后排的长椅上。他必须出席在场，使聚集的会众都能见到他，并晓得他是谁。再者，若有许多婴儿同时受洗，他就必须在婴儿身边，使会众得知他是那婴儿的父亲。当婴儿受洗时，父亲把婴儿抱在怀里，这就是身份最明显的时刻。然而，这不是一项必须的要求。如果父亲能站在婴儿身边，使会众可以看到他是哪位婴儿的父亲，就已完全足够。不能否认的是，父亲通常不是抱着婴儿受洗的最合适人选。换是女人做的话，在美学上肯定更佳。女人在这方面有更好的天赋。【在生命初期的婴儿，通常更适合交托给女性，而非男性。】但这并不表示一定要母亲抱着婴儿。【这会触及关于洗礼延迟的另一个问题。在这方面，我们只需强调父亲为了要尽自己的本分，要在婴儿受洗时起协助作用，这就足够了。】当婴儿受洗时，如父亲能站在婴儿旁边，而婴儿被一位姐妹、亲戚、女性朋友，或者甚至是护

---

[33]　中注：见荷文版 374 页。
[34]　中注：见荷文版 374 页。

士抱着，这就足矣。【父亲需做的要紧事并非在洗礼中抱着婴儿，而是将婴儿献上受洗。当母亲在场时，虽然是她将婴儿抱在怀中，但是自然是父母一同来到洗礼池或洗礼盆前。】[35]

从礼拜仪式上说，洗礼应在全会众都能看到的地方进行。但这通常是不可能的。【如果洗礼区没有观礼台，】如果洗礼区与教堂的地板处在同一平面，那么只有坐在附近的人，才能透过洗礼池栏杆的空隙，隐约看到正在发生的事情。我们说"隐约"是因为通常在洗礼区里都放有一张长椅，所以坐在长椅上的人会挡住别人的视线。既然坐在附近的人只能看到一些，那么坐在远处的人就更加无法观看。除非有人站起来，或站在他的椅子上观看，将他身后人群的视线彻底挡住；这种情况也偶有发生。【正因如此，我们此处再次强调前文所要求的，就是施洗的地方要有一个升高的平台，前面不能摆放长椅，从而教堂中的每个人都能清楚看见所发生之事。现在使用的洗礼区完全与此相反，只因它阻挡而非拓宽会众的视线。我们对此断然拒绝，因为这直接违背了洗礼必须在信徒的聚集中举行的动机，因而与我们改革宗对洗礼认信的基本准则相抵触。只有当父亲与他的孩子（无论由谁抱着），在一个完全开放、稍微升高的地方，出现在全会众面前时，盟约的思想才得以被承认。】[36]

在这里还有另一个问题。在小型的会众中，教会的所有成员都互相认识。【因此，在这样的教会中，如果婴儿的父亲公开地出现，每个人都能见到他，这就足矣。】如此一来，会众就知道谁家的婴儿要受洗，以及父亲是否为会众中的一员。当然，在较大型的会众中，这是不可能的事。这位父亲不一定被教会里所有人认识。【众人看见一位完全陌生的人，并不知道他是谁。这是不允许的。若然，洗礼的准则所要求的就未充分实现。】可是，如果在每次洗礼前，主礼长老都宣读父母的姓名，或在教堂入口处预先张贴一份按照洗

---

[35]　中注：见荷文版 375 页。
[36]　中注：见荷文版 375-376 页。

礼先后次序排列的父母名单，这要求就能得到满足。【在信徒的聚集中，人们羞于自己的名字被提及，这是完全错误的。每当有需要代祷或感恩，那么在祷告之前就需要知道代祷和感恩之人的名字。同样，在洗礼之前，将孩子献上洗礼之人的名字也需要事先知道。将教会分为许多个牧区在这方面也会发挥相应的作用。但是，此时还无望普遍实施此种想法，但我们会有进步。尤其是遥远的距离，逐渐导致了一个事实：人们越发习惯融入一个特定的教堂。但是，如果我们继续将大型会众分为多个齐整的牧区，这个过程会有进步。所谓"追随"某个特定的牧者对于多数人仍旧是与生俱来的。然而，所有人都会同意，若洗礼的施行借着牧区划分的方式完成，那么洗礼也会带来益处。这样，每个人献上自己的孩子洗礼时，就是面对教会中特定的一群人。在他们当中，这位父亲更被人所熟知。与此同时，宣读或在公告栏公示受洗婴儿父亲的名字，也提供了一种暂时的解决方法。】[37]

教会必须反对为能使母亲在场而延迟洗礼的条例，因为此举失去了圣约的观念，【而此观念在洗礼的施行中与父亲联系在一起。】条例不应在情感基础上创建，而是创建在上帝的圣言上。延迟洗礼条例所带来的惩罚，就是导致数百名儿童未受洗就夭折了。【这将父亲降至为一个多余的角色，使他与自己的后代无关，因而也没有与恩典之约的天然联系。在这反对过程中，一些人开始针对母亲，认为母亲在洗礼中的出现，如同洗礼的污点；这点令人叹息。因此，信徒就没有尊崇正确的原则，而是削弱了这些原则。只要基于感情而支持母亲一方的朋友，对于他们而言，不可忘记的是，借着用母亲完全取代父亲，他们的情感违背了我们的认信，因而自然就引发了此种夸张的做法。】[38]

【洗礼的施行不会定在某一天。旧约定割礼的时间是在孩子出

---

[37]　中注：见荷文版 376-377 页。

[38]　中注：本段及以下内容在荷文版为八十八章，标题为 "Bediening van den heiligen Doop (Vervolg)"，译作"圣洗礼的施行（续）"。见荷文版 377 页。

生后八天。由此可推断，洗礼的恰当时间是在孩子出生后六至十三天之间。母亲在顺利休养后，不用冒险，可以在这段时间内去上帝的家中。难道母亲不该享受出现在她孩子洗礼中的喜乐吗？但是，如果她没有快速恢复，那么她不应缺少母爱，让自己的孩子曝露在未受洗而夭折的危险中，而失去此种喜乐。任何领会受洗之意并爱她孩子的母亲，都不会如此行。带着善意，任何这方面的危险都可以很好地被克服。教会长执会可以进行引导，但不可主导。恢复此等良好秩序的渠道可见于健全的讲道。这样的讲道证明洗礼的正当性，而不会轻视它，将情感推回至合理的限度。】[39]

　　在洗礼过程中母亲不必在场，【但只要父亲保留他在盟约中的所指明地位，而且情感亦不能赋予圣礼以生气。】尽管此举并不理想，因为她若在场就能与孩子的父亲共同体验当中的欢喜。【此举对父亲也不理想，因为父亲在那个时刻会希望看到他所爱的女人与他在一处。此举不理想，也因为这未给母亲带来神圣的印象。然而，如果我们认为母亲的出场绝非圣礼施行的本质部分，并且母亲不必要的延迟或父亲的推迟从未使圣礼的尊荣落空，那么我们就有权如此行。父亲呈现了盟约的观念（Verbondsidée），而非母亲。只有当父亲是不信者或阻止婴儿洗礼时，母亲才能代替父亲去行。但是，母亲那时只是代替而为，并非基于她本身。】作为家庭的头，回答洗礼中的提问是父亲的责任，尽管没有理由不让母亲参与回答。【只要这种区分得以保持，那么任何针对母亲共同回答提问的反对意见，都违背了基督徒的婚姻观。让我们不要将轭加在彼此身上，而是在爱中教诲和建造。当前，我们只需反对一个错误的习惯，就是将洗礼推迟至婴儿出生后的三周、四周或更久的时间作为一项准则。这种做法说明了一个人接受教导却公开轻视圣礼。然而，即便人们在这种情况下被说服，也不会如同长执会一样起主导作用。只要长执会借着讲道和探访来谆谆教诲正确的准则，那么轻视圣礼的罪就不

---

[39] 中注：见荷文版 377-378 页。

再落到他们身上，而是落到轻视圣礼或容忍此轻视的父亲身上。】[40]

【另一个完全不同的问题就是何时施行洗礼。面对所有教会，这个问题不能以相同的方式来回答。教会大小在此带来了极大的差异。在小型教会中，洗礼一个月举行一次或两次，因而可以完全遵照父亲的意愿。我们完全不必要认为，洗礼必须要在下午或晚上的崇拜中举行是一项准则。尤其是因为许多教会在下午都是精神不振，所以这甚至让人认为将洗礼移到了无足轻重的环节。其后果就是，许多人多年来并未参与洗礼的施行。在上午的崇拜中举行主晚餐的圣礼是一个规定，因而我们没有恰当的理由不在上午的崇拜施行洗礼的圣礼。晚上的敬拜在很大程度上并不适合。只有早上崇拜的过度拥挤才证明了在晚上敬拜中施洗的正当性。洗礼需要一定的空间，所以当没有空间时，洗礼的施行就无法进行。所以，大型教会不会在早上崇拜中举行洗礼，而是在下午或晚上。】[41]

【也有教会尝试用单独一次敬拜专门举行洗礼，在有二十个或更多孩子同时被献上受洗的教会中尤是如此。但是，这种做法不被归正众教会所接受。对此做法主要的反对就是，这样的敬拜完全只有受洗婴儿的父母和亲属朋友参加，且全体会众并未出现。另一个反驳就是，洗礼印上了圣言的印记，因此只能在清楚传讲圣言之后方可施行。然而，这显然是基于一种误解。在基督正教和基督公教中，有时也在路德宗教会中，对婴儿的洗礼并未有圣言的启示（openbaring），多数情况下定然将此圣礼与圣言分离。但是，那些想要举行独立洗礼仪式的人并无此意。他们认为在施行洗礼之先，必须要有简短的讲道。若然，我们就没有任何理由认为，圣言和圣礼之间的联系并未得到应有的礼待。】[42]

【讲道是另一个需要关注的问题。长篇讲道在洗礼仪式中是没

---

[40] 中注：见荷文版 378 页。

[41] 中注：见荷文版 379 页。

[42] 中注：见荷文版 379-380 页。

有必要的，因为】[43] 单是朗读洗礼的礼拜仪文已能精妙地解释信仰的主要真理。此外，当这礼拜仪文不是流于形式地读出来，而是庄重而缓慢地念出来时，因而无人可以说没有传讲上帝的圣言。这个宣讲是美丽和庄严的。加上祷告，洗礼的礼拜仪文构成一个对真理非常有指导性、深思熟虑和纯粹宣告性的解释。虽然这礼拜仪文不是一场涵盖全方位的讲道，但它确是此类中的瑰宝。【在圣餐中也是如此。我们已然明白，在主持圣餐之前不一定要有详细深广的讲论。如此，整个圣餐的流程才会顺利进行。我们经常看到，单单圣餐的礼拜仪文就足够了，借此捍卫了许多极美之事，辩护了许多真实之事。】[44] 既然在一些教会中，会众已经习惯不在圣餐聚会中听讲道（因为聚会的时间会很长），为何不能在洗礼聚会中如此做呢？

　　【不！对单独的洗礼仪式的反对就在于，洗礼因此会在会众之外进行，从而被简化为家庭式仪式。正如更具家庭特色的婚礼一样，洗礼也会变成这样，所以需要提防此事。这种做法在这里并不可行。洗礼应当在信徒聚集中施行。盟约应用于此，而盟约不能也不可以与会众分离。正因如此，在这些会众聚集施行洗礼是可取的。在这样的聚会中，会众齐聚一堂。故此，主持此聚集的牧者必须深思熟虑随后的流程。】如果牧者要真的要在洗礼中讲道，他就必须仔细规划。如果他知道有许多孩子要受洗，他的讲道就需要简短。如果讲道的时长如同平常一样，会众意识到整个洗礼过程需时很长的话，他们可能会因着不能离场而感到失望，甚至有些人会干脆离场。可是，牧者也不能极速地施行洗礼来解决问题，因为这与亵渎圣礼无异。反而，讲道必须保持简短，以便随后有足够时间来举行平静且宁和的洗礼。所有过度的匆忙都会毁坏神圣;【匆忙实则是属世的】。在天堂的荣耀中，匆忙毫无容身之处。[45]

　　【在讲道之前施洗的提议乃基于一个可悲的事实: 在讲道之后，

---

[43]　中注: 此部分乃英译本所加，不见于荷文版。

[44]　中注: 见荷文版 380 页。

[45]　中注: 见荷文版 380-381 页。

很多人就离开了教堂，免得被洗礼的施行耽搁。无论有多善意，对洗礼的支持到头来产生了避免洗礼仪式的错误倾向。如今，我们则用各种计策让不情愿者参加洗礼的施行。这种做法不应得到支持，除非这种变化本身是冷淡的。引发在施行洗礼开始时就离席之罪恶的原因有三方面：（1）对圣礼的普遍漠视；（2）洗礼的施行只与婴儿的家庭有关的想法；（3）聆听冗长讲道后的疲劳。】[46]

【诚然，正如上文所论，我们应避免第三个原因。圣言的牧者要事先知道是否有施行洗礼，并理当据此安排讲道。无论如何，一场平常的讲道不应超过两个小时。即便是两个小时，也是足够长了。尤其是一位缺少超凡的恩赐吸引听众的牧者，在他讲道的过程中一定会承认这点。然后，我们必须留出十五分钟，有时甚至二十分钟来祷告唱诗，开始安静、肃穆的洗礼的施行。祷告和唱诗之后可留出另外十分钟。[47] 然后，洗礼必须在整场敬拜结束前的一个半小时开始。如果一个人在一个对洗礼有错误理解的教会中施洗，那么他最好在崇拜开始后七十五分钟内开始施行洗礼。正是在这类会众中，洗礼的施行必须接着十分安静肃穆的敬拜再次得到尊敬。】[48]

【第二个原因，即婴儿洗礼只关乎受洗婴儿家庭的看法，必须借着要理教导、讲道、经文诵读予以驳斥。厌烦不会有任何益处，并使我们无力改善。长久根深蒂固的错误只能缓慢攻克。想象牧者凭借一篇清晰的道就改往修来，没有比这更大的错误了。让会众藉着盟约的形式再次尊崇洗礼，领会其意义，并理解盟约如何仍主导一切教会生活，明白洗礼的圣礼完全赖于盟约，即便两三年的定期讲道也是不够的。但是，这种耐心的工作依然要进行。只要洗礼的基础再次阐明，那么所有上述反对的想法就会自行消失。】[49]

---

[46] 中注：见荷文版 381 页。
[47] 中注：凯波尔并未言明此十分钟留待何用，可能是用作默想，也很有可能是确保之后的施洗时间至少能有一个半小时。
[48] 中注：见荷文版 381-382 页。
[49] 中注：见荷文版 382 页。

【至今为止，最难克服的是第三个引发此罪的原因，即对圣礼的普遍漠视。如今，这种漠视仍出现于我们国家许多地区，尤其是一些神秘主义的群体中。我们发现，此漠视在何种程度上导致对洗礼的漠视，那么就会在何种程度上带来对圣餐圣礼的漠视。有许多人在认信上纯洁，在生活行为上并未犯罪，安静生活至离世，却未定期参加圣餐。对于有些人，这是因着智性的片面性。于是，要理似乎涵盖了一切，而且唯独讲道似乎有价值。另一方面，有些人具有神秘主义的片面性。于是，唯独经验的生活是有价值的，便认为他们在灵魂内与耶稣共享晚餐。不可否认，这种漠视也可源于缺乏热情，但此处不予论述。我们在此只思考那些自认敬畏上帝却如此行之人。】[50]

【现在，我们完全可以理解，那些放弃圣餐圣礼之人，对放弃洗礼圣礼鲜有、甚至没有感觉；洗礼与他个人并未关联。为了反驳此恶，我们需追溯至主的谕令（Ordinantiën）。此处唯一的问题是，我们是否需要判断对上帝的敬拜应当如何，或者这是上帝独有的权柄，从而我们盲目地顺从祂的命令。假若上帝喜悦只设立圣言的敬拜和祷告的敬拜，那么主的教会中就没有圣礼存留的余地。但是事实相反：既然主认为设立一个双重敬拜（圣言和圣礼的敬拜）是好的，那么我们就不能对此做出相关判断。我们的责任就是坚持以两种途径来持守此敬拜。因此，我们首要之事就是反对任性的宗教，严格服从主的谕令；主的命令在此成为一剂良药。只有通过间接的方式，我们才能并可以尝试去阐明圣礼作为敬拜必不可少之部分的效用。重点不应是后者。即便这种情况多次发生，它却滋生了错误的思想，好像我们的判断在此成为一个标准。只有当轻视洗礼的原因被揭示，此恶才能以我们阐述的方式得以制止。】[51]

【与此同时，支持在讲道前举行洗礼的人也是错误的。他们局

---

[50]　中注：见荷文版 382 页。

[51]　中注：见荷文版 382-383 页。

限于一个冷酷的事实，就是人们时常在洗礼开始之时就离开了教会。如今，这些支持者尝试以一些方式阻止这些人如此行。他们自认为，若这些人主要是为了听道，那么我们就将洗礼置于讲道之前。于是，这些人必须要留下，无法离开。所以，他们的计划归根结底是一种计谋和灵巧，故此在神圣方面并不充分。特别是对于格罗宁根学派之人，在这方面常有尝试。所幸的是，归正教会有所觉察，并坚决反对如此行。然而，这种做法得到了其他方面的支持。保姆和孩子无需在长执会议室长久等待，会众仍保持注意力，对讲道的印象也不会被随后洗礼的施行打乱，诸如此类。甚至对于牧者而言，他们也需谨慎，因为他们在讲道之后还处于紧张的状态。这会更加庄严，并令人印象深刻。然而，无论对此安排的性质有何论述，我们教会从一开始就确立的良好准则是：洗礼要在讲道之后。这种安排可见于绝大多数的教会。故此，整个流程秩序保持不变：首先是福音的宣讲，而后是洗礼。约翰在约旦河洗礼时如此，所以基督在世上的教会也如此。此准则不能被抛弃，而诱发任何漠视。】[52]

【洗礼的圣礼并非孤自而立。它作为一个记号，印上被宣告之真理的印记。所以，讲道应继续在洗礼之前是合乎逻辑的。如果会众中有一小群人此时不揣冒昧，敢于因自己的离席扰乱他人，那么他们从一开始就要保持安静。他们因缺乏清晰洞见而有的离席，就不要再引发愤怒和怒气了。他们这种做法唯一的益处，就是逐渐曝光讲道因缺少洞见而要持续努力。】[53]

【此外，我们无需因此恶而立即感到绝望，尤其是在乡村的会众中。若在周间探访有犯此恶之人，应要温柔诚挚地予以劝诫，那么这种恶在绝大多数情况下都会迅速消失。甚至只用简单地点明，这样的离开会妨碍牧者，并冒犯许多会众，这就足够了，无需论述要用更好的行动来克服此恶。这类会友无法对抗庄严，因为他们立

---

[52] 中注：见荷文版 384 页。
[53] 中注：见荷文版 384 页。

即就会受到责备。他们缺乏洞见是他们成长过程中某种错误所带来的结果，因此他们无法立即发觉这种错误。通常情况下，惩罚和严苛不会带来改善。会众中有许多人在属灵上是患病的，他们的病症是教会不完美的过往历史的后果。如今，任何愤怒地反对这种不完美之条件的必然结果的人，不会带来益处，而应予以抵制。这样的人如同病房中的医生，一进病房就开始抱怨病人。面对此病患所需的乃是爱心的忍耐，寻找病因的智慧和对症下药的聪颖。】[54]

尤其是在大型教会中，一次会有许多的洗礼，最好由长执们为请求施行的洗礼来议定一个具体时间，并让父亲自行提出洗礼的要求。【只向堂务委员提出要求实则有悖于洗礼的神圣性。堂务委员并不担任教会圣职，在属灵领域并无任何话语权。故此，此要求应递交给长执会成员。】由于这些要求通常在星期六提出（也是牧者们必须努力预备讲章的时候），所以要有一位长老代表长执会来接收这些要求。这位长老的任务并不只是接收要求。长执会必须核准每位婴儿的洗礼，因为并非每位被带进教会的婴儿都能受洗，【并且正如上文所论，基督的教会不能且不应采取此立场。】婴儿洗礼已假定该婴儿的圣洁，因其出生于已受洗的父母。在提出洗礼请求时，长执会必须确定父亲的名字，有时候则是母亲名字，是否已在会友名册上，【并且并未被除名】。[55]

【由此可见，洗礼的要求必须要在可查阅会友名册的房间中提出。或许在此引入会友体系是重要的，在人数巨大的会众中尤然。不管如何，代表长执会许可婴儿受洗的长老必须能查证婴儿父亲的教会身份是否能证成婴儿的洗礼。在小型会众中，长老熟知每个人，那么就无需如此行。但是在大型会众中，若只依据父亲所说的话和宣告，洗礼的严肃性常常会被忽略。随着引入牧区系统（kerspel-

---

54　中注：见荷文版 384 页。
55　中注：本段及以下内容在荷文版中为第九十章，标题为 "Bediening van den heiligen Doop. (Vervolg.)"，译作"圣洗礼的施行（续）"。见荷文版 385 页。

stelsel），这就变得轻省多了。即便在未引入牧区系统的地方，受洗婴儿的父亲可以随同一位邻舍，在一个单独的地方提出洗礼的要求；或者根据会众的人数，有几位邻舍在场。但是，一大群人拥挤在一个房间总会导致申请洗礼的要求不能得到尊重。无论如何安排，总要让服侍的长老能检查父亲的会友身份，并确定他未被教会除名。在质询的最后，长老可以询问这位父亲，他是否能依照教会的认信生活，而后发给他一张许可证。这位父亲可以将许可证交给堂务委员，作为受洗的许可。】[56]

【如今时常出现一个惯例，就是在上午崇拜和下午崇拜之间进行这种查证。这个惯例应该废除。这个期间的时间并不充足。各个方面都是不负责任地拘于表面。若事情进展最终不顺利，就教会而言，那时会十分难以暂时拒绝洗礼的要求。一个反复发生的状况就是，文件并不齐全，但是仍许可婴儿洗礼。父亲承诺第二天会把缺失的文件补全。这便是态度不端正。这表明不够严肃对待此事，检查文件只是看重缺乏神圣意义的外表。这便是不能主张在周六提出洗礼要求的充分原因。我们意识到受洗的许可证必须在周六已经颁发。最多对于在周六晚上出生的孩子，可以在崇拜开始前提出洗礼要求；但是通常情况下，人们不会如此仓促。】[57]

如果父亲已去世，【或不是教会成员，或出远门，或正遭受检控，或失踪】，那么母亲可以代替父亲；【私生子的母亲亦然】。【毫无异议的是，若母亲已经全人恢复，没有生病，就可以如此行；若生产后仍有不适或生病，则留在家中。这方面所引发的难题传统上通过邀请一位见证人来解决。这位见证人由母亲授权，代表她回答洗礼中的提问。如果父亲已经去世，那么自然会制定一位婴儿的监护人，至少这位监护人是教会会友。否则，家庭的其他成员必须担任此角色；只有当这位家庭成员不可行时，朋友或熟人才能代而

---

[56]　中注：见荷文版 385-386 页。
[57]　中注：见荷文版 386 页。

行之。若找不到见证人，那么长老中的一位可以兼任，只要他也知道自己的责任：更加细致地监督他所见证的婴儿的成长。若婴儿的父亲不是教会会友，那么这种做法就极为推荐。于是，透过这位长老，这位迅速成长的婴儿变得远离教会的危险就得以规避。正是在此种情况中，我们极力建议长老借着见证人的角色，与受洗的婴儿有某种特定的联系，监督婴儿受训成为教会的成员。】[58]

　　如果是因私生的缘故而父亲不能在场，那么情况就最复杂了。有些人认为，【因着母亲的罪】，这样的孩子不可以受洗；但是，这种论断无法成立。《圣经》教导我们，即使是真正的信徒也会陷入严重的罪中，故此一个有罪的女孩受到引诱，并不代表她已从恩典中坠落。【这样一位有罪的女孩，带着她的羞耻公开地来到教会面前，这本身就是极重的惩罚。最重要的是，如果她出于对孩子的爱而带孩子去洗礼，将自己曝光在这种羞辱中，那么这对她本身而言是有利的。当然，这项准则的实施必须要有进一步的条件。那些堕入此罪之人，必须要悔改和懊悔。毫无悔意的罪人弃绝了她的信心，因而不能从此被弃绝的信心中衍生出为她孩子洗礼的权利。正如在此基础上，我们对这类罪人要差别对待。因此，作为一项准则，私生子的洗礼不能立即举行；并且我们建议，私生子受洗的请求不能与合法所生孩子受洗的请求同时提交。一个强烈推荐的常用准则是，私生子受洗的要求可以提交给助理牧师（wijkpredikant）。[59] 然后，助理牧师与这位母亲交谈，从她那里获取更多的信息，进一步了解这位母亲是否与盟约的祝福隔绝，且未背离盟约。与此同时，助理牧师要竭尽全力地促成这位母亲结婚。他也必须与孩子的父亲谈话，必须证明在孩子父亲里面也有悔改和懊悔。如果助理牧师要处理的案例无法确定孩子的父亲身份，比如面对淫乱的情形，那么这位母亲是否仍然被视为信徒的问题必须交予教会长执会裁决。教

---

[58]　中注：见荷文版 386-387 页。
[59]　中注：Wijkpredikant 是指被按立去做特定工作的牧师。中文并无相对应的字词，此处宽泛地译作"助理牧师"。

会必须决定，助理牧师和牧区长老（wijkouderling）需要将哪些案例上报长执会。[60] 诚然，相较于合法所生的婴儿，对私生子的洗礼需要做更多的事，然而这正是整全福音的准则，即对那些陷入罪中之人要予以更多的关怀，要考虑到母亲、孩子的父亲和会众。可是，情欲的罪在会众中如此肆无忌惮地横行，完全是因为教会长执会经常粗心大意地忽视了这些关键的案例。】[61]

【在上述案例中，无论是没有父亲，还是父亲不能出席的情况，都需要长篇大论才能支持将洗礼推迟到母亲能方便行动和见证自己孩子洗礼的时刻。只有此时，我们才关注见证人，以及在涉及罪恶的情况下，面对罪而持守圣洁的庄严的必要性。当父亲能出席时，只为让母亲成为重要出席者而推迟洗礼是要被驳斥的一种倾向。但是，若父亲不在或不能出席，职责由父亲转移给了母亲，那么母亲必须要履行职责。这并非普遍如此。因为如果母亲事先知道父亲不能出席，就需提前告知牧者，并让长执会有时间安排一位见证人，在这个私生子洗礼时与母亲一同出场。如此，洗礼的推迟就得以避免；至少当母亲本人拒绝这种推迟时，就有可能予以避免。然而，此事的进展要细致入微，从而无法设定一般性的原则。村庄的小型会众可以自行顺利完成。这方面的难题只出现在大型会众中。大型会众在处理这些案例时，会碰到一些不认识的信徒，甚至有些人是首次见面。这些方面在此显明，放弃牧区的观念是何等错谬。正因未引入牧区系统，洗礼的神圣性就受到了亏损。】[62]

【关于教会中婴儿圣洗礼的施行】，我们认为洗礼池的栏杆并非一项令人喜悦的发明。栏杆被放置在讲坛的周围，并不代表这个区域是用来施行圣礼的，实际上圣餐往往在栏杆区域的外面进行。

---

[60]　中注：Wijkouderling 是指特别负责探访的长老，他们的职责是去探访牧区中的每一个家庭。若有需要，有些家庭会多次探访。

[61]　中注：见荷文版 387-388 页。

[62]　中注：见荷文版 388 页。

确切而言，这意味着长执会成员可以聚集在牧者的周围。[63]

早期基督教堂内设诗班区，或至少有一个摆放祭坛的壁龛（alcove），而圣礼就在诗班区或壁龛边进行。在我们归正教会的教堂中，上帝圣言的宣讲变得重要，讲坛成为了中心，诗班区、祭坛和壁龛都被除去，取而代之的是长执们站在讲坛周围，并通过栏杆将该区域与会众隔开（能站在一个稍高的平面上更佳）。这些都被视为合宜之举。与其说此安排是表明长执会的崇高地位，不如说是表明牧者不是以个人名义，乃是代表并受托于长执会。本来该栏杆与洗礼的进行无关，只是后来当教会常常在讲坛台阶的底部，也就是在栏杆里面施洗时，它才被称为洗礼池的栏杆。故此，栏杆内的区域不能被视作圣地，进而在此处举行圣礼。如早前所说，圣餐要在会众之中举行。同样，在会众中进行圣洗礼也就更为可取，因为受洗的孩子们是以会众孩子的身份而受洗。

【如今，洗礼池的栏杆有悖于洗礼。因为在很多教堂中，这导致远处的会众无法观看洗礼的施行。他们只能看到洗礼池的栏杆内有几个人，却无法看清见证人和从座位上起身的婴儿父亲。他们只能模糊地看到牧者，听他说话。然而，他们完全没有看见真正的洗礼的内容，没有看见洗礼盆、水和洒水。这一切都是在洗礼池的栏杆后面，以一种神秘且不被人所见的方式进行。因此，我们在前文敦促让全体会众都能看见洗礼和圣餐。若教堂后方的地面可以垫高，把讲坛、圣餐和洗礼池栏杆都置于此垫高之地，然后教会长执会面对会众坐在此垫高之地上，那么众人可以观看圣礼的目的就可达成。借此安排，洗礼就可在全体会众的注视下施行，并且洗礼的象征意义就再次被人承认。】[64]

此外，洗礼池较洗礼盆更可取，因为后者失去与浸礼的一切关

---

[63]　中注：本段及以下内容在荷文版中为第九十一章，标题为"Bediening van den heiligen Doop (Vervolg)"，译作"圣洗礼的施行（续）"，见荷文版 389 页。

[64]　中注：见荷文版 389-390 页。

联，洒水的行动反而成为中心。反之，洗礼池仍然保留当初的原意。此外，洗礼盆会在洗礼结束时被拿走，洗礼池却仍在原地，作为对受洗会众的持续提醒。当洗礼池放在中间的垫高之处，使全体会众都能清楚看见时，全体会众就都能以自己的方式观察和参与圣洗礼。

许多会众在讲道结束、圣洗礼即将开始时离开，主因是长执会在视觉上将会众拒于洗礼之外，仿佛洗礼只是长执会在洗礼池的栏杆内进行的闭门礼仪。相反，当洗礼是在全体会众注视下举行时，大概没有人会起身离开教堂。我们对圣餐也有同样的考虑。既然圣餐桌是放在一个较高的地方，那么洗礼池也应与圣餐桌一样，不断提醒会众关于圣礼的事宜，而非给人留下"只有讲道才是最重要，圣礼只是不时出现的加插环节"的印象。尽管不可能在现有的教堂引进上述的安排，我们建议至少把洗礼池的栏杆移走。已经有不只一所教堂这样做了。长老和执事坐在讲坛的左右两边，形成一个向会众开放的角度，使牧师能在中间的位置自由站立。施行洗礼的牧者必须站在会众的正前方，好使会众能清楚看到每位受洗婴儿，以及他们的父亲、见证人或母亲。

洗礼开始

当然，这就引发了一个问题：洗礼仪式应如何开始？崇拜伊始就把受洗的孩子带进教堂是不可取的。【若洗礼被安排在讲道之先，那此举还是可行的；而这种安排定然不值得建议。如果洗礼在讲道之后，那么受洗婴儿从一开始就入场就不可行了。】因为婴儿不能从讲道中有任何得着，连他们自己都不知道所为何事。此外，要孩子们一直保持安静是不可能的。当他们开始哭叫时，讲道期间所需要的安静就会被扰乱。所以，一个可取的做法就是把婴儿先安置在堂务委员的家中，并让他们做好准备，以便在被报到名字时就能出现。[65] 要避免安排社会地位较高的家庭在精致房间中等候，却安排较低阶层的家庭在简朴房间中等候这种不符合基督教的陋习。将会众按社会阶层来区分，无论在洗礼或圣餐中，都不能接受。【在会众中，人人平等。】当然，父亲和见证人在崇拜开始之时就坐，若母亲的身体已复原，【也可如此】。此外，一位长老须检查每位受洗孩子是否已有获准洗礼的凭证，以及父亲或见证人是否在场。[66]

讲道结束后，牧者要宣布洗礼即将开始，并邀请会众唱一首合适的诗歌作为开场。诗歌的长度须足够让牧者从讲坛移步到洗礼池，同时让婴儿从堂务委员的家中被领至教堂，【预备就绪接受洗礼】。【受洗婴儿的父亲和见证人，在一位长老的带领下，去堂务委员的家中领孩子，这种做法是十分推荐的。】婴儿可以按照事先安排的顺序，连同其父亲、母亲和见证人进入教堂，并以此顺序在讲坛下或洗礼池周围就位。每位小孩受洗时，与该小孩有关的人都要站在洗礼池旁边，好让会众能清楚看到，并使他们能将小孩与其父母和见证人正确对应。随后，若母亲不在场，则父亲把孩子抱起来受洗，并在受洗后把孩子交回保姆，或把孩子领给教堂里的家人。现在惯常的做法是，父亲和见证人只坐在一旁，并仅在洗礼即将开始时站立，这是不够的。若只有一个婴儿受洗，这做法还能接受。但当有好些婴儿受洗时，会众就会认不清哪位是孩子的父亲，哪位是孩子的见证人。【这样，会众就没有参与所发生的事。每个人都要被具体地指出，出现在全体会众面前，让人知道是谁的孩子受洗、谁是见证人。只有这样，会众更多地参与洗礼这一目标才能实现。】[67]

牧者甚至有必要考虑把每位带孩子上洗礼池之父亲的名字读出。目前我们只听到婴儿的名字被读出。此举对会众意义并不大，因为一个人的家姓代表他的身份。【当然，这对于小乡村会众的洗

65　英注：堂务委员的家通常与教堂相连，可透过教堂墙壁上的一道门进出。
66　中注：见荷文版 391 页。
67　中注：见荷文版 391-392 页。

礼就已足够了。通常情况下，乡村会众只有一个婴儿洗礼，人们彼此认识，立刻就知道是教会中谁家的孩子受洗。甚至在有牧区的地方，这就更加如此。】在大型教会中，会众彼此并不十分了解，而有时会有三十位或更多的孩子同时受洗。所以，除非特别提到受洗孩子的家姓，否则会众难以将孩子与其家族关联起来。[68]

理想的安排应该是这样：洗礼池放在会众面前稍高的位置，从而所有人都能看见。牧者站在洗礼池旁边，每位受洗的婴儿由家人抱着【依次】进入教堂，在洗礼池的周围就位，好使全会众能看到父母、婴儿及其见证人。每位孩子受洗时，他父亲的名字被读出，并【移步至】洗礼池前方。全会众都参与整个洗礼的过程，那位受洗的婴儿在真理中是会众的孩子，在会众之中接受圣洗礼的印记。[69]

洗礼的形式

洗礼程序由唱诗开起，继而诵读礼拜仪文的教导部分。这段时间，婴儿不需要在场。【受洗的孩子在诵读此内容后再出现，此举并无大碍。之后牧者进入礼拜仪文非教义层面的第二部分，就是**对父母的劝诫**。对此的相关反驳只因以下事实：通常情况下都是母亲带着孩子，所以她只能在礼拜仪文第一部分结束后才能出现，这便与洗礼的目的相左。毕竟，"对父母的劝诫"以此论述开首："在主基督里蒙爱之人，你们已经听见，洗礼是上帝的命令……"母亲被认为理应要听见礼拜仪文第一部分的诵读。若只有父亲带着孩子过来，那么这个反对就无效了。即便母亲自己带着孩子去受洗，也可以找到另一位女性帮忙抱着孩子进入教堂。尤其是当教会长执会

---

[68]　中注：见荷文版 392 页。
[69]　中注：见荷文版 392 页。

不许可受洗的婴儿在诵读礼拜仪文教义部分之先进入教堂，那么这种做法就更有必要了。】[70]

【对于后一种做法需要注意几点。第一，时间的掌控很重要，即抱孩子之人在洗礼池旁边的时间要尽可能地短。这个时候站在洗礼池旁边容易令人疲倦。无论是谁抱着孩子，都会因劳累而无法聆听诵读的内容。第二，如果孩子哭闹并打破肃静，那么就会使众人分散注意力。第三，如果第二部分对父母劝诫的提问不能紧跟教义部分一气呵成，那么这会削弱所呈现之应许的严肃性和意义。至于礼拜仪文的教义部分，不是对受洗婴儿的父母所说，而是面向全体会众。只有在劝诫部分，牧师才会特别对受洗婴儿的父母说话。礼拜仪文第一部分面向会众的事实，是由于所施行的洗礼不仅关乎受洗婴儿的父母，也关乎全体会众。】[71]

在祷告之前，牧者会有一段提醒的说话，强调洗礼聚会也是以**教诲会众**为目的。"教诲"一词在此不能被误解。现今的人常常将"教诲"理解为，是要使我们处于一种严肃的心态，以致我们的灵在神圣中被熏陶。然而在另一方面，"教诲"在《圣经》中解作造就或建造。这也是洗礼形式的目的。【这并不意味着会众透过见证洗礼而领受一个敬虔的情感。这乃表示，透过圣言并圣礼，会众得以在最神圣的信心中被建造。施行在我们孩子身上的洗礼，将是在会众面前给此信心印上印记。因而，所有在场的人将会思想，洗礼也与他们相关。】[72]

【会众不应也不可以是借着庄严的事物对某个家庭的一种帮助；相反，会众必须置身于圣礼中，而此圣礼正是奉基督的名被施行在会众的孩子身上。会众本身就构成了一个大家庭，这位受洗的

---

[70]　中注：见荷文版 393 页。本段及以下内容在荷文版中为第九十二章，标题为"Bediening van den heiligen Doop (Vervolg)"，译作"圣洗礼的施行（续）"。

[71]　中注：见荷文版 393-394 页。

[72]　中注：见荷文版 394 页。

婴儿也属于这个大家庭。因此，洗礼的施行以教义讲解开始，这不仅是特别针对受洗婴儿的父母，也是面向全会众。故此，让父亲或见证人从座位上起身来诵读洗礼礼拜仪文第一部分的做法是不正确的。受洗婴儿的父亲或见证人，应在劝诫部分首次从座位上起身。对这方面的注重并非小事。若受洗婴儿的父亲从一开始就可以起身，那么会众所得的印象就是，洗礼的礼拜仪文的诵读与他们无关，而只关乎这位起身的父亲和见证人，或他们当中的任一位。在诵读礼拜仪文第一部分时，可以众坐或众立。若要求起立，那么不仅那些带着孩子来受洗的人，而且全体会众，至少所有弟兄，在祷告时就必须起立。然后，会众必须就坐，受洗孩子的父亲也必须就坐，直至对父母的劝诫前都如此。在教义讲解部分，众人都一样。】[73]

【牧师实际上必须诵读洗礼礼拜仪式的教义讲解。有些人认为，牧者自己可以拟定这种讲解，并予以诵读，但是，正是这些牧者自身的个人层面必须要从圣礼中撤离。牧师在洗礼的敬拜中，有时候更多是先知性的，有时候更多是做祭司的工作。这里的先知性和祭司性工作皆不能从旧约的角度来理解，而要依据新约的意义来理解。在此意义上，先知性的工作乃在于**个人性的**。因此，尤其在我们改革宗教会中，传统上并未引入官方印制的讲章集用作诵读，至少是敬拜中由圣言的牧者所负责的环节不是如此。路德宗的教会采用了讲章集，而我们并没有。圣言的牧者必须从基督那里得灵感（inspiratie）[74]，而所有的灵感自然有个人的特征。因此，《哥林多前书》十二28论道，上帝使有些人为使徒，有些人为先知，有些人为教师等。那个时代的先知构成了使徒到教师的过渡阶段，因为先知由默示所驱动，而教师乃基于默示，并研究默示。】[75]

【然而，正是这种先知性的个人特征，在圣礼的施行中完全消

---

[73] 中注：见荷文版394页。
[74] 中注：荷文inspiratie如同英文inspiration一般，可译作“默示”，也可译作“灵感”。下文提到先知的inspiratie时，则译作“默示”。
[75] 中注：见荷文版395页。

失。在圣言的服侍中，主观方面自然显明，因而，一位牧师与其他牧师对同一段经文的传讲完全不同。但是在圣礼中，我们只与客观性因素（客体）有关。因此，在秩序井然的教会中，所有牧者必须以完全相同的方式施行每项圣礼。在讲道上，牧者受欢迎程度会有不同，但在圣礼方面并非如此。正因如此，所有牧者必须要按照完全相同的方式施行圣礼。然而，若一个人对孩子的洗礼更在意牧者而非方式，那么这就是亵渎了圣礼。在这种情况下，我们是借着这位牧者另有所图。但是圣礼中一切所盼望的，都来自于基督。[76] 所以，两项圣礼都有规定的礼拜仪式，并且每位牧者都要严格遵守。在圣礼中，敬拜达到了高峰。】[77]

【这自然衍生了以下两方面。第一，】牧者不能随意更改或添加任何礼拜仪文。从始至终，礼拜仪文都要根据所写的予以诵读，包括教义讲解和祈祷，训诫和感恩。这乃是教会以礼拜仪文说话，而牧者只是她的媒介。即使当中的用语已经过时，牧者也不得随意更改。随着时间的推移，当语言发生变化时，教会便有责任予以修改，而这必须经总议会的正式批准。假若全国总议会无视这行动的必要性，那就是他们的疏忽。如此的忽视会导致一些教会长执会自行更改。既然在语句使用上允许更改，那么就不再有限制，更多未经授权的改变将纷至沓来。我们的形式已有三个世纪的历史，尽管真理在这些年月里丝毫未变，但语言和环境确实有所变化。一所无视这些变化的教会，是一所未能持守职责的教会。这不仅指向语言，教义教导也必须注意。三个世纪以来存在的教义错误，在许多情况下已被磨灭，但仍有其他错误浮于水面；每一个圣礼的阐述，都需要合乎当前的境况。【由洗礼客观性而衍生的第二个要点，就是】牧者须以一种易于理解的方法来诵读此礼拜仪文，并且使全会众意

---

[76] 　中注：凯波尔此处虽然在强调圣礼固定礼拜仪式的重要性，但是他拒绝将礼拜仪式视为恩典的来源。他否定一种迷信式的礼拜仪式观，并强调圣礼乃指向基督。

[77] 　中注：见荷文版 395 页。

识到他们是讲话的对象。牧者们在这一点上也经常犯下严重的错误。他们常常让会众觉得，崇拜中的有趣的部分仿佛已随讲道结束而终止，其他形式的诵读都是多余的，因此也经常快速地草草念完，以致会众对礼拜仪文仍茫然不解。这是非常不敬的！【教会在礼拜仪式中的语言并非低于、而是带着权柄高于讲道的个人性话语。礼拜仪式中的语言是全教会的话语，是当下时代的语言，是精雕细琢的语言，并面向全体会众。因而，声音不可低沉，宣读的语速不应仓促。整个礼拜仪文必须要铿锵有力地予以逐字宣读，以至于让众人耳听心受。】[78]

【在宣读教义讲解之后，一切关乎洗礼之重要层面的全部真理必须已经再次向全体会众显明。她必须准备就绪，每位听众必须再次感到，我们在洗礼中所拥有的宝贵财富再次赐给了我们。洗礼的礼拜仪文不应只为了宣读而宣读，教会必须要向会众解释说明。这会让我们更清楚地意识到我们在洗礼中所拥有的财富。这不该仓促而行。牧师必须按部就班地宣读，以至于每句话并每句话的每个部分，都让人听得真切明白。甚至在洗礼的施行中，讲道必须要刻意缩短，从而牧师和会众都不会因劳倦而只当完成任务般地宣读礼拜仪文。】[79]

【在教会向牧师提供施行洗礼的礼拜仪式后，牧师有五项职责。这些职责可以分成两部分：其一与全体会众相关，其二特别与受洗婴儿的家庭相关。前者包括：（1）洗礼的教义讲解；（2）洗礼的祷告；（3）感恩。后者包括：（1）带着领受应许的劝诫；（2）实际的洗礼。】[80]

在我们的礼拜仪式中，面向全会众的洗礼的教义讲解是没有引

---

[78]　中注：见荷文版 395-396 页。
[79]　中注：见荷文版 396-397 页。
[80]　中注：本段及以下内容在荷文版中为第九十三篇，标题为"Bediening van den heiligen Doop (Vervolg)"，译作"圣洗礼的施行（续）"。本段内容译自荷文版，未采用英译本。见荷文版 397 页。

言的，这实属不幸。拉斯科（Johannes à Lasco）在为伦敦的荷兰教会所编写的礼拜仪文中纠正了此遗漏，并为此讲解作出合适的引言。所有礼拜仪式都是一个行动，而在此动中，牧者与会众（或某些成员）同时轮流参与，这就解释了为何此处引言是合宜的。如此，每个人都会知道他们需要做什么，而且整个流程对于会众而言都要一清二楚。【于是，圣餐的礼拜仪文至少会如下开首："在我们主耶稣基督里蒙爱之人，请听主的谕令之言……"相反，在洗礼施行的过程中，礼拜仪文的宣读者并未如此，这如同一间没有门的房子；他并未言明要对谁说话，亦未说明说话的目的，而是以简单的话语开始："圣洗礼之教义的主旨可以透过三个部分来理解。"这并不符合好的礼拜仪式的准则。当讲道结束后，会众需要被告知接下去将举行圣洗礼。拉斯科正是如此行，他的礼拜仪文如此开始："蒙爱的弟兄们，我们现在进入圣洗礼的施行。在此，留意我们将根据主的谕令而行是十分重要的。"在这之后，拉斯科坚称，凡不属于教会后裔之人，都不能被献上洗礼，并且洗礼本身要完全按照洗礼的命令而予以执行。只有在这些步骤之后，拉斯科的礼拜仪文才与我们的礼拜仪文一样，即简单地解释圣洗礼的教义。此时总会声明，将要施行的洗礼并不只关乎那些接受洗礼的孩子和他们的家庭，而且也是给全体会众的恩典印记。因此，洗礼关于全体会众，礼拜仪文也是面向全体会众；甚至连视洗礼为牧者和受洗婴儿家庭之间独立的事、会众只是附属部分的观念，也不会出现。】[81]

制定礼拜仪文的总议会，当然不倾向教会把引言省略，反而把此部分留给牧者处理。因此，如果牧者缺少引言而直接宣读礼拜仪文——"圣洗礼的教义主要有以下三个部分"——那么这就是罔顾礼拜仪式的要求。相反，牧者的使命是要让会众知悉，讲道之后的圣洗礼的施行也是为全会众而设立的。假如牧者以一首诗歌来开始洗礼的施行，那么他可以在唱诗之后直接宣读关于洗礼的教义讲解。

---

[81]　中注：见荷文版 397-398 页。

教义讲解包括两个部分: 圣洗礼的三个根据和婴儿洗礼的应用。【前一部分也与一般的洗礼有关, 而后一部分只关于婴儿洗礼。因此, 在成人洗礼中, 圣洗礼的三个根据应逐字引入合宜的礼拜仪文, 而后部分与婴儿洗礼有关的内容可予以省略, 并由指向成人洗礼的内容取而代之。】虽然洗礼的三个根据在此是非常浓缩, 但它的表述华丽而谨慎。为了保持简洁, 所以数句话里承载了大量内容。后来的句子会变长, 特别是在第二部分。【在鲁特赫 (F.L. Rutgers, 1836–1917) 教授[82] 所编的礼拜仪文中, 第二部分只有三句话, 但是超过了 34 行内容。】当然, 只要放慢语速, 带有感情而清楚地传达其中内容的话, 就不会有大问题。【相反, 若这些词句快速诵读, 并语调模糊, 那么无人可以明白, 以致终究变为毫无意义的喃喃自语。礼拜仪文的这个部分必须再三教导会众有关洗礼的意义、根据和必要性。正因如此, 这就好比一项法律公证的行动, 我们再怎么认真避免因仓促而导致对仪文的一知半解都不为过。然而, 时常发生的是, 很多人即便有教会礼拜仪式手册在手, 也跟不上宣读。】[83]

这三个根据是对应于教义的三个部分: 罪、救恩和感恩。第一点宣告了我们和我们的孩子们都是失丧的; 这是要给婴儿洗礼打下基础。第二点简要地解释恩典之约。第三点则从此恩约的性质推导出, 所有已受洗之人都被要求有新的顺服。在这三个部分之后, 接着就是讲解它们在婴儿身上的应用。【这些婴儿此时尚不明白这些内容, 但与我们一同处于败坏之中, 与我们一同在恩约中理解, 并在他们成长的过程中与我们一同理解, 且在我们的引导下终至新的顺服。这一切都可以简略地概括, 熟练和精确地予以解释, 并带着极大的热情劝勉。】[84]

---

[82] 中注: 鲁特赫教授是凯波尔的亲密同事和伙伴, 也是他的坚定支持者。鲁特赫是荷兰阿姆斯特丹大学的共同创建者, 主授教会体制、旧约释经以及教会历史(包括荷兰教会历史)。

[83] 中注: 见荷文版 398-399 页。

[84] 中注: 见荷文版 399 页。

在讲解之后是**祷告**。虽然祷文有三十一行，却是一个完整的句子。这对诵读的人来说是一个极大的挑战。祷文需要以安静、缓慢、清楚的方式诵读，并要抑扬顿挫，否则这篇优美祷文的精髓将会丢失。祷文要带出的意思是，虽然表面上是牧者施洗，但背后作工的是上帝。只有上帝作工才能使洒上的水产生洗礼的功效。【若无此功效，洗礼只不过是一种形式。祷告不仅只是为了祈祷，也是我们礼拜仪式中不可缺少的一环。这不是受洗婴儿父母的祷告，而是全体会众就受洗婴儿所做的祷告。】[85] 祷文中"祢将仁慈地看待祢在这里的孩子们"强调了这一点。

【全体会众所需要做的，随着祷告就完成了，现在只需等待感恩环节。】[86] 祷告之后，牧者的脸从会众转向父母和见证人，**向父母和陪同孩子受洗的人发出训诫**。此训诫要求父母和见证人在全会众面前认信，并接受关于洗礼的教义讲解中的内容。训诫包含三个问题，前两个问题是要求**认信**，第三个问题关于**承诺**。第一个问题是有关认信婴儿洗礼真理的教导；第二个问题是认信教会所认信的内容；第三个问题是要求父亲和见证人（并未提及母亲）做出承诺，肩负以基督教信仰教养即将受洗的孩子的责任。[87]

【第一个问题揭示了一个事实，我们的孩子并非透过洗礼首度成为基督教会的肢体，而是因着是教会的肢体有权利接受洗礼。父亲和见证人必须认信，他们所献上洗礼的孩子**在基督里成圣**，因而是基督教会的肢体，并基于此有权利受洗。第二个问题是父亲和见证人认信，要站在圣言的根基上，接受《使徒信经》，并接受教会的认信；他们凭此认信让婴儿接受洗礼。然而，婴儿成圣的基础是在父亲的认信中。于是，这便带出了教养的承诺。父亲要回答："我愿意！"这个回答

---

[85]　中注：见荷文版 399 页。

[86]　中注：见荷文版 400 页。

[87]　英注：一个重要（也是遗憾的）要点是，凯波尔在此并没有跟随他的礼拜仪式"老师"拉斯科的教导。后者特别指出："你们这些父亲，以及你们这些妇女，即孩子的母亲……"详见 D. Molenaar, *De Formulieren van Doop en Avondmaal* (Amsterdam: J. H. Den Ouden, 1838), 61。

显然比简单地点头要更好，虽然点头也会带着肯定的回答。见证人的角色当然有些许不同，可归结为就前两个问题做出认信，并在缺少父亲的案例中，承担后续教养婴儿的责任。父亲和见证人可以单独依次肯定回答每个问题（这种是首选的做法），也可以在第三个问题后一起肯定地回答（正如现在所规定的习惯做法）。】[88]

　　【会众参与这项洗礼行动的程度有三个层面。第一，他们在场，并因此可以作为见证人来见证两次认信和教养承诺。这两项不仅让婴儿的父亲和见证人绝对向牧师和教会长执会负责，而且定然要向全体会众负责。第二，全体会众参与婴儿洗礼，只因这位婴儿受洗成为会众的孩子。第三，就会众所认信的内容，婴儿的父亲和见证人予以认信和接受。任何认为会众只是莅临洗礼现场或只是观摩洗礼的人，他们的想法表现了他们并不认为自己是会众活的肢体，未认识到洗礼就是对这个婴儿与会众的团契印上了印记。正是这种对群体的理解削弱了对洗礼的关注。有时在洗礼开始时，有些人就会离场。他们离开是因为他们认为洗礼乃事不关己，之后所发生的只与婴儿的父母和即将受洗的婴儿有关。】[89]

洗礼的行动

　　当这两个认信的问题得到肯定的回答，并就第三个问题作出承诺后，实际的洗礼随即进行。洗礼有三种方法 —— 浸入、浇水和洒水。浸入式具有丰富的象征意义，故此是首选方法。【浸水礼早已出现在悔改的洗礼中；施洗约翰在约旦河就是如此行，耶稣自己也是受浸水礼，而且使徒最初也是采用这种既定的方式。时至今日，

---

[88]　中注：见荷文版 400 页。
[89]　中注：见荷文版 400-401 页。

所有国家的基督正教都用这种旧有的方式洗礼，甚至会把小女孩浸入洗礼池三次。一些来自美国的浸信会人士试图在欧洲重新引入这种旧有的洗礼方式。诚然，这种方式在原则上并无可反驳之处。然而，有三个因素带来了洗礼方式的改变。首先是婴儿的洗礼。婴儿当然也可以被浸入洗礼池。但是，这并不是受洗者自愿进入水中，并从水中上来，以此预表抛弃过去，成为在基督里新的创造。这种富有意义的象征在成人洗礼中被强有力且清晰地宣告。成人自行下到水中，并从水里上来，并知道自己为何如此行。这完全不见于初生婴儿的洗礼，他们还未有此种生命的表达。第二个消除浸水礼的因素是气候的不同。约旦河所发生的事在多瑙河或莱茵河畔却不可能发生。诚然，这在短短的夏季月份可行，却不是全年；然而洗礼不能总等到夏天。如今，这个问题可以借着将婴儿浸入洗礼盆得以解决。但是，这种做法不能带来真正的象征，既不能让受洗之人满意，也不能令观看之人满意。第三个因素就是稳定增长的洗礼人数。这要么会在河流旁造成不合时宜的场面，要么所需的时间可能不够。因此，浸礼在西方就逐渐被淘汰了，并由简单的象征性行动取而代之，先是浇水，后是洒水。】[90]

在浇水时，牧者三次将水倒在孩子的脸上。比较浇水和洒水，水的象征意义于前者更为突出，所以前者比后者更佳。在浇水之时，婴儿的头一度被水覆盖，直到当水排走时，他的头又重新出现。同时，也不会有人反对把少量的水倒在孩子脸上，也没有反对的理由。【然而只有一件事，洒水也是恰当，甚至更合宜的象征。浇水通常会带来一个结果，】孩子非常不舒服，所以他们经常开始哭。【当带孩子来受洗的母亲变得不安时，结果就是她无法再思考与洗礼有关的事，而是想要赶紧去除孩子身上的水，并找擦拭孩子用的洗礼袍。这并不符

---

[90]　中注：本段及以下内容在荷文版中为第九十四章，标题为"Bediening van den heiligen Doop (Vervolg)"，译作"圣洗礼的施行（续）"；见荷文版 401-402 页。

合神圣的象征。一个象征必须要平和、安静并庄严地进行。】[91] 因此，洒水已逐渐取代浇灌。目前似乎较多人倾向以几滴水来代替浇水。水滴不会扰乱孩子，不会分散母亲的注意力，也并非不足以作为象征。当水滴落在脸上，随后滑落，孩子的脸又重新浮现。

　　然而，如果洗礼盆被废除，当我们回到洗礼池时，象征意义会更大。如果洗礼池不是太小，它仍然带有河床的意味，但盆子没有。可是洗礼盆能保存很长一段时间，就像我们现在这样。它通常是用银铸造的，丢弃的话非常可惜。此外，若要改变长期习惯，必须非常小心，尤其是在教会生活中。新成立的教会可以尝试使用洗礼池，但断不能牺牲会众的和睦与和平。【我们当中必须开放对现有习惯的批判，但是这绝不可扰乱已经建立的教会生活。我们宁愿十次用洗礼盆洗礼，也不愿有一次受洗婴儿的父亲因洗礼池而不让自己的婴儿洗礼。】[92]

　　我们有从洒水而来的洗礼记号，也有上帝的圣言；此圣言与此记号互为表里。于是，问题就在于洗礼的水应该只洒一次，还是要洒三次。一般习惯是三次，表示奉父的名、子的名与圣灵的名受洗。然而，我们不敢说这是源自洗礼的设立。如果主当时是说"奉父的名，子的名，并圣灵的名给他们施洗"，那重点就放在神格中位格的"三"（drieheid），但在不同的手稿中都找不到这种解读。所以，"一"（eenheid）毫无疑问地是重点，而不是三。故此，只泼洒一次更符合《圣经》的教导。这种做法更为恰当，因为《圣经》中没有任何地方表明要在浸礼时浸入三次。即使是耶稣亲自受洗，也没有这方面的迹象，而且恰恰相反。然而，尽管看起来洒一次更符合原初的教导，但最好还是按照习惯来决定。在三位一体的认信中，我们可以强调"三"，也可以强调"一"；但重要的是，要避免被一些非必要的事情扰乱心思、背离传统。所有背离传统的事情，都会很快使人在真正重要的事上分心。

---

[91]　中注：见荷文版 402 页。
[92]　中注：见荷文版 403 页。

避免重洗

基于洗礼的礼拜仪文在不同国家和信条之间的巨大差异，我们也需要关注重洗的问题，然而所有洗礼都被认可。我们一直避免重洗，除非那人在洗礼时的认信被摒弃，并且没有真正受洗。此情况经常发生在一神普救派（Unitarians）和其他完全被现代主义化的（geheel gemoderniseerde）教会中。在这种情况下，重洗则是必要的。

洗礼和认信《使徒信经》一直是所有基督教教会合一的共同基础。因此，我们洗礼的第二个问题是关于《使徒信经》的认信。假若此纽带被断开，在地上属基督的教会就再没有任何联系。正是为了防止这种情况发生，才奋力抵抗所有重洗主义。然而，如果《使徒信经》的认信不被承认，如果洗礼不再被视为基督所立的圣礼，而只是一个令人感动的仪式，那么就根本算不上是洗礼。当未受真正洗礼的人受洗时，就不存在重洗的问题。然而，我们也要避免所有狭隘的思想。基督正教教会、基督公教教会和路德宗教会的洗礼方式与改革宗不同。因此，我们可以在自己的教会里要求有纯正的形式，但千万不要把形式变成准则，即认为若洗礼以其他方式进行，该洗礼就不该被认可。因为正是透过洗礼，我们仍然保持与所有教会团结，在地上作为属基督的一个教会。

在多人洗礼的情况下每次都说"阿们"，抑或在所有洗礼结束后才说"阿们"，是一件无关紧要的事。即使完全没说"阿们"，洗礼也不会因此被视为不合规矩，因为在《马太福音》二十八 19 的洗礼教导中，只字未提"阿们"。【"阿们"原初只属于祷告，后来从祷告转移到了各种仪式。同样，在圣餐中，设立圣餐的话语并未提到"阿们"。因此，"阿们"并不属于圣礼本身。圣礼不是一个祷告，而是一个特定的印记。然而，保留现今对"阿们"的使用是可取的。这不是要作为一个祈祷，而是作为一个结束语，表明礼仪已经完结。正因如此，不要在每个人洗礼完成后，而是在洗礼结束时一次宣告"阿们"

更为可取。虽然有多个婴儿同时受洗，但是洗礼仍旧是一个。只有当最后一个孩子受洗后，洗礼的施行才完结。】[93]

为孩子取名

现今在洗礼时不再需要给孩子取名，甚至没有叫出孩子的名字也无伤大雅。【在古时成人洗礼中，叫出受洗者的名字有特别的意义。异教的成年人信主受洗，与自己的过去断绝，于是把自己的异教名字改成基督教（通常是源于《圣经》）的名字。如今，在那些认为孩子在洗礼前乃不圣洁之人中，这种做法仍旧保留；这些人认为，孩子借着洗礼首次进入基督的教会。然而，我们改革宗人士与使徒一同认信，信主父母的孩子已然被接纳进入盟约，并已成圣。对于我们而言，并无任何出于事情本质的理由要如此行。我们认为，婴儿并非在洗礼中，并透过洗礼而得到名字。相反，在受洗时所称呼的名字只能是已经登记户口的那个名字。】[94]

【如今，取名已经不是有关受洗的问题，甚至未叫出婴儿的名字也并无大碍。叫出受洗者的名字显然是源自一个有许多成年人归信受洗的时代。】可是，以名字称呼孩子，对只有几天大的他们并无影响。此外，对其父母和家庭成员来说，这也是没有必要的。至少在一个彼此不甚认识的大型教会里，若只读出孩子的名字，参加洗礼的会众也不会知道所指的是哪位孩子。【我们并不因此认为理应废除叫出婴儿名字的做法，而是指出这种做法不应依附于洗礼。若这种做法免去，那么洗礼的本质也不会有任何改变。户口登记的

---

[93] 中注：见荷文版 404-405 页。

[94] 中注：本段及以下内容在荷文版中为第九十五章，标题为 "Bediening van den beiligen Doop (Vervolg)"，译作"圣洗礼的施行（续）"；见荷文版 405 页。

出生证明已经记录了孩子的名字。父母自己也确认，出生证明所登记的名字就是他们孩子的名字。在教会方面，对此不会有任何改变。即便一个人在洗礼时改变了原先所选择的不太满意的名字，孩子原先的名字仍会保留，洗礼时所改变的名字会被否定，无人会郑重承认此名字。】[95]

然而，如果要继续沿用这古老的取名习惯，那么就如早前的观察所得，我们十分赞成在称呼孩子的时候加上他们的家姓。只有在家中或朋友之间才直呼孩子的名字，但是在学校和往后的生活中，没有带姓的名字其实没有任何意义，因为可能有许许多多的孩子拥有相同的名字。显然，只有家姓才能明确所指的是谁。在大型教会的洗礼中，只叫出孩子的名字是没有意义的。会众能看到一位孩子正在受洗，但仅此而已。【在一个小乡村的会众中，信徒彼此相识，知道孩子的父母是谁。但是在大型会众中，大家彼此不甚相识，会众对每个方面都很陌生。他们只看到孩子在受洗。】此问题可以通过呼唤孩子的名字和家姓来缓解。甚至如我们早前所建议，更好的方法是，当轮到孩子受洗时，把孩子父亲的名字读出，有需要的话还可以加上母亲的名字。【也有人提议可以在教堂的入口处，按次序写出受洗婴儿父母的名字，从而每个人在进入教堂的时候都可以看到谁会献上孩子洗礼。虽然这种做法可以尝试，但是也是收效甚微。在进入教堂的时候，为了不阻挡身后的人，你只能匆匆一瞥写着名字的告示。然后，祷告和讲道的时间过去后，你只能记得告示上的四五个名字。另外，如果一次有几位孩子同时受洗，会众不知道先后受洗的是谁。除非他们与受洗婴儿的父母相熟，否则他们看告示上的名字完全是多余的。相反，如果长老按次序宣读父母的名字和家姓，让他们带着孩子来到洗礼池旁，那么全体会众都会听到所宣读的名字，看到相对应的人。】[96]

---

[95] 中注：见荷文版 405-406 页。
[96] 中注：见荷文版 406-407 页。

感恩的祷告

【最后，这样的洗礼必须要有**感恩祷告**。】[97] 按照礼拜仪式而言，没有感恩祷告的洗礼是一个未完成的行动。在洗礼的圣礼中，真正行动的不是牧者，而是三一上帝通过牧者，将衪的印记印在受洗的孩子身上。故此，这项行动必须以祷告开始，也同样须以感恩祷告结束。然而，在我们洗礼的礼拜仪文中，感恩祷告明显受到句子长度的影响。它虽然只有两句整句，而最后一句却不少于十八行。如此弱点不利于会众同心祷告，尤其是当牧者在诵读冗长的祷文时，很难维持祷告的语气。诚然，我们的礼拜仪文，包括感恩祷告，用词皆十分优美。但要仔细聆听并以此同心祷告，却是另一回事，需要付出更多精力才能做好。

这感恩祷告实在是很美好，特别是因为它包含了对圣约中孩子之成圣的美好认信。教会并不是为孩子们信主而祷告，而是为着"我们和我们的孩子们已经被接纳为属基督的肢体和上帝的孩子"来赞美和感谢，并在洗礼中并通过洗礼来印证此成圣的状态。在赞美和感恩之后是会众的祷告。会众在祷告中并非祈求把这些受洗的孩子带到基督那里，而是祈求他们**像之前已被带到基督那里的孩子**一样，能进一步被上帝的恩典所引导，并常常被圣灵所管理。教会并不是祈求孩子们得以连于基督，而是祈求已经连于基督的他们，可以在基督里茁壮成长。当然，教会并不能确定每个孩子日后的情况。事实上，时常发生悲哀的结局，就是一个已受洗的孩子完全在耶稣以外成长、生活和死亡。但在洗礼的当下，教会并不会冒昧去探究他们。教会为此孩子施洗，是已默认他是在圣约之中，并且是上帝的孩子。否则，教会就不会给这些孩子施洗。【因此，对于那些在长久侍奉中无数次向上帝感恩的牧者，却否认洗礼是源自婴儿已经在

---

[97]   中注：见荷文版 407 页。

基督里的假设，这完全是难以理解的。同样难以理解的是，至少在荷兰改革宗教会内的一些牧者，主张凡带入洗礼室的人就可受洗，不用事先查问受洗者是否是信主父母的孩子。】[98]

【最后，一个激烈讨论的问题是，对受洗婴儿的父母的讲话是否可以放在实际的洗礼和感恩之间。我们的礼拜仪文并无此讲话，但是其他的仪文会包括其中。这种讲话是后来一个时期加入的。在那个时期，洗礼的正确意义被掩盖，更多是指向情绪方面，而非是认信者受洗。那时，人们不再认识到洗礼真正的意义。盟约的教义彻底被遗忘。洗礼不再是一项圣礼，而降格为一种教会任务。自那时起，牧者认为他理应多说几句话，让圣礼变得更有意思。教会中存在败坏，而牧者认为必须借着自己感人肺腑的言词才能阻止这种败坏。这种做法当中就带着对圣礼本身的蔑视。在圣礼的时刻，教会说话，而牧者只是她的器皿。因此，教会藉辞藻华丽的礼拜仪文说话，而恰恰就是此礼拜仪文已不再令人满意。它被人遗漏，或增添了内容，或由人快速宣读，以至于无人跟得上内容。如是，教会的话语渐渐消失，而牧者尝试在圣礼中加入自己的话语；他们的话语在圣礼中完全是错置的。随着回归更坚固的信心和更正确的认信，许多教会开始形成共识，不再加入对父母的讲话。没有言辞可以将人的注意力从实际的圣礼转移。就个人和主观而言，牧者必须在洗礼中保持隐藏自我。并非牧者的话语，而是教会的话语必须主导整个圣礼。正因如此，由于所有这些言辞逐渐聚焦于情感，所以就优先突出了母亲。因此，父亲在洗礼中就逐渐淡出，于是父亲（而非母亲）作为将婴儿献上洗礼之人就被人遗忘了。母亲对这类讲话更容易动容，因而情感自然在这类讲话中被优先考虑。这完全属于18世纪末。那个世纪，若有一位听众不受激励，传道人离开讲坛时都会感到不满意。但是，这不再适应20世纪。现在，一个更健

---

[98]　中注：见荷文版 408 页。

康的理念主导了我们整个教会的本质。】[99]

　　【这种讲话一旦被引入，终究会令洗礼本身暗淡。另一个坏处就是，大多数受洗婴儿的父母都会等待牧者此番讲话，并知道如何表现得更动容。然而，正是这点表现了人们逐渐被礼拜仪文所添加的内容所混淆。父母会不喜欢自己的孩子让某些牧者施洗，而是坚持由那些口才出众的牧者来施洗。他们寻找能发表感篆五中之言论、眷顾自己情感的牧者，但是这并非是为了受洗。故此，我们可以看到，这样的错误习惯如何吞噬和败坏了洗礼。比最动人的讲话还优美十倍的言论就是洗礼后的感恩祷告。但是，假若我们在洗礼和感恩祷告之间加入讲话，那么感恩祷告就会被简化为尽可能一笔带过的礼拜仪文内容，随后又加上自己的感恩言辞。这种做法再一次突出了牧者，而非圣礼。因此，一个令人喜悦的教会生活的记号就是，不仅有越来越多的牧者抛弃了这种讲话，父母也逐渐明白这种讲话并非洗礼的一部分，不会强化他们对洗礼的理解，反而削弱了洗礼的意义。我们的先辈在 16 世纪就已经明白了这一点，而之后的教会背离了这点。令人欢喜的是，如今已有许多人回归先辈的精神。】

成人洗礼

　　【我们多年来所说的"长者洗礼"（Doop der bejaarden）已由鲁特赫教授予以描述。依照原文，这变成了"成人洗礼"（Doop van volwassenen）。如今 50 岁以上的人被称为长者，所以此描述对那些在 16 至 18 岁提出受洗之人是不适用的。同时，这里的描述也不甚充分。】成人洗礼的礼拜仪式形式是专为父母中至少有一人是教会成员的成人而设，并不该用于那些从犹太信仰、异教或伊斯兰教进入基督教会的人。所以，在礼拜仪文中与教义有关的部分，

---

[99]　中注：见荷文版 408-409 页。

几乎是从婴儿洗礼的礼拜仪文中取出来的。此礼拜仪文的前设是，受洗的成人本应在孩提时代已经受洗，但由于疏忽或其他原因，他并未接受婴儿洗礼。[100]

【成人洗礼的祷告和感恩也与婴儿洗礼礼拜仪文中的祷告和感恩一样。只有一个细微的修改，就是不再将受洗者读作婴儿，而是读作"这个人"（deze persoon）。在今日，这个词听起来有些奇怪，在祷告中尤然。因为在洗礼开始之际，有提到受洗者的名字，所以在祷告和感恩中叫出他们的名字更佳。如今，我们几乎完全不习惯叫出人的名字，从而甚至在为病人代祷时，会众都不知道是为谁祷告；这种做法当然要予以拒绝。这种情况也是将数以千计的信徒合为一群会众，而未采用牧区系统的结果。如果他们回归牧区制，他们会彼此相识，叫出人的名字也就不觉得怪异。这种做法当前只能在小乡村的会众中才可想象，因为几乎所有会友彼此都相识。然而无论如何，在成人受洗之时，他们的名字不应从祷告和感恩中剔除，并且根据礼拜仪文，更不应在洗礼开始之际不报全名。】[101]

实际上，我们没有为犹太人、异教徒或穆罕默德的追随者而设的洗礼礼拜仪文。【我们当前有的礼拜仪文并不适合他们。】[102] 教会当然有必要尽快制定一套礼拜仪文，以适用于非信徒父母所生之人的成年洗礼。特别着眼于宣教，教会应该迅速朝这个方向推进，因为宣教如今已具有教会的性质。当前，我们的宣教士陷入尴尬的境地。圣礼需要礼拜仪文，但当宣教士需要为异教徒或伊斯兰教的归信者施洗时，却缺少相应的礼拜仪文。这迫使他们自行预备洗礼，也就当然缺乏教会官方的性质。

我们还必须考虑是否仍保持以洒水的方法为成年人洗礼。原本的洗礼方法因着婴儿洗礼的缘故以洒水代替，而成年人从一开始就

---

[100]　中注：本段及以下内容在荷文版中为第九十六章，标题为"Bediening van den beiligen Doop (Vervolg)"，译作"圣洗礼的施行（续）"；见荷文版410页。

[101]　中注：见荷文版410页。

[102]　中注：见荷文版411页。

沿用浸礼。【因此，在洗礼的第一部分（教义解释）讲到"下到"，及浸入水中，随后却未有"下到"的行动。这对于成人而言十分奇怪。所以，在婴儿洗礼的礼拜仪文中，最好只说"洒"；而在成人洗礼的礼拜仪文中，则说"下到"。】真正的问题是，我们如何在教堂中找到合适的方法来施行浸礼。浸信会在他们的建筑里已有相应的设置，但我们没有。这是一件很难改变的事情，因为过去一直没有在教堂建筑里施行浸礼，而是在户外一条合适的小溪施洗。在我们当中，成人洗礼颇少，所以教会应该可以继续只进行洒水礼。但是，这方面在宣教工场中是另一番情景。在宣教中，成人洗礼频繁发生。宣教士活跃地地区几乎完全是在气候温暖的南方，而不是北方。众人都习惯在溪流中洗澡，故此在溪流中施行浸入式成人洗礼当然是可取的。这方法能给人留下更深刻的印象，尤其是对东方人来说，因为这与他们的生活方式非常吻合。【浸入水中再从水里上来，在象征意义上更为丰富，并符合原初洗礼的设立。气候和婴儿洗礼会要求放弃这种做法。然而，若气候温暖、受洗者为成人，那么就不应放弃最初的做法。】[103]

在我们的教会里，最好不要耽延成人洗礼。我们可以假定，一个男孩或女孩在十六岁时已经有足够的辨别能力，并且对信仰的奥秘已有充分的学习，能够回答成人洗礼礼拜仪文中的问题。然而，这并不代表十岁或十二岁上下的孩子应该受洗，至少按照我们礼拜仪文的内容不可如此。【但是，我们可以分辨而行。】若有人要求为五、六岁的孩子施洗，则没有问题，可以沿用婴儿洗礼的形式。【相反，若是成人洗礼并且采用第二种礼拜仪文，那么除非他已到慎思明辨的年岁，否则牧者不应给他施洗。受洗者应能有意识和知识来回答向他提出的五个问题。这在十六岁之前是不可想象的。】[104]

【这五个问题非常严格、细致，乃基于一个假设，即将要受洗

---

[103] 中注：见荷文版 411-412 页。
[104] 中注：见荷文版 412 页。

之人自身熟悉真理或认信。第一个问题关于三位一体的奥秘和上帝的权柄。第二个问题关于对罪的意识（schuldbewustzijn），以及在罪中受孕而生。第三个问题关于基督的神人二性，以及祂的死所带来的赎罪。第四个问题关于《使徒信经》和教会的信仰宣告。最后的第五个问题关于基督徒的行为和顺服教会训诫。这一切都不可能期望十岁的孩童能回答。回答这些问题的能力只能到了十六岁才具备；幸好并未特定地问这些问题。它们太过细致，并有所重复。第一个问题取决于第二个问题。认罪和宣信赎罪，教会的认信和基督徒行为的承诺，都是局限于我们自身。我们应该只将与圣礼有关的内容纳入圣礼。在婴儿洗礼中，问题是针对父母和见证人；我们假定他们对这方面会有更深的理解。为什么在涉及年轻人的成人洗礼中，要求更多呢？这些问题在情境中给人以冰冷的印象。甚至它们的语言和风格也逊于婴儿洗礼礼拜仪文的高尚形式。如果我们教会因此而纳入为犹太人、异教徒和穆罕默德的追随者所制定的新的洗礼礼拜仪文，那么或多或少地简化这种礼拜仪文是可取的。与此同时，一件重要的事就是确保面向接受洗礼的犹太人的礼拜仪文，比面向异教徒和穆罕默德的追随者的礼拜仪文，在对过错的谴责上要有所不同。在过去因疏忽而未接受婴儿洗礼的成人的洗礼中，对过去的谴责可能并无作用。但是在犹太人、异教徒和穆罕默德的追随者的洗礼中，这种谴责是有用的。这与**驱魔**的问题有关，】也就是弃绝魔鬼；路德宗的教会仍有这种做法。这种驱魔被视为弃绝魔鬼，在被认为受到撒旦影响的儿童的洗礼中是有意义的，但绝对不适用于基督教父母的孩子身上。因为在改革宗教会中，我们认信这些儿童是通过其父母而成圣的。【另外，基督公教仍保留的吹气（exsufflatie），即吹去魔鬼，在我们教会看来也是不成立的。此外在洗礼上所增添的包括：（1）在嘴唇上撒盐，（2）吐唾沫在鼻子和耳朵上，（3）用油膏抹，（4）点燃象征爱的蜡烛，（5）赐予一个圣徒的名字，（6）赐予白袍或白衣。无论是哪种举措，我们教会都予以废止。这并不是说这些象征本身是可咒诅的，而是因为它们让我们的注意力极大地偏离了洗礼，损害了圣礼的简易性。
这一切举措皆缺乏属灵的根基，并源于人的习惯。】如果洗礼是与
弃绝异教或伊斯兰教中与基督教明显违背的教义有关，才准许为此
异教徒或穆罕默德追随者洗礼时进行驱魔。[105]

紧迫性洗礼 [106]

在我们教会，紧迫性洗礼（Nood-Doop）从未得到认可。此事
尤其重要，因为我们在与基督公教分裂时有紧迫性洗礼，而路德宗
教会仍然致力保留这种洗礼。然而，我们不应轻视紧迫性洗礼的问
题，因为我们难以否认，随着紧迫性洗礼的废除，洗礼的意义和价
值也在许多人的眼中消失了。根据基督公教、基督正教和路德宗的
认信，一个合宜施行的洗礼具有赐予恩典的力量；所有已受洗之人
都有份于这在未受洗时所缺乏的恩典。若这点在教会中被相信和认
信，那么父母毫无疑问会深刻地认识到，他们的孩子理当受洗。因
此，基督公教信徒中的习俗就是将初生的婴儿，最好就在出生当日，
或者不迟于出生后第二天的早上，就带到洗礼池受洗。一个未受洗
的婴儿与圣洁无关，只有受洗的孩子才能得救。因此，父母强烈希
望让孩子尽快受洗。路德宗信徒并未有如此强烈的迫切感，但是同
样的激励因素在他们当中发挥作用。[107]

这种急忙的感觉之所以产生，是因为新生婴儿的性命可能会受到

---

[105] 中注：见荷文版 412-413 页。
[106] 中注：荷文"Nood-Doop"表示，因着必要和需要而施行洗礼，通常是
在一些紧迫和危急时刻。但是，这种洗礼并不总是与老人临终或人将离世
有关。出生的婴儿便是为了预防未受洗而夭折而接受紧迫性洗礼。此中译
本译作"紧迫性洗礼"。
[107] 中注：本段及以下内容在荷文版中为第九十七章，标题为"Bediening
van den heiligen Doop (Slot)"，译作"圣洗礼的施行（结论）"。

威胁。分娩期间可能会遇上许多困难和并发症，以致婴儿在分娩过程中，或几乎在出生之后立刻夭折。另一个原因是，婴儿未必有机会接受教会所进行的洗礼。当然牧者给孩子施洗是合适的，但现实情况可能会令牧师不能在短时间之内到达。婴儿可能在公海的船上出生，也可能在山上的小木屋里出生。婴儿不可能在恶劣的天气下被抱下山，又或者出生在一个偏远的而距离最近的教堂有一百公里的传教点。在各种类似的情况下，一个婴儿很有可能在夭折之前得不到正规的洗礼。

如果这样一个婴儿在未受洗的情况下夭折，那么根据洗礼带来恩典的假设，这个婴儿就遭受损失，而这种损失足以令他失去永恒的救赎。我们不能就此让如此悲哀的结局不断上演，因此有容许平信徒在一个人临终之前为他施洗的教导。至于由谁施洗则无关重要，这可以是父亲、护士、医生、家人，甚至陌生人。当然，情况必须是紧急，以及施洗者对洗礼有正确的动机。然而，在千钧一发的情况下，在场的任何人都有权利和资格为婴儿施洗。路德宗教会从来没有别的教导，只要其会众继续坚持洗礼具有赋予恩典的力量，我们就难以想象紧迫性洗礼会在这些教会中消失。【当不信介入时，紧迫性洗礼自然就消失了，因为洗礼不再关乎超越感人至深之礼仪的更重要的意义。然而，在严格的路德宗教会里，仍认为洗礼有能力赐予恩典，紧迫性洗礼仍旧沿用。】[108]

可是，紧迫性洗礼不会在改革宗教会中成为惯例。因为根据我们公认和一致的认信，洗礼并非**赋予**恩典，而是恩典**被假定已临在**。诚然，我们不能绝对肯定每一位会众的孩子都会得到救赎的恩典。不幸的是，经验告诉我们，现实恰恰相反。可是，正因为没有人能确定在孩子的内心会发生何事，所以教会被要求按照孩子在教会的身份来判断。信徒的孩子因此被洁净，并纳入盟约之中。所以，洗礼并非赋予恩典的工具。也因为如此，在我们的洗礼礼拜仪文解释洗礼的意义时，会谨慎避免任何暗示洗礼是传递恩典之工具的言词。

---

[108]　中注：见荷文版 415 页。

洗礼所做的就是见证、印证、确认和劝诫。在关于洗礼的教导中，第二部分更着重指出："圣洗礼见证并在我们身上印证，我们的罪透过耶稣基督被洗净了。"【这着眼于神圣的三个位格而进行了更详细的解释，从而我们理解为什么洗礼定要奉父、子和圣灵的名施行。于是，仪文便有如下论述：（1）"因为当我们奉父的名受洗，圣父便称我们为义，并用印印了我们"；（2）"当我们奉子的名受洗，圣子就用印印了我们"；（3）"同样，当我们奉圣灵的名受洗，圣灵就赐给我们确据"。在这之后便是解释洗礼教义的第三部分，其中有借着洗礼对我们的劝诫。此劝诫之言是真确的："因为这两部分的内容都在盟约中理解，所以上帝再次透过洗礼劝诫我们，我们理当重新顺服。"并非是洗礼将孩子带进上帝的国度和盟约之中，因而要说道："因此，婴儿当以上帝的国度和盟约的继承者的身份受洗。"这里"继承者"一词并非指将来要得的产业，而是指已经继承的产业。总而言之，此产业是对各各他的响应。】[109]

这种观点让紧迫性洗礼没有立足之地。虽然孩子没有受洗就夭折，但并非**无缘**恩典。如此，即使孩子在受洗前夭折，其父母也可得到安慰和劝勉，不会怀疑孩子的救恩。虽然这些孩子错过盟约的印记，可是仍在盟约之内。这印记对于在世和走进纷扰生活的人而言，有特别的价值和意义，但对于永远不会进入世界生活、永远不会了解这些挣扎的孩子来说，此印记并非不可或缺。当然，这并不代表在可以洗礼的情况之下将其忽略。因为万一孩子意外身亡，父母在上帝面前就难辞其咎。所以，为等待母亲身体复原而将洗礼延后几个星期，此做法绝对是错误的。但不可否认的是，改革宗有关洗礼的教导，在思想淡薄者心中促生了耽延，也在许多人的心中降低了洗礼的意义和价值。既然洗礼既不增添、也不减少孩子的救恩，为何还要那么紧迫或重视洗礼呢？【真实的信徒当然不会有这样的想法。他们认为自己被洗礼的命令所约束，并意识自己要安静顺服

---

[109]   中注：见荷文版 416 页。

这项基督的命令。真实的信徒也会意识到洗礼会让他们产生回忆、是他们得安慰的印记、是对在生活挣扎中欠缺勇气之圣徒的劝勉，这些都具有极高的价值和意义。洗礼因着其意义的教义，在一些人中确实失去其重要性。他们怀疑若在圣礼意义之外来理解洗礼，是否阻碍了孩子的救恩。洗礼不再是一项圣礼，终究不过是一个教会礼仪，为孩子的出生锦上添花。】[110]

　　这是过去洗礼的情况，也很有可能会一直持续下去。如果我们教导说洗礼是得救恩的器具，那么洗礼在每个人的心中都会有一个崇高的地位。对紧迫性洗礼的需求将经常出现，并让需要得到满足。另一方面，如果我们教导说孩子已经在盟约之中，而洗礼只是接受印记，那么紧迫性洗礼就变得没有必要；然而，这种教导的后果是使那些思想轻率之人不再高度重视洗礼。此两难困境无法回避。因此，改革宗教会有责任，并被呼召迫切地去保持已受洗的人对洗礼的回忆，提醒他们在圣约印记上已得的安慰，并且引导他们继续完成直接源于洗礼的全新顺服的责任。【然而，这一切恰恰时常未能实现。在对圣徒传讲劝勉时，甚少提及洗礼，极少重视洗礼对圣徒余生的意义。这种做法可悲的后果就是，到目前为止，大多数人从未再次思想自己的洗礼。若他们真有思想，那么他们在洗礼中所领受的盟约的印记定然在他们余生中坚固和安慰他们。由于教会在这方面的忽略，洗礼所产生的这种果效在很大程度上被遗漏了。】[111]

---

[110]　中注：见荷文版 417 页。
[111]　中注：见荷文版 417 页。

第三十四章 从圣洗礼到圣餐礼的过渡

洗礼和圣餐

　　我们教会所施行的两个圣礼彼此同属。所以，在初期基督教会崛起时，每一位已受洗的犹太人或外邦人都会领圣餐。在类似的条件下，这个规则仍应实行。如果一位犹太人、异教徒或穆罕默德的跟随者今天信主了，在认信后受洗并想领圣餐，没有人可以阻止他如此行。在宣教工场中亦然。凡出生在伊斯兰教、泛灵论宗教、佛教、婆罗门教或神道教的人，只要愿意抛弃他的过去而归信基督，并在认信后受洗，就理所当然地可以来到圣餐桌前。诚然，有些宣教禾场的做法是先让人受洗，然后再进一步教导，直等到所教导的产生果效，才接纳他们领受圣餐；但这种做法肯定是错误的。因为凡不能被接纳领受圣餐之人，亦无资格接受洗礼。洗礼决不应该被用作一种诱饵，为要让人与教会建立某种连系。若然，洗礼就不再是圣礼了。当圣礼施行给接受信仰并委身的成年人时，洗礼就传达了盟约的印记。因此，接受印记的人理应在会众中与其他成员有同样的地位。[1]

我们的宣教士所遇到的困难在于，虽然与其他教会的宣教团相邻为伍，但他们对洗礼的观念往往不同。他们会给所有提出要求的人施洗，因为他们认为洗礼有重生的能力，所以他们热切而自由地施行洗礼。[2] 只要想受洗的人表达意愿，这些教会的宣教士就会立即为他们施洗，而受洗的先决条件往往被降到最低。我们改革宗的宣教团对于洗礼有自己的一套观念。所以经常发生的情况是，有些人本来打算加入我们，却因听说其他宣教团更容易加入，就很容易离我们而去，转去寻求其他宣教团的洗礼。

【一位由异教徒或穆罕默德的追随者而归信之人渴望洗礼。透过洗礼，他首度完全成为新群体里的一员，并且许多教导会令他苦恼。在训诫方面，情况也类似。若过分严厉，这些信徒会离开我们的教会，加入其他团体。当然，对于他们而言，这是基督新教团体还是基督公教团体并不重要。他们对基督公教生活和基督新教生活之间的差异浑然不知。基督公教教会极为华丽的敬拜时常吸引东方人，他们也喜欢该教会所设定的更为宽松的要求。然而，改革宗宣教团体在原则上从不妥协。我们不会给他们施洗，除非他们身上有归信基督宗教的清晰证据，并有带来归信的充分信仰知识。只要我们不在此设定我们西方国家的标准。在早期教会，我们的教父就十分满意《使徒信经》、主祷文和十诫，强调悔罪和改变，并接受新生命的应许。东方人所处的情境不同，生活不同，感受不同，与我们的认信有所不同。对于宣教团而言，他们对当地人有许多认识，以及在心理上对这个国家十分熟悉，为要避免在确认一个人真挚归

---

[1]　中注：本段及以下内容，在荷文版中为第九十八章，标题为"De over-gang van den heiligen Doop tot het heilig Avondmaal"，译作"从圣洗礼到圣餐礼的过渡"。

[2]　英注：凯波尔很可能是指邻近的基督公教的宣教团。荷兰政府在彼时事实上将自己"东印度"殖民地一些区域划分给了基督新教宣教，而另一些区域划分给基督公教宣教。

信上肤浅，以及在这个人里面所寻获的是不稳固的根基。相反，他们要令归信者的认罪和对在基督里救赎的认信，在教会的意义上能充分有力。一旦父亲或母亲受洗，随后自然是他们孩子的洗礼。因此，难题不在于婴儿洗礼，而是最先归信者他们自身。】[3] 对于我们的宣教团来说，受洗者对洗礼的知识或许很少，但应该毫无疑问的是，这个人的内心已经与伊斯兰教或异教断绝，并且有意识地选择从穆罕默德转向基督，或者从异教转向基督教。头脑中的知识不是最重要，重要的是生活观念（levensopvatting）的彻底改变。这种改变在受洗前应该是很明显的，就如埃塞俄比亚太监的真诚发问——"看哪！这里有水，有什么能阻止我受洗呢？"——应该得到与腓利一样的回答——"如果你真的相信耶稣基督是上帝的儿子，你就可以受洗"。我们所熟悉的那套要理教导，是完全不被这类归信者所了解的。

　　这个简短的附记是必要的，因为【礼拜仪式常常】太少关注东方人和西方人的性格差异。其结果就是，我们的宣教点常常沿用不贴合当地文化的礼拜仪文，或者是意识到差异的宣教士们自行决定。正因如此，他们可能会在崇拜中引入主观和不规范的做法，这对东方人肯定是有害的。因为他们比我们更看重【礼拜仪式的固定性】。基督公教在这一点上当然有很大的宣教优势，而我们的教会【应该要做一些有用的工作】，至少应该开始考虑哪些才是适合我们的宣教团使用的礼拜仪式。【要理问答在这方面也是如此，与伊斯兰教和异教的差异占据了很大的篇幅。我们的《海德堡要理问答》阐述了 16 世纪欧洲的冲突，但是并未向我们陈述这个时代中的冲突。向东方的穆罕默德追随者和异教徒教导这些他们从未知晓的冲突是远远不够的。这些冲突源于一个他们并未经历的年代，一个他们并未感到宾至如归的环境。对于他们而言，要理问答和礼拜仪式必须符合他们的处境，所提出的宗教问题必须与他们相关。达到这点并

---

[3] 　中注：见荷文版 419 页。

非易事，因为我们国家的教会对东方的处境所知甚少。并无他法，这项工作只能依据东方的处境而行。但是，无须赘言的是，大量严肃的工作需要准备和处理。如果我们的教会总是要求在东方继续采用我们的要理问答和礼拜仪式，那么他们就不明白自己的呼召。】[4]

接纳与坚振礼

荷兰教会当然也还有很长的路要走。比如，思考一下关于我们对"接纳"（aanneming）一词的使用，就已经表明人们对它所涉及的内容知之甚少。【"接纳"被认为接纳为肢体（lidmaat），好像会友（lid）与肢体之间有根本的差异。你身体的每个部分（lid）都是你的一个肢体，你每个肢体都是身体的一部分。"肢体"和"会友"之间在原则上没有分别。他们口中的接纳意思是，会友是指在我们教会受洗，但要到被接纳后，他或她才成为肢体。这个区分在英国非国教信徒中甚至发展到一个地步，当一个教会被问及得救人数时，通常只报出被接纳领受圣餐之人。因此，这些教会所报的人数通常比较小。一个教会可能关乎百万灵魂，但是只有二三十万肢体。其余人并非会友，也不属于教会。因此，对于这些人而言，教会无非就是一个接受培训和教育的学校，为要使他们成为会友或肢体。这种系统也渗入到美国，而浸信会和卫理公会则在英国地区大肆推广。德国则在敬虔主义，特别是在施本尔（Philipp Jakob Spener, 1635-1705 年）的带领下，也带来了同样的结果。由此产生的这场运动也在我们当中产生了影响，并逐渐站稳脚跟，以至于我们当中逐渐丧失了对洗礼的正确理解。】因此，人们开始认为"接纳"似乎指我们教会中一个已受洗者，只有透过接纳才能成为教会的肢体。当

---

[4]　中注：见荷文版 420 页。

然，这想法是很不恰当的。因为在洗礼后的感恩祷告中，我们强调并承认："所以，祢收养我们成为祢的儿女，并已在圣洗礼中得到印证和确认。" 而对父母发出的第一个问题是："你是否承认这些孩子，**已经**在基督里被上帝分别为圣，成为基督身体的**肢体**，故此应当受洗吗？" 因此，不能否认已受洗的孩子是已经属于该教会的会员。【这便解释了为什么会友和肢体之间完全武断的区分是虚构的。在做出此区分时，他们犯了一个几乎荒唐的错误，就是在接纳一个人可以领受圣餐时，他们特别采用"肢体"一词。然而，在我们的洗礼礼拜仪文中，这个词连同其他一些词甚至都有指向尚未受洗的婴儿。因此，这乃是表示我们将一个在十八或二十年前借着洗礼已被教会承认为**肢体**的人，认为是一个"新的肢体"。】[5]

【在此，我们看到了国家民族教会（volkskerk）的自我矛盾，这在下文会更进一步解释。她使人们变得更难与只在洗礼室施行的洗礼产生联系。如此受洗的人并未被"接纳"，于是被认为是一个无份之人；他只能在若干年后要求借着认信而被接纳为教会的会友（lid）。于是，教会接纳这位认信者；同时，这位认信者被接纳，首次被认为是属于教会这个身体，是她的肢体。基于以上对"接纳"的论述，会友和肢体之间的一切区分才可能被打破。】[6] 所以"接纳"一词的真正意思是"宣告信仰"，并在此认信的基础上，信徒**被接纳进入主的圣餐**。

不言而喻，从洗礼到圣餐必须有一个过渡，因为孩子是在毫无所知的情况下受洗。孩子被抱到洗礼池，可是长大后要亲自走到主的圣餐桌前。所以，在教会容许一个人领受圣餐前，必须要有证据证明，这孩子在受洗后已成长为一个**信徒**。此事必须以某种方式来确定，这也是实行**坚振礼**（Confirmation）的原因。此习惯不应该受到谴责，它甚至是基于特定的真理内容，可是我们拒绝视其为圣

---

[5]　中注：见荷文版 420-421 页。
[6]　中注：见荷文版 421-422 页。

礼，因为教会的头从来没有如此吩咐。在洗礼中，我们遵从"去，教导万民，给他们施洗"的命令；而在圣餐中，我们遵从主的嘱咐——"你们要如此行，为的是纪念我"——但基督并没有赐下类似坚振的命令，同样没有赐下相关的媒介和所预表的真理。洗礼的媒介是水，圣餐的媒介是饼和酒，但基督没有给我们这样的媒介来坚振。人们用油来膏抹，但这只是人的创新做法。[7]

【媒介或记号若为真，那么所预表的实物便为真。在洗礼时，记号表示罪的洗净；在圣餐时，饼和杯表示主的身体和血。坚振礼同样缺乏这方面。】当然，人们可以改变和扩大圣礼的概念，使坚振礼和其他礼仪也得以纳入其中。然而，一旦脱离基督的明示教导，圣礼就失去价值。而圣礼就会几乎在不知不觉中，贬降为由人发起，徒具礼仪意义的教会仪式。【基督公教赋予坚振礼的意义是，借着此圣礼，特殊的恩典得以传达。此恩典使认信者在任何时刻都能持守认信，若有必要，为此承受压力和逼迫，这正表现了源于坚振礼的记号。因此，在古时基督教会忍耐痛苦逼迫的年日中，基督徒的人数急速上升。然而，正因如此，名义上认信的危险便产生了。人们让自己的孩子受洗，但是在教养时忽略基督教的内容，随后就是生活在世界中，尊崇这个世界，而非基督。这种情况一直持续到已见陡危之域的时刻，新的逼迫虎视眈眈。这就带来了一个问题，软弱者或软弱的信徒家庭是否能在这样的逼迫中存留。于是，这自然就引发了某种针对信徒的必需行动，借着比先前更强烈的新方式和行动，将信徒重新联于教会，使他们预备好迎接即将到来的逼迫。这个必需的行动尤其面向年轻人，他们常常在受洗后就迷失了。因此，对信心特殊的坚固以抵御迫害就需要有特别严肃的意义。这就解释了因着这种需要，一项新圣礼的设立就应运而生了。】[8]

---

[7]　中注：本段及以下内容在荷文版中为第九十九章，标题为"De overgang van den heiligen Doop tot het heilig Avondmaal (Vervolg)"，译作"从圣洗礼到圣餐礼的过渡（续）"。

[8]　中注：见荷文版 422-423 页。

值得注意的是，在 19 世纪与 16 世纪末，类似的思想已经在基督新教教会中产生并扎根。为了废除被认为是假圣礼的坚振礼，尤其是改革宗教会，尽可能使洗礼到圣餐的过渡变得简单而不易察觉。在要理教导结束后，牧者和一位长老就决定这位完成要理课程之人是否可以领圣餐，并在获准之后邀请他参与圣餐。这是在没有特定礼拜仪式的情况下进行的，也没有任何礼拜仪文。这都是平常敬拜的一部分，有时候人们几乎没有察觉。在宗教改革的全盛时期，这是可以接受的，因为当时欧洲的教会生活已经达到很高的水平，而且每个人都意识到，为信仰而受苦的时刻可能将至。无论是年轻人还是老年人，都非常熟悉认信。要理问答被广泛使用，而成员之间有一种真正的群体意识。

灵性的衰落与复兴

然而，在 17 世纪末，人们对教会生活的重视和热忱开始消退。他们不愿再花心思去了解认信。死气沉沉的形式渐渐占据上风，灵命大受影响。卫理公会、敬虔主义者和浸信会利用了此时局来赢取灵魂。他们也让真诚的牧师和教会的领袖们知道，如今就是会众大规模复兴的时候。这种压力很快就变得无可抗拒。教会领袖们亲眼看见自己教会中属灵生命的枯萎，却同时看到卫理公会与敬虔主义者成功持守了活泼的属灵生命。这种情况必须要改变。于是，教会逐渐认为，即使不一定要有坚振礼，也需要有一种令人印象更深刻的方法，来焕发年轻一代的灵命复兴。此改变的行动首先在英国形成，其后也在德国以**坚信**（Konfirmation）之名进行，并从此传到我们的教会，所以类似的改变也在我们国家发生。

这种情况在我们国家发生得更早，因为洗礼的认信（belijdenis

van den Doop）已经逐渐被侵蚀。与我们的认信的本性（aard）相左，教会已经成为一个国家教会。改革宗教会曾经占主导地位，并为会友带来许多优势。所以，许多不虔诚者或者不认同我们的认信的人，仍坚持让他们的孩子在我们教会里受洗。小规模的抗辩派（Remonstrant）和门诺派团体仍然是分开的，但所有其他不信奉基督公教的人逐渐加入我们的教会。其结果就是，教会和圣约之间的联系被忽视，包括忽视子女因父母而被分别为圣的真理。因此，我们不能再假定那位将要受洗的孩子已经重生，因为这个孩子和异教徒父母所生的孩子之间，几乎没有任何区别。所以，洗礼实际上不再是一个圣礼。毕竟，我们并不像基督公教和路德宗那样，认为洗礼能使孩子重生。婴儿洗礼与父母的信仰脱钩，使圣礼越来越沦为一种仪式。可是，婴儿洗礼要表达的主要信息，是父母承诺会以教会的教导和敬虔来教养孩子。因此，教会有责任确定父母有否遵守这些承诺，以及现在这个孩子长成后，是否已成为一个得到充分教导并足能认信之人，从而获准参与圣餐。那些比较深思、更倾向灵性的牧者和长老们强调个人的归信。他们坚称，除非一个人可以见证自己的归信，否则就不能宣告认信，或所谓的"被接纳"。所以，接纳的时间往往被推迟：先是延到二十或二十四岁，随后再推迟到更大年龄。在我们国家北部的一些地区，被接纳领受圣餐的年日越推越迟，以致不少人都年老去世了，却未曾在主的圣桌前纪念祂的死。

【诚然，这种观点也包含些许真理。重生和归信相互得以区分；前者在后者之先，后者源于前者。由信主父母所生的孩子在基督里是圣洁的，并被认为内有信心的种子；但是，这颗种子在小孩里面尚未发芽。对于襁褓中的婴儿，并无归信的问题。只有在以后才会有一个时刻，就是当这个孩子长大成熟，有自我意识，自我感知自己在罪中是死的，紧紧抓住基督里的救赎，并从这个世界归信至上帝的国度。此时，这种生命的选择被推动，就是在特定的时刻、借着教会性的行动予以激发。故此，这种做法本身是值得推荐的，并且常常是完满成功的。与之相反，卫理公会将受洗之人的归信等同于外邦人的归信。对于卫理公会而言，重生和归信相融合；这再次导致了古代的一个错误，就是视那些未庄严归信之人无份于上帝的国度。如今，这种归信在那些曾深陷罪恶的人群中最为流行；而对于那些安静过教会生活、在基督徒群体里被抚养长大，且活在此群体中的人，情形大相径庭。这便导致教会一分为二：一边是一大群已受洗而未被认为归信的人，另一边是一小群已重生归信、与众人区分而为圣徒的人。正因如此，从洗礼到圣餐的过渡就丧失了。已归信者出于审慎而远离圣餐，这常常是因为主领圣餐的牧者本身就未归信。】[9] 久而久之，领圣餐的习俗在广泛的圈子中被废弃。而最终的结果是，洗礼几乎不再被视为重要，对圣餐也是回避，而不是寻求。随着时间的流逝，圣礼也失去了意义和价值。

【全国性的多特会议结束后才一个世纪，拆散国家民族教会的内在虚谎就引发了一场属灵上的反抗。查德拉伦（Werumeus van Zuidlaren）在他的《当代基督教的羞耻》中公开宣称，教会大部分人都远离了真实的信仰，并称这些人为"公民性的虚假信徒"。他论道，这些人不能与"外表不敬畏上帝之人"相混淆。查德拉伦用"公民性口头上、名义上或虚假的信徒"指那些处于社会上层之人，他们也参加教会，欣赏信仰。他认为"淫乱者、拜偶像者、贪婪者、醉酒者、毁谤者"就属于这群人，定不能承受上帝的国。相反，他用"虚假信徒"指那些谨慎遵守公民无可指责的行为，并"认为一定的外在敬虔才是真实的敬畏"。查德拉伦论道，他所想到的成千上万之人是那些"真实信靠上帝，承认自己是罪人，相信耶稣为他们而死，信靠祂，并在上帝的怜悯中盼望，拥有一颗良善之心，祈祷上帝，珍视良善的目的，殷勤做工，作一位喜爱敬虔之人；并未有最精确的描述，因为无人在世上可以如此严谨地生活。"因此，查德拉伦在大众教会中首先区分了两类人：生活臭名昭著的人，和

---

[9] 中注：见荷文版 425-426 页。

公民行为无可指摘、给人敬虔之印象的人。但是后一种人里面缺乏属灵的感知，因此是一个虚假、口头上或名义上的信徒，且由于他们的诸般错误，仍就与上帝的国相距甚远。故此，不论还有什么，都不能被认为已经有份于生命。相反，"关切信仰之人"必须再次与"真实的信徒"区分。然而，查德拉伦强调，"关切信仰之人"不可与"假冒为善的虚假信徒"混淆；后者认同信仰，但是只流于形式。信心的"外表"会更强盛，但他们内心还是"未重生的"（natuurlingen）。另一方面，"关切信仰之人"是那些真正开始被主的灵所寻获之人。但是，我们必须再次小心，不要将"受感动之人"（verlegenen）与"关切信仰之人"等同。同样，"在良知中确信"并非真正地关切信仰，也不等于"为哀恸而哀恸"，亦不是任何产生外表的关切却毫无真理的形式。只有先是"关切信仰之人"才是"领受恩宠之人"（begenadigden），就是"上帝的百姓"；后者自身又分成了不同等级。我们回到查德拉伦的序言部分。他在那里论到，这些属于上帝百姓的少数教会成员，"会参加定期令人得安息的聚会"。他认为这些聚会是一个虔诚的团体（vroom gezelschap），并且他自己"多次参与其中，并无丝毫不快，因此亲眼见证一切都是依照上帝的旨意而安排"。在这些聚会中，一些人他称为"查经者"（oefenaars）[10] 的人发言更多；他们并非如教师在教导，而是劝勉众人。故此，这便有了以下事态：盟约被忽视，婴儿洗礼不再受重视，因为教会肢体所生的婴儿不再是基督的肢体。大多数情况下参加圣餐的人都是那些无资格参加的人，归信之人反而远离。事实上，在一些几千人的会众中，只有一小群真实的信徒。他们有自己的秘密聚会（conventikelen），并与每个信徒熟识。】[11]

---

[10]　中注：荷文 oefenaars 指这些团体聚会中有几位负责解释并应用圣经的参与者。
[11]　中注：本段及以下内容，在荷文版中是第一百章，标题为"De overgang van den heiligen Doop tot bet heilig Avondmaal (Vervolg)"，译作"从圣洗礼到圣餐礼的过渡（续）"。本段内容见荷文版 426-428 页。

【我们知道此事态的起因。分化和差异持续上升。教会中有甚少受训诫的公开犯罪之人，有一无所知的"未重生者"，有假冒虔诚的"公民性虚假信徒"，有"近乎真实的虚假信徒"，有"暂时相信之人"，有"在良知中确信之人"，有想要哀恸却无行动的"哀恸者"，有不同程度的"关切信仰之人"，最后还有不同形式的"上帝的百姓"。这时，有些人当然可以在叹息中轻看这些无穷无尽的分类，只要他们不要忘记，国家民族教会因自己的不坚定立场而迫使这些分类发生。事实情况乃是，这样的国家民族教会无法做出教会性判断。正因如此，一些人的主观判断才得以突显。以国家民族教会形式存在的教会无法判断教会的成员，并安时处顺。这并不令人满意，并且必出现抵抗来反对这种事态。正是教会中最受启发的成员必定时刻因这种情形感到愤怒，并始终意识到，基督的教会必须具备圣洁的特性。这种意识迫使他们开始自我审判。这种个人性的审判不只限于个别人，并自然具有了属灵评估的形式。这种评估越发变得尖锐和狭隘，故而崇高权柄的意象在少数信徒中盛行；这些信徒主张行使属灵监察者的权利。教会的这种危险甚至在格罗宁根学派就已有清楚认识。在 1727 年，格罗宁根大学神学系就为这部查德拉伦的著作背书，并非短暂地或形式性地，而是明确推荐查德拉伦的著作有助于说明仅有教会的教义是不够的，还要有完全的敬虔，并且"字句的知识"必须要有"属灵的悟性"。德利森（A. Driessen）和费布洛赫（Otto Verbrugge）两位教授代表格罗宁根大学神学系签署了这份推荐书。】[12]

【无论这种属灵审判的发展有多复杂，不可否认的是，正是这些审判者和相关群体，在国家民族教会普遍衰败的年日里，在教会中分隔出了一个核心群体。在这个核心人群中，福音的认信和敬虔的属灵能力得以维持下去。即便到了 18 世纪末，背道甚至在教师中肆意横行的时候，也是如此。正是从这个核心人群那里出现了后

---

[12] 中注：见荷文版 428 页。

来的分离运动。尤其是在格罗宁根，那里有人学习查德拉伦。还有在 1839 年之后仍继续存在，被称为"真理之友"（Vrienden der Waarheid）的一群人；他们大多数都来自这个核心群体，尽管他们的言论更加客观性。】[13] 荷兰改革宗圈内的这场运动，与德国的敬虔主义运动几乎相同。在这两个国家，教会无法持守作为教会的属灵性质。小组和秘密聚会取替了教会的工作，试图建立"教会中的教会"（eccesiola in ecclesia），即国家教会内的隐蔽教会。

在这两国中加入这场属灵运动的牧者人数很少。【查德拉伦就有参与，并出现在这些小型聚集和秘密聚会中。是的，他亲自参加了这些聚会。】[14] 毫无疑问，这对牧师的领导力构成了威胁，因为现在是由秘密聚会，而不是由**教会长执会**来带领会众。牧者必须经过秘密聚会的评估和认可，否则他将失去所有属灵信誉。真正能让人获得属灵力量和成长的聚会，不再是由牧者宣讲圣言的教堂里的敬拜，而是由查经者主讲的秘密聚会。实际上，教会长执会和牧者被推到一旁，属灵的监督和职责被秘密聚会接管。除了少数有仁爱之心、倾向属灵的传道人以外，牧者们整体上对这些秘密聚会越发敌视，反之亦然。这导致许多牧者在教义上出现更大偏差。当那些真正对属灵事情感兴趣的人不再支持他们时，这些牧者们就转向寻求那群在人数上占优、却偏离真理的会众的支持。为了讨好这些会众，无数牧者牺牲了越来越多的真理。

【此时，这极大地导致了教会生活的衰败。】牧者和会众继续远离正统的认信，历史悠久的基督教实践被摒弃。理性主义和超自然主义开始支配大部分的教会生活，公民的德行取代了福音的理想。道德的世界与基督教会之间的区别越来越不明显。【这就是人们如何轻蔑地对待身处现代主义中的格罗宁根人士。】[15] 而最终不能幸免的是，官方教会的不圣洁品格，在全国各地教会中仍留存的属灵

---

[13]　中注：见荷文版 428-429 页。
[14]　中注：见荷文版 429 页。
[15]　中注：见荷文版 430 页。

核心面前，变得越来越明显。教会逐渐分化，并分裂至可悲的无力境况。这种情况引起一场思考，即是否可以通过实行"宣告认信"和圣餐，来使教会从昏睡中苏醒。这种尝试衍生了"接纳"的庄严仪式，随之而来的是对会众的要理教导。

这场从教会怀中产生的属灵运动无论是如何片面，但它对整个教会，包括牧者们，产生了非常正面的影响。【在18世纪并非全都如此。那个时候，牧者的骄傲普遍反对这种属灵反应，特别是在我们国家持续昌盛的年日里。然而，在法国大革命英雄和拿破仑的领导下，荷兰被法国占领（1795-1813）；在这几年中，荷兰教会发生了翻天覆地的变化。】因着这种紧急状态，复兴运动（Réveil）才能在这里寻获一个有利的环境；一种不同的心灵被唤醒。主日学渐渐出现，要理学习班开始引起更多人的关注，不久之后更出现针对年长会众的要理学习班和查经小组。[16]

要理教导

在宗教改革时期，要理教导的重要性不如今天。这由于几个原因：【（1）父母对孩子信仰教导的更多投入；（2）信仰在普通公民生活中有更大的意义；（3）学校协助进行信仰教导。下文将对这三点稍作论述。】[17]

第一，当一个孩子受洗时，父母会被问及是否答应在真正的信仰中"教导这个孩子"，或"让他接受教导"。这显然强调了父母的教导，乃完全符合以色列民族对父母的要求。【这正如亚萨在《诗

---

[16]　中注：本段及以下内容在荷文版中为第一百零一章，标题为"De overgang van den heiligen Doop tot het heilig Avondmaal (Vervolg)"，译作"从圣洗礼到圣餐的过渡（续）"；见荷文版430页。
[17]　中注：见荷文版431页。

篇》七十八 5-6 所说："主在雅各中立法度，在以色列中设律法，是祂吩咐我们祖宗要传给子孙的，使将要生的后代子孙可以晓得，他们也要起来告诉他们的子孙。"】这是教养孩子的自然方式。特别是在幼年时期，孩子最容易接收关于信仰的印象。年幼的孩子学会跟着母亲双膝跪下，结结巴巴地做第一个祷告。在基督教家庭中，饭后和睡前都要诵读上帝的圣言。【从年幼开始，男孩和女孩在成长过程中都不断熟悉圣经历史。他们学习儿童歌曲，而后是诗篇的歌词。】弥漫在家庭中的信仰氛围，对塑造和培养已受洗的孩子有重要的引导作用。【已不止一次证明，对于一个健康的基督徒家庭的孩子，一切要理教导都是多余的，以至于他们事实上就符合洗礼的第三个问题所预设的最自然状态，就是父母自己在基督教真理中教导他们已受洗的孩子。】[18]

第二，在 17 世纪我们教会的鼎盛时期，信仰在生活的所有层面都扮演着非常重要的角色。人们以巨大的代价换来宗教信仰自由，但仍很容易受到威胁。新异端带来的危险仍然确实存在。这就是当时信仰事务让人费尽心神的原因。每个人都在谈论信仰。在散步时，或在乘船时，人们都在谈论错综复杂的阿米念主义。【他们熟悉正反论据，从而对谈话中的论点不会感到任何压力。公共生活并非社交化，从而大多数都局限于教会的范畴。这便让对信仰的兴趣盎然，并且让孩子从一开始就进入到当下时代信仰问题的讨论中。无人可以置身于信仰讨论之外，甚至文学方面也夹杂着信仰辩论。《圣经》里的名字和术语司空见惯。于是，这就产生了一种情形：孩童发现家庭里的信仰教养与公共生活中所面对的事务协调一致。】[19]

第三，学校提供的信仰教育能补充任何潜在的缺乏。与我们今天的学校相比，当时提供的教育可能相当基础，但它确实有一个优势，就是非常重视信仰教育。孩子们不仅要学习《圣经》，还要学

---

[18]　中注：见荷文版 431 页。
[19]　中注：见荷文版 431-432 页。

习要理问答。孩子们学习诗篇和《圣经》经文，并要熟记要理问答中的答案。因此，孩子们心中烙下了深刻的印象：宗教在家庭内外同等重要。【虽然家庭教育与学校教育有所不同，但是孩子学习的氛围保持不变。在阿尔芬（Hieronymus van Alphen）时代，就是从1800-1825 年内，这些令人怀念的方法已经由一种更加影响人心灵的方法取代。尽管如此，任何一所学校仍有祷告和基督教信仰教育。甚至由公共福利协会（Maatschappij tot Nut van het Algemeen）[20] 创建的学校，最初也持守旧有的习惯。】[21]

在这种早期情况下，其弊端是教会对要理教导的投入度【不如后来】那么高。要理教导课较晚开始，但很早结束，其性质是为了给将要成为教会成员的人补充内容和复习；【要理教导在那个时候并未完全持守】。当时机成熟，年轻人就公开认信，并被接纳领受圣餐。【通常情况下，有关信仰的知识是充足的。如今常出现的现象是，有良好教育家庭的孩子对《圣经》也完全陌生，甚至不知道耶稣的生平事迹。这种情况在那个时代不会出现，也不可能出现。在那个时代，只有大城市才遇到大难题。】[22] 因为大城市中有相当多的低文化群众，他们在基督教教育被完全忽视的环境下成长，没有上教堂，也很少上学。在大城市里，面向这一群人的事工少之又少。可能他们在很短的时间内接受了一些要理教导，随即被接纳为教会成员。于是，他们就成为了缺乏一切属灵知识（alle geestelijke kennis），今日转而在社会中找到共鸣的一群人。教会对此无能为力，愿意以探访等方式改善状况的牧者太少了。纵使执事们已尽力而为，但由于牧者们仍掌握大多数民众的心，所以他们通常只关注富人和中产人士，贫穷阶级明显凋零了。

---

[20] 中注：公共福利协会创办于 1784 年，旨在主要借着教育来改善个人和社会。此协会透过发展更优质的公共教育达成此目的，比如提供优质的教科书、教学模式、师资培训等。

[21] 中注：见荷文版 432 页。

[22] 中注：见荷文版 432 页。

　　这种危险且不能容忍的情况，在荷兰的复兴运动期间就开始被人意识到。在许多牧者中，一种新的精神变得日益明显。这种精神有两个目的：在面对秘密聚会时保持他们的属灵权柄，以及满足目前如此明显的需要。因此在 19 世纪，教会中的要理教导变得更加重要。其部分原因是牧者们开始每周在要理教导上投入更多时间，另一部分部分原因是教会任命专人作要理教导员。【格罗宁根学派在这方面也表现出了实践意义；他们主要关注要理教导，在这方面不遗余力。】[23] 这复兴运动也产生了主日学。在接纳仪式之前的最后几周，额外的要理教导试图为认信灌注更多属灵意义（geestelijke beteekenis）。会众似乎很欣赏这一做法，在仪式结束后都会向牧者送上礼物致敬。已经成为教会成员的人参加要理教导的现象也变得更加普遍。

　　然而，这些努力可能太少和来得太迟。全国的社会生活潮流与教会的这些努力针锋相对。学校变得中立，摒弃了祷告和《圣经》教导。工厂诱使父亲、母亲和孩子们去工作，损害了家庭生活。中产阶级的社交生活迅速发展，使上学的时长和课后完全家庭作业的需求增多。人们几乎没有时间参与信仰活动，年轻人也最多会被说服，每年接受几个月的要理教导。但由于他们在家里没有接受过任何信仰教育，要理教导纯属一层薄薄的宗教外衣，在作出认信之后很快就消散了。【此外，源自公共生活的信仰问题逐渐后撤。在高等院校和学校中也有要理课程，但是因着这种缺乏根基和以学术立本的形式，这些课程的听课人数寥寥无几，通常也并无益处。每位牧者来到会众中时都会反思该如何自救。每个人的做法都不同，并无统一方法。教育并不会进步，整个情形充满了各类问题。圣经历史变得更加重要，而要被认信的真理不断被缩减。属灵的启示变得越发晦暗，变成了历史与伦理的结合。教育的真实基督教特性持续衰弱，更不用说教育的改革宗特性了。精简的概念被大量使用，尤

---

[23]　中注：见荷文版 433 页。

其是要理教导的学生，但这并未触动他们的心。即便我们承认要理教导比过去更多占据了生活时间，但很快就会发现，要理教导无力阻挡极端的无知。这在大城市中尤然，并只能以一种稍微令人满意的方式，在受洗的时候进行一种基督教教育。受洗者在回答洗礼的问题时点头答应，但当他们回到家中，大多数人对他们在洗礼过程中所承接的厚重责任已毫无印象。】[24]

【因此，国家民族教会中信仰的凋谢引发了秘密聚会团体的兴起。这些团体的属灵反应首先遭遇牧者反对，因为他们认为自己职分的尊严遭到挑战。之后，这些团体遭到法国人的压迫。特别是在复兴运动的影响下，他们当中大多数优秀者都加入了复兴运动，从而他们自身就尝试透过主日学、要理问答教导和之后的青少年协会（Jongelingsbonden），来推动这场属灵运动。然而，无论这种做法有多好，它对要理教导的孤注一掷引发了危险，即在家庭和学校中，人们过度强调要理问答的教导。若家庭、学校和教会彼此协作，这种情形才是健康的。要理问答的教导限于每周一小时。这样的结果就是，信仰在年轻人生活中几乎无立足之处。在这样的要理问答教导中，许多人聚在一处，有时多达四十人，甚至更多；当然，无疑也会有个别教导。如此多的人聚在一处，庞大的听众令要理教导多少具有机械性，因而甚少有触动听众内心灵命之弦的声音。因此，教会若单方面地依赖要理问答教导，定然是错的。相反，教会必须多措并举，从而家庭中就会再次行使古时对年轻人的属灵教养。其次，我们必须尽力确保，没有一位来自基督徒家庭的孩子去一所非基督教学校。此外，要理问答课程必须补充两个方面。若可行，要理教导课程的时间需要缩短。常见的情况是，要理问答课程从五岁持续到十八岁。若将要理问答课程分为十堂连续课程，这样会更有效率，以至于教导可以稳步进展。然而，如今完全不是如此。通常情况下，年纪大的与年纪小的没有分班。若五岁儿童同时参加这两

---

[24]　中注：见荷文版 433-434 页。

个班级，然后每年都有新人加入，那么为了这些新人的缘故，这些最初的五岁儿童以后都要重新学习。否则，这些新人突然面对这些要理问答的内容，定会感到混乱。】[25]

认信的合适年龄

以往一直以十六岁为认信的年龄上限，十四岁为标准。虽然我们不是教条主义，但也相信十六岁是最合适的年龄，【不应过多延迟。在其他国家，这条规定并不罕见。另一方面，我们当中很快就有人希望有一半的要理问答教导者是神学家，将要理问答班级变为某种学校。比如在鹿特丹，"学校"的称呼已在一些群体中被引入，作为要理问答班级更高级的名称。于是，这就带来了三个发展方向。某些牧者会让孩童沉浸于教义性和有争议性的问题，另一些牧者主要在护教的意义上处理那些挑战信仰的问题，还有一些牧者则尝试从一开始就让孩童进行属灵方面的剖析。每个方向都有极好的用意，但远超尺度。尤其是在乡村中，牧者的过多改变会带来严重后果。时常发生的情况是，当学生孜孜不倦地学习，从而跟上一位牧者的思路时，另一位牧者出现了，采用了完全不同的方法，拆毁了已经建造的，然后重新建造。不止一个乡村中的学生，在接受要理问答课程的年日里，遇到三至四位老师；每个老师都风格各异，不会思考如何与前一位老师之间建立联系，也不会有此询问。这就产生了不可修补的混乱。若新的老师能告诉学生，前一位老师所教导的哪些内容并非正确，这是极好的。】[26]

---

[25]　中注：本段及以下内容在荷文版中为第一百零二章，标题为"De overgang van den heiligen Dooptot het beilig Avondmaal (Vervolg)"，译作"从圣洗礼到圣餐的过渡（续）"；见荷文版434-435页。

[26]　中注：见荷文版 435-436 页。

　　长期的延迟认信往往会带来负面的后果。当孩子接触到超出他们理解力的问题，尤其是需要用理性和灵性分析的问题时，很容易造成他们对真理，或对成为基督身体肢体的疑虑。每个人都须以自己的方式与怀疑抗争，但在预备人们认信的过程中，纠缠于此并不明智。如此说来，有些年轻人为要确保自己被接纳为教会成员，因而忽略疑惑；也有另一些非常认真的年轻人，则会延迟更长的时间再认信。这有时会导致人们到四十岁，甚至更老的年龄，还未对信仰下定决心。正因如此，在孩子们正离开童年，到以为自己是"万事通"的年龄之前，最好让他们及早认信，并让他们知道这与他们的洗礼紧密相关。有人认为十六岁的男孩或女孩年纪太小，不能真正晓得自己的属灵状况，所以不应允许他们认信，这是不正确的。【因为同样的主张也适用于洗礼，而没有一位父母可以判断新生婴儿的状态。洗礼是基于信心，而非选择。任何试图施行判断的人，必须先成年受洗，从而又会遭遇常常令年轻人怀疑自身状态的错觉，却又轻率地跨过。这种的重点不是你自己，也不是你的孩子，而是上帝和祂的盟约。若祂的圣言向我们证明，信徒的儿女是分别为圣的，那么我们就将进一步的选择留给内心明白的人，持守祂的圣言，为我们新生的婴儿洗礼。按照同样的思路而得出另一个事实，就是一旦受洗的婴儿自我意识（zelfbewustzijn）苏醒，就可以认信，并非是学习或属灵确据的明证，而是他洗礼的成果和产物，同时也是被接纳领受圣餐的过渡。尽早认信而非延迟认信，才是坚固教会团契的力量。】[27]

　　【正因如此，这并不关乎认信，而是其中有更深的内涵，就是在会友的要理问答课程（lidmatencatechisatie）中就已经得到承认的部分。唯一的错误在于，会友的要理问答课程仍旧是一个例外，只有女性参加，很少有男性参加。因而，这滋生了错误的想法，好像无需大众性的要理问答课程，只用针对教会中的少数群体。然而，我们不应从中得出结论，年轻人最好等到十八岁或二十岁。因为这

---

[27]　中注：见荷文版 436-437 页。

种做法的结果就是，很多人直到十六岁才参加要理课程的班级，并只有两年的学习经历，这种情况在大城市更甚。在这两年中，几乎只有冬季月份才学习，因为人们在夏季和春季忙于学校工作和职业活动。这样，整个要理课程缩短为两次十周的课程，并无再多举措。这种情况屡见不鲜，尤其是我们要理课程的教师，会为此事而诉苦。】[28]

　　这里还有一个问题，特别是针对上流社会的年青男女来说的。在那些圈子里，认信与进入社会的关系相当密切。没有认信的人不会被邀请出席重要的场合，但认信的人随即在社会上首次亮相。可悲的是，人们对成为社会一员的渴望，往往变得非常强烈，使认信沦为只是达到目的某种手段。人们可能会有一段短暂的时间谨守生活，也可能会有几周的时间假装相当虔诚，并在认信之后随即首次领受圣餐。可是，当这段日子过去，他们开始参与社会生活的时候，就会觉得目标已经达成，于是很快就沉醉于世界，抹掉关于认信和第一次领圣餐的记忆。或许更有可能的是，将神圣与世俗混为一谈，以致这些人虽是教会成员，有时也会参加礼拜，然而信仰似乎对他们的日常生活没有任何影响。在如此的"高尚神学"中，教会和世界形成了虚假而可笑的合一。因此，在十六岁时认信可能会更好。因为这年纪的年轻人仍然相对容易受影响，也与进入社会这回事分开，使他们的认信有更多的时间发展成熟。

　　可是，单单认信是不足够的，接下来应该要不断地教导他们认识真理和基督徒的生活。由于社会中的职业各有不同，这些教导变得越来越有必要。社会地位较高的人，比在劳动阶层或中下阶层的人需要更多的信仰教导。因为前者很快就会在各个圈子里游走，当中有很多重要的生活问题，都不是从基督徒的角度来认知的。如果要理学习班没有同时教导该男孩如何从基督教的角度看待社会中的重大问题，即使他学会区分基督公教和抗辩派，对他也无甚帮助。【任何人如果明白教宗的弥撒，也阅读了反对抗辩派的《多特信经》，

---

[28]　中注：见荷文版 437 页。

但是并不了解进化论和法国大革命，那么就没有装备好去应对日常的挑战、维持自己认信的尊严。继而，他变得沉默，并在沉默中思想变得摇摆不定。如今，基督教文科学校（gymnasium）和基督教高等公民院校（Hoogere Burgerschool）在一定程度上填补了这一空白，但是教会也应让自己的声音在这领域被人听到。所以，特意为了这个缘故而更可取地称要理问答班级为"宗教学院"，这肯定会吸引更多的年轻人。】[29]

过渡的要素

我们再三地强调，所有教会都应该更关注从洗礼到圣餐过渡的根本问题。拿走了婴儿洗礼，整个教会的有机联系也就完全丧失了。至此以后，通过认信加入教会的人，就纯粹是加入教会的成年人；或根据他们喜爱的说法，就是加入一个协会或社团的成年人。门诺派喜欢称自己的团体为社团，而不是教会。对婴儿洗礼缺乏了解，甚至废除婴儿洗礼，使得除长老会以外、在英格兰和美国的许多非信奉国教者（Nonconformists）之间的联系完全断裂。这尽管仍然被称为"教会"，却只是人类设计的产物，完全缺乏神圣体质机构的特质。基督教会（de kerk van Christus）的根本问题就是成人洗礼抑或婴儿洗礼。一旦接受婴儿洗礼为上帝与世世代代建立圣约的要求，那么教会就必须在这个圣礼的基础上发展。【教会必须安排从洗礼到圣餐的过渡。这种安排不应留给片区议会或堂会长执会，更不应任由牧师决定。】教会在全国会议上，必须决定如何能过渡至圣餐。[30]

---

[29] 中注：见荷文版 438 页。

[30] 中注：本段及以下内容，在荷文版中为第一百零三篇，标题为 "De over-gang van den heiligen Doop tot het heilig Avondmaal (Slot)"，译作"从圣洗礼到圣餐的过渡（结论）"；见荷文版 439 页。

【然而，有人会坚决反对此事。他们可能会说："不要标新立异，不然会破坏教会中的和睦。"这的确有些许道理。尤其是在与我们神圣宗教有关的事上，我们理应与先辈保持一致。一旦做出改变的计划出现，很容易被人怀疑是自我表现。甚至出现了一个准则，凡是常常推陈出新的人，常常是那些逐渐偏离教会所宣告之真理的人。正因如此，像十诫、主祷文、《使徒信经》等对敬拜产生了强大的影响，因为它们是古时的著作，来自于古代的教会。正如后世表明，很少有人怀疑这些著作。然而，历史也教导我们，可能到了某个时候，教会生活的改革和改变不仅是必要的，也是可以接受的。当加尔文主义出现的时候，几乎整个教会生活的形式必须要被更新，不仅在认信上，也在要理问答和礼拜仪式上。因此，更新就出现了，被引入教会，吸引众人，而非被人拒绝。毫无疑问，历史不是静态的。新的观念、新的生活问题已经出现了，所以新的错误和异端就悄然混入。尤其是教会失去了 16 世纪所拥有的来自社会和国家的支持。故此，教会只能完全孤自而立；也正因如此，这便要求吸引和坚固今日将教会生活联合的纽带。若我们了解得越多，就越会发现国家民主教会的观念是不能成立的。但是我们必须承认，全体人民委身于一个教会就将人民生活与社会和国家的生活编织在一起。另一方面，既然过去国教和社会的支持已经不在了，教会就必须自我反思，从而可以促进坚固他们有机联系的事物。这一切都从婴儿洗礼开始，只要借着教会自身和全体教会，随后将一切事物与婴儿洗礼相互连接。正是在这一点上，合一是不可或缺的。】因为已经受洗又被允许参与圣餐的人，不仅是在当地教会，而且是在所有同属的教会中，都拥有参与这两个圣礼的权利。就洗礼而言，这个权利是延伸到全地的基督教会。因此，婴儿洗礼不该在往后的生活中被遗忘。我们要不断地提醒自己洗礼的意义，而当在思考圣餐之时，我们必须要清楚它跟【婴儿洗礼】（kinderdoop）的关系。[31]

---

[31]　中注：见荷文版 439-440 页。

当然，在洗礼和圣餐之间的过渡上（我们特别想到坚振礼），虽然并非每个教会都视之为圣礼，但终究这两个圣礼之间是有连接的。尤其是婴儿洗礼是一个**从无意识**到**有意识**的恒常呼召。婴儿洗礼使孩子在无意识状态中激发一个奇妙的思想，即上帝是恩典的源头。此外，我们每一个人的完整信仰之旅，都是源于上帝，而不是源于我们自己。接受洗礼的孩子直到长大后才会意识到这一点，随后就会开始因上帝对他的爱而喜乐，因为祂在一个无助的婴儿能自救之前，就拯救了他。【诗人在《诗篇》二十二 9-10 如此优美地写道："祢是叫我出母腹的，我在母怀里，祢就使我有倚靠的心。我自出母胎就被交在祢手里，从我母亲生我，祢就是我的上帝。"】[32]

【于是，在这方面需要克服的恶劣问题就是：许多儿童在成长过程中几乎没有被人提醒他们所受的洗礼；儿童常常花了六年、甚至更长的时间学习要理问答，却没有在学习过程中回想自己的洗礼；在讲道过程中，劝勉的能力甚少源自听众已领受的洗礼；甚至在所谓"接纳"的时刻，对"被接纳者"的洗礼也只字未提。】[33]

洗礼和圣餐之间的过渡有三个基本要素:【（1）教导和教养；（2）公开认信；（3）接纳领受第二项圣礼。这三者都是教会的责任。】[34]

首先，我们必须强调对真理的培育和教导。这涉及**家庭**、**学校**和**要理教导**，【而这三个部分合而为一。】父母和见证人在受洗时曾许诺，他们要在基督信仰上教导孩子，或让他们如此接受教养。他们必须遵守此承诺，教会也必须确保父母和见证人履行他们的承诺，协助并指导他们如何才能做到最好。【只要国家民族教会没有将家庭探访简化为表面功夫，那么在家庭探访时需要监督父母是否履行承诺。这种调查和监督在每个单独牧区执行会很有效率。】这种指导必须重视，因为父母向子女提供信仰指导之同时，也证实父母本身对属神真理的认识。【但是在今日，教会几乎从未调查他们

---

[32] 中注：见荷文版 441 页。
[33] 中注：见荷文版 441 页。
[34] 中注：见荷文版 441 页。

是否遵守所设定的义务，对受洗**见证人**的情况尤然。】[35]

教会还必须密切关注学校里的宗教教育。他们必须要知道，学校的老师是否已接受充分训练，并且要确保老师忠于认信，而不是将宗派思想灌输给孩子。建立或管理学校不是教会的任务。学校肩负塑造儿童日后进入社会生活的重任，而教会不可干预这任务。但宗教的教导，当然须由教会监督。教会也需要提供要理教导，并必须保证能为教导的牧者们提供所需的教材。《海德堡要理问答》并不适用于所有的教导，而《基督教信仰纲要》（*Compendium*）也没有官方的地位。

第二，我们的教会也要举行公开的认信。尽管牧者和长老可以进行初步评估，但这种评估永远不可能成为实际的认信。除非这是**一个公开的认信**，否则可能永远不会正式被"接纳"。认信必须在会众之中进行，是教会里最重要的事件，而教会有责任提供一个**正式的礼拜仪文**。此礼拜仪文必须解释这个仪式的意义，也应该包括向认信的人提出的问题。当中的第一个问题必须提及他们在婴儿时期接受的洗礼，第二个问题必须查问他们是否同意教会的认信，第三个问题必须要求他们承诺过一个基督徒的生活。

第三，当这些问题得到肯定的回答时，教会就必须宣布现在就允许他们参与圣餐。重要的是，所有分享同一认信的教会，都应该遵循同样的做法，而不是每个教会按己意设计，这样就能强调他们与所有教会的共同团契。

---

[35]　中注：见荷文版 441-442 页。

第三十五章 圣餐的施行

　　圣餐是敬拜礼仪的最高潮。教会从一开始就意识到了这一点。在随后的几个世纪里，人们越来越重视教会生活，使圣餐成为整个敬拜的中心；这带来了弥撒的发展。

弥撒的发展

　　"弥撒"（missa）是 missa concio 的缩写，意思是"聚集的人群回家"。这一词假设已有相当多的人聚集在教堂内听讲道，及至讲道即将结束时，那些只为讲道而来的随后都回家，留下来的只是那些有权利领受圣餐的人。所以，missa 的意思实则指众人都回家，只有圣徒留下。这就把圣餐推上崇拜中更高、甚至是最高的点，因为只有圣徒才有权利参与这项敬拜礼仪高潮的表达。

　　当然，这样就适时减少了圣餐的参与者，以致最终规定每年举行一次。这并不代表轻视圣餐，而是给予极大的重视。圣餐圣礼的地位如此崇高，故此参与者必须要有与圣礼同样崇高的心态。一位可以共享圣餐的信徒标志着他在会众中是一位圣徒。因此，不仅在圣餐前的几个星期，而且在之后的几个星期，信徒们的外在生活方式必须非常圣洁，使圣礼的神圣性与参与者的属灵状况没有明显的抵触。复活节前的漫长禁食期，很快就被人视为培养所需之思想状态、与世俗分别的最佳时间。因此，这种做法逐渐成为大多数信徒的传统，就是每年举行一次圣餐，并且最好是在复活节举行。

然而，圣餐不能因此被缩减，否则圣餐可能只会越来越少，甚至被废弃。此情况绝不能允许。相反，圣餐应该是每次教会崇拜的最高表现。当圣职人员和信徒之间的区别得到重视之时，这就成为可能。特别是当教会在异教徒中迅速发展的时候，这些人数迅速大幅增加的教会往往具有一种表面特质，而此特质不外乎一件外衣而已。从别处来的圣职人员为这些人施洗，而这些人在受洗前后的属灵状况对比越发鲜明。当圣职人员被祝圣就职，彷佛更有资格接受圣礼时，这种对比就更加强烈了。【因此，神职人员和一般民众逐渐成了两种实体。神职人员受主教的监督越来越严密，以至于他们的生活方式和那些刚受洗之人的生活方式之间的对照，愈发变得鲜明。故此，神职人员逐渐开始被视为一群不同的人。他们藉自身领受的圣灵的膏抹，被置于更高的地位。于是，神职人员的授圣职礼本身就成了一项圣礼。借着此授圣职礼，牧职候选人成了一个不同的人；他有时仍会在许多事上犯错，但还是以一种非常特殊的方式联于圣者。这自然得出了以下结论：神职人员与圣餐之间的关系不同于会众与圣餐的实际关系。】[1]

因此，这项圣礼的举行，在神职人员和信徒之间逐渐、悄然地产生了差异。给信徒举行这项圣礼的次数越来越少，而给神职人员的次数越来越多。这种趋势最终导致神职人员**每天**都举行圣礼，而

---

[1]　中注：见荷文版 444 页。

信徒通常是**每年一次**。弥撒变成为神职人员而设立、由神职人员举行的圣礼，而圣餐是会众所参与的圣礼。【弥撒也可以单独施行。在偏僻的小教堂，或在只有教会神职人员在场的教堂，即便没有其他人参加，司铎在同工的帮助下就可以施行弥撒。故此，弥撒变成了某种特别、单独的事物，成了教会的君王和祂的神职人员之间的事。最后，会众可能在场，但只迷失在神职人员这项行动的荣耀和崇高之中。神职人员便被认为处在与教会的有机关系中，以至于他令人尊敬的信心行动令教会自身与基督的身体相交，而神职人员所代表的会众向上帝感谢和敬拜。】[2]

这就自然导致弥撒的施行变得越来越华丽，因为它必须要给会众留下深刻的印象，成为代表他们的神职人员与超越生命之间的互动奇观。这是一种在地上演练的天国场景，并不是装模作样，乃是一个至高实在和至高属灵之真实的事件，以致从圣餐饼到基督身体的变质（transubstantiation），越来越受强调作为天上的实在。因此，与弥撒有关的一切，都必须尽可能地注入非人间的特征。无论是服装、歌曲、圣器、动作，一切都必须以越来越高的完美水准来进行。特别是在大教堂和特殊的庆典上，这种对华丽的追求达到了宗教艺术所能达到的最高境界。因此，藉由完全自然的进程，面向会众的圣餐圣礼变为次要，而圣餐的主要意义已几乎完全沦为神职人员的活动，和关乎变质的奥秘。

如果我们将此情形与福音书指教我们有关此圣礼设立的简易性，或与使徒保罗告诉我们有关初代会众对圣礼使用的情况进行比较，那么就会察觉教会崇拜在演变成大礼弥撒（High Mass）之前所走过的漫漫长路。虽然历史可以解释这种根本转变，但所得出的观点不可避免地无法满足会众，而且会众渴求属灵实在。这就是在宗教改革之前和期间，当时所看到和施行的弥撒越发不能带来满足，反而引起回归原本圣餐礼仪的渴望。会众只要在属灵上苏醒，就会

有如下印象：弥撒使他们与圣礼大大地疏远，圣礼也离他们十分遥远。虽然，圣餐始终是一种参与性的圣礼，但这种参与太稀疏，真正的圣礼仍离他们太远。他们不能接受圣餐只因发生在十二使徒的狭小圈子里，就被认为主要是面向众使徒的继承者（神职人员）而设。在圣餐设立时，十二使徒构成并代表教会。然而，使徒在给哥林多教会的书信中非常清楚地表明，圣餐的设立是面向所有信徒的。

这就解释了为什么洗礼在很大程度上，历经世代却仍保持其主要模式，并为所有大宗派共有。另一方面，圣餐圣礼令宗教改革的教会打破现状。【这对我们的敬拜也有影响。在洗礼方面，旧有的形式得以保留。虽然洗礼的时间和地点产生分歧，但洗礼施行本身仍受洗礼仪文的约束，并采纳洒水礼。纵然洗礼方面有此分歧，但是相异的方面并未影响主要内容。甚至重洗派也持守主要的洗礼仪文。故此，藉着洗礼的圣礼，某种合一贯穿了基督的教会，人们认可彼此的洗礼，而重新洗礼也只在很少的情况下发生。今日的情形稍微复杂，因为现代牧者甚至攻击主要的洗礼仪文；可是，宗教改革之后的几个世纪，就已施行之洗礼的有效性并无多大的分歧。】[3]

【圣餐的圣礼有所不同。】[4] 所有与基督公教割裂的教会都取消了弥撒，并力求恢复圣餐的本来面目。假若已有与古代实践相关的完整而准确的资料，毫无疑问，宗教改革的教会就会采用非常相似的仪式来举行圣餐，并会按越发庄严的简易性来发展。可是，我们缺乏这些资料。第一，《圣经》的记载只针对主要事项，并没有提供关于圣餐施行细节的准则。第二，在没有使徒权威的阻拦下，施行上的差异在第一代会众中就已十分迅速出现。显然，圣礼的施行并不拘泥于某一套规定，所以并没有要求圣餐的施行在所有地方、所有时间和所有情况下都必须整齐划一。因此，在圣餐施行的方式上有相当程度的自由选择。这自然也导致在宗教改革时期发展出选择的多样性。

---

[3] 中注：见荷文版 446 页。
[4] 中注：见荷文版 446 页。

圣坛还是圣餐桌？[5]

圣坛的使用是分歧的核心。我们称主的晚餐（the Lord's Supper）为**圣餐**（communion），通过分享圣饼和圣酒 —— 代表基督的整个身体 —— 从而在基督的血肉中与祂联合。可是，随着信徒之间的圣餐渐渐稀少，由神职人员和他们为自己举行的圣餐礼就越发有他们的特色，圣坛也随之而生。这一点不足为奇，因为自从有敬拜以来，其本质就是献祭。无论是在所有异教者中，还是在以色列人中，都是如此；先有会幕，然后有圣殿中的敬拜。在人类可追忆的时间里，服侍上帝都与献祭有关，以表达我们在上帝面前的敬畏。来到上帝面前的人都会感恩和祈求。一个人会通过他献给上帝的祭物以印证自己的感恩之心。同样，那些祈求的人也会因着内心的迫切需要，从而通过献祭来获得赎罪、赦免和祷告蒙垂听。因此，在基督教敬拜中引入献祭的渴望必须快速实现，这完全是可理解的。只有言语并不能使人满足。我们常常发现自己只是用言语发出感恩和祈求，【而我们未用心来使我们的言语有生气，也不会保证言语所表达的内容。因此，有关我们言语的空洞和不可靠的经历，就需要一个印记和确证，需要将我们灵魂的诚挚与所说的话联系起来。这种印记就需要献祭。】[6]

【人们已经感觉到了这一点。在我们与他人交际的过程中，担保、声明、宣告、承诺、请求、献身，都有其重要性。然而，我们不断自省，为什么我们的言语常常缺乏属灵的能力、确实的记号、完全的真实性。我们这些声明常常成为一些陈词滥调，甚至出现在我们写给他人的信中，并无用心思考其意义。信件落笔常道"您卑微的仆人"，这无非只是一个空洞的措辞，无意义的声响，徒具严

---

[5] 中注：以下内容荷文版中为一百零五章，标题为"Bediening van het heilig Avondmaal (Vervolg)"，译作"圣餐的施行（续）"。

[6] 中注：见荷文版 447-448 页。

肃的表象。这一切表述和宣告逐渐变为平常的公式，无人赋予其价值。这就是为什么人们逐渐感到，他们真实相信的声明和宣告，不仅需要言语，还需要借着增加一项礼物（geschenk）予以强化、印署、实现。这就是为什么会有公共假日、纪念日和礼仪。人们总是有这样强烈的欲望，借着付出、给予或奉献礼物，让所说的话变得真实，并确保他想要的事实。人们同样认为，献上礼物的行动要先于言语，至少言语只透过礼物才获得价值。收到礼物和贺词之人，通常很少听祝贺的话语，而是关注自己所收到的物品。问候常常是人人重复使用的措辞，而每个人收到的礼物都不同，并因着赠送者不同而有不同的表达。故此，从我们与他人的交际中，透过献礼来强化我们言语的习惯就自然出现了。当这被应用于圣所之中，某种事物自然会在献祭上烙下印鉴，使其与敬拜浑然一体。】[7]

【我们在这方面甚至可能表现得更加强烈。在我们与他人交际的过程中，我们至少是与我们同样的人交涉。这令我们更好地表达自己，彼此交谈。尤其是当我们和那些与我们同属一个社会阶层、生活相近的人交涉时，言语表达就会自然流露，毫不迟疑。然而，当我们与我们上位者交际时，因着他们的社会阶层和尊荣，情况就有所不同。当一个人与他的长官交际时，他很快就会感到尴尬，言语阻塞；他很快就会发现，他并未按着自己事后所希望的方式来表达自己。恰是对这种缺憾的觉知，迅速促使用礼物来填补语言中所缺失的层面。当然，一旦我们不再讨论自己与他人的关系，而讨论我们在圣者上帝面前时，这就愈发明显了。】[8]

假如一个人纯粹因参加仪式而在主殿的前院出现，那么他就如同没有经历上帝的同在一般。他诵读或喃喃祷告、起来、离开，没有任何印象，也缺乏灵里的反应。又假如敬拜者带着灵里的自我觉知（geestelijk zelfbesef）来到上帝面前，也因为意识到自己的渺小

---

[7] 中注：见荷文版 448 页。
[8] 中注：见荷文版 448-449 页。

而仰望至高无上的圣者，那么他在讲话时变得结结巴巴是完全可以理解的。他觉得自己找不到任何语言来表达上帝的威严，即使是最美的词藻，那怕是多么热烈地从他的心中涌出，也会被打回原形，成为空洞且无用的声音。然后，这个人跪下来，以他全身的姿势来表达敬畏。当一个人试图在上帝面前倾心吐意的时候，他很快就会体会到，在祈祷甚至感恩时，我们往往会词不达意，无法完全表达心中的所思所想。当然，在一个人被认定为上帝的儿女时，信徒可以热切地享受上帝的亲近，所有的疏远和距离感都消失殆尽。那时，灵魂就能享受亲密的爱，并自由且坦然无惧地进行表达。然而，这并不是大群会众在教会里一起敬拜的体验。这就是言语的力量显得不足和不充分的原因，也是许多人需要在**行动中**明显地表现出尊崇和敬畏的原因。如此就会产生会众对献祭的需要、对圣坛的渴望，并有为上帝和祂荣耀而**做**事的想望。

　　随着时间的推进，这种渴望在基督的教会中得以延展。要是会众几乎全部由真信徒组成，并且每个人都在属灵群体中合一，这种渴望就不会产生。可想而知，这渴望是在受迫害之后产生的。因着大量的归信者，基督教会变成了**国家民族教会**，而真信徒的聚会变成了体制机构性的教会（ecclesiola in ecclesia）。因此，作为机构的有形教会与作为主身体的无形教会之间的对立和区别就越发突出。从那时起，司铎与百姓之间的距离不断拉远，圣餐的次数越来越少。圣礼更多地退到神职人员的圈子中，圣坛礼拜以致出现，透过献祭来印署祷告和讲话，并在众人的目光下彰显圣洁。【如此，不仅是在仪文上，也在信心的觉知（geloofsbesef）上，圣餐转为弥撒的仪式，圣餐的圣坛得以建立。因此，原初的圣餐与后来出现的弥撒之间的差异清晰可见。弥撒的意义就是向上帝献上人所能做的至高献祭，并向上帝献此祭作为他感恩的印鉴和祷告蒙应允的基础。】[9]

　　【这自然关乎形成与此神圣圣礼相关的要理信念。一切敬拜只

---

[9]　中注：见荷文版 450 页。

是形式上的表达，是我们内心活动的一部分，并透过我们精神的思考向我们的意识显明。这就是为什么所有敬拜都必须回到教会的认信。教会敬拜中与要理认信无关的部分，自己就会逐渐变为一种僵死的形式，消逝而去。故此，一切都依赖于逐渐在教会的意识中形成并确立的有关此圣礼本质的要理确信。】在后来的几个世纪里，人们毫无疑问地相信圣餐中的神迹。上帝透过祂的全能，使饼和酒真实地变成基督的身体和血。【这并非被理解为部分如此。不！确切而言，这是要尽可能鲜明、坚决和直接明了地确立圣礼的记号（此时的圣饼），于祝圣之后，】在本质上被改变了。它从此不再是原来的样子，而是基督的真正身体，只剩饼的**外表**仍然存留。【我们眼所见和手所触摸的事物，无非是让我们有此印象，就是这还是与被放在圣坛上的饼一样。虽然这看似如此，实则不然。这不再是我们肉眼所见之物，而是完全变成了其他事物。如果你问这变成了什么，那么天特会议第13次会议就有如下回答：之前为饼或圣饼，如今确实并在本质上已然转变为基督的身体和血，因而包含了祂的灵魂和神性。因此，这绝对是一件神迹，并且带来了以下事实：进行这场敬拜并祝圣圣饼的司铎，如今正手握基督；祂既是上帝又是人。只有如此，变质才能成立。也只有如此，一个人才能理解为什么当司铎举起祝圣和变质后的圣饼时，会众会屈膝跪拜。总而言之，他们从远处所见的，就是他们所信的基督。这里所发生的圣餐就是教会借着上帝全能的神迹，从她的上帝那里领受既是上帝又是人的基督，并向她的上帝献上她最好的事物。因此，她带来至高的献祭，在圣所中为此设立圣坛，并膏立牧者为祭司，从而司铎以教会的名义并从上帝那里领受权柄，带来了变质。】[10]

【这必定会带来以下结果：在所设定的意旨中，弥撒一旦被引入教会，就必定会给整个教会留下独特的记号。司铎自然就崭露头角。他被授予一种普通信徒没有的属灵能力。唯独他可以作为上帝

---

[10] 中注：见荷文版450-451页。

引发变质的器皿。若无司铎，饼和酒就无法转变成基督的身体和血。只有司铎介入，这项神迹中的神迹才会发生。随之而来的自然就是，司铎的神职授任必须要有一种神圣品质，并且在这个神职授任的过程中，一项属灵恩赐必须授予司铎，而司铎也只能以此方式才能领受这恩赐。于是，司铎的圣秩（order）自身必然就成了一项圣礼。毋庸赘言，司铎作为一个人的确不能引发真实的弥撒神迹。改变饼和酒，使它们不再是饼和酒，而是变为基督，这是只有上帝的全能才可以达成之事。然而，现在必须要有某些在地上和人身上发生的事，这项神迹才会发生；而且这些事不是每个人都可以去行。这并非对一般祷告的应允；因为这需要只有被祝圣之人才有的能力，而其他人都无这种能力。由于这项能力并非学习的成果，亦非属灵苦修主义的结果，也不是道德高尚情操的果实，所以它只能从上帝那里直接临到司铎；而这就发生在神职授任圣礼之中。】[11]

【藉由这项神职授任和其中的恩赐，基督的教会中因而出现了分裂线，形成两个鲜明独特的群体。一边是普通的信徒，他们透过洗礼得以归入教会这个身体；另一边是其他一些人，他们除了洗礼这项圣礼，也领受了神职授任圣礼，藉此获得他们在全教会中的属灵重要性。一旦特殊的司铎神职授任相继发生，教会分为司铎和普通信徒的情形就更鲜明了。司铎在属灵上被赋予资格去执行具有重大意义的行动，而普通信徒永远不能如此行。故此，此教义观点完全主导了教会内的生活；敬拜自然也受其支配。不可避免的就是，变质的神迹超过了敬拜的其他一切元素，以至于这些敬拜的元素完全要遵从变质的行动。这在祷告的殿中便显得十分直接。既然献祭的观念已经回归，那么教堂中必须要有一个特定的地方来进行献祭。这就如同万国中的祭祀，如同会幕和圣殿中的献祭。献祭不仅需要一个祭坛，而且尤为重要的是，敬拜中最重要的这个部分必须要在

---

[11]　中注：本段及以下内容在荷文版中为一百零六章，标题为"Bediening van het heilig Avondmaal (Vervolg)"，译作"圣餐的施行（续）"；见荷文版 451-452 页。

参与敬拜者都清晰可见的地方进行。因此，这个地方需要有一个升高的平台，必须能让众人从教堂的四面八方都可看见。】[12]

【我们需要谨记，虽然弥撒分离了神职人员和普通信徒，但是信徒构成了另一个很大的群体；弥撒献祭的施行正是为了他们的益处。弥撒献祭的根本观念就是一个人想要从上帝那里获取在其他地方无法获取的东西。这不仅因所领受的恩典而是一种感恩的祭，而且还是要看见在已享有的恩典上有新恩典的祈求的祭。一个人正是寻求从全能上帝那里领受这项更多的新恩典。并且，基督如今献上为祭，是为了感动全能的上帝赐下更多的恩典。祷告也是好的，而且恩典也能藉其他方式而获取。但是，没有什么可丝毫比拟弥撒献祭的命令，因为在弥撒献祭之中，上帝的羔羊不是在表面上，也不是在想象上，而是在行动上和实际上，被献给了上帝。由于没有什么在价值和意义上可丝毫比拟上帝的羔羊，弥撒献祭便在人所能做的服侍中具有了独特的果效。】[13]

【以下观点尤其强化了这个意义：一场在地上举行的弥撒献祭，也会祝福已死的信徒。这不应被误解。他们并未将任何荣福直观的意义归于弥撒献祭。他们常常认信，且持续认信，我们的和好和称义由各各他的献祭带来。然而，当我们察看信徒抱怨生命中的事时，他们面临着一个难题。一方面，他们认为洗礼是超自然的渠道，一个人借此得以归入基督的身体；另一方面，他们持续抵抗不信和不道德的行为。这两方面表明一个人的成圣在离世之时是何等不完全。为了克服这个难题，炼狱的观点就被引入。受洗者在离世时仍有各样缺陷，但是不会被排除在救赎之外，这被人所公认。于是，相继得出的结论就是，在离世后，受洗者必须经历炼净、成圣；并且，这种洁净或炼净必须包含在他死后临到他身上的暂时的苦难。这个苦难被命名为炼狱。接着，这便引发了一个问题：那些尚存于世、

---

[12]　中注：见荷文版 452 页。
[13]　中注：见荷文版 453 页。

在爱的团契中的人，能否做任何事来缩减或减轻这项死后的苦难？
这看似可能。这个死后的苦难是由上帝加在死者身上，因此也可以
由上帝来赦免。现在的问题是，尚存于世的亲属能否做某些事，致
使上帝赐予这项宽恕；无论是全部宽恕，还是部分宽恕。似乎没有
什么能比基督献祭的命令更加有益。没有什么可超越这项献祭，也
没有什么比这献祭对上帝更有效果。因此，这就为之后的发展做了
清晰的铺垫。如果只有尚存于世的人才能让司铎代表他们已去世的
亲人献上弥撒，然后上帝接纳此弥撒献祭，那么对祷告的应允就可
能需要等待，死者的苦难也可以被减轻、缩短。为了此弥撒献祭，
人们需要请求司铎，并且献上金钱，作为祈求真挚的保证。一旦司
铎接受了献上弥撒的委任，那么他就有可能在接下去的多年里重复
履行献弥撒的职责。事情就如此发生了，尤其是为了死者的献祭，
令弥撒献祭在那个年代的教会中有如此强有力的扩张。因此，弥撒
献祭的执行就不仅是为了参与奉献和献祭敬拜的众多信徒。教会逐
渐将弥撒转变为一个机制，拥有让上帝的恩典临到信徒身上的垄断
权利。这恩典不仅临到此时此地（hic et nunc）的信徒，还临到全
体教会，包括过去和将来。】[14]

【任何对此观点整体之真实性的讨论总是无果。一旦有人假设
这个圣礼中的记号经历了变质，那么其中所发生的神迹是如此之伟
大，其意义的荣耀超越一切，以至于从中衍生其他后续结果也是情
理之中。一个逻辑的结论是，一旦原则被接受，那么其他方面自然
就会紧随其后。献祭、圣坛、献祭的司铎都相继而来。这里的献祭
在神圣、尊荣和荣耀上超越所有人类的献祭，并显明为一种超越所
有世上其他能力的能力。然而，毋庸置疑的是，一旦对真实变质的
信念凋零、退却并最终消失，那么不仅是弥撒献祭，而且一切随之
产生的和与之相连的方面，就会逐渐让人看到欺骗的外表。而正是
在神圣的世界中，拒绝一切外表并追求真理的内心的推动力。没有

---

[14]　中注：见荷文版 453-454 页。

什么比从弥撒献祭的结果得释放更激励 16 世纪的信徒。我们不否认不神圣的动机在此处也会发生影响。哪里出现对现存权力的抵挡，那些不受管辖和反叛的人按着本性就会加入这场抵挡之中。这里也是如此。不信很快就加入了宗教改革，并在后者得胜之后，被洁净的教会如此快速和如此慷慨地吸收了每个不信的元素。没有一件宗教改革时期的教会仍经受弥撒。然而，不管我们如何坚定地认可这点，都不能否认一个事实】[15]，对弥撒献祭的抵制来自虔诚信徒属灵方面的批判；他们认为弥撒献祭内里已暗藏了虚假和肤浅。对于敏感的灵魂来说，坚持相信变质中的神迹是匪夷所思的。当这种信仰摇摇欲坠之时，与基督公教的敬拜有关的其他部分也随之中断。献祭、圣坛和司铎没落，而且这三个元素所包含的整套敬拜也随之没落。

【宗教改革引发了对弥撒献祭所导致的敬拜专权特性的抵制，这种想法并非罕见。而这在很大程度上是因着改革宗群体中的民主倾向，在北欧尤是如此，特别是在宗教改革最先发生，并以最有力的方式延续的群体和国家中。我们并不想完全否认这点。基督教会在中世纪所引入的形式和风俗源于拉丁国家民族的环境。主要是意大利人和西班牙人主导了教会的丰富形式，而教会就成了基督公教。这些拉丁的形式对德意志民族吸引力较少；越往北的地区，吸引力越少。另外不可否认的是，民族的差异也影响了教会。在某种程度上，一些人会猜想，那些更有民主情操的百姓不会跟其他人一样，轻易适应神职人员的管辖。然而，我们不应高估这个影响。南美洲的共和国已经十分民主，但毫无例外都是基督公教。与我们毗邻的比利时也是如此。这里需要注意的是伊斯兰教。】[16]

【伊斯兰教攻占了亚洲的西部边境和非洲的北海岸，并从这里继续侵入荷兰东印度的腹地和爱琴海群岛。这些在几个世纪中归向

---

[15] 中注：见荷文版 454-455 页。
[16] 中注：本段及以下内容在荷文版中为一百零七章，标题为"Bediening van het heilig Avondmaal (Vervolg)"，译作"圣餐的施行（续）"。本段内容见荷文版 455-456 页。

伊斯兰教的人，最初习惯于绝对的政府形式，毫无民主倾向的痕迹。东方专制政府和罗马帝国主义在一个世纪又一个世纪征服了这些人。民族是帝国时期之前希腊和罗马世界中的学派，但是希腊和罗马都未归向伊斯兰教。被伊斯兰教和《可兰经》所赢得之人恰是亚洲和非洲的人民，但是在这里所讨论的精神中并未丝毫察觉他们的自由意识。事实却是，普世宗教中没有一个如同伊斯兰教，在作为一种体制机构和在他们的敬拜中有完全的民主性。当四周众人，比如第七世纪的异教徒、犹太人或基督徒，在圣坛敬拜中寻觅救赎，并将他们的宗教全聚焦于圣坛敬拜时，穆罕默德从起初就反对一切奇怪的事物，让自己致力于摧毁一切圣坛，废除一切献祭，无需祭司，并引入一种完全民主的信徒自己的敬拜。伊斯兰教的敬拜唯独基于祷告。在清真寺中，除了祷告就没有其他中心场所。他们不会谈到祭司的祷告，而是每个穆斯林都要在一天特定的时间自行祷告 —— 无论他是在家里，还是旅行，或是在路边行走。在民主的形式上，没有人能与伊斯兰教比肩。这里或许会掺杂一些滥用的行为，但无论你在何处观察到伊斯兰教，你总是看见众多伊斯兰教的伟大领袖。在过去的十三个世纪中，无论在哪个民众中，总是在强调伊斯兰教的民主特性，并总是拒绝圣坛敬拜形式的官方祭祀。这个强有力的例子表明，即便一个宗教受制于民众特性、气候和征服形式的影响，它仍不会让自己的存在形式受这些偶然因素的支配，而是受其自身的宗教原则的支配。故此，毫无疑问，16 世纪与圣坛敬拜的决裂源自深切的宗教需求；只能如此予以解释。】[17]

【与弥撒献祭脱离，并探求施行这项圣礼更好形式的过程中，我们可以看到这一点。】[18] 新的宗教生活和敬拜，有各种各样的形式。在不同地方，例如德国、英国、瑞士，教会的敬拜形式也不一样，并没有统一性。人们从一开始就发现，有些参与宗教改革的教

---

[17]　中注：见荷文版 456-457 页。
[18]　中注：见荷文版 457 页。

会与圣坛彻底割裂，而有些教会却是局部分离。路德宗教会没有保留实质的圣坛，但他们在讲台旁放了一张桌子，并划出一个特定的地点，让信徒到那里领受圣礼。这个桌子常常被称为"圣坛"，因为圣坛本来就是桌子的一种。即使那些对神学有较深认识的人，能清晰地分辨出从前的圣坛和新桌子的区别。但对许多人来说，新桌子只不过是一个新式圣坛。同样，圣公会中也仍有类似圣坛的地方。凡想要领受圣礼的人，需要从教堂中间的走廊走出来，来到这个桌子前，在那里领受圣礼之物。通过这种方式，【无论"祭司"一词多具争议，】祭司的观念在会众的意识中得以延续，甚至通过祭司圣衣的使用而得到加强。【因此，圣公会的敬拜中也总有神职人员和普通信徒之间的反差。圣公会后来回归基督公教敬拜形式的趋势必须由此矛盾心理予以解释。有些方面更加不言而喻，因为圣公会在认信上最初完全遵循瑞士的宗教改革。】[19]

在法国、瑞士、西德、苏格兰等国，圣坛的观念立时就被连根拔起，教会回到"信徒的聚集"的概念。这概念认为，教会不是一个等级制的机构，委任较高等级的人为信徒提供救赎；教会乃是纯粹由信徒组成。献祭已经在各各他山上一次便永远完成，故此不再需要圣坛、献祭和祭司。【恰是信徒在他们中间使用圣礼的记号，那些领袖是弟兄中的弟兄。但即便如此，这也未达成统一。有关敬拜形式的不同意见很快就出现。一方面，人们完全偏离了圣礼，只在主的晚餐中看到象征性的行动；这行动让对基督受难和死亡的思想在我们里面有了活力。另一方面，加尔文竭力反驳对圣礼属灵意义的侵蚀，并强调主晚餐桌上的基督，用祂被钉死的身体和流出的血，真的喂养和滋润了信徒。】[20]

随着圣礼理念的不同，圣礼的形式也随之出现差异。我们已经指出路德宗教会和圣公会教会的习惯，即人们从座位上站起来，走

---

[19]　中注：见荷文版 457-458 页。
[20]　中注：这部分内容直译自荷文版，见 458 页。

到作为圣坛的桌子旁领受饼和酒；【这也与路德宗的同质说（con-substantiation）结合在一起】。有些法国教会则发展另一种做法，就是所有人都从座位上起来、站在原地，两位长老在会众之间绕走，服侍信徒，一位拿着饼，另一位拿着杯。【这种做法实际上只在与荷兰的教会一样的教会中出现。】荷兰的教会在教堂中央放了一张餐桌，请信徒上座。众人坐在桌前，把擘开的饼和杯在他们之间互相传递，而奉献则捐献给穷人。【这种极大的多样性确实令人惋惜；如果所有宗教改革的教会能在敬拜中合一，这是有益的。显然，如今出现的结果并非观点缓慢稳步发展的结果，但是也不可能有别的结果。从前将一切联合在一起的纽带突然断裂。自那以后，人们不得不准备好再次施行这古老的圣礼。】[21]

【在弃绝弥撒之后，就敬拜而言，有三种圣餐圣礼的立场。一种立场是让弥撒的一部分延续，比如路德宗和圣公会教会。另一种立场会走向另一个极端，连同弥撒形式，抛弃这项圣礼的一切形式，正如重洗派和浸信会最初所行的一样，而一些美国信徒仍旧如此行。最后一种立场是抛弃一切会让人想到弥撒的形式，但仍保持圣礼形式的完整，正如我们国家改革宗教会所做的一样。只有基于最后一种观点，一个人才能规避所要规避的层面，并让这项圣礼的特性保持完整。我们当中所用的正确形式，里面有一种本质性的属灵力量；这力量让基督的教会与正确的原则绑定，即便在有些方面会有重大偏离。弥撒的副作用已经让圣公会偏向基督公教。相反，许多浸信会群体所持的纯粹只有象征性的观点，是教会衰弱的缘由。尤其在美国，有些浸信会会众极端地弃绝奥秘。本书作者曾看见一位身着奇装怪服的牧者，在没有任何仪式下，坐下来施行圣餐。一个盛放饼的盘和酒的杯就放在他面前，每个人都会领受一个杯子。这种圣公会和浸信会的陋习必须坚定予以拒绝。在这件事上，】我们感谢加尔文的教导，而我们的使命仍是坚守【我们不断强调的】两个重

---

[21] 中注：见荷文版 458-459 页。

点: 第一, 圣餐的特质必须保存; 第二, 其神圣的特质绝对不能被否定。这两点既不能让步, 也不能放弃; 【这两方面都必须着重强调。我们甚至不能随着慈运理的路线而偏离。无论是谁抛弃圣餐的奥秘, 他就失去了这个圣礼。】[22]

【教堂里并无圣坛, 而是众人一同所坐的圣餐桌。这不是要献祭, 而是宣告对各各他山上献祭的信心。同样, 没有站在上帝和人之间的祭司, 而是圣职人员; 他奉我们君王的名分发圣餐的记号。】[23]

【在某种程度上, 这表明了这项圣礼民主性的圣秩圣事 (ordinantie)。只要一个人没有误解"民主"一词, 那么这种说法就是对的。在以色列民中并非如此。以色列中的圣秩圣事在严格意义上是贵族式的, 最终甚至是君主政治式的。他们有利未人、祭司、大祭司。在各个地方敬拜的人群都会成立一个组织; 就我们所知的, 只有穆罕默德在这件事上例外。我们的先辈很好地感到了这种平等的特征, 甚至表述为"宁要土耳其的, 也不要教宗的"。同时, 这里显然有一个疏忽, 就是伊斯兰群体在爱琴海群岛地区扩张时, 这种平等的特性甚少被人注意和提及。当阅读福音书时, 我们对耶稣与祂门徒的接触从未有不同的印象, 所有相信他的人都是平等而立的; 这些门徒后来成了使徒。耶稣是所有人的主, 唯有祂如此; 所有在祂以下的人都是平等的。基督甚至刻意禁止祂的门徒称祂为拉比。在当时的犹太人中, 当新的学派成立时, 通常都会有拉比。因此, 显而易见的是, 施洗约翰的门徒和其他加入耶稣团队的人, 会尊崇十二门徒为师傅, 并称他们为拉比。然而, 这正是耶稣所否定的。耶稣不想他们被人如此称呼。耶稣直截了当地禁止这种陋习。祂用许多话向他们说明, 他们都是弟兄。如同兄弟一样, 他们构成了一个属灵家庭。这个属灵家庭中的弟兄属于同一个等级和阶层。

---

[22] 中注: 本段及以下内容在荷文版中为一百零八章, 标题为"Bediening van het heilig Avondmaal (Vervolg)", 译作"圣餐的施行(续)"。本段内容见荷文版 459-460 页。

[23] 中注: 见荷文版 460 页。

只有一位在他们之上，这一位就是主。所有阶层的冲突都不断被耶稣的话所压制："你们中间谁为大，谁就要做你们的仆人。"（太二十三 11）只有属灵的高度才能给予天国中的等级。而属灵的高度恰恰不在于一个人高升自己，而是谦卑自己。使徒们对此有深刻认识。他们向会众解释，自己是何等不希望管辖他们的信心，而是在属灵救赎之工上成为他们的仆人。在基督里，甚至没有了自由者和奴仆，没有主人和仆人，没有男人和女人。在基督里，所有人都为一，都是平等的；除了圣灵所给的恩赐，众人并无分别。如果这在现今被称为民主，那么所有教会组织的基本原则无疑就是民主。然而，我们需要谨记，"民主"这个词和表述来自一个完全不同的权力领域，并且通常以不同的方式来理解。民主指向一种内有巨大不平等的处境，并表达了以下事实，即不平等之人仍然决定他们自己的领袖，成为一个单元，成为人民（Demos）。然而，主的教会中并无不平等。教会内在地位和关系上有属地的不平等，但是并无阶层的不平等。在基督里，所有人都为一。因此，当应用于教会生活时，民主所表达的无非就是在属灵地位上的相互平等。虽然这点必须牢记在心，但是不可否认的是，教会作为平等者的聚集这一正确概念；相较于贵族群体，在民主人士中更加广传。这对荷兰人民尤其如此。基督的教会是弟兄姊妹的群体和信徒的聚集。这个概念很快就浮现，并主导了圣餐圣礼的施行。】[24]

　　【然而，这种平等观并未将圣礼与基督隔绝。事实始终都是：只要你们的主是同一位，那么你们都是弟兄。平等并未让他们成为一群会众。会众乃是借着主，这位元首和万王之王而形成。因此，在所有教会领域，一切都取决于两件事是否同样得到承认：所有人都是弟兄，因此所有人都平等；所有人都依赖基督，因此都是仆人。这在圣礼中尤为明显。这在圣言上也显而易见，因为一位离开基督权柄的圣言牧者就成了自行其是的讲员或演说者，宣讲自我和自己

---

[24]　中注：见荷文版 460-461 页。

的观点，而不是圣言的牧者。故此，若正确地看待，基督的纽带已经在圣言的侍奉中。然而，这并非重点。那些毫无属灵感知的人并未注意到这点。甚至在今日，会众仍然过于习惯赋予牧者个人更大的重要性，而非尊重他作为基督和祂教会的仆人。许多牧者在这方面做了极大的推进，许多会众成员滋养了这种错谬。人们不担心教会、长执会或职分，而是偏好某个特定的人为讲员、探访者、朋友，因而一个或大或小的群体就围绕牧者形成了。这有时会到一个地步，这类牧者甚至认为他必须关注自己群体里的执事职分，并让索要的人来担任。这就是为什么圣言的服侍在脱离应有的处境后，会如此难以让人欣赏。圣餐圣礼的情形与此完全不同。这项圣礼总是自动与职分相连，而且职分与圣礼不可分割。】[25]

【即便无人担任职分，也有可能维持教会，也可能在祷告和唱诗后读一篇讲章，但是无法施行洗礼和圣餐。讲道者或任何协助他的人，可能是在属灵上十分敬虔的人，但这也毫无益处。他不能且不可施行圣礼；圣礼只留给圣职人员。这可以着重强调，因为预先学习对于好的讲道是必要的，但是对于圣礼的施行并非如此。就圣礼而言，重点不是才干或恩赐，这些在圣礼的施行中毫无关系。相反，任何人，甚至普通信徒中最一般的人，也可以施行。省去一切言辞不会在任何方式上偏离圣礼的价值和意义。如果一个人只看了以上内容，就只能得出以下结论，非圣职人员要远离讲坛，而圣礼可以由任何人来施行。为了达到圣礼的目的，无需特殊的恩赐。然而，古时教会所得出的结论截然相反。在缺乏的年代，除了圣餐的施行，无论什么事都可能由未具资格的人来施行。诚然，基督公教和部分路德宗教会许可紧迫性洗礼（Nood-Doop）；当救赎与外在的洗礼联系在一起的时候，紧迫性洗礼是必要的。然而，圣餐的施行从未交托于未有资格的人。圣餐的要求曾是并始终是：施行圣餐者必须要是圣职人员，并且圣餐的施行只有透过职分的行动才具有圣礼的

---

[25]　中注：见荷文版 461-462 页。

特性。这绝非意味着将神圣与圣职人员捆绑在一起，而只是在主的晚餐中表达尊崇基督之行动的需要。主的晚餐本身并无什么，唯独基督才能使之成为一个圣礼。基督的权柄体现于一个事实，即这个权柄由基督委任的人，为了基督的权柄而执行。这个委任首先给了使徒，然后透过任命传给后来的圣职人员。正是这种委任，透过只有圣职人员才能擘饼和分饼与酒的事实，在敬拜中得以彰显。】[26]

【圣餐圣礼要在信徒的聚集中举行，就是在被认为是弟兄的神圣群体中举行。一旦这点得到确立，那么唯一的结果就是，为了此目的而设立的制度必须受以下问题主导，即这项圣礼的施行是在每个主日崇拜中进行，还是偶尔举行。圣餐乃弥撒献祭的观点令前一个选项风靡，并且假定基督教会最初出现时，圣餐频繁举行。然而，弥撒现在中断，于是我们不得不思想如今该制定何种习惯。显然，如果一切都以圣餐圣礼的施行为目的，那么教会敬拜的整体设计会有所不同；如果圣餐圣礼的施行只是偶尔进行，那么教会敬拜的设计也会不同。如果一个人观察圣公会和我们教会的做法，这种差异是显而易见的。圣公会所持的理念是，圣餐圣礼应在主日进行，甚至在每次崇拜进行为佳；相较之下，我们更限制该圣礼的施行。如果我们如今引入圣公会的做法，那么结果就是只有少数零散的人群才愿意在周日领受圣餐。教会不能只为这少数人而设，而且圣餐桌也就不能放置在教堂中。因此，少数人被召进入洗礼池或靠近讲坛，站着或跪着来领受圣礼，然后信徒相继而入。如果每个周日都有圣餐，那么就只有少数人会参加。如果只有少数人参加，那么教堂中就不可能放置一个圣餐桌。】[27]

【我们需要谨记，在弥撒献祭的准则下，普通信徒已经逐渐习惯不常渴慕圣餐，常常是一年一次在复活节之时。那时，这并未困

---

[26]　中注：见荷文版 462-463 页。
[27]　中注：本段及以下内容在荷文版中为一百零九章，标题为"Bediening van het heilig Avondmaal. (Vervolg)"，译作"圣餐的施行（续）"。见荷文版 463-464 页。

扰他们，因为弥撒由司铎祝圣，即便没有普通信徒参与，也总是能完成。然而，当弥撒献祭被移除，而只有圣餐保留时，这一切都彻底改变了。于是，一个问题就开始浮现：普通信徒一年要参加多少次圣餐？随之而来的就是第二个问题：信徒是自行在不同日期领受圣餐，还是会众作为一个整体、一群弟兄姊妹，共同聚集来领受圣礼的记号呢？这些一直都是紧迫的问题。一方面，人们一直以来总有寻求圣餐的迫切要求；另一方面，生活的忙碌总是持续预备领受圣餐的障碍。我们心灵敬虔的情愫总是渴望圣餐，可是令人分心的生活现实致使我们拖延，只是为了能在我们家庭和社会生活的喧嚣和忙碌中，更好预备我们自己参加圣餐。】[28]

【在这方面必须要有决断。我们所做的决定就是，信徒参与的圣餐被扩大；但是为了不让人失望，这不应夸大。一般来说，一年一次被认为太稀少，而人们又不希望每月一次。因此，每年四至六次在会众面前举行圣餐的习惯，就逐步、自然地形成。一般认为，圣餐的施行要增加，但是要警惕不能因空荡的圣餐桌而令圣餐被人轻视。故此，每周施行圣餐的做法被抛弃，三个月一次或两个月一次的做法很快普遍被采用。】[29]

【然而，我们并未止步于此。让会众习惯每年四或六次施行圣餐，并训练他们更加审慎地参加圣餐，这是很好的想法。一方面，圣餐圣礼的独特神圣特性一定不能被忽视；另一方面，一定不能因缺乏施行圣礼而让人与圣餐疏远。这便产生了一个延续而来的制度，就是在适当的时候向会众宣告即将要来的圣餐，预备会众迎接独立周期中圣餐的施行，并在圣餐施行的结尾，为着已领受的属灵福乐而向上帝献上单独的感恩。这种制度增加了圣餐施行的庄严性，并让会众的印象是，一些特殊和神圣的事即将发生。这种制度重复地询问会众中每个人他们良知的问题：他们是否应该远离圣餐；他们

---

[28] 中注：见荷文版 464 页。
[29] 中注：见荷文版 464-465 页。

的良知是否困扰；他们是否足够坦然无惧地来到圣餐桌前。敬拜的
预备提供了向会众重复解释圣餐意义的契机，并有机会讨论一个人
是否可以站立在圣餐桌前。这让不同的人有不同程度的自省。任何
人都不能绕过，因为在二或三个月后，相同的问题又来了。没有人
会若无其事地去行，仿佛这些神圣的事与他无关，因为至少在早期
阶段，会众的教牧关怀是非常个人性的。】[30]

　　【在起初，当新形成的会众人数稀少时，通常的做法是牧者在
一位长老陪同下，于圣餐前探访信徒，邀请他们参加圣餐，或者询
问他们对参加圣餐有何顾虑。当会众人数增加，数量庞大时，家庭
探访就限制在一年一次。虽然这也逐渐消失，在大城市尤然，但是
在绝大多数的小型会众中，就信徒所关切的，这种探访可谓仍与邀
请参加圣餐相关。危险之处在于，在弥撒献祭消失后，圣餐圣礼可
能变得太普通，因而被取消。一年四至六次举行圣餐在会众中总是
一件大事，吸引了每个人的注意力，并向每个人提出问题，就是他
们是否愿意享受神圣的经历，或者任由此经历流逝。这一切给人的
印象就是，基督每年有四或六次，以特殊的方式探访祂的会众，藉
由圣礼坚固、圣化他们，将他们与自己更紧密相连。这便防止由只
在复活节相交所暗示的对圣礼的某种低估，而圣礼本身的施行得以
保持神圣，以至于无需担忧圣礼的普通化。】[31]

　　【然而，这很大程度上决定了对在教堂中施行圣礼的安排。人
们设计教堂着眼于每周的敬拜，而非根据一年只进行四或六次的活
动。讲道和祷告在每周敬拜中定期举行，可是圣餐并非如此，故此
教堂中的空间利用必须最有利于听众。讲坛必然是焦点，长凳或椅
子的排列围绕讲坛。所以，圣餐不能期待按照教堂正常设计来举行。
如果在宗教改革时期，四处建造教堂是必要的，那么这无疑会引发
以下问题：如何在教堂中安排一切事物，藉此方式恰当处理圣餐圣

---

[30]　中注：见荷文版 465 页。
[31]　中注：见荷文版 465-466 页。

礼所要求的内涵？可是事实并非如此。除了少数大城市，大多数城市都是用了现成的教堂建筑，新教堂只在极个别城市中兴建。建筑的问题我们在上文已经提出，并尝试予以解决，因此在此不予讨论。我们不得不在现有的建筑中设计和安排。有些方面会阻碍听觉效果的改善，甚至丝毫未能提供一种解决方案，可以提供一个合适的机会施行圣餐圣礼。任何一种圣坛可以被建造而成，但这并非是所期待的。建筑设计的目标是将弟兄姊妹聚集在圣餐周围，而教堂几乎从未提供放置圣餐的机会。有时候圣餐会被放置在诗班区域；但这并未令人满意，因为这将圣餐与会众彼此完全分离。故此，并无其他选项，只能暂时移除讲坛前的长凳和椅子，在教堂中央腾出开发的空间，让圣餐桌安置在开发的空间。逻辑上随之而来的结果就是，圣餐桌太小，无法让所有人参加，因此信徒不得不按组分坐，从而不是一次性面对所有人的圣餐施行；现在要分开六组、七组或更多的小组，轮流来到餐桌前领受圣餐。】[32]

坐在餐桌旁 [33]

圣餐并不一定要坐在圣餐桌旁举行，尽管这是最神圣的做法。在一开始的时候就非常清楚地说明，圣餐的设立与逾越节晚餐有关。为庆祝逾越节晚餐，耶稣事先在楼房上作好预备。祂和祂的门徒没有坐在随意而选的餐桌旁，而是依从以色列人的教导，坐在用来纪念逾越节的餐桌旁。逾越节晚餐的礼仪可以追溯到以色列人从埃及得释放之时。同时，这也是一个象征性的预言，预言上帝的羔羊要为所有上帝的子民带来救赎。根据传统，这顿饭在家庭餐桌上举行，

---

[32]   中注：见荷文版 466-467 页。

[33]   中注：下文内容在荷文版中为一百一十章，标题为 "Bediening van het heilig Avondmaal (Vervolg)"，译作 "圣餐的施行（续）"；见荷文版 467 页。

由一家之主负责带领。因此，主和祂的门徒坐在一张**餐桌**旁；这并非巧合，乃因逾越节的缘故。所有以色列人都必须以这种方式庆祝逾越节。耶稣也顺从主的命令来带领祂的门徒。为了遵从以色列的律例，耶稣与祂的门徒在逾越节晚上退到楼房，在那里摆好餐桌，并和他们一起坐下。圣餐的举行与逾越节晚餐有关。可以肯定的是，在耶稣设立圣餐之前，逾越节晚餐已经结束，而耶稣是在逾越节晚餐之后，尚未从餐桌旁起身就立刻设立圣餐。

此外，保罗在写给哥林多教会的信里，确定了在初代会众中，最初的圣餐是在使徒们的带领下，在餐桌旁举行。【保罗将偶像庙宇中的祭品与圣餐相比，论到了两种餐桌。他将魔鬼的餐桌与主的餐桌对比。大多数异教徒庙宇中都有一间房，献祭者可以在那里邀请他的亲属朋友，与他共同享用祭品。显然，最初的归信者在先前常常坐在这些宴席上。甚至在归信之后，他们可能也认为接受亲属朋友的邀请，参加这类宴席，并无不妥。鉴于此，使徒保罗说到，这类偶像崇拜的宴席是魔鬼的餐桌，这在于撒旦在这个偶像中荣耀了牠自己。现在，使徒保罗将主的餐桌对立于魔鬼的餐桌，并写信给哥林多教会："我乃是说：外邦人所献的祭是祭鬼，不是祭神，我不愿意你们与鬼相交。你们不能喝主的杯，又喝鬼的杯；不能吃主的筵席又吃鬼的筵席。"（林前十 20-21）因此，主晚餐的设立无疑是在餐桌旁。按照形式而言，圣餐与坐在餐桌旁有关，并且在初期教会中，圣餐就在餐桌旁举行。】此外，耶稣也把坐在餐桌旁吃圣餐，跟在天国里坐在餐桌旁吃羔羊的婚宴联系起来。我们在《路加福音》二十二 29-30 看到："我把国赐给你们，正如我父赐给我一样，使你们在我的国里坐在**我的席上吃喝**。"仍坐在桌旁时，耶稣说："我告诉你们，从今以后，我不再喝这葡萄汁，直等上帝的国来到。"当耶稣坐在逾越节餐桌旁设立圣礼时，祂使用了饼和酒，就是晚餐的构成部分。为此缘故，祂的门徒把它当作晚餐的一部分，这也是唯一的介绍方法，因为耶稣并没有说明这圣礼要与晚餐分开举行。【根据福音书记载，没有任何一个字表明耶稣将圣餐设立与逾越节晚餐分离。特别是"使你们……吃喝"的复数形式，表明这个杯在传递，唯一的解释就是，耶稣在逾越节晚餐的意义上想要一个团契的晚餐，但是这乃指向祂自己在十字架上的献祭。这里并非是说，除了坐在餐桌旁，就没有其他情境可以或可能举行圣餐圣礼。这可能就无视了圣礼的属灵特性。】这就表明，我们在餐桌旁坐着来举行圣餐的做法，与设立时的教导完全一致。所以，我们只能沿用先贤当初所选择的做法，在我们的教会中举行圣餐。[34]

这里还有一些事情需要考虑。人们当然可以私下自己领受圣餐，但不可否认的是，与人结伴而吃是更愉快的。欢愉的场合通常都以宴席来庆祝。【无论什么时候，当大的机构或组织周年或百年庆祝的时候，习惯的做法总是举行一场盛宴，以满足人心的需要。在这样的宴席上，众人感到相互的团结，精神或肉体的亲密联系，彼此之间的关系，以及他们所加入的合一体。生活中有挣扎和奋斗，但是在宴席上，则有某种平安和得胜的感觉。宴席使人团结、联合，并以某种方式表达了一种特定形式的爱。财主将桌子上的零碎给穷人拉撒路，和富人邀请穷人来到他的餐桌上、让他们与自己一同就坐，这是两件完全不同的事。】[35] 在主的教会中也是如此。当一个人私下领受饼和酒时，圣礼当然有效，但它仍只是信徒个人的圣礼，而不是**会众的**圣礼。当参与圣礼只是个人的行动时，【教会的本质、合一和联结就无法得以体现】。当信徒个体聚集在一张餐桌旁，吃同一个饼、喝同一杯酒的时候，他们才能享受主神秘身体合一。每当你与其他非家庭成员的人一同进餐时，你会发现有另一种连结，把你与这些人联合起来。在圣餐中也是如此。凡是与既不是家人、也不是朋友的人一起吃圣餐的人，都是承认他与他人同属一个团契，而对团契的【觉知（besef）】恰指向基督。既不是被联合的你，也

---

[34]　中注：本段补充的内容，见荷文版 468-469 页。
[35]　中注：见荷文版 469-470 页。

不是与你联合的他人，而是基督将所有人的心联合在一起，在圣礼中表现祂神秘身体合一。

每当你看到弟兄姊妹肃然地静坐在主的桌前，看到饼和酒从一个人手中传到另一个人手中时，你就会体验到一种惊人的魅力，宛如在凝视达芬奇的画作《最后的晚餐》时被深深吸引。【这胜过诗歌之美，乃源自天上的属灵之美。在大教堂中举行的献祭给人的印象无论有多震撼，这并非是面向你的。在进行那种献祭时，你站在远处，而此时你参与其中。】[36]

当你到某个地方旅行，参与当地一个完全陌生的会众之中时，无论听起来有多奇怪，你都会有以上这种体验。尤其在一个小村庄的会众中，人们认识坐在身旁的人，他们会想起邻居的过错，也为自己所犯的罪感到尴尬，这些都很容易扰乱此场合的庄严。曾经发生过一件事，就是坐在主餐桌前的人们，他们的心思被某人竟敢前来领餐的质疑所占据。神圣的气氛很容易被人破坏，所以在一个人都不认识的会众中同领圣餐，总会让人感觉清新。尽管如此，若无事让你分心，与自己的会众一起安静地、在神圣的平和中同领圣餐，仍是更有福气的。因为你的灵魂完全聚焦于滋养我们的基督，祂透过圣餐来解决我们属灵的渴求，同时让我们成为得着祂平安之人。

然而，在举行圣餐时，圣餐桌的使用也有不少困难。也许在一个不多于四十人的小型会众中，这个问题并不存在。于洗礼池前，放置一张两边各可容纳二十人的圣餐桌是相对容易的，只需要一张餐桌就够了。可是，如果领受圣餐的人数太多，一张圣餐桌无法容纳，那么就会出现一个问题，即如何以最佳方法容纳所有人。这时，可以用更多的餐桌摆成一排，或者像社团聚餐时的做法一样，把一张餐桌放在最前方，然后对成直角安放三排餐桌。如此安排，已经可以同时容纳四百或五百人，而且很少有教会参与圣餐的人数超出这个数目。有些场合曾经试用这种做法，可是并不受欢迎，因为此

---

[36]　中注：见荷文版 470 页。

做法会带来太多干扰和耽误。在这些长桌前，对为数甚多的会众单次施行圣礼的效果并不理想。有时候，坐在餐桌最后方的人很难听到牧者的声音，与隔壁餐桌的人背对背坐下，感觉并非良好。此外，大多数教会都没有足够的空间做这样的安排。因此，我们很有可能沿用过去三个半世纪以来的古老习惯，就是人们轮流坐到圣餐桌旁，每张桌上通常有四十到六十人参与圣餐。尽管这种方法略为费时，但人们都已习以为常。[37]

这种安排的缺点，就是人们通常不会事先【被分配到不同的圣餐桌】。教会里的任何人，无论他坐在哪里，都可以选择任何一张圣餐桌。【坐在教堂相同区域的人去同一张圣餐桌，毗邻区域的信徒就去第二张桌子，以此类推，那么就不会出现以上情况。如此，这依然有完全的自由。】这就是为什么上到餐桌旁的人数，往往比能容纳的人数多。如此造成的拥挤，很可惜也很容易地使人在这个庄严动人的场合感到不悦。此外，长时间站着等待令长者疲惫不堪。而且，由于来往圣餐桌而带来在教堂中的走动，这所造成的干扰也不能使人受益。如果人们进入教堂之时就收到号码，那么这个问题就得以解决。如果每一位想要领圣餐的人都获发一个号码，那么他们就会晓得自己该去哪一张餐桌。【如果一张圣餐桌可坐五十人，那么这张桌的号码牌就不应印刷超过五十张，每张桌子都如此安排。无论领受圣餐之人坐在教堂何处，他们知道自己会坐在自己号码牌所标明的桌子前。越多的人找到自己所要参加的圣餐桌，那么将越少仓促。那些想要坐在同一张圣餐桌的人，可以借着共同进入教堂而达此目的，从而在领受圣餐时紧邻而坐。如果每个人都从圣餐桌右侧入座，而从左侧离席，那么一切混乱、紧张和骚动皆可消除，一切都会井然有序，安静平和。】[38]

---

[37] 中注：本段及以下内容在荷文版中为一百一十一章，标题为"Bediening van het heilig Avondmaal (Vervolg)"，译作"圣餐的施行（续）"；见荷文版 471 页。

[38] 中注：见荷文版 472 页。

谁能坐在餐桌旁？

　　【我们在下文讨论圣餐桌和教堂建筑的关系。整个教堂中不同圣餐桌的人，都可以从自己的位置看到圣餐的施行，这是合人心意的。故此，在稍微垫高的平台上施行圣礼是必要的，可以让众人都看见。为此，圣餐桌所放置的平台，最好是右侧进入，左侧离开。上文就此事已有详细阐述。】我们现在要从讨论**如何**靠近餐桌的问题，转至一个更困难的问题，就是**准许**参加圣餐的问题。有两种相左的意见一直存在。有一种意见是鼓励信徒必须参与圣餐。另有人却认为，除了信徒，没有必要接纳任何人参与圣餐。【一个人因着自己的不配，内心倾向远离圣餐；而另一方面，人们渴望参加圣餐，在复活节时尤然。长执会，尤其是长老，肩负着在某种程度上相冲突的责任，就是拒绝和接纳人参加圣餐。**监督**就是随之而来的要求。长老们必须准确告知谁能参加圣餐，谁则不可。在圣餐施行之前，一个充分考虑后的要求就是，长老必须警醒察看，不能有未获准之人参加圣餐，或者在领受之后收回获准。整个圣礼的施行都为此而设计。】关于准许信徒参与圣餐，长执会有两种方法：第一种，是听取年轻会众的信仰宣告；第二种，是认受属于其他教会信徒的会员证书。【除此之外，没有第三种方法准许信徒领受圣餐。一个人要么在教会中认信，要么带着适当的见证从其他地方加入教会。】当会员资格被确认后，长执会就必须确保，应该参与圣餐的人都不会被遗漏，而不应参与圣餐的人不在其中。这种监督很困难，在人数增长的会众中尤然。这种监督普遍被忽视，而且在较大型的会众中，已经完全消失了。只有在乡郊的小型会众中，这种监督仍然有效。明显地，整个程序可以追溯到宗教改革初期的时候，当时信徒分成小群，组成会众。人们互相认识，使用的餐桌很小，也很容易监督领圣餐的人。【然而，在这之后，当数以千计的人聚集在一起时，当一群会众中出现几个教会，而且圣餐同时在三、四个教会施行时，这种监督就完全消失了。在少数个例中，人们自由地参加和坐在圣餐桌边。教区系统本可以保留这种监督，但是此系统尚未确立，而全体会众人数过于庞大，以至于无法有效地监督。】[39]

同样的困难也发生在于会众中暂时逗留的客旅身上。这种情况很少在小城镇中发生，可是在大城市里，住上几天或几周的异乡人，其人数可能达到数百人。他们离开了家园，错过在自己教会领圣餐的机会。而当他们身处的城市里有圣餐施行时，他们可能也希望与自己不熟悉的会众一同领餐。教会中的家庭或朋友，也可能会邀请这些客旅来教会，但通常长执会对此毫不知情。因为他们没有想到要携带会员证，也没有想过要事先与长执会联系，这使监督无法有效实施。【后来经过多特会议（Synod of Dort）和抗辩派的谴责后，绝大多数信徒加入改革宗教会，更成为了国家民族教会，如此就产生非常不良的影响。领圣餐的意愿，变得完全由个人决定。教会因自身的庞大规模，就越来越不能保证信徒对教义的了解，和生活上的清洁。在后来建造的小型教堂中，情况显然稍好。然而，这些新建教堂的兴起也很快证明，至少在大城市中，教会过于混合，以致无法监督或有效监督。于是，一切最终都依赖会众中少数人和长执会成员对他人的相识度。这是一定要努力达成的。只有做到这点，情况才会有所改善。这个目标无法完成，除非教区系统能延续。】一位牧者，不可以负责多于一千名会友，这相当于至少两百个家庭。对于一位牧者来说，他的时间已被各种事务占据，所以要与两百多个家庭有一定程度的密切联系，以致他能从属灵角度了解家庭中每个成员，这几乎是不可能的。当然，长老们也会在属灵监督上提供协助；可是他们的协助并不像几个世纪前那样有效。现在的生活更加忙碌，除了晚上的时间以外，要在会众的家里找到他们也比以前困难得多。由于这个原因，大多数长老都觉得自己没有办法为信徒提供急需的属灵监督。他们当然能够提供协助和帮助，但永远不能

---

[39]   中注：见荷文版 472-473 页。

代替牧养会众的牧者。【凡关注其他利益、认为自己必须要反对教区系统的人，要在严肃的时刻思考以下问题：这项圣礼的神圣性，如今正遭受极大的破坏，我们该如何恢复它的荣耀？】[40]

圣餐的奥秘性运作 [41]

然而，如果会众不继续相信圣礼所能给予的，那么圣餐的圣礼就永远不能在非常严格的监督下受到推崇。圣礼的力量隐藏在其奥秘的意义中。如果会众因着不信【而令圣餐与此奥秘元素分离】，那么圣礼就会失去它的神圣，使之在许多人眼中只沦为一个空洞的仪式。最终，人们将不会再花费力气，去参与一个单纯是信徒作出的象征性行动，却没有基督回应的仪式。正因如此，我们的教会在认信、要理问答中，也在圣礼的施行中，竭力强调圣餐的奥秘元素，同时反对任何认为圣餐只是象征性的解释。例如，《比利时信条》第 35 条提到：

> 尽管耶稣作工的方式超出我们的理解，并难以明白，
> 就如圣灵以隐藏和难以理解的方式作工。但我们可以
> 肯定，耶稣基督设立圣礼一举并非徒然，因为祂借着
> 这些神圣记号所代表的事物，在我们里面作成祂所有
> 的工。可是，当我们称我们所吃、所喝的乃是基督的
> 自然的身体和血时，这种说法也没有谬误，只是我们

---

[40]　中注：见荷文版 474-475 页。英译本此处自行调整了段落先后次序，中译本遵循荷文版而译。

[41]　中注：以下内容在荷文版中为一百一十二章，标题为 "Bediening van het Heilig Avondmaal (Vervolg)"，译作"圣餐的施行（续）"；见荷文版 475 页。

如此吃喝，并不是用口，乃是通过信心，借着圣灵吃
喝。……这是属灵的筵席，藉此基督将祂自己连同祂
一切好处分赐给我们。在这个筵席上，祂让我们享受
祂自己，以及祂受苦和受死的功劳，藉着吃祂的肉，
祂培养、坚固并安慰我们的灵魂；藉着喝祂的血，祂
复苏和更新我们的灵魂。

【又如《海德堡要理问答》第七十九问的答案所述，这并非幻想的虚构之物，"正如饼和酒维持世上的生命，基督被钉的身体和流出的血也是维持我们灵魂直到永生的真正饮食"，而且"当我们借着肉身的嘴领受这些圣洁的记号来纪念祂时，祂以这有形的记号和保证，担保藉着圣灵的工作，我们是真正在分享祂的身体和血。"】[42]

圣礼之所以成为圣礼，并不是记号本身，而是基督透过圣灵的工作，以记号为一种途径，在我们的灵魂里引发一种属灵的改变。当一个人坐在餐桌前，吃擘开的饼、喝倒出来的酒时，就经历基督在他里面所作成之工。【我们没有创造圣礼，只能分发饼和酒。】[43]只有透过在高处俯视我们、使我们得力的基督，圣餐仪式才成为我们接受和享受祂属灵恩赐的途径。可是，不相信这些但参与圣餐的人，就不会得到这些恩赐；对于他们来说，圣礼就不再是圣礼。毕竟，基督的工作不是机械性地在我们里面作成，乃是与信心相联。

主的圣餐和圣职

【正因如此，圣餐不是源于我们，而必须来自基督自己。我们不能作为朋友而坐在一起讨论属灵的事，然后对彼此说"让我们一

---

[42] 中注：见荷文版 476 页。
[43] 中注：见荷文版 476 页。

起领受圣餐"。这不是圣餐。圣餐必须总是从基督那里临到我们；不是我们要向祂献上圣餐，而是祂将圣餐赐给我们。】基督设立了圣餐，祂透过【我们所享用的】圣餐临到我们。【如今，这必须体现于以下事实，即圣餐必须**透过职分**得以施行。】这样做并不是要抬高圣职人员；相反，那些有职分的人是**仆人**；【他们去服侍，并将自己投入服侍中】，执行他们所领受的命令。【在一场战争中，如果一支军队的统帅要传递信息给另一只军队的统帅，那么他会差遣信使，就是传递命令的人，去传达他的信息。这便让信使的行动成了极为重要的事。他信息的效应可能会决定一场战争。但是无论这信息有何等重要，信使依旧是信使，依旧是仆人和传递命令的人。他没有任何能力。他只是凭着所接受的命令去执行任务，去遵照履行被命令去做的事，否则就是退缩。就人而论，他依旧是他自己，甚至他根本就是一个无足轻重的人。圣餐层面亦然。】基督要使祂所设立的圣礼长存，并有真正的意义，所以祂要确保圣礼已准备好，并且能分发出去。为此，祂需要授予一些人职分。而被授予职分后，这些人就使这种奇妙的内在工作成为可能。这并不是因为他们向圣餐添加了什么，而是因为这圣礼**唯独在基督的命令下**准备和施行。而只有当圣礼在祂的命令下分发的时候，我们才能盼望得着与祂相交的属灵益处。[44]

　　耶稣升天之后，早期的使徒们就领受了这个命令。可是，这必须要改变。由于使徒们受时空所限，一旦在数百个地方建立了教会，使徒就不可能同时在所有教会带领敬拜，所以必须要有其他人代替他们担任职分。当使徒时期终结，他们逝世后，那些被任命职分的人也就必须接替使徒在会众中的职务。

　　当这种交接和委派一旦开始，就会代代延续。所以，当一位圣职人员去世后，就会由另一人接替他。如此代代相传，就连我们现今的牧者，也按照这个传统来领受职分。【无论这种交接是否被打

---

[44]　中注：见荷文版 476-477 页。

乱，以致需要更新，我们在此不予讨论。】所以，现今施行圣礼的牧者也必须意识到，他所行之事乃基督指示他去行，而不是凭着自己而行。施行圣礼并不能表明他作为圣职人员的价值。因为在参与圣餐的人当中，完全可能有比圣职人员更虔诚、比他更认识上帝之人，但他们还是必须从圣职人员手中接受圣礼，尽管后者在许多方面可能都不如他们。【然而，这一切都无关紧要。治理基督教会的就是基督自己，祂是教会的君王。如今，基督将这些人担任教会中的职分，那么这些圣职人员就承接了基督所赐的职责，且只有他们可以真正施行圣餐圣礼。正如我们在上文所说，这并非给圣职人员一种膏抹或更高的属灵地位。圣职人员胜于他人之处就在于，他领受了职责，而其他人没有，因而他必须要履行这项职责；只有当他履行这项职责时，属灵合一的奥秘才会在这些圣礼记号的使用中发生果效。】[45]

　　本来，此任务也可以交给长老们执行，但教会基于圣言和圣礼之间的联系而未接受这种做法。宣讲圣言也是按命令而行，宣讲者也需要接受装备和认准，可是普通的长老并不需要这些。既然圣礼塑造教会的能力比宣讲圣言要更强，那么把两者分开并非良策。如果允许普通长老们施行圣礼而不能宣讲圣言，那么这就降低了后者的重要性。圣礼是圣言的印记，同属一体，不能分开。这就是两者在同一个职分中结合，并只能借着同一个职分来施行。

　　确实令人遗憾的是，这一点没有在名字和职衔中得到体现。为简明起见，圣职人员通常被称为**上帝圣言的仆人**（Verbi Divini Minister），即他因被委任宣讲圣言而得尊荣。当然，这一点无可厚非。但可惜的是，这个职衔是如此不完整。因为，这个人不仅要负责宣讲圣言，还要负责施行圣礼。若不将职衔命名为**上帝圣言及圣礼的仆人**（Verbi Divini et Sacramentorum Minister），无疑是夺去这职分的真正性质；因为这命名说明了，牧者既是圣言的宣讲者，又是圣礼的执行者。此外，"传道人"的职衔也同样是片面的。这一切都表明，圣

---

[45]　中注：见荷文版 477-478 页。

礼的施行从一开始就没有获得应有的重视。更不幸的是，这职衔在我们荷文中的意思是"主"（Dominee）[46]，这与作**仆人**的观念有直接冲突。【路德宗保留了牧者和祭司的概念，并形成了教区牧师（Pfarrer）。虽然我们尝试用牧师和教师的概念来表达这双重思想，但是牧师的概念逐渐丧失，片面性的"传道人"变得司空见惯。】[47]

圣餐的频率 [48]

经验告诉我们，我们认为每年举行四至六次圣餐，既能满足属灵的需要，又能避免过度频繁与不够频繁的两个极端。我们不否认有些人希望每月都有圣餐，但如果仅为少数会众而安排圣餐，这样就不合适。一般来说，参加的人太少，比太多人参加更令人遗憾。即使圣餐已经是每年举行四至六次，但每次参加的人数往往还是太少。有许多人每年只来一次；这也是基于多年来的习惯。而如今，一年领两次圣餐已被视为再正常不过。这种零散的频率，确实可以防止拥挤。特别是在大城市里，圣餐不止在一个教会中进行，这就使人群的分布更加均匀，从而使事情进行得更加顺利。然而，教会的责任仍然是要叮嘱其会众定期领圣餐。【在这方面的闲散会给个人、他们的家庭成员和教会其他会友带来有害的影响。会众需要来自圣礼对信心的坚固，在我们这个年代尤然。凡是有诸多事物将我们与基督隔绝之处，圣餐的施行是适当和应推荐的方式，让基督自己将我们与祂的联系变得更紧密。虽然频繁施行圣礼确实会让人习

---

[46] 英注：当然，凯波尔对于 dominee（或 dominé）的词源分析是正确的，但很少有荷兰人知道或记得此原意。Dominee 是（而且很可能继续是）荷兰人对基督新教牧者最常见的称呼（包括平常的称呼，或是职衔名称）。

[47] 中注：见荷文版 479 页。

[48] 中注：下文内容在荷文版中为一百一十三章，标题为"Bediening van het heilig Avondmaal (Vervolg)"，译作"圣礼的施行（续）"。

惯于此，从而削弱了圣餐的印象，但是每年四或六次施行圣餐就不必担心这种削弱。我们在这里同样不可说："若无圣餐，也无多大影响。" 我们内心对圣餐的需求会说话，以至于当我们与基督的联结被削弱时，我们可以快速收紧这条纽带。】当我们参与圣餐的时候，也要防备过于依赖自己的心情。身为信徒，不应该以回避的态度面对圣餐。特别是当这心态妨碍自己领圣餐的时候，此时就必须扭转过来，因为是圣餐本身邀请我们参与其中。不管如何，回避圣餐决不会成为一个人继续过不圣洁生活的免费通行证。如果一个人已经准备好领圣餐，他就应该去。当他觉得自己还**没有**准备好的时候，这就出现了一种判定，敦促他自己要做好准备。【一个人不应一年四或六次参加圣餐，而同时其他主日几近世俗。相反，我们内心的状态必须全年由圣餐来统管，而且我们内在要频繁感受自己心中会让我们远离圣餐的过错。我们必须一直奋力对付，直到我们心灵与圣餐彼此和谐。】我们上到圣餐桌前的举动，并非要对世界说"你们看，我是圣洁的人。" 相反，它标志着一个意识到没有基督就会失丧的罪人，正寻求与他救主相交，并存着感恩的心去行。家长、朋友和长执会，也应该鼓励那些刚认信的年轻人定期参与圣餐。这样，他们就能证实他们所宣认的。[49]

　　如果圣职人员能将圣餐安排在不同的时间，就可以促进这一点。不是每个家庭里的成员，都能在同一时间去教会领圣餐。也就是说，如果圣餐每隔四至六个月才举行一次，可能一个家庭里只有一位成员可以参加，其余的需要留在家里。对于必须照顾年幼子女的家庭来说，父母的职份没有人可以代替，所以长执会对圣餐的安排，在某种意义上是更促使他们留在家里。一旦他们习惯了这种情况，那么他们就很容易从因家庭需要而留在家里，发展到因出于冷淡而留在家里。在大城市里，这并不是一个问题。因为在那里，人们习惯把圣餐交替安排在早上和晚上，而且是连续两个主日。这样可以使

---

[49]　中注：见荷文版 479-480 页。

每个人都有机会参与。即使不能一起去教堂，也至少有机会能以个人身份参与。但在只有一座教堂的村庄里，情况就不一样了。在那里，圣餐是在主日早上的礼拜中举行，而且只限于一个主日。在这种情况下，家庭中总有一位成员被排除在外。因此，如果在这些村庄和小城镇中，可以安排连续两个主日举行圣餐，或者安排一个主日的上午和晚上都举行圣餐，那就更好了。教会有责任因应现实生活而作出调整，使每位会众成员都能参与圣餐。

【这里还有另一个与此相关的棘手问题。正如常常有人询问的，圣餐必须是晚餐吗？或者圣餐在一天中什么时段举行是无关紧要的吗？事实上，圣餐圣礼总是并在所有地方都清楚地被称为晚餐或夜餐，而 90% 的例子都是在早上举行圣餐，而非在晚上或夜里。这里有些许矛盾。主的晚餐的特性在《圣经》里有着重强调，这里也是唯一一处提到了时间。《路加福音》二十二 20："饭后也照样拿起杯来。"在主的晚餐中依靠耶稣胸膛的门徒约翰也如此说。虽然我们可以说在这两个例子中，"主的晚餐"一词的使用是因着所讨论的宴席偶然性地在晚上举行。但是，这与保罗在《哥林多前书》十一 20-21 所说的不符："你们聚会的时候，算不得吃主的晚餐；因为吃的时候，各人先吃自己的晚餐。"这个思想甚至也出现在《启示录》十九 9："凡被请赴羔羊之晚宴的人。"在下文，天使呼喊说："你们聚集来赴上帝的盛大晚宴。"（启十九 17）透过这些经文表述，主的晚餐的使用在教会中得以确立。我们的礼拜仪文、讲道和日常用法中就是如此使用。在我们的认信和要理问答中，两项圣礼就是洗礼和圣餐。神圣的晚餐（Heilig Avondmaal）就是第二项圣礼的固定表述。宗教改革初期甚至习惯用更强烈的字眼来描述主的晚餐。1611 年前一直使用的最古老版本的要理问答中就是如此。】[50]

【然而，在大多数教会中，圣餐圣礼是在早上举行，而非晚上。这种做法与《圣经》和教会传统并不一致。在早上 9 点或 10 点举

---

[50] 中注：见荷文版 481-482 页。

行晚餐或夜餐，这听起来显然十分奇怪，可是并非一个强硬的观点。在日常生活中，这类词汇的使用和意义在不断改变。午餐当然是指中午的一顿饭，我们国家的习俗也是如此，德国亦然。阿姆斯特丹或鹿特丹居民询问他人："你午后过来和我一同用餐吗？"然后，那人将时间定在下午 6 点。这并不会让人觉得奇怪。于是，午餐变得更像主餐。同样，这里所使用的希腊文 δεῖπνον 通常表示的是主餐，无关乎太阳下山的情景。因此，"晚餐"一词的用法不能失去其真实的意义。毕竟，圣餐圣礼的设立直接与逾越节有关（出十二 6-14）。摩西因耶和华的命令，清楚规定要在晚上过逾越节，不可将任何东西留到第二天早上。以色列百姓在埃及的痛苦借着对夜晚的惧怕得以想象和表达。在夜间，救赎脱离此痛苦的应许临到；故此，脱离痛苦的观点就直接与在夜间庆祝用餐相连。这就是为什么圣礼的庆祝不能偶然性地举行，而是根据摩西的律法在夜深的时候举行；这就是为什么圣礼神圣象征意义中夜晚的时刻具有一定意义。正是在此相关的意义上，"晚餐"在本意上就深化为了"夜餐"。】[51]

　　【当然，这并非得出以下结论，圣餐圣礼只能在晚上举行。洗礼圣礼也必须迁就天气和环境。虽然我们承认这点，可是这并不否认圣餐圣礼在晚上举行增加了其庄严性，让我们与圣餐的设立更接近。在晚上举行还有一个优势：圣餐若在早上举行，之后还有一整天的时间，这容易让人偏离圣餐的意义和精髓。在晚上举行圣餐，是在教会敬拜之后，得以享受夜晚的宁静。这就是大城市同时引入这两种做法的原因。一个教会在早上举行敬拜，一个教会在晚上进行敬拜。人们比从前更关注圣餐在夜晚举行的特性。在这件神圣的事情上，属灵价值丝毫未添加在这种外在安排之上。然而，可以肯定的是，若有可能，夜晚的圣餐敬拜比早餐的圣餐敬拜更可取，因为前者更接近圣餐的设立。】[52]

---

[51]　中注：见荷文版 482-483 页。
[52]　中注：见荷文版 483 页。

讲道与圣餐 [53]

现在我们要讨论的是，在举行圣餐之前是否要宣讲圣言。由于我们已有这样的传统，所以人们继续赞成保留。然而，因着一些严肃的反对论点，仔细研究一下这个问题，也许对我们会有所帮助。

在我们荷兰教堂里，一场讲道通常需要 1 小时 15 分钟左右。这意味着，如果礼拜在 10 点开始，那么圣餐要到 11 点 15 分才开始。如果此部分的崇拜以祷告和赞美开始，接着是庄严而漫长的礼拜仪文的宣读，那么圣餐就要到 12 点 15 分才能开始。假设每组人走到桌旁坐下到离开桌子，大约需要 10 分钟，所以六组人轮流就要 1 小时的时间才能完成。如果接着以感恩祷告和诗歌结束，整个礼拜就会从 10 点开始，到 1 点才结束。这对会众和牧者来说，肯定是太久了。【二十五年前，这种情况时常发生。这总给人印象，如此冗长的敬拜丝毫未促进圣餐成为属灵意义上的祝福。】[54]

第二，为了弥补这个问题，讲道服侍和圣餐礼拜仪文都被缩短，用在祈祷和歌颂的时间也减少了。更令人失望的是，一种粗浅、即兴的演讲取代了讲道服侍，使它失去其重要特质。可能在方式和名义上保留了受人尊敬的传统，然而在实际上放弃了它。讲道服侍和演讲是两回事。前者不能因为时间限制，而缩短到 15 分钟或 20 分钟。牧者也不能省略礼拜仪文中的某些段落。如果牧者只是匆匆读完礼拜仪文，那么絮絮叨叨的诵读通常会产生可悲的效果，使礼拜仪文失去应有的庄严，令会众无法跟上，更是破坏而非尊崇圣礼的神圣气氛。

第三，这会使许多人来到教堂不是为了聆听上帝的圣言和圣餐，而是为了享受简短的讲道，然后在圣餐举行之前离开。特别是年轻

---

[53]　中注：以下内容在荷文版中为一百一十四章，标题为"Bediening van het heilig Avondmaal (Vervolg)"，译作"圣餐的施行（续）"。
[54]　中注：见荷文版 484 页。

人，他们喜欢看到奇特的事情，比如圣餐桌，他们也不介意听简短的讲道。如此，所有关于主日的要求都得到了满足。然而，这是我们不鼓励的恶行。许多已认信的会众在讲道后离开，表现出对圣礼的轻视，这是非常冒犯之事。

第四点要考虑的是，这样的讲道服侍，要么应用于随后的圣餐，要么就是与圣餐完全分开。如果是前者，那么就会跟先前的预备性主日敬拜重复，也就是跟圣餐礼拜仪式的预备部分重复。[55] 假如讲道服侍不顾及随后的圣礼，就会失去统一性，会众的内心就产生混乱，也就不能定下基调，以有意义方式过渡到圣餐。

基于这个原因，似乎最好不要合并这两个礼拜，而是限制圣言的礼拜【为一段简短的介绍语】，随后以平和、安静、合宜的语气来诵读礼拜仪文。接着，人们随即被邀请到桌前。如此做法，礼拜的时间就能缩短，并且能更加平静地进行。纵使分成六或七组人上到桌前，敬拜也能在正常的时间范围内结束。这种改进的做法，已被一些教会采用，并没有引起不满；相反，它似乎颇受欢迎。

【人们对此种做法所提出的反驳，只针对必须要考虑的实践意义。有人认为，在乡村和小型会众只有一场上午的主日敬拜，而这场敬拜完全被圣餐圣礼施行所占据，于是圣言的宣讲在那天就完全消失了。大型会众在不同的教堂中同时举行多场敬拜，那么这个异议就不成立了。然而，这个异议只适用于会众中的非会友。会友都受邀参加圣餐，他们本身就属于这里。故此，圣餐给了他们所需要的，并且美好的圣礼礼拜仪文以一种无法比拟的方式，喂养了他们的属灵意识。另一方面，那些无资格参与圣餐却渴望参与的非会友，这里的情形就完全不同。这些人心里所想的惯常做法是，先有讲道，再施行圣餐。在古时，教堂的大门敞开，凡想进入者皆可进，于是

---

[55]　英注：圣餐的前一个主日被指定为"预备性敬拜"（通常在上午举行）。讲道内容关于自我属灵省察的重要性，以及与教会其他成员的和平共处。根据《哥林多前书》十一 27-29，预备礼拜的设立特别是为了使人不会吃喝自己的罪。此做法使圣餐带有强烈的忏悔色彩。

福音就向所有人宣讲。只有当讲道完结，会众中的会友才会离开教堂，圣餐在单独的地方施行。当今的情况在非常有限的意义上才能与从前相比。那些来了之后离开的人是普通信徒，大多数是未受洗之人，是内心渴望福音的人。相比之下，如今来参加的非会友都已经受洗。他们要么是太年少，还未认信，要么是对认信漠不关心，不去争取。因此，与过去相比，事态已大不相同，神圣礼拜的安排不再面向这些非会友，而是面向已认信的会友，就是那些参加圣餐的认信之人。只有那些小型会众才可能需要保留一个时刻，就是在上午敬拜中跟往常主日一样，继续有例行圣言的宣讲，然后在晚上第二场敬拜中举行圣餐圣礼。若无此时机，我们不应忘记，在上午敬拜之后，要理问答的宣讲需要在下午或晚上举行；这个宣讲主要针对那些还未认信之人。】[56]

　　【我们也可能采取另一种方式在主日举行圣餐圣礼，就是将施行圣礼的礼拜仪文缩短至十分之一，并只有一张圣餐桌。但是在我们国家，这是不可能的，每个人都感到这不适合我们的处境。因此，就我们而言，首先要反对以无感情和无意义的方式来复述圣礼仪文。这种做法只有借着争取时间安静阅读，才能予以制止。然而，除非去掉圣餐圣礼施行前的讲道，否则就无法获得这样安静的时间。】[57]

　　另一个需要认真注意的方面是，牧者很容易认为，整个礼拜都取决于**他的**话语。他祷告、带领祷告、宣布各种事项，还有讲道。他的声音支配着整个礼拜，而当他沉默时，就会有一种不安的空虚。在我们的教会里，这引致礼仪祷告的废除。即使在举行圣礼的时候，礼仪祷告也尽可能省略。如此，会众就不再习惯于施行圣礼时的仪文，仪文也不再被视为重要。圣礼的意义，似乎取决于牧者在讲道和训诫中想表达的内容。【洗礼也是如此。尤其自 18 世纪以来，只有在牧者含泪动情地对母亲宣讲后，洗礼才是真实的。许多婴儿

---

[56]　中注：见荷文版 485-486 页。
[57]　中注：见荷文版 486 页。

未受洗而夭折，当时有母亲在场，牧者还在宣讲。于是，这种做法就逐渐适用于圣餐。】[58] 我们的先贤规定，在施行圣礼时，牧者应尽可能只读一段经文。但自 18 世纪以来，人们似乎懂得更多。他们认为仪文不重要，读经也不重要。似乎没有什么**比牧者的讲道或演讲更重要**。当杯子都还没有传完，牧者就已经开始宣讲，成为了会众的聚焦点。宣讲没有时间限制，当内容感人和有启发性，人们就认为已经达到施行圣礼的要求。宣讲具启发性的牧者能召聚相当多的追随者，而只沿用仪文的牧者被人忽略。

这是 18 世纪侵入教会的根本错误，而且这种错误尚未完全消除。牧者被人抬高，圣礼被降格。于是，在许多人心中，礼拜开始只代表着听道，而圣礼则成为次要的。只有当会众渐渐开始要求牧者在施行圣礼期间尽量安静时，这种情况才能得到扭转。此外，为了尊重圣礼为圣礼，牧者要退下来，从而让基督在洗礼和圣餐中亲自说话。

预备圣餐桌 [59]

【在施行圣餐的过程中，牧者应当总是意识到，不是他，乃是基督在圣餐中说话，他只是传达基督圣言的器皿。凡想要说话并将自己置于显著位置的人，都不是圣礼的牧者。会众中有时存在这样的偏好，就是参加特定牧者施行的圣餐，这完全是错误的。会众的偏好只能是，他们喜欢跟随那些彻底隐藏自己的牧者，因而要避免将自己与圣礼齐肩而立的牧者。在一个好的圣礼礼拜中，牧者要完全隐藏，那些参与圣礼服侍的人亦然。牧者最好被人遗忘，一切注

---

[58]   中注：见荷文版 486-487 页。
[59]   中注：下文内容在荷文版中为一百一十五章，标题为 "Bediening van het beilig Avondmaal (Vervolg)"，译作"圣餐的施行（续）"。

意力都完全且唯独被基督所占据；基督使这个圣礼献给了祂自己。当掌权者透过他的信使送给你一封信或一个礼物时，信使是次要的，而这位掌权者和他的礼物才是至关重要的。这里也是一样。牧者无足轻重，基督是唯一，且是全部。】

当信徒准备参与圣餐时，他们会假定在进入教堂之前，内里的一切都预备妥当，等待会众安静到来。在会众进入教堂的时候，圣餐桌的周围，不应该有任何紧急的改动。【一切都当已完备。】这项准备工作应该在长老和执事的监督下进行；虽说主要是长老来监督，但执事也理当帮忙协助。因此，圣餐桌以及旁边的长凳或椅子，也都应该准备好。奉献箱也应放在桌上，以收集给予穷人的奉献；圣餐的饼和酒也应及时准备好。饼最好是堆在长形排列的托盘上，酒则倒在罐子里，放在杯子旁边。可以的话，应该使用银制的器皿。这并不是说，圣餐必须要用银器才是正确，一个陶盘和一个玻璃杯也同样有用。但为了敬重圣餐，所以教会优先选用银器，这是恰当的。在进行圣餐时，我们必须记住，这是基督的餐桌，祂在其上进行服侍。因此，圣餐所用的器皿，也带有皇家性质。如果没法购置银器，可以使用镀银的器皿。若真无他法，一个陶盘和一个玻璃杯就足够了。只是不要像一些北美的浸信会，以为在简朴中能达至更高程度的圣洁。【银器是最令人满意的，也与赐我们圣礼的那一位的皇家尊荣一致。器皿尤其需要用贵重的金属。如果我们可以做得更好，那么饼的托盘也用银的。之后，酒壶也可用银的。最后，会众若能负担，那么圣餐杯也可是银的。】[60]

饼和酒的制作必须要有非常严格的监督。饼不应该有面糊的质感，而是要烤熟，饼条也不能太宽和太厚。饼的本身和品质不应分散人们丝毫的注意力，【因此当饼被分发下去时，每个人都会毫不迟疑地领受而享用】。酒也要检查一下，确保它不是太酸或有气泡，而是有一种怡人的口感。【酒不应占据我们的注意力，也不应分散

---

[60]　中注：见荷文版 488 页。

我们的心思。】我们无须在此谈论威化饼的使用，因为我们所有会众都没有使用它。至于圣餐应该用平常的酒，还是用不含酒精的酒，此问题最近引起了关注。我们最好不要在这个议题上继续讨论下去，因为没有人能够证明，基督在设立晚餐时是用不含酒精的酒。甚至在《圣经》别处提到圣餐酒时，也没有加上任何字眼，从而人们只想到平常的酒。仅仅喝一口酒绝不会导致有害的后果。而最令人遗憾的是，在这纷纭的讨论声中，人们的注意力从圣餐的真正本质上转离，敬虔的心被扰乱，个人的属灵优越感被注入，彷佛那些反对酒精的人的圣洁程度，超越那些单纯地从杯中喝下已祝圣之酒的人。最后，几乎不必多说，【虽然不是一个要求，但是】桌子上应该盖上一块纯白色的布，让人看上去感到喜悦。[61]

【当一切准备就绪后，那些要参与圣餐的人就齐聚教堂中，牧者连同长执会一同进入教堂，施行圣餐。然后，牧者走向讲坛，正如他进行圣言的服侍一样；协助圣餐礼拜的长老和执事就坐于平常的位置。正如我们在前文所指出的，这方面可能因着圣餐桌在教堂中安放位置的不同而相异。圣餐桌可能会被安置于垫高的平台上，让会众都能看见，而牧者就直接站在圣餐桌边。这种做法与圣餐的设立更加一致。在圣餐设立时，基督并非先走上讲台，然后坐在圣餐桌边。基督乃是与祂的门徒直接坐在餐桌边，然后对门徒说祂要说的话。然而，这在现今已无可能。如果教堂的布置不得不让圣餐桌置于低位，以至于坐在后排的人无法看见，那么牧者在圣餐桌边讲话时就不能被所有人听见。在乡村中，这仍可想象到，但在我们城市中的大教堂中不然。故此，建议的做法是，牧者仍然照常登上讲坛，开始施行圣餐圣礼。如果圣言的宣讲完全舍弃，以至于只有圣餐的施行，那么与敬拜有关的一切事项都必须与圣餐圣礼相关。我们必须谨记，在我们国家，大多数由读经员或领唱者所做的前后环节都属于敬拜。这常常有不同的理解。读经员读经被视为吸引大

---

[61]　中注：本段所补充内容，见荷文本 489 页。

众，直到真正敬拜开始，以至于误认为敬拜只在牧者出现时才开始。然而，这一切都基于误解，是教会的谬用。不止在一个会众中，一切都安排就绪，只等牧者开启正常敬拜，然后才是读经员的读经和宣读十诫与《使徒信经》。即便如此，也是不正确的。牧者自己不能诵读《圣经》，宣读十诫或《使徒信经》，这毫无道理。如果不能委任第二位读经员，那么更佳的选择是委任长老中的一位来诵读，而不是无圣职的领唱者。歌唱必须要求人能领唱，而这个恩赐与圣职无关。但是当提及诵读经文时，并无有效理由支持牧者或长老中的一位不应承接这个职责，而让领唱者介入。这总让人认为，读经和宣读十诫与《使徒信经》只是真正敬拜的序幕，而真正敬拜直到领唱者坐下、牧者接手后才开始。这种看法是不能允许的。诵读圣言或宣读十诫与《使徒信经》都不应被当作附属之事，为的是要在牧者那里找到重要的事物。相反，在信徒的聚集中，《圣经》（直接的圣言）必须总是处在显著位置，讲道必须基于此。由于这一切谬用，完全错误的习惯便侵入，使得读经无需祷告就开始，之后才由牧者接手，以宣召开始真正的敬拜。长久以来，牧者已习惯于此。当读经和宣读十诫停止，唱歌完毕时，牧者就如此开始自己的行动："我们奉圣父的名开始……" 这仿佛是在澄清，先前所发生的一切并不作数，只有透过他的话语，才首度让敬拜成为敬拜。如今，这方面已有大幅改善。牧者如今更少想到自己，不再犯如此恼人的错误。然而，对神圣敬拜的合一与和谐的意识仍然遭受严重的破坏。当圣餐施行时，牧者和会众常常认为先前的一切都是割裂的，真正圣餐的施行只在牧者拿起仪文，开始大声宣读时才开始。这正是我们所要反驳的。正常敬拜理当形成一个神圣的合一体，因而这是要求在神圣方面要和谐，从而牧者和会众能立刻感到自己属于最初的宣召、最初的诗歌、最初的读经，为的是遇见基督，并透过祂和基于祂领受圣礼。】[62]

---

[62]　中注：见荷文版 489-491 页。

圣餐礼拜[63]

无论我们的圣餐仪文何等吸引人，可是它的缺憾在于忽略了礼拜的开场与介绍。当然，我们并不是说，教会的礼拜要以这句话开始："被主耶稣基督所爱的人，当听从以下的指示……" 在说这番话之前，必须另有一些字句。如果在我们的整个仪文中能包含这类开场与介绍，那就更加理想了。在仪文上已有更成熟发展的英国圣公会【按如下次序而行：首先是主祷文，然后是为礼拜过程中的精神专注而简短祈祷。对礼拜的介绍不是作为宣读十诫的序曲，而是上帝对祂子民说话，以及祂子民对祂自己说话。在这之后就是宣读律法，诫命逐条被大声宣读出来，在每条诫命宣读后，会众都会祈祷。会众理应屈膝在上帝面前，祈求怜悯："主，请怜悯我们，引导我们的心，好使我们遵行祢的诫命。" 这样，律法藉由罪咎感临到，祈求怜悯便从这罪咎感中升起。在此之后，会众仍屈膝大声祷告："主，请怜悯我们，请将祢的一切诫命写在我们的心版上。我们向祢恳求。" 在这种预备领受圣餐之后，会众聆听新旧约《圣经》中上帝的圣言，并用大声宣读《使徒信经》来回应此上帝圣言。在这之后就是为穷人奉献，这是向十字架上的上帝所献的祭物。当奉献完毕，会众就为普世教会的一般需要来代祷。只有透过这样的预备介绍，在这样的处境中，圣餐的仪文才开始宣读，正如我们的仪文也在此时开始宣读。】[64] 我们无意建议需要完全按照圣公会的例子去做，但我们应该承认，在我们的礼拜仪文中，缺少一件重要的宝贝，而牧者必须补足这个缺失。然而，如何能做到这一点，并非一件无所谓的事情。

【于是，毫无疑问的是，】礼拜必须以简短的祈祷或宣召开始，

---

[63]　中注：以下内容在荷文版中为一百一十六章，标题为"Bediening van het heilig Avondmaal (Vervolg)"，译作"圣餐的施行（续）"。

[64]　中注：见荷文版 492 页。

这必须要在仪文中予以规定。然后，必须诵读律法，使人在靠近圣餐之前，可以在上帝面前谦卑认罪。然而，仅仅诵读律法是不够的，还须要在此之后祈求恩典。随后，牧者会读一段经文，向会众保证上帝所白白赐下的恩典，会众接着以歌声回应，表示领受这恩典，并用《使徒信经》来宣认自己的信仰。这样，会众就能在圣洁中接近上帝：他们会因自己的罪【在上帝家中】谦卑；在谦卑之中，上帝向他们述说袖的恩典；他们带着喜乐和感恩的心接受恩典，最后在认信中宣告这一切。这样，上帝和袖子民之间的交通就得以展现。这种交通确实必须存在，才能达至圣餐的目的。【简而言之，我们可以按以下次序开始圣餐礼拜：（1）借着宣召开始圣餐礼拜；（2）为了洁净我们的注意力而以祷告来唱诗；（3）在会众面前宣读律法，之后就是祈求赦免罪咎；（4）诵读《圣经》中的一段经文，上帝借此经文将恩典赐给我们；（5）认信，藉此承认恩典；（6）欢喜感恩的诗歌；（7）过渡到真正的圣餐施行。】[65]

这一切都无需很长的祷告和诗歌，但会众应积极参与，使礼仪不仅是一场无休止的诵读和聆听，更是一场上帝与袖子民的互动，会众自觉地参与其中，为着领受圣餐而调整自己的心灵。【当之后紧跟认罪时，律法就完全变成了另一种事物。当经文之后便是赦罪与恩典的应许时，《圣经》就开始说话。当借着祷告的认信指向此恩典应许时，就具有完全不同的特性。】[66]总而言之，这一切的准备工夫，必须充满生命的悸动，会众必须从心里感受到礼拜的节奏，整个开场必须实现它既有的目标。它必须真正带领会众进入那种崇高、圣洁、感恩的心情，使他们以"上行之诗"走近主的圣餐桌。牧师不应在那时向会众讲道，而应引领他们进入一种属灵的心境，使他们准备好心灵，在圣餐中与教会的新郎相遇。

在此之后，礼拜仪式才能开始。如果有人希望在这里另有一个

---

65 中注：见荷文版 493 页。
66 中注：见荷文版 493 页。

过渡（其实是不需要的），那么我们只需要写一段精简的邀请语，来说明不是牧者在主持圣礼，而是基督自己邀请我们，并让我们透过参与圣餐，在我们的灵里产生功效。牧者的角色只是使基督所作之工，成就在属于祂的人心里。这不应该通过长篇大论的言语，或大量的文字来表达，而是要清楚地呈现出来，使每一位会众都能感受到基督的呼召，并祂亲自透过自己的身体和血，在圣礼中滋养祂的信徒。虽然这方面已经包含在礼仪中，可是它被掩藏在冗长的句子里，以致它完全且丰富的意义，并没有渗入大多数参与者的心里。【基督借着祂的宣讲被人了解，所以圣餐设立的话语以个人的方式予以表达：每当你吃这饼，喝这杯，作为确定的纪念和凭据，就是被劝勉并确信我对你们的爱和信实；我为了你们的缘故，在十字架上舍弃我的身体，直至死亡，流出我的血，否则你们就要永死；我用我被钉的身体和所流的血，喂养并滋养你们饥渴的灵魂，直到永生。诚然，这饼在你们面前擘开，这杯赐给你们，你们用嘴吃这饼、喝这酒来纪念我。】[67]

　　【这段话突出了重点，但是有十句话，很多行字。我们不再习惯于这种冗长的句子。这让我们难以聆听这些以庄严肃穆的方式宣读的内容，以至于内容的含义和意义无法深入灵魂。此外，如果牧者犯了严重错误，以仓促的语速读出这些句子，这些重要陈述的意义就完全丧失了。甚至阅读这些内容的牧者很少意识到自己所读的内容。鉴于此，只要我们持守旧的礼拜仪文，我们所提的这种精简的归向基督的邀请语，会加强圣餐圣礼对信徒的意义，令他们如今明白基督呼召他们，正是基督借着使用这些圣礼记号，藉用自己的身体来喂养他们的灵魂，用自己的血来洗净他们的灵魂，向他们的灵魂做了伟大的恩典之工。】[68] 把圣餐当作真正的圣礼来体会，这是一件很重要的事。圣餐不是一件信徒做的事，也不是牧者做的事，乃是基督做的事；而我们所做的和所准备的一切，只是基督所使用的工具。

---

[67]　中注：见荷文版 494 页。
[68]　中注：见荷文版 494 页。

在圣礼之后，执事们不应该收集奉献，因为这样做会重复圣餐桌上奉献箱的原意。在圣餐【和洗礼】时，以额外的慈惠奉献来作出回应是完全恰当的。圣餐提升灵魂不止是要赞美，还要感恩。这种感恩需要以奉献来表达，而这种表达必须是献给基督，因为是祂在圣餐中向我们印证祂的摆上，并滋养我们的灵魂。既然基督说过：这些事我们既做在一个最小的弟兄身上，就是做在祂身上；那么，于我们的灵来说，我们在桌上献给穷人的奉献，就是我们献给基督的奉献。【如今，这可以藉各种方式来做成。许多圣公会的习惯做法就是，执事在圣餐开始前一刻，走遍教堂各处收集奉献，然后在礼拜开始前将所收集的奉献款放在会众前的桌子上。就我们而言，奉献箱就放在圣餐桌上，每个人前来时，就将自己的奉献放入其中。这虽显得不太庄严，但即便不太显眼，还是表现得更加安静和神圣。这种圣餐时的奉献完全符合我们的认信。就救恩而言，我们没有做什么，也不能做什么。只有基督行了救恩，并且只有藉基督所做之工，我们的心才得安息。然而，藉感恩约束我们的心，就是基督要求我们纪念祂的穷苦者；祂补充道，我们若对待祂的穷苦者如同对待自己，那么这就是做在祂身上。如果没有奉献，就难以想象确实真诚地参加圣餐。但是，这也无需紧随的第二次为穷苦者奉献。如今必须要有第二次奉献，因为许多人不参加圣餐，或者只坐在那里，他们也要有机会奉献给穷苦者；这就是第二次奉献的由来。相反，若圣餐按照应有的方式进行，只有参加的人参与，那么第二次奉献自然就消失了。对此方面不够了解就是不尊重圣餐所激发的崇高心境，并在如此重要的时刻却担忧吝啬。然而，我们不应想象这种吝啬会在这个时刻出现在信徒中。若有必要，一个奉献罐或盘可以放在教会的出口，让未参与之人仍有机会奉献。】[69]

开场之后就开始诵读仪文【的第一部分。我们特意说到第一部分，因为我们的仪文由七部分构成，每个部分都有其意义。为了论

---

[69]　中注：见荷文版 495-496 页。

述清晰，可取的做法是，这些不同的部分之间可以有间隔。】我们的礼仪是由七个部分组成：（1）圣餐设立；（2）自我省察；（3）教导圣礼的目的；（4）信心的祷告；（5）施行圣礼；（6）赞美；（7）感恩。【因此，牧者会被期待要区分这七个部分之间的差异，从而他从一个部分过渡到另一个部分时，能清楚让人听见，并且每个部分的声调都能与之相符。成为一个好的礼仪专家是一项艺术，但是对礼仪专家的首个要求，就是他要理解所阅读的内容，从而使用与之相符的语调。若未让听众感到他理解所阅读的内容，那么这位阅读者不是礼仪专家，而像一位公证员在进行公证，前后都用同样的声调，匆匆完成，只想快点结束。圣礼更要反对这种做法，因为这是无礼的，表现了领唱者自身并未受感于圣餐，从而无法给会众带来神圣的印象。读经员如此行尚且令人不悦，更何况在施行世上最神圣之事的牧者。】[70]

礼仪必须在牧者还在讲台上的时候被带进来。【开场介绍圣礼的地方，也是诵读仪文的地方。因此，如果新教堂的布局是让牧者在圣餐桌边进行开场介绍，那么仪文也要在圣餐桌边诵读。】在我们的古老建筑中，如果牧者以登上讲台来开始礼仪，并在那里开场介绍，那么他就不能离开讲台而走到桌子前诵读礼仪。开场介绍和礼仪是面向所有参与者，而绝不只是面向首先来到桌前的人。由于牧者的声音，只有在讲台上才能传到每个人的耳中，所以开首四个部分与最后两个部分的诵读，都应该在讲台上完成。【整个教堂中的每个人都必能听见牧者的声音，跟随这声音，经历这声音。例如，每个人都即刻感受到第四部分，即信心的祷告，绝非只面向第一张圣餐桌，而是面向所有圣餐桌。这同样适用于第六和第七部分。】[71]

【圣餐桌必须只用来施行圣餐圣礼。这就是圣餐设立的话语在

---

[70] 中注：本段及以下内容在荷文版中为一百一十七章，标题为"Bediening van het heilig Avondmaal (Vervolg)"，译作"圣餐的施行（续）"；见荷文版496页。
[71] 中注：见荷文版496-497页。

每张桌子重复的原因。在真正施行圣餐圣礼前和后的一切事情，都是面向参与圣餐之人；这群人只能从讲坛那里恰当地领受这些。因此，牧者依次在圣餐桌边赞美和感恩，这是不可取的。这两项与那些在场却坐在一边的旁观者也有关，他们也要从讲坛那里领受。】[72]

【至于仪文的不同部分，第一部分的圣餐设立首先发生。因此，开首语就是：】"留心聆听教导的话语"。其他教会的礼仪则选择使用福音书中的话语，或者将福音书中【圣餐设立的】话语与《哥林多前书》十一章中话语结合起来。我们的仪文只选用保罗的宣告，大概是为了更好地过渡到第二部分，即**自我省察**。【然而，这里并非是福音书的故事，而是以使徒的话语起首。因此，这里所说的内容并非与开场白相符。开场白只有奉献己身的话语，在此之外就是保罗对不可吃喝情况的评论；这些评论指向自省，而非奉献己身。因此，在实践意义上，选择《哥林多前书》十一章的内容有重大意义。】[73]

第二部分是关于何人能领圣餐的问题，这紧接着第三部分，就是圣礼的目的。我们举行圣餐，为要**使我们得安慰**。因此，每个人都必须自我省察，以达至圣餐设立的目的。这两种想法在以下表述中结合："我们现在举行圣餐是为要使我们得安慰。所以，在这一切之前，我们必须正确地省察自己，而且要把它带到基督所规定和设立的目的，就是要纪念祂。"　自我省察包含三个要素。每个希望参与的人，都必须思想自己的过犯和所受的诅咒，然后宣认自己的大公信仰，并表明自己感恩的心。这里所强调的是三重内心见证 —— 伪装是毫无益处；所有的外表都是毫无价值的；只有发自内心的才是真实的。每一个人都必须自行决定，是否要做"配得参与圣餐的人"。

【每个人在心中必定感受到自己的罪和所受的咒诅，相信基督赎罪的献祭，以及内心感到对永恒福祉的渴望。然而，仪文并非只

---

[72]　中注：见荷文版 497 页。
[73]　中注：见荷文版 497 页。

有这种一般性的解释，而是从两个方面指导人的自省。有些人十分随意就来参加圣餐，而另一些人无法勇敢地参加圣餐。一些人随意对待，而另一些人过于沉重。因此，有时候本不该领受圣餐的人却来参加，而理当领受圣餐的人却未到场。这两种心态取决于一个人的性格，他所意识到自己所处的环境，以及教会生活的氛围。性情有很大的影响，而长执会对会众的引导也同样重要。从前常见的现象是，两个毗邻的村庄，其中一个全会众都会参加圣餐，而另一个村庄甚至没有圣餐，因为无人参加。鉴于此情形的差异，圣公会的仪文有两部分。一部分用于提醒不可随意参加圣餐，另一部分反对压抑的心情，并让牧者根据会众的属灵状态来选择读哪一部分。我们的仪文并未采用这种方法，而是同时诵读两部分。首先，牧者提醒不可轻率领受圣餐，让圣餐变得无价值；在这之后就是柔和的关爱之语，关心心情沉重之人。最后一部分比先前的劝勉更加柔和，以至于不经意间给人的印象是，劝勉的部分纳入仪文更多是出于义务，而柔和与邀请的部分对于仪文作者而言是主要内容。】[74]

　　【如果这就是对自我省察的充分引导，那么随之而来的就是第三部分：圣餐的目的。】仪文要求我们的圣礼要"达至主当初设立的目的"。这个目的可归纳成一个表述，就是"要纪念祂"。当然，这并不是说只应思念耶稣。因为在圣礼以外，人们也可以这样做。仪文的意思是说，我们应该以圣礼所设定的方式来纪念耶稣。【这就是为什么仪文宽泛地用非常华丽和感人的词藻解释】：**我们现在要以这个方式来纪念祂**。【仪文论道：**因此，我们应当纪念祂**。第一，我们要纪念主耶稣为我们所做之事和为我们所受的苦。这段内容不少于 45 行字，要用非常不同的语气来诵读，庄严而缓慢；这段内容也是我们语言中最为优美的文体。第二就是圣礼的目的：圣礼带来一种可能性，在至高处的基督对我们的灵魂产生影响，就是祂用祂的身体喂养我们，用祂的血洗净我们。第三就是圣礼使用的

---

[74]　中注：见荷文版 498-499 页。

成果：一方面是在圣灵中与基督团契，另一方面与同属一个身体的弟兄姊妹团契。这就总结了仪文的劝勉和教导的部分。在这之后，借着仪文中的祈求帮助指明随后的间歇："因此，全能慈悲的上帝，我们主耶稣基督的圣父，请借着祢的圣灵帮助我们，阿们！"】[75]

【这里的阿们并非多余，而是恰到好处，引入了间歇，构成了向第四部分的过渡：】信心的祷告。在这个时候，会众不仅是被动地聆听和接收，而是积极地参与祷告之中。【这个祷告有一个特性，只在于它是一个信心的祷告。这一事实表明，此祷告结束后，就进入了《使徒信经》的认信。首先，】会众在圣礼中祈求领接受它所应许的，从而实现圣礼的目的。接下来是主祷文，它出现的时间也很合适。因为在这个人心被灵充满的情境中，人们感到需要用完美的祷告来表达自己的内心。主祷文带出《使徒信经》中所表达的认信，所有参与圣餐的人都应该扬声同诵。【这里清楚说明：我们用嘴和心认信，因而如此**说**......"】在认信之后是"阿们"，因为当中包含了加强信心的祈祷，透过这些字句而显明："愿我们能透过此圣餐，在大公的基督教信仰中得坚固。"[76]【随着这句阿们，我们到了从话语到行动的过渡，然后在圣餐桌边开始圣餐礼拜。】[77]

总结[78]

【随着这句信心祷告的"阿们"，圣礼施行即将开始。】在牧者离开讲坛、走到圣餐桌之前，他向信徒们发出邀请，并把圣餐的

---

[75] 中注：见荷文版 499 页。

[76] 中注：英译本此处添加了荷文中并未有的"undoubted Christian faith"，中译本予以删除。

[77] 中注：本段增添内容见荷文版 499-500 页。

[78] 中注：以下内容在荷文版中为一百一十八章，标题为"Bediening van het heilig Avondmaal (Slot)"，译作"圣餐的施行（结论）"；中文标题为中译本所加。

价值、重要性和意义再次以精简的方式烙在他们心中。"被主所爱的众位，要从心里知道你快将领受这蒙福的圣礼；要知道饼和酒只是记号，而将要发生的事，是你被基督，即天上的粮所喂养，祂以自己的身体和血来喂养你。这并非是外在的，而是在你吃这饼、喝这杯的同时，透过圣灵在你的灵魂中作工。"

然后，牧者从讲坛上下来，在圣餐桌中央就坐，长老们则监督哪些人可以前来就坐。那些在进教堂时收到写着"第一桌"卡片的会众，在唱诗的时候上前来。如此安排，就可以保证就坐的过程能安静有序地进行。参加者应从教堂的一侧走近桌子，而每次人数也不应超过桌子所能容纳的。这样，就不会有余剩的人站着等待，也不会妨碍其他会众的视线。

圣餐礼拜的过程很简单。牧者将饼掰开，传给坐在他旁边的人，桌上其余的人，也照样把盛有圣饼的银盘传一遍。在擘饼和传递的时候，圣餐设立的话语也清晰而平静地诵读："我们所擘的饼，是基督立约的身体。你们要拿起来吃，纪念并相信我们主耶稣基督的身体已经被擘开，使我们所有的罪完全得赦。" 在此之后，牧者等到所有的人都吃了饼，才把酒倒入杯中，在桌上传一遍，并完整地诵读圣餐设立的话语："我们所祝福的杯，是基督立约的血。你们要拿起来喝，纪念并相信我们主耶稣基督的宝血已经流出，使我们所有的罪完全得赦。" 当杯被传了一圈，圣餐礼拜就此结束。所吃的饼和所喝的杯**就是**圣餐，没有需要添加什么，而任何所添加的都不属于圣餐的部分。不过，匆忙的感觉还是需要避免。参与者安静地坐在桌前，当他们领圣餐后，也应安静地起来，以腾出空间给其他人。当圣餐传完后，牧者诵读一段简短的经文，然后在唱诗歌的时候，上一桌的会众要让座给下一桌。【因此，我们的仪文规定，在圣餐的过程中，我们要以教诲的方式来歌唱。由于这已经改变，现在习惯于在就坐和离席圣餐桌，另一桌人加入圣餐的时候唱诗歌。这确实更加可取。在领受圣餐的时候唱诗歌是有问题的。吃饼和喝杯里的酒与唱歌无法很好地协调。因此，我们的仪文规定："或者可以阅读一些《圣经》章节，来纪念基督的受难，比如《以赛亚书》五十三章、《约翰福音》六13-18等章节。"这更加方便。这样，牧者可以在圣餐桌边诵读简短的经文，然后只在圣餐领受完成后唱诗；这一切都以教诲的方式进行。一切都如此进行，在第1世纪尤其如此，直到诵读经文被抛弃，由牧者的讲话予以替代。这种做法保留了许多个世纪。直到现今，这种古老、更好的方法逐渐回归，旧有的习惯再次被拾起，在分发圣餐的记号后诵读一段简短经文，之后就是唱诗歌，圣餐参与者按桌数依次进行。】[79]

当最后一桌完成之后，牧者应离开圣餐桌，回到圣餐开始时讲台上的位置。【牧者留在圣餐桌边，长老和执事坐在他旁边，读余剩的经文，这种现象不应该出现。圣餐施行结束之后所进行的环节，不仅关于最后一桌领受圣餐者，而且与所有领受圣餐者都有关。在圣餐桌上，牧者只对那张桌上的人说话；这显然是不足够的。】最后的**赞美**祷告和**感恩**祷告，【应作为仪文的两个部分，对所有坐在圣餐桌上的人而说，牧者则站在讲坛上对他们说话。在小的教堂中，牧者可以提高自己的音量，从而其他人也都能听见，但这不应成为错误行为的借口。圣餐将圣餐桌上的人与其余会众分开。因此，正如我们在上文已经提到，圣餐设立的话语在每张桌子都重复；如果牧者是从圣餐桌那里对全会众说话，那么这难以让人理解。既然如此，这种区分就要维持到圣餐的结束。在最后一张圣餐桌完成后，牧者就要再次对全会众说话。于是，牧者可以做两件事：要么在每张桌子都有赞美和感恩；要么让赞美和感恩的声音在所有圣餐桌一起响起，那么这就需要牧者在开始施行圣餐的地方进行。】[80]

【赞美和感恩必须予以区分。】在进行圣餐后，第一个反应是赞美和欢欣。正如我们仪文中所强调的："让我们一起用感恩的心，赞美主的圣名。"【因此，赞美就与感恩区分，且先于感恩。】仪

---

[79]　中注：见荷文版501-502页。
[80]　中注：见荷文版502页。

文先以《诗篇》一百篇中的一段内容来赞美，然后将新约中的经文汇编，最后变成赞美颂歌。赞美祷告以庄严的"阿们"作结，从而强调它与感恩祷告的区别。它自成一个独立的环节，旨在荣耀上帝的名，并使祂的恩典之工得着荣耀。正因如此，感恩必须加在其上，成为仪文的最后一部分。这时，全体会众起立，同心崇拜和感恩；随后，整个圣餐以庄严的主祷文结束。全体会众会再唱一首诗歌，然后领受祝福。敬拜仪式结束，会众都各自回家。已擘开的饼和已倒出的酒，无论剩下多少，都由最年长的执事拿走；从前都是送给病人作为需用。虽然饼和酒没有被祝圣，但因出自对圣礼的敬畏，所以剩下的饼酒不允许由教堂驻守者或助理随便处置。

　　除此以外，还有几点小观察需要补充。在圣餐桌前，有时候会把男士和女士们谨慎地分开，对刚刚完成坚信礼的年轻人也是如此，这不是一个模范的做法。在其他场合将男女分开的原因，不应该套用在圣餐上。而新加入的成员希望与父母亲一起参加圣礼，也是完全自然的事。【事实上，这种分隔与牧者的宣讲有关。牧者可以有一段额外的、面向新接纳成员的宣讲。因为这种宣讲消失了，所以这种动机也不在了。】[81] 家庭和友谊的联系是很紧密的，在教会的聚会中也是如此。所以关系密切的人，最好能同坐一桌。同样，病人或需要辅助走路的人，如果他们愿意的话，最好也与亲属同桌。

　　【当从圣餐桌回到个人的座位时，领受圣餐之人会感到自己需要向上帝感恩，这是可以理解的；但是，这完全取决于一个人内心的迫切性。不管如何，并没有规定说一个人要站着感恩，让所有人都看见。一些人会偏向在回到家后，跪在他们的上帝面前；另一些人会即刻感到需要向他们的救赎主感恩。就让每个人自由而行吧！唯一要怀疑的是，这会让一些人关注你，看你从圣餐桌下来后会做什么。于是，这就扰乱了这个时刻，破坏了祷告。】[82]

---

[81]　中注：见荷文版 503 页。
[82]　中注：见荷文版 503-504 页。

【牧者是否也领受饼和酒的问题，留待个人解决。但是有一件事是肯定的，】如果他不领圣餐，就会令人怀疑他对圣餐的诚心。最好的时间点，似乎是在第一轮圣餐分出最后一个盘和杯之后。至于每个人是否必须在座位上留到圣餐礼拜结束的问题，【显然在于仪文是否规定要留到最后。毕竟，最后进行的赞美和感恩与每个人都有关，也关乎那些在第一张桌参与圣餐的人。然而，这并非改变一个事实，】如果礼拜的时间很长，一些会众可以因着身体欠佳的原因而先行离开。他们可以自己在家中，独自向上帝感恩。[83]

第三十六章 革除圣餐权与重新接纳

妥善执行教会纪律

　　圣餐与革除圣餐权[1]之间有密切的联系。真正的信徒参与圣餐，纪念为他们舍命的中保。这也是他们表明信仰，彼此承认信徒身份，并奉基督的名向世人宣告的举动。因此，圣餐除了有圣礼的意义外，基督的教会也在圣餐中得以表明。这就是革除圣餐权与圣餐之间的关系，因为它把任何不属于圣餐之人拒于门外。诚然，在革除圣餐权之前，必须进行纪律审查和【训诫的各个步骤】。这在某种意义上是一种初步的革除圣餐权。它禁止先前已被接纳的人参与圣餐。训诫会使人产生怀疑，怀疑受审查的人是否仍是信徒。但在得出最后结论前，它尝试阻止受质疑的人吃喝自己的罪。因此，训诫的时

---

[1]　中注：英译本将荷文"ban"译作"excommunication"，后者通常指向革除教籍或驱逐出教会。荷文"ban"的一般意义就是禁止或阻止某人。根据这里上下文所论圣餐，这里的"ban"是指阻止人参加圣餐，所以中译本此处译作"革除圣餐权"。

长必须加以限制。正在接受训诫而暂时不能领受圣餐的人，必须悔改和回归正途，好使他能参与下一次的圣餐。有时候，他需要再经过第二段训诫期。但是，如果他在被训诫后仍不悔改，就必须果断地启动革除圣餐权的程序。若有人受训诫多年，却没有被革除圣餐权，这是说不通的，也是对训诫的否定。对于此方面不再被理解的唯一原因，是个人与教会之间的关系已经变得非常薄弱；对许多人而言，这种关系几乎不复存在。

我们要记得，归属于教会、与教会有良好的关系，在过去是维持家庭和社区和平的条件。人们所指的，不是某一个教会，而是指**那个**教会。每个人都希望加入这个真正的教会。没有这样做的人，会被认为是犹太人、异教徒或税吏[2]。这些人在基督徒群体以外，几乎所有人都避开他们。要成为一位被认为是可靠、得到社会信任的公民，你不仅必须是教会的会员，也需要与教会和平共处。【这意味着每个人都知道，什么事会令教会对他们不悦。】[3] 早期的圣职人员和宗教改革后的长老们都很清楚，没有人能在教会以外过着平静的生活。所以，被逐出教会能引起人们极大的焦虑。凡是受到这种处分威胁的人，都认为最好的解决办法就是谦卑自己、与教会的长执会和好。只要人们存有这样的想法，教会训诫就成为一种强大的力量；它曾经被使用，并且是奏效的。

忽视教会纪律

可是，人们的这种态度渐渐产生变化。越来越多教会被建立，当一个人离开教会时，另一个教会也很乐意欢迎他。这些人并没有

---

[2]　中注：凯波尔此处所说的税吏应是借用了福音书中税吏的形象，而非说当时荷兰社会的税吏。

[3]　中注：见荷文版 505 页。

静候训诫，当他们感觉到它要发生之际，就会主动离开所属教会，加入另一个教会。【在共和体制中，这对于地位高的人而言是一个顾虑，因为那些不属于国立教会的人无法获取许多高级国家职位，而普通市民和卑微的人对这些不太关心，因为他们从来不曾有机会。这就削弱了教会训诫。教会长执会很快意识到，针对错误的认信和不道德的行为严格地执行训诫，会致使许多人与教会疏远，并且让许多品行端正的人离开教会。事实上，教会训诫很快就被放弃了，并只在以下两种情况中予以应用：要么人的恶行如此被公众所知，以至于无法忽视；要么基层人群中有私生子，从而要在婴儿洗礼时揭示这个情况。】[4]

　　结果，教会对训诫的态度，很快就跟起初的要求产生巨大的变化。训诫制度的目的是监督教会中所有成员的信仰和行为，一旦发现有过失或属灵上的叛离，就立刻采取行动。其目的是为要保持教会圣洁，守护教会，确保她是由真信徒所组成。当信徒倒退和偶尔失脚时，教会就会使用劝勉、警告和禁止参与圣餐等方式，作为训诫的第一步。如果跌倒的人是一个真信徒，那么头两步的训诫就是期望他能认罪悔改。因为训诫通常能重振已跌倒信徒的信心，所以如此的管教，应带来医治和挽回的效果，而不是更加使他远离。这个训诫的过程应能在合理时间内引发改变，把一个迷失的人领回正确的生活方式，而不至于把这件事情变成一个公开讨论的话题。可是，如果训诫没有产生预期效果，那么长老们就必须做出艰难的决定。没有认罪悔改的信徒，就不能再假设他心怀信仰。那时，长老们就不得不作出结论，认定这位弟兄是假信徒。而唯一的解决办法，就是切断与他的联系，纵然教会并非要永远地离弃他。教会仍然有可能重新接纳他，但在当下必须与这样的人停止团契；否则他的存在可能会带来影响，使其他信徒被他不敬虔的坏榜样所引诱。

　　这就是《圣经》关于训诫的正确观念。如果宗教改革后的教会能忠于这个立场，成员的人数虽然可能会因此减少，但是能保留其

---

[4]　中注：见荷文版 506 页。

基督教的本质。然而，在 1648 年战胜西班牙后，这一点就变成了争论点。由于当时许多地区都全民加入我们的教会，所以改革宗的教会也开始带有国家民族教会的特色。此现象造成三方面的困难。首先，它很快就证明了，这众多成员的信仰和行为，不可能由寥寥可数的长老亲自监督。因此，训诫程序被取消，教会长执会只处理向他们报告的个案。第二，如果作出令人反感行为之人，在城里、州省中或社会上具有地位，那么公开惩戒他们几乎是不可能的事，而且这种情况经常发生。教会需要这类人，所以与他们对立会有损教会。然而，一旦放过这些社会显要，训诫相对基层的人就更见困难，真正的训诫也最终被废除。在某程度上，训诫仍是权力展示之举，但不再是单纯地想把忠实的信徒留在教会中。第三，训诫的成效逐渐消磨殆尽。要禁止一个从来都不参与圣餐的人领圣餐，究竟意义何在？【尤其是在大城市里，训诫很快就几近消失。特别是在这些城市中，如果整个会众已经分成了几个牧区，则维持训诫倒有可能。】[5] 因此，在大城市中，训诫完全消失，最多只在非常明显的情况下动用训诫，比如私生子的案例；但在其余的情况下，最初制定训诫的目的已几乎失去踪影。

教会的权威已经消失。人们不再关注训诫，也不在乎他们是否已被禁止参与圣餐。公开的训诫不再实行，如今一切事都是个人与牧者或长老之间的私事。如果任何人觉得自己受到过于严厉的对待，就会直接离开教会。由此，教会的训诫就从两方面被破坏。一方面，教会不再致力或保持成为一个只由真信徒组成的教会；另一方面，有过犯的人也不再在乎教会的认可。

这就是革除圣餐权已名存实亡的原因。尽管革除圣餐权偶尔被实行，却不受尊重，反而会被大众谴责为教会专制的行为。所以，在我们的《诗篇选本》中虽仍有革除圣餐权与重新接纳的礼拜仪文，却几乎未曾使用。

---

[5]   中注：见荷文版 507 页。

革除圣餐权的礼拜仪文 [6]

因着主题的性质，革除圣餐权之仪文的风格与柔和性，都不能与圣礼仪文相比。【革除圣餐权的主要内容带来了这种差异。】革除圣餐权的仪文是用来向会众宣布长执会所做的决定，行使训诫的依据也要在其中体现出来。【藉由仪文说话的"我们"是教会长执会的成员："你们意识到，我们已经多次提醒你们，我们的同伴某某所犯的罪和过错是何等之大。" 因此，仪文的开首语是公告长执会内部已经发生的事，以及之前就此问题对会众的提醒。先前的公告此时紧跟着私下的革除圣餐权，并总结了仪文的第一部分。然后就是第二部分，就会众本身和会众面对所革除之人的态度来劝勉会众。在此劝勉之后就是第三部分：带着认罪的祷告，祈求对被革除者个人的保守和回归。整个革除圣餐权的仪文就包括了公告、劝勉和祷告。】[7]

第一部分是"公告"，是一份正式声明。【这类公告总是在会众中宣布。若有来自其他地方的人加入会众，那么就要读出他们的名字。如果会友离开去了其他城镇，那么他们的名字需要公布。结婚典礼需要如此，洗礼亦然。会众在那里不是因着长执会的缘故，而长执会在那里是因着会众的缘故。因此，全体会众需要知道谁属于他们；如果恶习侵入他们，那么就对会众有直接影响。然而，在上千人的大型会众中，这自然不起作用。人们彼此不识，也不知道所宣读的人名，而且没有团体生活。相反，在乡村或教区中，这种宣读或公告就十分重要。人们互相认识，也知道所说的是什么。所以，教会在最初还是小型的时候，自然而然地就与训诫紧密联系。会众透过仪文似乎不仅觉察被剥夺或革除圣餐权之人，而且也知道

了长执会的训诫和训诫之前所发生的事。仪文规定，会众在特定的阶段要被告知某某人犯了罪，以及所犯之罪的性质。这里要给出姓名，说明某某人的罪恶的内容，指明适用于此人的训诫措施。如此行不是为了满足一定的好奇心，而说让会众自身参与训诫之中，并要求会众合作带来犯罪者悔改和忏悔。仪文用许多词汇来描述先前向会众的公告，是为了让受训诫之人"藉由你们基督徒的劝勉和祷告归向上帝，从恶者的网罗中苏醒过来（这恶者让犯罪之人受困于自己的意志），转向主的旨意。"仪文所作出的结论，即某某人仍然不悔改，不是源于长执会自己的观察，而是来自会众的见证。】[8]其内容是："尽管我们非常痛心，但无法向你们隐瞒此事。虽然经过频繁的告诫（包括在私下、在见证人面前，和在许多人面前），此人尚未前来向我们表示他对自己的过犯产生懊悔，或有真正悔改的丝毫迹象。"这就是长执会施行革除圣餐权的原因，【会众要被预备好面对此事，而且这个革除正是在他们当中施行。虽然某某人的过犯本身并不小，但是他的刚硬令其罪每日愈增；因为我们曾告诉此人，如果他在教会对他的长久忍耐消失殆尽前仍不悔改，那么我们不得不更加为他哀恸，并采取极端的补救方式。】"因此，我们现在不得不根据上帝圣言的命令和吩咐，将他革除圣餐权。我们如此行 —— 若可以 —— 是要使他为自己的罪孽感到羞耻。我们也防止这位败坏得无法挽救的肢体，令教会全体陷入危险之中，使上帝的名受到亵渎。"【最后这段话清楚说明了革除圣餐权的目的：（1）要使罪人悔改；（2）防止会众受毒害；（3）确保上帝的名不受亵渎。】[9]

随后就是实际的革除圣餐权。长执会在会众面前站立，以"会众的牧者和治理者"的身份发言。他们是**代表基督，并以基督的权柄**行事，包括宣布此人已经被革除圣餐权、与会众隔绝。若他继续

---

[8] 中注：见荷文版 509 页。
[9] 中注：见荷文版 510 页。

固执地坚持自己的罪，"按照基督的命令，他对你们来说是外邦人和税吏。因为祂曾说，凡祂的牧者在地上所捆绑的，在天上也要捆绑。"这一切都显出正式的属灵权威的强大能力。长执会行动之目的，不是要将这些人除名，而是要令他们顺服他们的君王基督。因此，他们要在结束时劝诫："此外，亲爱的基督徒，我们劝告你们不要与他为伴，为要使他感到羞愧；但不要把他当作敌人，要把他看作弟兄一样劝告他。"

　　这种劝告的语气和风格要更加温柔。在这人身上所发生的事，对全会众来说是一种警告，使他们可以防备撒旦的试探，提防恶念的萌芽，更加紧靠基督，一起过敬虔的生活，成为在主里众仆人的冠冕和喜乐。【"因此，保守你们远离最小的恶，并根据使徒的劝勉，撇下各样的重担，脱去容易缠累的罪，存心忍耐，奔那摆在我们前头的路程，仰望为我们信心创始成终的耶稣（来十二1-2）。务要禁食、警醒和祷告，不至落入试探。如今，当你听见主的声音，请不要心肠刚硬，而是恐惧战惊做成得救的工夫。每个人都悔改自己的罪，避免上帝再次使我们降卑，而我们会为你们当中每一个人哀恸。"】[10]要持定对被隔绝者的正确态度是更困难的。一方面要把他视为外邦人和税吏，避而远之；另一方面，又不能任凭他自生自灭。即使不与他有团契交往，人们也要时常与他严肃对话，并必须以兄弟的身份对他说话。

　　【在这劝勉警戒之后，就是】仪文的最后一部分：祷告。在邀请会众祷告时，要表明我们现在呼求上帝的名，"承认自己的罪"，这是合宜的。【于是仪文如此说："但是，因着正是上帝在我们里面动工，让我们按照祂所喜悦的去决意并行动，所以让我们求告祂的名，承认我们的罪。"】在剪除一个堕落的罪人之时，我们更要防备属灵的骄傲。这也是为何要公开表明，作为会众的我们也必须依靠上帝的恩典，承认自己的罪，因为我们知道自己不是无罪，而

---

[10]　中注：见荷文版 511 页。

是在基督的工作中找到安息与平安。【在祷告的开首语中，这个观点也得以阐明："噢！公义的上帝，慈爱的天父，我们在祢至高的威严前，哀恸自己的罪。我们承认我们配受这种哀伤，理当为落到我们身上的事，就是将从前的肢体与我们隔绝，而感到痛苦。是的，因着我们的重大过犯，如果祢审判我们，那么我们每个人都应被隔绝，与祢分离。"会众并未在祷告中被豁免，而会众未被隔绝的唯一原因就是他们的忏悔和悔改，以及他们求助于基督耶稣里的恩典。"然而，噢！主！因着基督的缘故，请怜悯我们，赦免我们的过犯，因为我们内心忧伤，惧怕祢对刚硬之人的审判；我们竭力讨祢的喜悦。"】在承认个人的罪、经历上帝的恩典后，就是全体会众为被革除之人祷告。教会不能再容忍他在会众中出现，必须要与他断绝。可是，这是一个令会众**忧伤**的行动，而会众正是在这种忧伤的灵中呼求上帝，祈求祂大能的恩典，能在此人身上作出悔改之工。【恩典总在动工，并且会众不是在抵制，而是在吸引："因着祢不喜悦一个罪人的死亡，而是喜悦他悔改得生；因着祢教会的怀抱总是向回归者敞开，请点燃我们的热情，借着良善的基督徒的劝勉和榜样，我们可以试图按公义挽回此隔绝之人。"无论这种隔绝和劝勉是否带来益处，一切都依赖上帝的祝福，所以祷告如此结尾："请祝福我们的劝勉，从而我们可以为我们所哀叹之人而欢喜，以至于祢的圣名可以透过我们主耶稣基督而得称赞。"最后，在为会众中每个人的需要祷告后就是主祷文，就是每次祷告的高潮。】[11]

在批判地检视此仪文时，我们必须指出它开始得太突然（有些礼仪也是如此）。仪文应该以一个简短的祷告和一首诗歌作为开始，而在结束之前，应该加插一首诗歌，以表明会众在属灵上的深切关注。尽管这仪文不具备圣礼的性质，但凡仔细阅读过的人都会承认，还能实现这行动的教会，其会众是多么有福。在这些教会中，没有权力的欲望，一切都是为了谋求会众的福祉，是一群真正关心他人

---

[11]　中注：见荷文版 511-512 页。

的会众。会众的属灵生命必须非常健康，才能进行这种礼仪。在我们圈子里的小型会众中，还是偶尔有这样的行动发生。能如此做是很好的，不过人们要时刻警醒，不要使这行动成为长老被冒犯之后的报复，乃是要由主的催促所推动的。

【最后要探讨的问题是：革除圣餐权的仪文是否仍适合我们现在的处境？实践总是能给出最后的答案。我们的教会没有一个是"圣徒"的会众。几乎在每个地方都有人抱怨信心上的缺乏，以及属世思想的后果。令人苦难的事繁多。然而，绝大多数的会众已经不再使用革除圣餐权的礼仪。在两个教会团体中，这个仪文仍可见于教会仪文手册中：改革宗信徒（Hervormden）群体和归正信徒（Gereformeerden）群体。如果有人发现一个小型会众在一年中有几次正式宣读此仪文，那么这就是十分独特的现象。】[12]

【然而，教会全国总会议甚少有机会更新这个仪文。仪文的许多内容都需要修订、改进和增补。我们一切认信和礼拜著作距今几乎都有三百年的时间。在这三个世纪中，处境发生了巨大改变，以至于一切都需要修改。我们的认信也是如此；认信中所质疑的错误属于 16 世纪，而非我们这个时代。《多特信条》也是如此；它表明了我们驳斥抗辩派的内容，但不是我们反驳持进化论观点之人的内容。《圣诗集》的情况亦然；无论它在哪个方面何等卓越，仍有一些韵律不适合保留。《海德堡要理问答》和《要理手册》[13] 也相仿，它们出自不同的处境，不能用我们这个时代的语言教导我们的下一代。这样，我们的礼拜仪式文集就需要修改措辞、语调、语言。可是，教会的经验几乎不能总是令这些文档产生任何重大变更。我们或很难完成修改，或教会的保守主义对此提出可被理解的反对意见和威胁，然后这么做就会倾向破坏教会的合一。既然所有教会都是自由

---

[12]　中注：见荷文版 513 页。
[13]　中注：凯波尔这里所指的是 *Kort begrip der Christelijke religie voor hen die zich willen begeven tot des Heeren Heilig Avondmaal*。这本手册被用来教导那些准备第一次领受圣餐的信徒。

的，每个人在教会中也是自由的，也没有国家的纽带捆绑他们，于是总有一些人准备好，为了这些礼拜仪文的修改而危及教会的合一。对这些古老的文献进行彻底的修改，只能在灵性动荡的年日发生。这会带来全新的情形，正如荷兰在宗教改革时期所经历的，一切都被颠覆了。于是，制定新的形式就成了普遍需求。那时，通常来说，一个人能轻易成功地引入一系列文献，正如我们在 16 和 17 世纪的认信和礼拜仪式著作被引入一样。因此，预期在可见的将来对仪文进行修订仍尚待观察，尤其是在施行训诫方面。一个可能的情形是，在多年以后，自由实践在这方面会被引入。暂时可能发生的就是，不断有问题被提出予以讨论，而这些问题有待将来予以阐明。】[14]

因这缘故，在施行训诫的时候，最好不要向会众宣布那些人的名字。【在过去，无人反对宣布名字。那时候会众的成员彼此熟识，如同一个家庭中的成员。但是在那之后，人们逐渐不情愿宣布名字。这在代祷的事项中显而易见。无论什么时候，一个病人或精神病患要求会众的代祷，牧者最自然的做法就是告诉会众为谁祷告。但是即便这个做法也被终止。这样的情况比比皆是。由于不情愿提及名字甚至在代祷中都如此明显，当关乎会众中有人犯罪而遭受训诫时，抵制宣布名字的做法无疑更加强烈。在会众中被公开提到，尤其与妇女有关时，这十分令人愤怒。】如果受训诫的人在社会地位较低就公布他们的名字，而地位显赫的人却不公布，这是不公正的做法。所以，在训诫中几乎都不公布姓名。然而这做法已经过分了。故此，我们已经提出其他国家的做法，就是在教堂门口张贴通告，使会众都能看到，而有时会在其上公布姓名。当人们进入教堂时，他们会看到有谁需要代祷，哪个孩子即将受洗，何人已被接纳参与圣餐；以及在极少数情况下，他们会看到有哪些训诫正在处理中，谁已被革除圣餐权。此外，教会周刊也是公布名字的好工具。【然而，这种做法只适于大城市的大型会众中。乡村并无这类"教会信使"；

---

[14]　中注：见荷文版 513-514 页。

虽然会有地区性的"信使",但是不可能提及所有的细节。这就是为什么我们会思考,是否长执会不应在教堂入口张贴告示,告诉会众教会生活中所发生的事。】[15]

【然而,这不应用于训诫的目的。训诫有不同的阶段,只有审查和革除才有这种确定的特性,需要让全体会众都知道。好的训诫不会太快介入,而是缓慢施行,知道如何运用耐心,因此必须从一开始就能带着亲密和隐秘的特性,从而能赢得人,而非驱逐人。只要训诫的情况仍处于此种隐秘的阶段,那么公开显然是有害的。只要犯罪之人视他的牧者或长老为一个愿意包扎他灵魂创伤的医生,那么属灵的话语仍有影响。不然,犯罪之人就是视劝诫他的人与他人一同玷污了自己的名声;他或者感到愤怒,或者关闭内心,让自己与教会为敌。另一方面,若教会长执会决定被允准领受圣餐的人,暂时需要停止圣餐,那么事情的进展就不能秘密地进行,因为圣餐是给每个人,所以每个人都必须知道自己与谁一同领受。于是,在教堂入口处的墙板或公告栏上宣布名字是完全合理的;在会众的祷告中,为在属灵困境中的弟兄或姊妹来祈求上帝的恩典也是合理的。会众可以知道这个人是谁,但要行得合乎中道,不要用言语令这位弟兄或姊妹感到羞辱。】[16]

训诫管教也不该是一种永久的状态。根据情况,受管教的人可能被禁止参与圣餐四、五次,但最终还是要做出决定。如果受管教的人持续不敬虔的行为、没有认罪或悔改的表现、生活方式也无改善,会众就必须坚守。这是一个难以确定的时间段。或许这人最初有改善,接着又后退了;这如同病人,他的病情是不断变化的。可是不应该发生而不幸经常发生的事,就是长执会对一个人施行训诫后,完全忽略对他的跟进,使他被禁止参与圣餐多年。【迄今为止,一个自然发生的现象,就是长执会对未受训诫管教(nietgecensu-

---

[15]　中注:见荷文版 514-515 页。
[16]　中注:见荷文版 515 页。

reerde）之人甚少关注，而这些人则远离圣餐。此整体情况却不能被认为是理所当然的。会众中所有有生命的肢体都必须纪念他们救主的死。若不如此行，这肢体要么有冷漠之罪，要么是有需要解释的有意拒绝。如果有人被训诫管教，那么这必须带来悔改转变，或将之与会众隔绝。如果是后一种情况，那么这位受训诫管教之人就是仍持续活在自己的恶中，不愿忏悔；最后，教会必须向他说明，他不能继续以此方式活在会众之中。】[17] 这样的结果，通常是这顽梗的人退出团契和取消自己的会籍。这时就应该公布此事，好使人们试图把他挽回，让他有认罪和悔改的机会。但如果他仍然顽固不化，不听众人的劝告，并继续过叛逆的生活，那么长执会就不能坐视不理，而要采取革除圣餐权的行动。为着这位犯罪者的缘故，长执会必须这样做，否则犯罪者只会轻视这个缺乏勇气持守圣洁的教会。这也是为其他教会成员而做的，因为其中总有一些人认为，长执会似乎不再坚持真诚的信仰和敬虔的生活，继而令他们有从恩典中坠落的危险。

当一个人因受训诫管教而暂时被禁止参与圣餐时，只做一个简单的宣布，并让他参与会众的祈祷，这是可以接受的。但如果是革除圣餐权的话，情况就不同了。毕竟，被革除圣餐权的人是与会众隔绝，因此必须在会众中进行。这通常由长执会来决定合适的时机，而这种痛苦的行动【最好与圣餐施行有关联：若是单独进行，那么就设在】圣餐准备举行的时候；【若是在圣餐施行的过程中进行，那么就插入圣餐施行的开场介绍部分】。在进行圣餐时，会众的属灵品格比在平常敬拜时更加明显。因此，革除圣餐权的意义此时会在会众中引起更大的影响。此外，圣餐所激发的情绪，也会影响会众对革除圣餐权的关注。【他们会为要发生的无法避免的事而哀伤。如果革除伴随着圣餐的神圣庄严，那么这就会对被革除之人产生积极的影响。如果革除发生在漫长的敬拜尾声，那时讲道已经完全耗尽了人的精神。在革除时，正如我们仪文所暗示的，无需按人名提

---

[17]　中注：见荷文版 516 页。

及所犯之罪。这一切都会让人的注意力偏离主要的问题。甚至会有心怀愤怒之人，如果牧者在公众面前提及这类罪与他们有关，那么就会用法律诉讼来威胁牧者。按人名提及所犯之罪是不必要的。对名誉的考虑就否定了这种做法。如果长执会宣布被革除者的行为玷污了会众，那么这就足够了。在这之后，我们仪文所表达的一切严肃事项开始呈现，即便语调和形式的改变是可取的，而且建议避免十分冗长的句子。】[18] 如此宣布是指向那位跌倒者而说，但也必须查问会众，是否也该对他的跌倒负上部分责任。会众也要明白，他们应该要继续为那人的回转而努力。那些在灵性上如履薄冰的会众必须被叮嘱和警告，以免同样的事情发生在他们身上。在如此宣布时，其气氛应体现出众人灵里的悲伤，而不是自满。如此，人们最终透过向上帝恳切祈求认罪，使他们在悲伤中得安慰、在惊愕中得平安。

当礼拜结束后，被革除圣餐权的人不应该只是从别人口中才得知所发生的事情，教会必须把革除圣餐权一事直接通知他。至于是当面告知还是写信告知，视乎他与长执会成员最后一次会面时的表现。如果他的行为不当，为避免引发更多的无礼，就最好以书面形式通知他已经被革除圣餐权。这不应以冷酷无情的态度进行，反而要向他简单描述会众中所发生的事，以及会众是如何为他祷告。

重新接纳 [19]

就会众而言，革除圣餐权的观念必须总与**重新接纳**的观念联系在一起。我们教会也在礼拜文集中纳入了重新接纳所用的仪文。

这项仪文实则有两部分。第一部分不是用于重新接纳本身，而

---

[18] 中注：见荷文版 516-517 页。
[19] 中注：以下内容在荷文版中为一百二十二章，标题为"De Ban en Wederopneming (Slot)"，译作"革除圣餐权与重新接纳（结论）"。

是来告知会众教会长执会已经决定施行重新接纳，但仍在等待会众的判定。在这之后就是所说的重新接纳的仪文，用于几周后的主日敬拜中。重新接纳和革除圣餐权都影响了会众整体，所以不应在会众之外进行。当长执会决议被革除的弟兄或姊妹需要再次被认可为会众的成员，允准他们再次享有圣徒的特权时，会众必须知道此事，且必须见证对执行此决议并无异议。【可能发生的情况是，长执会受错误的表现误导，而会众中更了解被革除之人的肢体，相信被革除者并未悔改。因此，教会呼吁会众中的这些肢体，将他们所知道的告诉长执会。只有在所规定的期限结束时，会众中无人反对重新接纳才变得明了，于是长执会就进入第二阶段。所以，仪文的第一部分十分简短，只有以下三部分组成：（1）宣布长执会要重新接纳被革除者的意愿；（2）询问会众中是否有肢体反对此决议；（3）对已经发生的悔改献上最初的感恩。这不应任由牧者来表达，更不能即兴而作。尤其在这件事上，选择正确的词汇十分重要，以至于教会为此要制作一份仪文，那么牧者要使用这份仪文也是情理之中的。通常情况下，宣布重新接纳要在施行圣餐的几个主日前举行。宣告本身如此陈述："教会长执会愿意在圣餐的时刻接回被革除之人。" 因此，革除圣餐权和重新接纳，与圣餐圣礼直接相关。这所带来的要求就是，当圣餐再次举行的时候，被革除者重新被接回，从而可以参加圣餐。因此，必要的做法就是，提前几个主日告知会众，并提前一个主日或恰在圣餐举行前重新接纳被革除者。正如在圣餐举行时施行革除圣餐权的做法令人印象深刻，那么如果敬拜中举行圣餐时重新接纳，这也是最神圣威严的。在重新接纳之后，从前被革除者立刻就能参与会众的团契。】[20]

第二个仪文包含三个独立的部分，用于正式重新接纳：【（1）说明重新接纳的基础;（2）重新接纳本身;（3）为重新接纳而感恩。】[21]

---

[20]　中注：见荷文版 518-519 页。
[21]　中注：见荷文版 519 页。

　　第一部分提醒会众，这不是一件旨在引发同情心的事，而是出于属灵上的公正。【这表现在许多方面。首先，需要注意的是，会众中并无对教会长执会意愿的异议。会众理当被告知，有权共同决断。因此，必须予以确立的是，会众这项权利已经得到尊重。只有当会众中没有出现令人信服的异议时，教会长执会才认为自己自由并有权履行自己的职责。仪文如此说】："既然没有人提出任何理由反对这次的重新接纳，我们现在就应继续进行程序。"长执会此时可以自由地以基督的名义，并凭着从祂而来的权柄，去实行必须做与可以做的事情。[22]

　　礼仪的第二部分，指出属灵的权柄属于长执会。虽然长执会的权柄来自它的君王而非会众，但它可以征求会众的意见。因此，长执会的呼吁是按着基督在《马太福音》十六章的捆绑与释放所说的。在这经文中，基督赋予祂的使徒有捆绑和释放的权柄；这权柄也适用于长执会。经文毫不犹豫地指出，在地上颁布革除圣餐权的决定，并释放与重新接纳的决定，于上帝而言是有约束性的。这礼仪的用意，是要表明这不单纯是出于人的规条，也是属灵的判决；牧者和长老【奉基督之名】的行动，于神而言也是有约束性而坚定的。【借着革除圣餐权，罪人必须知道他的确落在上帝的审判之下。然后，他必须理解，在被重新接纳的时候，他真的再次有份于教会的救赎。仪文对这方面并无犹疑，因此甚至出现了两次表述："主基督在《马太福音》第十八章已经确认了祂的教会对革除未悔改之罪人的审判，同时宣布，凡祂的仆人在地上所释放的，在天上也释放。"仪文又说道："另一方面，基督在先前所说的审判中教导，根据上帝的圣言对悔改之人所宣布的赦免，由主坚立到最后；凡真诚悔改之人，不能有丝毫怀疑，而是确信自己已经在从上帝来的恩典中被接纳，正如基督所教导：'如果你们赦免谁的罪，谁的罪就得赦免。'"】[23]

---

[22]　中注：见荷文版 519 页。
[23]　中注：见荷文版 520 页。

在表明其**属灵的合法地位**之后，仪文的下一步就是关于重新接纳被开除之人的**判定行动**（judicial act）。当事人必须在场，并参与此过程。他只向长执会认罪是不足够的，因为他的不当行为已使全会众蒙羞，所以他必须在会众面前再次认罪和作出认罪悔改的声明。【于是，主持的牧者邀请他站在会众面前，回答对他的提问。诚然，这里会提出几个问题。但是为了不让这里的问题变得更令人痛苦，它们被归纳成了一个问题。这个问题包含了以下几个内容：（1）重新被接纳者必须表达真挚的悔改，不仅是为自己的罪，而且也为自己在罪中不悔改的刚硬；（2）他必须承认，自己与会众隔绝是正当的；（3）他必须承认相信，基督已经赦免了他；（4）他必须承诺，从此之后会行在敬虔中；（5）他必须宣告，是他自己渴望再次被接纳进入会众中。】[24]

这并不需要再次认信。虽然此程序与慕道友加入教会相似，但这是重新接纳。犯罪者曾经是会众中的一员，曾被接纳并同领圣餐。因此，使他与会众疏远的罪过必须除去。这样，团契的关系就得以恢复，他从前的认信也重新确认。【应当注意的是，仪文并未论及错误，而只讲到罪；因此，仪文并非论及借着影响深远的异端而冒犯主名的人。这里包括了弟兄和姊妹，论述了特别的罪。这里的仪文内容自然并非完美，在理论上也并非尽如人意。与会众隔绝可能也是因异端导致，如同道德犯罪一样，所以仪文应当意识到这一点。然而，在实践上，这并不被认为是必要的，乃因人们对于教义的事情比较宽容，而丝毫不能容忍道德的过犯。】[25]

当被问及"你是否渴望重新加入教会？"，而以"我愿意"予以回应时，牧者不是说"**我接纳你**"，而是说"**我们**宣告，你被开除会籍的束缚已被免除"。这里的"我们"包括长执会与会众，宣读这句话的牧者只是代言人。牧者宣告他自己、长执会和全会众弟

兄姐妹"奉主基督的名和权柄在此聚会"，革除圣餐权一事已被解除，该弟兄或姐妹再次被接纳到会众的团契中，所以会众拥有的一切属灵祝福与好处，包括圣礼，现在也属于他们。牧者也祈求永生的上帝，透过基督保守这位曾经堕落、如今已恢复的弟兄或姐妹到底。

在恢复的宣告之后，接着是一个两面的告诫。第一部分是对被重新接纳的人说的，第二部分是对会众说的。【对被重新接纳之人的劝告听起来非常悦耳，这个人被称呼为"我亲爱的弟兄（姊妹）"，而且最后的总结也是令人安慰的："你要更多地爱基督，因为你许多的罪都被赦免了。" 当牧者继续告诫会众时，内容简短，但抓住要点。该告诫由三部分构成：（1）被重新接纳的人会被接待如同弟兄；（2）会众与上帝的天使因他的悔改和欢喜；（3）会众不再视他为外人，而是"众圣徒的同伴和上帝家中之人"。】随后是祈求和感谢的祷告，最后以**主祷文**结束。[26]

重新接纳的仪文相当简短，整个过程大概需要十五分钟。它不应该用更久的时间，免得加上圣餐礼仪之后，崇拜时间会变得太长。如果能省去礼仪中的冗长句子，比如《哥林多前书》的经文，就有足够的时间以一首赞美诗来结束所有礼仪。这样，礼仪就能促进会众合一的感觉；【这当然在小型会众和教会教区中是可想象的。可是，这也与现时的情况相悖。如今甚少有革除的案例，因为也不再有重新接纳的美事。这并不是因为不再有更多的异端或干犯的罪，而是因为那些跌倒和犯罪之人只是离开会众，并与会众隔绝。他们只是粗略地删除了自己的会籍。这是一种外在的言行方式，只是很好地表明了我们在教会属灵身体中所遭受的内在合一的缺失。】[27]

---

[26] 中注：见荷文版 522 页。
[27] 中注：见荷文版 522-523 页。

第三十七章 按立教会圣职

　　教会礼拜仪式中有两种按立礼仪：一是按立牧师，二是联合按立长老和执事。这对于将圣言、圣礼的敬拜更直接连于基督是必要的。在崇拜礼仪中，圣餐占据中心地位，而洗礼这一圣礼则使人有资格领圣餐。在领圣餐前，还需宣告自己的信仰，然后才可领圣餐。随后，还可以有停止某人领圣餐或重新许可领圣餐的仪式，因这些都与圣餐礼有关。本章将探讨按立的不同形式。借着按立，将某些人分别出来，指定他们在教会中代表基督、借着祂所赐的权柄主持圣餐礼。

按立的历史和原则

　　圣言的服侍、教会管理和执事的服侍，一并需要按立。不过，这种需要在主持圣餐礼时尤为明显。正如上文所述，讲道的呼召会受益于牧师所接受的特别神学训练。经过这种训练，他取得更高的学术（wetenschappelijk）水平，使他在众长老中脱颖而出。[1]【就圣言服侍而言，我们因此可说牧者的特殊地位源自他本身的独特性】，[2] 但主持圣餐礼并非如此：不需要任何特殊培训。这种服侍如此简单，若只是遵循仪文、无需说话，甚至会众中的任何一员都可胜任。然而，决定由会众的牧者而非长老或执事来主礼圣礼的决定性因素并非主礼者，而是委任（opdracht）。牧师从基督那里领受委任，基督显然也在教会中亲自借着牧师这个圣职预备主餐。

在此需注意两点。第一，会众中的圣职人员是从基督，而非教会领受呼召。第二，所有圣职中，圣言和圣礼的服侍具有特殊、更高的地位；这种特殊性在教会敬拜中尤为明显。读经员、领唱者、接待员都各司其职，但并不需要被按立，因为并非是上帝直接设立这些职分。他们确实在一个神圣的团体中参与圣工，但这些职分的设立并非是神圣沟通的管道。

圣言的服侍也是被主设立的，【但甚少被人所觉察】。[3] 但是，其意义在圣餐礼中尤为明显：人们奉基督的名分饼和杯，但只有被主直接召选的人才有资格主礼圣餐。这一召选也使圣餐礼具有真义。若无此召选，人们也可以围坐在桌边，分饼、领杯、唱圣诗，但这无法成为圣餐礼。因为只有基督在其中做工，借着饼和杯指向祂的肉、祂的血时，圣餐才有其意义。唯有基督亲自按立的人分派饼和杯时，才能真正经历祂在圣餐中的这些作为。成为圣职人员，并按着所领受的圣职服侍；这是神圣性（sacredness）中不可或缺的部分。若在教会中没有任何人蒙主基督分派，也无人可以主持圣礼，教会生活就缺失了基本要素。因此，按立不仅是教会管理的一部分，也属于教会的神圣事物。【此外，若其他人也都是被设立的，他们的

---

[1]　中注：英译本在这里译作 higher educational level，中译为"更高的教育水平"。荷文 wetenschappelijk 应英译为 scientific，可中译为"科学性"或"学术性"。凯波尔此处所强调的不是简单的教育水准，而是圣言的服侍要有学术性的训练。
[2]　中注：见荷文版 523 页。
[3]　中注：凯波尔此处可能是指一种将圣礼高举超过圣言的倾向。

设立无非只有治理的特性，因而关乎信徒的聚集以外的事。然而因着按立，尤其是牧师的按立，职分中不再有治理的特色，神圣性取而代之；因为透过按立，在教会中主礼圣餐的可能性得以确立，基督的工作继续照耀我们的灵魂。】[4]

这在宗教改革期间尤被强调，因为重洗派认为根本不需要特殊的职分。这种观点也并非匪夷所思，因为基督公教让信徒一步步远离教会的职分，而这些信徒受制于神职人员的权力。因此，重洗派对此做出回应，却不幸将精华与糟粕一同除去。【重洗派并不了解在基督公教神职人员观念出现之前，职分早就存在了。因此，他们忽略了一个事实，彼时的职分教导两个内容。第一个是良善、必要且合乎《圣经》的内容；这在教会开始时就已出现，并持续存在；第二个就是被滥用、后期添增的内容。他们并未区分这两项内容，净化并捍卫良善的、移除混杂的滥用部分，而是认为最安全的方式就是抛弃整个职分，简单地生命联合彼此为弟兄。他们不想了解任何意义上与教会有关的事物。今日，门诺派仍自称为社群，而非教会。一切联系变得松散，个人自立而生。若仍有保留的联系，无非只是属灵的联系，而一切外在形式都予以禁止。】

尤其是他们亲眼目睹了英国圣公会保留了主教制的治理体系，又看到德国和斯堪的纳维亚国家的路德宗教会兴起了一种职分理念，即允许贵族成为主教。因此，重洗派不遗余力地阻止神职主义（clericalism）对教会的入侵。【虽然这似乎愚蠢且轻率，但这可以解释为什么他们】即使矫枉过正也在所不惜，【并且他们并未认识到职分的真理】。[5]

这就是为什么荷兰归正众教会觉得护卫教会中的职分是他们的呼召，并通过庄严的职分按立将其纳入教会的神圣礼仪中。诚然，基督曾说过："只有一位是你们的夫子，你们都是弟兄。"然而，

---

[4] 中注：见荷文版 524-525 页。
[5] 中注：见荷文版 525 页。

这是基督与门徒仍在一起时的教导。此后，基督在离开门徒之前，通过设立使徒，在年轻的教会中建立了职分的体系。这些使徒又在各地建立的教会中设立牧师。因此，职分随着使徒的离世而消失这一说法是站不住脚的。因为，要么使徒们是假使徒，违反了耶稣的意愿，设立助手来帮助他们；要么他们就是真使徒，奉基督的名、借着基督的权柄来行事，他们设立牧师的做法也是切实可靠的。因此，可以肯定地说，应该保留牧师的职分。【最为明显的是，浸信会逐渐恢复设立牧师。这并非一位弟兄自发地实践敬拜的操练（godsdienstoefeningen），而是被拣选如此行。这些浸信会传道人在历史的督促和强迫下，在会众的意识中逐渐占据与传道人在改革宗教会中所占的相同地位。然而，在我们的礼拜仪式确立的日子，这并非如此。在那时，浸信会中的"弟兄"与改革宗里的"圣言的牧者"有明显的差异。这也解释了我们荷兰归正众教会和按立的礼拜仪式对此职分的重视，甚至有些繁琐地描述此职分的工作。因而，这被称为牧者按立的礼拜仪式："为此，某某人，以及一切在场人员，首先要聆听源于上帝圣言、对圣言牧者或仆人的按立和职分的简短解释。"】[6]

然而，仅仅保留教会职分的设立是远远不够的，我们仍需谨防两个潜在的危险。一是牧师成为教会中的教皇，二是牧师的职分变成了长老的职分。【牧师不应孤立，要有长老协助；另一方面，圣言仆人的职分不应与长老的职分等同。】教会需要保留一个独立的职分，以分赐恩典的管道（means of grace）。依据我们先辈的经验，若要强调这一点，最好的办法就是设立两种不同的按立形式：一是为牧师按立，二是按立其他的职分；因为这两类职分的区别甚大。【借此，他们规避了过于突出长老的次要和从属地位的难题。对此完全保持缄默几乎不可能，也未出现过，但是这种对比发生了。正是这种对比带来了冒犯和伤害。更加敏感的是，正是在牧者的影响下，按立的礼拜仪式得以形成。】[7]

---

[6]　中注：见荷文版 526 页。
[7]　中注：本段所增内容，见荷文版 526-527 页。

【如今，借着辨识牧师和长老的职分，我们的教会无疑采取了正确的道路。这两个职分不能等同。】然而，要引用《圣经》中准确的话语来精确描述二者的不同，仍是冒险之举。【你直接可以看清树干上花和叶的不同。但是在起初发芽和树干生长的阶段，叶和花仍然水乳交融；这两个职分亦然。在最初的时候，一切都是合并一处，甚至执事也根据使徒的职分来受训。在进一步发展中，实践逐渐带来分化，并显明了从一开始就蕴含的原则。正因如此，】我们很难清楚解释，后期的教会组织形式如何从初期教会的做法发展而来的。【我们常提到教导型长老和治理型长老，但是这也不易应用。即便不是圣言侍奉的长老，也可以有很好的教导，而圣言的牧师也绝不应被排除在教会治理之外，可以时常主持长执会会议。这两个职分之间的基本差异就是我们在上文所说的：基督自己在圣言侍奉和圣礼侍奉上的工作与所设立的圣职人员紧密结合。这就是唯独牧师可以同时进行圣言侍奉和圣礼侍奉的原因。若没有牧师，洗礼和圣餐就无法构想。当然，这也衍生了其他结果。当要恰当合理描述这两类圣职人员之间的关系时，我们必须承认，我们的先辈在按立的礼拜仪式中并未达成此标准。如今，我们必须注意，】长老和执事这两种职分也有巨大的区别，若他们的按立仪文没有合而为一的话，就会更有益处。若对按立每一个职分的形式都有书面的描述，每一职分的本质也会愈发明显。尤其是，因与长老的职分相互交织，执事的职分就不甚清晰。然而，不应该忽视的事实是，执事的职分在改教时期才得以重新建立。在那个时代，除了关怀穷人以外，想要对执事的职分有更深的了解也是不太可能的。[8]

回到那个问题：按立圣职是圣礼吗？还是人的发明？或是基督借此召选某人参与圣工？基督公教认为是圣礼；重洗派即便接受任何教会职分，也会认为这是人的发明；而改革宗教会选择第三个答案。[9]

---

[8]　中注：本段所增内容，见荷文版 527 页。

[9]　中注：本段及以下内容为荷文版第一百二十三篇，标题为"De Bevestiging in het Ambt (Vervolg)"，中译为"圣职的按立（续）"。

按立牧师

　　【借着为圣礼设定圣秩（Order），天特会议宣布，透过圣秩，一种属灵特质传递给了圣职人员。这种临到他们身上的属灵元素源自圣灵。一旦这种属灵元素分派给了一个人，那么他就永远不会失去。这种属灵元素不可抹灭，也不能被摧毁。因此，根据这个理论，一个人一旦被赋予圣秩，即便他从信心中堕落，直跌至极其败坏的生活中，但他仍保留这种属灵元素并维持圣礼的品质，直至死亡。浸信会反对这个观点，而认为教会中实则不存在职分，甚至一个人不得谈论教会；这种看法也是完全错误的。之后那些认为自己有必要设立牧者的小宗派（sects）就如此行了，从而这些牧者能正式被呼召承接职分。然而，这个职分并未影响这些宗派团体，设立牧者与私人或政府招人任职的意义无二。】[10]

　　【改革宗人士反对这两个极端。慈运理的确倾向于上述小宗派的观点，但是加尔文和他的门徒从未附和这种路线。我们始终承认，基督教会中的职分确实代表了一种不可被替代的能力。同样，圣礼确实有指示性的意义，即圣礼中实质上有属灵元素传递的发生。但是在这方面，他们驳斥基督公教，认为属灵因素的运作乃源于基督，而非来自圣职人员。诚然，这里可能有两个观点。有人会认为，圣礼的属灵运作借着牧师临到受洗者或领受圣餐者身上，并认为基督赐给牧师能力，于是牧师将此能力施行在寻求圣礼之人身上。但是我们反对这个观点。相反，我们认为领受圣礼之人身上的属灵运作直接来自基督，但是这属灵运作受制于一个条件：首先要有一位顺服基督设立之行动的人来主礼圣礼，其次要有在信心中渴慕圣礼的人。我们所反驳的观点是，基督的工作临到牧师身上，之后牧师的工作临到信徒的身上。我们相信，牧师必须满足基督所立的条件，但是圣礼的果效是直接从基督那里临到信徒的身上。这与电火花类

---

[10]　中注：见荷文版 528 页。

似。电火花不会自行迸发，除非有必需的设备，外加有人把正负极彼此对接。当这种火花迸发时，这个火花不是来自将两级对接的工程师，而是来自产生电的蓄电池。】[11] 因此，我们坚信，**若无牧师**，圣礼则失去效力；但其效力却并非**透过**牧师而来。若无牧师在场，不能举行圣礼。但是，即使有一群牧师聚集，也绝不能激发恩典。因为，恩典唯独源于基督，也只有基督才能将恩典赐给信徒。

这一理念完全决定了教会职分的意义。若相信圣礼是借着牧师运作的，就必须假定基督已经分派给牧师一种特别神秘的能力。但是，我们若相信圣礼所传递的恩典直接源于基督，就要将牧师视作顺服基督命令的仆人。他们只做基督命令之事，只发基督吩咐之言。因此，牧师并非是圣礼借此运作的神秘途径。但与此同时，牧师主持圣礼，并存顺服的心行事，这是基督在信徒心中赐下恩典的条件。【小宗派认为圣礼无非就是一个教会礼仪，没有属灵果效。天特会议宣告，正如我们也如此宣告，圣礼中实际上有属灵行动发生，借此我们相聚；我们双方都认为，此行动在原则上来自基督。另一方面，我们不认同基督公教以下一点：基督公教将基督的属灵之工放在圣职人员和牧师身上，然后透过记号（signs）[12] 临到信徒身上。但是，我们双方都承认信徒身上的属灵之工只源于基督，条件就是牧者满足了基督所设立的要求。当举行音乐会的时候，管弦乐队的指挥家借着挥舞指挥棒让所有乐器演奏有序，从而让音乐悦耳。因此，音乐并非来自指挥，而是来自众乐器。圣礼也是如此。当牧师一切准备就绪，根据基督的命令将圣礼的记号分发给圣餐桌四周的信徒，那么源自基督的属灵之工就发生了。所以，我们不应说牧师透过他分发的行动带来了属灵之工。牧师所做的无非就如同音乐会中的指挥。然而，正是牧师让属灵之工发生，正如若无管弦乐队的指挥家和他的指挥，音乐就无法演奏。】[13]

---

[11]　中注：见荷文版 528-529 页。
[12]　中注：这里的记号是指圣礼中的元素，就是圣餐中的饼和杯，和洗礼中的水。
[13]　中注：见荷文版 530 页。

【这种差异在临终洗礼（nooddoop）中最清晰可见。若属灵之工来自基督，并只取决于基督祂自己为洗礼所设定的命令。于是，即便因人的错误而无法满足这个命令，基督仍旧自由做工。另一方面，若圣礼的果效被假设为源自牧师所用的记号，那么事实就是，当牧师在某一刻无法在场时，那么我们就转向这些记号。若有必要，可由他人来分发这些记号。事实上，路德宗最终也钟爱这种临终洗礼。这表明他们也未完全适当对待圣礼中源于基督的工作果效的直接特性。相反，我们始终拒绝这种方式。若洗礼和圣餐中的工作果效直接源自基督，那么基督能——若有必要——在没有圣礼记号的条件下发挥这个工作果效。不是他人，乃是基督自己设立了圣礼的标准。因此，这些标准是约束我们，而非基督。祂仍然能不用这些记号就可以做工，如同在其他时候用这些记号所行一般，因为超越人罪咎的圣礼的工作和服侍，在死亡威胁的特定时刻，常常无法由圣职人员来主礼完成。】[14]

鉴于此，若要正确理解牧师在基督教会中的角色，就必须回到圣礼之中。当然，若从圣言的服侍出发，也可得出相同的结论。但是在圣言的服侍中，就没有如此明显的对比。因为牧师讲道时，很难分辨哪些是上帝的圣言，哪些是人的言辞。当然，即便如此，改教者也强调圣言的服侍而非圣礼的服侍，到今日依然如此。例如，通常会说"圣言和圣礼的服侍"，但不会用"圣礼和圣言的服侍"这种说法。总要先提到圣言，然后才是圣礼。用人们习惯的说法，这就是表示圣礼为圣言**加上封印**。在我们的圈子里，牧师常就被称为"圣言的执事"，而丝毫不提圣礼。若要在"牧师"之上附加任何头衔，则变成"牧师和教师"，这依然是指圣言的服侍，并且"传道人"的头衔亦然。讲道是圣言的服侍，但并未提到圣礼。因此，在按立仪文中，圣礼的服侍到第三部分才被提及。牧师的首要职责是**圣言的服侍**，其次是**祷告的服侍**，第三部分才是**圣礼的服侍**；第四也是最后的部分，是**治理**基督的教会，并执行教会训诫。

---

[14] 中注：见荷文版 530-531 页。

在改教时期，这种职责的排列有一定的必要性。因为，基督公教教会颠倒了次序，圣礼的服侍（弥撒）几乎完全取代了传讲圣言。但是，与此同时也不得不承认，片面强调圣言的服侍对教会也造成了很大的亏损。【虽然每个人都清楚知道，上帝的圣言临到我们，从《圣经》中向我们回响，但是牧师有职责将《圣经》中上帝的圣言带给信徒，坚固他们，使他们在信心中站立，使他们过敬虔的生活，让他们背起自己的十字架。对此职责的实践不会诱使他们将自己的话语取代上帝的圣言。若有此事发生，也只是当一个人从《圣经》中选择一段经文，然后阐述自己对这段内容的看法，或只是将这段经文当作必要的格言，为要将各类哲学思想强加于教会。这显然与上帝圣言的服侍无关，并始终将基督教会的讲坛变为各类属灵儿女举荐自我理论和显示自身属灵故事的讲台。正因如此，各种异端迅速混入基督的教会。如今，即便是完全不信的传道人，甚至引诱人离开属灵而专注物质的社会主义传道人登台讲论，这仍旧被称为圣言的服侍。"上帝的圣言"这一表述如今是十分有弹性的概念，赋予教会的组成有充足的稳定性。一件越发明显的事就是，归正众教会丝毫没有借着抛弃第三部分的圣礼、将整个教会生活几乎完全依附于圣言的服侍，从而削弱教会生活的体制。我们仍需补充的是，圣言的服侍也带来了训练的难题，时常产生学术（wetenschap）成为信仰之判断标准的威胁。】[15]

如此陈述牧师的职分有其必要性。因为，从按立的仪文就能看出，在起草这些仪文时，牧者的职分明显浮现于起草者的脑海中。若今日重新起草或者修改这些仪文，【那么仪文定然有所不同，有关牧师职分之职责的内容很可能】更简明扼要，也会使按立仪文得到极大改善。仪文在一开始就规定，按立圣职必须在会众的见证下进行，且要得到教会长执会的授权。在其宣告中，可以清楚看到长执会与会众的区别："亲爱的弟兄们，众所周知，我们已经三次公布了某某弟兄的名字。如今他也在场，若任何人质疑他的信仰或生

---

[15] 中注：见荷文版 532 页。

命的任何方面，认为他不应被按立为圣言的执事，敬请直言。"

借着"我们"一词，长执会的圣职人员将自己和其余的信徒区分开来。作为圣职人员，他们在教会中是一个被赋予权柄的**群体**（corps）。【尽管如此，他们宣告他们呼召了一位牧者，并且他们反复将对此牧者的呼召呈现在会众面前，查验是否有任何合理的理由制止此呼召的实现。若无人反对，长执会继续以"我们"开始，宣告基于此，从此呼召发展至按立。不是教会按立，而是圣职人员来做此事："既然我们当中无人提出合理的理由反对此人，所以我们现在奉主的名来按立他。"】[16] 另外，还要邀请候任牧师和会众一同聆听一段对"圣言的牧者或执事"这个职分和的设立的解释。今天大可省略这一短讲，但当年在重洗派颠覆圣职的尊贵地位之时，非常有必要阐明有关圣职的圣经教导。

【这个简短的陈述此时非常重要，从而从《以弗所书》第四章引用了以下大段内容："祂所赐的有使徒，有先知，有传福音的，有牧师和教师。为要成全圣徒，各尽其职，建立基督的身体。"[17] 对职分的刻画源自这位大牧人的肖像，并且服侍的职责并非从《圣经》中如此推演而出，而是从牧者的概念所得。尤为令人惊讶的是，这种职责的衍生是以这位牧人的名义，用以下词句予以说明："我们显然从职分的名称就可知这个神圣职分的职责。"所有的重点再次落在圣言上。一方面，上帝的圣言就是好牧人牧养羊群的青草地。另一方面，上帝的圣言是牧人引导和管教羊群的杖和杆；这是同一幅画以两种方式展现的一个并非十分美好的概念。[18] 从此可知，牧人的称呼就意味着牧养和引导。由此可以推断，牧师的首要关切就是用充分解释和精心选择的词汇，将上帝的圣言带给教会。这并不

---

[16] 中注：见荷文版 533 页。
[17] 中注：凯波尔此处概述性地描述了《以弗所书》四 11-12 的内容，中译本予以补充完整。
[18] 中注：凯波尔在此所谓的"并非美好"是指青草地的牧养并非一直平和，也会有上帝圣言的审判和管教。换言之，牧者的一个职责就是依据上帝的圣言来执行训诫。

源于学识或一个人自己的想象。上帝的圣言必需在我们内在生命和
外在生活掌权。因此，这个话语必定"为了教会使用牧者，无论是
在一般方面还是特殊方面，都是为了听众的益处；根据每个人所需，
借着教导、劝勉、安慰和责备，宣讲透过对耶稣基督的信心向上帝
悔改并与祂和好，并用《圣经》驳倒所有与纯正教义相悖的错谬与
异端。"[19] 有人会认为这样就可以了，或只是简单地用一句话提醒
牧者《圣经》对他服侍的极高要求。然而，按立的仪文并不这样，
而是认为必须要从《圣经》引述各类经文来证明牧师的呼召是真实
的。这在职分的有效性被质疑的年代是可理解的，如今过半内容可
予以削减，因为它会让人的注意力偏离真正的按立。】[20]

相同的问题也出现在牧师的第二项职责，即**祷告的服侍**。带领
敬拜的牧师也应带领会众祷告。今天没有人质疑这一点。【所以对
于我们的时代，引用大段经文肯定也是不必要的，因为祷告的服侍
属于牧者的职分已然确立。】仪文中有关如何进行圣礼的论述也存
在同样的问题。对牧师而言，主持圣礼是不证自明之事，格外提及
反而干扰听众的注意力。不过，最为影响听众注意力的是在提及这
些之后，又重述《马太福音》二十八章和《哥林多前书》十一章中
有关设立洗礼和圣餐的经文。相较之下，有关教会**治理**的部分值得
赞赏。此处只引用了一处经文，其他相关经文都被合理地综述，而
非逐条引用。【值得注意的是，此处需要提及长老的教会治理；教
会治理也同样属于长老职分。然而如今的情形似乎是牧师被赋予了
完全独特的权力。然而，例如在训诫之事上，他们并未被赋予更高
的权力。同样令人困扰的是，牧师职位的类型要在对他们的职责描
述之先列出，而这个类型在此处却再次予以解释。正如仪文所述："这
就是为什么《圣经》也称牧师为上帝的管家、主教，即监督和守望者，
因为他们监督自身所住的上帝的家，实现良好的秩序与适当性，且

---

[19]　中注：这句话是凯波尔摘自按立的仪文，荷文版中并无脚注说明出处。
[20]　中注：英译本简略翻译了本段内容，中译本根据荷文版所译，见荷文
版 533-534 页。

用交托给他们的天国钥匙，根据上帝给他们的命令来开门和关门。"因此，这并不关乎职责，而是关于权柄，所以不应出现在这里。】[21]

【然而，此处绝非偶然。】紧接着，仪文又详细阐述了牧师这一职分，之后就不再提起，转而重述开头时的内容，即基督乐意设立这一职分，并且必须要将其保留到世界的末了。不得不承认，由牧师本人讲出这些话，总会有些自我彰显的味道。【尤其是"如此伟大之事"的自豪之言确实与牧师的职分相符，但是从教会牧者的嘴里说出来就显不妥。浸信会不知道他们对牧职的反对之于我们造成了多大的伤害。为了他们的缘故，这个仪文不仅篇幅比例不匀称，而且为了反驳他们的反对，于是有些内容更加强调，以至于常常关注牧师，却忽略了职分本身。】[22]

仪文在充分介绍牧师的职分和职责后，进入了实际的按立流程。候任牧师要站立在会众面前，回答三个问题：是否相信他是蒙上帝召选？是否有真的信仰？是否愿意忠心履行职责？【这三个问题再次指向了上文对职分的论述。这意味着牧师的职责好像在先前已经澄清，正如我们所听到的。然而事实并非如此。仪文的第一部分给人的印象更多是意在告诉教会他们要尊重牧者，而非显明牧者对上帝的教会的职责。结果就是，整个仪文就缺乏和谐。第一个问题常常被认为似乎是说，召选应有圣灵内在的呼召。但是，这个看法是不准确的。这个问题实则在问，候任牧师是否内心确信这个召选合理合法，因此是合乎上帝所定方式的召选。这意味着被召选之人能意识到，并非靠着不合法的方式达致召选，而是让一切事情都合理合法地进行。此时，一切都合理地发生，于是这个呼召就被认定为合乎上帝所定的方式。因此，这不是与教会长执会的呼召并列的上帝的呼召，而是合乎上帝所定方式的呼召，因为教会长执会有义务进行召选，并且此义务需要合理地予以履行。第二个问题要实事求

---

[21] 中注：见荷文版 535 页。
[22] 中注：见荷文版 535 页。

是，要有恰当的形式，从而这里只应宣告上帝的圣言，而非教会礼拜仪文。在第三个问题之后，最好的方式就是，被召选之人被要求，假若他在教义上犯错或在生活上跌倒，那么必须顺服事先已经同意的教会训诫条例。同等重要的是，除了生活，此处也提及候任牧师所持守的教义。适用于教会会友的革除会籍的仪文规定只提及生活。然而，此处与牧者有关，故而也应提及教义。】[23]

【对这些问题，】候任牧师要回答："是的，我完全肯定"。不需点头，也无需发誓，只需衷心说出"是的"二字，再以"我完全肯定"来认定。【这就已经极好了！】此处惟一的问题是，"是的，我完全肯定"只用在按立牧师时，而不用在按立长老和执事时，也不在洗礼时使用。这多少有点奇怪，因为会造成不必要的区分。应该要么只用"是的"二字（按照主所说的："是就说是，不是就说不是。"），要么就在每个场合都用"是的，我完全肯定"这一格式。而现今的这种用法，会令人觉得牧师的承诺和宣告比长老的更加重要，而这是应当避免的。在"是的，我完全肯定"的宣告之后【由当时的举荐者施行】按手礼。接着是简短的认定词，【用以缩短我们自己的话语，这也是对教会牧者的劝勉。】随后是感恩和祷告，并以主祷文结束。按立典礼就此礼毕。[24]

按立长老 [25]

按立长老的仪文通常用在长老和执事的按立典礼上。很明显，按立执事的部分是后来增加的。若删去这一部分就可以清楚看到，这段仪文是专门为按立长老所写。撰写者面对的困难是，既要保证长老的职分在教会组织中占据重要的地位，又要清楚阐明牧师的职

---

[23]　中注：见荷文版 536 页。
[24]　中注：所增补内容，见荷文版 537 页。
[25]　中注：下文在荷文版中为第一百二十六章，标题为"De Bevestiging in het Ambt (Vervolg)"，中译为"按立教会圣职（续）"。

分更加重要；这是不容易做到的。《圣经》经文中的确分别提到长老和监督，但不可否认，在很多经文中这两种职分完全混合。随着时间的推移，这两种职分区分开来，但这种区分是出于历史的原因，而非神学的考量。主耶稣并未格外赐下命令，规定在每个教会中首先设立的是牧师，然后是长老，最后是执事。起初，使徒们担当所有角色，还要照顾穷人。因此，这些圣职都源自一本，但随着时间推移逐渐分为三支。新约圣经并未严格定义"长老"一词，因为除了今日我们对长老的定义，那时还包括了"教师"的意思。从约翰在拔摩岛所见的异象可以清楚看到这一点。根据《启示录》第四章，他看见天开了，二十四位长老环绕上帝的宝座。此处只提长老，而非长老和教师。当然，也许有极少人会说，此处提到的就是今天我们所认为的长老，而不包括教师的角色。

但是，《圣经》不像法律条文汇编或规则手册那样，为教会的运作列出详细的守则和指南。相反，《圣经》只给出大原则，并让我们看到在不同历史环境中如何应用这些原则。教会需要在圣灵的帮助下，决定如何发展这些原则。不幸的是，在仪文的表达中几乎没有体现这一点。仪文列出了保罗的两处宣告，但本质上都不是命令式的教导。第一处是《提摩太前书》五17："那善于管理教会的长老，当以为配受加倍的敬奉；那劳苦传道教导人的，更当如此。"根据这节经文，仪文总结出有两种类型的长老；这也无可厚非。不过，依然不能将这节经文作为设立长老的依据。第二处经文（罗十二6、8）就更加站不住脚了："按我们所得的恩赐，各有不同 …… 或作劝化的，就当专一劝化；施舍的，就当诚实；治理的，就当殷勤；怜悯人的，就当甘心。" 仪文在此处将恩赐转化为职分，并总结说"治理的"就是指"长老"，而非教师和执事。其实，若引用这段经文，所做出的正确结论应当是：在各教会中除了教师，也设立了别的长老。仅引述一个事实并不能使之成为一项命令，也不能因早期教会有某种做法，就坚持要将这种做法一直保留到世界的末了。当然，我们也要知道，仪文的撰写者完全遵从了当时的惯常做法，在任何争议性的话题上都引用经文作为支持。另外，"长老"这个头衔并不是最佳选择。从《出埃及记》三 16 开始，旧约中多次出现的一个词——"最年长之人"（eldest）——似乎更加贴切；【《马太福音》二十八 12 和新约其他经文所提及的犹太人的"长老"也都是这个意思。该词用法的不同很大程度上归因于荷文《圣经》译者对两个词的不同用法。无论在希伯来文还是希腊文中，相应的"长老"一词都与年长的群体有关。"长老"在拉丁文中则被称为 senator 或 senateur 等词。就该词翻译而言，旧约中的"最年长之人"比新约中的"长老"更加准确。在我们的语言中，稍加回味，"老"（Ling）[26] 一词有不敬之意。】[27]

除此之外，仪文列举了长老应得的一切尊崇。如同牧师一样，长老的按立也在会众面前进行，并由牧师代表教会公会做出"我们……"的宣告，就是【"正如你们所知，我们如何在多方斟酌考量后，向你们提名今天这位弟兄"等。】这段仪文的开始部分和牧师的按立别无二致，教会长执会也同样宣告，这位将要被按立的是"奉主名"召选之人。接下来，和牧师的按立一样，仪文用同样的格式分段。【第一部分是对长老职分之职位的介绍，之后的第二部分则是介绍长老的职责。第三部分提出三个问题，然后是回答这三个问题，再是就职此职分。整个仪文以向教会的按立宣告作为结束，然后以感恩和祷告完结。】[28]

第一部分有一个严重的错误：将牧师比作以色列中的祭司，将长老置于古代利未人的地位。这种类比是完全错误的。由此可见，仪文的撰写者作为牧师，想要在此处清楚显明牧师的地位高于长老。接下来的叙述更正了这一缪误：尽管长老是帮助者，但他们也**同作带领者**，尤其是提防牧师的唯我独尊。【因此，仪文如此讲述："此外，

---

[26]　中注："长老"的荷文为 Ouderling，是从"年老的 / 年长的"（ouder）演变而来。凯波尔此处是指后缀"ling"强化了原先 ouder 中年老的意味，略显不敬。

[27]　中注：见荷文版 539 页。

[28]　中注：见荷文版 539 页。

这些人加入圣言牧者中同作带领者是好的，为要借此从上帝的教会中消除一切独权与唯我独尊。当只有一人或少数人掌握权力的时候，这种独权和唯我独尊就会进入教会。"因此，若起初拒绝长老的，那么现在就要重新采纳。仪文解释道："长老与圣言的牧师组成一个团体或委员会，成为教会的长执会，代表整体教会而呈现。"】

【在说明长老职位之后，仪文立即解释长老职责就是维持训诫、有序的教会治理和实践对牧师的约束。此处完全抛弃对教导型长老和治理型长老的极为冒犯的区分。圣言的牧师教导并治理，长老则与他们一同治理。二者之间的差异仅在于，牧师看自己受托去做圣言和圣礼的服侍，而这些并未加在长老的身上。这里特别要讨论一项君王原则。基督是王，并且唯独祂是王；在地上的教会中，正是众多治理者应当阻止对权力非法使用的邪恶。这在仪文第一部分阐述长老的职位时已阐明，此处做如下重复："正如不仅在先前有关基督的论述中，而且在《圣经》其他经文中，都说明这些事不是关乎一或二人，而是关于众多被任命为长老之人。"】[29]

【尤为明显的是，在说明劝勉和训诫的职责时，仪文也特别提到了认信；这在其他地方并未出现。长老被赋予如下责任："殷勤地监督每个人在认信和行为上是否正当。"在仪文的剩余内容，长老职责的第一部分措辞优美，显出高贵的特性。这在对第二个职责——教会治理——的描述中不会自然而然地如此明显。只有对合法召选的监督在此处提及。一般而言，这段剩余内容比较混乱。另一方面，长老职责的第三部分的解释是描述性的，且语气强烈。然而，长老在这里的地位并不低于、甚至高过牧师，作为制约者来监督牧师。这样的描述尊荣了作为牧师的仪文撰写者，因为将长老比作利未人透露了他们对自己职分的优越感。显而易见的是，长老被呼召去"监督圣言的牧师的教导和行为，从而一切都被导向教诲会众，并不会产生怪诞的教义。"但是由此得知，正是鉴于长老的这

---

[29] 中注：见荷文版 540 页。

项职责，长老需要持续探究真理。此外，从这条件得出几乎显而易见的结论：长老要喜爱教义，并能判断牧师的讲道。】[30]

　　在仪文中，按立长老和按立牧师采用了相同的次序。【首先会提问三个问题，分别关于他们的召选、认信和忠心的承诺。然后，此处的答案就是简单的"是的"。于是，长老被宣布就任。同样，此处不应有牧者的额外自由演讲，而是已经规范的讲话，就是对长老的讲话和对会众的讲话都已然规定。这里有一个间断，并未有会众在按立过程中唱诗。如今，这个间断已经没有了；会众唱诗可紧跟祷告之后，因而完结了整个流程。所以，总的来说，这个职分礼拜仪文是我们所拥有最好的，只用在长老职位的第一部分稍作修改即可。】[31]

按立执事 [32]

　　很明显，执事的职分和长老的职分不在同一层面上。若教会中没有穷人，似乎无需执事。【如今，我们并不如此；但不可忘记的是，英格兰和美国特别有一些教会，它们由特定区域的居民组成，从而让这个区域有一间教会。若这间教会是在富裕的城市中，那么显然没有穷人，于是没有执事也就可想而知了。当然，我们可以向不属于教会、非信仰的家庭成员的穷人施予怜悯，但是这在城市中也不常见。主确实对我们说："常有穷人和你们同在。"（约十二 8）事实通常就是如此。但是不管如何，执事还是因着其他次要之事，而非因着教会的性质出现。相比之下，圣言和圣礼的服侍与教会的性质不可分割。】另外，执事总是需要反驳一个负面的概念，即这

---

[30]　中注：见荷文版 540-541 页。
[31]　中注：见荷文版 541 页。
[32]　中注：以下内容在荷文版中为一百二十七章，标题为 "De Bevestiging in bet Ambt (Slot)"，译作"按立教会圣职（结论）"。

个职分最初源于教会中的一个错谬。《圣经》告诉我们，耶路撒冷教会中希伯来人的寡妇受到了照顾，但说希腊话的寡妇被忽略了。于是，教会就拣选了希伯来人和希腊人的信徒以改善这一局面，设立了执事的职位。【使徒不愿继续自己统管全局，然后教会就拣选了七个人接受他们的指导。在这七人中有从犹太归信者，如司提反和腓利，也有希腊归信者，如伯罗哥罗和巴米拿。】[33]

鉴于此，执事的职分并未延续，至少没有以最初的形式延续，这不足为奇。当教会规模较小且必须眷顾有需要的穷人时，执事职分得以保留了一段时间。但是，当社会的大多数人加入教会，政府又开始救济穷人时，执事职分就逐渐消失了。腓利虽是执事，但也做教导的工作。由此可见，执事是一个属灵的职分。随着照顾穷人的职责逐渐消失，执事在基督公教、基督正教和圣公会中成为较低阶层的属灵职分。即使在宗教改革时期，也只能有限地恢复这一职分曾经的荣耀。只有受加尔文影响的改教者，看到了重新恢复执事职分的必要性，路德宗则完全没有恢复，圣公会亦然。在荷兰，宗教改革对普通大众影响尤为深远，而这些人在困难处境中总是需要帮助的。要满足这一需求就要有据可循，于是就重新恢复了执事荣耀的地位。然而，重新建立执事职分时，根本没有考虑到其根本的特性。于是，一个想当然的看法很快出现：长老是牧师的协助者，而执事是长老的助手。因此，仪文的撰写者甚至没有专门为按立执事提供一套仪文，而是将其与按立长老的仪文合而为一。【如今，一方面是确定要抬高执事，因为这是一个与长老的职分相连的职分。但另一方面给人的印象是，执事被认为是后添的，所以在仪文中不能单独分别对待；这着实令人遗憾。】[34]

【不可否认的是，执事职分在此仪文中多少有些被忽略。关于长老的职位和职责，仪文有近 120 行文字的描述。当同样论述执事的职位和职责时，仪文的论述不到 50 行。】在按立执事的仪文中，

---

[33] 中注：见荷文版 541-542 页。
[34] 中注：见荷文版 543 页。

对其职分和职责语焉不详，更令这一职分无任何神圣性可言。例如，仪文一开始就引用《使徒行传》中使徒的话，阐明执事职分的来源和设立。这已经令人对此职分有不良印象。接着，又用大量篇幅重述了《使徒行传》第六章的内容，以保罗的话结束：【"施舍的，就当诚实（罗十二 8）；其他方面亦然。"】可见，在仪文中首先是一段引自《使徒行传》的历史记载，接着是保罗对恩赐的教导，最后得出一个肤浅的结论："协助者"指的是执事。这段仪文不仅论证无力，其言辞也缺乏应有的庄严和尊荣。不难看出，仪文的作者在撰写这一段时，对执事的职分毫不欣赏，更无激情。然而，穷人却常与我们同在，他们需要被关心照料。这是执事的职责，也彰显出这一职分的服侍是何等宽广。[35]

　　除此之外，对执事的召选和职责也没有详细论述。仪文仅仅提到："这些经文都充分显明了何为执事的职分。" 其中，仪文提到了三重职责。首先，执事需筹集捐助。其次，他们要分发捐助，但必须确保只将钱财分发给真正有需要之人，【并借此推动慈善事业】。第三，他们须教诲和安慰穷人。【在其他情况下，他们必须带着喜乐的心分发任何可获得的物资，并总是将物资配给有需要的地方。】前两项与某些政府官员的职责相同。但是第三项职责显明，执事也有属灵的呼召。他们不仅为穷人提供物质帮助，也要用《圣经》中安慰、鼓励的言语，对穷人提供属灵劝勉。【相关描述如下："一件美善的事就是，不仅借着外在物质的礼物，而且借着从上帝的圣言而来的安慰的言语，他们就被证明是穷人和苦难者的帮助。"然后在牧师的讲话中，对富人有如下讲述："富人们，做个良善的人，慷慨地给予，乐意地付出。"这好比是说，这种爱的施予并非源于富人的钱囊，而是源于寡妇的两个小钱。若有人询问当如何为执事祷告，这归根结底与职责和宣召一样："执事同样如此，愿他们殷勤地募捐、慷慨谨慎地救济穷人，也

---

[35]　中注：见荷文版 543 页。

用祢圣洁的话语温柔地安慰人。"】[36]

　　当然，今日若重写这段仪文，将会大有不同，也不会与按立长老的仪文合在一起。为了不让会众疲乏倦怠就在同一时段按立长老和执事，这不是一种合理的做法。也许可以缩减仪文的长度，将按立长老的部分删减，只剩下基本的内容。对长老的职分详尽描述，却几乎无视执事的职分，这实在有失妥当。当然也要注意，仪文写成时，荷兰颇为富庶、穷人极少。【公民和富人慷慨地施舍，募捐丰富，所得遗产也很多。那时不存在缺乏的问题，因而也无需执事。此外，执事的职分也才刚重新设立，对此还需进一步的思考与论述。所以，当时的确难以想象，除了收集和分发捐款，执事是否还有其他职责。商人阶层定下了基调，在金钱方面尤然；对他们而言，收集和分发捐款就是全部。基督教博爱的原则并未贯彻，真正的贫困也未被了解。贫穷者在物质缺乏之上得到帮助，但是在道德方面未得到改善。正因如此，此仪文以如此纯机械的方式讨论救济，让人感到十分冷酷。】[37]

　　我们可以假定，众多执事并不拘泥于这段吝啬的仪文，祝福了许多贫困家庭。但是贫富差距如此悬殊，仪文却未在任何地方提及要用弟兄之爱联结教会中的所有成员，这实在令人不安。这段仪文没有提到患病者，更未提及抚养孩童；没有提到如何预防贫穷——关于如何从道德和社会教育层面对抗贫困——更没有提出任何建议。从仪文中可见，那个时代对真正的博爱精神毫无概念，甚至连中世纪的温情关怀也已冷淡。毫不夸张地说，这种仪文亟需修订。按立执事应是单独的仪文，要给予它应有的地位，并展现其威严，传达对此职分最基本的洞见。甚至，尽管在按立牧师和长老的仪文中没有提到，此处也应阐明《哥林多前书》十三章中所描述的那种丰盛的怜恤之爱。另外，按立执事应当单独举行，而非作为按立长老的后续仪式。如此，整场敬拜可以献上作为爱心的服侍，使执事和会众都一同思想这一神圣呼召，并将其铭记于心。

---

[36] 　中注：见荷文版 544 页。
[37] 　中注：见荷文版 544-545 页。

第三十八章 婚礼

改教先辈们在改革教会生活时, 婚礼在那时的社会仍被视作圣礼, 但改教者反对这种观点。于是, 在改革宗礼拜仪式中, 结婚典礼就改头换面了。其实, 在改教时期之前, 教会都将婚礼视作借着可见的记号、以属灵的方式传递恩典的圣礼。然而, 这一观点并非源于《圣经》。《圣经》中对婚姻的描述, 其重点是**隐秘**, 正如《以弗所书》五 32 所言: "这是极大的隐秘, 但我是指着基督和教会说的。"[1] 当然, 单个词汇的意思并不会有决定性的影响。相反, 婚姻的行动和事件必须显明这个词的意义。然后, 我们还必须追问, 结婚典礼是否借着可见的记号, 将恩典的果效运行在新人的身上。这时, 我们就会发现其实难以定义这个记号到底是什么。关于洗礼和圣餐礼, 我们有主基督清楚的教导, 也有祂亲自设立的记号。而在结婚典礼中, 既无主的教导, 也无祂设立的记号。因此, 我们根本不能说婚礼是传递恩典的圣

---

[1] 英注: 译自凯波尔引用的荷兰文圣经 (Statenvertaling), 其中将希腊文 mysterion 一词译作 verborgenheid, 意即"隐藏性"。中注:《和合本》、《和合本修订版》以及《新译本》都译作"奥秘"。

礼。【婚礼可以成为上帝手中的工具，透过相信的妻子来赢得不信的丈夫，或透过相信的丈夫来赢得不信的妻子；但是，这并非只限于婚姻。一个人也能对他的朋友有圣洁的影响；一个老师可以成为他学生领受恩典的渠道，甚至女仆对她的女主人而言也是如此。这些不能成为圣礼。圣礼唯独借着主的单独设立，以及透过将一项特定的属灵行动与一个既定的外在恩典渠道连接在一起而成立。这两个方面无一适用于婚礼；任何将婚礼尊为圣礼的论点都站不住脚。】[2]

我们赞成《以弗所书》五32讲述的夫妻之间的联结与基督和教会的联结有某种对应。虽然教会常对此视而不见，但这仍是一个非常重要的真理。然而，依然不能由此推断婚礼是一项圣礼。若恩典被理解为复和（reconciliation）、洁净罪并在咒诅中被救赎，那婚礼就早于一切有关恩典的应许，因为婚礼是在人类堕落之前所设立的。所以，我们不能说设立婚礼是为了预示基督与教会的联结。

【于是，婚礼首要是为了以下目的，即并非作为一个新事物的象征，而是根据上帝的命令从创世就存在的事物的象征。诚然，基督徒的婚姻有别于异教婚姻，但是这种区分从未触及婚姻的本质。婚姻对肉身和社会的意义保持不变。异教者中也有婚姻，将男人和女人极为紧密地结合在一起。基督徒婚姻的出现并不是给婚姻增添了新的元素，而是从婚姻中移除了罪所导致的阻碍，从而婚姻与起初所设立的样子相符。我们甚至不能将男女结合描述为永恒性的奥秘的意义，如同描述基督与祂的教会一样。虽然众人对此仍有犹疑，但是主耶稣自己的话语已然一锤定音。当有人问若一个女人在地上嫁给了多个男人，那么在永恒中属于哪个男人时，耶稣切断了永恒中男女之间一切有机结合。在天上，男性和女性不再存在，所有蒙福之人都是上帝的天使。】所以，从《以弗所书》五32仅仅能推断，保罗脑海中的主导思想，是旧约将耶和华神与以色列的联结比作婚姻的关系【："以色列，造你的是你的丈夫。"（赛五十四5）】于是，

---

[2]　中注：见荷文版546页，

他用婚姻中这种亲密结合来类比基督与教会的关系，并进一步总结道：在某种程度上，信主的夫妻在生活中彰显了基督与教会的关系。【因此，《以弗所书》第五章的结论是劝勉，丝毫没有命令。】[3]

但是即便如此，依然不能将婚礼视作圣礼。当然，基督教会非常重视婚姻，绝不会视其为儿戏。某些基督公教教会的教师甚至将婚姻完全纳入教会的考量，这些做法也是可以理解的。【这在他们当中并非一项准则。相反，他们承认婚姻也有其民事层面，因而民法可以决断与婚姻有关的事宜。但是在总体上，教会的行动是要将政府的干预减至最低，从而让教会关于婚姻的行动尽可能扩大范围。于是，这就招致了反对，而这反对又衍生了非信徒和宗派主义的极端观点。所以，我们可以说荷兰归正众教会选择了恰当的中间路线。这两个极端基于一个事实，在中世纪教会中，将对婚姻的约束全都转移至教会的倾向越发明显，而宗派主义的目标是将婚礼从教会完全转移给民事政府。这种鲜明的差异随即就出现。基督公教的新郎和新娘显然会认为在市政厅中婚礼的宣布确认是无关紧要的，因为他们将婚礼的整体意义和价值都转移至教会的婚礼礼仪。相较之下，对于持完全相反观点的人而言，所做的一切事都是为了提升民事婚姻的高度，最后完全摒弃教会对婚姻的祝福。鉴于此，令人遗憾的是，我们国家的法律不允许在教会中宣布确认婚姻，除非教会圣职人员手中的官方证据显明婚礼已经在市政厅完成。这个规定不应出现在我们的法律中。毕竟，婚姻的民事结果只关乎市政厅中完成的婚礼，教会中完成的婚礼对民事财产毫无影响。如此，政府仍旧主导自己的领域。另一方面，政府反对教会，质疑教会在自身领域中的主导性，侵犯教会的属灵权柄，攻入教会的家庭。这项法律在过去和现在都是彻底多余的；它总是令人厌恶，并且我们总是对此予以反驳。】[4]

改革宗的立场始终认为，一旦归入基督的羊群，我们的生活就

---

[3] 中注：见荷文版 547 页。
[4] 中注：见荷文版 548 页。

有两个层面：一是属地的、社会的生活；一是属灵的、天国的生命。在婚姻中也有这种双重经历：一重由政府管辖，一重由教会监管。男人与女人之间、父母与孩子之间、家庭与亲戚之间，都借着婚姻建立了某种法律关系。这些法律关系又带来照顾、供养和教育的责任，并需对地上的财物达成共识、订立契约。这一切都是社会性的，而非属天的，因此受制于民法。基于基督教信仰的养育和关怀则有更高的要求。这些要求并非出于法律，而源自信仰，也唯有凭信心才能满足。

然而，另有一些截然不同的关系出现在婚姻中。有些关系错综复杂，另一些则有完全不同的属灵特征。例如，有些难题同时涉及民事与属灵的问题。这些难题包括：不应允许哪些类型的人结婚？在何种情况下允许离婚？那些完全属灵的问题则关于夫妻这两个不同个体的合一，以及作为男人和女人的结合。在更高层面的合一关乎联结父母和儿女的属灵结合，也关乎家庭对教会和上帝国度的影响。普遍认同的观点是，公民关系由政府管辖，属灵关系则由教会监督管理。若有涉及这两个层面的问题，则从神学和法理的角度解决。

【我们对这些关系的了解总是不够清晰。这也解释了不止一个国家在宗教改革之后，政府将婚姻的确立完全交给了教会。弗缇斯（Gisbertus Voetius）尤其主张政府要将它的权力授予教会。这意味着为了避免不必要的代价并阻止不必要的抨击，政府放弃了确立婚姻以及它与此相关的事宜，将确立婚姻完全交付于教会。在确立婚姻的过程中，教会一方面依据自己的权力做本身当做的事，另一方面要完成政府交付或委任的事。后一种情形在许多国家仍旧存在，特别是在英格兰，而我们的国家已经不再有了。当法国大革命冲入我们的国家时，教会和国家之间的关系在这方面彻底予以规避。教会不再是国家教会。自此之后，政府全盘接手婚礼，使得教会只能在教堂接受已经完成的婚姻，劝勉并鼓励新人，为他们祝福祷告；这就是人们所说的"教会婚礼祝福"（inzegening）。】[5]

---

[5] 中注：见荷文版 549-550 页。

在礼拜仪文中有"婚姻的宣布确认"（confirmation of marriage）这一表述。这似乎既认定了政府的角色和职能，也肯定了婚姻本质上是家庭事务。准备结婚的人都是自己决定要结婚。只要通知了双方父母和家人，只要父母都同意，就可以"成婚"。这与以色列人的情形类似，没有举行婚礼的额外需要。【从另一个角度来看，就家庭中并对政府而言不成立的婚姻的问题，我们的仪文认为】只有在教会中得到牧师的认可和祝福，才算真正成婚。【在教会外结婚并抚养孩子的两个人，他们生活在一起就会被认为是属灵上的淫乱，正如政府在自己的领域内否认被抚养的孩子的亲子关系，甚至在英格兰或任何要求丈夫和妻子在属灵上需要由教会结合的地方也是如此。如此，政府在自己的领域内完全自由，而教会也有自己被设定的领域。因此，仪文已经清楚说明，牧师对新郎和新娘说话时，他们仍旧尚未成婚，故而他们需要说出誓言。既然政府和教会在这方面的所有关系都已终止，若二者的行动一同在各自的领域完全自由，那么就不会有其他情况发生。在属灵上，婚姻结合最初的完成并非透过政府的行动，而是透过在基督教会内的会众中间所行的事。一位信徒不可能有任何其他方式来了解这一点。一位信徒，无论男女，不会因为市政厅官员的宣告而认为自己成婚了。只有在圣所中并在上帝面前举行婚礼时，信徒才会有此认同。】[6]

直到今天，我们依然保持这一观点。从属灵的意义而言，真正的区别是在信徒和非信徒之间。不信主的男女只要在政府官员那里登记结婚，就可以生活在一起，并不会有罪咎感。而信主的男女若如此行，就在神面前犯了罪，也会有罪咎感。对信徒而言，只有在【教会的领域】[7]中举行了婚礼，才可以住在一起。若结婚典礼尚

---

[6]　中注：见荷文版 550-551 页。这段增补的内容体现了凯波尔如何将领域主权原则应用于实际的问题。

[7]　中注：英译本省略了荷文"op het terrein der kerk"（在教会的领域中），只是简略地译作"in the church"（在教会中），忽略了凯波尔此处对领域主权原则的强调。

未完成，他们仍是新郎和新娘，而非丈夫和妻子。

即使对结婚仪文烂熟于心，即使该仪文仍在使用，我们对它也并非十分满意。【相反，毫不夸张地说，仪文不止在一个方面造成干扰。】例如，仪文的开头非常唐突。[8] 其他的仪文一开始都以【"主里亲爱的弟兄姊妹"、"亲爱的弟兄姊妹"和】"亲爱的基督徒们"作为对会众的问安。这段仪文却恰恰相反，并无任何问安，直接以"某人与某人愿意结为夫妻"开始。没有对会众的问安是非常奇怪的。【这并非因为宣布确认婚礼的仪文自认为不属于教会。相反，这是】因为在仪文写成的年代，结婚典礼被要求在日常的崇拜聚会中举行，【正如仪文随后说道："为此，他们渴望全体教会的祷告。"这在周日的敬拜中是可能的，因为教会只有在那些地方才能充当民事政府的作用】。[9]

然而，今日很难如此安排。政府的结婚登记都在周间进行，也必定会在教会确认这桩婚事之前完成。这样的话，教会的典礼在当天举行就更加合适。因为，一旦耽延就会给举行婚礼的家庭造成诸多不便。同时，新郎和新娘也有可能受到诱惑，在尚未宣布确认为夫妻之前就同居。如今的做法是在政府的结婚登记之后，再在教堂中安排一次特别的聚会，以便即刻进行教会的宣布确认婚姻。【当然，将婚姻的宣布确认与公共敬拜活动结合的做法已然消失。每日为了婚姻而召开信徒聚会是不可能的。当婚礼的宣布确认在特别不方便的时间段举行时，这种做法更不堪设想。这种古时的惯例因而被废除。如今的惯例是，为了新人的益处，举行单独的敬拜。这可以让更多的婚姻在同一时刻领受祝福，同时也开启了一个特殊的敬拜。】但是，这种改变也带来了另外一些难题。因为，这很容易造成穷人和富人的分裂，使庆典变成一场富人炫耀外在财富的盛会。【危险应要予以预防，但是这不能被谴责为敌对教会的，倘若】提

---

[8]　英注：引文出自基督教改革宗的 "Form for the Solemnization of Marriage"，*Psalter Hymnal* (1934), 112-114。

[9]　中注：见荷文版 551 页。

前预告举行结婚典礼的崇拜聚会，以便让会众都能自由参加。教会公会也应出席，并应有照顾穷人的奉献。【因此，人们常常感到有义务恪守这些条件。在这些限制下，这种特殊的敬拜完全被认为恰当处理了各方利益。】[10]

仪文包括五个部分。首先，是结婚预告，并宣告无人反对这桩婚事。之后，阐述婚姻是神设立的，也是基督所看重的。第三部分是设立婚姻的目的，第四部分是成婚仪式。最后，典礼以劝勉和祷告结束。【这种分段与其他教会的仪文大体一致，说明了婚姻的性质。唯一令人遗憾的是，仪文采用了一个不合常理的压抑的方式。特别在婚礼当天，新郎和新娘的亲朋好友如此兴高采烈，充满喜乐与欢庆而非抱怨。教会却对这个群体用以下语气说道："因着罪的缘故，新人常常会遭遇各样困难和十字架。"仪文中的这个观点与他们的心情形成了显明反差，从而在这句话之后所说的内容并未抓住他们，而是让他们的内心觉得怪异。如今，这种做法是不必要的。尤其在这种庄严的时刻，无论是谁发言，都不会让人厌恶他的话语。教会立即以极为严肃的话语开场，呈现出与喧嚣的婚礼宾客截然不同的语调；这不仅是好的，也是应当的。然而，这种严肃性无需压抑。喜乐的声音也能响彻在主的院宇中。甚至在正式场合，让听众有舒适的心情总是明智的，从而让他们的心情更加喜悦。若这种压抑的开场白得以避免，那么后续内容无需修改，婚礼宾客所听到的致辞就立即触及他们的内心。这个压抑的开场白甚至会给人一个错误、意外的印象：若无受苦和十字架，好像教会举行的婚礼宣布确认就可省略了，似乎这个宣布确认只看到了婚姻中的不幸。】[11]

【我们的仪文如实地论述了起初创造时婚姻的设立、在伊甸园中婚姻的祝圣、基督对加利利的迦拿的婚礼的尊重。我认为，如果此仪文如同圣公会的仪文一样，加入《以弗所书》第五章的提醒，

---

[10]　中注：见荷文版 552 页。
[11]　中注：见荷文版 552-553 页。

会更令人满意。这也是更加迫切的，因为《创世记》第二章和《约翰福音》第二章的经文十分具体特定，因而并不十分振奋人心，然而这种高昂的语调正是出现于《以弗所书》第五章。对这段经文的引用显然要排除任何圣礼的观念，但这并非自欺欺人之举，乃是因为我们担心因着《以弗所书》第五章的内容，认为婚姻有圣礼特性的危险会再次出现。那些认为这段经文没有讲述这种圣礼特性的人，可以大胆自由地引用此段经文。仪文的第三部分首先简要描述了婚姻的目的，然后分别讲述了丈夫和妻子当尽的本分。这个总结概要十分简短，说明婚姻有三个目的：（1）提供彼此帮助和扶持；（2）养育孩子；（3）消除肉体的罪。其他教会在此处有不同的次序，把生育孩子放在首位，之后是消除罪的试探，将彼此帮助和扶持放在第三位。我们的仪文显然从《创世记》二20获取婚姻的首要目的。这节经文说道，亚当"没有遇见配偶帮助他"；因此，仪文就如此描述。然而，第二个目的只是养育而非教养显然不太正确。没有孩子的夫妻避免了一些预想会发生的事，但是这些事并不符合《圣经》。关于第三个目的，有人认为这可能会误导对没有独身恩赐之人的论述。但是，如此判断之人忘记了，这个世界过分拘谨的言行不能默认地强加于教会身上。教会必须留意上帝的荣耀并抵挡罪。于是，婚礼的宣布确认当然提供了一个机会来支持婚姻的神圣性，并谴责奸淫，以及责备那些想要自由生活而不愿承担婚姻责任的人；正是这些不负责任的行为激发了奸淫。仪文中另一优美的内容关于丈夫的责任；这不止一次在上帝的圣言中已有清楚说明，并且上帝的圣言也向丈夫指明了他在婚姻中的重要地位。但之后所说的妻子的义务并非如此。这里的批判并非否认我们的仪文也有向妻子陈明上帝的命令，只是不同意仪文让妻子要服从她的丈夫以及所要求的道德，完全抹灭让妻子在家庭中发光的柔和、温暖和魅力；仪文甚至丝毫没考虑到母亲的任务。其他教会已经删除了这段陈述。但是我们教会现在要注意这段内容，要从完全不同、更亲切和更具吸引力的角

度，就是完全根据《圣经》来看待女性的地位。】[12]

【这段陈述之后的行动让我们的仪文完美无缺。或许要求见证先前并无法律关系的做法在现今可以省略。其余的便是向新人所提的问题，以及之后庄严的新人誓言和教会宣布确认。这些都十分简洁，抓住要点，其风格令人受益。这里向新娘所提的问题明显比先前对她呼召的描述更温暖。"此时，在上帝和祂圣洁教会面前，向新娘提问：根据神圣福音的教导，你此时是否愿意某某人作你合法的丈夫，宣誓顺服他，服侍并帮助他，永不会令他羞愧，与他同过圣洁生活，在一切事上对他忠诚并有信心，如同一位敬虔和忠心的贤德妇人向她合法的丈夫负责一样？"这里再次忽略了母亲的喜乐和责任；另一方面，这些问题的语气以及所指的事情已有简略概括。教会宣布确认婚姻的致辞也十分精彩："牧师如此宣告：'愿借着祂的恩典呼召新人进入神圣婚姻的慈爱的父，用公义的爱和信实将他们结合在一起，赐福与他们，阿们！'"】[13]

尽管其他教会还有交换戒指的仪式，我们的仪文已经删去了这一环节，不再将其作为一个象征性的动作或坚守盟约的保证。【仪文仅限于两位新人将手伸给彼此："之后，他们将手伸给对方。"这个伸手动作在新人回答牧师所提的问题前后各有一次。但是如今的惯常做法是，当牧师当面向新郎和新娘说明相关问题之后，新人将手伸给彼此。】不过，下跪依然保留，因为这是一个良好的做法。会众最终借着祷告，为这桩婚事祈求上帝的恩典和祝福。这会使成婚者和会众都留下美好的印象，因为新郎和新娘在上帝的教会中成婚，并被引导、交托到主的慈爱之中。[14]

【许多教会省略了仪文中，在教会宣布确认婚姻和祷告之间穿插的《马太福音》十九 3-9 的内容；这段内容也不存在于我们的仪文中。这段插入打破了庄严行动的果效，从《圣经》中引入一段完

---

[12]　中注：见荷文版 553-554 页。
[13]　中注：见荷文版 545-555 页。
[14]　中注：见荷文版 555 页。

全争论性的内容，因此显得冷酷并分散了众人的注意力。在教会宣布确认婚姻之后，祷告之后只用唱一首歌，而这个祷告理应在我们的仪文中予以规定。这个结束祷告语调不用高昂，好比仪文的作者把《马太福音》十九 3-9 插入其中，从而脱离了自己的角色。特别是经文开首的争论性的语调，以及对亚伯拉罕和雅各的引用，都显得格外异常。基督徒的婚姻超越这两位族长的婚姻。仪文在此如此强调维护婚姻的神圣性，这甚至给人一种奇怪的印象：在向上帝的祷告中，撒拉和夏甲的生活，以及雅各与四位妻子的生活，都被选为一种榜样。我们现今仪文祷告之后的环节显得多余。这无非就是重复在婚姻宣布确认之时，新郎和新娘的"我愿意"之后所宣布的内容。这多少给人一种印象，仪文的作者想要一种好的收尾。为一切重大事件的祷告在主祷文中达到顶峰的固有习惯，也本应继续在此延用。可是，后来的传统去除了这个最完美的祷告，而这种做法并为得到改善。】[15]

---

[15]　中注：见荷文版 555-556 页。

第三十九章 结语

　　本书一开始立下的目标终于完成。当然，还有不少【与敬拜相关的】专题值得探讨。但是，本书已经有很长的篇幅，不应更加冗长。本书的章节采用的是对话式的风格，而非学术的风格，也没有学究的味道。若采用学术的风格，书中的探讨就只为牧者服务。而采用对话式的风格，不仅长老、执事和教区委员从中获益，连教会的会众也能读懂。正是教会的会众迫切需要这样的书籍。

　　众所周知，绝大多数行动都非源自官方个人或群体。例如，在以往许多年间，教会已经竭尽全力开展宣教工作。然而，我们的洗礼仪文，不管是婴儿洗还是成人洗礼的仪文，都完全不适用于异教徒或穆斯林信徒的洗礼。在过去这些年里，没有任何堂会长执会或区议会将此事呈给全国总议会。

　　礼拜仪式的行动通常都源于会众，这在改革宗教会尤然。【我们路德宗的弟兄们并不如此；这并非个例，而是他们选择不同教会立场的结果。】若是会友有意改进敬拜的某些方面，随着他们的改进建议日渐成熟、逐渐成型，很快就有基督教杂志和小册子对其进行详细探讨。堂会长执会、区议会和省级总议会也会给予关注。最终，全国总议会就会采取行动。

从这一过程也可以看出，为何有几个问题在本书中多次探讨。若只说一次，很可能左耳进右耳出。若要传达某个观点，则需在不同场合反复讨论，让人对其重要性有所认识。古人的一句谚语很适合描述这种情况："水滴石穿"。或者用荷兰人的话说："只有坚持到底者，才能获得奖赏。"[1]

---

[1] 中注：本章内容在荷文版为 556-557 页。

生命皆敬拜？亚伯拉罕·凯波尔与新凯波尔主义者

约翰·博尔特（John Bolt）

　　亚伯拉罕·凯波尔的思想和行动，犹如一尊雄伟、巨大的雕像，雄踞于教会和社会的两岸，并主导了 19 世纪末、20 世纪初的荷兰基督教界。他那掷地有声的至理名言回荡在社会、文化和政治领域的芸芸众生中，不断提醒他们："基督是统管万有者。因此，在人类生命中，没有一丝一毫祂不宣告其主权。"[1] 也可用更加精确的神学语言如此表述："（加尔文主义）的指导原则，不是救恩层面上的因信称义，而是在最宽泛的宇宙性的层面上三一**上帝统管宇宙万物的主权**，施行于可见与不可见的国度和领域中。"[2]

　　凯波尔吹响号角，号召众人在"所有国度与领域"作基督的门徒。由此，在改革宗基督徒中引爆了旷日持久的热潮。不论是农夫、

[1]　Abraham Kuyper, "Sphere Sovereignty," in *Abraham Kuyper: A Centennial Reader*, ed. James Bratt (Grand Rapids: Eerdmans, 1998), 488.

[2]　Abraham Kuyper, *Lectures on Calvinism* (Grand Rapids: Eerdmans, 1931 [1898]), 79.

水暖工、医生，还是造船工人、机械师，都看重他们的普世性呼召，在自己的岗位上忠心跟随耶稣。凯波尔的这一异象，也激励人们在数个大洲建立了基督教教育体系。在此体系中，从幼儿园到研究生学院一应俱全，且蓬勃发展、令人惊叹。在荷兰和其他国家，凯波尔的追随者（尤其是北美的荷兰改革宗移民）用另外一句口号传达此异象：“生命即信仰”（Life is religion），[3] 甚至“生命即敬拜”（在讲台上尤其如此传讲）。因此，在《敬拜和政治》（*Worship and Politics*）一书的前言中，作者注意到，在**当今**（1972 年）的改革宗基督徒中，越来越重视**“带有整个基督徒生命形式的整全敬拜这一主题”**。[4]

新凯波尔主义者 [5] 看重生命与敬拜的密切关系，甚至将二者彼此等同；而这重点正是本文所关注的。具体而言，我将质疑因随意使用“敬拜”一词，导致基督徒的天职呼召和上帝子民的集体敬拜之间的界限变得模糊不清的倾向。尽管我理解并欣赏如此使用“敬拜”一词的背后动机，但我仍认为这是一种混淆不清的错误用法，并对改革宗基督教群体带来有害的影响。另外，我也相信先辈凯波尔会强烈反对这种用法。鉴于此，这本凯波尔论敬拜的经典著作的英译本面世，实为一大幸事。

当然，“生命皆敬拜”背后的动机是值得赞许的。这完全是复兴宗教改革对天职呼召与信徒皆祭司的主张。正如加尔文所喜爱说的，信徒不仅要在主日聚集时活在上帝面前（lived coram deo），

---

[3]   参为加尔文学院哲学教授 H. Evan Runner 编著的纪念文集：*Life Is Religion: Essays in Honor of H. Evan Runner*, ed. H. Vander Goot (St. Catharines, Ont.: Paideia, 1981)。

[4]   Albert F. Gedraitis, *Worship and Politics* (Toronto: Wedge, 1972), 8. 该书的出版社是“改革运动”（reformational movement）的分支之一。该运动受凯波尔启发，二战后在众多加拿大的荷兰移民中影响深远。

[5]   为避免重复，我会交替使用“新凯波尔主义者”和“新加尔文主义者”。这两个名词意义几近相同，都是指受凯波尔影响的宗教文化运动。“新凯波尔主义者”主要是指参与该运动的人，“新加尔文主义者”则主要指向凯波尔愿景中的神学和世界观的内容。

也要在生命的每一刻都如此行。另外，马丁路德在 1517 年 10 月31 日的《九十五条论纲》的第一条中就论道："我们的主耶稣基督说'你当悔改'时，他的意思是信徒在一生中都应当悔改。"[6]此处的关注点清晰可见：作主的门徒是每时每刻的活动；（像基督正教统绪中那样）将基督徒分为"平信徒"和"神职人员"是错误的做法。换言之，登山宝训是赐给所有基督徒的，而不只是为教会中的专业神职人员预备的"全德劝谕"（counsel of perfection）。此原则也适用于教会崇拜：不应只在主日那个神圣时刻追求圣洁。

　　所有这些论述，甚至还有更多的关注，都在强调一点：基督徒们那些平凡无奇的日常行为，也有宗教性的、敬拜性的维度；这一点非常重要，也值得强调。然而，这里的问题在于，用"敬拜"的语言描述这一重要事实，是否是最好的途径。问题来自于我们惯常使用"敬拜"一词来指上帝子民聚集在一起的**集体**崇拜。尽管我们不应受这种固有语言习惯的束缚，可是置之不理也非明智之举。因为，这很有可能会造成混乱。

　　此处的困境显而易见：若凡事皆敬拜，那就再无概念性和语言学的词汇，用来描述集体崇拜的独特或特别之处。有人甚至觉得如此甚好。有一些世俗的新加尔文主义者，认为用"特别"一词来描述公开的集体崇拜是有问题的。因为，这会暗示，在世上的日常的天职呼召没有什么特别之处，因此也就意义不大。赫尔曼·巴文克（Herman Bavinck）在提醒同时代的人（还有我们）时，他的脑海中大概浮现出这些人的形象。他认为，过去有些敬虔主义的基督徒可能太过"出世"，而他那个时代的人又有"在这个世界中迷失自己的危险"。如今，我们理应让整个世界悔改归主，为基督的缘故去征服所有生命领域。可是，我们常常忘了扪心自问，是否已经真正悔改归主，是否已经决定无论生死都属基督。因这实在是生命归

---

[6]　载于 Clyde L. Manschreck, ed., *A History of Christianity: Readings in the History of the Church*, vol. 2, The Church from the Reformation to the Present (Grand Rapids: Baker, 1981 [1964]), 14.

根结底的所在……即使为着某些基督教原则，人若赚得了全世界，却失丧了自己的灵魂，有什么益处呢？"[7]一边是以地上的、肉身的工作每日服侍上帝，另一边是上帝子民的集体崇拜。若混淆二者，会有严重的潜在后果。我们所冒的危险，在于会以贬低后者为代价来高举前者，同时也会贬低集体崇拜的价值和重要性。在这方面，有趣的是，虽然受凯波尔和巴文克激发的新加尔文主义传统，已在社会、文化、政治事务等专题出版了数不胜数的著作和文章，但是自从凯波尔写了这本有关敬拜的著作之后，再无人踵武前贤。新凯波尔主义者不太关注集体崇拜，[8]改革宗教会对建筑也同样不看重。[9]

---

[7]　Herman Bavinck, *The Certainty of Faith*, trans. Harry der Nederlanden (St. Catharines, Ont.: Paideia, 1980), 94.

[8]　但也应注意一些特例，如瑞士改革宗神学家 Jean-Jacques von Allmen, *Worship: Its Theology and Practice*, trans. Harold Knight and W. Fletcher Fleet (London: Lutterworth; New York: Oxford University Press, 1965)，还有长老会背景的作者 James Hastings Nichols, *Corporate Worship in the Reformed Tradition* (Philadelphia: Westminster, 1968)。不得不提的著作，至少还有 Nicholas Wolterstorff, *Until Peace and Justice Embrace: The Abraham Kuyper Lectures of 1981 at the Free University of Amsterdam* (Grand Rapids: Eerdmans, 1983), chapter 7 "Justice and Worship: The Tragedy of Liturgy in Protestantism," 146-161。其中，沃尔特斯托夫（Wolterstorff）从新凯波尔主义的视角出发，将敬拜与社会公义联系起来。我的同事利达（Arie C. Leder）也已开始从圣经和神学的角度认真探讨此议题，参："Christian Worship in Consecrated Space and Time," *Calvin Theological Journal* 32, no. 2 (1997): 253-72 页。另外，这里也要提到加尔文学院的加尔文基督教敬拜中心，在维特列特（John Witvliet）的带领下做了美好的工作。凯波尔的这本《我们的敬拜》就是在此翻译、发行、出版的。

[9]　有两本优秀著作：Donald J. Bruggink and Carl H. Droppers, *Christ and Architecture: Building Reformed/Presbyterian Churches* (Grand Rapids: Eerdmans, 1965) 和 *When Faith Takes Form* (Grand Rapids: Eerdmans, 1971)。但是，这两本著作并非特例。因为，这两位作者都是美国改革宗教会（RCA）的著名人物，而美国改革宗教会基本上不受凯波尔独特的神学和文化愿景的影响。关于美国改革宗教会和凯波尔主义的疏远关系，参 M. E. Osterhaven, *The Spirit of the Reformed Tradition* (Grand Rapids: Eerdmans, 1970)。笔者记得，1980 年代时，加尔文学院的礼拜堂建在非常显眼的地方，新凯波尔主义者对此颇有微词。因为，热忱的新凯波尔主义者认为，礼拜堂不属于大学或学院的校园。一个学院的关注点与属灵整合，不应是集体崇拜，而应是其哲学系。这件轶事可作为佐证，看到他们是如何理解敬拜和建筑的关系。

本文其余内容将探讨如何将"敬拜"一词限制于上帝子民公开的集体崇拜。我将采用典型的凯波尔式风格，通过列出有关敬拜的一系列原则，以展开渐进式的论证。每一节都会引用凯波尔在本书关于敬拜的论述，以解释、佐证我所提出的原则，并以此承上启下。需要注意的是，这些原则只是我谨慎提出的凡人智语，而不应视作严格的律法或规范性的条例。[10] 我相信，无论在当代还是别的时代，凯波尔的论述都有显而易见的相关性。只是，鉴于篇幅有限，也免得张扬挑衅，在本文中不再过多发挥。

原则一：改革宗神学强调：基督徒当看重在生命各个层面的呼召。这一点很重要，但不能以此抹杀或削弱上帝子民在主日集体崇拜的核心意义。

凯波尔非常看重基督徒在生命各个层面的呼召，也不遗余力地号召众人看重此事。可是，他也强调，我们必须区分**敬拜中的操练**和**敬拜的操练**这两件事。[11] 而这也正是平日服侍上帝与集体崇拜的关键性区别。[12] 凯波尔认为，集体崇拜"不是敬拜中的操练，而是敬拜的操练"。他随即补充道：

> 诚然，敬拜的操练不仅仅是"去教堂"而已，相反，它必须是我们整个人生的所有思想、言语和行为中唯一重大而高贵的行动。我们永远是上帝的祭司，奉召为祂神圣的旨意效力。……教会的所有会员都必须各按自己的呼召去侍奉上帝。[13]

凯波尔的说法看似与我在本文中的立场相左。可是，他接着补

---

[10]　与欧洲大陆的改革宗传统相一致，而不是依从安格鲁萨克逊的长老会传统。
[11]　见本书 61 页。
[12]　读者也应注意，凯波尔在使用"敬拜"一词时，比我所建议的范围更加宽泛。可是，我们也会看到，他完美地区分了日常服侍与集体崇拜；这与我的观点一致。
[13]　见本书 61 页。

充道："然而，对教会来说，只有当会众聚集敬拜，特为向上帝献上尊荣、赞美和祷告时，侍奉上帝才得到完全的表达。"[14] 凯波尔区分了"间接的敬拜的操练"和"直接的敬拜的操练"，以便进一步澄清他的观点。前者源自每日作主的门徒，后者则在前者停止之后才会发生。那时，我们"有意识地让你自己转向全能的上帝，直接向祂献上你的爱和赞美。当会众一起聚集，迎见他们的上帝并尊荣祂的时候，就正是在实践这种直接的侍奉、直接的敬拜"。[15] 此时，我们在**圣坛**上献上上帝所喜悦的祭。这包括专注地认罪、宣告信仰，以及将自己当作活祭献给上帝（第四章）。换言之，敬拜与生活并不相同。作为服侍上帝的不同方式，二者紧密联系，却不能等同。

巴文克也明确表达了上述要点及其重要意义。他是凯波尔在新加尔文主义阵营中的同道，也与他一同带领荷兰归正众教会。巴文克在批评了荷兰归正众教会中富有敬虔主义色彩的出世倾向后，如此警示道：

> 毫无疑问，在敬虔主义和所有类似宗教运动中都有荣耀的真理。耶稣确实呼召我们去行必要之事，即我们要先求上帝的国，放下一切忧虑，因为我们的天父知道我们的需要。与上帝相交的生活有其自己的内容，我们的道德生活或实践属世使命并非其全部。神秘的生活与其他活动共同有其自身的合理性；繁忙的工作令休息成为必要；周日虽然在工作日之先，但确实与后者并存。[16]

鉴于此，我们就来到了第二条原则。

---

[14] 见本书 61 页。
[15] 见本书 61 页。
[16] Herman Bavinck, "The Catholicity of Christianity and the Church," trans. John Bolt, *Calvin Theological Journal* 27, no. 2 (1992): 248. 黑体部分为笔者所加。

原则二：上帝所呼召出来、聚在一起的子民，借着礼拜仪式，区分了基督教的敬拜与每日的服侍。在这礼拜仪式中，我们操练具有叙事性的与主同在，并借此脱离世界的反叙事（counterstories）。

一提到敬拜的议题，凯波尔就谈到礼拜仪式和礼仪上的随意性的问题：有些牧者拒绝跟从教会本身的敬拜仪文，随心所欲地改动，甚至自行编写仪文。[17] 他提醒我们："关于我们在信徒聚集中所实践的神圣敬拜的方式，教会应支配牧者，而不是牧者支配教会。这是所有礼拜仪式的根本概念。"[18] 至于有些"有才干的讲员"租用大厅或在家中举行聚会，凯波尔对此不屑一顾。他将此与"真正的教会"进行对比：教会作为"信徒的聚集，源于历史，并可追溯至耶路撒冷的五旬节时期"。教会有将近两千年的传统，而一位牧者仅能服事一群会友数年而已。因此，牧者有责任尊重历经数世纪之久形成的教会传统。"教会是信徒的聚集，敬拜必需要在那里进行，圣言的传讲和圣礼的执行也必需在那里完成。"[19] 第三条原则也就由此而生。

原则三：基督教敬拜的礼拜仪式属于历世历代的基督教会，而不隶属于任何人或任何群体；牧者和带领敬拜者理应服侍礼拜仪式，而非礼拜仪式服侍这些人。

基督教的敬拜是蒙上帝呼召、有权公开聚会的上帝之子民聚集在一起。透过教会圣职人员，上帝亲自召唤会众，吩咐他们采取行动，"完成他们被召唤而进行的敬拜"。[20] 要强调的重点是，这是**信徒**的聚集，是"**我们自己聚在一起**"（来十 25）。或者，以本书第三章的标题，这样的聚集是"**已复和**的会众与他们的上帝相遇"。尤其是借着圣礼，这种聚集重述上帝救赎的历史——基督的死与复活，纪念祂的死，直等到祂再来——会众也由此与上帝相遇。不管

---

[17]　在凯波尔的时代，尤其是荷兰改革宗教会，会随意改动洗礼仪文。
[18]　见本书 44 页。
[19]　见本书 45 页。
[20]　见本书 51 页。

是我们自己的罪，还是这个世界的罪恶现状，都将我们与上帝隔绝，"并在上帝与我们的灵魂之间留下空地"。因此，借着个人的祷告，以及与其他信徒的公祷，我们寻求与主接近。"当属基督的会众恒常来到在上帝面前，不断寻求祂的面，在祂圣洁的临在中相聚，并确实明白聚集的目的时，聚会的地方就真正成为**会面的帐篷、主的会幕、上帝的圣殿**。"[21]

　　对此，凯波尔以强烈的个人性、经历性语言加以描述。他坦言，并非所有教会聚会都能如其所愿。有时，参加教会礼拜的人觉得"像是浪费时间"。甚至觉得，能来聚会只是"只是出于习惯，你不过是一个习俗的奴仆、盲目的形式主义者。你没有真正参与聚会，灵魂没有获得享受，心里没有得着力量"。[22] 但是，要注意，除了这些不太满意的时候，

> 有时候，在祷告的殿中，你对弟兄姐妹的爱激动你的心，你能够把自己从世俗事物中分离出来，你感受到自己的灵被属天的事物吸引。然后在祈祷、唱赞美诗、聆听训勉和讲道时，你感觉自己得到释放，被带进与上帝的团契中与祂会面，以致你的心畅饮于涌流不绝的溪水，你的灵陶醉于属灵之爱。当这一切发生的时候，你真切地体验到丰盛的喜乐；聚会让你感到无比欣喜、深受造就、充满力量，然后一整天你的心都在爱与赞美中度过。[23]

　　这段话强调了敬拜和日常工作之间的区别。当然，诸如挤牛奶、折弯水管、切除感染的盲肠、筑一堵墙、做分类账等日常工作，也能使人极度满足，甚至还能给上帝的儿女带来讨上帝喜悦的感觉。

---

[21]　见本书 56 页。
[22]　见本书 57 页。
[23]　见本书 57 页。

苏格兰短跑冠军李爱锐（Eric Liddell）在《烈火战车》中所言："当我赛跑时，能感受到上帝的喜悦"。

可是，在集体崇拜中，我们加入了教会的礼拜仪式，也有份与叙事性的与上帝相交；而这相交，正是历世历代众圣徒所经历的。当我们如此行时就被提醒："借此脱离世界的反叙事"。因此，与日常工作相比，敬拜的独特之处在于，它使我们与世界远离，也使我们刻意地与上帝子民建立直接的联系。而这些人来自世界各地，不仅是现在服侍上帝的人，也包括过去和将来服侍上帝的子民。我们若认为工作是救赎历史的一部分，就会冒拜偶像的风险。作为**被上帝呼召出来的子民** [24]，不正是工作使我们远离自己的身份，而更贴近世界的叙事吗？甚至，当工作做得极有崇高感时，也是如此。因此，工作与敬拜之间的张力是真实存在的，而不是新凯波尔主义者们杞人忧天。我们的确需要"花时间成为圣洁"。

本文所讨论的内容，不过是凯波尔书中最初的四十页而已！之后还有更多内容，不厌其烦地教导我们：会众敬拜和生活的各个方面都应以礼拜仪式为中心，并受其塑造。例如，如何选择建筑风格、教会座位的排列、如何正确地主持圣礼、艺术在敬拜中的地位、有关圣袍的注意事项、如何在公开场合诵读《圣经》和祷告，诸如此类，数不胜数。凯波尔的讨论总是充满见地、生动有趣，又发人深省。因此，我们用第四条，也是最后一条原则作为总结。而这条原则也源于凯波尔对各个议题进行的内容丰富、富有洞见的探讨。

原则四：教会礼仪对会众的集体崇拜和公共生活的各个层面，包括地点和空间（建筑和艺术），都应是决定性因素；教会作为一个聚集在一起的群体，教堂的建筑和艺术应有独特之处。

---

[24]　我们应当提醒自己，基督徒在职场、学院或权力机构等领域所面对的巨大同僚压力。

亚伯拉罕·凯波尔论洗礼的理论与实践

布莱恩·斯平克斯 （Bryan D. Spinks）

　　亚伯拉罕·凯波尔拥有众多头衔——神学家、牧师、新闻工作者、改教家、教育家、政治家等等。毫无疑问，他是一位巨人，昂首阔步地从这片大地上走过。《我们的敬拜》出版于 1911 年，当时已接近他事奉旅程的终点。因此，该书对他早年曾支持的潮流作出了慎重评判。在这些成熟而有见地的反思中，他认为这些潮流是基督教信仰和改革宗传统的妥协。回到 19 世纪中期至 20 世纪初期，凯波尔的陈述和其中的洞见，让人回想起那时的约翰·内文（John Nevin）、菲利普·沙夫（Philip Schaff），以及美国的德国改革宗教会中的墨瑟斯堡运动（Mercersburg Movement）所面临的挣扎。当时，他们依靠正统的教义对抗查尔斯·芬尼（Charles Finney）和"忏悔者座位"运动（Anxious Bench movement）的错误举措及肤浅的神学。凯波尔认为，教会的聚会（qahal!）不仅仅是聚在一起、劝诫众人、安慰听众。确切而言，他的主张是圣徒相通，聚集敬拜上帝。此外，他认为"若我们遗忘了主耶稣之名，不记得祂的道成肉身，忘记了祂已进入天上的圣所，也忽视了耶稣与信徒的团契，我们就会漠视一个教会的存在，也无法见证她的聚集，以及她与那位自有永有者的相遇。"这段话，听起来很像墨瑟斯堡（Mercersburg）运动的宣言：教会是神圣的末世性团契，融入上帝神秘的同在中。[1] 不仅如此，凯波尔还预见到了卡尔·巴特（Karl Barth）所关注的某些问题。实际上，他预言了巴特的主张：上帝在敬拜中呼召教会，并使之可见。[2] 这并不是说，凯波尔是位晚期的墨瑟斯堡神学家，或是巴特之前的巴特学者。毕竟，他是位独特的牧者，复杂又有智慧。当然，与巴特以及墨瑟斯堡的群体一样，他也极力反对当时流行的做法：将正统的神学削足适履，以迎合自由派和世俗主义的需要。本论文的重点是凯波尔关于洗礼的论述，以及此议题和改革宗传统的关系。

在《我们的敬拜》一书中，凯波尔一开始就承认：当他在 1863 年初任教会牧者时，也仿效资深牧者们，手持蓝色铅笔，批注有关洗礼的仪文。[3] 他注意到："在不久前，有主礼的牧者省略了洗礼仪文的某些部分，甚至全部，或者将该仪文解体、缩短、增长、修改和篡改，以致变得拙劣，并使牧者自行探索改进之法。"[4] 他并未详细说明，这种删减和改变的原因何在，又以何种形式进行。不过，这段话清晰表达了苏黎世教会在 19 世纪中期所面临的争战，即保守的牧者与阿洛伊斯·比德曼（Alois Biedermann）的自由派关于洗礼的问题争论不休。最终，这形成了两套敬拜礼仪——自由派和保守派各有一套。[5] 蓝色的铅笔和删掉的仪文让我们看

[1]　John Williamson Nevin, *The Mystical Presence: A Vindication of the Reformed or Calvinistic Doctrine of the Holy Eucharist* (Philadelphia: J. B. Lippincott, 1846); Jack Martin Maxwell, *Worship and Reformed Theology: The Liturgical Lessons of Mercersburg* (Pittsburgh: Pickwick, 1976).

[2]　Karl Barth, *Church Dogmatics* IV/3 (Edinburgh: T. & T. Clark, 1962), 901.

[3]　见本文 43 页。

[4]　见本文 42 页。

[5]　Theodore M. Vial, *LiturgyWars: Ritual Theory and Protestant Reform in Nineteenth-Century Zurich* (New York: Routledge, 2004).

到，凯波尔和当时的同道一样，觉得传统的礼仪已经老旧过时了。与许多改革宗仪文不同，荷文的仪文没有背诵《使徒信经》的部分，这也是苏黎世教会的问题。（尽管这一部分放在了早晨的敬拜中，而那正是施行洗礼的场合。）不过，这些仪文中有大段文字用于解释洗礼，以及劝勉受洗婴儿的父母。这些都会招致那些更倾向自由派的牧者，大笔一挥、删之为快。究竟是何原因，令凯波尔回心转意呢？1886 年，他发表了批注版的拉斯基（Jan Laski）的著作。这本书包括了"礼仪仪文"（Forma ac ratio）的部分。而这一部分在 1554 年米克隆的版本中，用来作为在英国流亡的荷兰人的第一本荷兰改革宗的礼仪指南。[6] 到了 1911 年，凯波尔清楚意识到更全面的荷兰改革宗礼拜仪式的历史；这乃是透过数次教会总会议对敬拜礼仪的修订，从彼得勒斯·达森（Petrus Datheen）对宫廷礼仪的改编中获得。[7] 同时，他对加尔文有了深入了解。那时，在有关圣礼的议题上，荷兰改革宗教会用慈运理的象征纪念主义（symbolic memorialism）和布林格（Heinrich Bullinger）的象征平行主义（symbolic parallelism），调和加尔文的象征工具主义（symbolic instrumentalism）。[8] 而且，我们有时在凯波尔思想中可以看到，他也改良了自己信念的逻辑，并让实用主义或顺从主义占主导。

　　凯波尔对洗礼的处理可分为两部分。其一是在当时改革宗教会盛行用法的语境中，讨论圣礼中"物质"的部分。其二是解释官方的洗礼仪式或"仪文"，并为之辩护。

　　在一开始，凯波尔声明他会思考洗礼的施行，而非圣礼的神秘性，因而会处理对洗礼的特定改革宗式的理解。首先要解决的象征

---

[6]　A. Kuyper, *Joannis a Lasco Opera*, 2 vols. (Amsterdam, 1866).

[7]　一些有益的探讨，参 Daniel James Meeter, *"Bless the Lord, O My Soul": The New-York Liturgy of the Dutch Reformed Church*, 1767 (Lanham, Md., and London: Scarecrow Press, 1998)。

[8]　关于这个术语的解释，参 Brian Gerrish, "The Lord's Supper in the Reformed Confessions," in *Major Themes in the Reformed Tradition*, ed. Donald K. McKim (Grand Rapids: Eerdmans, 1992), 245-258。

意义，即水洗发生的事实。凯波尔如此说："施行洗礼是一个象征性的，而非真实的行动。我们如此说并非否认上帝确实在洗礼中直接作工，或者至少说祂可以如此做。我们唯一想说明的是，人的行动（handeling）本身并非恩典的媒介。"[9] 中世纪的基督公教教导，圣礼必须是象征性的，否则就不足以成为圣礼。而凯波尔在此处与改教者保持一致，反驳了这种说法。不过，他也沿用布灵格的圣礼神学：尽管上帝可以在礼仪中做工，祂却不是需要如此行，并且纯粹的礼仪施行不能强制上帝。因此，凯波尔认为，洗礼之水只不过是水而已，并非属灵恩典的独立传送媒介。对此，加尔文较为乐观一点。他认为，上帝可以使用符号（symbols）作为祂恩典的工具。在采用马丁路德提出的"应许"的概念后，他认为我们应该相信上帝会成就祂所应许的。因此，1559 年的《基督教要义》中，加尔文使用了"圣水"一词。[10]

正是在施洗该如何用水及用多少水的问题上，凯波尔在面对改革宗惯例时否定了自己的逻辑。他认为，与其他形式相比，浸水礼更能体现洗礼的象征意义。因为，将全身浸入水中，代表我们整个人都需要被基督的宝血洗净，而仅仅在头上洒几滴水则不能表达此涵义。有人或许设想，凯波尔在这里会建议与世界基督教会联会在《洗礼、圣餐和事工》中所规定极为相似的内容："施行洗礼时，应格外重视洗礼之水的符号意义，而不应随意处理。浸入水中的动作可生动传神地表达：借着洗礼，基督徒参与基督的受死、埋葬与复活。"[11] 此外，凯波尔提到基督正教中的婴儿浸礼。不过，他捍卫荷兰改革宗的点水礼惯例，因为，"随着婴儿洗礼的引进，洗礼

---

9 见本书 386 页。

10 Bryan D. Spinks, "Calvin's Baptismal Theology and the Making of the Strasbourg and Genevan Baptismal Liturgies 1540 and 1542," *Scottish Journal of Theology* 48 (1995): 55-78.

11 *Baptism, Eucharist and Ministry*, Faith and Order Paper 111 (Geneva: World Council of Churches, 1982), par. 18. 凯波尔非常清楚，浸入水中和浸在水下是不同的。

的外在行动已完全改变"。[12]

凯波尔区分了他所说的"归正的洗礼"和婴儿洗礼。施洗约翰的洗礼，以及成人的洗礼，都需要有一个明确可见的代表"洁净"的有力符号，以喻示重生得救。而婴儿是洁净的（林前七 14），他们的洗礼只代表属灵的新生。实际上，凯波尔区分了不同的符号，以应用于基督徒孩童和外邦人的孩童。此论调所反映的是改革宗关于盟约圣洁（covenant holiness）的概念，以及基督教国度的观念。于是，他转而讨论洗礼和割礼的关系，以及父母和会众的责任。接着，凯波尔用完全当代性的语调，坚称洗礼是一个教会事件，必须在会众中进行。同时，是否可以为某人施洗的决定，不应由牧者独自决定，还需教会长执会的同意。

凯波尔关于洗礼章节的第二部分主要探讨洗礼礼仪的实践，同时也交织着一些具体问题。例如，他提到有些母亲为了避免蒙羞受辱，冒用已夭折孩童的出生证，为私生子洗礼。此外，他也讨论了在洗礼中若由一位女性而非男性抱着婴儿，是否会更好。因此，这让读者会轻易忽略凯波尔的重点，比如："从礼拜仪式上说，洗礼应在全会众都能看到的地方进行。"[13] 这个要点再次重申了洗礼是教会活动。

凯波尔确信，参与洗礼的人应对礼拜仪式有信心。礼仪若被正确地举行，就会不言自明地达到一切需达到的目的。因此，他认为不需要长篇大论的讲道。荷兰礼仪中的阐释应当让它对全体教会自行言明，而不应由牧者用最近学到的神学取而代之。因此：

> 单是朗读洗礼的礼拜仪文已能精妙地解释信仰的主要真理。此外，当这礼拜仪文不是流于形式地读出来，而是庄重而缓慢地念出来时，因而无人可以说没有传讲上帝的圣言。这个宣讲是美丽和庄严的。加上祷

---

[12] 见本书 388 页。
[13] 见本书 401 页。

告，洗礼的礼拜仪文构成一个对真理非常有指导性、
深思熟虑和纯粹宣告性的解释。虽然这礼拜仪文不是
一场涵盖全方位的讲道，但它确是此类中的瑰宝。[14]

在理论上，凯波尔所言是重要的。然而，正是因为 16 世纪注重解读的环境，自由派人士期望做一些改变。解读和劝诫取代了礼仪和祷告的程式，这是改革宗敬拜礼仪中的一个普遍问题，在改革宗传统中尤为明显。然而，东西方教会古典礼仪的深度结构，透过礼仪的戏剧来宣扬洗礼的意义，并且以不受时间限制的方式如此行，这是解读和劝诫难以达到的。[15] 然而，若一个教会在平衡、庄严的解读上达成一致共识，牧者就应当相信教会的群体智慧，而不应只诉诸他自己的独特解释。

既然洗礼应在会众中进行，会众也要见证此礼仪，凯波尔提倡应当使用洗礼池，而非洗礼盆来施洗。实际上，洗礼池是个永久性的提醒，让会众想起他们自己的洗礼；这是一个可移动的洗礼盆无法达到的。至少在美国处境中，这种提醒还是非常有必要的。甚至在有些确有洗礼池的教会中，这些池子只不过是装饰性的水盆，很少有人会想起洗礼之事。

凯波尔认为，洗礼礼仪中包含两部分讲论。第一部分包括解释说明、祷告和感恩，面向全体会众；第二部分包括劝诫、应许和施洗，面向受洗婴儿的父母。然而，洗礼是个教会性事件。凯波尔的这种划分非常明确，却难以体现这一事实。因为，应许和施洗的部分也会继续提醒全体会友：重温在受洗时所领受的应许、回想在基督里被不断洁净的生命。此外，凯波尔也注意到，在伦敦的荷兰人教会，拉斯科为洗礼撰写了开首简介。他认为这是非常有帮助的。

---

[14]　见本书 405 页。

[15]　参 Bryan D. Spinks, *Rituals and Theologies of Baptism: From the New Testament to the Council of Trent* (Aldershot: Ashgate, 2006); *Rituals and Theologies of Baptism: From Luther to Contemporary Practices* (Aldershot: Ashgate, 2006)。

在"洗礼的行动"的段落中，凯波尔再次违背了自己的逻辑，而屈从于彼时的做法。他重提洗礼方式的问题，即浸水礼、浇水礼和洒水礼。他不反对浸水礼，只是注意到浸水礼已经被其他方式取代。尽管他解释了浇水礼的象征意义，但更倾向于洒水礼，因为浇水礼常常会让孩童不适，并放声大哭。凯波尔若能深入思考一下，就会发现洗礼本身就是令人不适的，那么他就会删去这种过于敏感的评价，而给予浇水礼更大的支持。洗礼的仪文，或施洗时所说的话，是三一程式的。不过，至于是浇水或洒水一次还是三次，凯波尔觉得应遵从各教会的习惯做法。

凯波尔认为，应尽量避免为某人重新施洗，也应该认可其他教会的洗礼。因为，基督教会的合一，正是建立在洗礼和《使徒信经》这一群体的根基上。这样，他走在了时代的前列。然而，凯波尔也认为，在洗礼时没有必要叫出受洗婴儿的名字，也无需提到孩子的名字。这种想法略显古怪。因为尽管凡受洗者都是奉三一上帝的名受洗，都是披戴主耶稣基督，但是每一位是按着上帝的形像被造，都是基督为之而死的个体。凯波尔坚持，在洗礼的末了，应有最终的感恩（可能有些牧者将其省略了）。他认为这段感恩中包括了一段话，"明确地将这位恩约之下的孩童分别为圣"。同时，这感恩面向上帝，而正是三一上帝（而非牧者）为人施洗并印署。此外，感恩也假定了这位受洗的孩童已经与基督相连——而教会只为上帝的孩童施洗。

关于成人洗礼，凯波尔只是一笔带过。他指出成人洗礼的对象是那些在孩童时未接受洗礼的人，而不是从伊斯兰教或犹太教中皈依基督教的人们——实际上，教会并未有这种仪式，而且他建议教会应专门为此类情况设立一种仪式。关于是否应在洗礼时赶鬼的问题，曾与路德主义者有长期论战。凯波尔坚持认为，若受洗者来自于其他宗教，就有必要赶鬼；若受洗者的父母是基督徒，就大可不必。梵蒂冈第二次会议之后的"基督教成人入教礼仪"（Rites of Christian Initiation for Adults）讨论到了这个问题，并做出如下规定：

若归信者以前信奉邪恶势力，则需在洗礼中为其赶鬼。

最后，凯波尔也探讨了平信徒施洗的问题，这其实也是紧迫性施洗的问题。因着恩约神学，洗礼并非被认为是救恩的必要条件。因此，改革宗神学家并不认同以下奥古斯丁式观念，即未受洗就夭折的孩童是受咒诅的。此外，作为圣礼，洗礼当然属于被设立的圣言和圣礼的服侍。凯波尔注意到，若一个教会认为洗礼是**带来**恩典，就会在危急时刻允许平信徒施洗。而在改革宗的传统中，洗礼是**见证**恩典，因此紧迫性的平信徒洗礼完全没有必要。因为，若一个婴儿尚未接受洗礼就夭折了，他所失去的仅是恩约的印记，而不是参与恩约的事实。然而，这种论调的影响是，改革宗教会中的父母们觉得洗礼并不重要。这就造成一种进退维谷的局面：若教会教导洗礼的重要性，就会凸显平信徒施洗的必要性。鉴于此，凯波尔提出一个要求，清楚有力地做出总结："因此，改革宗教会有责任并被呼召迫切地去保持已受洗的人对洗礼的回忆，提醒他们在圣约印记上已得的安慰，并且引导他们继续完成直接源于洗礼的全新顺服的责任。"[16]

总而言之，凯波尔对洗礼的评判，是从一个深谙自己教会礼仪传统之人的角度出发。同时，他也看到 16 和 17 世纪的文献囊括了正统改革宗信仰；而这一信仰已被 18 世纪的理性主义和 19 世纪的浪漫主义所侵蚀。从今天礼仪研究的标准来看，他可能被批判并未离开自己的传统太远；诚然，他甚至对别的改革宗礼仪也毫无兴趣。然而，他认为荷兰教会中的民族主义文化是一种回归正统的努力，并要恢复对教会礼仪的自信。而要达成这些目标，最好的方法就是寻得荷兰教会的立足之本。这不仅包括彼得勒斯·达森（Petrus Datheen）和从前教会全国总会议对敬拜礼仪的修订，甚至也包括伦敦的奥斯丁修士简·拉斯科和马丁·米克隆（Marten Micron）。影响 20 世纪晚期西方教会的敬拜礼仪运动，往往都对历史和回溯饶有兴趣，却往往过犹不及。这种反应也情有可原。毕竟，现代做法

---

[16]　见本书 439 页。

的驱动力都应是神学洞见，而非历史先例。然而，问题在于，神学洞见极易沦为神学议题和一时的潮流——只为成为时尚话题，而不是高举圣灵上帝。凯波尔注意要让历史和神学之间有紧密的对话。因为他知道，若要改良礼仪传统，一个人首先必须了解此传统。这种历史和神学的平衡，为批判礼拜仪式者树立了良好的榜样。

亚伯拉罕·凯波尔：
开拓型礼拜仪式学家、改革宗教理学家、荷兰美学家

杰弗里·温赖特（Geoffrey Wainwright）

　　亚伯拉罕·凯波尔的《我们的敬拜》，主要由一系列关于敬拜的短文组成。在 1897 年至 1901 年间，这些文章发表在名为 *De Heraut* 的荷文报纸上。书中还有一些较长的篇幅是关于"教会庆典"的（即，主日圣礼、按立和婚礼），这些文章在 1911 年该书结集出版前写成。在该书中，我们可以看到在 20 世纪的第一个十年，这位荷兰归正众教会（建立于 1892 年）的领军人物，因其对这些议题和实践方法的探讨，引起了教宗厄斯十世(Pope Pius X)的注意。在荷兰周边，众多人士也对这些议题深感兴趣：比利时教区的神父、有"事奉者的牧者"之称的伯朗·比欧度（Lambert Beauduin）和本笃会修士（1873-1960）。1909 年，这些修士在梅赫伦举行的基督公教事工大会发表了题为《教会真实的祈祷》（*La vraie prière de l'église*）的演讲。传统上，这个演讲被视作基督公教"礼仪运动"

的开端。我对凯波尔《我们的敬拜》的评价，有以下三个部分组成：
（1）凯波尔作为历史的先驱，引发了教会对敬拜礼仪开展形形色
色的改革和更新；（2）凯波尔作为神学家，在与基督教敬拜实质
有关的众多问题上，做出了重要的神学贡献；（3）凯波尔提出了
实践性建议，指导人们卓有成效又引人入胜地、以合宜的方式施行
教会礼仪。我是从一位成长于英国循道会的牧师和神学家的视角，
来评价这部基于荷兰改革宗传统的作品。不过，自从 20 世纪 60 年
代，我就参加了"礼仪协会"（Societas Liturgica）。这是一个由
该领域的学者和实践者组成的国际性和普世教会性组织。同时，我
也参与了附属该协会的期刊《礼仪研究》（*Studia Liturgica*）的工作。
该联盟和期刊都由荷兰改革宗的牧师韦伯·沃斯（Wiebe Vos，1921-
2004）建立。我也在"信仰和圣秩圣事"（Faith and Order）方面
参与撰写了所谓利马文献（Lima text），即《洗礼、圣餐和事工》
（*Baptism, Eucharist and Ministry*；1982）。此外，作为一位系统
神学家，在我的教导生涯中，凡事也尽力"从礼仪的视角"出发。

1. 历史地位：敬拜礼仪先驱

　　纵览全书，凯波尔最喜欢用"信徒的聚集"来描述敬拜的会众。
一方面，他重温了宗教改革认信对教会的定义："所有圣徒的聚
集"（《奥格斯堡信条》，第 7 条）、"神圣的信徒相交"（《瑞
士第二信条》，第 17 条）、"信徒的聚集"（《加利克信条》，
第 27 条）、"由真正信徒组成的教会和团契"（《比利时信条》，
第 27 条）、"信徒的教会"（《圣公会信仰纲领》，第 19 条）。
另一方面，凯波尔预示了基督正教神学家尼古拉斯·阿法纳西耶夫
（Nicholas Afanasiev，1893-1966）的名言——圣餐是"众人聚集

的圣礼"。此名言被另一位基督正教人士亚历山大·施曼（Alexander Schmemann, 1921-1983）发展为"国度的圣礼"（这个短语是他著作《圣餐》的副标题）。[1] 1963 年的梵蒂冈大会在其《神圣礼拜仪式宪章》（*Constitution on the Sacred Liturgy*）中，提到"教区的礼仪生活应以主教为中心，尤其是要在该主教的教堂中举行"，并以此作为教会的首要彰显（praecipua manifestatio ecclesiae）："教会的首要彰显是借着上帝的全体圣子民积极参与礼仪性庆典，尤其是参与同一个圣餐、同一个祷告，由同一位主教在长老和牧者的环绕下，在圣坛上主领这些圣礼（《神圣礼拜仪式宪章》，41 页）。伯朗·比欧度将礼仪性聚集视作信徒群体的首要形成方式。尼乌查特（Neuchâtel）的实践神学教授让·雅克·冯·奥曼（Jean-Jacques von Allmen, 1917-1994）是凯波尔的改革宗基督徒同道。20 世纪 60 年代，他在"信仰和圣秩圣事"方面也有很大影响力。他用 systolé 和 diastolé 这两个术语描述礼仪性聚集；这两个词意为心脏规律性的收缩和扩张，吸入和呼出教会，聚集敬拜和分散进入生活并做见证。[2] 显然，凯波尔看到了敬拜礼仪中这种双向的动作，例如第三章有关"敬拜的操练"的段落（60 页），或第三十章"圣言敬拜的完结"（363 页）；[3] 相似的词句也出现在利马文献的圣餐部分（第二部分 D 和 E 小节）：圣餐是"信徒的相交"和"国度的盛宴"。[4]

　　鉴于当代教会面对"现代主义者"的冲击，凯波尔时常引用"古圣先贤"的例子，以寻求改革和更新敬拜礼仪。这些先辈首先是指

---

[1]　N. Afanasiev, "Le sacrement de l'assemblée," *Internationale Kirchliche Zeitschrift* 46 (1956): 200-213; A. Schmemann, *The Eucharist: Sacrament of the Kingdom* (Crestwood, N.Y.: St. Vladimir's Seminary Press, 1987).

[2]　J.-J. von Allmen, *Worship: Its Theology and Practice* (New York: Oxford University Press, 1965), 55-56; cf. *Essai sur le Repas du Seigneur* (Neuchâtel: Delachaux & Niestlé, 1966), 111-16.

[3]　从此处开始，引用凯波尔《我们的敬拜》之处，都标注出本书的页码。

[4]　*Baptism, Eucharist and Ministry*, Faith and Order Paper no. 111 (Geneva: World Council of Churches, 1982).

荷兰的改教者，当然也会追溯至使徒时期的人物。有时，他将这两个时期并列齐观，并用颇为浪漫的文笔加以描述：

> 这就是使徒时代，以及很久之后的16世纪宗教改革最初几十年的情况。反复阅读使徒书信，加之《使徒行传》所告诉我们的关于新兴教会的生活，你会发现，除了对属灵问题的关注外，几乎找不到任何其他内容。当时还没有教堂，没有礼服，没有既定习俗，没有固定的礼拜仪式，你也读不到任何关于乐器的信息。一切都顺理成章地发生，并且崇拜参与者的全部精力都集中在讲道、祷告和诗歌上，都只关注这个简单的三部曲。即使会施行洗礼，会行圣餐掰饼之礼，会在执事就职时行按手之礼，但你并不会发现任何固定形式。以福音的宣讲为中心，其他一切都有条不紊、自然地开展。（377页）

在 20 世纪的礼仪运动中，一些基督新教教会也如此追溯：路德宗信徒在马丁路德的思想中找到"神圣敬拜"（Gottes-dienst）的概念，借此上帝先服侍我们，为的是我们可以转而侍奉祂。与此相仿，循道会信徒也重拾约翰·卫斯理 "每个主日都应领圣餐"的原则。[5] 不过，众教会的敬拜礼仪改革和更新都非常关注教父的作品和做法，这就将礼仪运动纳入了普世教会的范畴，继而使不同教会可以彼此借鉴。从纵观历史的角度而言，教父作品尚未进入凯波尔的视野（在 20 世纪 20、30 年代前，也未进入其他人的视野）。不过，从凯波尔同时期来看，他可以写出如下字句："英国国教是一个对基督公教前后矛盾、半心半意的模仿。"（140 页）他还有如下论述："在复兴教会礼拜仪式的道路上，我们根本不用转向德

---

[5]   出于 1784 年 9 月 10 日 "致美国的弟兄" 的信件，收录于 John Telford 编著的 *The Letters of John Wesley*, vol. 7 (London: Epworth, 1931), 239 页。

国教会礼拜仪式的议程，更不用遵循《公祷书》（*Book of Common Prayer*）。"（75 页）

　　其实，凯波尔采取了一些尝试性举措，对一些教会而言是有序读经的恢复，而对另一些教会而言是经文选集的重构与扩充。他在这些举措中预见了普世教会的趋势。面对他那个时代荷兰教会的现状，他甚至需要大声疾呼："《圣经》诵读也该有正当的地位"，不仅仅"只是在聚会开始之前"（通常，只有在讲员登上讲台时，人们才觉得聚会正式开始），也在"《圣经》诵读不该在崇拜之前草草了事，它在崇拜之内，也是崇拜不可分割的一部分，所以没有读经的崇拜似乎是不完整的"（165 页）。凯波尔也注意到，"在过去"，教会每周的读经都选自"先知书、福音书和使徒的书信"：

> 教会因此确保每年以最庄严的方式向会众宣读《圣经》中最动人的段落，作为最真实的上帝的圣言。这一切都不是随意进行，而是按照主日顺序在所有相关教会以同样的方式进行。所有人都会知道，他们正在听一段经文的时候，同一段经文也在众教会被诵读。这样，上帝在每个主日早晨对众教会说同样的话。
> （294页）

　　凯波尔认为这种做法很有价值，因此他盼望能够恢复在改教时期被束之高阁的 "教会年历"。尽管"对于《圣经》诵读，这样的安排尚可遵守"（322 页），但是他希望讲员有更大的自由，可以依据个人和当地教会的具体情况选择要传讲的经文。毫无疑问，针对一些特殊事件和处境，讲员会优先选取一段经文，以此建立自己要传讲的信息。但是，若当天的讲道和日常的读经完全脱节，那么这是非常可惜的。

　　实际上，这种脱节的现象违背了另一条原则，即讲道与礼拜仪式的整合。按着这个原则，凯波尔似乎已经确实预料到之后的礼仪运动。凯波尔在他的改革宗群体中所盼望的，和基督公教教会的改革实践别无二致。尽管，这两个团体是从完全相反的方向出发，却最终殊途同归。他如此写道：

> 读经之后就是讲道，这也必须纳入整个礼拜仪式中。认为礼拜仪式只适用于讲道前和讲道后，而不关乎讲道本身的观点是错误的。人们最多只能承认，可从广义和狭义上谈及礼拜仪式。广义的礼拜仪式包括整个敬拜，狭义的礼拜仪式仅仅是指在讲道之前和之后的敬拜部分。（297页）

因此，凯波尔提升礼拜仪式中"其他"元素的位置，将其和讲道一起融入同一个敬拜活动。基督公教也有类似的做法：第二次梵蒂冈大会的宪章中，与圣礼有关的章节就将讲道的地位提升，作为"圣礼的一部分"（pars ipsius liturgiae）。[6]

2. 神学地位：改革宗教理学家

"教会聚会不仅是会众自己的相聚，而且是寻求与他们的上帝会面。"（55页）凯波尔采用了一个双重的意象，以描述教会敬拜是信徒聚集在一起与神相遇。首先，"在旧约中，会幕即是'会面的帐篷'（'ōhel mô'ēd）。……在这个帐篷里，**上帝与祂的子民会面**。上帝既是象征性地，也是真实地居住在至圣所里的施恩座上。会幕所在的地方，就是祂安息之处，大祭司在百姓面前，代表他们进入圣所觐见上帝，与耶和华会面"（55页）。在凯波尔描述基

---

[6] *Sacrosanctum Concilium*, 52.

督徒敬拜时，"会幕"是一个很重要的类别："当属基督的会众恒常来到在上帝面前，不断寻求祂的面，在祂圣洁的临在中相聚，并确实明白聚集的目的时，聚会的地方就真正成为**会面的帐篷、主的会幕、上帝的圣殿**。"（56 页）其次，凯波尔也同样认为，基督徒是"借着上帝羔羊献上的挽回祭能再次亲近上帝……他们不是自己去亲近上帝，而是被独一的大祭司引领到父上帝面前"（59 页）。因此，如今的景况是"基督升到高天，从殿的幔子进入一个更好的、非人手所造的帐幕。在那个圣所，基督在祭坛前服侍"（139 页）。圣所"现已升入高天"（140 页）；"地上所有的信徒都站在下面的前院，观察上面发生的事，并在他们的经历和感受中认同天上的神圣仪式"（139 页）。在这段文字中，凯波尔三次用到了"观察"这个词。这令人有些费解，尤其是他在上文中已经提到，"基督所做的这个工作不是肉眼所能见的，而是一个透过信心之眼才能看见的奥秘"（59 页）。简而言之，基督徒的敬拜是在双重场所中进行：既在地上的"会幕"，又在"天国的前院"。我们对此有所疑惑不明：这两个地方，以及这些敬拜的行动，以何种方式相互联系呢？

　　凯波尔坚称，基督徒可以唯独"靠着基督的名"聚集（59 页）。而在彼得·布伦纳（Peter Brunner）关于〈教会奉耶稣的名聚集敬拜〉的文章中，总是使用"奉"（in）这个介词。[7] 这两个不同的用词，也许能反映出路德宗和改革宗对《迦克顿信经》中属性相通（communicatio idiomatum）有不同的诠释。不过，《马太福音》十八 20 可作为明确的佐证。当两三个人聚集，在上帝面前奉主耶稣的名祷告时，圣子就"在他们中间"（en meso）。基督同在的方式是多重的，例如第二次梵蒂冈会议的《宪章》第七段中关于圣礼部分的以下阐述：

---

[7]　"Zur Lehre vom Gottesdienst der im Namen Jesu versammelten Gemeinde," in *Leiturgia: Handbuch des evangelischen Gottesdienstes*, vol. 1, ed. K. F. Müller and W. Blankenburg (Kassel: Stauda, 1952), 83-364（英译本：*Worship in the Name of Jesus* [St. Louis: Concordia, 1968]）.

> 在弥撒中，耶稣借着祂的仆人与我们同在，"借着司铎的侍奉，曾在十架上奉献自己的那一位如今又将自己献上"。不仅如此，祂也临在于圣餐的饼与杯中。此外，因其大能，祂临在圣礼中。因此，当人为他人施洗时，基督也亲自施洗。祂临在于祂的圣言中，当《圣经》在教会中被诵读时，祂也亲自说话。最后，会众祷告、唱诗时，祂也同在，因祂如此应许："有两三个人奉我的名聚会，我就在他们中间。"[8]

　　凯波尔至少在一处与圣餐有关的地方，提供了一些线索，可帮助我们回答有关双重意象和基督同在的问题。他认为，"加尔文竭力反驳对圣礼属灵意义的侵蚀，并强调主晚餐桌上的基督，用祂被钉死的身体和流出的血，真的喂养和滋润了信徒"（478 页）。紧接着，他援引《比利时信条》第 35 条，并如此论述：

> 尽管耶稣作工的方式超出我们的理解，并难以明白，就如圣灵以隐藏和难以理解的方式作工，但我们可以肯定，耶稣基督设立圣礼一举并非徒然，因为祂借着这些神圣记号（holy sign）所代表的事物，在我们里面作成祂所有的工。可是，当我们称我们所吃、所喝的乃是基督的自然的身体和血时，这种说法也没有谬误，只是我们如此吃喝，并不是用口，乃是通过信心，借着圣灵吃喝。……这是属灵的筵席，藉此基督将祂自己连同祂一切好处分赐给我们。（494页）

凯波尔继续论述：

> 圣礼之所以成为圣礼，并不是记号本身，而是基督透

---

[8]　*Sacrosanctum Concilium*, 7.

> 过圣灵的工作，以记号为一种途径，在我们的灵魂里
> 引发一种属灵的改变。当一个人坐在餐桌前，吃擘开
> 的饼，喝倒出来的酒时，就经历基督在他里面所作成
> 之工。……只有透过在高处俯视我们、使我们得力的
> 基督，圣餐仪式才成为我们接受和享受祂属灵恩赐的
> 途径。（494页）

到目前为止，这种双重意象依然有其意义（因基督仍"坐在天上"）；但是，圣灵论的加入会更有效果。加尔文在《论圣餐的短文》中，认为圣灵"连接"了圣餐中地上和天上的行动。[9] 在正确的三一神学中，基督和圣灵是不可分割的；当然，祂们也是不可混淆的。20世纪见证了"三一论在普世教会的复兴"。[10] 礼仪运动也参与了这场复兴。三一论的主旨在这场运动产生的神学中十分典型，而清晰明朗的三一架构是整个被更新之礼仪的标志。凯波尔对礼拜仪式的论述可以收益于更强化的三一论。

关于基督在一个合理的三一架构中临在于会众中，凯波尔言之极少，这令我深感意外。其实，在他的圣礼神学中也是如此。他不认为礼拜仪式的举动具备有效的工具性：礼仪只是符号性的，而非实效性的。或者，说得好听一点，（借用卡尔·巴特的术语），是认知性（cognitive）的，而非成因性（causative）的。因此，他认为：

---

[9]　在《论圣餐的短文》的结尾部分，加尔文的立场处于马丁路德和慈运理、奥克兰帕迪乌斯的立场之间。参 *Corpus Reformatorum*, vol. 33: *Calvini Opera*, vol. 5, cols. 433-460, 尤其是 458-460。在《基督教要义》中（4.17.10），加尔文写道："与我们相距甚远（in tanta locorum distantia）的基督的肉体，渗入我们里面，成为我们的食物。尽管这难以置信，但让我们铭记圣灵神圣的力量（arcana Spiritus sancti virtus）远超我们的一切感官，而用我们的标准来衡量祂的不可测度性是多么愚蠢啊！那么，我们心思所不能理解的，就让信心来如此构思：圣灵真的联合在空间中分离的万物（vere unire quae locis disiuncta sunt）"；参 *Corpus Reformatorum*, vol. 30: *Calvini Opera*, vol. 2, col. 1009; 英译本：Calvin, *Institutes of the Christian Religion* (Philadelphia: Westminster, 1960), 2:1370。

[10]　参：我以此标题的文章，发表于 *One in Christ* 34 (1998): 95-124 页。

> 施行洗礼是一个象征性的，而非真实的行动。……改
> 革宗教义对此有清楚论述。……在这一点上，我们有
> 别于基督正教、基督公教、甚至一些路德宗教会。根
> 据我们的认信，人们在施行洗礼中的行动纯粹是象征
> 性的。"（386页）[11]

奥古斯丁所持的原则是，当彼得、保罗或犹大为某人施洗时，"乃是基督在施洗"。[12] 既然凯波尔如此看待洗礼，奥古斯丁的原则又该如何理解？（当初这个原则是为反对多纳徒而提出，不过其意义绝不仅限于此）。奥古斯丁将圣礼的特性描述为"可见的圣言"（verba visibilia），加尔文对此极为赞同。[13] 20 世纪哲学的发展，已经为礼仪神学提供了诸如"行为语言"和"言说 – 行动"之类的概念。[14]《圣经》启示了一个真理，我乐于称之为"圣言的厚重度"（the density of the dabar），即上帝的圣言不仅是借着听觉，也通过视觉、触觉和味觉，临到我们和所有受造物。[15] 鉴于此，凯波尔认为圣言和圣礼表达"两个完全不同的侧重点"（153 页），实在是难掩其瑕。[16] 更加令人惋惜的是，他还认为"圣言的服侍"和"教会的礼仪"（圣礼就是其中之一）之间有"根本差异"（380 页）。最令人吃惊的是，在同一章的〈敬拜中的圣言和礼仪〉（Word and Ceremony in Worship），凯波尔认为至少在敬拜中"向上"的层面，"一个人由灵魂和身体组成。若是敬畏上帝，则需通过两种方式表

---

[11] 凯波尔甚至说："按着我们的气候……点水礼就足矣"。（156 页）

[12] Augustine, *On John's Gospel*, tractate 6:7, 基于约翰福音一章 33 节 (Patrologia Latina 35:1428)。

[13] John Calvin, *Institutes* 4.14.6, 援引 Augustine, *On John's Gospel*, tractate 80:3 (Patrologia Latina 35:1840)。

[14] 请注意，J. L. Austin 的书就用了一个发人深省的标题：*How to Do Things with Words* (Cambridge: Harvard University Press, 1962).

[15] 参我的著作 *Our Salvation: Two Approaches to the Work of Christ* (Grand Rapids: Eerdmans, 1997), 1-96, "Senses of the Word"。在那里，我论述了我们的身体感官作为接受上帝启示和作出人的回应的途径。

[16] 此处上下文是讨论教堂的建筑。

达其宗教情感——言语和行为"（376 页）。即使在此处，他也做了如下区分：言语关乎一个人的"灵魂"，而行动关于此人的"感官"。虽然他在其他地方讨论屈膝认罪祷告时，又颇为正面地说这是"身体与灵魂融洽的协作"（258 页）。可见，在某种程度上，凯波尔对敬拜中灵魂、内容和形式之间的关系有较为正面的看法。

不过，身为卫理公会的信徒，我对另一个议题甚感兴趣，因其折射出凯波尔对改革宗的拥护。他非常明白，"对礼拜仪式的研究不仅要问应该做什么，还要问当以怎样的顺序和在怎样的背景下进行活动"（240 页）。在此，他极其关注礼仪架构中"诵读十诫"和"诵读《使徒信经》"的重要性。[17] 显然，在他的教会环境中，这两个诵读环节通常放在传讲上帝圣言之前的预备部分。在认罪祷告之后，有赦罪礼或赦免确据礼。而这两个环节就是对以上礼仪的回应。凯波尔对这种做法表示赞同。不过，他也强调，其实最佳的做法是将其放在讲道之后。因为，

> 《使徒信经》……是对讲道的回应——是会众听到上帝的福音时，由心而起、由嘴而出的"阿们，我们信"。因为信心由听道来，听道由上帝的话来。……在信徒的聚会中，十诫与上帝的感恩法则，即对日常生活的感恩法则相呼应。……所以当他们离开教会进入日常生活时，让他们听到感恩的法则，即十诫，是如此合乎逻辑和自然。（245页）

在受到礼仪运动影响的圣礼架构中，《使徒信经》用来回应已经诵读和传讲的圣言。[18] 更具煽动性的举措至少会出现于一些允许

---

[17] 例如，239-246 页，285-287 页。

[18] 美国有些卫理公会依然将《使徒信经》放在讲道之前。例如，19 世纪末的循道主教教会和南部循道主教教会。显然，这是"教会自我身份的声明"。参：Karen B. Westerfield Tucker, *American Methodist Worship* (New York: Oxford University Press, 2001), 15-16。

在安排设定敬拜上有一定灵活性的教会。这个举措就是，有时在聚会的末了重温律法，也许是借着重提十诫（显然不仅在礼仪层面，而且在其他层面，这种做法也不再受人欢迎）；或至少提到主耶稣说爱上帝、爱邻舍的律法总纲；或者（可能可以作为一种更加柔和、宽容的替代做法），为会众祝福（就如 1689 年的礼仪草案所倡议的，该草案尝试使英国长老会和圣公会复合）。[19] 鉴于循道会成圣主义的传统，其信徒应支持接受感恩的伦理（如《海德堡要理问答》所列出的），也要尝试将"律法的第三种应用"作为生活的指引。

3. 切实可行的建议：荷兰美学家

凯波尔断言："荷兰人本性上并不是高贵形式的爱好者。"（73 页）然而，在一定范围内，他还是非常关注美学。在这方面，他领先于自己的晚辈，同为神学家、礼仪学家、政治家的杰拉尔杜斯·冯利厄夫（Gerardus van der Leeuw, 1890-1950）。[20] 凯波尔引用《诗篇》五十 2："从全美的锡安中，上帝已经发光了。" 他也援引了旧约的例子，如此宣称：

> 美感和我们爱美弃丑是上帝亲自烙在我们人性里的。……上帝亲自命令美的规范要被尊重。敬拜的规矩在以色列被建立不是作为一种暂时的象征，而是永

---

[19]　参 T. J. Fawcett, *The Liturgy of Comprehension, 1689: An Abortive Attempt at Revising the Book of Common Prayer* (Southend-on-Sea, Essex: Mayhew-Mc-Crimmon, 1973), 101-103。

[20]　G. van der Leeuw, *Liturgiek* (Nijkerk: G. F. Callenbach, 1940 and 1946); *Vom Heiligen in der Kunst* (Gütersloh: Carl Bertelsmann, 1957), 英译本: *Sacred and Profane Beauty: The Holy in Art* (New York: Holt, Rinehart and Winston, 1963).

> 远立定，上帝也确实为这一更高的目的赐下才干。因
> 此，当我们布置和装饰我们的敬拜场所，并在其中开
> 展活动时，我们没有正当的理由使自己免除落在我们
> 所有人身上的义务，那就是不仅去追问什么是真，什
> 么是善，还要问什么是美。（114页）

只有与真理和良善所在处境严重脱节时，对美的追求才成为一种错误。因此，这就涉及敬拜的形式、内容和精义的问题。

凯波尔非常清楚，敬拜的内容和精义，也就是敬拜具有的良善和真理，远胜其形式和潜在的美："（灵修是指）属灵不可见与可见物质两者之间的关系；重点总是放在属灵方面，因为属灵方面是首要的。"（71页）不过，真正的灵修是合乎真理的。言辞也是需要的，因为"适当的字词来传递祷告性的思想"（72页）。这种说法回应了加尔文和拉斯科"在教会里宣讲的神圣并经深思熟虑的圣言"，也回应了主祷文的内容（74页）。此外，"在祷告中或闭上眼、双手合拢，或站立，或保持就坐，或下跪。虽然身体参与灵魂的表达在讲道和唱诗中可能较不明显，但是无疑是有的。讲道时的手势就证明了这一点。……所有圣言的服侍，不单是属灵表达，亦会涉及一些肢体活动"（380页）。[21] 在"一些注重敬拜感官方面的庄严仪式"更是如此，没有任何动作"不会在没有相应话语文字时单独出现"："在我们的敬拜礼仪中，尚无哑剧。"（380页）

对凯波尔而言，为了服从敬拜的内容和精义，敬拜的形式非常重要。譬如，他提到了有关教堂应当以合宜的方式修建，以容纳"信徒的聚集"，并为其活动提供场所。例如，合理地分配空间、布置教堂，以便进行读经、讲道、洗礼和圣餐等一系列活动。不过，我更注意他书中所提到的敬拜的实际操作和言辞的构成部分。因为，在使徒的教导中，美学的范畴不外乎是"凡事都要规规矩矩地按着

---

[21]　中注：英译本这段内容并不符合荷文原版。中译本此处直接引用了修改后的中译文。

次序行"（林前十四 40）。当今的敬拜带领充满活力和娱乐表演的成分，凯波尔的许多实用性见地依然毫不过时。

在第六章，凯波尔认为"带领有意义的公祷的艺术"需要牧养、学识和语言等方面的恩赐（79 页）。因为"自由是祷告的基本要素"，"自由的祷告"可能是"优先的"，但在公开聚会中并非总是"可能"。因此，"礼拜仪式的祷文"是需要的。这种祷告"是从历世历代教会的怀中孕育而出。这些千百年来从心灵至深至圣处所发出的呼声，其模式和情感的流露必须代代相传，并能对灵魂对话。……祷文中的语调、用词和内容都应该超越任何自由祷告，使我们沉浸在圣徒相通的溪流中"（87 页）。凯波尔对"圣公会公祷书"大为赞赏，因为采用了"专注于一个问题的简短祷告的祷词"（84 页）。也许，这可以使人从"洋洋洒洒长达 15 分钟的"祷告中得释放（79 页）。

诵读经文也是一种"艺术"，其中"准备和练习"是必不可少的：

> 好的诵读最重要的是朗读得好，尤其是当众诵读《圣经》，是一门真正的艺术，无人天生拥有，要避免一切口音，吐字清晰，重读和语调到位。诵读必须冷静庄严，但不能矫揉造作或展现戏剧才华。读者举止应该安静严肃。诵读的方式应该让每个人都能跟上且深受吸引。只有通过系统练习且经常沉浸于为敬拜而诵读之人，这才可能实现。（204-205页）
>
> 这就是为什么未经在家中仔细研读这段经文的情况下，读经员绝不能在信徒聚集中诵读。读经员需要知道每一节的意思，哪一个词应该重音，以及何时两节经文在处理相同的意思。他需要知道不要在一个小节结束之际停顿，他必须正确地念出名字。……如果所有在公众面前进行宣读之人都要做如此准备，那么对于我们所能想到的地球上最神圣的诵读，岂不该有更多的要求吗？（295页）

　　凯波尔认为，"上帝在会中说话"的方式有两种。第一种是直接的方式，"上帝亲自透过袖的圣道并在圣道中说话，没有人为的补充、解释或应用"，因此"诵读《圣经》有崇高的意义"（294页）。第二种是间接的方式，"透过牧师对上帝圣言的解释和运用"（294页）。因此，在讲道时，"牧师更要创造出他自己思考和反省、努力和默想的成果，并把它呈现给会众"（298页）。讲员必须要认真预备，但也不应"诵读讲章"；"一位牧师必须与他的观众保持生动的联系。他必须展现出活泼的见证"（316页）。作为"上帝的使者"，讲员"向会众宣告、命令某些内容，并代表差派者将这些内容系在会众的心上"（337页）。但是，讲员也是"弟兄出现在弟兄和姊妹之中，他们与他同属于基督的大家庭，分享同样的神圣信仰"（352页）。因此，讲员"首先要对自己讲道。他的讲道必须先抓住自己的灵魂，并且必须是上帝对自己灵魂的见证"（337页）。如此，从他自己"受感的心"产生了他那"令人感动的讲道"；这讲道会激发"教会成长"（340页）。显而易见，讲道也是一种"艺术"。

　　凯波尔对唱诗和其他音乐活动又有何高见呢？受其优良的改革宗传统影响，对凯波尔而言，《诗篇》占据首要地位，应被反复吟唱。其余"人所谱写的"诗歌要谨慎对待，但也被许可。但是，对于那些尽管已有百年之久，却未被认可的福音歌曲，凯波尔认为它们只不过是"镀金锡与真黄金，诚然不能相比"（96页）。"只有一位与上帝亲近，并在上帝的恩典下成为改革宗的信徒，才能为改革宗的教会写歌。"（97页）然而，我们也可"从早期教会和宗教改革的宝库中选取一些圣诗，加入我们的诗歌本"（97页）。

　　遗憾的是，"会众必须歌唱，但在加尔文主义特别强烈的欧洲北部，人们通常唱得既不协调也不准确，他们也不擅长发出悦耳之音"（127页）。尽管如此，用诗班领唱依然不是明智之举。因为，"诗班很容易组织起来，但诗班通常专注于艺术，很少关注灵性和内容。很快，在唱诗班美妙声音的诱惑下，会众保持沉默，以便更好地聆听诗班的歌声"（128 页）。因此，用管风琴伴奏是更佳选择，只是要注意"不成熟的风琴手，既不了解艺术的要求，也不了解敬拜仪式的神圣性，才会不断地为高举自己殚精竭虑"（128 页）。从正面的意义而言，"如果教会希望音乐能作为艺术独立地荣耀上帝，音乐应该是最好最精致的，你所能想象最完美的。感动我们心灵的是云雀啁啾而非麻雀叽喳，画眉夜莺呖呖而非乌鸦八哥哑哑。当音乐本身作为敬拜的一个部分需要时，它必须很出色"（118 页）。凯波尔对福音歌曲演唱家桑基（Ira Sankey）评价甚高，因为他"首要关心的不是旋律，而是歌词"（226 页）。但是，凯波尔并不认可"独唱者重回美国的教会敬拜"的举动；在美国的教会中，"歌剧演唱家，无论男女，被大量雇用。有人通过提供更多的钱来哄骗歌手，而对他们的信仰和教会立场都不予重视"（229 页）。

最后，关于着装的庄重程度和带领敬拜的仪态，凯波尔曾提到："美国偶有一个自由教会，所谓的牧师在一个温暖的夏日午后脱下外套，穿着衬衫主持圣餐仪式；有时两张桌子中间有一张沙发，他可以舒服地坐在上面。"（133 页）若凯波尔看到一个世纪后的"当代敬拜"，不知他会作何评价。

读凯波尔《我们的敬拜》有感

尼古拉斯·沃尔特斯特洛夫（Nicholas Wolterstorff）

　　即使对凯波尔及其背景一无所知之人，在读完《我们的敬拜》后，也不会觉得此书是近期的著作。凯波尔在书中极力批评的许多事情，我们大都闻所未闻：诵读经文不应在崇拜的过程中，而应放在崇拜开始之前；礼拜仪文过于复杂，甚至有些句子长达二十余行；早到的人们占据靠过道的座位、又做冗长的祷告，以至于别人要把他们推开才能进去坐下。感恩的是，凯波尔曾经奋力抵制的这些敬拜陋习，因此许多已不复存在。然而，有些陋习依然存留至今："在敬拜的话题上一直存在无休止的困惑"（41页）；"一切都变得如此单调"（203页）；"走神，试图转移目光，有些人甚至打盹儿"（306页）；"片刻宁静之后，人们感到些许放松"（307页）。

　　凯波尔涉猎某个实践，无不因其急需革新。他对谬误与需改革之处，也从不讳言。他面对荷兰归正教会的敬拜礼仪也是如此。但是，他从不乱批一气，也不随意抛出一大堆如何革新的建议，而总是围绕着某一思想，将批评与建议归纳一处，并同步推进。对敬拜礼仪的评述亦是如此。在下文，我将试图厘清并聚焦于他的核心观念。当然，这样会略过诸多有趣之处，比如凯波尔那精准的心理学观察。尽管只有历史学家才了解凯波尔所批评的敬拜陋习，他的思想却与当今世界息息相关。

我所聚焦的核心观念是：基督徒敬拜是**信徒聚集**的活动（第二章及其他地方）。因此，这不是"参加一场讲座或者文学讲读"（52页），而是我们亲自来到一个地方参加聚会。众人聚集不是因为共同的兴趣，而是因着在那个时刻，**教会**以聚集的模式而非分散的模式存在。"聚会的是会众，而在会众的聚会中，参加者是以成员的身份参与其中。"（52页）凯波尔如此评述："我们必须振兴'聚集'的概念。"（51页）

凯波尔从**"信徒的聚集"**这一核心观念出发，得出了精彩丰富的结论。上文已提到，他坚决认为，敬拜团体和参加一个讲座的听众有着本质的区别。他接着提出，若基督教敬拜的核心是参与崇拜的信徒的聚集，那敬拜的地点和建筑物就不是关键要素。"如果会众——也就是信徒们——能在一个经过特别设计、庄严而舒适的建筑物中聚会，那诚然较好。但聚会并不依赖于建筑物。"（52页）紧接着，他提出第三点：若不让聚会陷入混乱，那么参与聚集者必须有矩可循。而这些规矩应被全体聚集者共同持有，而不应被个别成员据为己有。"因此，主领的人不能任意按照自己变化无常的想法来带领聚会。相反，他与**全体会众**都要服从教会订下的一般规则，这些规则是管理会众的，也是会众想要表达的。"（53页）凯波尔提出的第四点是，聚集的主体是**信徒**，而非宗教寻求者，或教会音乐的爱好者，或四处游走满足宗教需求的人士。这是**信徒**的聚集！

以上这些也许并非惊人之语。我引述这几点是为了例证凯波尔的思想是何等丰富。不过，我们也许对他的一项提议略感吃惊：在聚会开始前，应该允许会友彼此交谈。他在一段我必须要引用的段落中生动地阐述了这一要点。鉴于联合聚集的成员是"团契纽带"，而非"讲道的牧者"，聚在一起的信徒一开始就安静，像完全陌生的人一样坐在一起，这是很不自然的。当然，一旦聚会正式开始，每个人都应该保持安静，正如所有会议一样。但没有规定在此之前人们不能彼此交谈。禁止交谈，聚会就变得相当僵硬，且被剥夺了其应有的愉快社交属性……我们在这里所说的是理想意义上的信徒聚会，"弟兄姐妹操练圣徒团契、彼此认识、彼此相爱"。分开整整一个星期，不许彼此说任何话，甚至互相点头或握手，这对他们来说是很别扭的。【在长执会成员的长凳上，情形通常有所不同。人们彼此相熟，当他们进来的时候总是彼此握手，望向彼此，并且互相问安。】你经常会坐在一个你不认识的人旁边，你们不握手，你几乎不看他，一句话也不说。当离开的时候，就好像你离开了一辆电车，你甚至不能说出刚刚和你一起敬拜的那个弟兄的样子。这种行为违反了团契，无视了所有的归属感，破坏了聚会的性质。你可以肯定，在户外"树篱敬拜"的日子里，或是在殉道者时代，都不会发生这种事。（193页）[1]

从敬拜的团体是信徒的聚集这一核心观念，凯波尔有诸多引申，我已就此略作论述。在下文，容我稍作描述其具体内容。先从敬拜的目的谈起：信徒为何要聚集在一起，而不是分散开来？他们为何要前往一个地方？凯波尔认为，他们如此行，是要"与他们的上帝会面"（55页）。因此，敬拜是"属基督的会众一同聚集，一起与那永恒之上帝会面"（57页）。"就像对家庭、家族、机构或社团一样，对永生上帝的教会来说，与上帝会面……是绝对必要和根本的。"（56页）

---

[1]　中注：此处引文加入了中译本根据荷文版补充的内容。

对凯波尔而言，这种聚集的聚会若以任何方式达到其目的，都能使人有极其感性的经历，而远非逐一行完敬拜的仪式：

> 有时候，在祷告的殿中，你对弟兄姐妹的爱激动你的心，你能够把自己从世俗事物中分离出来，你感受到自己的灵被属天的事物吸引。然后在祈祷、唱赞美诗、聆听训勉和讲道时，你感觉自己得到释放，被带进与上帝的团契中与祂会面，以致你的心畅饮于涌流不绝的溪水，你的灵陶醉于属灵之爱。当这一切发生的时候，你真切地体验到丰盛的喜乐；聚会让你感到无比欣喜、深受造就、充满力量，然后一整天你的心都在爱与赞美中度过。（57页）

然而，我们绝不可认为凯波尔的观点是"敬拜的操练不仅仅是'去教堂'而已"。相反，敬拜"必须是我们整个人生的所有思想、言语和行为中唯一重大而高贵的行动。我们永远是上帝的祭司，奉召为祂神圣的旨意效力"（61页）。当然，在信徒聚集中的敬拜有其独特性，因为你"要暂时停下日常事务，有意识地让你自己转向全能的上帝，直接向祂献上你的爱和赞美。当会众一起聚集，迎见他们的上帝并尊荣祂的时候，就正是在实践这种**直接**的侍奉、**直接**的敬拜"（61页）。

我刚刚引用了凯波尔所说的"敬拜的操练"。他说："全体会众一起参与**敬拜的操练**。这个重要的论题值得我们认真思考，因为它已经被许多人忽略了。"（60页）此处，凯波尔反对的是将敬拜降格为一个人演说、一群人聆听。他说："许多人仍然认为，教会的真正目的就是向前来聚会的人讲解《圣经》，然后给聆听者一些劝告或安慰。人们完全不了解《圣经》课程、《圣经》讨论与敬拜之间的分别。""所有礼拜仪式都是一个行动，而在此动中，牧者与会众（或某些成员）同时轮流参与。"（421页）

然而，信徒聚集时，会众不是唯一的施动者。上帝也在行动，而非只保持一个静止的临在。凯波尔在探讨问安时，提到"另一个更普遍的问题"（223 页）。关于问安，他如此写道："此乃上帝借着祂的仆人向你宣告并使你确信，祂的恩典和平安属于教会。"（222 页）因此，"问安不是来自讲坛上的人的友好愿望，他祝你一切顺利，也为你祈求'恩典与平安'。问安乃是三一上帝向你宣告祂的恩典与平安，为此使用祂所指定的仆人"（225 页）。由此，引发另一个更加普遍的问题："在敬拜聚会中，是否只有信徒敬拜上帝的行为，还是也有上帝对祂子民的行为？"（223 页）

但是请不要误解这个问题。凯波尔如此提醒道：

> 上帝的话被宣读的和传讲，百姓奉耶和华的名被劝诫和安慰，对此无人提出质疑。但信徒也可以在小组中自己进行这些活动。当他们作为一个宗教集会聚在一起时，他们可以读上帝的话，可以鼓励彼此遵守上帝的圣言。……然而，这样的聚会不同于经历主的同在，以及主以神圣的权柄对他们训诫和说话。（222页）

凯波尔如此回答：实际上，除了问安，上帝也积极参与敬拜的各个环节。接着，他感叹道，"在几乎所有改革宗和长老会教会中 …… 对职分意义之理解"行将消逝；这造成的结果是，信徒聚集被当作一场非国教的秘密聚会，而牧者在其中只是"一个告诫人们相互教化的人"（224 页）。

上帝以两种途径在礼拜仪式中说话：间接的途径是问安、赦罪、祝福祷告，以及"牧师对上帝圣言的解释和运用，也直接地透过本为圣道的上帝对会众说话"。因为在诵读《圣经》时，"上帝亲自透过祂的圣言并在圣言中说话，没有人为的补充、解释或应用。它是圣道本身的散发"（294 页）。

然而，上帝在礼拜仪式中不仅仅借着言说而行动。凯波尔花了大量的时间，批判对圣餐纯灵意化的解释。根据这种思想，圣餐"单纯是信徒作出的象征性行动，却没有基督相对回应的仪式"（493页）。他如此引述《比利时信条》："这是属灵的筵席，藉此基督将祂自己连同祂一切好处分赐给我们。"（494页）他也完全认同加尔文的观点："主晚餐桌上的基督，用祂被钉死的身体和流出的血，真的喂养和滋润了信徒。"（478页）"当一个人坐在餐桌前，吃擘开的饼，喝倒出来的酒时，就经历基督在他里面所作成之工"，将信徒与祂自己联合（494页）。因此，礼拜仪式的各个部分，以及整个礼拜仪式，都可被视作"**上帝与会众之间的互动**"（308页）。礼拜仪式是一个行动；而此行动不仅是人的行动，也是上帝的行动，是"一场上帝与祂子民的互动，会众自觉地参与其中"（509页）。

　　凯波尔从敬拜群体是信徒的聚集这一核心观念引申出许多观点。在上文中，我简要总结了这些含义。在本文末尾，我将陈述另外三点。若人们要真正成为礼拜仪式的实践者，而非仅做旁观者，那么"每个人都（必须）知道他们需要做什么，而且整个流程对于会众而言（必须）都要一清二楚"（421页）。在讨论教会中的祷告时，凯波尔反复重申这一原则。基于同样的理由，他既反对荷兰改革宗教会冗长的祷告，也反对牧者用即兴的祷告取而代之。带领祷告者应"作为发言人代表所有人，并为所有人祷告"（249页）；但是，事实并非如此。仪文式的祷告因句子极其冗长、句式非常复杂，而令人难以理解。而即兴的祷告，"听者只会按照他所听和所明白的参与其中。到那时，牧师已经在他前面了"（249页）。"这过程进行得太快了。祷告的人根本来不及理解和思考前一句话的意思，就要把新的句子听进去并在脑里消化，然后才能把它化为自己真诚的祈祷。"（79页）"如果牧师的祈祷是短句，无插入语，且他在每两句话之后稍作停顿，那么自发性祈祷是可以接受的。但是很少有牧师能够做到这一点。特别是当我们即兴发挥时，我们倾向于使用较长的句子，交错着插入语，这完全不适合人们加入"其中（249页）。

第二，在讨论与讲道相关的议题时，凯波尔也反复诉诸他的核心观念。

> 如果牧师只把他的会众看作是来教堂听他侃侃而谈的观众，那么他的使命就是让他的听众开心。但如果他说："不，教会不是讲堂，我也不为听众表演，但我在信徒的聚会中是作为主的使者。"于是，他的立场就不同了，他的经文就不会成为他一些有趣想法的引子，但他必须从上帝那里、并奉上帝的名向会众传递一些内容。（334页）

"讲道不是弟兄般的训诫。"讲道的主要目的不是传递信息，也不是严辞责备，而是"教化会众"。在此，凯波尔并不是指带来一种教化性的经验，而是建造"会众的属灵生命"（232页）。讲道者"作为其差派者的大使与会众同住。但他又是弟兄中的弟兄，与他们有同样的需要，并因同一恩典得以存活。讲道之人首先要对自己讲道。他的讲道必须先抓住自己的灵魂，并且必须是上帝对自己灵魂的见证。讲道一定经受住了考验，他自己也因此而降卑、升高，被打动，受安慰，得建造"（337页）。

凯波尔数次提到，若牧者如此理解所领受的呼召，就会在讲道开始前诚惶诚恐、如履薄冰。至于讲道的风格，他从以上论述得出结论："讲道应该像对话一样，其主要特点不应该是演讲。演讲是面对听众，而谈话则属于一个亲密的圈子。……一个好的传道人的眼神和话语不会游移在会众之外，而是看着他们，吸引他们，与他们交谈。"（353页）

第三，凯波尔也将信徒聚集的思想应用于教堂建筑。他认为，一定要"摆脱那种想法，即认为敬拜是为了听众在**礼堂**进行"（205页）。教堂建筑必须"总要给人这样的印象：它不是一个聆听的地方，而是一个**聚集**（assembling）的地方；不仅是一个讲道的地方，

也是一个执行圣礼的地方"（163 页）。设计教堂要考虑的，不是"如
何将一千人的聚会和讲坛纳入其中，而是如何布置圣所为聚会服务，
尤其是为了**圣言的敬拜**和圣礼的聚会"（163 页）。

"敬拜群体是信徒的聚集"这一思想，精确概括了当今主流礼
拜仪式学者们的核心理念。凯波尔所面对的争战，有许多已不复存
在。但是，他为之争战的思想依然毫不过时，并与当今所面对的争
战息息相关。凯波尔所言的"混乱的状态"，如今依然真实存在。

最后，我要承认，直到写这篇读后感，我才通读了凯波尔的《我
们的敬拜》。尽管我并不认同书中某些观点，但读到凯波尔的核心
观念及其含义时，我仍觉得自己之前写的绝大多数内容，都是在重
复前人早已陈述的思想。

Lightning Source UK Ltd.
Milton Keynes UK
UKHW041011080223
416578UK00010B/7